全国高职高专院校药学类专业核心教材

# 临床药物治疗学

（供药学类及相关专业用）

主　编　张　庆　邓元荣　张建国
副主编　张富东　于　雷　李　嘉
编　者　（以姓氏笔画为序）

于　雷（济南护理职业学院）

邓元荣（福建卫生职业技术学院）

田冲冲（江苏医药职业学院）

付　围（楚雄医药高等专科学校）

冯　稣（锦州市卫生学校）

刘　秀（辽宁医药职业学院）

刘　辉（绵阳市妇幼保健院）

阳　剑（昆明医科大学）

李　莹（广西卫生职业技术学院）

李　嘉（皖北卫生职业学院）

李鹏杰（四川卫生康复职业学院）

宋　芸（山东医学高等专科学校）

宋立群（泰山护理职业学院）

张　庆（济南护理职业学院）

张建国［淄博市第一医院（潍坊医学院附属医院）］

张富东（乐山职业技术学院）

陈　立（福建省立医院）

果秋婷（咸阳职业技术学院）

郑　丹（山东药品食品职业学院）

靳　卓（廊坊卫生职业学院）

谭　娇（重庆医药高等专科学校）

中国健康传媒集团
中国医药科技出版社

# 内容提要

　　本教材为"全国高职高专院校药学类专业核心教材"之一，系根据教育部高等职业教育药学专业新标准，结合执业药师考试大纲新要求，经多方调研论证，组织编写而成。本教材围绕临床药物治疗学在药学服务等岗位中的核心作用，系统介绍了药物治疗的基本理论，对常见症状和疾病进行合理用药指导，涵盖开展药学服务所需的知识和技能。本教材借鉴"新型活页式、工作手册式"教材编写体例和要求，采取"任务驱动"模式，重点设计了面向医疗机构、社会药店就业人员的学习和实践内容，将岗位考核设计为"流程单"式，可以使学生尽快具备药学专业综合知识技能，为提高药学职业能力打好基础。本教材为书网融合教材，即纸质教材有机融合电子教材、教学配套资源（PPT、微课、视频、图片等）、题库系统、数字化教学服务（在线教学、在线作业、在线考试）。

　　本教材主要供全国高职高专院校（含中高职衔接层次）药学类及相关专业教学使用，也可作为国家执业药师资格考试以及药品类职业技能鉴定和在职药学人员学习临床药物治疗学、药学服务等相关知识的参考用书。

**图书在版编目（CIP）数据**

临床药物治疗学/张庆，邓元荣，张建国主编 . —北京：中国医药科技出版社，2022.12
全国高职高专院校药学类专业核心教材
ISBN 978 - 7 - 5214 - 3252 - 7

Ⅰ.①临…　Ⅱ.①张…②邓…③张…　Ⅲ.①药物疗法 - 高等职业教育 - 教材　Ⅳ.①R453

中国版本图书馆 CIP 数据核字（2022）第 087280 号

| | |
|---|---|
| **美术编辑** | 陈君杞 |
| **版式设计** | 友全图文 |

| | |
|---|---|
| 出版 | **中国健康传媒集团** ｜ 中国医药科技出版社 |
| 地址 | 北京市海淀区文慧园北路甲 22 号 |
| 邮编 | 100082 |
| 电话 | 发行：010 - 62227427　邮购：010 - 62236938 |
| 网址 | www.cmstp.com |
| 规格 | 889mm×1194mm $\frac{1}{16}$ |
| 印张 | 26 $\frac{1}{4}$ |
| 字数 | 740 千字 |
| 版次 | 2022 年 12 月第 1 版 |
| 印次 | 2022 年 12 月第 1 次印刷 |
| 印刷 | 三河市万龙印装有限公司 |
| 经销 | 全国各地新华书店 |
| 书号 | ISBN 978 - 7 - 5214 - 3252 - 7 |
| 定价 | **79.00 元** |

获取新书信息、投稿、为图书纠错，请扫码联系我们。

# 出版说明

为了贯彻党的十九大精神，落实国务院《国家职业教育改革实施方案》文件精神，将"落实立德树人根本任务，发展素质教育"的战略部署要求贯穿教材编写全过程，充分体现教材育人功能，深入推动教学教材改革，中国医药科技出版社在院校调研的基础上，于2020年启动"全国高职高专院校护理类、药学类专业核心教材"的编写工作。

党的二十大报告指出，要办好人民满意的教育，全面贯彻党的教育方针，落实立德树人根本任务，培养德智体美劳全面发展的社会主义建设者和接班人。教材是教学的载体，高质量教材在传播知识和技能的同时，对于践行社会主义核心价值观，深化爱国主义、集体主义、社会主义教育，着力培养担当民族复兴大任的时代新人发挥巨大作用。在教育部、国家药品监督管理局的领导和指导下，在本套教材建设指导委员会和评审委员会等专家的指导和顶层设计下，根据教育部《职业教育专业目录（2021年）》要求，中国医药科技出版社组织全国高职高专院校及其附属机构历时1年精心编撰，现该套教材即将付梓出版。

本套教材包括护理类专业教材共计32门，主要供全国高职高专院校护理、助产专业教学使用；药学类专业教材33门，主要供药学类、中药学类、药品与医疗器械类专业师生教学使用。其中，为适应教学改革需要，部分教材建设为活页式教材。本套教材定位清晰、特色鲜明，主要体现在以下几个方面。

**1.体现职业核心能力培养，落实立德树人**

教材应将价值塑造、知识传授和能力培养三者融为一体，融入思想道德教育、文化知识教育、社会实践教育，落实思想政治工作贯穿教育教学全过程。通过优化模块，精选内容，着力培养学生职业核心能力，同时融入企业忠诚度、责任心、执行力、积极适应、主动学习、创新能力、沟通交流、团队合作能力等方面的理念，培养具有职业核心能力的高素质技能型人才。

**2.体现高职教育核心特点，明确教材定位**

坚持"以就业为导向，以全面素质为基础，以能力为本位"的现代职业教育教学改革方向，体现高职教育的核心特点，根据《高等职业学校专业教学标准》要求，培养满足岗位需求、教学需求和社会需求的高素质技术技能型人才，同时做到有序衔接中职、高职、高职本科，对接产业体系，服务产业基础高级化、产业链现代化。

**3. 体现核心课程核心内容，突出必需够用**

教材编写应能促进职业教育教学的科学化、标准化、规范化，以满足经济社会发展、产业升级对职业人才培养的需求，做到科学规划教材标准体系、准确定位教材核心内容，精炼基础理论知识，内容适度；突出技术应用能力，体现岗位需求；紧密结合各类职业资格认证要求。

**4. 体现数字资源核心价值，丰富教学资源**

提倡校企"双元"合作开发教材，积极吸纳企业、行业人员加入编写团队，引入一些岗位微课或者视频，实现岗位情景再现；提升知识性内容数字资源的含金量，激发学生学习兴趣。免费配套的"医药大学堂"数字平台，可展现数字教材、教学课件、视频、动画及习题库等丰富多样、立体化的教学资源，帮助老师提升教学手段，促进师生互动，满足教学管理需要，为提高教育教学水平和质量提供支撑。

编写出版本套高质量教材，得到了全国知名专家的精心指导和各有关院校领导与编者的大力支持，在此一并表示衷心感谢。出版发行本套教材，希望得到广大师生的欢迎，对促进我国高等职业教育护理类和药学类相关专业教学改革和人才培养做出积极贡献。希望广大师生在教学中积极使用本套教材并提出宝贵意见，以便修订完善，共同打造精品教材。

# 数字化教材编委会

主　编　张　庆　邓元荣
副主编　张富东　于　雷　李　嘉
编　者　（以姓氏笔画为序）
　　　　于　雷（济南护理职业学院）
　　　　邓元荣（福建卫生职业技术学院）
　　　　田冲冲（江苏医药职业学院）
　　　　付　围（楚雄医药高等专科学校）
　　　　冯　稣（锦州市卫生学校）
　　　　刘　秀（辽宁医药职业学院）
　　　　刘　辉（绵阳市妇幼保健院）
　　　　阳　剑（昆明医科大学）
　　　　李　莹（广西卫生职业技术学院）
　　　　李　嘉（皖北卫生职业学院）
　　　　李鹏杰（四川卫生康复职业学院）
　　　　宋　芸（山东医学高等专科学校）
　　　　宋立群（泰山护理职业学院）
　　　　张　庆（济南护理职业学院）
　　　　张富东（乐山职业技术学院）
　　　　陈　立（福建省立医院）
　　　　果秋婷（咸阳职业技术学院）
　　　　郑　丹（山东药品食品职业学院）
　　　　靳　卓（廊坊卫生职业学院）
　　　　谭　娇（重庆医药高等专科学校）

# 前　言

当前，我国处于社会经济发展的重要时期，党的二十大报告把推进健康中国建设放在优先发展的战略位置。药学专业人才作为健康产业中不可或缺的重要力量，其地位和重要性与日俱增。2019年1月，国务院颁布《国家职业教育改革实施方案》（国发〔2019〕4号），对职业教育改革做了重大部署，国家有关部委也及时修订了执业药师考试大纲，调整了药学类专业人才培养标准，药学职业教育改革正加速推进，药学人才培养模式也在发生新转变。

值此背景，我们在调研各地各校药学类专业教学改革与课程建设需求的基础上，启动了《临床药物治疗学》的编写工作。本教材紧紧围绕"培养与我国社会主义现代化建设要求相适应，德、智、体全面发展，具有综合职业能力，在第一线工作的高素质、高技能的药学类专业人才"目标，根据改革新要求、新特点，特别是充分领会上级对教材建设的新精神，借鉴近年来本专业教学改革成果，科学分析药学岗位需求，优化本课程作为核心课程在人才培养中的重要作用，将未来药学岗位需要与医药知识技能融合为"合理用药"系列药学服务职业能力内容，在采用"任务驱动"模式的基础上，力求打造全新的"书网融合"创新型教材，为全国药学类及相关专业职业教育改革事业贡献力量。

本教材在编写过程中，始终坚持体现三基（基本理论、基本知识、基本技能）、五性（思想性、科学性、先进性、启发性、适用性）、三特定（特定对象、特定要求、特定限制）的原则，在主要面对专科层次的同时，根据《国家职业教育改革实施方案》要求加强中高职衔接办学层次的指示，扩大了适用范围；在常见疾病谱的框架基础上，围绕"合理用药"这一核心任务，力求在专业特色上下功夫，在药学专家的指导下，采取"任务驱动"模式，按照"疾病概述—治疗原则与目标—常用治疗药物—药学服务"的递进式职业能力结构进行编写，系统介绍医疗机构、社会药房中合理用药涉及的任务和要求，重点设计了针对岗位任务的用药指导项目，对考核进行"流程单"式设计，提高了职业能力培养的可操作性和标准化程度，并配合数字化教学资源进行展示，这是本教材适应新要求的主要创新点，也是我们对临床药物治疗学教材编写的一次创新。同时，本教材结合药学工作实际和国家执业药师考试大纲，优化案例导入，配以案例解析和目标检测答案解析等数字化教学资源，力求学以致用，融会贯通；在编写内容上，对岗位中已经较少使用的药物和陈旧知识点予以删略，适当增加"两新"（新药物、新应用），尤其对近年来药学领域较为重视的药物基因检测技术、个体化治疗、血药浓度监测、不良反应上报、化验单解读、社区慢病（如高血压、糖尿病、抑郁症、帕金森病）等内容进行了补充更新，优化"常见病症""常见疾病"两部分内容，力求与《药理学》《药学综合知识技能》的阐述方式和阐述重点相区别，弱化药理作用和机制，更加突出本课程的"了解疾病""提出对策""用药指导"等与合理用药关系密切的内容，强化专业特色和工作岗位情景体验。

为全面贯彻党的教育方针，落实立德树人根本任务，体现二十大精神进教材新要求，本教材积极融入思政元素，使学生在完成具体任务的同时，注重培养合规守法意识和诚实守信品质，充分发挥教材促进学生全面发展的教育职能。全书按照"项目—任务"的结构编写，力求"以工作任务引导教学活动""在工作情境中完成教学任务"，并专门设计"技能考核流程表"，既体现了教材特色，也为各校开展各类技能大赛提供了参考。本教材大幅增加数字化教学资源，以利于在教学中开展交流互动、情景模拟、任务驱动模式和 PBL 教学等；题库采用执业药师考试模拟题型，各校可根据实际情况有选择地使用。

本教材分为 11 个工作项目，包含 64 个工作任务，均来自岗位实际；药物名称、制剂、用法均参照 2020 年版《中华人民共和国药典》和《新编药物学》（第 18 版），专业术语均采用全国科学技术名词审定委员会公布的科技名词。本教材收录的药物剂量和用法仅供临床用药参考，不具备法律效力，特此声明。

本教材的编写得到了参编单位领导和老师的大力支持，济南护理职业学院施献等老师和药学专业部分学生参与了数字化教学资源的制作，同时借鉴参考了国内外本科、专科《临床药物治疗学》《药学服务实务》《药理学》《临床药理学》等教材，在此特向所有相关人员表示崇高的敬意。

由于编者水平所限，本书难免存在疏漏和不足之处，敬请广大师生批评指正。

编　者
2022 年 9 月

# 目 录

# 项目一 临床药物治疗学总论

## 任务一 认识临床药物治疗学

PPT

**学习目标**

**知识目标：**
1. **掌握** 药物的概念；临床药物治疗学的主要内容和任务。
2. **熟悉** 临床药物治疗学与药理学等相关学科的关系。
3. **了解** 临床药物治疗学的发展过程和学习方法。

**技能目标：**
1. 能够说出临床药物治疗学发展过程中的代表事件。
2. 学会介绍临床药物治疗学与其他相关学科的关系。

**素质目标：**
具备"以患者为中心"的药学服务精神，安全、有效、经济的合理用药意识，高尚的职业道德、爱岗敬业的职业素质、团队合作精神及辩证思维的能力。

### 导学情景

**情景描述：** 小刘是某医专药学专业的学生，暑假他主动到社区担任志愿者，社区根据小刘的专业特长，分配他为社区老年人开展健康教育活动，大家知道小刘是"学药的"，又特别热心肠，便经常问他"什么病该吃什么药""某某病有没有什么好药可以治疗"等问题。小刘发现用上学期学过的药理学等课程的知识实在是难以胜任，顿时感到压力巨大，于是他向老师求救，老师告诉他，开学后会学一门名叫"临床药物治疗学"的课程，上述问题便会迎刃而解。

**情景分析：** 日常生活中人们熟悉的"求医问药"，往往都是"先有病，后问药"，而之前学过的药理学等课程都是"以药讲病"。"所用"与"所学"在知识框架上的不对应，势必引发小刘在为群众进行用药服务时的困惑，所以，需要专门开设"以病讲药"的临床药物治疗学，来帮助药学生们"把最后这层窗户纸捅破"。

**讨论：** 结合案例说一说，什么是临床药物治疗学？这门课程包括哪些内容？与相关课程有什么区别？

**学前导语：** 临床药物治疗学是国家规定的药学专业的专业核心课程，它既是药学课程和临床医学课程之间的桥梁课，又是药理学和临床药理学的专业知识和技能的具体体现，同时也是未来开展药学服务的核心内容。药师在药品应用岗位上给患者提供药学服务，要结合药品调剂、临床药物评价、药品信息服务、用药咨询与指导、用药依从性、循证药学、药物经济学多方面综合考虑，其中大部分内容都是临床药物治疗学所涉及的，学好本课程有助于广大药学技术人员今后更好地实施全程化、立体化、优质化的药学服务。 微课1

## 一、药物与临床药物治疗学

药物（drug）是指用于预防、治疗、诊断疾病或调节、改善机体生理生化功能，规定有适应证或功能主治、用法用量的物质。药物从广义上看来源丰富，可以是自然界的天然产物，可以是通过化学方法合成生产的化合物，也可以是利用生物技术制备的蛋白质、多肽类或其他具有生物活性的分子。一般根据其来源，可以将药物粗略分为：天然药物、化学药物、生物技术或基因技术药物。

无论何种来源的药物，其本质都是化学物质，大多数药物的分子结构可测知，组成相对固定，作用机制基本明确，临床疗效确切，有一定的不良反应，并以方便适宜的制剂形式形成药品。药品具有流通性，这是其商品属性，药品又涉及人类的健康安全，在预防疾病和维护公共健康领域具有专属性、不可替代性。因此，药品是特殊的商品，需要在研发、生产、流通、使用和评价的全过程中，进行严格、有效的标准化质量控制。要特别注意的是，有些药物是成分复杂的混合物，具有多靶点作用特点，作用机制有待进一步明确，有些药物上市不久，更客观、真实的评价有待完成，其各环节的专业化管理和质量控制相对较难，也更为重要。

随着生命科学的发展和医药科技的不断进步，药物的品种和数量迅速增加，为人类防病治病提供了有利条件，同时也给药品的研制、生产、流通、使用和评价等领域专业人员的工作增加了更大的难度，尤其要从药品临床使用和疗效评价方面进行更加深入的研究和探索，这也是确保安全合理用药的关键之一。因此，药物和药品全过程各环节的各类专业技术人员，都应把"维护人类健康"这一根本宗旨放在首位，严格职业操守，不断提高药物安全意识，加强专业学习和应用实践，确保用药安全。

临床药物治疗学（clinical pharmacotherapeutics）主要是研究药物预防、治疗、诊断疾病，调节或改善机体生理生化功能的理论和方法，制订药物治疗和评价方案的一门科学。临床药物治疗学的任务是运用药学和医学的基础知识，针对疾病的病因和病理发展过程，依据患者的生理、心理、遗传特征和社会生活环境，综合运用各种促进健康的手段制订和实施合理的个体化药物治疗方案和疗效评价办法，获得最佳的治疗效果，并承受最低的治疗风险和合理的治疗费用。其根本目的就是：用最合理的药学服务方案，提高个人或社会群体的健康水平和生活质量。

## 二、临床药物治疗学的发展概况

临床药物治疗学的产生和发展是伴随着人类对疾病的认识水平不断提高而不断由简单到复杂、由低级到高级、由经验逐步上升到科学的过程。

### （一）临床药物治疗学发展的早期

健康是生命永恒的主题，是生存与繁衍的基础。人类自出现就一直在和病痛作斗争，古代受生产力水平低下的制约，人们对生命的本质、机体的结构和功能缺乏真正科学意义上的认知，因此对疾病和药物的本质特征缺乏辩证唯物的认识和科学准确的理论支撑。这一时期，是人类药物治疗史中长期经验主义的探索和积累阶段。但是，经过漫长的药物治疗实践，中外许多医药学家也积累总结出许多对疾病行之有效的药物治疗方案，并通过各种医书典籍不断加以记载收录、传承和完善，这些宝贵的药物治疗学知识和方法不仅在一定程度上维护了古代人群的健康，也成为现代药物研发和应用的重要依据和发现来源，同样是人类文明和浩瀚知识宝库的重要组成部分。

◉ 看一看1-1-1

### 药物起源的"药食同源"学说

远古人类在获取食物时，逐渐认识到有些植物、动物的可食部分具有缓解病痛的作用，这些具有特殊作用的有效部位逐渐演变成独立于食物外的药物。中国古代就有"神农氏尝百草，识百毒，而知药"的传说，钟鼎文的"藥（药）"字，就包含了"草""木"的含义，释为"治病草，从草，乐声"，后称"药为治病之物，以草类居多"。而药的英文单词"drug"来自希腊文"drogen"，原意是干草，也体现了这一观点。

**（二）临床药物治疗学发展的近现代期**

20世纪初，人类科学技术在各个领域有了巨大突破。以动物或器官实验为标志的现代药理学从药物学中独立出来，带来药物研究应用的新飞跃，人们真正用科学方法研究药物对机体生理生化功能的影响，许多药物的药理作用和作用机制相继被证实或发现，新药和疾病的新的治疗方案层出不穷，医药卫生事业有了跨时代的发展。20世纪后半叶，众多新药上市后出现的大量药害事件以及带来的一系列社会问题，让公众和科学界意识到仅靠基础医学研究和临床药理实验不能充分反映药物真实疗效和远期效果，而循证医学的发展使人们认识到基于统计学检验的多中心双盲对照大规模临床试验获得的证据对临床合理用药有着非常重要的指导作用，从此，临床药物治疗学获得新机遇和新平台，真正区别于药理学和临床医学，进入独立发展的新时期。进入21世纪，随着人类基因组计划的顺利完成和药物基因组学的发展，人类不同个体对药物反应差异的遗传学基础理论和应用技术相继被发现和使用，基于遗传信息的个体化药物治疗在临床逐渐发展和推广起来，临床药物治疗学进一步朝着精准化、可持续化方向加速发展，成为现代生命科学最受关注的学科之一，未来必将对人类健康事业发挥更大的作用。

随着临床药物治疗学的发展，独立的专门人才培养和学科建设也在同步进行。20世纪70年代末，国外部分高等医药院校相继开设独立的临床药物治疗学课程，并进行了系统的学科研究和教学实践；20世纪80年代，美国在药学博士（Pharm.D）培养计划中开设临床药物治疗学课程；1980年8月，国际药理学联合会和英国药理学会在伦敦联合召开了第一届国际临床药理学与治疗学会议，并每隔3~4年召开一届年会，这标志着临床药物治疗学与临床药理学具有了同等的学术地位。1981年，*PHARMACOTHERAPY* 杂志在美国创刊，该杂志后来成为临床药物治疗学世界著名学术期刊。1982年，世界卫生组织（WHO）单独成立了"基本药物应用专家委员会"，负责对临床合理应用基本药物提出指导性原则和意见，对全球范围内药物合理应用提供信息服务和技术支持。通过上述努力，目前世界上大多数国家或学术机构对临床常见疾病都制定有详细规范的药物治疗指南，这对推行合理用药、规范评价疗效以及减少药物风险都具有重要意义。

**（三）临床药物治疗学发展的未来趋势**

随着人类社会进步和社会发展，人民群众对美好生活和健康快乐更高水平的需求也在持续增加，党的二十大报告明确指出，推进健康中国建设，把保障人民健康放在优先发展的战略位置，社会和个人用药需求更加广泛和复杂；在这些新变化的推动下，临床药物治疗学的发展更加迅猛和多样化，特别是近年来新药和新治疗方案大量涌现，需要在药物治疗实践中对于药物对人体的有效性和安全性做进一步的评价，相关临床药物学研究已成为医学研究中最重要的领域之一。同时，新形势下，过度医疗和治疗用药不合理造成的危害，如病原生物的耐药性、药物不良反应和药源性疾病等，不仅构成了安全用药的主要问题，还造成了药物资源的浪费，使政府和患者的用药经济负担不断加重，已成为全球性的社会问题。

另一方面，在临床用药实践中，依赖临床经验用药仍然占有很大的比重，医师还没能完全正确地运用循证医学、药物基因组学等相关学科的知识来科学地指导合理用药；现阶段，多数医师对疾病的了解相对比较丰富，但对药物的结构特点、理化性质、作用和作用机制、不良反应、体内过程等信息的掌握程度还不能满足临床合理用药的需求，需要药学专业人员的协助，但临床治疗中的医药分家现象仍较明显，特别是许多药师虽然能较好地掌握药物的性质和作用特点，但面对实际病情和患者遗传多态性，由于缺乏临床用药实践，在合理选用药物并实施个体化治疗方面缺乏经验，没有足够的发言权。

未来，临床药物治疗学将是满足上述新需求、解决新问题的重要手段之一。未来，其学科发展将是综合、全面地整合相关的药理学、病理学、生理学、生物化学、药物基因组学等学科知识体系，摒弃凭临床经验对症用药的痼疾，科学构建药物治疗的基础，并随着科学的发展而不断完善，这对于提高医师和药师的临床药物治疗水平、提升临床用药实践能力、保证患者合理用药均有重要指导意义，从而维持社会公众更高水平的健康状况。而随着我国医药体制改革的深入发展、药品集中采购等措施的实施，对药物实际效果的科学评价和药物经济学研究也将成为未来医药卫生事业发展的重要理论支撑，临床药物治疗学将面临更多的任务和挑战。

### 三、临床药物治疗学的内容和任务

临床药物治疗学在传统的药理学和临床医学之间起衔接作用。其主要任务是帮助临床医师和药师依据疾病的病因和发病机制、患者的个体特征、药物的作用特点等，对患者实施合理用药。合理用药可以归纳为安全、有效、经济、方便四大要素，具体包括以下内涵：①选用药物的药理作用能对抗疾病的病因和病理生理改变；②明确遗传多态性与药物反应多态性的关系，对药物产生的特异反应有应对措施；③设计的给药途径和方法能使药物在病变部位达到有效治疗浓度并维持一定时间；④治疗副作用小，即使有不良反应也容易控制或纠正；⑤患者用药的费用与风险最低，但获得的治疗学效益最大。

研究影响药物对机体作用的因素是药物治疗学的重要任务。药物治疗的对象是患者和目标个体，产生的效应是药物－机体－疾病三方相互作用的结果，因此，药物、机体、疾病构成影响药物作用的三个重要方面。①药物方面：药物本身的理化性质、生产质量和药理作用等特性是主要影响因素，而给药剂量、途径、时间、疗程等也都能影响药物疗效，联合用药也能产生药物相互之间的作用，从而影响疗效。②机体方面：个体遗传差异性和特异质表现是重要因素，这些都通过具体生理状态，如性别、年龄、体重等表现出来，不同的生理期，如妊娠期、哺乳期等的药物治疗方案也应不同；而患者心理状态，是积极乐观还是消极悲观地对待疾病和治疗，对疾病转归的影响也很大。③疾病方面：病因、发病机制和病理变化都会影响药物实际作用，疾病的具体分类分型、病程和病情变化以及患者同患其他疾病也影响药物疗效，因此，对疾病的药物治疗不能是把病名和药名简单地对号入座，而是要将相关药学知识与特定患者的实际生理特征和病情变化相结合，实施个体化的药物治疗。个体化给药原则是合理用药的最重要原则之一。

药物相互作用是影响机体对药物反应的重要因素。药物相互作用可发生在吸收、分布、代谢、排泄的药动学过程中，也可通过影响药物对靶点（基因、离子通道、酶或受体）的作用，表现在药效学上，甚至产生新的更严重的不良反应。

### 四、临床药物治疗学和相关学科的关系

临床药物治疗学既是临床医师全面、系统学习了解药物重要的专业课程，也是药学专业技术人员提升专业素质、开展合理用药的核心课程，是医学与药学的交叉课和桥梁课。

（一）临床药物治疗学与药理学、药物学的关系

药理学是研究药物和机体相互作用规律的一门科学。药物对机体的作用包括药效学和毒理学两大

部分，主要研究药物对机体的作用、不良反应及其作用机制；机体对药物的作用主要指药动学，即研究药物在机体内的吸收、分布、代谢、排泄过程及其动态变化规律。药物学阐述的是药物的理化性质、体内过程、作用和作用机制、用途和不良反应等基本内容。临床药物治疗学是疾病治疗学的一个分支，它以疾病为纲，在阐述疾病的病因和发病机制、分类和临床表现的基础上，根据患者特定的病理、生理、心理状况和遗传特征，结合药物的作用特点、相关药学特征和经济学特点，阐明如何制订合理的药物治疗方案，如选择合适的药物，确定合理的剂量、用法和疗程，设计准确的评价和反馈指标等，以取得良好疗效，避免不良反应和有害的药物相互作用的发生（图1-1）。一般而言，药理学或药物学是临床药物治疗学的最主要的基础课，两者最大的区别是从不同角度介绍药物、机体、疾病三者的关系：药学或药物学以药物为纲学习机体和疾病有关知识，而临床药物治疗学则是以疾病为纲学习机体和疾病有关知识，在学习时间上有先后，但在内容上是前后呼应、互为促进的关系，都服务于药物治疗这一中心任务。

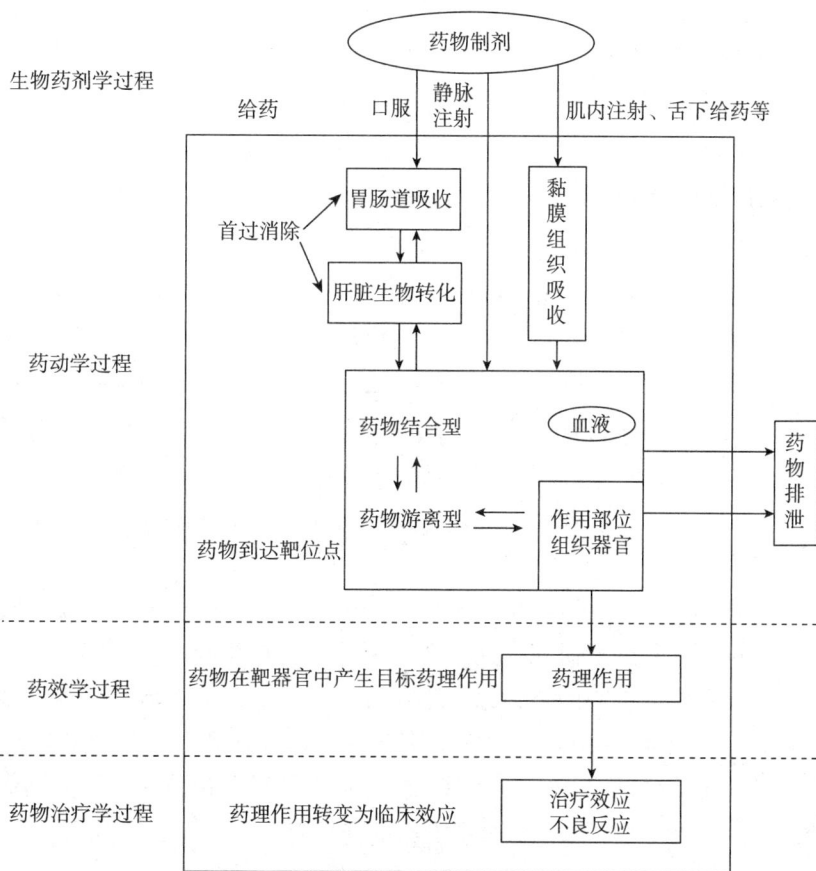

图 1-1 药物治疗的四个过程示意图

### ❓ 想一想1-1-1

请阅读图1-1，思考：药物治疗可大致分为几个过程？各有什么作用或意义？ 📱微课2

答案解析

### （二）临床药物治疗学与临床药理学、药学服务的关系

临床药物治疗学与临床药理学在阐述基本理论的总论部分有交叉重叠，但临床药物治疗学紧扣临

床用药这个主题，重点介绍药物治疗的基本原则、基本过程和影响临床用药的共性因素，而临床药理学更重视血药浓度和药动学变化对临床用药的指导作用。两者各论内容差异较大，主要体现在以下方面。①临床药理学仍属于药理学范畴，按药物分类介绍药物；而药物治疗学以疾病为纲介绍疾病的药物治疗。②药物治疗学有针对性地介绍疾病的病因、发病机制、临床表现和分类分型，重点强调选药依据和治疗方案；而临床药理学较少涉及疾病具体内容，重点讲授药物的作用特点和临床疗效评价。③临床药理学主要研究单药在人体内的药动学参数和药效学特点，以指导合理用药；而药物治疗学主要研究和评价针对具体疾病、具体个体或群体的药物治疗方案，关注在治疗目标引导下个体药物治疗方案的制订与实施，既考虑单药的作用，也关注多药合用的综合效果。因此，临床药理学更适于新药的设计研究和临床评价，而临床药物治疗学更侧重疾病药物综合治疗效果和评价。

药学服务是药学人员利用药学专业知识、技能和工具，向社会公众（包括医药护人员、患者及其家属以及其他关心用药的群体等）提供直接的、负责任的、与药物使用相关的各类服务，是药学岗位职业综合技能的体现。其中的处方调剂与点评、用药咨询与指导、合理用药健康教育、不良反应监测与上报、药物治疗监测、药物经济学与药物评价以及在各临床科室参与药物治疗等专业岗位和职业能力均需要临床药物治疗学的支撑，药学人员主要通过临床药物治疗学的学习和实践来提升个人临床药学能力，因此，临床药物治疗学是药学服务能力培养的核心课程。

**（三）临床药物治疗学与内科学等临床学科的关系**

内科学、外科学、妇产科学、儿科学、传染病学等临床医学核心课程，在介绍疾病的流行病学、病因、病理变化、发病机制的基础上，重点阐述疾病的临床表现、诊断（包括诊断措施、诊断标准等）和鉴别诊断、治疗原则和方法以及疾病转归等。而治疗原则、方法等既包括介入或手术治疗、物理或康复治疗等，也包括药物治疗，由于疾病千变万化、治疗千差万别，上述课程对药物治疗方面的关注度相对而言要低于其他内容。临床药物治疗学正是为弥补这一缺失应运而生，对接各临床课程，系统性、实用性地介绍各类疾病的药物治疗方案。因此，临床药物治疗学既可以帮助临床医学专业学生更好地掌握对疾病进行药物治疗的知识技能，也是帮助药学专业学生获取临床医学知识从而更好地开展临床药学和药学服务的主要课程。

在实际工作中，特别是在医学发达国家的医疗机构中，对疾病的药物治疗是由临床医师和药师协作分工、共同负责，医师更关注分析研究疾病，药师更关注合理用药。近五年来，随着我国卫生健康事业的蓬勃发展，以临床药学为中心的药学服务工作有了突飞猛进的发展，国内许多医院设置了临床药师岗位，并将其作为医疗机构定级的重要指标，各地在体制保障和人才培养上有了许多创新和探索，许多药师在精通临床药物治疗学的基础上，努力进修各临床专科知识技能，提升临床用药能力，与临床医师共同对患者的药物治疗负责，共同做公众健康的守护者。

**（四）临床药物治疗学与循证医学、药物基因组学等学科的关系**

循证医学作为临床客观评价的重要依据，同样为临床药物治疗提供了更加科学的证据和方法，其意义是在维护患者健康的过程中，主动、明确、审慎地应用目前最佳证据做出科学决策。临床证据可靠性的评估有不同的标准，一般在确定证据分级后，应结合临床医药领域各相关学科的专业知识和临床技能，对证据的实用性、科学性和有效性进行评价。将循证医学应用于临床药物治疗学，能确保用最合理、最可信的操作步骤或实验流程，获得最真实的药物治疗效果，是临床药物治疗学科学性的最有力支撑；应将循证医学的基本原则和方法融入临床用药全过程，形成循证药学这一新的交叉学科，为评价的客观、公正和真实打下坚实基础。

药物基因组学是临床药物治疗学的基础，具体体现在以下四个方面。①通过研究遗传多态性和药物反应个体差异的相互关系，阐明个体间药物反应多样性的分子基础，指导个体化的药物治疗。②在新药临床研究中，通过分析患者基因型，选择能获得良好疗效并能避免严重不良反应的受试患者，减少新药临床研究的时间和费用。③在基因组水平预测个体用药过程中可能出现的某些严重的甚至威胁生命的药物不良反应，使药物治疗更加安全、有效。④在明确某些药物对少数患者不产生疗效或易产生严重不良反应的基因组学基础后，可挽救某些过去在临床试验中未获通过的药物。可以预见，高水平的疾病药物治疗将更多依赖药物基因组学知识和技术，临床药物治疗学将在药物基因组学的支持下，在卫生健康全领域发挥更大作用。

综上所述，临床药物治疗学在其他学科研究药物的药理作用和作用机制、疾病的病因和发病机制、药物表现与个体关系等的基础上，重点研究影响药物产生疗效和不良反应的各类因素，并利用这些证据来指导合理用药。临床药物治疗学无论对于医学生还是药学生来说，都是一门崭新而实用的课程，对于临床药物治疗学的学习同样也是每个学习者实现专业发展和完善的过程。

### ✎ 练一练1-1-1

1. 临床药物治疗学最主要的基础课程是
A. 药理学　　　B. 临床药理学　　　C. 药物基因组学　　　D. 内科学　　　E. 药学服务
2. 临床药物治疗学未来发展的基础是
A. 药理学　　　B. 临床药理学　　　C. 药物基因组学　　　D. 内科学　　　E. 药学服务

答案解析

## 五、临床药物治疗学的学习方法和要求

要学好临床药物治疗学，首先要注重理论联系实际，要在掌握药物的药理作用、作用机制、疾病病因和发病机制的基础上，善于抽丝剥茧，从众多同类药物和相似病症中，运用循证医学或药学证据和药物基因组学技术，正确选择和使用药物，对患者实施个体化治疗。为此，本教材设计了"导学情景""想一想""练一练""目标检测"和习题等，既帮助学生复习书本知识，又帮助指导学生锻炼和提高实践能力以及在实际工作中发现问题、解决问题的能力，师生可灵活选用，进行讨论和安排练习。

临床药物治疗学是一门重实践、强训练的课程，学生不仅要在理论方面掌握常见病的药物治疗原则和方法，还要重视实践应用能力的培养，应在保证理论授课时间的基础上，开展临床见习实践，深入临床科室和药房，参与用药讨论和治疗方案的制订，知晓临床用药现状，并掌握现场学习能力、人际沟通技巧、文明礼貌礼仪等，培养良好的服务意识。

随着新药的不断出现和科学研究的不断深入，临床药物治疗学也在不断地发展。本教材中的药物治疗原则和药物选用方法是基于目前认识水平编写而成，有一定的局限性，未来尚待进一步完善。因此，要用发展的眼光看待本教材的内容，建议把本教材所述知识和信息与患者实际相结合，实事求是，因人而异，辨证施治，尤其对于具体药物的用法、剂量更应如此，避免因用药不当，给患者造成不必要的痛苦和损失。

### ♥ 药爱生命

对于我国古代"神农氏尝百草，识百毒，而知药"的传说，暂不考其实据，其内涵就充分体现了中华民族的伟大实践精神和追求真理、勇于探索、不惧牺牲的民族性格。神农氏通过"尝"这一最基本却又最直接的试药实践活动，冒着生命危险去探求真知，这是每一个医药卫生工作者最宝贵也是最根本的职业素养；而"百草""百毒"又体现了一种无畏险阻、无私忘我的奉献精神。中华民族从来都崇尚这些实实在在做事、真真正正做人的大英雄，同样，作为一个药学工作者，作为中华儿女，我们应该把这些宝贵的精神财富不断传承和发扬，讲良心，用好药，努力做好人民群众健康的守护神。 微课3

## 目标检测

答案解析

**一、综合问答题**

1. 结合本章内容并查阅相关资料，用鱼骨图把临床药物治疗学的发展过程简明地描绘出来。

2. 列表比较临床药物治疗学与药理学、临床药理学、内科学、药物基因组学的异同。

**二、案例分析题**

患者，男，23岁。因破伤风入院，意识清醒，全身肌肉阵发性痉挛、抽搐。医生给予青霉素＋抗毒素治疗，同时配合支持措施。

试思考分析：

1. 医生采取的治疗方案是否合理？说出有关依据。

2. 药师如参与上述临床药物治疗，应提供哪些方面的药学知识和技能支持？与哪些课程有关？

3. 结合该案例，药师在提供药学服务时，应该在哪些方面体现专业精神和职业素养？

（张 庆 于 雷）

书网融合……

重点回顾　　微课1　　微课2　　微课3　　习题

# 任务二　临床药物治疗学与药学服务

PPT

## 学习目标

**知识目标：**

1. **掌握**　药学服务的概念；药学信息服务的内容；药物利用研究的应用范围；临床药物评价的概念；药物经济学的基本概念。

2. **熟悉**　药学服务的内涵；药品调剂的工作流程；用药咨询与指导的内容；药学信息服务的实施方法；提高患者用药依从性的措施；循证医学实践步骤；药物经济学评价的步骤。

3. **了解**　药学信息证据资源与证据的分级；药物利用研究的常用方法；药物经济学的主要分析方法。

**技能目标：**

1. 能够利用药学服务相关工具与方法，开展咨询、指导用药以及协助拟定药物治疗方案等药学服务。

2. 学会用药物经济学的基本知识探讨临床用药的合理性、经济性。

**素质目标：**

培养具有临床药物治疗学专业意识和相关人文精神，全面、正确、合理地开展药学服务的职业素养。

## 📖 导学情景

**情景描述：** 患者，男，65岁。临床诊断：老年痴呆、高血压、心律失常、慢性阻塞性肺疾病、糖尿病性视网膜病变。作为一名具有执业药师资格的药师，你将为患者提供药学服务。

**情景分析：** 结合患者为老年人，患有多种疾病，药师要提供专业药学服务，让患者得到安全、有效、经济、适宜的治疗药物，实现改善患者生活质量的既定结果。

**讨论：** 结合案例说明，什么是药学服务？药学咨询的人群包括哪些？

**学前导语：** 药学服务是在临床药学工作的基础上发展起来的，其服务的中心是患者，药学技术人员向社会公众提供符合伦理和执业标准的药学服务，是药学工作适应时代发展的必然要求。药师在给患者提药学服务时，要从药品调剂、临床药物评价、药品信息服务、用药咨询与指导、用药依从性、循证药学、药物经济学多方面考虑，实施全程化、立体化的药学服务是广大药学技术人员的神圣使命和共同责任。

## 一、药学服务概述

随着医药科技的进步和药学的发展、国家药品监督体制的健全完善、药学技术人才素质的提高以及社会公众对医药卫生服务需求的增加，特别是近年来"三医（医疗、医药、医保）改革"的不断深入，人们对用药安全的要求和期望不断提高，享受药学服务已成为所有药物使用者的权利，实施全程化、立体化的药学服务是社会发展的必然。

### （一）药学服务的概念

我国对药学服务（pharmaceutical care，PC）的定义是：药学人员利用药学专业知识、技能和工具，向社会公众（包括医药护人员、患者及其家属、其他关心用药的群体等）提供直接的、负责任的、与药物使用相关的各类服务。药学服务的宗旨是提高药物治疗的安全性、有效性、经济性和适当性，改善并提高社会公众的健康水平和生活质量。药学服务的目的是使患者得到安全、有效、经济、适宜的治疗药物，实现改善患者生活质量的既定结果，这些结果包括：治愈疾病，消除或减轻症状，阻止或延缓疾病进程，防止疾病或症状发生。

现代药学的发展主要历经三个阶段：传统的药品调配、供应，以保障药品供应为中心的阶段；参与临床用药实践，促进合理用药为主的临床药学阶段；以患者为中心，强调改善患者生命质量的药学服务阶段。我国从20世纪90年代初开始实践药学服务，经过广大药学工作者的不懈努力，药学服务的理念已经得到广大药学技术人员的认同和接受，药学服务工作已在各级医疗机构和社会药房（药店）逐步展开，药学技术人员的工作也已由从前的制剂生产和处方调配工作，转向为患者提供包括临床应用在内的全程化药学服务。但是，药学服务的有效实施依然受到许多因素的制约，如药学专业人员数量不足、工作硬件缺乏、相关法规不健全等，此外，药学服务标准化和药学服务收费问题也尚需进一步研究，有效解决这些问题将促进我国药学服务的健康发展。

### 👁 看一看1-2-1

#### 药学服务概念的产生过程

药学服务（PC）的概念最初是Mikeal于1975年提出，其内容界定为满足患者获得安全与合理用药需求的服务。1990年美国的Hepler CD和Strand LM在《美国医院药学杂志》上对PC进行了较全面的论述。1993年，美国医院药师协会对PC做了统一定义，即药师的使命是提供PC，PC是提供直接的、负责的与药物治疗有关的服务，目的是获得改善患者生活质量的确定结果。

## （二）药学服务的内涵

**1. 药学服务的内容**　药学服务的工作内容包含患者用药相关的全部需求，根据服务对象和场所的不同，其服务内容有所不同和侧重，包括药学监护（pharmaceutical care）、药学干预（pharmaceutical intervention）和药学咨询（pharmaceutical consulting）三个组成部分。药学监护是指药师在参与药物治疗的过程中负责患者与用药相关的各种需求并为之承担责任，即从专业观点阐述患者的药学需求。药学干预是指药师对医师处方的规范性和适宜性进行监测，包括对处方用药的适宜性进行审查和抽样评价，对长期药物治疗的合理性进行监控，对发现的问题与医师沟通，及时调整给药方案。药学咨询是指药师承接患者或医务人员有关用药的问询，解答、指导合理用药，普及用药常识。药学服务的具体工作主要包括：处方调剂、参与临床药物治疗、治疗药物监测、药物利用研究和评价、药品不良反应监测和报告、药学信息服务、健康教育等。

**2. 药学服务的对象**　药学服务的对象是社会公众，包括患者及其家属、医护人员、卫生工作者、药品消费者和健康人群。药学服务是一种以患者为中心的主动服务，注重关心或关怀，要求药学人员在药物治疗过程中，关注患者的心理、行为、环境、经济、生活方式、职业等影响药物治疗的各种社会因素。

药学服务的重点人群包括：用药周期长的慢性病患者或需要长期甚至终身用药者；患有多种疾病需合并应用多种药品，病情和用药复杂者；特殊人群如小儿、老年人、妊娠期和哺乳期妇女，特殊体质者，肝肾功能不全者，血液透析者；用药效果不佳，需要重新选择药品或调整用药方案、剂量、方法者；用药后易出现明显不良反应者；使用特殊剂型和特殊途径给药者；使用安全范围小、个体差异大的药物需做治疗药物监测者；另外，医师在为患者制订用药方案及护士在临床给药时，针对药物的配伍注射剂溶媒的选择、溶解和稀释浓度、静脉给药速度、不良反应、禁忌证、药物相互作用等问题同样需要得到药师的指导和帮助。

**练一练1-2-1**

下列属于药学服务重点人群的是

A. 医生　　　　　　　B. 护士　　　　　　　C. 健康人群
D. 过敏体质者　　　　E. 患者家属

答案解析

## （三）临床药物治疗学与药学服务

药师是担任药学服务的主体，药师的工作从以药品为中心转变为以患者为中心，不仅要提供合理的治疗药物，还应提供合理的药物治疗，应在患者用药前、用药中和用药后提供全程化的药学服务。为了提供合法负责的药学服务，药师要掌握药学的基本知识和国家有关法律法规，熟悉基础医学和临床医学的知识，并将这些知识转变成为患者制订个体化药物治疗方案和对患者合理用药的指导。临床药物治疗学将医学知识与药学知识有机结合，是药师参与临床药物治疗活动和提供全程化药学服务的理论与方法基础。

### ❤ 药爱生命

人工智能（AI）正越来越广泛地应用在医药领域，如何用AI根据病情为患者定制给药方案，实现合理安全用药，是目前临床药学领域非常关键的问题。目前已有AI用药平台可以进行重复机械性工作，极大提高了药学服务工作效率和质量，减少药师工作失误。企业将智能化用药机器服务应用在基层社区医院、医务工作者、患者端，通过智能机器给出用药方案，逐渐进入临床药学管理市场领域，促使临床药师由"产品为中心"向"患者为中心"转型。现代药师须掌握多种技能，提升药学服务能力，并融入药师职业道德规范。

## 二、药品调剂、用药咨询和指导与临床药物治疗学

### (一) 药品调剂

**1. 处方** 是由注册的执业医师或执业助理医师（以下简称医师）在诊疗活动中为患者开具的，由取得药学专业技术职务任职资格的药学专业技术人员（以下简称药师）审核、调配、核对，并作为患者用药凭证的医疗文书。医疗机构病区用药医嘱单也属于处方，处方分为法定处方、医师处方和协定处方，具有法律性、技术性和经济性。

**2. 药品调剂** 是指医院药剂科或社会药房取得药学专业技术资格的调剂工作人员，按医师处方进行正确调配和发药的过程。处方调剂工作是药学服务的重要内容之一，其服务水平及质量直接关系到患者的用药安全，同时也影响患者对医院或药房的信任度，因此，药师应根据医师处方，严格执行处方调剂操作规程，及时、准确地调配和分发药品，从而保障患者的权益与用药安全，也搭起医患之间沟通的桥梁。

👁 **看一看1-2-2**

#### "四查十对"的内容

依据《处方管理办法》第三十七条规定，药师调剂处方时必须做到"四查十对"。①查处方：对科别、姓名、年龄。②查药品：对药名、剂型、规格、数量。③查配伍禁忌：对药品性状、用法用量。④查用药合理性：对临床诊断。

**3. 药品调剂的基本程序** 药师在处方调剂过程中，应根据《处方管理办法》的要求，严格遵守处方调剂原则，重视处方审查，正确调配处方，严格防范差错。

（1）收方 负责完整接收处方并按顺序摆放，严防损坏或遗失处方，使用礼貌用语，面带笑容，态度和蔼。

（2）审核处方 药师逐一审核处方或医嘱，确认其正确性、合理性与完整性，包括形式审核和用药适宜性审核，审核结果确认为合理处方或不合理处方（包括不规范处方、用药不适宜处方及超常处方）。处方内容应当符合《处方管理办法》《病例书写基本规范》有关规定，书写正确、完整、清晰，无遗漏信息，对处方或用药医嘱存在不合理情况的，应当及时与处方医师沟通，请其调整并签名，经办药学专业技术人员应当签名，同时注明时间。因病情需要的超剂量等特殊用药，医师应当再次签名确认。对用药错误或者不能保证药品质量的处方或医嘱，应当拒绝进一步调配。

（3）调配处方 药师对经审核合格的处方进行严谨、规范的逐一调配，遵从"四查十对"原则。调配中注意：认真阅读处方，按照药品的顺序逐一调配；对麻醉药品、贵重药品等分别登记账卡；调配处方时，检查药品的批准文号、有效期，以确保药品使用安全；调配齐全一张处方的药品后，再调配下一张处方，以避免差错；在强调准确的同时，必须集中注意力尽可能快捷地调配；对于部分特殊调剂情况，根据患者个体化用药的需要，在药房中进行特殊剂型或剂量的临时调配，如稀释液体、磨碎片剂并分包、分装胶囊、制备临时合剂、调制软膏等，操作应在清洁环境中并做好记录。

✖ **练一练1-2-2**

以下所列审查处方结果中，可判定为"不规范处方"的是

A. 重复给药　　　　　　　　　B. 有配伍禁忌

C. 未使用药品规范名称　　　　D. 用法、用量或联合用药不适宜

E. 无正当理由不首选国家基本药物

答案解析

（4）打印粘贴标签、成品包装　药品调配齐全后，药师逐一核对药品名称、规格、剂量、数量和用法，准确规范地打印标签或正确书写药袋，粘贴标签，认真核对后签名或盖章，成品包装。

（5）处方核查　药师在发药前必须对已经调配好的处方再次进行认真核对，确保其正确无误。核查项目包括：核查处方内容，逐一核对处方与调配的药品是否一致（包括规格、剂量、用法和用量等），逐一检查药品外观（形状、色、嗅、味和澄明度是否合格）、效期等，以确保药品使用安全。如果核对药师发现调配错误，应将药品和处方退回调配药师，并给予提示。

（6）发药　药师发药时再次逐一核对药名、剂量、用法等是否与处方要求相符，确保准确无误地发到患者（或其家属）手中。若发现调配处方有错误，应将处方和药品退回原调配药师，并及时更正。

（7）用药交代　药师应按药品说明书或处方医嘱，向患者（或其家属）进行相应的用药交代与指导，包括每种药品的用法、用量、注意事项等，确保医师处方正确执行。要注意尊重保护患者隐私，对老年人或理解服药标签有困难者，交代时需要更加耐心仔细并辅以更详细、明确的服药标签。如患者有咨询问题，应尽量解答，对较复杂的问题则建议患者到专设的药物咨询窗口。

**？ 想一想1-2-1**

如何建立调配差错的应对原则和报告制度？

答案解析

**（二）用药咨询与指导**

用药咨询是药师应用所掌握的药学知识和药品信息，包括药理学、药动学、毒理学、药品不良反应、安全信息等，承接患者、医师、护士和公众对药物治疗和合理用药的咨询服务。药师开展用药咨询，是药师参与全程化药学服务的重要环节，对临床合理用药具有关键性作用和重要意义。目前我国大多数医院和社会药房均开展了用药咨询工作，有的医院还开展了社区和家庭病床用药咨询服务。

**？ 想一想1-2-2**

甲药师是某医院门诊药房的主管药师，一次他在门诊药房发药时，某位糖尿病患者在取药后向他请教有关药品的使用注意事项，甲药师回答患者："我是药师，只管发药，有关药品使用的注意事项请去问医生。"甲药师的做法是否合适？为什么？

答案解析

**1. 患者用药咨询**

（1）咨询环境　构建方便舒适、标志明确、适当隐蔽和必备设备的环境。咨询台（处）宜紧邻门诊药房或药店大堂，处于明显位置以方便患者的咨询，设立"用药咨询"标志，标志牌要明确醒目，使患者可清晰看到咨询药师位置。咨询环境应舒适，让患者感觉到温馨和信任并相对安静，较少受外界干扰，设置一定数量的座位以方便站立不便、咨询时间过长或老年患者。通常情况下，对大多数患者可采用柜台式开放性面对面咨询的方式，但对某些特殊患者（如计划生育、妇产科、泌尿科、皮肤及性病科患者）应单设比较隐蔽的咨询环境，以便患者放心大胆地提出问题，同时尊重患者的隐私权。咨询台（处）还应准备药学、医学的参考资料以及医药科普宣传资料，有条件时可以配备装有数据库的计算机及打印机，可当场打印患者所需材料。

（2）咨询内容　①药品名称：包括通用名、商品名和化学名。②药品适应证：药品适合于治疗（或预防）哪些疾病或症状，适应证是否与患者病情相吻合。③用药方法：口服药品的服用方法、服用时间和用药前的特殊提示，如何避免漏服药物以及漏服后的补救方法，栓制、滴眼剂、气雾剂以及缓释制剂、控释制剂等特殊剂型的使用。④用药方案：首次剂量、维持剂量、每日用药次数、间隔时间及疗程等。⑤用药后疗效预计：起效时间、维持时间、使用后何时能够改善症状或痊愈。⑥药品不良反应：主要的副作用、毒性反应等。⑦用药注意事项：药品的禁忌证、饮食禁忌、是否影响驾驶等。⑧其他：是否有替代药品或其他疗法，药品的鉴定辨识、贮存、保管和有效期，药品价格，药品是否进入医疗保险目录等。

（3）咨询方式　可分为主动咨询和被动咨询。主动咨询是药师主动向公众发放合理用药宣传材料，或借助网络宣传促进健康和合理用药的小知识。被动咨询是药师日常最经常承接的咨询方式，往往采用面对面的方式或借助通信工具。由于患者的情况各异，咨询所涉及的专业角度不同，了解问题的深度也各不相同，药师在接受咨询时，必须详细、全面了解患者的信息。首先应问明患者希望咨询的问题，还可通过开放式提问了解更多患者的背景资料，以便从中判断患者用药是否正确、存在哪些问题，然后告知正确的用药信息。

（4）特殊情况下的提示　遇到以下情况应给予特别提示：同时使用两种或两种以上药品，如糖尿病患者同时使用降糖药和解热镇痛药时；用药后出现不良反应，包括不良反应史，患者所用的药品近期发现严重或罕见不良反应时；用药依从性低，如老年患者；处方中药品用法用量及适应证与药品说明书不一致，有些处方剂量因患者病情需要超过规定剂量时；正在使用的药物中有配伍禁忌或配伍不当，若有明显配伍禁忌时，应在第一时间与医师联系；需要进行治疗药物监测（TDM），如使用安全范围较小的地高辛、苯妥英钠等药品；近期修改说明书的药品，如商品名、适应证、禁忌证、有效期、贮存条件等；使用特殊管理药品及其他处方药，如使用麻醉药品、精神药品等；其他，如药品被重新分装且包装近有效期的药品。

（5）需要特别关注的问题　患者对咨询信息的要求及解释上存在种族、文化背景、性别及年龄的差异，咨询方式和方法要适宜。①关注特殊人群：老年人因其认知能力下降，解释时语速宜慢，适当多用文字、图片形式以便加深理解和记忆；对女性患者，要注意问询是否已经妊娠或有无准备怀孕，是否处在哺乳期和月经期；此外，患者现有疾病状况也不能忽视，如肝肾功能不全易导致药品不良反应，应提醒患者用药时注意。②注意解释的技巧：内容简明扼要、通俗易懂，以通俗性语言或容易理解的医学术语来解释，避免使用专业性太强的术语，让患者能够正确理解和接受药师的咨询内容。③尽量为特殊患者提供书面材料：如第一次用药的患者，用药依从性低的患者，使用地高辛、氨茶碱等安全范围小、个体差异大的药物的患者。④及时解答患者的问题：能够当场给予解答的就当场解答，对不十分清楚的问题或者不能当场答复的，要待进一步查询相关资料以后尽快给予正确的答复。⑤尊重患者的隐私权：在药学服务过程中要尊重患者的意愿，保护患者的隐私，尤其不能将咨询档案等患者的个人信息资料用于商业目的或向他人公布。

**? 想一想1-2-3**

患者，女，60 岁。诊断血脂异常、高血压，口服阿托伐他汀，20mg，q. d，其血脂基本维持在正常水平，现来医院进行用药咨询：因服药种类较多，能否停药？如不能停药，可否隔天服用？

答案解析

**2. 医师用药咨询**　主要是关于药物的药效学、药动学、药物相互作用、不良反应、禁忌证、药物中毒的鉴别与解救、药品的选择、不同生产厂家品牌药品的性价比、替代药品的评价、国内外新药动态和新药知识以及处方药和非处方药的相关管理制度等。

（1）新药信息　随着医药产业的迅猛发展，新药和新剂型不断涌现，药师应为医师提供新药的作用机制、作用靶位、药效学和药动学指标、临床评价等信息，为临床合理使用提供依据。

（2）合理用药信息　药师应利用其专业优势，在合理用药方面掌握更多更新的信息，特别是在合理使用抗微生物药物、药物相互作用、药品的性价比、国外新药动态、老药新用、新药疗效评价及不良反应监测等方面向医师提供有用的信息。

（3）治疗药物监测信息　治疗药物监测（TDM）是药学服务中十分重要的工作，目前 TDM 对象已扩展到强心苷、抗心绞痛药、抗心律失常药、解热镇痛抗炎药、平喘药、抗精神失常药、免疫抑制剂、抗肿瘤药、抗生素 9 大类的 30 多个常用药物，通过 TDM 信息，为医师制订个体化治疗方案提供参考。

（4）药品不良反应和禁忌证信息　药师在做好药品不良反应的发现整理和上报工作的同时，及时搜寻国内外有关药品不良反应的最新进展与报道并提供给临床医师，将有助于提高医师合理用药的意识和能力，防范和规避发生药品不良反应的风险，为医师开展新药临床研究药物经济学评价、药物流行病学的调研及国家药品分类管理提供参考资料，也为公正解决医患纠纷提供科学的论证指导。

**3. 护士用药咨询**　护理人员是药物治疗的执行者和监护者，在施行药物治疗过程中，护士需要获得有关药物的剂量、用法，注射剂配制溶媒、浓度和输液滴注速度，以及输液药物的稳定性和配伍禁忌等相关信息，药物静脉滴注的问题是药师向护士提供用药咨询服务的重点，同时护士还需要获得指导患者正确用药（包括用药的饮食宜忌等）以及用药监护等新信息、新知识。药师为护理人员提供科学合理的用药咨询，有利于临床护理质量提高和药物治疗的有效性。

**4. 社会公众用药咨询**　现今人们更加注重日常保健和疾病预防，随着医药知识的普及，社会公众的自我保健和自我药疗意识也不断加强。药师对社会公众的用药咨询主要普及药品不良反应、用药注意事项、药品禁忌证、药品储藏与保管、效期管理等基本知识。在社会公众用药咨询中，尤其应该重视在非处方药（如抗感冒药）、社区常见疾病治疗药物（如抗高血压药）、补钙药、补充营养素制剂等的使用方面给予科学的用药指导，减少和避免受虚假广告的影响。

## 三、药品信息服务与临床药物治疗学

药学信息服务（information service），或称药学信息活动（drug information ativiy），是 20 世纪中期提出和发展起来的。随着医药科学的迅猛发展，药物种类与数量增加，药物的各项研究也日益深入、全面，每年仅关于药物评价的论文就达到数万篇，信息量的激增使得医师对药学信息的有效掌握变得十分困难，同时医师和护士对药学信息的要求也日益提高，提供现代的药学信息服务工作成为临床药学服务的一项重要职能。药学信息已发展成为一门独立的分支学科。

广义的药学信息包括药学学科所有方面的信息，甚至还涉及大量的医学学科的信息，如药品研发信息、药品专利信息、药品生产和上市信息、药品价格信息、药品监督与管理信息、药学教育信息、药学各专业学科的信息、药物使用信息、疾病变化、耐药性、生理病理状态、健康保健信息等。狭义的药学信息是指为实现合理用药所需要的信息，涉及的内容仍然十分广泛，只要与用药安全、有效、经济有关的信息均属于药学信息，涵盖药物研发、生产、经营、检验、使用等全过程的每一个方面的信息，但集中表现是药品的使用信息。

✂ **练一练1-2-3**

药物信息咨询服务的核心是

A. 为制定医院处方集提供药物信息

B. 为制定标准治疗指南提供药物信息

C. 为某一类患者的用药治疗提供药物信息服务

D. 为某一位患者提供有关药物使用的信息服务

E. 以循证药学的理念为临床提供高质量、高效率的用药相关信息，帮助解决患者的实际用药问题

答案解析

**（一）药学信息服务的内容**

药学信息服务具有高技术性、全面性、开放性和双向性的特点。药学信息服务的对象是广大公众，包括医护人员、患者及家属、药品消费者和健康人群，尤为重要的人群是医生、护士、患者，其目的是收集药物安全性和疗效等信息，建立药学信息系统，提供用药咨询，改善药物治疗结果，促进合理用药，实现药师角色的转换。药学信息服务的内容主要包括如下。

1. 收集、整理、保管和评价药学信息，有效管理各类药学信息。

2. 向患者家属、健康工作者和其他人员提供药学信息咨询服务，确保正确、合理地使用药品。

3. 以疗效、安全性、费用和患者因素为科学依据，建立和维护处方集，为临床提供科学用药指导。

4. 参与药品不良事件的报告和分析，及时发现并分析、上报药品的不良反应信息。

5. 提供用药审查服务，提示用药方案中潜在的问题，以便医师制订更好的用药方案。

6. 出版《药讯》、"用药明白纸"等资料或媒介，就药品的使用等对患者及其家属、健康工作者进行教育。

7. 对医师、药师、其他健康工作者和药学学生开展药学信息的教育和培训工作。

8. 对药品的使用进行评价，为药品监督管理部门提供药品在临床使用中的再评价依据。

9. 开展有关药学信息服务的研究工作，探索更多更好的药学信息服务方式和技术，促进信息服务水平的提高。

10. 开展医疗机构之间的药学信息交流和合作，促进机构之间的药学信息的整合、交流与合作。

✎ **练一练1-2-4**

以下资源中，属于药物信息的最为长期有效来源的是

A. 国家药典　　　　　　B. 政府文件　　　　　　C. 专业书籍

D. 专业期刊　　　　　　E. 药物手册

答案解析

**（二）药学信息的获取途径**

**1. 药品说明书**　是经国家药监部门批准的具有法律效力的重要药品文书，主要信息包括药品名称、性状、药理毒性、药动学、适应证、功能主治、用法用量、不良反应、用药注意事项、特殊人群用药、药物相互作用、药物规格、出厂包装、有效期、批准文号、生产企业和上市持有人等。

**2. 工具书和参考书籍**　提供的药学信息内容权威规范、系统全面，但信息可能比较滞后。

（1）**各国药典**　药典是国家颁布的有关药品质量标准的法规，属政府出版物。如《中华人民共和国药典》（Chinese Pharmacopoeia，ChP），由国家药典委员会编辑出版，先后出版了12版药典，现行使用的是2020年版药典；《美国药典/国家处方集》（U. S. Pharmacopoeia/National Formulary，USP/NF），分为《美国药典》（USP）和《美国国家处方集》（NF）两部分，NF收载了USP中未收入的新药和新制剂；《国际药典》（Pharmacopoeia Internationalis，Ph. Int），由世界卫生组织（WHO）药物制剂专家咨询小组编纂，世界卫生大会批准出版，第一版出版于1951年，现行版本为2015年发布的第5版。

（2）**参考书籍**　如《新编药物学》（陈新谦、金有豫、汤光主编）《临床用药须知》（国家药典委员会编）《实用抗微生物药物学》（戴白英主编）《临床药理学》（李家泰主编）《药品不良反应》《药物相互作用的分析与处理》《马丁代尔药物大典》（英国药学会出版）《默克索引》（美国Merck公司出版）《英国国家处方集》《医师案头参考》等。

**3. 网络药学信息资源**　除印刷出版物外，还有计算机联机检索系统、光盘形式的电子出版物。网络信息数据库已非常普及，常见的医药学数据库有中文科技期刊数据库、CNKI全文数据库、万方数据

库、维普科技期刊数据库、PubMed（美国国立医学图书馆提供）、CA（Chemical Abstracts，美国化学文摘）、SCIE（Science Citation Index Expanded）、美国科技信息所科学引文索引数据库、OVID 外文全文数据库、Springer Link 外文全文数据库等，各网站的检索格式和习惯各异。

**4. 学术交流**　学术会议、专题报告和继续教育讲座是专业技术人员获取新信息的另一种重要渠道，通过学术报告可以了解某一专业领域前沿的情况，这些资料都是药学期刊未发表的，将这些报告资料收集起来，可以弥补药学期刊的不足。另外，产品推广会中关于新药的介绍等资料虽然具有片面性，但也有一定的参考价值。

**5. 临床实践**　药师参与临床实践，如查房、会诊、病例讨论，可在与医师、护士和患者的直接接触中学习，可取得药学信息的第一手资料。

### （三）药学信息的评价

在药学信息服务中，药学专业人员可以将收集到的药学信息，运用随机对照试验的 Meta 分析和描述性统计技术，对药物的安全性和有效性进行评价，最后得到可靠的结论。

**1. 药学信息的分级**　运用循证药学的方法，对药学信息分级如下。

一级：至少来自一篇设计良好的大样本多中心随机对照试验系统综述的强烈证据；按照特定病种或特定疗法收集所有质量可靠的随机对照试验后做出的系统评价 Meta 分析结果。

二级：来自设计良好的单个大样本的随机对照试验的强烈证据。

三级：来自设计良好但随机性不佳的证据。

四级：来自设计良好但无对照试验的证据。

五级：来自以权威的临床经验为基础的意见、描述性研究或专家委员会报告。

对文献信息的评价须注意内容相关性、内容新颖性、内容广度与深度、文献作者、内容客观性、结构准确性、参考文献。

**2. 对网络信息资源的评价**　网络信息发布无须经编辑或专家的预审，缺乏出版印刷品那样有力的质量保障机制，因此，更有必要仔细衡量其信息价值。网络信息资源评价方法分为四种。

（1）第三方评价法　由第三方根据特定的信息需求，建立符合特定信息需求的信息资源评价指标体系，按照一定的评价程序或步骤，得出网络信息资源的评价结论。

（2）用户评价法　有关网络资源评价的专业机构向用户提供相关的评价指标体系和方法，由用户根据其特定信息需求从中选择符合其需要的评价指标和方法。

（3）引文分析法　是评价期刊质量的经典工具。Web 网站中的链接可被看作类似于印刷型出版物中的引文，可通过计算其相关的数量指标来计算网站的相对质量。

（4）网络计量法　是目前正在探讨和研究的一种网络资源评价方法，具有方便快速、客观公正、评价范围广等优点，但由于其通过网站之间的"引用"差异来衡量网站的质量或影响度，其结果是相对的，甚至可能造成评价的误差。

以上评价方法各有利弊，药学技术人员可以根据需要借鉴和参照这些评价方法和指标体系，对网络信息进行评价。

### （四）药学信息服务的实施

**1. 用药咨询服务**　应紧紧把握合理用药的四个要素，即在用药安全、有效、经济、适当的情况下开展药学咨询服务工作，不同的用药咨询对象，其所咨询的信息内容、信息质量和服务方式有所不同。

**2. 药学信息的传播**　药学信息咨询是被动的药学信息服务，虽然针对性较强，但服务对象窄，为了更好地发挥药学信息人员的作用，必须以各种方式主动传播交流药学信息。药学信息的传播可通过编写文字资料、讲座和网络媒体宣传等途径进行。

（1）编写文字资料　①药讯：由药师负责编辑出版，医生、护士均参与编写，是提供药学信息服务的重要方法。内容大致可包括：新药介绍、老药新用、新的药物用法、新出现的药品不良反应、新发现的药物相互作用、药物评价、同类药品的效价比、本院药师对进货的质量检查报告（如不同厂牌的溶出度）、新出台的药政法规、本院药事管理委员会的通报和动态、药品价格变动、药品库存情况、效期药品通报、用药问答等。②医院处方集：也称医院药品集，是经过科学评价和筛选，符合本医院用药实际情况和特点的药学手册，为医疗人员提供一个基本药物手册，是医院全体医生共同需要遵循的主要用药指南。③宣传窗：利用医院药房公共场所的宣传橱窗、黑板报或者张贴宣传画等形式介绍合理用药知识，传播药学信息。④板报宣传：宣传合理用药的基础知识，可在患者候诊室或药房周边张贴，应定时有针对性地更换。⑤图画宣传：具有简单易行、通俗易懂的特点，多见于合理用药知识的公众普及宣传。⑥单页或卡片式宣传：可针对常见问题编印单页或卡片式的宣传资料，针对性和时效性强。⑦宣传册：针对某种疾病或某类药品而编写，内容比较系统，包括合理用药、疾病预防、心理治疗、健康锻炼等相关知识，适合于慢性病患者的教育。

（2）药学讲座　药师在健康教育和社区服务中，可采用讲座形式，根据人群特点选择内容，采用通俗易懂的形式开展用药教育和科普宣传，如介绍特殊剂型药品的正确服药方法，药物不良反应的预防、误服药、漏服药的处理，储存药品常识等。

（3）网络、电视等媒体宣传　①电视宣传：在传媒机构或部门的帮助下，拍摄某种疾病或某类药物合理应用的专题片或视频，在候诊区或媒体平台演播，方便患者及公众及时准确获取医学药学信息。②药学网站：这是目前最为重要的信息交流方式，一方面在计算机网络部门的支持下，建立药学信息网站平台，将药学信息进行"特色化"加工整合，设立"医药动态""合理用药指南""药学文摘""药学论坛"等栏目，另一方面，借助已经成熟的各网络平台，下载使用评价较高的用药服务 APP，或建立药师或药学部门的公众号、视频号、直播账号，提供开放式交流和咨询服务，实现药学信息服务的即时化、公开化、远程化，为药师与患者及医护人员之间架起信息共享与相互交流的平台。

## 四、用药依从性与临床药物治疗学

用药依从性（compliance）是指患者对医师医嘱的执行程度，它是药物治疗有效性的基础，当患者能遵守医师确定的治疗方案，服从护理人员和药师对其健康方面的指导时，就认为这一患者具有依从性；反之，则为缺乏依从性。依从性并不限于药物治疗，还包括对饮食、吸烟、运动及家庭生活等生活习惯与行为方式等方面指导的遵从，患者缺乏依从性将产生药物治疗不良的后果。在影响药物治疗效果的诸多因素中，患者的不依从越来越引起医药工作者的关注。

### （一）患者不依从的主要类型

**1. 不按处方取药**　患者由于种种原因，擅自取舍处方中的药物。

**2. 不按医嘱用药**　患者擅自更改药物的剂量、用药的次数、用药途径或方法、用药时间或顺序、疗程等。

**3. 不当的自行用药**　患者凭经验或直觉自行用药。

**4. 重复就诊或用药**　患者先后就诊于不同医院、科室，或同时正在使用其他药物而不告知就诊医师，导致相同或者相似药物重复使用。

### （二）产生不依从的主要原因

**1. 治疗方案因素**　治疗方案过于复杂，如采用多种药物治疗时，患者往往不能准确地遵从服药方法。此外，有的患者多科就诊，用药品种多，用药方案不一，用药时间严格，疗程过长等，同样难以遵循医嘱。特别是老年人中的健忘和痴呆症患者，常对一些简单的用药方法感到无所适从，有的孤寡老人或精神障碍患者因无人监督服药，不能确保按医嘱治疗。

**2. 药物制剂因素** 药物的剂型与规格不适宜或包装不当，标签不清。如剂型规格不合适，片剂过小不利于伴有视力和手指灵活性减退的老年患者抓取及分掰，片剂过大难以吞咽甚至呛咳、干呕等；不同剂型的使用方法有特殊要求，如控释片、肠溶片不可掰开，泡腾片冲泡使用，舌下片不可吞咽，悬浊剂需要振摇等；药物或剂型带有不良气味及颜色等。

**3. 患者因素** 不理解或误解医嘱或治疗方案；忘记服药或因经济因素停药，患者担心费用而不复诊、随意减少剂量或不能坚持治疗；药物的副作用造成患者停用；否认患病、不相信药物有帮助，求助于非正规治疗；错误地相信疾病已治愈而停止治疗；受社会不良广告宣传的影响，擅自改服所谓的偏方或秘方；遇到其他用药障碍，如吞咽困难、开瓶不方便、治疗计划烦琐、购药途径或手续受限等。

**4. 医药人员因素** 医务人员的职业道德与工作质量往往会对患者产生较大影响。如果医师能关心患者，认真治疗，患者对医师有信任感，治疗的依从性就好；医药人员缺少与患者的沟通与交流，对患者缺乏指导、指导不力或提供的指导不准确、不清楚、不详细，从而导致患者的依从性差。

**？ 想一想1-2-4**

李某，男，33岁。因鼻翼旁出现疖痛，肿痛难忍就医，医师为其开具乙酰螺旋霉素肠溶片，交代其要整片吞服。但李某想加快药物吸收，尽早缓解症状，自行将肠溶片掰开嚼碎服下。请思考：患者有哪些不合适的给药方式？

答案解析

### （三）患者不依从的后果

患者用药依从是临床药物治疗有效的基础。不依从的后果依程度的不同而不同，轻者贻误病情，药物防治方案失败；重者可发生药物中毒，甚至危及生命。此外，患者不依从也会导致医务人员对药物治疗结果做出错误的判断，认为诊断有误或药物治疗无效，干扰诊治，造成医疗浪费，甚至使患者承受更大的不良反应风险。

如发现药物治疗效果不佳，医药工作者应全面分析评估患者的依从性因素，评估方法通常是患者自报、记录服药时间、计数剩余药量、监测电子剂量及测定体液药物浓度等，其评估结果的可信度依次递增。

### （四）提高患者用药依从性的措施

患者产生不依从的原因复杂，要针对产生原因来提高患者的依从性，改善依从性的方法有以下几种。

**1. 建立良好的医患关系** 医务人员要赢得患者的信任与配合，熟悉患者心理、生理和社会需求，尊重患者人格、感受和观点，关心、爱护、体贴和理解患者，耐心与患者进行有效的沟通。

**2. 协助医生优化治疗方案** 治疗方案复杂是造成患者不依从的主要原因之一，应建议医生合理制订用药方案，优化药品种类和规格，如采用长效或缓释制剂等，减少用药次数，用法用量应易掌握，以方便患者使用。

**3. 加强对患者的用药指导** 向患者提供用药指导，应采用易接受、能理解的方式提供有关药物信息，如亲切的语言、和蔼友善的态度、体贴与同情心等，让患者感到宽慰、温暖并产生信任感的同时，让患者了解药物特性，正确使用药物，尤其是安全范围较窄、过早停用会产生严重后果或需要长期使用的慢性疾病药物。用药指导主要包括以下几个方面。

（1）治疗目的与药物疗效 告知用药目的和预期结果，症状消失或改善情况，起效时间和表现，用药不当的后果等。

（2）用法用量和疗程　告知用药时间、剂量、方法和辅助给药措施等，根据实际指导增减药量方法、最大剂量、疗程和停药指征，强调必须规律用药。其中，用药方法不妥是患者不依从的常见情况，尤其是新剂型或罕用剂型，如肠溶片及长效、缓控释片剂，使用时必须整片吞服，不能嚼咬或掰半，否则失去疗效；口服液体制剂应使用有刻度的量杯准确量取，悬浊剂要振摇均匀；粉雾剂使用前应先用温水漱口，同时清除口腔异物以避免口腔内异物吸入气道，如有活动式义齿应取下，使用时应头直立，尽力呼气后将喷嘴对准口腔，用力揿压喷雾按钮，闭口咬紧，快速吸气，再屏气几秒钟，为保证药物吸入完全，可反复几次。

👁 看一看1-2-3

### 判定患者用药依从性的方法

**1. 直接法**　常指生物学鉴定法，采用体内药物分析技术，通过测定体液中药物或代谢产物的浓度等实验指标，评估患者是否按时、按剂量用药。

**2. 间接法**　①计算用药量法：由医护人员根据剩余药片、胶囊数量推理计算。②问卷调查：根据疾病特点编制的，通过测量有关症状改善指标或表现来评估患者服药依从性的问卷。③设备检测法：在药瓶或药盒上安装电子监控或采用留痕技术，建立用药行为监测系统，记录药瓶等打开的日期和时间。④其他方法：包括患者会谈、服药日记、药房记录、观测临床结果等。

（3）药物不良反应　预先告知患者和家属用药后可能出现的（或主要）不良反应的表现、持续时间、严重程度等，介绍鉴别、缓解措施，并提示对继续用药的影响等，这些会降低患者不依从性。必要时，要强调不良反应的发生是统计学概率事件，是整体人群的反应，存在明显个体差异。

（4）用药注意事项　向患者或家属有选择地详细说明：药品购买，使用要求，贮藏方法，有效期，剩余药品处理，用药期间的各类禁忌，复诊开药的时间和须向医师提供的信息，避免漏服药的措施如采用个人周（日）用药盒法、手机闹钟提醒或推荐缓控释剂或长效制剂等。当患者使用特殊药物或罕见药物时，应单独提供有关信息资料。

**4. 确认沟通效果**　询问、测评患者对上述各项的掌握程度，必要时需让患者复述最重要信息，询问患者是否还有其他问题等。

**5. 加强督促、检查执行情况**　用药后应配合医生、护士定期检查，监测实际用药情况，及时了解并解决患者用药中出现的问题，消除患者顾虑，增加信任度，提高实施效果。

通过有效的干预教育和全程指导，使患者和家属对疾病和药物治疗有正确的认识并长期正确执行，是最具成本效益的提高依从性的方法。

## 五、临床药物评价、药物利用研究与临床药物治疗学

### （一）临床药物评价

临床药物评价（drug clinical evaluation，clinical assessment）是对已经上市的药品在治疗效果、不良反应、用药方案、贮存稳定性及药品经济学等方面进行实事求是的评论及估价工作，其结论对指导合理用药具有重要意义，因此必须加强临床用药评价，加强合理用药宣传。目前评价的方法主要有药物利用研究、药物流行病学研究、循证医学、药物经济学方法等。

**1. 药品临床评价**

（1）药品临床评价的分期　根据《药物临床试验质量管理规范》（GCP）的规定，药品临床评价分为两个阶段：上市前经过Ⅰ、Ⅱ和Ⅲ期临床试验，称上市前药物临床评价阶段；批准上市后经过Ⅳ期

临床试验，上市后的临床试验称为药品临床再评价阶段（表1－1）。

表1－1　药品临床评价的分期

| 分期 | 阶段 | 目的 | 试验对象 | 试验样本数 |
|---|---|---|---|---|
| Ⅰ期 | 初步的临床药理学及人体安全性评价试验阶段 | 观察人体对新药的耐受程度和药动学，为制订给药方案提供依据 | 健康志愿者 | 一般为20～30例 |
| Ⅱ期 | 治疗作用的初步评价阶段 | 观察对患者的治疗作用和安全性，为Ⅲ期研究设计和给药方案确定提供依据 | 目标适应证患者 | 一般为200～300例 |
| Ⅲ期 | 新药得到批准试生产后进行的扩大的临床试验阶段 | 进一步验证治疗作用和安全性，评价利益风险关系，最终为新药的获批提供充分依据 | 目标适应证患者 | 多发病≥300例，多中心即≥3家医院 |
| Ⅳ期 | 上市后药品临床再评价阶段 | 考察药品在广泛使用条件下的疗效与不良反应 | 普通或特殊人群 | ≥2000例 |

（2）上市前药物临床评价的局限性　该评价是按照研发实验设计的要求进行的，受到许多因素的限制，不能充分反映临床上可能遇到的多变且复杂的实际问题，主要包括如下。①病例数有限：Ⅱ期病例≥300例，很难发现发生率<1%的不良反应。②疗程和观察时间短，一些需要长时间应用才能发生的或停药后迟发的不良反应在此期间不能被发现。③研究对象有局限：Ⅱ期临床试验一般将老年人、孕妇、婴幼儿和18岁以下未成年人以及肝、肾功能不全的人群排除在外，药品在特殊人群中使用遇到的问题在此期间不能被发现。④考察指标不全面：临床试验所观测的指标只限于实验设计所规定的内容，未列入临床试验的指标在此期间容易被忽视。⑤管理不完善：试验设计（随机、盲法、对照）不严谨，药物研制单位或研究人员有主观偏倚，药物有效性和安全性评价结果失实。

（3）上市后药品临床再评价的必要性　新药经批准上市并不意味着对其评价的结束，只表明药品具备了临床使用的条件。上市后药品再评价不仅包括临床试验完成的"新药"，也包括所有在市场上销售的"老药"。药师是药品上市后评价的主要力量，要随时注意收集、整理有关药品在使用中的各种信息，要对更广泛的用药人群、更复杂的用药条件、更长的用药时间、更多样的用药方案以及用药中和停药后的各项临床指标进行观察，从而在完善药品的有效性、安全性研究的同时，开展药物经济学研究，客观全面地对药物做出准确的评价，从而为合理用药提供依据。国家药品监督管理部门也成立了药品临床评价中心（国家药品不良反应监测中心），以科学开展药品临床评价。

**练一练1-2-5**

药物临床评价是指

A. 对药物临床前研究的一切新药申报资料的真实性和科学性进行的评估

B. 新药上市以后对药品的理化性质、质量和价格的评估

C. 对已经上市的药品在治疗效果、不良反应等方面进行的估价

D. 新药临床研究在未上市以前进行的利益与风险关系临床评估

E. 对药物的临床药理学及人体安全性进行评价以便为临床使用打基础的评估

答案解析

（4）药品临床评价的特点　①先进性和长期性：药品临床评价的结论应建立在药理学、药剂学、临床医学、临床药学、药物治疗学、药物流行病学、药物经济学及药事管理学等多学科的基础之上，要用前沿的医药学理论和实践知识才能准确地进行评价。②实用性和对比性：药品临床评价重在临床实践即实用性，患者的性别、年龄、病理、遗传都不尽相同，用药问题多种多样，随着药品的数量和种类不断增多、价格上涨，药物经济学也成了药品临床评价的重要内容之一，特别是将不同药物的疗效、不良反应、给药方案等和价格放在一起进行比较，对促进合理用药具有指导作用。③科学性和公正性：药品临床评价以多中心、大样本、随机、双盲、对照的方法，运用正确的数理统计得出结论，

强调采用循证医学的手段，不能单凭少数人或单位的临床经验。评价还必须强调公正，评价结论不能受行政管理、生产经营企业、医疗机构等单位或个人的干预，一切为了保证药品再评价结果的可靠性，为了保证公众的合理用药，为了保障公众的健康。

（5）药品临床评价的意义　①促进合理用药：完善用药方案，为医师处方提供参考，为社区患者提供指导，让患者用最小的代价获得最大的效益。例如异丙嗪注射液因其血管给药外漏可导致严重的组织损伤、坏死，从而修改其说明书，增加警示性提示。②保证用药安全：为临床提供及时、准确、广泛的药物信息，发现问题药品及时引起重视，必要时停止使用以保证用药安全。例如促胃动力药西沙必利、口服降血糖药曲格列酮等先后被 FDA 撤出市场。③扩大使用范围：药品在上市后的临床实践过程中不断地进行药品临床评价，有些药物还可以发现更多的药理活性和其他治疗作用，从而发现新的适应证，涵盖新的适用人群，扩大药品的使用范围。例如抗心律失常药普萘洛尔在临床实践中拓展用于降压、抗偏头痛、预防心肌梗死等。

**2. 治疗药物的评价**

（1）治疗药物的有效性评价　①药效学评价：临床疗效评价一般属于药物的 Ⅱ、Ⅲ 期临床验证，以观察药物客观有效的指标为目的，如抗高血压药的降压水平、抗微生物药的杀（抑）菌率、抗肿瘤药对瘤体抑制的程度。进行疗效评价应严格选择合适的病例，分组应考虑年龄、性别、疾病程度等因素，使其具有可比性，由于各类疾病情况不一，一般说来，功能性疾病病例数宜多，如高血压；而器质性疾病病例数可少些，如肿瘤等。疗效评价除被评价药物与安慰剂对比外，被评价药物与已知同类药物对比评价也是药物临床疗效评价的主要形式。②药动学评价：药物的体内过程存在个体差异，受药物、机体、环境等多种因素的影响，因此，了解药物的药动学参数及其可能的影响因素有助于评价比较药物及其治疗的特点，有助于制订个体化给药方案，如生物利用度、吸收速率常数、半衰期、血浆蛋白结合率、表观分布容积、首关效应与药物剂型、给药剂量、给药次数、给药途径之间的关系。③药剂学评价：药物剂型和给药途径是根据病情需要和药物的理化性质来确定的，疗效与毒性均可因给药途径不同而产生明显差别。生物药剂学是研究药物及其剂型在体内的过程，阐明剂型因素和人体生物因素与药效关系的一门学科，其目的是正确评价药剂质量，设计合理的剂型及制剂工艺，研究药物制成某种剂型、某种途径给药是否有很好的吸收，从而有效地发挥作用。

（2）治疗药物的安全性评价　包括上市前和上市后安全性评价。①药品上市前安全性评价：主要针对药品的毒理学，但因样本量小、观察时期有限，一些发生率相对较低或迟发的不良反应难以观察到。②药品上市后安全性评价：可来自上市后的大范围用药研究，包括特殊人群（妊娠期及哺乳期妇女、儿童、老年人及肝、肾功能不良者等）用药、药物相互作用、用药过量及人种间安全性差异等。应及时关注药物警戒信息及实践中出现的用药错误，从而降低发生差错的风险，降低医疗风险，提高用药的安全性。

药物用于临床需要进行一系列安全性试验，除进行动物实验外，要对药物上市前和上市后的安全性进行广泛的、长期的、大量的临床观察和不良反应监察，因此，世界各国对药物研究中的安全性试验和评价做了许多严格的规定和要求。例如，奥美替丁是继西咪替丁、雷尼替丁上市后的强效组胺 $H_2$ 受体拮抗药，美国在临床试验中发现可引起患者 ALT 升高，因而终止临床试验。

（3）治疗药物的生命质量评价　健康相关生命质量是指在疾病、意外损伤及医疗干预的影响下测定和个人生活事件相关的主观健康状态和人体满意度，即个体对于个人生活的满意度及对个人健康状况的自我感觉，评价包括生理状态、心理状态、社会功能状态、主观判断和满意度。药物的生命质量评价方法不仅单纯考虑治疗药物对疾病本身的改变作用，同时强调或侧重患者对药物治疗结果的心理、生理和生活感觉及满意程度，主要评价患者对药物治疗疾病效果的感觉，患者在药物治疗后的自体功能状况，如活动能力、生活能力、心理和生理健康状况、社会综合能力等。

（4）治疗药物制剂的质量评价　医药产业类型、结构和政策发展的不平衡，因产地（国别）、质量控制技术条件不一致、厂家生产条件的差异，造成药品品种质量的差异。如通过改进青霉素制剂工艺，使其杂质减少、致敏原减少，过敏反应发生率明显降低；万古霉素杂质可引起严重毒性作用，曾一度停用，现因其产品工艺改进，质量提高，毒性作用降低，又重新用于临床。因此，必须对药物进行一致性研究，才能提高药品的安全性和有效性，保障人民用药安全有效。

（5）治疗药物的经济学评价　药物经济学是应用经济学的原理和方法提高药物资源的合理配置，促进临床合理用药，控制药品费用增长，为药品的市场营销提供科学的依据，为政府制定药品政策提供决策依据。其任务是评价临床药物治疗方案间、药物治疗方案与其他方案（如手术及其他各种治疗项目）相比，疾病治疗的相对经济效果，为临床合理、经济、科学地使用药物提供依据。

（6）治疗药物的方便性评价　主要从药品使用的方便性，贮存、运输、携带的方便性，获得的方便性，药品包装的方便性等方面进行评价。

**（二）药物利用研究**

开展药物利用研究以及药物流行病学、药物经济学和循证医（药）学研究来评价药物治疗水平，将有助于加强药品应用的管理水平，促进临床合理用药，提高医疗质量效果以及控制医疗费用不合理现象。

**1. 药物利用研究的概念**　药物利用研究（studies of drug utilization）是指全社会的药物市场、供给、处方及其使用的研究，其重点是药物利用所引起医药、社会和经济的后果以及各种药物与非药物因素对药物利用的影响。药物利用的研究对象是临床使用频繁、潜在危险性较高、使用剂量大、新上市的及贵重药物。开展药物利用研究可以实现：提示药物消费的基本状况；提示药物应用的模式；揭示药物消费与疾病谱的关系；反映国家人口素质和健康状况；监测药物不合理使用；为政策法规的制定提供客观资料等。药物利用研究的范围甚广，涉及药剂学、药理学、药事管理学、社会人类学、行为学和经济学等诸多学科领域，近年来在医院用药分析中得到充分应用。

**2. 药物利用研究的指标**　通过研究和监测药物利用的概念和指标，可以反映药物利用研究的结果。

（1）限定日剂量（DDD）　某特定药物为治疗主要适应证而设定的用于成人的平均日剂量。DDD是人为制定的每日用药剂量，而不是推荐剂量。

（2）日用药人次或DDD数（DDDs）　药品某段时间内的总购入量除以相应的DDD值，衡量药物使用频度。计算公式为：DDDs = 药品某段时间消耗量 ÷ DDD值。DDDs越大，说明此药的使用频率越高。

（3）处方日剂量（PDD）　从有代表性的处方样本中得出的日平均处方剂量，是用作论证DDD合理性的另一种衡量指标。PDD方法较DDD方法能更准确地反映人群药物暴露的情况。

（4）限定日费用（DDDc）　患者应用某种药物的平均日费用，可作为用药费用方面的参考指标。计算公式为：DDDc = 某药年销售总金额（元）÷ 该药的DDDs值。DDDc越大，表示患者的经济负担越重。

（5）治疗日　一种药品按一定规格、数量给予患者，对某类疾病所提供的可发挥治疗作用的日期数。它抽取药品具有日治疗剂量和可用时间的共性，具有可加性和可比性，弥补了金额指标的不足，分析结果与金额排序对照更贴近临床用药实际。计算公式为：治疗日 = 单位包装药品总量 ÷（平均日治疗剂量×消耗量）。

（6）治疗日用药金额　相同治疗类别药品日用药金额参考值，以考察某一疾病用药费用的社会平均水平。计算公式为：治疗日用药金额 = 某类药的用药总金额 ÷ 总DDD。

（7）抗菌药物使用强度 住院患者百人每天所消耗抗菌药物的 DDD 数。计算公式为：抗菌药物使用强度＝［抗菌药物消耗量（累计 DDD 数）×100］÷同期收治患者人天数。

**练一练1-2-6**

某医院 1 月份注射用头孢替唑钠（0.5g/支）的使用量为 1500 支，注射用头孢替唑钠（0.75g/支）的使用量为 800 支，头孢替唑钠的 DDD 值为 6g，出院总人数为 1300 人，平均住院天数为 5 天。请利用药物利用有关知识，计算并讨论该院 1 月份头孢替唑钠的使用强度。

答案解析

**3. 药物利用研究的类型**

（1）定性评价：对药物利用的质量、必要性和恰当性进行评价，从而提供一个可供对照的、明确的、超前决策性的技术规范。定性研究侧重于药物使用的质量评价，如安全性和有效性，包括处方和处方行为、患者依从性、药物经济学、文献计量学分析和专题研究等，其衡量标准常采用权威性的或公认的药物使用标准。

（2）定量评价：对某个国家、地区或单位在不同水平上药物利用的动态量化研究，主要是通过处方分析，评价指标常用表现费用或数量的指标，包括处方统计、药品日剂量分析、成本研究、医药市场信息分析和药物情报分析等。

药物利用评价标准可以分为三类。①结构性标准：是观察单位的人口统计学和生态学特征，例如一组与药物使用质量有关的准则，包括出处方者的教育背景、专业训练、行医年数、对药物情报的了解等。②过程性标准：是指给药的具体条件，包括时间、地点、品种、方式、方法等多因素考虑的标准，如医生在开出抗生素之前，是否做过该感染的细菌培养，是否进行过该药的敏感性试验等，这类准则在评价中比结构性准则有更多的动态性。③结果性准则：主要是评价药物使用的最佳结果，即被评价的要素对患者整个健康和幸福的作用。结果性准则在药物利用评价中较难制定和运用。

（3）从时间上看，药物利用评价还可分为回顾性评价、前瞻性评价和现时评价。回顾性评价往往具有较好的条件，如数据资料充分、时间有保障；前瞻性和现时性评价则不具备这些优点，但对患者合理用药有直接好处。

**4. 药物利用研究的方法和应用**

（1）金额排序分析 资料来源于医疗单位的购药金额、药品消耗金额，选定某一段时间内一定样本数的药品，按药品金额或数量大小顺序排列，以此数据为基础做统计处理，重点分析用药特点和用药趋势。该法适用于分析医院用药特点和用药趋势，可总结医院自身的经济运行机制。

（2）用药频度分析 采用 WHO 制定的限定日剂量（DDD 值），分析、评价药物在临床的地位。该法用于估算药物不良反应发生率，判断药品实际消耗量及其变化趋势，以补充购药金额排序分析法中由于药品价格差异而造成的不足。

**看一看1-2-4**

### 用药频度分析具体方法

①确定 DDD 值。②以药品某段时间内的总购入量除以相应的 DDD 值求得该药的 DDD 数，即日用药人数。③分别计算与购入量对应的总金额数，以总金额数除以 DDD 数求得每天的治疗费用。④对总购药金额、总购入量、DDD 值、DDD 数进行数据处理，求得购药金额序号和用药人次序号。求得购药金额与用药人次是否同步的指标，比值接近 1.0，表明同步较好，反之则差。

（3）医院处方分析　通过分析医院处方，提供不同年龄、性别或诊断的患者的用药模式，研究药物利用与其适应证的关系，确定治疗最频繁的病种，为药物使用管理、药品采购供应、药厂生产的市场信息等提供参考依据。方法包括如下。①处方频数分析：选择一定限度时间，常以1个月、半年或1年时限的处方进行统计处理，也可对不同年份相同月份的处方进行比较分析，以便从市场动态中得到启示。处方分析统计的内容：药品的品种、日剂量、总剂量、使用天数、用法、费用、科别、就诊医生、患者姓名、年龄、性别等。②药物利用指数分析（DUI）：通过用DDDs数除以患者总用药天数来测量医生使用某药的日处方量，用于评估临床用药的合理性及用药行为。③与疾病有关的用药分析：通过统计某类或某个疾病的处方数，从药品的种类、数量、用法以及患者的年龄、性别等指标分析，了解疾病的药物治疗现状和趋势以及药品在临床治疗中的分布情况。如对心血管疾病、消化道疾病、肿瘤疾病等进行用药分析，为临床治疗药物的合理选择提供参考依据。④单病种药品费用分析：指不同医生对病情相似同一诊断患者的平均处方费用分析。

👁 **看一看1-2-5**

### 药物利用指数的意义

药物利用指数分析计算公式为：DUI = DDDs ÷ 该药总用药天数。若DUI大于1.0，说明日处方剂量大于DDD，表示其用药可能存在不合理情况；若DUI小于1.0，日处方剂量小于DDD，则表示处方用药处在合理范围内。通过DUI的测算，可以了解医生的用药习惯，发现用药的流行趋势，估计用药可能出现的问题，监测用药的合理性，防止药物滥用或误用。如用此法定期开展精神类药物评价以判断其是否使用合理，可以加强医院对精神类药物的管理。

（4）趋势预测分析　根据处方某项指标过去的、按时间顺序排列的历史数据，运用一定数学方法进行计算，对现有资料进行延伸分析、计算和推测，对未来需求做出正确估计。

✎ **练一练1-2-7**

以下不属于药物经济学研究服务对象的是

A. 政府管理部门　　　B. 医疗服务供方　　　C. 医疗保险公司

D. 医生和患者　　　　E. 药品检验机构

答案解析

（5）药物经济学分析　对多种药理作用相同而费用差别较大的药品进行跟踪统计研究。该法的主要任务是对比分析与评价不同的药物治疗方案间、药物治疗同非药物治疗、不同临床药学服务、医疗社会服务所产生的相对经济效果，引导医生合理用药并为治疗决策提供依据。主要方法包括：最小成本分析、成本-效益分析、成本-效果分析、成本-效用分析等。

（6）药品消耗数据分析　收集医院药品的消耗数据或购药数量，进行排序、对比分析。该法着重于按药理类别构成分析，与金额排序分析相比，能更直接反映一个地区的疾病分类构成，排除那些单价昂贵的药品在金额排序分析中以金额为标准得出的偏性结论。

（7）药名词频分析　对国内医药期刊中药名出现的频次进行统计分析，定性分析药名词频与药物应用之间的关系，并为定量分析提供资料，属文献计量分析方法之一。

（8）药物情报分析　揭示药物的分布、使用和发展趋势，为药物的开发、生产、经营、临床应用和药政管理提供依据，主要有综合归纳法、对比分析法、相关分析法、因果关系法、背景分析法、趋势处理法等。这些方法同样适用于药物利用的定性或定量研究。

**5. 医院开展药物利用研究的基本步骤**　医院开展药物利用评价涉及数据的搜集、整理、分析、解释以及对不良使用的纠正，是一项长期连续的工作，基本步骤有以下五个。

（1）明确目的，确定评价范围　按药物的药理作用分类或按疾病用药分类，重点放在临床上常出现药物不良反应或在最佳利用上最易产生问题的药物上，如抗生素类药物、心血管类药物和抗肿瘤类药物等。评价药物的选择可以根据药物消耗金额大小的顺序排列来确定，初始可从少数几种药物着手，逐步展开。

（2）建立评价质量的度量标准　建立标准是关键。药物利用评价是一种综合性评价，不可能用单一指标进行判断，评价指标会随着医学实践的发展而变化，医院药房应当根据文献资料和本院的实践经验，确立适合自己医院的多项分析内容和标准，并以此来衡量药物使用情况。

（3）收集数据并整理数据　使用数据是评价的基础，其完整性和准确性十分重要。收集的数据包括处方医生、处方医生对患者的诊断和处置、患者的人口统计学特点等，如医生的年龄、受训情况与专长，患者的年龄、性别、社会经济状况、疾病严重度及其治疗时间等，药品名称、分类、编码、规格、剂型、厂牌等，数据收集应注意标准化和规范化。

（4）分析与评价结果　评价要提示一定时期、一定的卫生保健环境下药物使用的模式，通常将数据按疾病、处方医生、医生保健方式（如自费、公费、劳保等）或患者特点（能够为解释结果提供线索的情况）分类。

（5）改进用药模式　改进措施应由具有一定权威的机构或人员来组织实施，措施应尽可能简单，直接针对引起问题的原因。对于习惯性问题通过教育方法，必要时采取惩罚手段来达到改进用药的目的，同时采取有效措施防止积习重返。对疗效差、毒性大、临床使用率低的药品应予以淘汰。严重者应及时向卫生行政部门报告。

## 六、循证医学/药学与临床药物治疗学

循证医学（evidence – based medicine，EBM）崛起于 20 世纪 90 年代初期，其核心理念是强调在获取与评价最佳研究证据的基础之上，结合专家的经验和专业技能，充分考虑患者的价值观和利益，做出合理的医疗决策。循证医学不同于传统医学，传统医学是以经验医学为主，即根据非实验性的临床经验、临床资料和对疾病基础知识的理解来诊治患者；循证医学并非要取代传统医学知识，它只是强调任何医疗决策应建立在最佳科学研究证据的基础上。循证医学的理念已从最初的临床医学扩大到临床药学、卫生政策和医疗保险、卫生经济学、医学教育、心理学等领域。

### （一）循证医学常用的证据资源

临床证据从来源方面可分为一级来源证据（原始研究证据）和二级来源证据（二次研究证据），下面介绍一些常用的临床证据资源。

**1. 系统评价和实践指南**　①系统评价：是对原始文献的合并处理，将多个随机对照试验的数据合并以获得可靠的结论，这类证据文献主要分布于 Cochrane 图书馆中的系统评价资料库、疗效评价文摘库以及中外循证医学杂志中。②实践指南：是指针对具体临床问题，由医药卫生主管部门、专业委员会、学术团体根据循证医学制订的，符合当地医疗实践的临床医师参考性文件。

**2. 综合性生物医学文献数据库**　其特点是收录数量巨大，但文献质量参差不齐，必须通过合理的检索与筛选，才能检索到最佳证据。MEDLINE（医学文摘）由美国国立医学图书馆建立，是当今世界上最大也是最权威的国际性综合生物医学文献数据库之一。国内的数据库主要包括中国生物医学文摘数据库（CBM）、中文科技期刊数据库、中国期刊全文数据库等。

**3. 正在进行的研究项目** 国际生物医学期刊协议不刊登未经登记的临床试验结果，未公开的临床试验也受到医学专业人员的关注。英国国家研究注册目录（NRR）收录了英国正在进行和最新完成的研究项目。Cochrane 临床试验中心登记库收录了近 44 万项临床试验，收录了由美国政府和私人研究基金会资助的正在进行中的卫生服务研究项目。

**（二）循证医学常用的证据分级**

循证医学证据质量先后经历"老五级""新五级""新九级"和"GRADE"四个阶段。前三者关注设计质量，对过程质量监控和转化的需求重视不够，而"GRADE"关注转化质量，从证据分级出发，整合了分类、分级和转化标准，它代表当前对研究证据进行分类分级的国际最高水平，意义和影响更为重大。

目前，包括 WHO 和 Cochrane 协作网等在内的 28 个国际组织、协会已采纳 GRADE 标准，GRADE 同样适用于制作系统评价、卫生技术评估及指南。例如：WHO 已经采用 GRADE 标准制定甲型流感 H1N1 指南。

**1. 循证医学证据五级标准**

Ⅰ级：收集所有质量可靠的随机对照试验（RCT）后做出的系统评价或 Meta 分析结果。

Ⅱ级：单个大样本的 RCT 结果。

Ⅲ级：设有对照组但未用随机方法分析结果（非 RCT）。

Ⅳ级：无对照的病例观察。

Ⅴ级：专家意见、描述性研究和病例报告。

**2. 牛津大学 EBM 中心关于文献类型的新五级标准**

1 级：1a 随机对照的系统评价；1b 随机对照；1c 全或无病案研究。

2 级：2a 队列研究的系统评价；2b 队列研究或较差随机对照；2c "结果"研究，生态学研究。

3 级：3a 病例对照研究的系统评价；3b 病例对照研究。

4 级：单个病例系列研究。

5 级：未经明确讨论或基于生理学、实验室或"第一原则"的专家意见。

**3. 循证医学证据新九级标准** 体外研究、动物研究、理论研究、病例研究、病例系列、病例对照研究、队列研究、随机对照研究、系统评价或 Meta 分析结果。

**4. 循证医学 GRADE 证据质量分级** 具体见表 1 - 2。

表 1 - 2 循证医学 GRADE 证据质量分级

| 证据质量 | 定义 |
| --- | --- |
| 高质量 | 进一步研究也不可能改变该疗效评估结果的可信度 |
| 中等质量 | 进一步研究也可能改变该疗效评估结果的可信度，且可能改变该评估结果 |
| 低质量 | 进一步研究极有可能改变该疗效评估结果的可信度，且该评估结果很可能改变 |
| 极低质量 | 任何疗效评估结果都很不确定 |

GRADE 证据质量分级中，无严重缺陷的随机对照研究成为高质量的证据，无突出优势或有严重缺陷的观察性研究属于低质量证据。可能降低证据质量的因素有：研究的局限性、结果不一致、间接证据、精确度不够、发表偏倚。可能增加证据质量的因素有：效应值很大、可能的混杂因素会降低疗效、剂量 - 效应关系。

👁 看一看1-2-6

### 循证医学指导下开展大规模多中心临床试验——以 β 受体拮抗药为例

β 受体拮抗药在心力衰竭治疗方面的临床探索历经 30 多年，有两个均超过 2000 例的大规模前瞻性随机双盲对照的临床试验：CIBIS－Ⅱ 研究对 2647 例缺血性或非缺血性心肌病伴心力衰竭的患者采用比索洛尔治疗，平均随访 16 个月，总病死率比安慰剂组降低 34%，猝死率降低 44%，差异具有显著统计学意义；MERIT－HF 试验涉及欧美 14 个国家 3991 例缺血性或非缺血性心肌病、心功能 Ⅱ 至 Ⅳ 级慢性心力衰竭的患者，研究采用美托洛尔缓释制剂进行治疗，平均随访 18 个月，相比于安慰剂组，总病死率下降 34%，猝死率下降 41%，是迄今为止最大规模的多中心随机双盲临床试验。试验得出一致的结论：β 受体拮抗药能降低心力衰竭患者的病死率。这是近年来在循证医学指导下，由一系列大规模多中心临床试验提供大量证据而给予的新认识。

#### （三）循证医学证据的评价方法

近年来，虽然临床研究方法学有了很大改进，随机对照试验也广泛开展，但仍受到各种条件的限制，多数临床试验样本量较小，不足以消除随机误差对结果的影响。为了确保临床证据的真实可靠，将多个符合一定质量标准的研究结果收集起来进行评价，是非常有必要的。下面简要介绍系统评价和 Meta 分析的方法过程。

**1. 系统评价** 又称系统综述，是针对某一特定的临床问题，采用临床流行病学的原则与方法，系统、全面地收集已发表或者未发表的临床研究结果，筛选出符合质量标准的文献，进行定性分析或定量综合，获得较为可靠的结论。主要步骤如下。

（1）确定目标问题 目标问题将决定系统评价的结构和评价过程，应考虑研究对象、干预措施、评价结局以及研究设计类型等。

（2）制订研究方案 研究开始前确定方案，可以避免在评价过程中受到原始文献数据和结果的影响而更改系统评价的目标或内容。方案主要内容包括研究题目、研究背景、研究方法，其中研究方法应包括：①确定原始文献入选或排除的标准；②确定检索相关原始研究的方法和策略；③描述收集符合条件的原始研究中相关信息的方法；④选择统计分析模型等。

（3）检索文献 创建检索策略应紧扣主题，全面、系统地收集相关原始文献，最大限度地减少偏倚，检索过程最好由两个以上的评估者独立完成。

（4）选择文献 按照预先拟订的入选或排除的标准，从收集到的所有原始文献中挑选出符合标准的文献。

（5）评价文献质量 方法很多，可以采用清单或量表的形式进行评价。清单中有许多条目，每一条目对原始研究方法学质量的某一方面予以评价，但不进行评分。量表中除了对每一条目根据其质量进行评分外，还根据其重要程度赋予一定的权重。

（6）收集数据 根据方案确定需要收集的信息种类和数量。可以表格的形式收集有关数据资料，表格的主要栏目应包括原始文献的一般资料、原始研究的特征、原始研究结果等。

（7）分析数据 系统分析数据采用定性和定量两种方法。定性分析就是对数据表格中每一个原始研究的特征进行对比分析；定量分析主要包括同质性检验、统计分析、偏倚的检测处理、敏感性分析等几个过程。

（8）解释系统评价的结果 主要包括该系统评价的论证强度（原始研究是否有重大缺陷、合成效应值大小等），系统评价的实用性（从特定人群中获得的结论是否适用于一般人群等），以及系统评价所具有的临床实际意义等。

（9）系统评价的改进与更新　新的证据出现后，按照上述步骤重新进行分析评价，及时补充新的信息，通过广泛深入的讨论达成共识，使证据更加令人信服。

**2. Meta 分析**　是一种定量的系统评价方法，用于比较和综合多个同类独立研究的结果，最重要的步骤之一是统计学处理。Meta 分析过程与系统评价过程类似，只是数据分析采用的定量统计方法与定性评价有区别，其主要过程包括如下。

（1）制订方案　根据获取的文献资料，制订详细的统计方案来分析效应指标。

（2）选择适当的效应量　指标效应量是指临床上有意义或实际价值的数值或观察指标改变量。当观察指标为计数资料时，可采用相对危险度（RR）、比值比（OR）、绝对危险降低率（ARR）、需要治疗的例数（NNT）等指标；当观察指标为计量资料时，可采用加权均数差值（WMD）、标准化差值（SMD）等来表示效应的大小。

（3）异质性检验　目的是检查各个独立研究结果是否具有一致性。如各研究的结果是一致的，那么实际效应量之间的差异可以认为由抽样误差造成；如果效应量之间差异过大，应考虑异质性。检验组间是否同质常用 $\chi^2$ 检验。

（4）选择分析模型　根据异质性检验的结果，选择固定效应模型或随机效应模型，计算效应合并值的点估计及其区间估计。

（5）敏感性分析　通过重新估计合并效应量，并与先前结果进行比较，分析该方法对合并效应量的影响程度，判断该评价结果的可靠性和稳定性。如果重新计算后的结果变化不大，说明敏感性低、结果稳定；相反，若出现不同的结论，则表示敏感性高、稳定低，解释结果和得出结论时应慎重。

**（四）循证医学实践步骤**

循证医学实践包括三方面：确定目标（如何提出临床问题）、获取证据（如何决定资料来源和检索方法）和解决问题（如何评价已找到证据的准确性、可靠性和适用性，如何有效用于解决临床问题），实施过程有以下 5 个步骤。

**1. 确定需要解决的临床问题**　找准患者需要解决的临床问题是实践循证医学的首要关键环节，能否构建一个好的问题直接影响后面的工作效率。所谓好的问题，要与患者的预防、诊断、治疗、预后等有较高的关联性。

**2. 系统检索证据文献**　根据提出的临床问题，采用各种手段（如互联网、图书馆检索、专家通信及会议资料等），系统地查找与问题关系密切的资料。

**3. 严格评价获得的证据**　从三方面综合考虑临床证据的价值。①研究结果的真实性：即该文献的设计是否科学、统计分析是否正确、结论是否可靠等。②研究结果的重要性：即该研究的结果是否有临床价值，主要依据是某些反映效应的客观指标（如痊愈率、有效率等）。③研究结果的适用性：即文献的结果和结论在不同的人群、不同地点的推广应用价值，要考虑到具体病例的特点与文献中的研究对象是否类似。

**4. 综合分析证据，指导临床决策**　将经过严格评价的临床证据与临床经验、具体病情综合考虑，得出结论。因此，医生必须与患者有充分的交流，了解患者的期望，并在医疗决策中优先考虑患者的意愿和价值取向。

**5. 评估实施效果**　跟踪追访患者的疾病转归和临床预后，评估干预效果，积累相关信息，不断提高临床决策水平和质量。

**（五）循证药学的应用**

循证药学（evidence－based pharmacy）是临床药师通过系统搜集文献，获得有关药物疗效、安全性、经济性等方面的研究资料，评价药物研究的证据（文献），评估其在制订合理用药方案中的作用，并以此做出临床药物治疗决策的临床实践方法与过程。作为循证医学的一个分支领域，循证药学与循证医学紧密相关，其研究方法和对结果的评价也同样遵循循证医学的原则和方法学，还结合临床药学和药物流行病学的知识基础来研究评价药物的临床应用，其侧重于药物的有效性、安全性、经济学意义等方面。

**1. 新药准入** 引进的新药与现有的药物比较，对疾病是否有特殊疗效、疗效是否更好、不良反应是否减少、药费是否明显降低等，对于以上方面，在无法得到相应新药准入直接证据的情况下，可利用循证药学的Meta分析方法对现有的研究资料进行分析、评价，获得更客观、准确的证据。

👁 **看一看1-2-7**

### 循证药学在新药准入中的作用

新药的研究步骤要经过4期，而制药商出于经济利益的考虑，往往会要求缩短进入临床试验阶段的时间，这使得药物在上一阶段的研究未彻底完成就进入下一步研究阶段，通过循证的系统评价可以限制药物研究的流程，评价早期药物研究中下一阶段剂量使用是否合适、时间间隔是否最佳。

**2. 药物疗效评价** 药物疗效分析往往需要大样本试验才能得出较为正确的结论，循证医学系统评价可以根据现有的资料，综合大量小样本的随机对照试验，得出高效的统计结果。

**3. 合理用药** 运用循证药学的方法不仅可以干预不合理用药，判定药物的不良反应，进而为合理用药提供依据，同时可以分析多种药物联合用药对某种疾病的疗效是否优于单一药物的疗效。应用循证药学评价方法进行药物应用的评价研究，还可以为临床提供准确的药物信息并提高合理用药的水平。

**4. 药物不良反应监测** 通过描述性研究、分析性研究或实验研究对于药物不良反应（ADR）进行监测。用药物流行病学的方法可以确定ADR的发生率，寻找诱发ADR的危险因素，验证以前发现的信号，同时通过计算相对危险度（RR）、比值比（OR），判断药品与不良反应之间的联系强度。用循证药学的系统评价综合分析上市后药物临床研究证据，进行大样本、多中心评价以评估其临床有效性、安全性、经济性和适用性，其结果被公认为药物临床有效性和安全性评价的最佳证据。

**5. 药物经济学评价** 药物经济学把用药的经济性、安全性和有效性放在等同的地位，其目的是节约卫生资源，有利于合理用药，减少药物不良反应和药源性疾病，以及减轻患者的经济负担等。循证药学要求临床治疗应考虑成本 – 效果的证据，用药物经济学方法制定出合理的处方，为临床合理用药和治疗决策科学化提供依据，使患者得到最佳的治疗效果和承担最小的经济负担。

## 七、药物经济学与临床药物治疗学 📱微课

药物经济学（pharmacoeconomics）是应用经济学的原理和方法，结合流行病学、决策学、统计学等多学科，全方位地分析不同药物治疗方案间、药物治疗方案与其他的治疗方案或医疗与社会服务项目等的成本、效益、效果及效用，评价其经济学价值差别的学科。研究服务对象包括医疗保健体系的所有参与者，即政府管理部门、医疗提供单位、医疗保险公司、医生以及患者。研究目的是寻找最经济的治疗方案，促进临床合理用药。研究核心是如何利用有限的医药资源使之产生最大的经济与社会效益。

**（一）基本概念**

**1. 成本** 是一种资源消耗，系指社会在实施某项卫生服务方案（药物治疗方案）的整个过程中所投入的全部财力、物质和人力资源的消耗，包括公共支付的和个人支付的部分。成本通常包括直接成

本、间接成本和隐性成本。

（1）直接成本　指医疗服务所花的代价或资源的消耗，由直接医疗成本和直接非医疗成本两部分组成。①直接医疗成本：是指实施某方案或项目所消耗的医药资源，如医疗费、药费、检验费、医生的时间和工资以及其他保健成本。②直接非医疗成本：是给卫生服务方案提供的有关的非医疗成本，主要指因寻求治疗而导致的费用，如患者转移到医院所需的转移费、因病情需要的特制衣服费用、饮食费和住房费，以及因克服伤残而购置简易设备的费用等。两者之间无明显区别，往往把这两种成本合计在一起。

（2）间接成本　指因疾病、伤残或死亡导致的费用损失，如因病缺勤误工、休工、早亡等所造成的工资损失等。间接成本有时比直接成本高得多。

（3）隐性成本　又称无形成本，一般指因疾病引起的疼痛，精神上的痛苦、紧张和不安，生活与行动的某些不便或诊断治疗过程带来的担忧、痛苦等。这些难以用货币单位确切表达，因而也称"难确定成本"或"难计量成本"。

**2. 收益**　指实施预防、诊断或治疗措施所产生的有利或有益的结果，包括直接收益和间接收益。

（1）直接收益　是指实施预防、诊断或治疗措施直接产生的有利或有益的结果，如患者的健康恢复和促进等。

（2）间接收益　是指实施预防、诊断或治疗措施间接产生的有利或有益的结果，如疾病疗程缩短而减少的工资损失和家人陪护损失等。

**3. 药物经济学中收益的分类**　根据计量指标的不同，收益又可分为效果、效益和效用。

（1）效果　指用客观指标表示用药结果，即一定人群实施一项干预措施后，达到预期目标的程度。如人群健康的期望寿命，疾病的治愈率、好转率，细菌转阴率等。

（2）效益　指用货币形式表示用药结果，即采取干预措施后相对于不采取任何措施所挽回的损失或节省的费用，具体来说，就是在检查、诊断和治疗等资源消耗过程中被节约的资源。

（3）效用　指用主观指标表示用药结果，即一个人在占有、使用或消费某种产品和服务的过程中得到的快乐或满足。不同决策者对同一期望值各有其独特的看法或态度。

**4. 贴现率与贴现**　货币存在时间价值，成本、效益等值常需通过一定贴现率换算成现值。

（1）贴现率　指将未来某一时间的货币金额，折算成现在价值（即现值）的利率。

（2）贴现　指在未来某一或若干规定时间收到或支付的款项，按一定利率（即贴现率）折算成现在价值的一种方法。

**（二）药物经济学评价的基本方法**

药物经济学评价分析方法有四种，分别是最小成本分析、成本－效果分析、成本－效益分析、成本－效用分析。

**1. 最小成本分析方法（CMA）**　是指对两种或两种以上临床效果基本相同的药物治疗方案进行比较，成本最低的就是最经济可行的方案。该法最为简单易行，评价结果易于理解，多用于比较不同来源或不同剂型的药物成本差异，或比较已知能产生相同效果的等效药物的成本差异。但由于该法严格要求治疗的等效性，须首先证明不同药物治疗方案的临床效果基本相同（疗效、不良反应、持续时间相同），在现实中常常很难达到这种理想结果，因此运用并不广泛。

👁 看一看1-2-8

**最小成本分析法的应用**

终末期肾病患者可以有多种治疗方案，不同方案，其每年消耗的成本不同。一种是接受肾移植，平均每年消耗的总成本为 2600 美元；一种是采用定期到医院做肾透析，平均每年消耗的总成本为 11600 美元；一种是采用家庭自助肾透析，平均每年消耗的总成本为 4200 美元。经比较可以看出，采用肾移植法的成本最小。

**2. 成本 – 效果分析方法（CEA）**　是对备选方案的成本以货币单位计量，收益或效果以临床指标、生命质量指标或健康指标表示，进而对两个或多个备选方案的成本和效果进行比较评价的一种方法。该法是药物经济学应用最早的方法之一，其技术也比较成熟，是分析和评价所有备选治疗方案的安全性、有效性和经济性的重要工具（表 1 – 3）。成本用货币单位，而效果用生物学指标如抢救患者数、延长生命年限、治愈率、预防并发症数量等。具体有两种方法。

（1）成本 – 效果比值法　成本 – 效果比需（C/E 或 E/C）是成本 – 效果分析中一个具有重要参考价值的非经济学指标，包括取得单位效果所需的成本，如治疗一例消化性溃疡患者的费用等，每花费一元钱所获得的血压（mmHg）下降数等。如果 C/E 值越低或 E/C 值越大，表明产生一份效果所需的成本越低，该方案的实施越有意义（表 1 – 3）。

（2）额外成本与额外效果比值法　也称增量成本 – 效果分析法。它是在两个治疗方案均可接受时，两方案的成本 – 效果比值即产生一份效果所需的平均费用相等或相近的情况下，结合额外成本（$\Delta C$）与额外效果（$\Delta E$）的比值对方案进行评估的方法。额外成本与额外效果的比值（$\Delta C/\Delta E$）越低，则表明所需的追加成本较低，该方案的实际意义越大（表 1 – 3）。

表 1 – 3　成本 – 效果分析在治疗方案选择中的应用

| 成本＼效果 | 较低 | 相同 | 较高 |
|---|---|---|---|
| 较低 | 运用增量比值判断 | 接受方案 | 接受方案 |
| 相同 | 拒绝方案 | 无所得 | 接受方案 |
| 较高 | 拒绝方案 | 拒绝方案 | 运用增量比值判断 |

**3. 成本 – 效益分析方法（CBA）**　用于不同疾病间，疾病治疗与其他的卫生投资间投入（成本）和产出（效益）的分析方法，是经济学的基本分析方法之一。与其他分析方法相比，成本 – 效益分析的主要特点是成本和结果均以货币单位测量。实际上，CBA 可被看作为一种"投入产出"的分析，评价方案的收益是否将超过成本，以及哪个治疗方案的净效益最大。

（1）净现值法（NPV）　又称净效益法，是计算方案计划期内各年效益的现值总和与成本现值总和之差的一种方法。即：

$$NPV = B - C = \sum_{t=1}^{n} \left[ (B_t - C_t) / (1 + r)^t \right] \tag{1 - 1}$$

式中，$B_t$ 为时间段 $t$ 内的总效益，$C_t$ 为时间段 $t$ 内的总成本，$r$ 为贴现率，$n$ 为时间段的数目。净效益为正数时，效益大于支出，表示费用有节省，该方案的实施有益；反之无益。净效益法是较常用的一种成本 – 效益结果分析方法。

（2）效益 – 成本比值法（B/C）　即方案的效益现值总额与方案的成本现值总额之比，即 B/C：

$$B/C = \frac{\sum_{t=1}^{n} \left[ B_t / (1 + r)^t \right]}{\sum_{t=1}^{n} \left[ C_t / (1 + r)^t \right]} \tag{1 - 2}$$

效益 – 成本比值可出现三种情况：B/C > 1，说明效益超过成本；B/C = 1，说明效益与成本相等；B/C < 1，说明此方案在经济学上没有获益。就一个方案来说，只有当 B/C ≥ 1，才可以接受；反之则不

可接受。多方案比较时，按照 $B/C$ 比值大小顺序排列，比值高的方案为优选方案。

（3）投资回收率法　将净现值（净效益）除以成本，标出百分率，所得百分数越大，方案的实施越有益，即：

$$净现值（净效益） = (B-C)/C \times 100\% \tag{1-3}$$

**4. 成本 – 效用分析方法（CUA）**　是成本 – 效果分析的发展，两者有许多相似之处，均用货币来衡量成本，并且也都采用临床或健康指标作为最终结果的衡量参数。不同的是，效果指标为一种单纯的生物指标，如延长寿命时间等；而效用指标是综合性的，注重患者对生活质量的要求，采用的是生活质量调整年（QALYS）。成本 – 效用分析主要用于对慢性病和肿瘤诊疗方案的评价。

（1）生活质量调整年（QALYS）　是将死亡率、发病率、偏好等结合起来的一个综合指标，它是目前能够综合考虑患者的寿命长短和生活质量的一个较为理想的指标。

健康效用值是指某个健康状态相对于完全健康的生命质量，表明评价者对某种健康状况满意程度的多维主观判断，通常以 0 ~ 1 表明死亡状态到完全健康状态。

$$QALYS = 健康改进的效用值 \times 健康改进的维持时间 \tag{1-4}$$

**练一练1-2-8**

某患者通过药物治疗，生命延长10年，但因药物副作用及疾病后遗症，其健康效用值为0.6，试计算QALYS值。

答案解析

（2）健康测量量表　是目前评价健康效用的另一个常用方法。量表分为两类：通用量表和疾病专用量表，前者主要反映患者的总体健康状况和生活质量，后者包含与特定疾病有关的影响健康的特殊情况。

实践中根据测量和评价的对象，选择最能说明药物治疗前后生活质量变化的评价内容或指标形成量表条目，确定各条目的评分范围，如好、中、差或 0 ~ 1 等级打分，根据各条目对生活质量的影响程度确定其权重，形成测量量表。测量时根据研究目的不同，由医生或患者对各项量值进行打分填写，最后做综合评定。

不同评价分析方法的差异比较见表 1 – 4。

表 1 – 4　药物经济学不同评价分析方法差异比较

| 项目 | 最小成本法 | 成本 – 效果分析 | 成本 – 效益分析 | 成本 – 效用分析 |
| --- | --- | --- | --- | --- |
| 研究对象 | 多种方案 | 多种方案 | 单种或多种方案 | 多种方案 |
| 研究基础 | 效果一致 | 同一临床效果 | 不同药物或疾病 | 不同药物或疾病 |
| 研究内容 | 成本 | 成本、效果 | 成本、效益 | 成本、效用 |
| 表示单位 | 货币 | 成本 – 效果比值 | 货币 | 生命质量调整年 |
| 分析结果 | 成本差异 | 成本 – 效果差异 | 成本 – 效益比差异 | 成本 – 效用比差异 |

**（三）药物经济学研究的设计基本步骤与评价**

药物经济学分析方法不同，应用范围不同，对成本、结果等的计量方法各异，实施程序不尽相同。目前对一些较成熟的分析方法，已形成较为完善的实施步骤。

**1. 确定研究目的，分析研究前景**　首先明确评价目的，是评价某种药物的性价比、确定某种疾病的最佳治疗方案，还是为某项卫生干预或计划做决策，再分析对此进行药物经济学研究的意义和价值。

**2. 确立观察问题的角度**　观察问题的立场、角度不同，会影响药物经济学分析的内容和结果，研究者观察问题的角度往往取决于决策者的立场或经费支持者的立场。药物经济学研究的服务对象即卫生决策部门、医疗机构、社保机构或保险公司（第三付费方）和患者四个方面，如计算某药物治疗方案的成本和效益时，减少的住院天数从住院患者角度看就是效益，而对医疗机构而言，就是效益的减少或成本的增加。

**3. 区分和确定可供选择的方案**　区分和确定所有需评价的备选方案，包括设立对照方案，排除与治疗方案或疾病无关或超出范围的内容。如评价头孢噻肟治疗上呼吸道感染的成本 - 效果，备选方案有四种：头孢噻肟治疗方案（待评价方案）、青霉素治疗方案、环丙沙星治疗方案和氧氟沙星治疗方案（对照方案）。

**4. 选择适当的药物经济学分析方法**　根据研究的目的和内容，选择适当的药物经济学分析方法。如进行卫生经费投入计划的决策分析，可选择成本 - 效益分析法；对同一疾病不同治疗方案的比较，可选择成本 - 效果分析法；对影响生活质量的疾病的治疗方案的比较，可采用成本 - 效用分析法。

**5. 鉴别、计量成本**　不同分析方法对成本的鉴别和计量略有不同。

（1）成本 - 效益分析中，成本包括所有被消耗的资源，包括直接成本、间接成本、隐性成本等，所有的成本以相同的货币单位计量。

（2）成本 - 效果和成本 - 效用分析中，治疗方案的成本往往是指其净成本。所谓净成本，是指治疗成本加上初期用于检查、诊断而消耗的资源，再减去在检查、诊断和治疗等资源消耗过程中被节约的资源。实质上，在净成本计算过程中以负费用形式出现的被节省的资源就是经济效益。在实际运用过程中，间接成本和隐性成本在净成本计算中没有被包括进去。成本 - 效用分析方法中的成本往往还要计量隐性成本。

**6. 治疗结果的测算**　不同分析方法的结果计量方式不同。

（1）成本 - 效果分析的结果是临床指标，一般选用对治疗方案最敏感的指标单位，如治愈率、转阴率、生命年、发病率等。有时某一治疗方案的临床结果采用复合健康指标，即通过一定方式将多种指标结合起来，形成一个非自然的评价指标。

（2）成本 - 效益分析的结果是效益，除可直接用货币值表示者外，如减少的住院天数等也可用少损失的工资、负担的病床日成本来衡量，延长的生命年、降低的发病率等效益值则可用人力资本法或意愿支付法来衡量。

（3）成本 - 效用分析的结果是生活质量的调整，可通过生活质量调整年等衡量。

**7. 确定贴现率，计算贴现值**　治疗方案的结果往往需要持续若干年才能确定，因此，药物经济学研究有一定时间周期。药物经济学研究中的成本和效益的计量应反映货币的时间价值以及物价等因素的变动，通过一定贴现率，将未来的健康结果与成本变化转换为现在的相对数值。实践中多选用一定的贴现率，如世界银行建议采用3% ~5%的贴现率。

**8. 对结果进行统计分析，确定最佳方案**　运用所确定的药物经济学分析方法，如净现值法、成本 - 效果比值法等，对各治疗方案的成本和结果进行分析，并决定是否需要进一步进行增量成本 - 效果分析。采用适当的统计分析方法比较不同治疗方案间的成本、结果差异是否具有统计学意义，进而通过决策分析确定最佳方案。

**9. 区分不确定因素并进行敏感度分析**　在药物经济学研究尤其是在成本 - 效果和成本 - 效用分析中，很多参数是不确定的。一般成本的不确定因素主要是药品价格的波动以及固定资产折旧率、提成率的估计值，效果的不确定因素通常是疗效率、不良反应率、未经治疗患者的死亡率等，因此，需对研究结果进行敏感度分析。敏感度分析是对研究中的某些不确定因素进行波动分析，验证不同假设或估算数据的变动对分析结果的影响，即在固定其他变量的情况下，给一个变量赋予适当波动值，考察药物经济学结论是否改变。

**10. 做出合理结论与解释**　在陈述结果时应对干预方案、对照物等做详细说明，增强方法和资料的透明度，解释结果的局限性和适用性，撰写药物经济学研究报告。

## 目标检测

答案解析

**一、综合问答题**

1. 选择若干种药物,进行药学服务工作场景模拟,说出药学服务的内涵。

2. 结合实际,说出药师向护士提供用药咨询服务的重点问题、药物静脉滴注的注意点。

3. 如果选择一种药物进行药物经济学研究的设计,说出药物经济学研究的设计步骤。

**二、案例分析题**

某女性患者有高血压病史,近期检查发现餐后 2 小时血糖增高至 16.7mmol/L,空腹血糖正常。现怀疑该患者的糖耐量降低与高血压的药物治疗有关。

请用循证医学进行评价:

1. 说明循证医学实施步骤。

2. 利用互联网数据库,检索证据文献。

3. 对检索证据进行评价。

(邓元荣)

书网融合……

📄 重点回顾          💻 微课          📋 习题

PPT

# 任务三　药品不良反应与药源性疾病

**学习目标**

知识目标:

**1. 掌握**　药品不良反应的概念和分类;药品不良反应监测的目的与意义;药品不良反应报告的范围;药源性疾病的概念及影响因素;药品召回级别与时限。

**2. 熟悉**　药品不良反应的影响因素与预防原则及因果关系评定;药品不良反应报告系统与程序;常见的药源性疾病;药源性疾病的分类、诊断与治疗;药品召回流程。

**3. 了解**　药品不良反应因果关系评定依据的方法。

技能目标:

1. 能综合分析临床信息,辨别常见的药品不良反应,能对常见的药品不良反应进行分类及关联性评价,正确规范填写"药品不良反应/事件报表";按照药品不良反应报告流程进行 ADR 上报;初步判断哪些疾病是药源性疾病。

2. 学会初步分析药品不良反应发生的原因,指导患者预防常见的药品不良反应。

素质目标:

培养临床合理用药意识,提高认真的服务意识和职业精神。

## 导学情景

**情景描述**：黄某在药店选用某药厂生产的藿香正气水，服用 3 小时后出现全身发痒，颜面、颈部出现红斑等过敏症状。黄某到药店询问，驻店药师仔细阅读药品说明书，发现说明书中注明该药主要成分有乙醇，但在药品注意事项中并未提示乙醇过敏者须慎用。药师了解情况之后，向黄某解释原因，并填写"药品不良反应/事件报表"，上报药品不良反应监测机构。

**情景分析**：患者使用药物后，出现明显的不良反应，经药店药师的分析，须考虑药品与不良反应的相关性，并做出报告。

**讨论**：结合案例分析，如何判定药品与不良反应的关联？怎样规范填写"药品不良反应/事件报表"？

**学前导语**：药品具有两重性，既能防治疾病、维护健康，也能引起不良反应，损害身体。开展药品不良反应报告和监测工作，便于国家药品监督管理部门和医药卫生工作者及时发现新的、严重的药品不良反应，加强药品管理，确保更多人的用药安全和身体健康。本任务将重点介绍上述内容，为今后开展药学服务打好基础。

## 一、药品不良反应

随着各类新药不断涌现，药物不良反应与药源性疾病的发生率逐年上升，应建立完善的药物不良反应监测制度，最大限度地减少药物的危害，为药物的安全性提供可靠证据，临床用药中也应最大限度地合理用药，尽量减轻甚至避免药物的不良反应与药源性疾病的发生。

### （一）概念

WHO 对药品不良反应（adverse drug reaction，ADR）的定义是：为了预防、诊断、治疗疾病或调节人体的生理功能，在正常用法、用量下服用药物后机体所出现的不期望的有害反应。该定义排除有意的或意外的过量用药及用药不当引起的如用错药物及剂量、滥用药物、过量服药、应用伪劣药品等的反应，它与药物质量事故和医疗事故有本质的区别，药物不良反应是药物本身所固有的特性与机体相互作用的结果。

### （二）药品不良反应的分类

目前，WHO 按病因分类法将药品不良反应分为 A、B、C 三种类型（表 1-5）。

**1. A 型不良反应** 即剂量相关型不良反应，是由药物的固有药理作用增强和持续所引起的不良反应，其特点是由药物本身或代谢产物所引起，具有明显的剂量依赖性和可预见性，停药或减量后症状减轻或消失，与药物常规的药理作用密切相关，发生率高而致死率相对较低。例如镇痛药吗啡引起的呼吸抑制随剂量增加而加重，阿托品在解除胃肠痉挛时引起口干等腺体分泌减少的不良反应等。不良反应发生与用药者的个体状况如年龄、性别、机体状态等有很大关系，包括副作用、毒性反应、继发效应、首剂效应、撤药反应等。

**2. B 型不良反应** 即剂量不相关型不良反应，是由于药物性质变化或者患者特异体质引起的不良反应，其特点是反应的性质通常与药物的常规药理作用无关，反应的强度和用药剂量无关，发生率低且难以预见，致死率高，具有明确的时间关系，大多数具有遗传药理学基础。药物性质的变化包括药物有效成分的降解产物、药物中的杂质以及制剂中添加的脱色剂、增溶剂、稳定剂、赋形剂、防腐剂等所引起的异常作用；患者特异体质包括高敏性体质与特异性遗传体质，可能是遗传药理学变异引起的。本类型不良反应包括变态反应和特异质反应，难以在首次用药时预防这类不良反应的发生。

**3. C型不良反应** 大多是在长期用药后出现，潜伏期长，且没有明确的时间联系，难以预测，背景发生率高，用药史复杂，难以用试验重复。例如妊娠期服用己烯雌酚导致子代女婴甚至第三代女婴青春期后患阴道腺癌。本类型不良反应包括"三致"反应，即致突变、致畸、致癌。

三种类型药物不良反应的比较见表1-5。

表1-5 三种类型药物不良反应的比较

| 项目 | A型 | B型 | C型 |
|------|------|------|------|
| 剂量 | 有关 | 无关 | 正常 |
| 潜伏期 | 短 | 不定 | 长 |
| 重现性 | 能 | 能 | 不能 |
| 遗传性 | 无关 | 显著 | 可能 |
| 体质 | 无关 | 有关 | 可能有关 |
| 家族性 | 无关 | 显著 | 可能有关 |
| 种族性（民族性） | 无关 | 有关 | 无关 |
| 毒理筛选 | 易 | 难 | 不定 |
| 预后 | 一般良好 | 不定 | 不定 |

👁 看一看1-3-1

### 新的药品不良反应九类分类法

A类（扩大反应）：是最常见的不良反应类型，药物对机体呈剂量相关的反应，可根据药物或赋形剂的药理学和作用模式来预知，停药或减量可部分或完全改善。

B类（过度反应或微生物反应）：由药物促进某些微生物生长引起，这类反应可预测，如抗微生物药物引起的肠道菌群失调。

C类（化学反应）：取决于赋形剂或药物的化学性质，以化学刺激为基本形式，其严重程度主要与药物浓度有关，可根据药物的物理化学性质预测，如静脉炎、药物外渗反应等。

D类（给药反应）：由给药方式引起，改变给药方式，不良反应停止发生，如注射液中的微粒引起血管栓塞。

E类（撤药反应）：停止给药或剂量减少时，出现生理依赖反应，再次用药症状改善，常见的引起该类反应的药物有阿片类、苯二氮䓬类、三环类抗抑郁药等。

F类（家族性反应）：仅发生在由遗传基因缺陷所致的代谢障碍的敏感个体中，具有家族性，如苯丙酮尿症、镰刀形红细胞贫血症等。

G类（基因毒性反应）：是引起基因损伤的不良反应，如致畸、致癌。

H类（过敏反应）：药理学不可预测，与剂量无关，必须停药，如光敏性皮炎、血管性水肿。

U类（未分类反应）：是机制不明的反应，如药源性味觉障碍等。

### （三）药品不良反应的临床表现

药品不良反应的临床表现与常见病、多发病表现相似，表现为皮肤及附件反应、消化系统反应、神经系统反应、泌尿系统反应、心血管系统反应、血液系统反应、内分泌系统反应、全身性反应等（表1-6）。

表 1-6 药品不良反应累及系统、临床表现

| 累及器官系统 | 临床表现 |
| --- | --- |
| 皮肤及附件 | 皮疹、荨麻疹、瘙痒、色素沉着、过敏性紫癜、静脉炎 |
| 消化系统 | 恶心、呕吐、腹痛、腹泻、上腹部不适、便秘、肝功能异常 |
| 神经系统 | 头痛、头晕、惊厥、谵妄、失眠、烦躁、兴奋、感觉异常 |
| 泌尿系统 | 尿频、尿痛、血尿、少尿 |
| 心血管系统 | 心悸、心慌、胸闷、血压异常、心力衰竭、心律失常 |
| 血液系统 | 血细胞数变化 |
| 内分泌系统 | 血糖升高、月经紊乱 |
| 全身性反应 | 全身不适、寒战、发热、过敏性休克、过敏样反应 |

### （四）药品不良反应的发生原因

药品不良反应的发生频率和强度与药物本身的性质、用药者的生理病理状态以及生活环境等因素有关，发生频率分为：十分常见（≥10%），常见（1%~10%），偶见（0.1%~1%），罕见（0.01%~0.1%），十分罕见（<0.01%）。

**1. 药物因素**

（1）化学结构 药物的化学结构是药理作用的基础，也是产生不良反应的重要原因。如解热镇痛药阿司匹林因分子结构中含有羧基而呈酸性，故有刺激胃黏膜的不良反应，如果降低酸性，虽然能保持阿司匹林的镇痛作用，但抗炎活性降低。化学结构相似的同类药物常有类似的药理作用和不良反应，如青霉素类抗微生物药物的分子均含有 β-内酰胺环，同时，此类药物都能引起过敏性肾病或间质性肾炎。药物化学结构中基团的变化、增减也可使药物的理化性质发生变化，包括获得新的药理活性或新的不良反应，如卡托普利可致干咳，而去巯基后的依那普利不引起干咳，但可能增加其他不良反应。

（2）药物选择性 某些药物缺乏受体或作用靶位的高度选择性，可产生与治疗目的无关的药理作用，对机体产生不良反应甚至毒害作用。如抗肿瘤药物在杀灭肿瘤细胞的同时也杀伤宿主的正常细胞。

（3）药物大剂量、长时间使用 在药品说明书规定的用法用量情况下，药物的剂量越大、使用时间越长，发生不良反应的可能性随之增加。如长期或大剂量使用广谱抗微生物药物可致肠道正常菌群失调，引发腹泻、真菌感染、伪膜性肠炎。

（4）给药途径与方法 静脉给药时药物直接进入体循环，不经过首过消除，起效迅速，因此不良反应发生率明显高于肌内注射和口服给药，静脉给药高浓度、快速滴注也易发生不良反应。例如万古霉素输注速度应维持在 10~15mg/min，输注过快可发生红人综合征、低血压等不良反应。

✎ 练一练1-3-1

按照药品不良反应新的分类，与注射相关的感染属于（ ）药物不良反应

A. A 类　　　　　　　B. B 类　　　　　　　C. C 类

D. D 类　　　　　　　E. E 类

答案解析

**2. 药品质量控制**

（1）中间产物 由于生产工艺的原因，药物在原料药生产过程中会残留一部分中间产物，最终混入制剂中，引起不良反应。如中药注射剂成分复杂，在制备过程中分离提纯不够将明显增加不良反应。

（2）分解产物 由于药物本身化学稳定性的原因，在生产、储存及运输的过程中均会产生分解产物，也可能引起不良反应。例如青霉素在生产过程中产生微量级差异的青霉噻唑酸和青霉烯酸，可引

起不同概率的过敏反应。

（3）药品的质量差异　合格药品的质量会因生产厂家、产品批号的不同，制剂工艺、技术条件、管理水平等因素的影响而有所差异，其不良反应的发生率也不同。如不同厂家生产的地高辛，其生物利用度不同，口服后的血浆药物浓度可相差数倍。

**3. 药品制剂辅料**　药品生产中使用的稀释剂、黏合剂、崩解剂、润滑剂、稳定剂、增溶剂、着色剂等以及内包装材料有时也会引起过敏等不良反应。

**4. 药物相互作用**　两种或者两种以上药物可作用于同一效应器官，联合或序贯使用的药物间可在吸收、分布、代谢、排泄方面相互影响，从而产生疗效或毒性上的协同、相加或拮抗。如抗血小板药阿司匹林与抗凝药华法林联用可增加出血倾向；止泻药、抗胆碱药等可能延长某些药物在胃肠道内的停留时间，增加药物的吸收而加重药物的不良反应。

**5. 生理因素**

（1）种族　不同种族之间由于存在基因多态性而使药物在体内的代谢存在差异，继而导致不良反应的差异。如某些药物进入机体代谢转化需经过乙酰化过程，有快型和慢型之分，黄种人慢乙酰化者占 10%～20%，欧美白种人慢乙酰化者约占 50%，爱斯基摩人则仅占 5%。使用一次常规剂量的异烟肼，慢乙酰化者约有 23% 的人发生外周神经炎，快乙酰化者发生率则较低。

（2）性别　女性在特殊生理阶段即月经期、妊娠期、哺乳期、绝经期用药时，需更加注意药物不良反应。如在月经期、妊娠期使用泻药和抗凝药可引起月经过多、流产及早产等潜在危害，孕妇需特别注意禁用抗代谢药、激素等致畸药；哺乳期用药应考虑某些药物经乳汁排出影响乳儿。另外，女性体内脂肪占体重百分率高于男性 10%～20%，而体液总量占体重百分率低于男性约 10%，这种生理特性的差异可使药物在机体的分布不同，产生不良反应发生的差异。

（3）年龄　不同年龄的患者对药物作用的反应存在较大差异，老年人及婴幼儿尤为明显。老年人各项生理功能随着年龄的增大而逐渐衰退，如血浆蛋白浓度降低、肝肾功能衰退、药物代谢速度减慢、靶器官对药物的敏感性增高，使血液中游离型药物浓度增加，作用或毒性增强，发生不良反应的可能性较大；另外考虑到老年人疾病的影响，如动脉粥样硬化时应慎用升压药。婴幼儿各系统器官发育不健全，肝、肾对药物的消除功能低下，血浆蛋白含量少，体液占体重比例大，水盐代谢率较高，血脑屏障发育不完善，因此不良反应发生率较高，特别是脂溶性药物、中枢抑制药、影响水盐代谢与酸碱平衡的药物易发生不良反应。

（4）个体差异　大多数人在基本状况相同时对同一剂量的相同药物的反应是相近的，但也有少数人会出现与多数人在药物的反应强度、反应性质方面的显著不同，如高敏性、低敏性、特异质反应。静脉注射异戊巴比妥的常规麻醉剂量是 12mg/kg，高敏性患者 5mg/kg 就可生效，低敏性患者剂量需加大到 19mg/kg 才有效；特异质反应的患者有遗传基因缺陷，导致用药后出现与常人性质不同的反应，常见有药物代谢酶异常、非药物代谢酶异常。之前提到的快、慢乙酰化型属于药物代谢酶异常，非药物代谢酶异常如葡萄糖 -6- 磷酸脱氢酶缺陷、高铁血红蛋白还原酶缺陷、少年型恶性贫血症。

（5）精神、情绪　患者的精神状态和思想情绪可影响药物疗效。有实验证明，暗示可提高痛阈，安慰剂有肯定的疗效，如高血压、消化性溃疡患者使用安慰剂的有效率达 20%～40%，对偏头痛患者的有效率可达 62%。

**6. 病理因素**

（1）肝脏疾患　肝脏疾患时，某些主要经肝脏代谢消除的药物，由于血浆蛋白减少，代谢减弱，引起血浆药物浓度升高，导致不良反应出现。如派替啶在一般患者的血浆半衰期为 3.8 小时，但在急性病毒性肝炎患者可长达 7 小时。某些药物如可的松、泼尼松需要经肝脏生物转化后才能发挥药理作用，在肝功能不全时药效减弱。

（2）肾脏疾患 主要经肾脏排泄的药物用于肾脏疾患的患者时，因清除率低下，导致血药浓度升高，引发不良反应。如肾功能正常的患者使用多黏菌素，发生神经系统毒性反应的概率约为 7%，但在肾功能不良者可高达 80%。

（3）其他 患者的病理状况能改变药物对机体的作用，影响不良反应的临床表现和发生率。如氨苄西林在一般患者中的皮疹发生率约为 3.5%，但在单核细胞增多症的患者中可高达 42%～100%；链霉素可加重重症肌无力患者的神经肌肉接头阻滞，使其出现呼吸抑制。

**7. 生活习惯与环境因素** 生活习惯、营养状况、环境等可能影响药物作用，引起不良反应。如茶含有大量鞣酸，能与多种药物如硫酸亚铁中的 $Fe^{2+}$ 结合，影响其疗效；含有的咖啡因和茶碱可与单胺氧化酶抑制剂产生协同作用，可导致血压升高。长期低蛋白饮食或营养不良时，可使肝细胞微粒体酶活性下降，药物代谢速度减慢，从而使药物反应增强，甚至引起毒性。柚子汁送服可使特非那定的血药浓度成倍增高而引起心、脑等脏器损害。服用含乙醇的饮料或食物时，若使用头孢菌素类药物、咪唑类药物、降血糖药物以及氯霉素、琥乙红霉素、异烟肼等药物，可引起双硫仑样反应。

**（五）药品不良反应的预防原则**

**1. 合理、安全、有效使用药物**

（1）了解患者及家族药物、食物过敏史 对有过敏倾向、特异质体质及有药物不良反应家族史的患者非常重要。

（2）注意特殊人群用药 对老年人、婴幼儿、特殊生理期女性及肝肾功能不全等患者，应根据个体特点谨慎用药。

（3）避免重复用药 同一作用机制的药物联用可将不良反应叠加放大，应避免联用。

（4）减少联合用药 联合用药会增加不良反应的发生率，联用药物越多，发生率越高。

（5）严格遵照药品说明书用药 药品说明书是具有法律效力的用药指南，应严格按照药品说明书的用法用量、注意事项等使用药品，用药前应认真阅读药品信息，观察不良反应早期症状，以便及时停药和处理。

**2. 定期监测**

（1）监测器官功能 使用对肝肾等器官有明确损害的药物时，应加强观察，定期监测器官功能，尽量减少身体损害，以求达到最佳药物疗效。

（2）开展血药浓度监测 某些药物具有治疗指数低、毒性反应强、血药浓度与疗效密切相关、非线性动力学特性或毒性反应与疾病症状难以区分等特性，需进行血药浓度监测，采取个体化给药以期获得理想的治疗血药浓度。

**3. 加强上市药品再评价** 新药上市前因研究时间短、临床病例少、试验对象条件控制严格、忽视个体差异、试验设计单纯、观察期短等原因，其不良反应及远期效果观察不明。新药上市后监察的重点是药品不良反应的监测，旨在考察在广泛使用条件下药品的疗效和不良反应，评价药品的利益与风险等，最终目的是指导临床合理安全用药，保障公众用药安全。

**（六）药品不良反应因果关系评定依据的方法**

药品不良反应因果关系评价是药物安全性监测管理中一项重要而复杂的步骤。报告药品不良反应，应对不良反应发生的因果关系进行分析研究，以确定其发生是否由所用药物引起。

**1. 专家判断法** 该方法主要是临床医生或临床药理学家根据可疑不良反应的所有数据，估计其相对重要性来分配权重，以推断药物与不良反应/事件之间的因果关系。最具代表性的是 WHO 乌普萨拉监测中心提出的因果关系判断方法（简称 UMC 评定法）。UMC 法将可疑不良反应的因果关系分为"肯定""很可能""可能""可能无关""待评价""无法评价"。中国药品不良反应报告因果关系评价方法也参照 UMC 法发展而来。

**2. 标准化评价法**　利用影响药物与不良反应之间相关程度的因素，以问卷形式设置相应问题，根据答案计分，再将所得总分进行概率范畴的定量估计转换，评出 ADR 与药物相关程度，分为"肯定""很可能""可能""可疑"及"无关"5 个等级。Karch 和 Lasagna 评价方法是第一套药品不良反应标准化评价方法。

**3. 概率法**　又称贝叶斯法，运用概率论评定发生药品不良反应/事件时由可疑药物引起的概率与其他因素引起的概率比较，间接判断事件与可疑药品之间的关联度。该法是以流行病学、临床数据及病例分析计算得出的因果概率作为依据的决策工具。复杂的计算方法是该法的主要缺陷。

💜 **药爱生命**

β 受体激动药如沙丁胺醇，因其能促进瘦肉生长、改变脂肪与肌肉的分布比例，被不法分子作为"瘦肉精"在畜禽养殖过程中添加，食用含过量沙丁胺醇的肉类对人体可造成危害。药师若仅掌握了先进的技术，但缺乏职业道德与素养，反而会对他人造成危害。在临床工作中，医药工作者只有具备了良好的职业道德，才能将先进的医学技术用于推进人类健康，若无基本的职业道德，反而会成为健康事业发展的阻碍。

### （七）药品不良反应因果关系评定

国家药品不良反应监测中心发布的 2005 版《药品不良反应报告和监测工作手册》（以下简称《手册》），将不良反应评价结果分为 6 级，要点如下。

**1. 肯定**　用药及反应发生时间顺序合理；停药以后反应停止，或迅速减轻或好转；再次使用，反应再现，并可能明显加重；同时有文献资料佐证；并已排除原患疾病等其他混杂因素影响。

**2. 很可能**　用药及反应发生时间顺序合理；停药以后反应停止，或迅速减轻或好转；同时有文献资料佐证；并已排除原患疾病等其他混杂因素影响。即使有合并用药，但基本可排除合并用药导致不良反应发生的可能性。

**3. 可能**　虽然用药与反应发生时间关系密切，同时有文献资料佐证，但引发不良反应的药品不止一种，或原患疾病病情进展因素不能除外。

**4. 可能无关**　不良反应与用药时间相关性不密切，反应表现与已知该药不良反应不相吻合，原患疾病发展同样可能有类似的临床表现。

**5. 待评价**　报表内容填写不齐全，等待补充后再评价，或因果关系难以定论，缺乏文献资料佐证。

**6. 无法评价**　报表缺项太多，因果关系难以定论，资料又无法补充。

2005 年版《手册》中的"药品不良反应/事件报告表"提出 5 条原则（表 1-7），根据原则将关联性评价分为 6 级"肯定""很可能""可能""可能无关""待评价""无法评价"，以此确定不良反应/事件与药物的相关性（表 1-8）。2011 年修订实施了《药品不良反应报告和监测管理办法》（卫生部令第 81 号），对"药品不良反应/事件报告表"中用于直接判定 ADR 关联性的分析项进行了调整，将原来的 5 条原则分析项减少到了 2 条（表 1-9），对照表 3-4 进行评价而判定的操作表格同 2005 年版的《手册》，和表 1-8 一致。

表 1-7 不良反应事件原则分析项（2005 版）

| 序号 | 分析项目 | 结果评定 |
|---|---|---|
| 1 | 用药与反应/事件的出现有无合理的时间关系 | 有□ 无□ |
| 2 | 反应是否符合该药已知的 ADR 类型 | 是□ 否□ 不明□ |
| 3 | 停药或减量后，反应/事件是否消失或减轻 | 是□ 否□ 不明□ 未停药或未减量□ |
| 4 | 再次使用可疑药品后是否再次出现同样反应/事件 | 是□ 否□ 不明□ 未再使用□ |
| 5 | 反应/事件是否可用并用药的作用、患者病情的进展、其他治疗的影响来解释 | 是□ 否□ 不明□ |

表 1-8 因果关系判定关联性评价表

| 评价 | 1 | 2 | 3 | 4 | 5 |
|---|---|---|---|---|---|
| 肯定 | + | + | + | + | - |
| 很可能 | + | + | + | ? | - |
| 可能 | + | ± | ±？ | ? | ±？ |
| 可能无关 | - | - | ±？ | ? | ±？ |
| 待评价 | 需要补充材料才能评价 | | | | |
| 无法评价 | 评价的必需资料无法获得 | | | | |

注：+表示肯定；-表示否定；±表示难以肯定或否定；？表示不明。

表 1-9 "药品不良反应事件报告表"直接判定 ADR 关联性分析项（2011 版）

| 序号 | 分析项目 | 结果评定 |
|---|---|---|
| 1 | 停药或减量后，反应/事件是否消失或减轻 | 是□ 否□ 不明□ 未停药或未减量□ |
| 2 | 再次使用可疑药品后是否再次出现同样反应/事件 | 是□ 否□ 不明□ 未再使用□ |

**？ 想一想1-3-1**

患者，女，55 岁。因病毒感染采用阿昔洛韦钠 250mg，加入 0.9% 氯化钠注射液 100ml，静脉滴注，每日 1 次。用药 12 小时后，患者出现肉眼可见血尿。尿常规分析：红细胞（+++），白细胞（+~++），少量鳞状上皮细胞及黏液。经排除月经或阴道分泌物干扰，留取中段尿确认，并停用阿昔洛韦。3 日后，尿样本恢复正常。

请分析：该不良事件是否与药物有关？

答案解析

## 二、药品不良反应监测与上报 微课

不良反应监测系统可以发现和预警许多与药品安全有关的问题，已经成为药品安全监管不可缺少的重要组成部分。国家药品监督管理局定期发布"药品不良反应信息通报""药物警戒快讯"等，临床医务人员由此可以获知更多的药品安全性方面的信息，从而指导临床合理用药，提高用药水平。

### （一）药品不良反应监测的目的与意义

**1. 早期预警** 上市新药的不良反应和远期效果往往尚不明确，药品一旦上市在大规模人群中使用就可能出现临床安全问题，只有系统设立药品不良反应监测体系，深入开展相关工作，科学判断，有效控制，才能真正做到早期预警，避免类似事件再次发生。

**2. 促进并完善药品评价** 通常药品不良反应监测包括发现、报告、评价和控制四个环节，其中"评价"是监测的核心技术工作，不良反应监测的开展完善了药品技术评价的完整性，丰富了药品评价的内容和方法。随着实践的深入，药品上市前后的评价可以互相弥补、互相借鉴。

**3. 促进合理用药** 药品不良反应监测中的"自发报告"工作离不开临床医务人员的主动参与。医务人员在第一时间获得某些药品安全性方面的第一手资料，不仅有助于提高对药品不良反应的警惕性和识别能力，同时对其处方用药无疑具有较好的反馈和提示作用。

👁 **看一看1-3-2**

### 药品安全监管不容忽视

20世纪60年代，沙利度胺事件在全球范围内造成12000多名四肢长骨缺损的畸形婴儿出生，震惊世界，该事件被视为现代药品不良反应监测制度建立的"里程碑"。从过去几十年各国药品安全监管经历可以看出，许多与药品安全有关的问题大都是通过现有的不良反应监测系统发现和预警的，发展至今，上市后药品不良反应监测在早期预警信号、发现药品安全隐患、控制药品安全风险等方面起到了至关重要的作用，是药品安全监管不可或缺的重要组成。

#### （二）药品不良反应监测报告

**1. 监测报告系统** 我国药品不良反应监测报告系统由国家药品监督管理局主管，其技术机构包括国家药品不良反应监测中心，省级、市县级药品不良反应监测机构，报告机构的主体是药品生产企业、经营企业和医疗机构。

**2. 监测的方法**

（1）**自愿呈报系统** 是一种自愿而有组织的报告系统，由国家或地区设立专门的药物不良反应监测中心，通过监测报告把大量分散的不良反应病例收集起来，经加工、整理、因果关系评定后储存，并将不良反应信息及时反馈给监测报告单位，以保障用药安全。这是目前许多国家进行药物不良反应监测的基本方法，也是药物上市后进行不良反应监测的最简单、最常用的方法。

（2）**集中监测系统** 集中力量在一定时间内对某一医院或某一地区的药物使用情况及药物不良反应进行全面监测，从而探索药物不良反应的发生规律。根据研究目的，分为病源性监测和药源性监测：病源性监测是以患者为线索，了解患者用药及不良反应情况；药源性监测是以药物为线索，对某一种或某几种药物的不良反应进行监测。我国集中监测系统采用重点医院监测和重点药物监测相结合的方式。

（3）**队列研究** 可分前瞻性队列研究、回顾性队列研究和双向性队列研究三类。队列研究首先选定研究人群，根据是否用过被监测的药物将研究人群分为两个队列，比较两组人群不良反应发生率的差异，近年来广泛应用于新药上市后监测。

（4）**病例对照研究** 以发生某种药物不良反应的患者作为病例，以未发生该反应但有可比性的患者作为对照，比较两者间的差异，经统计学分析，若两组间的差异有统计学意义，则可认为此不良反应与所怀疑药物之间存在关联。

（5）**记录联结** 用独特的方式把各种信息联结起来，可能会发现与药物有关的事件。通过分析提示药物与疾病间以及与其他异常行为之间的关系，从而发现某些药物的不良反应。如通过研究发现镇静催眠药与交通事故之间存在相关性，证实镇静催眠药有嗜睡、精力不集中的不良反应，建议驾驶员、机械操作者慎用。

常用的药物不良反应监测方法及其特点见表1-10。

表 1 - 10 常用的药物不良反应监测方法及其特点

| 方法 | 优点 | 缺点 |
| --- | --- | --- |
| 自愿呈报系统 | 监测范围广，参与人员多，不受时间、空间限制，是不良反应的主要信息源 | 最大的缺陷是漏报，不能计算不良反应的发生率，报告的随意性易导致资料偏差 |
| 集中监测系统 | 可计算不良反应的发生率并探讨其危险因素，资料详尽，数据准确可靠 | 数据代表性较差、缺乏连续性 |
| 队列研究 | 可对同一药物的多个可疑不良反应进行研究，前瞻性研究易于控制偏倚、结果较准确，代表了高效率进行药物流行病研究的发展方向，充分利用现有医疗信息资源、缩短研究周期 | 样本量大、耗时长、费用高，不适合发生率低、潜伏期长的不良反应研究，因失访、改变用药方案等造成研究实施困难 |
| 病例对照研究 | 样本需要量少、耗时短，适合罕见及长潜伏期不良反应研究，可同时对多个可疑药物进行调查研究，费用低、易组织实施，能计算不良反应发生率和相对危险度及归因危险度 | 易发生回忆偏倚、选择偏倚，影响资料的准确性 |
| 记录联结 | 能进行大样本、长时程、各种设计类型的研究，非干预性，对医生处方习惯、处方药物无影响 | 受医疗数据电子化程度等诸多因素限制，前期工作量大 |

### （三）药品不良反应监测报告程序

2011 年实施的《药品不良反应报告和监测管理办法》（卫生部令第 81 号）要求药品生产、经营企业和医疗机构获知或者发现可能与用药有关的不良反应，应当通过国家药品不良反应监测信息网络真实、完整、准确报告。

**1. 监测报告程序**

（1）个例药品不良反应 药品生产、经营企业或医疗机构发现或获知药品不良反应或事件应详细记录、分析和处理，填写《药品不良反应/事件报告表》，并于 30 日内向所在地的市级药品不良反应监测中心报告，其中新的、严重的药品不良反应或事件应于发现或获知之日起 15 日内报告，死亡病例立即报告，有随访信息的应及时报告；新药监测期内的国产药品应当报告该药品的所有不良反应，其他国产药品报告新的、严重的不良反应；进口药品自首次获准进口之日起 5 年内报告该进口药品的所有不良反应，满 5 年的报告新的、严重的不良反应；个人发现药品引起的新的、严重的不良反应可直接报告给经治医师，也可向药品生产、经营企业或者当地的药品不良反应监测机构报告。

**练一练1-3-2**

国家药品监督管理局对药品不良反应监测实行的是

A. 定期通报　　　　　B. 定期公布药品再评价结果
C. 不定期通报　　　　D. 不定期通报，并公布药品再评价结果
E. 公布药品再评价结果

答案解析

（2）药品群体不良事件 药品生产、经营企业和医疗机构获知或者发现药品群体不良事件后，应当立即上报所在地的县级药品监督管理部门、卫生行政部门和药品不良反应监测机构，必要时可以越级报告，同时填写《药品群体不良事件基本信息表》，对每一病例还应当及时填写《药品不良反应/事件报告表》，通过国家药品不良反应监测信息网络报告。

（3）境外发生的严重药品不良反应 进口药品和国产药品在境外发生的严重药品不良反应，药品生产企业应当填写《境外发生的药品不良反应/事件报告表》，自获知之日起 30 日内及时报送国家药品不良反应监测中心，必要时于 5 日内提交原始报表及相关信息。

（4）定期安全性更新报告 药品生产企业应当对本企业生产药品的不良反应报告和监测资料进行

定期汇总分析，汇总国内外安全性信息，进行风险和效益评估，撰写定期安全性更新报告，分别向国家、省级药品不良反应监测机构提交。设立新药监测期的国产药品与首次进口的药品，应当自取得批准证明文件之日起每满 1 年提交 1 次定期安全性更新报告，直至首次再注册，之后每 5 年报告 1 次；其他国产药品每 5 年报告 1 次。汇总时间应当在汇总数据截止日期后 60 日内。国产药品与进口药品（包括进口分包装药品）的定期安全性更新报告分别向省级药品不良反应监测机构和国家药品不良反应监测中心提交。

**2. 监测报告范围** 我国药品不良反应报告的原则为可疑即报，监测范围：对于上市 5 年以内的药品和列为国家重点监测的药品，应报告该药品的所有可疑不良反应；对于上市 5 年以上的药品，主要报告该药品引起的严重、罕见或新的不良反应。

## 三、药源性疾病

药源性疾病（drug-induced disease，DID），又称药物诱发性疾病，是指在预防、诊断、治疗疾病或调节生理功能的过程中，出现与用药相关的机体功能异常或组织损伤所引起的各种临床异常症状。与 ADR 不同的是，引起药源性疾病并不限于正常用法和用量，还包括过量、误用药物等用药差错造成的损害。药源性疾病是药物不良反应在一定条件下产生的较严重后果，它是由药物作为致病因子，具有相应临床经过的疾病，属于医源性疾病。

👁 看一看1-3-3

### 认识药物警戒

药物警戒（pharmacovigilance）是指与发现、评价、理解和防范不良反应或其他任何可能与药物有关问题的科学研究与活动。药物警戒的主要工作内容包括：①早期发现未知药品的不良反应及其相互作用；②发现已知药品的不良反应的增长趋势；③分析药品不良反应的风险因素和可能的机制；④对风险/效益评价进行定量分析，发布相关信息，促进药品监督管理和指导临床用药。

### （一）药源性疾病的分类

药源性疾病目前尚无统一的分类标准，可按照病因学、病理表现和临床用药的实际情况进行分类。

**1. 根据病因学** 可分为两种基本类型。

（1）A 型药物不良反应　由药物本身或（和）其代谢物引起，是药物的固有作用增强和持续发展的结果。其特点是剂量依赖性、能够预测，发生率较高但死亡率较低。

（2）B 型药物不良反应　即与药物固有作用无关的异常反应，主要与人体的特异体质有关。其特点是与用药剂量无关，难以预测，常规的毒理学筛选不能发现，发生率低但死亡率高。

**2. 根据病理表现** 可分为两类。

（1）功能性改变　如抗胆碱药和神经节阻断药可引起无力性肠梗阻，利血平引起心动过缓等。

（2）器质性改变　与非药源性疾病无明显差别，也无特异性，因此，鉴别诊断不能根据病理表现，主要依靠药源性疾病诊断要点。包括：有炎症型（如各型药物性皮炎）、增生型（如苯妥英钠引起皮肤萎缩、皮肤变薄、表皮乳突消失）、血管型（如药物变态反应引起的血管神经性水肿）、血管栓塞型（如血管造影剂引起的血管栓塞）、赘生型（如药物致癌变）等。

**3. 根据临床用药的实际情况** 大致可分四类。

（1）量效关系密切型　见上述 A 型药物不良反应。

（2）量效关系不密切型　见上述 B 型药物不良反应。

（3）长期用药致病型　与用药时间、剂量或两者关系密切。如抗微生物药物长期或大量使用引起菌群失调、真菌繁殖。

（4）药物后效应型　某些药物半衰期较长，原有疾病治愈后仍在发挥作用，结果是"过度治疗"。如放射性$^{131}$I 治疗甲亢，多年后产生甲状腺功能低下。

这种分类符合药理学和毒理学的量效关系这一基本概念，同时又考虑到药物对机体的影响和机体对药物的处理过程及遗传毒理学的问题，因此，此种分类法是比较合理的（表 1 - 11）。

表 1 - 11　药源性疾病的分类

| 量效关系密切型（A 型） | 量效关系不密切型（B 型） | 长期用药致病型 | 药物后效应型 |
|---|---|---|---|
| 1. 药物类型的差异 | 1. 免疫反应 | 1. 机体的适应性 | 1. 药物的致癌性 |
| 2. 影响药代动力学的因素 | （1）机体免疫功能的差异 | 2. 反跳现象 | 2. 药物的生殖毒性 |
| （1）遗传药理学的因素 | （2）药物的免疫因素 | 3. 其他 | （1）抗生育 |
| （2）重要器官的病理变化，如心、肝、肾和甲状腺 | 2. 遗传药理学因素的影响 | | （2）致畸性 |
| 3. 影响药效学的因素 | | | （3）乳汁中药物的不良反应 |
| （1）肝脏疾病 | | | |
| （2）水和电解质平衡失调 | | | |

（二）药源性疾病的影响因素

**1. 药物因素**　药物不良反应、长期用药、大剂量用药、用药途径不当、静脉给药滴速过快、配伍不当或禁忌、重复用药、制剂安全性等均可诱发药源性疾病。如链霉素可引起第Ⅷ对脑神经损害，造成听力减退或永久性耳聋；异烟肼与利福平合用时，肝炎的发生率比单用异烟肼高 10 倍；庆大霉素直接静脉推注易引起呼吸抑制；胶囊中的色素可引起固定性药疹。

**2. 机体因素**　患者的性别、年龄、特异质体质、遗传基因、饮食生活习惯、疾病状态等与药源性疾病息息相关。如氯霉素可引起再生障碍性贫血，女性发病率是男性的 3 倍；婴幼儿、老年患者及有肝肾疾病患者的体内药物代谢和清除率低，使血浆半衰期延长，血药浓度升高，易引起药源性疾病；呼吸中枢功能障碍患者使用巴比妥类药物时，可致呼吸衰竭。

（三）常见药源性疾病与诊治

**1. 常见药源性疾病**

（1）药源性胃肠道疾病　胃肠道是药物吸收的部位，可能出现胃出血、胃穿孔、十二指肠溃疡穿孔、肠蠕动减慢、缺血性结肠炎、腹泻等症状。如非甾体抗炎药（布洛芬、吲哚美辛、阿司匹林）、抗精神疾病药（氯丙嗪、丙咪嗪、阿米替林）、阿洛司琼、二甲双胍、普萘洛尔、依他尼酸、新斯的明等。

（2）药源性肝脏疾病　肝脏是人体进行药物代谢的主要器官，极易受到药物损害，药物或其代谢物可通过毒性反应、过敏反应、特异质反应、干扰微粒体酶代谢活性等原因致病。急性中毒性肝炎大多属于药源性肝病。如咪唑类抗真菌药（酮康唑、氟康唑、伊曲康唑）、灰黄霉素、抗结核药（异烟肼、利福平）、羟甲基戊二酰辅酶 A 还原酶抑制药（洛伐他汀、氟伐他汀）、沙坦类抗高血压药等。

（3）药源性肾脏疾病　肾脏是药物体内清除的重要器官，通过肾脏排泄的药物种类相对较多，因此肾脏易受到药物损害。药源性肾病的主要临床类型有急性肾衰竭、急性过敏性间质性肾炎、肾乳头坏死、肾病综合征等，大多数肾损害为功能性损害，停药后可恢复正常。如氨基糖苷类药物有肾毒性，阿昔洛韦可引起肾小管阻塞从而引起急性肾衰竭。

（4）药源性皮肤病　可发生于用药过程的任一阶段，其反应轻重不一，严重者可致表皮坏死、Steven-Johnson 综合征、血管炎、血清病、血管神经性水肿等。

（5）药源性呼吸系统疾病　人体全身的静脉血都要流经肺部，因此肺容易受到血液中药物的损害。临床表现为过敏性肺泡炎、肺水肿、肺栓塞、弥漫性间质性肺炎和肺纤维化等。

（6）药源性血液疾病　许多药物可致药源性血液疾病，临床表现为粒细胞减少、血小板减少、溶血性贫血、再生障碍性贫血。如典型药物氯霉素可致不可逆的再生障碍性贫血。

（7）药源性神经系统疾病　可引起听神经障碍的药物，如氨基糖苷类、奎宁、氯喹、依他尼酸等。

**练一练1-3-3**

患者，男，67 岁，为葡萄糖-6-磷酸脱氢酶缺乏的患者。如果使用复方磺胺甲噁唑，可能引发的药源性疾病是

A. 肌肉震颤　　　B. 红人综合征　　　C. 抗生素相关性腹泻

D. 急性溶血性贫血　E. 血小板减少

答案解析

**2. 药源性疾病的诊断和治疗**

（1）药源性疾病的诊断　对药源性疾病的诊断，很大程度上取决于医师的工作态度、临床经验、药理学知识以及对药源性疾病的认识。对药源性疾病的诊断应贯穿所有疾病诊断的始终，这样才能提高诊断率，减少漏诊率。医师诊断患者是否为药源性疾病，应做到：①追溯患者用药史、药物过敏史、家族史；②确定用药时间、用药剂量及临床症状发生的关系；③排除药物以外的致病因素；④确定致病药物；⑤进行必要的实验室检查或相关试验；⑥流行病学调查。

（2）药源性疾病的治疗　对诊断明确的药源性疾病，应及时停药，去除病因，绝大多数轻症患者停药后相关疾病可以自愈或症状缓解。对于病情较重患者，应及时采取措施，对症治疗，加快药物排泄，延缓吸收。致病药物有拮抗剂的，应及时使用拮抗剂治疗或缓解症状。对药物引起的各系统器官损害，采取与其他疾病因素引起的相应器官损害相同的方法治疗。

## 四、药品召回

药品召回（drug recall）是指药品生产企业（包括进口药品的境外制药厂商）按照规定的程序收回已上市销售的存在安全隐患的药品。药品召回是一种强化医药企业责任的预警性措施，建立完善的药品召回制度，将研发、生产过程中存在问题、治疗效果存在偏差甚至威胁公众生命安全的已经上市的药品进行收回，这是对患者用药安全的基本保障，也是医药行业规范化的必要措施，对于药品的生产、销售以及召回等制度在保障公众用药安全方面起到了十分重要的作用。加强药品召回制度是十分有必要的，药品经营企业、使用单位发现其经营、使用的药品存在安全隐患的，应当立即停止销售或者使用该药品，通知药品生产企业或者供货商，并向药品监督管理部门报告。完善的药品召回制度可以保证质量出现问题的药品及时有效地被召回，从而避免因药品质量问题引发的对患者生命安全、身体健康的伤害。

**（一）召回分类**

根据药品召回活动发起主体的不同，分为主动召回和责令召回两类。

**1. 主动召回**　药品生产企业通过信息的收集分析、调查评估，根据事件的严重程度，在没有官方强制的前提下主动对存在安全隐患的药品做出召回。

**2. 责令召回**　药品监督管理部门通过调查评估，认为存在潜在安全隐患，企业应当召回药品而未主动召回的，责令企业召回药品。

### （二）药品召回的级别与时限

**1. 一级召回**　使用该药品可能引起严重健康危害。一级召回时限：应在 24 小时以内全面展开药品召回工作。

**2. 二级召回**　使用该药品可能引起暂时的或者可逆的健康危害。二级召回时限：应在 48 小时以内全面展开药品召回工作。

**3. 三级召回**　使用该药品一般不会引起健康危害，但由于其他原因需要召回的。三级召回时限：应在 72 小时以内全面展开药品召回工作。

**✐ 练一练1-3-4**

根据《药品召回管理办法》，对不会引起健康危害，但由于其他原因需要收回的药品，实施的药品召回属于

A. 二级召回　　　B. 四级召回　　　C. 三级召回

D. 一级召回　　　E. 无需召回

答案解析

### （三）药品召回的情况

有下列情况发生的，必须召回药品：①药品调配、发放错误；②已证实或高度怀疑药品被污染；③药品使用过程中发现或患者投诉并证实为不合格药品；④已过期失效的药品；⑤药品监督管理部门公告的质量不合格药品、假药、劣药或要求召回的药品；⑥生产商、供应商主动要求召回的药品。

### （四）药品召回流程

**1. 医院药品召回流程**

（1）医院做出药品召回决定或收到药品召回通知后，立即停止采购、销售和使用所涉问题药品，启动药品召回流程，通知相关医院科室或患者停止销售和使用问题药品，同时向省药品监督管理局报告。

（2）各病区、各药房的药品退回药库，妥善保管于指定场所，做好下架封存、登记报告工作。发现假、劣药品时，按规定及时报告有关部门并迅速召回，妥善保存所有原始记录，及时查明原因。发现调剂错误时，立即追回调剂错误的药品，依医疗差错、事故登记报告制度采取相应措施，及时分析原因，提出整改措施。

（3）各调剂室负责人指定专人通过查找处方、病历等方式找到用药患者，通知其停止用药，并凭药品、病历（或处方）、收费及挂号凭证等到原处方医师处开具退药处方，再到药房咨询窗口办理退药手续。各调剂室负责人指定专人负责登记召回药品相关信息，包括药品通用名、商品名、剂型、规格数量、单位、批号、单价、金额、患者姓名、联系方式、身份证号、家庭住址、处方号（或病历号）、登记日期、经手医师和药师姓名。

（4）已召回的药品集中封存，退药处方单独保存，每月将召回药品信息和处方集中上报医务管理部门。

**2. 药品生产企业药品召回流程**　在启动药品召回后，在规定时限内，将调查评估报告和召回计划提交给所在地省、自治区、直辖市药品监督管理部门备案。省、自治区、直辖市药品监督管理部门将收到一级药品召回的调查评估报告和召回计划报告国家药品监督管理局，同时可以根据实际情况组织专家对药品生产企业提交的召回计划进行评估，认为药品生产企业所采取的措施不能有效消除安全隐

患的，可以要求药品生产企业采取扩大召回范围、缩短召回时间等更为有效的措施。

## 目标检测

答案解析

一、综合问答题

1. 通过临床收集，简述药物不良反应的类型及发生的原因。

2. 选择一例病例，简述防治药物不良反应与药源性疾病的原则。

二、案例分析题

患者，女，37岁，因左踝部肿痛3天，局部见脓性分泌物入院。诊断为左足蜂窝织炎。给予局部外用消毒杀菌药处理，做青霉素皮试阴性后，给予青霉素800万U加至5%葡萄糖溶液250ml中静脉滴注，液体滴入50ml后患者突感呼吸困难、胸闷、心慌、四肢发凉，继之烦躁不安，神志不清。查体：体温37℃，脉搏85次/分，呼吸30次/分，血压85/50 mmHg，神志欠清，叫之能应，口唇发绀，双肺（－），心率85次/分，心音有力，四肢末梢凉，发绀。

请思考分析：

1. 患者出现的是何种不良反应？

2. 此不良反应按照分类可归入哪一类别？

3. 结合本案例，如何在药学服务中体现药师的专业素质和职业精神？

（邓元荣）

书网融合……

📄 重点回顾　　　　ⓔ 微课　　　　📋 习题

## 任务四　药物相互作用与配伍禁忌

PPT

**学习目标**

知识目标：

**1. 掌握**　药物在药动学、药效学方面的相互作用；药物的协同作用和拮抗作用。

**2. 熟悉**　常见注射剂配伍变化发生的原因。

**3. 了解**　药物相互作用的概念与分类。

技能目标：

1. 具备在指导患者联合用药时避免药物在体外产生相互作用和在体内产生拮抗作用的能力，使药物在体内发挥协同作用。

2. 学会对有害药物相互作用进行预测及寻找相应的临床对策。

素质目标：

培养临床合理用药意识，提高服务意识和职业精神。

## 导学情景

**情景描述：**患者，男，35岁，诊断为"急性阑尾炎"。给予依诺沙星0.2g＋5%葡萄糖注射液100ml（滴注时间为50分钟）和氟比洛芬酯100mg＋0.9%氯化钠注射液100ml（滴注时间为1小时）连续静脉滴注，静滴完毕后，患者即出现眼球上翻，牙关紧闭，全身痉挛，发作持续5分钟，随后意识消失。静脉给予地西泮10mg，痉挛消失。30分钟后再次发作，送往ICU治疗。

**情景分析：**喹诺酮类药引起神经系统不良反应的机制较为复杂，可能是由于该类药物与中枢抑制性神经递质GABA（γ-氨基丁酸）竞争性结合GABA受体，从而使中枢神经兴奋性增加。且喹诺酮类药致中枢神经系统不良反应的发生与给药速度有一定相关性。因此，为减少喹诺酮类药物的不良反应，应严格控制药物滴注速度，密切注意药物相互作用，尽量避免与非甾体抗炎药联用。氟比洛芬酯药品说明书中明确规定，该药禁用于正在使用依诺沙星、洛美沙星和诺氟沙星的患者。

**讨论：**结合案例，说明患者出现这些现象的原因，分析联合用药中应如何避免药物的相互作用。

**学前导语：**药物相互作用的机制十分复杂，有时甚至难以预测。药物相互作用已经成为日常临床实践中的重要问题，随着多药合用情况的增加，药物相互作用所引起的药物不良反应的发生率也在迅速上升。本章重点讨论的是药物相互作用的发生机制，以及如何预防不良相互作用的发生。

## 一、药物相互作用

药物相互作用（drug interaction）是指同时或相继使用两种或两种以上药物时，由于药物之间的相互影响而导致其中一种或几种药物作用的强度、持续时间甚至作用性质发生不同程度改变的现象。理论上，药物相互作用对患者的影响有3种情况，即有益、无关、有害，但实际上，药物相互作用常常只在对患者造成有害影响时才引起充分的注意，所以，狭义的药物相互作用通常是指两种或两种以上药物在患者体内共同存在时产生的不良影响。临床上常把药效发生变化的药物称为目标药（object drug），将引起这种变化的药物称为促发药（precipitating drug）。

### （一）药动学方面的相互作用

**1. 吸收过程的药物相互作用** 药物在给药部位的相互作用影响药物的吸收，表现在吸收速率和吸收程度两方面。吸收速率的改变可引起药物达到峰浓度的时间发生变化，吸收程度的影响则可使体内药物的浓度或吸收量发生变化。口服是最常用的给药途径，下面主要介绍药物在胃肠道吸收时相互影响的因素。

（1）胃肠道pH的影响 药物在胃肠道的吸收主要通过被动扩散方式，胃肠道的pH可通过影响药物的溶解度和解离度而影响药物的吸收。解离型药物脂溶性较低，扩散能力差，不易被吸收；非解离型药物脂溶性较高，易扩散通过生物膜，容易被吸收。如酸性药物在酸性环境或碱性药物在碱性环境下，其解离度低，非解离型药物占大多数，脂溶性较高，较易透过生物膜被吸收；反之，酸性药物在碱性环境下或碱性药物在酸性环境下解离度高，脂溶性低，扩散透过生物膜的能力差，吸收减少。联合用药时，若其中一种或多种药物改变pH，将影响其自身或其他药物的吸收。例如，巴比妥类药物在胃内容易吸收，加服碳酸氢钠提高了胃液的pH，使巴比妥类药物解离增加，脂溶性降低，吸收减少。在药物中毒时，通过碱化或酸化体液减少药物吸收来加快药物排出具有临床意义。

（2）吸附与络合作用的影响 活性炭、氢氧化铝凝胶、白陶土和消胆胺具有吸附作用，与其他药物合用时能产生吸附作用，影响其他药物的吸收。如白陶土可使林可霉素吸收减少，其血药浓度只有单独服用时的1/10；消胆胺作为降血脂药物，能吸附结合甲状腺素、华法林、阿司匹林、洋地黄、保泰松等，减少这些药物的吸收。药物还容易在胃肠道中发生相互作用而形成络合（包括螯合）物和复合物，使吸收状况发生改变，特别是含有多价金属离子（$Ca^{2+}$、$Fe^{2+}$、$Mg^{2+}$、$Al^{3+}$、$Bi^{3+}$、$Fe^{3+}$）的药物，可与其他药物发生作用，产生不溶解和难以吸收的络合物。例如，四环素的吸收受磷酸钙等的严重影响，氢氧化铝凝胶可影响地高辛和乙胺丁醇等的吸收。

（3）胃肠运动的影响　大多数药物在小肠上部吸收，改变胃排空速率和肠蠕动等因素，可影响药物到达小肠吸收部位及药物在肠内的滞留时间而影响药物的吸收。胃肠蠕动减慢，药物在消化道停留时间延长，延长吸收的时间，药物起效慢，吸收完全；反之，胃肠蠕动加快，药物很快通过胃到小肠，但在小肠滞留时间短，经粪便排出也快，因此可能吸收不完全。例如，甲氧氯普胺、多潘立酮等促胃肠动力药或泻药等，促进胃肠蠕动，缩短药物在消化道停留时间，使药物吸收不完全；地高辛与普鲁本辛合用，使地高辛吸收增加，血药浓度升高，而与甲氧氯普胺合用，则吸收减少，血药浓度降低。

（4）食物的影响　一般情况下，食物可减少药物的吸收。高脂肪食物可促进脂溶性药物或脂溶性维生素的吸收。高糖食物如麦芽糖、蜂蜜、枣、碱性饼干及含糖多的馅类食品，可与解热药形成复合物，从而减慢用药初期的吸收速度；应用糖皮质激素时，糖皮质激素等能增加肝糖原分解，使血糖升高，故应限制糖的摄入量。高蛋白食物可使左旋多巴的吸收减少，亦可使药酶活性轻度增加；低蛋白饮食可使药酶活性降低，影响药物代谢。富含矿物质的食物，如含钙多的食物，能增加强心苷对心脏的作用和毒性；富钾食物如柑橘等，若与呋塞米、噻嗪类利尿药合用，可因补钾而增强药物疗效、减少不良反应。饮用大量饮料和增加食盐摄入量，可加速碘的排泄；进食咸菜、腌制等高钠食物，可降低利尿药和降压药的疗效。

（5）肠吸收功能的影响　肠道黏膜是药物吸收的主要部位。肠道血液循环快，血流量大，可迅速带走被吸收的药物；如果肠道瘀血或血流量减少，则出现相反的情况。新霉素、对氨基水杨酸、环磷酰胺等损害肠黏膜的吸收功能，引起吸收不良。高血压、肝硬化、门静脉高压，与交感、副交感系统有关的药物、活血化瘀药等，均可影响消化道血液循环，影响药物的吸收。

（6）其他因素的影响　消化液是某些药物重要的吸收条件。硝酸甘油片舌下含服，需要充分的唾液帮助其崩解和吸收，同服抗胆碱药，则由于唾液分泌减少而使之降效。胃肠道黏膜内外酶和酶系统常影响药物的吸收，如秋水仙碱能抑制肠黏膜中多种酶系统（如蔗糖酶、麦芽糖酶和乳酸酶等）而影响肠黏膜的增生，使空肠形态发生变化，维生素 $B_{12}$ 的正常吸收减少，引起巨幼细胞贫血。肠内细菌可通过各种生化反应使许多药物发生变化，如抗生素可抑制肠道菌群，使细菌正常代谢不能进行从而改变药效；长期服用四环素、氯霉素和新霉素等抗生素，可干扰肠道菌群合成维生素 K，使其来源减少，从而加强抗凝血药的作用，应适当减少抗凝血药的剂量。口服以外的其他给药途径也有相互作用而影响吸收，如临床上普鲁卡因与肾上腺素合用，利用后者收缩局部血管的作用，减少血流量，延缓普鲁卡因的吸收而延长局麻药维持时间；透皮剂中使用松节油等，使药物容易透过皮肤，增加吸收。

**2. 分布过程的药物相互作用**　药物在分布中可表现为相互竞争血浆蛋白结合部位，改变游离型药物的比例，或者改变药物在某些组织的分布量，从而影响它们在靶部位的浓度。

（1）竞争血浆蛋白结合部位　药物被吸收进入血液循环后，部分药物与血浆蛋白发生可逆性结合成为结合型，结合型药物不易透过生物膜，暂时失去药理活性，在体内不被肝脏代谢灭活，不能由肾脏排泄。不同药物有不同的血浆蛋白结合率，大多数药物与血浆蛋白呈非特异性竞争性结合，结合力强者可以置换结合力弱者，使后者的游离型增加，在剂量不变的情况下，药理作用或毒性加强，这种现象对于血浆蛋白结合率高的药物更值得注意。常见的血浆蛋白结合率高的药物有乙酰水杨酸、对乙酰氨基酚、保泰松等，可将香豆素类药物从蛋白结合部位置换出来，抗凝作用增强，甚至发生自发性出血。给新生儿或早产儿使用磺胺类或水杨酸类药物，由于药物与血浆蛋白结合，可将胆红素从血浆蛋白中置换出来，引起胆红素脑病。药物在血浆蛋白结合部位发生置换作用产生的结果见表 1 - 12。

表 1 - 12 血浆蛋白置换引起的药物相互作用

| 被置换药 | 置换药 | 临床后果 |
| --- | --- | --- |
| 甲苯磺丁脲 | 水杨酸类、保泰松、磺胺类 | 低血糖 |
| 华法林 | 水杨酸类、水合氯醛 | 出血倾向 |
| 甲氨蝶呤 | 水杨酸类、磺胺类 | 粒细胞缺乏症 |
| 硫喷妥钠 | 磺胺类 | 麻醉时间延长 |
| 苯妥英钠 | 维拉帕米 | 两药毒性增强 |
| 胆红素 | 磺胺类 | 胆红素脑病 |

（2）改变组织分布量 ①改变组织血流量：一些作用于心血管系统的药物，通过改变组织的血流量，影响与其合用药物的分布。例如，去甲肾上腺素减少肝脏血流量，使利多卡因在肝脏中的代谢减慢，血中浓度增高；反之，异丙肾上腺素增加肝脏血流量，增加利多卡因在肝脏中的分布及代谢，使其血药浓度降低。②改变组织结合位点上的竞争置换：与药物在血浆蛋白上的置换现象一样，类似的反应也可发生于组织结合位点上，而且置换下来的游离型药物可返回到血液中，使血药浓度升高。由于组织结合位点的容量一般都很大，这种游离型药物的浓度升高通常是短暂的，但有时也能产生有临床意义的药效变化。例如，奎尼丁能将地高辛从其骨骼肌的结合位点上置换下来，使 90% 患者地高辛的血药浓度升高约 1 倍，引起毒性反应。

**3. 代谢过程的药物相互作用** 大部分药物主要在肝脏由肝药酶（主要为肝微粒体酶）代谢转化，使脂溶性药物转化为极性较高的水溶性代谢物，再经肾脏排出体外，少数药物被其他组织中的酶如血浆或肾脏中的酶代谢消除。肝药酶的活性高低直接影响许多药物的代谢，因此，其影响药物代谢的相互作用约占药动学相互作用的 40%，是临床意义最为重要的一种药动学相互作用，其作用有以下两种（表 1 - 13）。

（1）酶诱导 具有酶促作用的药物称为酶诱导药。酶诱导是指某些药物能促进肝药酶的合成或者提高肝药酶的活性，加速其自身或其他药物的代谢，从而使药物作用减弱的现象，如苯巴比妥、水合氯醛、苯妥英钠、保泰松、灰黄霉素、利福平等均为酶诱导药，它们不仅加速自身的代谢，也可加速其他药物的代谢。由于大多数药物在体内经生物转化后的代谢产物失去药理活性，酶促作用使受影响药物的作用减弱，在联合用药方案中有酶诱导药存在时，必须适度增加受影响药物的剂量才能维持其治疗效果，而且停用酶诱导药时，这些药物应适当减量，以防血浓度升高，出现毒性反应。在某些情况下，药物被代谢转化为毒性代谢产物，如异烟肼产生肝毒性代谢产物，若与卡马西平合用，后者的酶诱导作用将加重异烟肼的肝毒性。

（2）酶抑制 具有酶抑制作用的药物称为酶抑制药。酶抑制是使肝微粒体酶的活性降低，对药物的代谢减慢，使药效增强或作用维持延长，甚至产生毒性反应，如西咪替丁、氯霉素、别嘌醇、保泰松等均为酶抑制药。氯霉素与双香豆素合用，明显加强双香豆素的抗凝血作用，这是由于氯霉素抑制肝药酶，使双香豆素的半衰期延长 2 ~ 4 倍，可明显增强双香豆素的抗凝血作用。口服甲苯磺丁脲的患者同服氯霉素后可发生低血糖。西咪替丁可提高华法林的浓度及增强其抗凝血作用。

表 1 - 13 常见的酶诱导和酶抑制及相互作用

| 药物种类 | | 受影响药物 | 相互作用结果 |
| --- | --- | --- | --- |
| 酶诱导药 | 巴比妥类 | 巴比妥类、洋地黄毒苷、类固醇激素等 | 血药浓度下降、药效减弱或不良反应减轻 |
| | 保泰松、苯妥英钠 | 口服降血糖药、氢化可的松、茶碱 | |
| | 利福霉素 | 口服抗凝药、地高辛、普萘洛尔、美托洛尔等 | |
| | 灰黄霉素 | 口服抗凝药 | |

续表

| 药物种类 | | 受影响药物 | 相互作用结果 |
|---|---|---|---|
| 酶抑制药 | 西咪替丁、阿司匹林 | 苯二氮䓬类 | 血药浓度上升、药效增强或出现毒性反应 |
| | 氯霉素、异烟肼 | 苯妥英钠、口服降血糖药 | |
| | 别嘌醇 | 口服抗凝药、硫唑嘌呤 | |
| | 肾上腺皮质激素 | 三环类抗抑郁药、环磷酰胺 | |

**? 想一想1-4-1**

某患者为防止形成血栓，每日服用华法林，因抗感染需要而应用氯霉素数日，患者出现出血现象。试分析出血的原因及处理方法。

答案解析

有些药物在体内通过各自的灭活酶而被代谢，若这些酶被抑制，将加强相应药物的作用。食物中的酪胺在吸收过程中被肠壁和肝脏的单胺氧化酶所灭活，因而不呈现作用；但在服用单胺氧化酶抑制药期间，若食用酪胺含量高的食物如奶酪及红葡萄酒等，由于肠壁及肝脏的单胺氧化酶已被抑制，被吸收的酪胺不经破坏，大量到达去甲肾上腺素能神经末梢，引起末梢中的去甲肾上腺素大量释放，使动脉血压急剧升高，产生高血压危象，危及患者生命。在静脉滴注普鲁卡因进行全身麻醉期间，加用骨骼肌松弛药琥珀酰胆碱要特别慎重，因两者均被胆碱酯酶代谢灭活，大量滴注进入体内的普鲁卡因将竞争灭活酶，影响琥珀酰胆碱水解，加重后者对呼吸肌的抑制作用。

**4. 排泄过程的药物相互作用** 大多数药物通过肾脏排泄，因此，当一种药物改变肾小管的重吸收、肾小管的分泌、影响肾脏的血流量时，就能影响另一些药物的排泄。

（1）改变肾脏的血流量 肾血流量决定肾小球滤过率，减少肾脏血流量的药物可妨碍药物经肾排泄，但是这种情况在临床上并不常见。

**药爱生命**

患者联合用药时，药物在体内的吸收、分布、代谢和排泄存在个体差异，须根据患者自身情况制订个体化方案，这也体现了事物的矛盾不同，解决矛盾的方法也不相同，是在矛盾普遍性原理的指导下具体分析矛盾的特殊性的唯物主义思想。

（2）影响肾小球滤过 当血流通过肾小球时，游离型药物可经肾小球滤过膜进入原尿，结合型药物则不能通过，仍滞留于血流中。从理论上讲，能影响药物与血浆蛋白结合的药物，可使肾小球滤过率发生改变，但临床实际意义不大。

（3）影响药物在肾小管的重吸收 尿液的 pH 通过影响药物解离度，改变肾小管的药物重吸收（表1-14）。在酸性尿液中，弱酸性药物如阿司匹林、苯巴比妥和双香豆素的解离度小，脂溶性大，易从肾小管重吸收，从尿液中排出的量减少；反之，在碱性尿液中，弱酸性药物会加快排泄，如对苯巴比妥中毒患者输入碳酸氢钠等药物碱化尿液，增加尿液中排出而解毒。同理，对弱碱性药物中毒，可以输入氯化铵、氯化钙等注射液，促进弱碱性药物的排泄。强酸和强碱在尿液的生理 pH 范围内均完全解离，它们的清除不受尿液 pH 改变的影响。

表 1 – 14 尿液酸碱性对药物排泄的影响

| | 使排泄增多的药物 | 临床后果 |
|---|---|---|
| 碱性 | 巴比妥类、呋喃妥因、保泰松、磺胺类、香豆素类、对氨水杨酸、水杨酸类、萘啶酸、链霉素 | 加快药物的排泄,重吸收减少而解毒 |
| 酸性 | 吗啡、哌替啶、抗组胺药、美加明、氨茶碱、氯喹、奎尼丁、阿米替林 | |

（4）干扰药物从肾小管分泌　两种或两种以上的药物如果都是通过相同的主动转运系统从肾小管分泌,包括酸性转运系统和碱性转运系统,那么它们在分泌部位就会出现竞争性抑制现象（表 1 – 15）。易于分泌的药物会占据通道,使那些分泌作用相对较弱的药物排泄减少,造成药物在体内蓄积,药效加强,甚至出现毒性。例如,丙磺舒和青霉素竞争肾小管上的酸性转运系统,可延缓青霉素经肾排泄,使其发挥持久的治疗作用。临床上也可见到水杨酸类和另一些非甾体抗炎药可增加甲氨蝶呤的毒性,有时甚至威胁患者的生命,这种相互作用就与甲氨蝶呤的肾小管分泌受到抑制有关,如果临床确实需要将这些非甾体抗炎药与甲氨蝶呤合用,则甲氨蝶呤的剂量应减半,还应密切观察骨髓毒性反应。

表 1 – 15 对肾小管分泌有相互作用的药物

| 抑制肾小管分泌药 | 分泌减少的药物 | 临床后果 |
|---|---|---|
| 丙磺舒 | 青霉素类、吲哚美辛（消炎痛）、萘普生 | 降低药物的排泄,血药浓度上升、药效增强或出现毒性反应 |
| 水杨酸类 | 丙磺舒、保泰松、吲哚美辛、磺胺苯吡唑 | |
| 双香豆素类 | 氯磺丙脲 | |
| 保泰松 | 乙酰苯磺酰环乙脲 | |
| 羟基保泰松 | 青霉素 | |

**练一练1-4-1**

关于乙酰水杨酸与对乙酰氨基酚、咖啡因联合使用,说法正确的是

A. 改变尿液 pH,有利于药物代谢

B. 产生协同作用,增强药效

C. 减少或延缓耐药性的产生

D. 形成可溶性复合物,有利于吸收

E. 利用药物的拮抗作用,克服某些毒副作用

答案解析

**（二）药效学方面的相互作用**

药效学方面的药物相互作用是指不同药物通过对疾病相关药物靶点的影响,一种药物增强或减弱另一种药物的效应或不良反应的现象。相互作用结果可分为药物效应的协同和拮抗作用。

**1. 协同作用**

（1）相加作用　两药合用时的效应是两药分别单独应用时作用之和,称相加作用。如 $\beta_2$ 受体激动药与异丙托溴铵联合吸入,产生相加或增强作用;阿司匹林与对乙酰氨基酚合用时,解热镇痛作用相加,同时部分不良反应也可能相加;哌替啶的镇静作用可消除患者手术前的紧张、恐惧情绪,减少麻醉药用量,但若与氯丙嗪和异丙嗪组成冬眠合剂,尤其是静脉注射速度稍快时,可发生严重的呼吸与循环的抑制。

（2）增强作用　两药合用时的效应大于各药单独应用所产生效应的总和,称增强作用。如普鲁卡因注射液中加入微量肾上腺素,后者使用药局部血管收缩,减少普鲁卡因吸收,使其全身不良反应减少,局部麻醉作用时间延长;作用于同一代谢过程的不同环节的药物,磺胺甲噁唑（SMZ）和甲氧苄啶

（TMP）可使药物作用增强，将 SMZ 与 TMP 按 5∶1 的比例制成复方磺胺甲噁唑（SMZ - TMP）用于临床。另外，临床上常用青霉素和庆大霉素联用抗感染，异烟肼和利福平联用抗结核，都表现为治疗效应的增强。

合并用药也可能增加药物不良反应的风险（表 1 - 16）。例如治疗帕金森病的抗胆碱药物，与具有抗胆碱作用的其他药物（如氯丙嗪、$H_1$ 受体拮抗药及三环类抗抑郁药）合用时，可产生性质协同的相互作用，常可出现过度的抗胆碱能效应，引起胆碱能神经功能过度低下的中毒症状，表现为中毒性精神病、回肠无力症及高温环境容易中暑等。口服广谱抗生素抑制肠道菌群后，可使维生素 K 合成减少，从而增加香豆素类抗凝药的活性，故在合用时应适当减少抗凝药的剂量。有的药物合用可引起毒性的相加，如耳毒性、肾毒性或骨髓抑制等。

表 1 - 16　临床一些常见的药物协同作用增加药物不良反应的风险

| A 药 | B 药 | 相互作用结果 |
| --- | --- | --- |
| 非甾体抗炎药 | 华法林 | 增加出血的风险 |
| 血管紧张素转换酶抑制药 | 甲氨蝶呤 | 增加高钾血症的风险 |
| 氨基糖苷类 | 呋塞米 | 增加耳毒性 |
| 甲氨蝶呤 | 复方磺胺甲噁唑 | 巨幼细胞贫血 |
| 骨骼肌松弛药 | 氨基糖苷类抗生素 | 增强骨骼肌松弛作用 |
| 维拉帕米 | β 受体拮抗药 | 心动过缓、停搏 |

**2. 拮抗作用**　是指两种或两种以上药物合用所产生的效应小于其中一种药物单用的效应。在临床上，通常要尽量避免药物治疗作用的相互拮抗。根据作用机制，可将药物的拮抗作用分为两类。

（1）竞争性拮抗　两种药物在共同的作用部位或受体上产生了拮抗作用。本类相互拮抗作用可发挥治疗作用，例如在治疗虹膜炎时，交替使用毛果芸香碱和阿托品，可防止虹膜粘连。也可产生药理性拮抗作用，在药物中毒时抢救患者的生命，例如用苯二氮䓬类受体拮抗药氟马西尼抢救苯二氮䓬类过量中毒；用 α 肾上腺素受体激动药去甲肾上腺素对抗氯丙嗪过量引起的低血压。

👁 **看一看1-4-1**

**合并用药情况下应注意的原则**

①避免给予有明显酶抑制或酶诱导作用的药物；②选用能经多种途径排泄的药物（Ⅰ 相代谢，Ⅱ 相代谢，肾排泄）；③如果药物的代谢过程会延长，尽量使用没有严重不良反应的药物；④如果有潜在的代谢介导的药物相互作用，可监测血药浓度；⑤询问用药史，避免患者同时使用其他医生开具的药物，避免可能的药物相互作用。

（2）非竞争性拮抗　作用物与拮抗物不是作用于同一受体或同一部位，也可出现拮抗作用。例如，较大剂量的氯丙嗪用于治疗精神分裂症时，因拮抗黑质 - 纹状体通路的多巴胺（DA）受体，使中枢乙酰胆碱（ACh）作用相对增强，可引起锥体外系反应，苯海索具有中枢抗胆碱作用，可减轻锥体外系反应；氨茶碱可因兴奋中枢而引起失眠，常合用催眠药加以对抗；维生素 $B_6$ 能增加外周多巴脱羧酶活性，加速左旋多巴在外周部位脱羧，减少左旋多巴进入中枢的量，降低左旋多巴的疗效，产生对抗左旋多巴的作用。

## 二、药物配伍禁忌 🅴 微课

药物配伍禁忌（drug incompatibility）也称为体外药物相互作用，是指患者用药之前，药物尚未进入机体，此时药物与药物、药物与溶剂或赋形剂之间发生化学或物理性的相互作用，对药效或安全性产生不良影响。本类相互作用多发生于液体制剂，如在静脉输液过程中或注射器内即可发生。这种相互作用发生在进入人体前，在临床给患者使用之前就应力求避免，对外观无异常的体外相互作用更应引起注意。

**（一）分类**

**1. 可见配伍变化** 包括溶液浑浊、沉淀、产气、结晶及变色。可见配伍变化在混合后若仔细观察，大多数是可以避免的；而有些可见配伍变化是在使用过程中逐渐出现的，不是立即发生的，更应该引起足够的重视。例如20%磺胺嘧啶钠注射液（pH 9.5~11）与10%葡萄糖注射液（pH 3.2~5.5），混合后pH明显改变（pH小于9.0），使磺胺嘧啶结晶析出，这种结晶如输入血管，有可能造成微血管的栓塞。

**2. 不可见配伍变化** 包括水解反应、效价下降、聚合变化以及肉眼不能直接观察到的直径$50\mu m$以下的微粒等，对药物的安全性和有效性存在潜在影响。例如，氨基酸注射液中不能加入对酸不稳定的药物，因为该类药物在氨基酸营养液中容易降解；维生素C（pH 5.8~6.9）与偏碱性的氨茶碱（pH 9.0~9.5）溶液混合时，外观无变化，但效价降低。

**（二）注射剂配伍变化的主要原因**

**1. 沉淀** 在配制液体药物时，由于理化因素产生沉淀，影响疗效，产生沉淀的原因如下。

（1）注射液溶媒组成改变 因改变溶媒的性质而析出沉淀。某些注射剂内含非水溶剂，目的是使药物溶解或制剂稳定，若把这类药物加到水溶液中，由于溶媒性质的改变而析出药物产生沉淀。如氯霉素注射液（含乙醇、甘油等）加到5%葡萄糖注射液或0.9%氯化钠注射液中，可析出氯霉素沉淀。

（2）电解质的盐析作用 主要是对亲水胶体或蛋白质药物自液体中被脱水或因电解质的影响而凝集析出。如氟罗沙星注射剂与0.9%氯化钠注射液合用可发生盐析作用而出现沉淀。

（3）pH改变 pH发生改变时会使药物的溶解性也发生改变，通常会导致沉淀或加速分解。如5%硫喷妥钠10ml加到5%葡萄糖注射液500ml中产生沉淀，系pH下降所致。

（4）形成络合物 四环素与$Ca^{2+}$、$Mg^{2+}$等金属离子形成难溶性络合物而析出沉淀。如头孢类抗生素遇$Ca^{2+}$、$Mg^{2+}$等离子会产生头孢烯-4-羧酸钙或镁的沉淀。

**2. 变色** 由于化学反应导致新的有色物质产生。如酚类化合物、水杨酸及其衍生物以及含酚羟基的药物如肾上腺素与铁盐发生络合反应，或受空气氧化，都能产生有色物质；维生素C与氨茶碱、多巴胺与苯妥英钠等合用也可导致颜色改变。

**3. 产气** 碳酸盐、碳酸氢盐与酸类药物配伍，铵盐与碱类药物配伍，均可产生气体。

**4. 效价下降** 某些药物在水溶液中不稳定，易分解失效，如与其他药物合用，分解可能加速，药物活性有可能大幅下降。如乳酸根可加速氨苄西林的水解，氨苄西林在含乳酸根的复方氯化钠注射液中，4小时效价损失20%。

**5. 聚合反应** 氨苄西林1%（*W/V*）的储备液在放置期间，会发生变色、溶液变黏稠、形成沉淀，这是由于形成了聚合物。

**练一练1-4-2**

临床上，药物可以配伍使用或联合使用，若使用不当，可能出现配伍禁忌。下列药物配伍或联合使用中，不合理的是

A. 磺胺甲噁唑与甲氧苄啶联合应用

B. 氨苄西林溶于5%葡萄糖注射液后，在4小时内滴注

答案解析

D. 阿莫西林与克拉维酸联合应用

E. 地西泮注射液与 0.9% 氯化钠注射液混合滴注

### ♥ 药爱生命

《辞海》中对"慎独"的解释为：在独处无人之时，更要对自己的行为谨慎自律。对药师来说，医德慎独就是在无人监督、单独工作时，仍能坚守医德信念，自觉遵守医德原则和规范，积极主动地救治患者。医生开出医嘱后，如何合理将这些药物配伍，使其达到最佳疗效，这既涉及药理方面的知识，也关乎药师慎独修养，如溶液必须新鲜配制使用，以保证达到最佳疗效。治疗效果的优劣不仅涉及治疗手段的选择，还在于是否认真实施这些治疗手段，不仅要求药师技术精益求精，对患者负责，还要对规章制度一丝不苟、严格执行。

#### （三）注射剂配伍变化的预测

根据注射药物的理化性质，将变化分为 7 类。

AI 类为水不溶性的酸性物质制成的盐，与 pH 较低的注射液配伍时易产生沉淀。如青霉素类、头孢菌素类及苯妥英钠等。

BI 类为水不溶性的碱性物质制成的盐，与 pH 较高的注射液配伍时易产生沉淀。如红霉素乳糖酸盐、盐酸氯丙嗪及盐酸普鲁卡因等。

AS 类为水溶性的酸性物质制成的盐，其本身不因 pH 变化而析出沉淀。如维生素 C、氨茶碱、葡萄糖酸钙及甲氨蝶呤等。

BS 类为水溶性的碱性物质制成的盐，其本身不因 pH 变化而析出沉淀。如硫酸阿托品、硫酸多巴胺、硫酸庆大霉素、盐酸林可霉素及马来酸氯苯那敏等。

N 类为水溶性无机盐或水溶性不成盐的有机物，其本身不因 pH 变化而析出沉淀，但可导致 AS、BI 类药物产生沉淀。如氯化钾、葡萄糖、碳酸氢钠、氯化钠、葡萄糖氯化钠及甘露醇等。

C 类为有机溶媒或增溶剂制成的不溶性注射液（如氢化可的松），与水溶性注射剂配伍时，常由于溶解度改变而析出沉淀。该类物质还有氯霉素、维生素 $K_1$ 及地西泮等。

P 类为水溶性的具有生理活性的蛋白质（如胰岛素），pH 变化、重金属盐及乙醇等均可影响其活性或使其产生沉淀。该类物质还包括抗利尿激素、透明质酸酶、催产素及肝素等。

#### ？ 想一想1-4-2

某医师为一位 34 岁、有上呼吸道感染的患者开具处方如下：乳糖酸红霉素粉针剂 1g 加到 0.9% 氯化钠注射液 500ml 中静脉滴注，每天 1 次，共 3 天。

请问：该治疗方案正确吗？

答案解析

### 三、药物相互作用可能引起的不良反应

药物相互作用引起的严重不良反应可表现在许多方面，以下为药物相互作用引起的常见严重不良反应。

**1. 高血压危象** 单胺氧化酶抑制药（帕吉林、呋喃唑酮等）与拟肾上腺素药（麻黄碱、间羟胺、哌甲酯）、去甲肾上腺素前体药（酪胺、左旋多巴）、三环类抗抑郁药、胍乙啶及其同类抗高血压药合用，可引起去甲肾上腺素的大量堆积，出现高血压危象。

**2. 低血压反应** 氯丙嗪与氢氯噻嗪、呋塞米、依他尼酸等合用，这些利尿药均具有降压作用，可

以明显增强氯丙嗪的降压反应，引起严重的低血压。普萘洛尔与氯丙嗪或哌唑嗪合用，普萘洛尔可拮抗 β 受体，氯丙嗪与哌唑嗪则拮抗 α 受体，两药合用降压效果明显增强。

**3. 心律失常** 强心苷与排钾利尿药或糖皮质激素合用，后两者均可促进钾排出，使血钾降低；静脉滴注葡萄糖溶液与两性霉素 B 亦可使血钾降低，如失钾不予纠正，则心脏对强心苷的敏感性增强，易发生心律失常。强心苷不宜与钙盐合用，特别禁忌注射钙盐，血钙升高可使心脏对强心苷的敏感性增强，易发生心律失常。强心苷与利血平合用，两药均可引起心动过缓，易诱发异位节律。奎尼丁与氯丙嗪合用，氯丙嗪对心脏具有奎尼丁样作用，两药合用可致室性心动过速。奎尼丁与氢氯噻嗪合用，氢氯噻嗪可碱化尿液，促进奎尼丁由肾小管重吸收，提高血药浓度，引起心脏毒性反应。维拉帕米与 β 受体拮抗药合用，静脉注射维拉帕米易引起心动过缓、低血压、房室传导阻滞、心力衰竭甚至心脏停搏。

**4. 出血现象** 香豆素类口服抗凝药与考来烯胺、氨基糖苷类抗生素、乙酰水杨酸等联用可使作用增强，易引起出血。肝素与乙酰水杨酸、双嘧达莫合用应十分谨慎，后两者能抑制血小板聚集，合用后抗凝作用大大增强，有出血的危险。肝素与依他尼酸合用易引起胃肠道出血。

**5. 呼吸麻痹** 氨基糖苷类抗生素具有神经肌肉接点传递阻滞作用，不宜与影响呼吸肌功能的全身麻醉药（乙醚、硫喷妥钠等）、普鲁卡因、琥珀酰胆碱、硫酸镁等合用，以避免其协同作用引起呼吸麻痹。利多卡因可加强琥珀酰胆碱的骨骼肌松弛作用，合用时可引起呼吸麻痹；环磷酰胺能抑制假胆碱酯酶的活性，使琥珀酰胆碱不易灭活，从而增强其骨骼肌松弛作用，两药合用有可能导致呼吸麻痹。

**6. 低血糖反应** 口服降血糖药甲苯磺丁脲不宜与长效磺胺类、水杨酸类、保泰松、呋塞米等合用，这些血浆蛋白结合率高的药物可将甲苯磺丁脲置换出来，使血中游离甲苯磺丁脲浓度升高，降血糖作用增强，引起低血糖反应。保泰松能明显抑制肝微粒体酶，使甲苯磺丁脲的血药浓度提高，降血糖作用明显增强，引起低血糖反应。降血糖药不宜与普萘洛尔合用，两者合用除可加重低血糖反应外，还可掩盖降血糖药引起的急性低血糖先兆征象，因而危险性增大。

**7. 严重骨髓抑制** 甲氨蝶呤与水杨酸类、磺胺类、呋塞米合用，后者可从血浆蛋白结合部位将甲氨蝶呤置换出来，血中游离型甲氨蝶呤浓度升高，对骨髓的抑制明显增强，可引起全血细胞减少。别嘌醇与硫唑嘌呤、巯嘌呤合用，别嘌醇抑制黄嘌呤氧化酶，使后两药代谢减慢，血药浓度提高，对骨髓的抑制加强，如需合用，必须把硫唑嘌呤、巯嘌呤的用量减少。别嘌醇亦能加强环磷酰胺对骨髓的抑制作用，但机制不明。

**8. 听神经毒性** 依他尼酸、呋塞米与氨基糖苷类抗生素合用，两者在听神经损害方面有相加作用，合用后耳聋的发生率明显增加，尤其尿毒症患者更易发生。氨基糖苷类抗生素与抗组胺药（尤其是苯海拉明、茶苯海明）合用，因抗组胺药可掩盖这类抗生素的听神经毒性症状，不易及时发觉。

**目标检测**

答案解析

**一、综合问答题**

1. 假设一个护理人员咨询常见注射剂配伍变化发生的原因，作为一名药师应如何回复？

2. 使用口服药物联合用药时，吸收过程中药物可能会发生哪些相互作用？

3. 联合用药时，如何分析肝药酶与药物相互作用的关系？

**二、案例分析题**

患儿，男，入院诊断为"脑炎"，但尚未确诊是结核性还是真菌性感染，医嘱：伏立康唑 150mg + 5% 葡萄糖注射液 50ml，ivgtt q12h；利福平胶囊，75mg，清晨顿服。

请思考分析：

1. 患儿使用此治疗方案是否合理？

2. 上述方案中，伏立康唑和利福平中会产生什么样的相互作用，如何调整？

3. 药学人员如何在上述药学服务中体现职业素养和专业精神？

（邓元荣）

书网融合……

📑 重点回顾　　　　💻 微课　　　　🕐 习题

# 任务五　特殊情况下的药物治疗

PPT

## 学习目标

**知识目标：**

1. **掌握**　肝脏、肾脏疾病状态下的用药原则；妊娠期妇女、哺乳期妇女、儿童及老年人的用药原则。

2. **熟悉**　各种不同疾病因素对药物疗效的影响；妊娠期妇女、哺乳期妇女、儿童及老年人的用药选择。

3. **了解**　妊娠期妇女、哺乳期妇女、儿童及老年人的生理特点。

**技能目标：**

1. 能够结合妊娠期妇女、哺乳期妇女、儿童及老年人的特点正确选择药物，开展咨询、指导用药，协助拟定药物治疗方案等药学服务。

2. 学会判断常用治疗药物的常见不良反应并提供处理方案，主动提供健康教育。

**素质目标：**

具备药师的基本职业素养，树立"合理用药、安全用药"的责任意识，培养做好药学服务、保证患者用药安全的意识与责任心。

## 🔖 导学情景

**情景描述：** 患者，男，62 岁，以慢性肾脏病 3 期、肾功能不全失代偿期、慢性肾炎入院。入院时血清肌酐值（Scr）180μmol/L（正常值为 44.0～110.0μmol/L）。入院后查头颅核磁共振（MRI）示双侧大脑半球多发低密度灶，补充诊断脑梗死。给予奥扎格雷 160mg + 5% 葡萄糖注射液 100ml，ivgtt qd，3d 后复查 Scr 结果为 220μmol/L。

**情景分析：** 患者系老年患者，病情诊断清晰。奥扎格雷适用于治疗急性脑梗死，但有致血肌酐升高的不良反应，禁用于严重肾功能不全的患者。该患者在入院时有肾功能不全，应避免使用该药，但被临床忽视，应用奥扎格雷后，更加剧了对患者肾功能的损害。

**讨论：** 结合案例思考，为什么会出现这些现象？对于特殊人群患者的治疗要注意什么问题？

**学前导语:** 在临床药物治疗过程中,患者常伴有不同的情况,特别是特殊人群,其生理特点不同,对药物的反应也不同,临床用药需要充分考虑,以发挥药物的治疗作用,避免药物的不良反应。本任务将介绍上述内容,为今后的药学服务工作打好基础。

## 一、疾病对药物治疗的影响

疾病可使机体生理状态发生系列变化,在不同疾病情况下,药物作用会出现量或质的不同。疾病一方面导致药物在体内的吸收、分布、生物转化和排泄等药动学的改变,另一方面会导致某些组织器官的受体数目和功能发生变化,改变机体对相应药物的敏感性,增强药物不良反应甚至改变药物作用的性质等药效学的改变。因此,临床用药应考虑疾病对药物作用的影响,通过调整给药剂量、给药间隔、给药频数及给药途径等方法,充分发挥药物的治疗作用,减轻或避免药物不良反应。

### (一)疾病对药动学的影响

**1. 疾病对药物吸收的影响** 某些疾病可以改变药物吸收的速率和数量。口服剂型是临床常用剂型,以下主要介绍消化道病变对药物吸收的影响。

(1)改变胃排空速度 大多数药物主要在小肠吸收,胃排空速度的改变直接影响药物在小肠的吸收。如创伤、手术后和胃酸缺乏症等患者胃排空减慢,可延缓药物在小肠部位的吸收;而胃酸过多或甲亢等患者胃排空增快,可加快药物在小肠的吸收。

(2)改变肠蠕动状态 适当的肠蠕动有助于药物在肠道内扩散和吸收,但肠蠕动过快则缩短药物在肠道内停留时间,减少有效吸收时间,使吸收较慢的药物吸收减少,如腹泻和急性肠炎。相反,便秘和肠蠕动减慢的疾病可使药物吸收增加。另外,小肠及消化腺的疾病如营养不良、胃肠道黏膜萎缩性病变,会影响小肠黏膜的正常吸收功能,使药物吸收受影响。

(3)改变胃肠道分泌功能 胆汁分泌缺乏或减少可引起脂肪消化不良而致脂肪泻,地高辛、脂溶性维生素等脂溶性高的药物吸收减少,特别对肝肠循环明显的药物,这一影响更加明显。此外,pH对弱酸性、弱碱性药物被动吸收程度和速度均有很大影响,胃酸分泌增多促进弱酸性药物吸收,不利于弱碱性药物吸收,而胃酸分泌减少的影响则相反。

(4)改变消化道血液循环 休克、慢性心功能不全等患者因胃肠道血流量减少而使吸收速度明显减慢,影响药物的吸收。当外周血液循环衰竭时,若采用肌内注射和皮下注射,药物吸收也会受到影响,因此须采用静脉注射给药。

**2. 疾病对药物分布的影响** 药物的体内分布主要受血浆蛋白含量、体液pH及药物的脂溶性等多种因素的影响,其中,血浆蛋白含量及其与药物结合力的大小是决定药物在体内分布的主要因素之一,并受多种疾病的影响。

(1)改变血浆蛋白含量与结合率 慢性肝、肾功能不全,肾病综合征,营养不良,创伤及手术后均可引起血浆白蛋白减少,使药物血浆蛋白结合率降低。低白蛋白血症患者在应用地西泮、泼尼松、苯妥英钠、甲苯磺丁脲、华法林及洋地黄毒苷等蛋白结合率高的药物时,血中游离药物浓度增高,更易产生毒性反应;同样,多个血浆蛋白结合率高的药物合用,会竞争性争夺有效的血浆蛋白结合位点,导致游离型药物浓度显著升高,明显增加毒性反应,故应注意减量或从小剂量开始,减少药物配伍,并加强血药浓度的监测。

(2)改变血液pH 血浆pH变化将影响弱酸性或弱碱性药物的解离度,改变药物脂溶性而影响药物的分布。酸中毒和碱中毒均可引起血液pH变化,影响药物解离度与药物吸收,并影响药物向组织的分布。如肾病伴酸中毒时,水杨酸和苯巴比妥等弱酸性药物易分布到中枢组织,可能增加其中枢抑制的毒性。

**3. 疾病对药物生物转化的影响** 肝脏疾病尤其是肝硬化时,由于进入肝细胞的药物减少,或因肝细胞贮存及代谢药物能力降低，也可能因药物经肝细胞主动转运到胆汁的过程发生障碍，使得药物的消除减慢。肝病时，许多药物消除速率减慢，血药浓度升高，但一般不超过正常血药浓度的 2～3 倍，若肾排泄功能正常，对于多数有效治疗血药浓度范围大的药物，一般不会引起临床效应和不良反应的较大变化，但对于那些有效治疗血药浓度范围窄、毒性大或对肝脏有损害的药物，使用时应慎重。

**4. 疾病对药物排泄的影响**　药物可经肾脏、胆道、乳腺、肠液、唾液、汗腺或泪腺等多处排出，以肾脏排泄途径最为重要。

（1）肾小球滤过率改变　急性肾小球肾炎及肾功能不全患者，肾小球滤过率明显减低，经肾小球滤过的药物如地高辛、利尿药及氨基糖苷类抗生素的排泄减少，使血药浓度和药效相应增加。

（2）肾小管重吸收功能改变　肾小管重吸收受尿液 pH 及尿流速度的影响较大。酸中毒时，尿液酸度升高，弱碱性药物（如吗啡、氨茶碱）解离增多、排泄增多；碱中毒时，尿液酸度降低，弱酸性药物（如巴比妥类、水杨酸类）解离增多、重吸收减少、排泄增多。临床上通过用药调节尿液的 pH，可以治疗某些药物中毒，如用碳酸氢钠碱化尿液来治疗巴比妥类或水杨酸类中毒。

（3）肾血流量减少　休克、肾动脉狭窄可引起肾血流量减少，导致肾小球的滤过、肾小管的分泌及肾小管重吸收功能发生障碍，直接减少药物从肾排泄。

**（二）疾病对药效学的影响**

**1. 改变受体数目**　多数药物通过受体机制产生药理效应，组织细胞内受体的数目、亲和力及内在活性可因疾病的影响而发生改变。

**2. 改变机体对药物的敏感性**　这一影响多为系列变化或多因素反应，应根据具体疾病的病理变化对药物与机体相互关系的影响来研判。例如：肝脏病变可使体内氨、甲硫醇及短链脂肪酸等的代谢异常，使脑功能紊乱，对镇静催眠药、镇痛药和麻醉药的敏感性增加，更易诱发肝性脑病；而肾功衰竭出现尿毒症时，可引起电解质和酸碱平衡紊乱，导致机体各生物膜电位及平衡机制改变，从而改变机体对药物的敏感性。

**3. 改变受体后效应机制**　受体后的分子信息传递和表达过程与机体内环境各种因素密切相关，疾病通过多种途径引起受体后效应机制改变，从而改变药物作用。

**（三）疾病状态下的临床用药原则**

肝、肾疾病或其他脏器的病变引起肝、肾功能减退时，严重影响药物代谢和排泄，影响药物的疗效，甚至造成药物在体内蓄积，引起严重毒性反应，因此，肝脏和肾脏的疾病是影响药物作用的重要因素，下面重点介绍这两方面的用药原则。

**1. 肝脏疾病状态下的用药原则**　肝脏是药物在体内代谢与排泄的主要器官，肝脏疾病对肝血流量、血浆蛋白含量、肝药酶活性以及肝细胞摄取和排泄等都产生影响，改变药物的体内过程。肝脏疾病状态下应遵循的用药原则如下。 🅔 微课 1

（1）评估患者肝功能，制订药物方案　了解患者的肝功能，根据其减退程度调整给药方案，确定适当的给药剂量及给药间隔时间。一般从小剂量逐渐增量或延长给药间隔，做到给药方案个体化，同时严密观察，必要时进行血药浓度监测（TDM）。

（2）禁用或慎用损害肝脏的药物　应避免加重对肝功能的损害，禁用或慎用肝毒性的药物，例如异烟肼、利福平、保泰松、布洛芬、吲哚美辛以及他汀类药物等。药师应熟悉常见肝毒性药物种类，还要注意了解可导致肝损害相关疾病的药物种类，如可诱发肝性脑病的药物，并及时阅读药品说明书或其他药物信息来源，更新此类知识，及时向医护人员和患者提供帮助。

（3）全面评估患者健康状况和相关因素，不断优化治疗方案　如肝功能较差而肾功能正常者宜选用经肾排泄的药物，尽量选用不经肝脏代谢而主要经肾脏消除的药物等。还应帮助医生和患者分析个人健康状况、生活方式和习惯等方面对肝功能损害的因素，如酗酒、熬夜、过劳、肥胖等，加以克服，统筹做好治疗方案。用药期间不宜饮酒，制订健康计划，合理饮食，科学锻炼，定期检查肝功能，及时调整给药方案。

**练一练1-5-1**

对于肝功能不全时药动学和药效学特点，叙述错误的是

A. 肝脏疾病时，肝脏内在清除率下降

B. 肝脏疾病时，药物在肝脏的首关消除减弱

C. 肝脏疾病时，具有活性的游离型药物浓度增加

D. 肝脏疾病时，药物代谢加快

E. 对于某些前体药物，肝脏疾病时，药效降低

答案解析

**2. 肾脏疾病状态下的用药原则**　肾脏疾病状态尤其是肾功能减退时，经肾排出的药物排泄速度减慢，药物半衰期延长，易在体内蓄积。肾功能减退患者在选择治疗药物及制订用药方案时，应遵循如下原则。

（1）评估患者肾功能，制订给药方案　依据患者肾功能减退程度，确定合适的给药剂量及给药间隔时间；选用经肾脏以外其他途径代谢和排泄的药物，如选需经肾脏消除的药物时，应选用半衰期短的药物，或根据药物在肾脏的消除速率，调整给药方案。

（2）禁用或慎用对肾脏有损害的药物　避免选用有肾毒性或长期使用有可能产生肾毒性的药物，如氨基糖苷类抗生素、磺胺类药、两性霉素 B、非甾体抗炎药非那西丁及对乙酰氨基酚等。必须选用时，尽可能选择血浆有效浓度低或肾毒性相对较低的药物。为了避免肾功能的进一步损害，对肾脏有损害的药物应禁用或慎用。

（3）全面评估患者健康状况和相关因素，不断优化治疗方案　评估患者是否有明显影响肾功能的相关疾病，如糖尿病、高血压，积极治疗相关疾病，提倡健康生活方式，劳逸结合，避免感染等加重肾功能损害的各种环境及生活因素，低盐饮食，适度蛋白补给等，密切监测体重等指标，定期检查肾功能，及时调整给药方案。

## 二、妊娠期和哺乳期妇女用药

妇女在妊娠期和哺乳期身体各系统将发生一系列生理改变，此时合理用药对母体、胎儿和新生儿的健康和生长发育有着至关重要的意义。

### （一）妊娠期和哺乳期妇女的生理特点

妊娠期妇女由于胎儿生长发育的需要，体内发生适应性变化，主要表现在妊娠期妇女的体重平均增长 10～20kg，血容量相应增加50%左右，心脏由于血容量及新陈代谢增加，心排出量增加，心率加快，每分钟增加10～15次，同时子宫增大、变软，血流供给增加，乳腺增生，乳房增大，特别是胎儿胎盘对母体内分泌系统的影响等，药物在妊娠期妇女体内的药动学会有较大变化。

**1. 吸收方面**　妊娠早期常出现恶心、呕吐、食欲减退、腹胀及便秘等消化系统症状，可减少各种口服药物的吸收，雌激素、孕激素可减少胃酸分泌而影响弱酸类药物的吸收，但弱碱类药物吸收增加。

**2. 分布方面**　母体血容量随妊娠月份增加而增多，妊娠期妇女的血药浓度要低于非妊娠期妇女，同时，增加的血容量会降低血浆白蛋白浓度而形成生理性的血浆蛋白缺少症，药物血浆蛋白结合率下降，解离型药物增多，药物的作用强度增大，且易于通过胎盘屏障进入胎儿体内。

**3. 代谢方面**　妊娠期妇女肝脏的葡萄糖醛酸转移酶活性降低，肝脏生物转化功能下降，易产生药物蓄积中毒。

**4. 排泄方面**　妊娠期妇女的肾血流量及肾小球滤过率增加，可加速水溶性物质或药物的排出，但

由于葡萄糖醛酸转移酶活力降低，结合的药物量减少，不能经肾排泄。在肠道排泄时，因肝肠循环导致再吸收量增多，使药物的半衰期延长。

哺乳期也是女性一个重要的特殊生理期，母体的血液和乳汁之间存在血乳屏障，药物选择性从母体血液中通过跨膜转运机制进入乳汁，然后通过乳汁进入婴儿体内产生作用。影响药物经乳汁进入婴儿体内的药物因素有：①母体血浆中的药物浓度；②药物在母体血液与乳汁中的血浆蛋白结合能力差异；③影响跨膜转运的药物的各种理化性质，如 pH、$pK_a$ 等；④母体血液和乳汁的 pH 等环境变化因素；⑤婴儿吸吮的乳量。为了防止哺乳期妇女用药对婴儿产生不利影响，哺乳期用药应全面考虑上述因素，谨慎用药。

💜 **药爱生命**

妊娠期安全用药是维护母婴健康的重要措施。一项不完全统计表明，约 65% 的孕妇曾自行购药，92% 在妊娠期间至少用过一种药物，4% 用过 10 种以上的药物。由于孕期不合理用药，全世界每年大约有 3% 的新生儿出生时存在先天性畸形，严重影响儿童未来健康成长。研究表明，先天性缺陷的发生率比肿瘤高 8 倍，比心血管病高 5 倍，是围产期新生儿死亡的主要原因。因此，孕期临床用药应绝对禁止使用已知有致畸作用的药物，而在妊娠前 3 个月内应尽量避免应用药物。药师在此领域要配合医生，积极开展特殊人群特别是孕产妇、哺乳妇及家属的合理用药指导，确保母婴用药安全，同时积极关爱、帮助残障婴幼儿和家庭，协助采取矫正支持措施，提升公众关爱意识和社会关爱氛围。

**（二）妊娠期用药对胎儿的影响**

大多数药物都可通过胎盘屏障进入胎儿体内，母体因治疗自身疾病时使用药物不当，有可能对胚胎和胎儿造成影响，引起流产、早产或先天性畸形。据报道，约 20% 的新生儿生理缺陷与孕妇用药不慎有一定关系，药物对胎儿的影响主要通过以下 3 种方式：①通过胎盘直接作用于胎儿；②通过影响胎盘功能，间接影响胎儿宫内成长发育；③作用于母体，使其有关组织器官结构功能发生显著变化，影响胎儿正常生长发育。上述结果可导致胎儿或新生儿发生孕期意外、畸形、发育缺陷、溶血及后期发育时的器官功能结构异常，甚至有致癌作用等。因此，药师要加强对孕妇用药的指导，告知切勿自行购药用药，要在专业医师的指导下，全面分析评估后，合理制订给药方案。

**（三）妊娠期用药的基本原则和慎用药物**

通常按药物对妊娠期的安全性进行分级并合理选用。美国食品药品管理局（FDA）根据动物实验和临床实践经验，将妊娠用药分为 A、B、C、D、X 五类，安全性逐级降低（表 1-17）。

表 1-17 妊娠期用药的分类

| 类别 | 特点 |
| --- | --- |
| A 类 | 在设对照组的药物研究中，在妊娠首 3 个月的妇女未见到药物对胎儿产生危害的迹象（并且也没有在其后 6 个月具有危害性的证据），该类药物对胎儿的影响甚微 |
| B 类 | 在动物繁殖研究中（并未进行孕妇的对照研究），未见到药物对胎儿的不良影响。或在动物繁殖性研究中发现药物有副作用，但这些副作用并未在设对照的、妊娠首 3 个月的妇女中得到证实（也没有在其后 6 个月具有危害性的证据） |
| C 类 | 动物研究证明药物对胎儿有危害性（致畸或胚胎死等），或尚无设对照的妊娠妇女研究，或尚未对妊娠妇女及动物进行研究。本类药物只有在权衡对孕妇的益处大于对胎儿的危害之后，方可使用 |
| D 类 | 有明确证据显示，药物对人类胎儿有危害性，但尽管如此，孕妇用药后绝对有益（例如用该药物可挽救孕妇的生命，或治疗用其他较安全的药物无效的严重疾病） |
| X 类 | 对动物和人类的药物研究或人类用药的经验表明，药物对胎儿有危害，而且孕妇应用这类药物无益，因此禁用于妊娠或可能怀孕的患者 |

**1. 妊娠期用药应遵循的原则**

（1）用药必须有明确的指征，避免不必要的用药 妊娠期孕妇会出现许多不适或病症，用药需要全面评估利弊，一般不主张预防性、保健性用药，妊娠期不同阶段对药物的反应性也有很大差异，必须用药时尽量避免妊娠早期（妊娠 1～12 周）用药，在妊娠末期应避免使用影响分娩或婴儿呼吸和循环的药物。

（2）严格在专科医师指导下用药，选用有效且对胎儿相对安全的药物 妊娠期不得擅自用药，如需用药应在专科医师的指导下使用，药师要积极发挥用药咨询和指导作用。可参照 FDA 的药物分类，可选用 A、B 类药物，避免使用 C、D 类药物，禁用 X 类药物。

（3）治疗方案尽量单一 采用小剂量用药，避免联合和大剂量用药，严格掌握剂量和用药持续时间，注意及时停药。

（4）综合评估孕妇和胎儿健康状况，不断优化治疗方案 孕期健康维护需要从孕妇、胎儿两方面综合考虑，加强监测和评估，当发现任何一方异常时，应确定主要危险因素并加以选择和干预，例如要根据疾病对母体和胎儿不同的危害程度和预后，权衡利弊后决定用药方案，当母亲病情急需应用肯定对胎儿有危害的药物时，应根据病情随时调整用量和疗程，必要时进行血药浓度监测，并采取后续预防和保护措施，特别是应提前制订围生期补救措施和治疗预案等，并获得孕妇和家属的理解配合。

**？ 想一想1-5-1**

药师对妊娠期妇女及其家属进行用药咨询服务，应告知孕期用药有哪些注意事项？

答案解析

**2. 妊娠期部分药物的选择** 各种药物的一般选用原则基本适用于妊娠期，但具体有不同要求，特别是临床抗感染药的新品种、新剂型较多，药师要根据药品说明书，及时准确地向医生和患者提供有关信息服务。

（1）抗感染药 本类药物是妊娠期间最常用的药物之一，是较多见的不安全因素，应高度重视。

①妊娠期可安全使用的抗感染药：青霉素类始终是最安全的品种；第三、四代头孢菌素也广泛用于妊娠期；红霉素是治疗妊娠期支原体感染的重要药物，因较难通过胎盘屏障，对胎儿没有治疗作用；克林霉素可通过胎盘屏障，常用于治疗厌氧菌导致的羊水感染。

②妊娠期慎用或禁用的抗感染药：A. 氨基糖苷类除庆大霉素属 C 类，其余多为 D 类，可通过胎盘，使胎儿听神经损害发生率增加，一般不能选用；氯霉素在胎儿体内代谢甚差，孕妇使用可引起新生儿严重中毒，出现灰婴综合征，故禁用。B. 四环素类属 D 类，在胎儿骨和牙齿发育期间（妊娠 4～5 个月）给予四环素，使胎儿未来骨和牙齿黄染，骨骼发育不全，应禁用。C. 氟喹诺酮类多属 C 类，其对软骨的危害已是共识，妊娠期禁用。D. 磺胺类药与甲氧苄啶均为叶酸代谢抑制药，复方磺胺甲噁唑在妊娠早期应用，新生儿神经系统的出生缺陷发生率明显升高，应禁用。

**✕ 练一练1-5-2**

妊娠期妇女不能随意使用抗感染药，对致病菌不明的重度感染患者，以下可以采用的治疗方案是

A. 单一用药 　　　　B. 联合用药 　　　　C. 应用抗真菌药物
D. 应用氟喹诺酮类药物 　　E. 应用最新广谱抗微生物药物

答案解析

③抗病毒药：妇女在妊娠期尤其是孕早期感染某些病毒，如巨细胞病毒、风疹病毒、单纯疱疹病毒对胎儿健康是有明确的不良影响，应建议做好孕前筛查和孕期检查，在专科医生指导下制订后续措施和治疗方案。乙肝病毒感染者和 HIV 感染者存在母婴传播途径，如妊娠意愿强烈，应由妇产科和感染科等医生共同评估，确定有效可行的抗病毒药物提前干预治疗和预防母婴传播方案。大部分抗病毒药对孕妇有较多的不良反应，对胎儿存在较大风险，常用药中主要有阿昔洛韦等相对安全，属于 B 类。

④抗真菌药：妇女在妊娠期由于内分泌改变等原因，易患假丝酵母菌（白色念珠菌）等真菌引起的阴道炎等，一般选用外用抗真菌药如 B 类的克霉唑、C 类的咪康唑，不主张选用全身抗真菌药，剂型一般采用栓剂和洗剂，并注意个人卫生，采取内衣消毒、保持干燥等措施。

（2）神经精神系统药物　很多疾病如癫痫、精神病等属于慢性病，妊娠对原疾病进程有复杂和不确定的影响，药物大多有致畸或干扰胎儿宫内发育的作用，需要专科医生做好孕前评估，确定怀孕的安全性，孕期继续进行药物治疗相对比较复杂。

①镇静催眠药：地西泮等苯二氮䓬类药物属 D 类，可能损害胎儿神经发育，增加唇裂或腭裂的发生率，故不主张孕妇在失眠、焦虑时使用，多建议采取非药物治疗手段。

②抗癫痫药和抗惊厥药：妊娠期癫痫发作可致死产、小头畸形、智力迟钝等，应积极治疗，但大多数药物可致先天性畸形。目前认为，妊娠期间癫痫发作时，剂量应个体化，迅速控制症状，并综合考虑后续措施，首选卡马西平和苯二氮䓬类。硫酸镁是治疗子痫的首选药物之一，在紧急情况下，水合氯醛采用直肠给药，苯二氮䓬类可短时间使用，其他药物不主张孕期使用。

③抗精神病药：锂盐有明确的妊娠期毒性，应禁用，其他种类的妊娠期安全性证据不足，一般不选用。

④镇痛药：主要是分娩止痛时选用对宫缩影响小、不延长产程的药物，或药物代谢较快、进入胎盘少、不影响新生儿呼吸的品种。吗啡等阿片类镇痛药多属 B 类，能通过胎盘屏障，孕妇长期应用可出现药物依赖性，其新生儿亦可出现戒断症状；哌替啶对新生儿的影响与药量及用药至胎儿娩出的时间间隔有关，应用不当可引起新生儿呼吸抑制。产后止痛多采取止痛泵技术和舌下含片，多用吗啡及衍生物，应注意药物在乳汁中的浓度。

⑤解热镇痛药：对乙酰氨基酚相对安全性较高，在孕妇非物理降温无效时可短时间使用。应注意阿司匹林、布洛芬等非甾体抗炎药在妊娠早期多属 B 类，在妊娠后期（妊娠 28 周后）为 D 类，安全性降低，主要是干扰血小板血栓素 $A_2$ 合成，易引起产后出血，另报道可导致胎儿动脉导管早闭，增加胎儿右心负荷，也可能会收缩胎儿肾动脉，羊水量和尿量减少，对胎儿产生不利影响。由于大多数抗感冒药是复方，含有非甾体抗炎药、抗组胺药等，药师要及时提示对胎儿的不利影响。

⑥麻醉药：局麻药一般影响较小，分娩期间应用全麻药对新生儿可能产生呼吸抑制，应尽量缩短用药时间。

（3）心血管系统药物

①抗高血压药：孕妇中 5% ~10% 并发高血压或子痫，应进行适当治疗。β 受体拮抗药多属 C 类，普萘洛尔疗效确切，阿替洛尔半衰期较长，对血压控制稳定；早期应用噻嗪类利尿药属于 C 类，但有致畸作用，同时可致水、电解质平衡失调，应慎；适量应用硫酸镁治疗妊娠高血压未见对胎儿有不良影响，但须严格控制剂量。

②抗心律失常药和强心苷类：妊娠期间发生孕妇和胎儿心律失常可能危及生命，应及时进行药物治疗。地高辛、奎尼丁、普鲁卡因胺及维拉帕米属 C 类，治疗剂量未见致畸作用，但应注意观察病情、实施心脏监测，及时调整用量；利多卡因属 B 类，高血药浓度可抑制新生儿中枢神经系统；胺碘酮属 D 类，对胎儿心脏及甲状腺功能有影响，在妊娠早期应避免使用，仅用于其他治疗无效而危及生命的

心律失常。

③抗凝血药和溶栓药：妊娠激发母体处于高凝状态，静脉血栓栓塞是常见并发症，肺栓塞是导致孕妇死亡的最常见原因。抗凝血药常用于有栓塞倾向的孕妇，应注意香豆素类属 X 类，易致畸，应禁用；肝素属 C 类，因不能通过胎盘屏障，对胎儿安全，但分娩时应减少剂量，同时监测凝血酶原时间，发现出血倾向可用鱼精蛋白对抗。

（4）内分泌系统药物及影响代谢的药物

①糖皮质激素类药：用于妊娠期发生哮喘、结缔组织病或需免疫抑制药治疗的患者，由于糖皮质激素对胎儿有一定影响，应综合评估，权衡利弊，制订合理治疗方案。氢化可的松短期注射给药用于有关病症的紧急状态，泼尼松龙用于支气管哮喘和结缔组织病的控制性治疗，地塞米松则广泛用于早产儿呼吸窘迫综合征（respiratory distress syndrome，RDS）。

②性激素类药：妊娠期间使用雄激素、雌激素能引起婴儿性别反向化，孕早期服用己烯雌酚可能增加女婴成年后阴道腺癌的发病率，均属禁用。

③降血糖药：胰岛素属 B 类，围生期用于控制血糖，效果良好；磺酰脲类、双胍类降糖药对孕妇及胎儿的不良反应都较重或有确切致畸作用，均应禁用，新型口服降糖药的安全性有待进一步考证。

（5）其他药物

①止吐药：恶心、呕吐是妊娠早期常见症状，严重时会影响母体和胎儿健康，常用止吐药有维生素 B$_6$、甲氧氯普安等，同时配合补液，而异丙嗪、氯丙嗪等多属 C 类，应慎用。

②组胺受体拮抗药：抗组胺药多属 B 类和 C 类，尤其是氯苯那敏等药有潜在致畸可能，妊娠早期应禁用，同时提示在感冒药复方中可能有此类成分。

③维生素类药：不应在孕期过量补充维生素及其相关品种。大量服用维生素 A，可引起新生儿厌食、体重减轻、骨骼异常以及脑、肾和眼畸形，还可导致颅内压升高、呕吐和昏迷。妊娠早期大剂量服用维生素 C，可能对胎儿新陈代谢产生影响。维生素 E 服用过量，可致新生儿腹泻、腹痛和乏力。妊娠早期，维生素 B$_6$在医师指导下少量服用可止吐，服用剂量过大或时间过长时，可造成胎儿对维生素 B$_6$产生依赖性，胎儿出生后易出现兴奋、哭闹不安。

◉ 看一看1-5-1

### 孕妇服用中药是否更安全?

社会上很多孕妇及家属认为，西药多为化学合成药物，而中药为天然药物，相对更安全，而事实并非如此。中医认为，孕期服用中药必须对症，应平和适中，与孕妇体质相符，特别应避免使用容易致腹泻的大黄、芒硝等以及毒性强、药性猛烈的麝香、水蛭、巴豆、牵牛等，而通径祛瘀、破气破血、辛热滑利的中药如桃仁、红花、干姜、半夏等也应慎用。

**（四）哺乳期用药的基本原则和药物选择**

**1. 哺乳期用药的基本原则**

（1）在不影响治疗效果的前提下，选用从乳汁分泌少的药物，尽可能减少对新生儿的影响。

（2）由于人乳持续地产生而不贮留在体内，哺乳期可服用较安全的药物，并应在药物的一个血浆半衰期后再喂奶。

（3）对因哺乳期妇女大剂量、长时间用药可能对新生儿造成不良影响的情况，应及时监测新生儿血药浓度。

（4）需用服用慎用药物时，应在临床医师指导下用药，并密切观察乳儿的反应。如果必须用药，但该药对婴儿的安全性又未能证实，应暂停哺乳或改用人工喂养。

**？ 想一想1-5-2**

药师应向哺乳期妇女介绍哪些用药注意事项？

答案解析

**2. 哺乳期药物的选择**

（1）抗感染药　青霉素类很难进入乳汁，最常选用，但偶尔会造成婴儿过敏，第三代及以上头孢菌素相对安全。其他抗感染药一般都不选用，有些属于绝对禁用，如：磺胺类药物可致新生儿黄疸，严重时可诱发胆红素脑病；四环素可使婴儿牙齿黄染；克林霉素对婴儿有明显毒性；异烟肼可大量转运到乳汁，造成婴儿肝毒性；氯霉素可能引起新生儿骨髓抑制；甲硝唑可大量进入乳汁，对婴儿产生毒性。如母亲因感染必须用药，应停止授乳，停药后再次授乳应在该药物4~5个半衰期后。

（2）神经系统药物　此类药物种类多，涉及产后许多常见病，也经常进入复方制剂，造成不知情用药，药师要重视目标人群的用药咨询。

①镇痛药、解热镇痛药：阿片类镇痛药可进入乳汁，对婴儿有明显影响；阿司匹林和对乙酰氨基酚相对安全，可用于产后；保泰松毒性较大，应慎用。

②镇静催眠药、抗癫痫药：苯二氮䓬类药在乳汁中含量很低，对婴儿无明显影响，但对早产儿的哺乳期妇女应慎用；巴比妥类在乳汁中含量较低，对婴儿无明显影响，长期应用时应停止哺乳。

③抗精神病药：锂盐可进入母乳，并经婴儿胃肠道完全吸收，引起婴儿毒性反应，应禁用；三环类抗抑郁药进入乳汁量少，对婴儿无明显影响，但连续应用对婴儿有害，应慎用。

（3）心血管及血液系统药物　大多数药物不易进入乳汁，但阿替洛尔在乳汁中含量高，应慎用。肝素因相对分子质量较大，不易进入乳汁，华法林可与血浆蛋白结合，也不会大量进入乳汁，两药均可用于哺乳期妇女。

（4）其他药物　包括：抗甲状腺药中的丙硫氧嘧啶、甲巯咪唑可进入乳汁，可能影响婴儿的甲状腺功能，应禁用；口服避孕药对婴儿虽无直接毒性反应，但药物会使母乳分泌减少，并影响母乳成分，不宜服用；抗肿瘤药中的甲氨蝶呤、环磷酰胺可进入乳汁被婴儿吸收，应禁用。

## 三、儿童用药

小儿按年龄分为胎儿期、新生儿期、婴儿期、幼儿期、学龄前期（幼童期）、学龄期、青春期共七个年龄阶段。现代医学将18岁以内的人群均作为儿科诊疗人群。儿童与成人相比，生长发育快，各系统与器官功能却不完善，不同年龄对药物的反应不同，而且儿科疾病常具有起病急、发展快、易多变等特点，并存在患儿用药依从性差的现象，因此，与成人用药相比，儿科用药应更确切及时，剂量恰当，药师应熟悉儿童药物选择、给药方法及剂量计算等方面的特点。

### （一）儿童的生理特点

**1. 不同年龄儿童，药物在组织内的分布不同**　婴幼儿组织中体液及细胞外液的比例较成人高，且水、盐代谢较成人快，但水和电解质代谢的调节功能较差，故水溶性药物的血药浓度较成人低且消除慢，相对较少的细胞内液使药物在细胞内浓度较成人高，如巴比妥类、吗啡及四环素在幼儿脑组织中的浓度明显高于年长儿。

**2. 不同年龄儿童对药物的反应不同**　由于中枢神经系统的发育很大程度上取决于出生后的环境刺激和学习，再加上血脑屏障不完善，中枢抑制性药物如苯二氮䓬类、阿片类对新生儿呼吸中枢的抑制作用明显强于年长儿。同样，外周系统对中枢神经的调节作用也相对不敏感，如麻黄碱对早产儿的升压作用较弱。

**3. 儿童肝脏解毒和代谢功能较差** 肝脏功能随着儿童生长发育而不断完善提高，新生儿和早产儿的肝脏酶系统发育不成熟，肝代谢的药物半衰期延长，会明显提升血药浓度和毒性作用，同样，儿童肝药酶受到诱导和抑制后的表现相对滞后，反应较成人低。

**4. 儿童肾脏排泄功能相对不成熟** 儿童肾血流量低于成人，肾小管分泌功能待完善，特别是新生儿由于肾脏功能不足，可使药物及其代谢产物在体内存留时间过长，增加了药物的毒副作用。

**5. 儿童先天遗传因素的影响** 应高度重视患儿家族中对某些药物可出现异常反应或过敏反应，此类情况发生多非常突然，且易误诊，应特别注意。

**❓ 想一想1-5-3**

药师在对儿童家长进行用药咨询时，应重点介绍哪些注意事项？

答案解析

**（二）儿童的疾病特点和应对措施**

儿童疾病多具有发病急、病情进展快、病情重及易出现并发症等特点，特别是儿童的淋巴系统发育未成熟，免疫功能不健全，易患传染病和感染性疾病。药师在进行儿科用药指导时，要注意不同年龄的儿童具有不同的生理和病理特点，治疗中选用的药物类别、剂量及治疗方法也不尽相同。另外，儿童尤其是婴幼儿，缺乏有效表达能力，注意力发散，病症反应剧烈，药师应认真听取家长的陈述，密切观察用药反应，善于发现问题和规律，科学高效地配合专科医生做好用药指导。

**✎ 练一练1-5-3**

关于小儿用药，叙述错误的是
A. 绝不能给睡熟、哭吵或挣扎的婴儿喂药，以免引起吸入性肺炎
B. 婴儿常用静脉注射或静脉点滴的方法给药
C. 不可将肠溶片或控释片压碎给药
D. 儿童正处于生长发育阶段，新陈代谢旺盛，因此可长期大量使用酸碱类药物
E. 雄激素的长期应用常使骨骼闭合过早，影响生长和发育

答案解析

**（三）儿童用药的基本原则**

儿童用药应根据年龄、病种、病情和体质等情况慎重选用，严格执行用药规范，审核处方和医嘱，不宜过多用药，避免滥用。

**1. 明确诊断，严格把握用药指征** 了解儿童不同发育时期的生理特点及药物的特殊反应，严格掌握用药指征，做到合理用药，避免或减少药物不良反应的发生。

**2. 选择适宜的给药剂量与间隔时间** 由于儿童的年龄、体重逐年增加，体质强弱各有不同，很难用某个统一的公式来推断准确而又具体的给药剂量，这就需要在实践中做到用药个体化，提倡通过监测体内药物浓度来调整给药剂量与间隔时间。

**3. 选择适宜的给药途径和药物剂型** 一般来说，能吸乳或耐受经鼻饲给药的婴儿，经胃肠给药较安全，应尽量采用口服给药；新生儿皮下注射药物可损害周围组织且吸收不良，一般不选用；静脉给药时，要严格控制滴注速度，不可过快，同时应防止药物渗出引起组织坏死；使用外用药时间不宜过

长，婴儿皮肤角质层薄，药物很易透皮吸收引起中毒。

**4. 用药后注意观察患儿的反应** 由于儿童对药物反应不一，用药后应密切观察药物疗效及药物的不良反应，以决定是否继续用药或调整剂量甚至调换药品，对于一些安全范围小的药物须进行血药浓度监测，做到个体化给药。

**5. 积极开展小儿合理用药宣教活动** 要发挥药师优势，对患儿家长开展宣教工作，介绍儿童发热、疼痛、咳嗽等症状的治疗原则和院外预防保健措施，强调感染性疾病合理使用抗生素的有关规定和意义，教育其不迷信新药或价格贵重的药物，不滥用滋补药品或营养品。

**(四) 儿童常用的给药方法和剂量计算方法**

**1. 儿童常用的给药方法** 应根据儿童年龄、病情选用合适的剂型及给药途径，提倡使用儿童专用剂型或儿童易于接受的剂型，提高用药依从性。给药次数不宜过多，以免影响儿童休息。

(1) 口服 为最常用、最安全的给药方法。婴幼儿可选用糖浆、颗粒剂，也可将药丸（片）研碎后加糖水吞服；年长儿则可用片剂或丸剂。平时要注意药剂保管和放置，尤其是糖衣片或有卡通形象外包装的异型片，避免儿童误服中毒。

(2) 注射 适于急症、重症或不能口服的患儿。静脉滴注适于各年龄儿童，在儿科应用广泛，反复注射者多采用留置针，应根据患儿年龄和活动特点，选择合适的注射部位，静脉注射低龄幼儿多选择头皮静脉，一般儿童则以四肢静脉为宜，注意固定，避免污染，防止输液反应发生。

(3) 外用 以软膏为常用，也用粉剂、洗剂、水剂、混悬液等。外用药注意切勿涂入眼、口，以免引起意外。

(4) 其他方法 灌肠法目前仅用于细菌性痢疾治疗或直肠给予镇静药（如水合氯醛）等。雾化吸入法适用于呼吸道感染或哮喘等。上述方法需要提前做好患儿依从性评估和干预，确保实际效果。

**2. 儿童用药剂量计算方法** 儿童对剂量的反应性大于成人，必须精确计算，以提高疗效，避免毒副作用。常用计算方法有以下 3 种。

(1) 按体重计算 这是最常用的计算方法，多数药物已知每千克体重每日或每次用量，可按下列公式计算：

$$每日(次)剂量 = 儿童体重(kg) \times 每日(次)每千克体重所需药量 \qquad (1-5)$$

需要连续应用的药物计算每日量，分次应用，临时对症治疗药物计算每次量，体重以实测体重为准，年长儿用药最大剂量以成人量为限。

(2) 按体表面积计算 此法计算更准确、合理，但比较复杂，尚未推广使用，体表面积值也可根据儿童身高、体重查"儿童体表面积图"求得。

$$每日(次)剂量 = 儿童体表面积(m^2) \times 每日(次)每平方米体表面积所需药量 \qquad (1-6)$$

$$体重 < 30kg：儿童体表面积(m^2) = 0.035 \times 体重(kg) + 0.1 \qquad (1-7)$$

$$体重 > 30kg：儿童体表面积(m^2) = [体重(kg) - 30] \times 0.02 + 1.05 \qquad (1-8)$$

(3) 按成人剂量折算 按下式计算：

$$儿童剂量 = 成人剂量 \times 儿童体重(kg)/50 \quad 或 \quad 儿童剂量 = 成人剂量 \times 儿童体表面积(m^2)/1.73$$

$$(1-9)$$

以上计算公式主要符合大部分儿童剂量患者，特殊患儿应以实际情况为准。

**(五) 儿童慎用的药物**

**1. 抗生素** 儿童机体免疫功能尚未完善，易发生各种病原微生物所致的急、慢性感染，故抗生素在儿科较常应用。目前抗生素的滥用已成为临床治疗中十分棘手的问题，如细菌耐药性普遍增加、菌群失调而引起的双重感染、毒性反应和过敏反应等。药师要积极配合医师做好合理使用抗生素的各项工作。

合理应用抗生素的原则如下。①要强调感染性疾病综合防治的重要性，通过加强锻炼、合理膳食营养、培养良好生活习惯，积极发挥儿童免疫系统的自我完善机制，不能片面地依赖抗生素。②要严格抗生素使用指征，全面考虑临床诊断、致病菌种类、药物的抗菌谱及其副作用、患儿体质状况等，血常规检查和药敏试验是选择用药的重要参考依据。③科学选择抗生素种类，规范用药方案。对有适应证的患儿，抗生素选择和应用应遵循各类感染的治疗指南或使用规范，重点根据药物作用特点和半衰期长短等，选择适当用法，确定足够剂量和恰当疗程，不滥用抗生素作预防用药，减少不必要的局部用药，更不能一味迷信新药、贵药、特效药。④要防止严重过敏反应、毒性反应、双重感染等问题。抗生素使用不当对儿童带来的危害往往是巨大和长期的，应高度重视不良反应的预防和监测。例如：各种类型和剂型的青霉素类、头孢菌素类，用前均应详细询问过敏史，并按规定或说明书要求认真做皮肤过敏试验；使用氨基糖苷类抗生素时应经常查尿常规和听力等；对新上市的抗生素品种，应在有较多经验后方给儿童使用。⑤有肝、肾损害者，应避免或减量使用对肝、肾毒性的抗生素，如四环素、利福平、异烟肼、链霉素及卡那霉素等。

**2. 解热镇痛药** 儿童急性感染时多伴发热，高热易引起惊厥，故儿科常用退烧药，选用阿司匹林降温副作用较大，目前多用对乙酰氨基酚，可反复使用，但剂量不宜过大。急需退烧常用安乃近肌内注射，但不宜用肾上腺皮质激素退烧。

**3. 镇静抗惊厥药** 儿童高热、过度兴奋、烦躁不安、呕吐频繁时可用镇静药，使儿童能得到睡眠休息。发生惊厥时应用抗惊厥药，常用药物有苯巴比妥和地西泮等。

**4. 镇咳止喘药** 婴幼儿支气管较窄，不会咳痰，发炎时易发生阻塞而引起呼吸困难，一般常用祛痰药或雾化吸入，使分泌物稀释，容易咳出。儿童慎用镇咳药，尤其作用强的可待因等。氨茶碱常用于哮喘患儿止喘，因有兴奋中枢作用，新生儿、婴儿慎用。

**5. 止泻药与泻药** 腹泻时目前不主张使用止泻药，因其能减慢肠蠕动，使肠内毒素排出减少，可加重病情，确需用药时可选用口服微生态制剂（含双歧杆菌、乳酸杆菌等）及保护、覆盖肠黏膜制剂如蒙脱石散。儿童便秘也很少使用泻药，常采用调节饮食和通便法。

**6. 激素类药** 许多激素及抗激素制剂都能干扰儿童内分泌平衡而影响生长发育。如糖皮质激素可对抗生长激素，使儿童生长受抑制；性激素可影响性征发育；对氨基水杨酸及磺胺类药物可抑制甲状腺激素的合成；地高辛可引起甲状腺功能低下等；一些中药如人参和蜂王浆等也可兴奋垂体分泌促性腺激素，使儿童出现性早熟。

❤ **药爱生命**

儿童因用药不当造成的身心损害，是影响儿童健康成长的重要因素之一，调查显示，儿童用药不安全现象竟然与家庭自备药品有关。据统计，药物中毒是 0~14 岁儿童因伤害而死亡的第 4 大原因；而在儿童药物中毒的原因中，"儿童自己误服药品"一直是造成儿童药物中毒的主要原因，累计占药物中毒病例的 81.4%，而医疗性药物剂量过量占 9.9%。近年来，随着治疗成人疾病的新药不断涌现，儿童误服药物临床案例呈现明显的上升趋势，感冒药、精神药物、高血压药是儿童误服的前三大类药物。因此，加强家庭药品保管、避免儿童误服已成为确保儿童用药安全的重要措施

## 四、老年人用药 🔲微课2

老年人一般指 65 岁及 65 岁以上者，其生理结构与器官功能进入衰退期，伴发多种疾病，用药机会显著增加，不良反应的发生率也相应增高。

**（一）老年人的生理特点和药物效应的改变**

老年人机体功能退行性改变，胃黏膜萎缩及胃壁细胞功能下降而胃酸分泌减少，胃肠蠕动减慢，导致胃排空速度减慢，血液供应减少，首关消除减慢，因此，胃肠道的药物吸收速率明显低于年轻人。老年人体内药物分布的特点是水溶性药物分布容积减少，脂溶性药物分布容积增加，同时血浆蛋白合成减少，血浆蛋白结合率下降。老年人肝脏重量减轻、肝血流量减少，肝药酶活性下降，使药物代谢和清除减慢，半衰期延长，因此老年人剂量应比成人减少1/3。老年人药物的排泄能力随年龄的增长逐渐下降，经肾排泄的药物半衰期延长。老年人因中枢神经系统功能减退，循环系统顺行性降低，对中枢抑制药、降压药等的反应性增强。此外，由于衰老导致的认知、思维、逻辑以及性格和心理的变化，老年人容易发生精神和神经系统的不良反应，用药依从性也比较差。

**（二）老年人的用药原则**

**1. 明确诊断，严格掌握适应证** 老年人常患有多种慢性疾病，且病情往往复杂多变，用药时应明确诊断，了解用药史，权衡利弊，避免用药不当导致病情恶化或产生严重不良反应。

**2. 用药个体化原则，避免滥用药物** 老年人用药时应具体分析病情变化，根据用药指征合理选择药物，决定适当的用量，寻找最佳给药剂量和疗程。老年患者的用药剂量应由小逐渐加大，一般采用成人剂量的1/2～3/4，必要时进行血药浓度监测，以合理地调整剂量。对于需长期服用药物的老年人来说，应定期监测肝、肾功能及电解质、酸碱平衡状态。疗程不宜过长，避免药源性疾病，必要时进行复查和随访。

**3. 恰当选择用药种类和剂型** 老年人用药应少而精，一般合理用药控制在3～4种，注意药物间的相互作用，适合使用长效制剂以减少用药次数，同时应从多方面考虑长期用药的安全性。

**4. 做好用药指导，提高用药的依从性** 告知患者和家属有关疾病和用药知识，注意提高老年患者对用药的依从性，确保患者按医嘱用药，针对老年人易漏服或多服药物的现象，可采用个人小药盒、家人和护理人员辅助监督等有关预防干预的措施。

**？ 想一想1-5-4**

药师在指导老年人安全用药时，应重点强调哪些注意事项？

答案解析

**（三）老年人慎用的药物**

**1. 抗感染药**

（1）青霉素类 本类药物主要经肾消除，老年人肾功能减退使其血药浓度增高。当控制感染需较大剂量青霉素类时，可能引起中枢神经系统反应（青霉素脑病），必须考虑老年人肾功能状况，减少剂量或延长给药间隔时间并定期监测肌酐清除率。

**👁 看一看1-5-2**

**老年人用药应注意什么**

老年人因疾病较多，对药品的关注度超过其他人群，在用药时应注意以下情况。①忌轻信民间偏方、秘方，避免不必要的用药，老年人切忌不明病因就随意滥用药物，未经验证的秘方、单方即便确有对症之病，但疾病和个体差异明显，不可随意使用。②忌迷信名贵药、滋补药或道听途说、轻信广告宣传或"好心人"的信息分享，选用某些特效药、热门药。老年人机体适应能力差，生理功能处于减退状态，选用药物品种过多，或者自认为身体不强壮，应进补防病延寿，这是不合适的，老年人即便身体虚弱需要进补，也应遵医嘱，辨证施治，随意补益很可能适得其反，而且"是药三分毒"，过多使用药物一方面增加机体负担和经济负担，另一方面，多种药物混合使用增加了相互作用和不良反应的概率，得不偿失。③忌求愈心急，擅自增加用药剂量。对老年人的用药最好从小剂量开始，一般来说，60岁以上老年人的用药剂量为成年人的3/4，而中枢神经系统抑制药应当以成年人剂量的1/2或3/4作为起始剂量。④正确选择剂型和给药方法，提倡选用方便安全的剂型和给药方式，不能简单地认为注射剂和注射给药疗效更好，而应按照医嘱，定时规范给药，切忌随意自行更改，并忌用茶水、酒类服药。

（2）头孢菌素类 本类药物除第一代有明显肾毒性外，其他各代均较安全，但部分广谱头孢菌素会抑制肠道菌群，有可能导致菌群失调症，导致肠道正常菌产生的维生素 K 减少，具有潜在的致出血作用，与阿司匹林、华法林等抗凝血药合用时，这一现象在老年人更容易发生，需密切监测凝血酶原时间的变化，以免发生出血等严重不良反应。

（3）氨基糖苷类 老年患者应尽量避免使用该类药物，已有耳蜗和前庭神经损害，出现耳鸣、耳聋等听力损害者，以及有肌无力、肌萎缩相关疾病的老年人禁用。对确需使用者应采用每日一次的给药方案，以减轻上述毒性反应等，治疗时间超过 1 周，应监测血药浓度并调整剂量。还要避免与其他耳毒性、肾毒性和神经肌肉接头阻滞药物合用。

（4）喹诺酮类 本类药物在老年人脑脊液中浓度较高，而肾清除能力降低，较易引起精神紊乱或中枢神经系统兴奋等不良反应，表现为谵妄、兴奋、狂躁甚至躁狂型行为，应予高度重视。

**练一练1-5-4**

下列药物中，与血浆蛋白结合率高、分布容积随年龄增长而降低，容易造成老年人血药浓度升高而致中毒的是

A. 巴比妥　　　　　　B. 地西泮　　　　　　C. 碳酸钙

D. 维生素 C　　　　　E. 水杨酸钠

答案解析

**2. 神经系统药物**

（1）解热镇痛抗炎药 本类药物应用广，在老年人易引起胃肠道和肾脏并发症，特别是有血容量减少倾向者（如脱水、服用利尿药、限盐饮食和心力衰竭者）可出现肾衰竭，与利尿药或抗高血压药合用时可减弱疗效，与 ACEI 合用时易出现高钾血症，与抗凝药合用时极易引起出血。由于此类药物多是非处方药和复方制剂，药师更应注意对老年人进行有关合理用药的指导。

（2）镇静催眠药 老年人感觉器官的反应性降低，易发生嗜睡、反射迟钝等不良反应。如地西泮在老年人体内的半衰期明显延长，且中枢抑制作用表现更强，易发生呼吸抑制，应谨慎使用或延长给药间隔时间；巴比妥类药物对老年人的安全性更低，不宜常规应用。

（3）抗精神失常药 老年人器质性精神类疾病日益增多，使用吩噻嗪类、丁酰苯类、苯甲酰胺类抗精神病药及三环类抗抑郁药时，应根据具体情况调整剂量，并积极防治不良反应的发生。

（4）吗啡 老年人长期用药易产生蓄积现象，可首先使用口服速效制剂，由小剂量逐渐加量达到理想镇痛效果，必要时辅以其他镇痛药，当达到最佳剂量时可以改用缓释吗啡制剂，每日两次，也可使用镇痛泵等，如出现便秘可配伍泻药，同时密切关注呼吸频率、血氧饱和度等指标。

（5）抗胆碱药 主要引起阿托品样不良反应，老年人使用东莨菪碱等还可以引起神志障碍等现象，联合用药可能会增加不良反应。

**3. 心血管及血液系统药物**

（1）抗高血压药　老年人由于血管弹性下降，顺行性下降，高血压是典型的收缩压高、脉压差大，易产生直立性低血压甚至晕厥，中枢性降压药明显抑制减压反射，更易出现此不良反应，应避免同时服用上述各类药物，并在治疗前测量卧位和立位血压，合理调整剂量，并有规律地复查血压。

（2）抗心力衰竭用药　本类药物安全性较低，由于老年人肾功能减退，使用地高辛等应减少其维持剂量，一般给予成人剂量的 1/2 或 1/4，同时监测血药浓度，避免发生中毒。

（3）心绞痛与心肌梗死用药　硝酸酯类适用于所有年龄组的稳定型心绞痛，老年人舌下给硝酸甘油应取坐位或半卧位，以防止脑血流灌注不足而昏倒。β 受体拮抗药和钙拮抗药也可用于老年稳定型心绞痛。维拉帕米和地尔硫草应慎用于有心脏传导系统疾病的心绞痛患者，特别是与 β 受体拮抗药合用，应监测老年患者心脏传导系统。

（4）口服抗凝血药　用药前应评估凝血状况和血栓发生危险性，初始剂量应小，逐渐达到理想凝血状态，要注意药物相互作用使老年人出血的危险性增大，用药期间注意监测凝血时间，评估是否有出血倾向等。

**4. 内分泌系统及影响代谢的药物**

（1）口服降血糖药　老年人多发 2 型糖尿病，持续的高血糖状态会导致许多并发症，而低血糖反应对老年人也有严重反应，甚至危及生命，因此，应用本类药物需要密切监测血糖，从小剂量开始用药，逐渐递增，防止产生低血糖反应。建议老年患者自备便携式血糖仪，学会自测血糖，协助优化治疗方案。

（2）放射性碘　老年甲状腺功能亢进患者可选择放射性碘治疗，疗效确切，但可能有加重老年人甲亢症状的危险。放射治疗后，可用抗甲状腺药丙硫氧嘧啶、卡比马唑或甲巯咪唑迅速降低甲状腺功能，也可选用 β 受体拮抗药普萘洛尔进行治疗，能减轻甲状腺功能亢进的多种症状，如心动过速、焦虑，但在用药时应注意加强对老年患者的观察。

**5. 其他药物**

（1）氨茶碱　老年人呼吸系统疾病多与气道通气功能障碍有关，本药松弛支气管平滑肌，用于治疗慢性支气管炎和心源性哮喘，由于氨茶碱主要在肝脏代谢，老年人肝药酶活性下降，易出现中毒反应，应详细了解用药史，从小剂量试用，并提倡使用控释剂型等。

（2）利尿药　老年人多种疾病需要使用利尿药，但易出现水、盐代谢紊乱，大剂量使用还可引起急性肾功能不全；老年患者同时使用非甾体抗炎药和 ACEI，有引起少尿性急性肾功能不全的危险。因此，在治疗前要全面评估患者健康状况和潜在危险性，用药中要定期测量体重、血糖、肌酐和血浆电解质浓度等，并结合症状及时调整剂量或暂时停止治疗。

## 目标检测

答案解析

### 一、综合问答题

1. 对患有肝、肾疾病的患者进行药物治疗时，应遵循哪些基本原则？

2. 患者若处于妊娠期，临床用药的基本原则有哪些？

3. 儿童出现感染性疾病，临床合理应用抗生素的原则有哪些？

4. 为何老年患者应用苯巴比妥、对乙酰氨基酚、氨茶碱等药，其血药浓度较一般成年人高且半衰期明显延长？

## 二、案例分析题

患者，女，30 岁，妊娠 8 周。2 天前开空调睡觉醒来后，出现鼻塞、流清涕、打喷嚏，随后感到咽痛、头痛、全身发冷。查体：体温 38℃，脉搏 76 次/分，呼吸 16 次/分，血压 122/78mmHg，咽部充血，心肺及其他未见异常。化验：白细胞 $7 \times 10^9$/L，中性粒细胞 63%，淋巴细胞 32%，单核细胞 3%。临床诊断：上呼吸道感染。

Rp

| | | |
|---|---|---|
| 100mg：1ml 利巴韦林注射液 | 0.5g | |
| 5% 葡萄糖注射液 | 500ml | Sig. ivgtt. b.i.d ×　6d |
| 复方氨酚烷胺胶囊 6 粒 | | Sig. 1 粒 b.i.d ×　6d |

请思考分析：

1. 该处方是否适合该患者？为什么？处方中的有关药物禁用或慎用于哪些人？

2. 请收集处方中的药物说明书，并认真进行阅读。

3. 妊娠期患者临床用药中，抗感染类药物有哪些注意事项？

4. 药学人员在上述药学服务中，应如何体现专业精神和职业素养？

（邓元荣）

书网融合……

| 重点回顾 | 微课 1 | 微课 2 | 习题 |
|---|---|---|---|

# 项目二　临床常见病症与药物治疗

## 任务一　发热、疼痛、炎症的药物治疗

PPT

**学习目标**

知识目标：

**1. 掌握**　发热、疼痛、炎症的药物治疗原则、常用药物种类和特点。

**2. 熟悉**　发热、疼痛、炎症的症状、药物治疗方案和相关药学服务知识。

**3. 了解**　发热、疼痛、炎症的病因、过程和诊断。

技能目标：

1. 能够结合临床指南正确选用发热、疼痛、炎症的药物，开展咨询、指导用药，协助拟定药物治疗方案等药学服务。

2. 学会判断发热、疼痛、炎症与药物的常见不良反应并提供处理方案，主动提供健康教育。

素质目标：

培养尊重、关爱患者及家属，积极、细致、认真的服务意识和职业精神。

### 导学情景

**情景描述**：患者，男，25岁。3天前淋雨着凉后，出现乏力，咽部烧灼感，鼻塞、流清水样鼻涕。今日症状加重，鼻涕变稠，咽痛，味觉减退，轻度畏寒和疼痛。体重无明显下降，二便正常。

**情景分析**：结合患者既往病史及最近症状，入院体检时发现鼻黏膜充血、水肿，有分泌物，咽部轻度充血。体温37.9℃。诊断：急性上呼吸道感染。

**讨论**：结合案例，协助拟定治疗方案，并说出药学服务要点。

**学前导语**：急性上呼吸道感染目前尚无特效抗病毒药物，以对症治疗和支持疗法为主。对症治疗包括应用解热镇痛药物，支持疗法要求患者多休息、多饮水，防止受寒。由于常同时合并多种症状，可采用复方制剂，以方便治疗和纠正或减轻不良反应。本任务介绍发热、疼痛、炎症药物治疗的知识和技能，为今后开展药学服务打好基础。

发热、疼痛、炎症是大多数疾病最常见的症状，也是影响健康和生活质量的最常见因素之一，在临床治疗中，既要有效治疗这些症状，还要及时发现和排除病因，从根本上预防和消除相关疾病。

## 一、疾病概述

### （一）病因与发病机制

**1. 发热**　分为感染性和非感染性两类，其导致发热的动因不同，感染性较为多见。在各种发热激活物，如细菌内毒素、病毒、免疫复合物和某些有害代谢物等的作用下，机体产生内生致热原，使体

温调定点上移，从而引起产热增多，散热减少，体温升高。

**2. 疼痛**　是多数疾病最敏感的反应指标。疼痛是双向反应，包括伤害性刺激作用于机体所引起的"痛"感觉和机体对伤害性刺激的痛反应，是一种较为复杂的生理心理活动。疼痛既可以是痛觉刺激物，如 $K^+$、$H^+$ 对痛觉感觉神经末梢的直接刺激，也可是炎症所致的局部表现，肿胀部位感觉神经末梢受压迫或牵拉，或某些炎症介质作用的结果。

**3. 炎症**　指具有血管系统的活体组织对损伤因子所发生的防御反应。炎症是疾病或不良刺激导致的最常见生理病理反应，既是免疫反应，又是防御反应。炎症是机体对抗感染、维持内环境稳定、保持免疫平衡、创伤愈合、组织修复、功能恢复等重要生命活动的基础活动，但过度或不适当的炎症反应对机体也有不同程度的危害，并且会造成红、肿、热、痛、功能障碍等局部表现。

发热、疼痛和炎症都与体内的多种活性物质，如前列腺素、组胺、白三烯、缓激肽以及各种激素有密切的关系，相关治疗药物的作用机制也与调节或干预上述物质有关（图 2-1）。

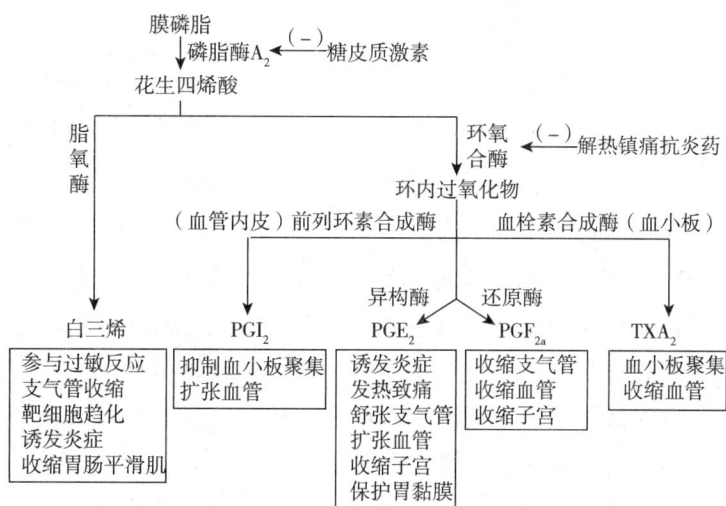

图 2-1　发热、疼痛和炎症的活性物质作用机制

**（二）临床表现与诊断**

**1. 发热**　正常的体温调节系统主要由下丘脑及周边神经通路和末梢构成，反应敏捷且高效，以保证体温的相对稳定，维持在 36~37℃ 之间。当致热原发挥作用时，在前列腺素等活性物质的作用下，中枢的温度控制点调高，产生体温过低的误判，温度调节系统使机体产热增加，散热减少，同时会出现皮肤苍白、畏寒、寒战等临床表现，最终体温超过正常范围。一般以口腔温度正常 36.3~37.2℃ 作为标准时，体温 ≥37.3℃ 可诊断为发热。发热热型可分为稽留热、弛张热、间歇热、不规则热等，是临床判断不同疾病的重要依据。

**2. 疼痛**　国际疼痛研究会把疼痛定义为"与实际的或潜在的组织损伤相关联或者可以用组织损伤描述的一种不愉快的感觉和情绪上的体验"。疼痛一般分为急性疼痛和慢性疼痛，也可以按类型或部位粗略分为锐痛、钝痛、牵张痛等，或者用发生部位命名等。当疼痛发生时，会引起患者精神兴奋、焦虑烦躁，长期疼痛可引起精神抑郁、表情淡漠。疼痛对内分泌系统、循环系统、呼吸系统、消化系统等均会造成影响，表现为血糖升高、心动过速、血压升高、呼吸浅快及食欲不振等多种临床表现。

WHO 将疼痛分为五个量度，分别是：0 度，不痛；Ⅰ 度，轻度痛，表现为间歇痛，可不用药；Ⅱ 度，中度痛，为持续痛，影响生活质量，可酌情试用镇痛药；Ⅲ 度，重度痛，为持续性无法忍受的疼痛，必须用药缓解；Ⅳ 度，严重痛，为持续剧痛伴血压、脉搏等变化，会出现休克等，必须给予强效镇痛药并维持治疗。

**3. 炎症**　是机体对损伤因子或刺激因素所发生的免疫活动和防御反应。按炎症持续时间可分为超急性炎症、急性炎症、亚急性炎症和慢性炎症，按诱因可分为物理性炎症、化学性炎症、免疫性炎症和感染性炎症。炎症局部表现常为红、肿、热、痛和功能障碍，全身表现常为发热和组织器官结构功能异常等。故发热、疼痛、炎症常常伴随发生。

炎症多有自限性，其过程分为三期。①炎症早期：以前列腺素、花生四烯酸、缓激肽、组胺、肿瘤坏死因子等致炎因素的激活、释放和在血管系统的聚集为标志，是炎症的免疫与防御机制的启动阶段。②炎症中期：以血管系统在活性因子的作用下出现免疫应答，血管内膜和基底层发生病理变化，渗透增加，血流量同时增加，表现为红、肿、热、痛现象。③炎症晚期：出现血管系统损伤结构的修复，成纤维细胞增殖，肉芽组织增生，相关功能恢复，此时多有瘢痕形成。

## 二、治疗目标与原则

### （一）治疗目标

采用合理药物治疗方案，配合综合措施，有效缓解或消除发热、疼痛和炎症，并积极确定病因，避免疾病反复和继续发展对机体造成的不利影响。同时，预防或减轻药物的不良反应，帮助患者和家属正确认识上述病症对健康的危害性，知晓防治和干预措施。

### （二）治疗原则

**1. 退热**　应根据患者个体情况、发热程度和类型合理选择退热方法，对于高热、小儿、心脏病患者及妊娠早期妇女均应及时将体温控制在正常范围。提倡采用非药物方法或合理的药物剂型；同时应积极查明病因，针对原发病进行治疗，如抗感染、抗过敏等。对原因不明的持续性发热，一般不可先行退热，以免掩盖病情，病情较重或年老体弱患者应卧床休息，多饮水，保持室内空气流通，防止受寒。常规用药以对乙酰氨基酚等药物为主，糖皮质激素多用于变态反应、休克等应激反应伴有的高热。

**2. 镇痛**　应参照疼痛量级确定给药方案，Ⅱ度及以上或钝痛，如感冒引起的头痛伴发热、全身肌肉酸痛症状，或牙痛、月经痛、关节痛影响生活工作，以及痛风急性发作者，应选用布洛芬、阿司匹林、对乙酰氨基酚等；对Ⅳ度疼痛或严重锐痛，如大面积烧伤、严重外伤等，应迅速采用吗啡等强效镇痛药，防止神经源性休克等。对手术后疼痛或持续性疼痛可采取镇痛泵等措施，癌痛应按照"三阶梯镇痛疗法"逐级依次给予阿司匹林、可待因和吗啡。偶发性或隐匿性疼痛在未明确病因前不应给予镇痛药。

**3. 抗炎**　应根据炎症的诱因、进程和相关疾病情况确定治疗方案。主要选用两种药物：①非甾体抗炎药，如阿司匹林、吲哚美辛等解热镇痛抗炎药；②甾体抗炎药，如氢化可的松、泼尼松、地塞米松等糖皮质激素类药物。前者主要用于发生在肌肉、软组织、关节及相关部位，与组织损伤、免疫反应密切相关的各种炎症；后者适应证更广，抗炎作用更强。由于发热、疼痛和炎症互为关联，相互促进，应综合治疗三种病症，同时要积极治疗与炎症相关的原发病和基础病。其中，对类风湿病、肾病综合征、溃疡性结肠炎、红斑狼疮和痛风等与炎症密切相关的疾病，本教材有专门章节介绍。

要特别指出，对感染性疾病引起的炎症应首先进行抗感染治疗，必要时配合甾体抗炎药，"消炎"和"消炎药"属于抗感染治疗药物范畴，不能与抗炎药混淆。

## 三、常用治疗药物

### （一）解热镇痛抗炎药　🔲微课1　🔲微课2

本类药物均具有解热、镇痛作用。大部分同时还具有抗炎、抗风湿作用，也被称作非甾体抗炎药

（non – steroidal anti – inflammatory drugs，NASIDs）。其通过抑制环氧合酶（COX），影响前列腺素的合成而发挥上述作用。本类药物种类较多，通常可分为非选择性 COX 抑制药和选择性 COX – 2 抑制药。已知 COX 有两个同工酶，其中，COX – 1 在血小板等处表达，与血栓形成有关；而 COX – 2 主要在与炎症相关的细胞内表达，影响前列腺素相关因子、肿瘤坏死因子、白介素等的作用，选择性抑制 COX – 2 的抗炎和镇痛作用明显增强，而消化系统、凝血系统和过敏反应等副作用相对较轻，又被称为新型 NASIDs。但循证医学发现此类药物远期增加心血管意外事件的发生率，目前应用受到限制。

**练一练2-1-1**

关于非甾体类抗炎药的作用特点，描述正确的是

A. 能使发热患者体温随外界环境温度变化而变化

B. 长期使用易产生欣快感和依赖性

C. 对胃肠平滑肌绞痛无效

D. 可促进列腺素（PG）合成

E. 可用于缓解手术剧痛

答案解析

**1. 非选择性 COX 抑制药**　依据化学结构可分为水杨酸类、苯胺类、吲哚类、芳基乙酸类、芳基丙酸类、烯醇酸类、吡唑酮类、烷酮类、异丁芬酸类等。

（1）水杨酸类　包括阿司匹林和双水杨酯。阿司匹林经口服后，大部分被胃肠道黏膜吸收，在吸收过程中及吸收后水解为水杨酸，水杨酸盐的形式可分布到全身组织包括关节腔、脑脊液和胎盘。用于头痛、牙痛、肌肉痛、痛经及感冒发热等。是风湿性及类风湿关节炎抗炎的首选药。除解热镇痛抗炎作用之外，可影响血小板聚集而抗血栓形成，达到抗凝作用。在儿科用于皮肤黏膜淋巴结综合征（川崎病）的治疗。阿司匹林短期用于解热镇痛时，剂量小、时间短、不良反应较轻；用于抗风湿时，剂量大、时间长、不良反应较多且重，主要包括胃肠道反应（最常见）、出血倾向、水杨酸反应、过敏反应、瑞夷综合征等，饭后服用可减轻胃肠道反应，并应定期监测凝血酶原时间以预防出血。

**练一练2-1-2**

大剂量阿司匹林可用于

A. 预防心肌梗死　　　　B. 风湿性关节炎　　　　C. 预防脑血栓形成

D. 手术后的血栓形成　　E. 肺栓塞

答案解析

（2）苯胺类　主要是对乙酰氨基酚，又名扑热息痛。口服易吸收，绝大部分在肝脏与葡萄糖醛酸或硫酸结合为无活性代谢物，从尿中排出。本药为非处方药，解热镇痛作用与阿司匹林相当，但抗炎作用极弱，几无抗风湿作用。因无明显胃肠刺激作用，故不宜使用阿司匹林的头痛发热患者适用本药。该药目前是儿童退热的首选药。

**练一练2-1-3**

儿童因病毒感染引起发热、头痛，首选的药物是

A. 阿司匹林　　　　　　B. 布洛芬　　　　　　　C. 吲哚美辛

D. 对乙酰氨基酚　　　　E. 吡罗昔康

答案解析

（3）吲哚类　吲哚美辛是目前最强的 COX 抑制剂之一，口服易吸收，具有显著的解热镇痛及抗炎、抗风湿作用。直肠给药较口服更易吸收，代谢物从尿、胆汁、粪便排泄。因不良反应较多，仅用

于其他药物不能耐受或者疗效不显著的病例，对急性风湿性及类风湿关节炎、强直性脊柱炎等均有效。

（4）芳基丙酸类　布洛芬口服吸收迅速而完全，主要经肝脏代谢，肾脏排泄。有明显的抗炎、解热、镇痛作用。临床主要用于风湿性关节炎、骨关节炎、强直性关节炎、急性肌腱炎等。常见不良反应是胃肠道反应和中枢神经系统反应，少数患者有皮肤黏膜过敏、血小板减少等不良反应。

（5）芳基乙酸类　双氯芬酸口服吸收迅速，但有首关消除，口服生物利用度约 50%。本品为强效抗炎镇痛药，临床适用于各种中等程度疼痛、类风湿关节炎、粘连性脊椎炎、手术及创伤后疼痛，以及各种疼痛所致的发热等。

（6）其他　主要包括如下。①烯醇酸类的吡罗昔康：主要用于治疗风湿性及类风湿关节炎；对急性痛风、腰肌劳损、肩周炎、原发性痛经也有疗效。本药不宜长期使用，可引起胃溃疡及大出血。②吡唑酮类的保泰松：口服主要用于风湿性及类风湿关节炎、强直性脊柱炎。不良反应较多，已少用。③烷酮类的萘丁美酮：主要用于类风湿关节炎，疗效好，不良反应轻。④异丁芬酸类的舒林酸：与吲哚美辛相似而作用弱，胃肠道、肾毒性和中枢系统不良反应也低于吲哚美辛。

常用非选择性 COX 抑制药的作用特点见表 2-1。

表 2-1　常用非选择性 COX 抑制药的作用特点

| 分类 | 药名 | 高峰时间（小时） | 半衰期（小时） | 主要特点 |
| --- | --- | --- | --- | --- |
| 水杨酸类 | 阿司匹林 | 1~2 | 0.25 | 解热、镇痛、抗炎等作用；有胃肠道反应及出血倾向 |
| 苯胺类 | 对乙酰氨基酚 | 0.5~1 | 2~4 | 有解热、镇痛作用，抗炎、抗风湿作用极弱；不良反应较轻 |
| 吲哚类 | 吲哚美辛 | 3 | 2~3 | 强效抗炎、镇痛作用；不良反应发生率高 |
| 芳基乙酸类 | 双氯芬酸 | 1~2 | 1.1~1.8 | 强效抗炎、镇痛药；不良反应发生率低 |
| 芳基丙酸类 | 布洛芬 | 1~2 | 2 | 一线用药；不良反应发生率低 |
| 烯醇酸类 | 吡罗昔康 | 2~4 | 36~45 | 胃肠道不良反应发生率 20%，耳鸣、皮疹等 |
| 烷酮类 | 萘丁美酮 | 2 | 50~65 | 解热作用显著；不良反应发生率低 |
| 异丁芬酸类 | 舒林酸 | 1~2 | 24 | 不良反应中等程度 |

**2. 选择性 COX-2 抑制药**　主要包括如下。①塞来昔布：口服易吸收，具有抗炎、解热和镇痛作用。用于风湿性、类风湿关节炎和骨关节炎的治疗，也可以用于手术后镇痛、痛经等。胃肠道不良反应轻，但长期使用会增加心血管血栓性不良事件、心肌梗死等风险，有血栓形成倾向患者慎用；磺胺类过敏者禁用。②罗非昔布：对 COX-2 的选择性高于塞来昔布，主要用于治疗骨关节炎，胃肠道不良反应轻。③尼美舒利：解热、镇痛和抗炎作用均强于布洛芬、对乙酰氨基酚等，常用于类风湿关节炎和骨关节炎、牙痛等。胃肠道不良反应少而且轻，禁用于 12 岁以下儿童。

👁看一看2-1-1

### 阿司匹林的应用与不良反应

阿司匹林是 1897 年德国化学家霍夫曼研制的经典解热、镇痛、抗炎药。小剂量阿司匹林具有抑制血小板聚集、预防血栓形成的作用，故广泛应用在预防和治疗心脑血管疾病上。

阿司匹林最常见的不良反应为胃肠道反应。为减轻胃肠道不适，常采用饭后服用，并且将阿司匹林制成肠溶片。肠溶片在胃内不溶解，在肠内溶解，可以延缓药物的释放，减少胃肠道刺激，以达到长期服用的目的。长期服用在降低心脑血管事件的同时会增加胃溃疡、胃出血等不良反应。故应在医生指导下服用，并且定期监测相关指标。

**3. 解热镇痛药的复方制剂**　感冒大多数伴随发热、鼻塞、肌肉酸痛等多种症状，为提高疗效、减少不良反应，常以解热镇痛药为主，配伍多种药物，如伪麻黄碱、抗组胺药、咖啡因等组成复方制剂。

常用解热镇痛药复方制剂见表2-2。

表2-2　常用解热镇痛药复方制剂

| 药名 | 成分（mg） | 含量（mg） | 用法和用量 |
|---|---|---|---|
| 复方阿司匹林 | 阿司匹林 | 226 | 1～2片/次<br>3次/日 |
|  | 非那西丁 | 160 |  |
|  | 咖啡因 | 35 |  |
| 氨咖黄敏胶囊 | 对乙酰氨基酚 | 250 | 1～2片/次<br>3次/日 |
|  | 咖啡因 | 15 |  |
|  | 苯巴比妥 | 10 |  |
| 氨酚伪麻美芬片 | 对乙酰氨基酚 | 325 | 1～2片/次<br>3次/日 |
|  | 右美沙芬 | 15 |  |
|  | 伪麻黄碱 | 30 |  |
| 去痛片 | 非那西丁 | 150 | 1～2片/次<br>需要时服用 |
|  | 氨基比林 | 150 |  |
|  | 咖啡因 | 50 |  |
|  | 苯巴比妥 | 15 |  |

❤ 药爱生命

解热镇痛抗炎药作为临床上的常用药，我国在国际市场上占有举足轻重的地位。一是产量大，我国产量占世界总产量1/3以上，其中对乙酰氨基酚占世界45%以上，阿司匹林占1/3以上，近年来，我国总体产量逐年上升。二是规模大、品种全，我国生产解热镇痛药的10余家企业规模都在5000吨以上，绝大多数品种我国都可以生产。三是出口多、价格低，我国出口量占产量60%以上，远销几十个国家和地区，具有较强竞争力。

但应同时正视我国的不足之处，即存在着技术优势不足、价格下滑、利润下降、产品档次不高等问题。这就需要医药学工作人员继续奋斗，扩大产量规模、提高产品质量、研发新药和新剂型，才能继续在全球竞争中保持优势。从无到有，是先辈的丰碑；从大到强，是我辈奋进的方向。　📱 微课3

（二）糖皮质激素类

本类药物具有强大的抗炎作用，对各种原因引起的炎症以及炎症导致的发热、疼痛均具有强大的抑制作用，且种类和剂型繁多，一般根据炎症治疗的实际需要，选取不同特点的糖皮质激素，并采用全身给药的片剂和注射剂，局部给药的外用剂型软膏剂等。糖皮质激素由于具有抗细菌内毒素作用，对严重感染引起的发热有较好作用，但应同时进行抗感染治疗。

**1. 全身用药的糖皮质激素**　主要有氢化可的松、泼尼松龙、地塞米松等，用于各类与炎症相关的自身免疫性疾病，各类炎症瘢痕后遗症等。

（1）退热作用　作用机制可能与其能抑制体温中枢对致热原的反应、稳定溶酶体膜、减少内源性致热原的释放有关，临床应用广泛。用于严重的中毒性感染，具有迅速而良好的退热作用。如输液、输血最常见的发热反应，患者体温骤升时可给予地塞米松。

（2）抗炎治疗及防止某些炎症的后遗症　人体重要器官的炎症，如脑炎、脑膜炎、心包炎、胸膜炎、风湿性心脏瓣膜炎、损伤性关节炎、睾丸炎以及烧伤后瘢痕挛缩等，均可以早期采用糖皮质激素抗炎从而减轻炎症带来的损害和恢复时产生的瘢痕和粘连。

（3）自身免疫性疾病　糖皮质激素是多发性皮肌炎的首选药。严重风湿热、风湿性心肌炎、风湿性及类风湿关节炎、系统性红斑狼疮等，用糖皮质激素可以对抗炎症、缓解症状。常用药为泼尼松、加强龙等，但一般采用综合治疗，不宜单用。

**2. 局部用药的糖皮质激素**　皮肤疾病多以炎症为主要症状，如湿疹、银屑病等，糖皮质激素是主要治疗药物，很多皮肤过敏症状也需要局部外用。

外用糖皮质激素品种多，有氟轻松、倍他米松、莫米松、双氟拉松、卤米松、安西奈德、曲安奈德、氯倍他索、去羟米松等，其抗炎作用差异较大，含量从 0.05% ~ 0.5% 不等，可选择的剂型也较多，如凝胶剂、软膏、乳膏及泡沫剂，需要药师提示医师和患者注意。

（1）过敏性疾病　荨麻疹、血管神经性水肿、支气管哮喘等。此类疾病治疗主要应用抗组胺药和糖皮质激素。长效吸入型糖皮质激素是支气管哮喘抗炎的首选药，可以预防哮喘的发作，效果好且安全可靠，副作用小，吸入后应漱口以防止口腔溃疡。常用吸入型抗炎药有丙酸倍氯米松、布地奈德、氟替卡松等。

（2）皮肤疾病　为多种原因导致的皮肤损害的统称。常见而多发，主要病因与疾病类型相关，多与遗传、过敏、感染、静脉曲张等相关。外用糖皮质激素局部应用主要有收缩血管、抗炎和抑制表皮有丝分裂等作用。一般需用中效的糖皮质激素才能有效改善或消除皮损。强效糖皮质激素只能有限期使用，一般不应超过 3 个月，而且禁用于面部、腋下、腹股沟等皮肤皱褶部位。

丙酸氯倍他索软膏：适用于慢性湿疹、银屑病、扁平苔藓、盘状红斑狼疮、神经性皮炎、掌跖脓疱病等皮肤病的短期治疗。将药膏薄薄一层均匀涂于患处，一日 2 次。疗程不得超过 2 周，每周总剂量不能超过 50g。

### （三）麻醉性镇痛药

本类药物主要用于解热镇痛药无效的急性锐痛和严重外伤疼痛等，常用药为吗啡等阿片类药物，中度疼痛多用可待因、喷他佐辛、曲马多等，重度多采用吗啡缓释剂或控释剂等，也可用镇痛泵给药技术。

**1. 曲马多**　为非阿片类中枢性镇痛药，治疗量不抑制呼吸、不产生便秘、不影响心血管功能。适用于手术、创伤、分娩和晚期癌症等。不良反应轻，但长期应用也可产生耐受性和依赖性。

**2. 吗啡**　为阿片类受体激动药，具有强大的镇痛效果，对各种疼痛均有效，对持续性钝痛效果好。主要应用于急性锐痛和癌症晚期疼痛。该药连续使用具有依赖性，故只用于其他镇痛药无效的急性锐痛，如严重创伤、烧伤等。急腹症病因未明确时禁止使用，防止掩盖病情。

### （四）治疗神经痛的药物

外周神经痛、带状疱疹性神经痛都非常多见，发作时严重影响患者身心健康，一般采取综合治疗措施，同时合理应用药物。常用药物如下。①抗癫痫药：主要有卡马西平、加巴喷丁、拉莫三嗪、左乙拉西坦等。②局麻药：主要是对于剧烈疼痛进行局部麻醉或神经阻滞术，常用的有普鲁卡因、利多卡因、罗哌卡因等。③抗偏头痛药：如布洛芬、曲坦类及麦角胺。④其他药物：如维生素 $B_6$ 等，有时也可与强安定药配合来增强疗效。

**1. 抗癫痫药**　部分抗癫痫药通过抑制 $Na^+$ 内流，使动作电位不易产生而发挥作用，在抗癫痫的同时具有治疗三叉神经痛、带状疱疹性神经痛的作用。

（1）卡马西平　又称酰胺咪嗪，20 世纪 60 年代开始用于治疗三叉神经痛，目前仍是重要药物之一。

（2）加巴喷丁　是一种新颖的抗癫痫药，它是 γ - 氨基丁酸（GABA）的衍生物，其药理作用与现有的抗癫痫药不同，最近研究表明加巴喷丁的作用是改变 GABA 代谢产生的。加巴喷丁和抗病毒药伐昔洛韦联用，可减少急性带状疱疹后遗神经痛的危险。其不良反应包括嗜睡、眩晕、行走不稳、疲劳感。

（3）奥卡西平　为卡马西平的 10 - 酮基衍生物，药效与卡马西平相似或稍强，口服吸收好。对糖尿病性神经病、偏头痛、带状疱疹后神经痛和中枢性疼痛有效。不良反应较轻，常见头晕、疲劳、眩晕、复视等症状，过量后可出现共济失调。

**2. 局部麻醉或神经阻滞术**　通过阻滞神经细胞膜上的电压门控 $Na^+$ 通道，使 $Na^+$ 不能内流，抑制膜兴奋性，发生传导阻滞，产生局麻作用。近年来，部分医院开设疼痛门诊、疼痛科，外周神经阻滞技术及局麻药的发展为患者提供了区域镇痛。

（1）利多卡因　目前临床上应用最多。与普鲁卡因相比，利多卡因具有起效快、作用强且持久、不用皮试等优点。将药物注射入病变部位或其神经周围，利用局麻作用消除局部疼痛，缓解肌肉紧张，改善局部营养，从而缓解症状。应用于腱鞘炎、颈肩背部等局部疼痛，可加入糖皮质激素及维生素 $B_{12}$ 联合使用。不良反应为心律失常，注射前应回抽注射器以防止误入血管。

（2）罗哌卡因　化学结构类似布比卡因，具有毒性低、时效长、有良好耐受性的特性。目前临床上常作为布比卡因的替代品。罗哌卡因常与糖皮质激素曲安奈德合用进行局部封闭。另外，有研究表明，使用局麻药浸润麻醉，可以减少术后止痛药吗啡的使用量。

**3. 治疗偏头痛的药物**　偏头痛是神经内科常见的疾病，病因和分类复杂。根据推荐级别可分为 A、B 两类。传统上采用"阶梯法"，即每次头痛发作时均首选 NSAIDs，若治疗失败再加用特异性治疗药物。轻症可选用 A 类药中的阿司匹林、布洛芬、萘普生、双氯芬酸、对乙酰氨基酚等解热镇痛抗炎药。重症患者可选用曲坦类药物，如佐米曲坦、舒马曲坦、那拉曲坦等。曲坦类药物的疗效和安全性均优于传统麦角类。

发作频繁患者可以用预防性药物，比如氟桂利嗪，亦可以注射肉毒素。

（1）舒马曲坦　为高度选择性 5 - 羟色胺受体激动药，逆转偏头痛时颅内血管扩张，减轻血浆蛋白外渗，从而改善脑血流量，缓解偏头痛的症状。该类药物的不良反应及禁忌证较多，心血管疾病、周围血管粥样硬化、短暂性脑缺血发作或卒中、妊娠期、哺乳期等均为禁忌证，应遵医嘱用药。

（2）麦角生物碱　麦角胺通过收缩脑血管，可用于偏头痛的诊断和治疗。咖啡因与麦角胺联合使用可产生协同作用。该药起效缓慢，但药效维持时间较久。不良反应包括手、趾、脸部麻木和刺痛，下肢水肿，偶见焦虑或幻觉、胸痛、胃痛等。

## 四、药学服务

开展发热、疼痛、炎症药物治疗的药学服务主要包括：①向医师介绍各类药物的特点，提供各类药物的剂量、疗程、不良反应、相互作用的信息咨询服务，由于本类药物品种繁多，涉及面广，药师要善用总结归纳，精准提供信息；②向护士提供各类药物的使用注意事项、药物相互作用等，特别是规格、剂型种类多时，应高度注意避免混淆；③向患者介绍各类药物的正确使用方法和使用时间，发生不良反应时的应对措施，提高用药依从性；④向患者、家属及社会公众宣讲发热、疼痛、炎症相关疾病的防治常识，由于相关疾病多为常见病、多发病，很多属于传染病，要加强公共卫生宣传教育，做好自我防护，对涉及的麻醉药品和精神药品，要进行有关法律法规宣教。

### （一）用药注意事项

发热、疼痛和炎症是临床上最常见的症状。不同类型的疾病均可以出现相似的临床表现。在用药时就要根据疾病的不同采用不同的药物，并且能熟练掌握各类药物的禁忌证和观察不良反应。

**1. 发热**　是机体的防御反应，能使机体代谢增强，促进抗体的形成，增强吞噬细胞的吞噬功能和肝脏的屏障解毒功能，从而提高机体的防御功能。故而轻度发热时，不需要也不能立即给予退热药。

盲目退热会使疾病恢复减慢并且可能掩盖病情。常用的退热药包括非甾体抗炎药和糖皮质激素。

根据患者具体病情正确选药。儿童病毒感染退热应选用对乙酰氨基酚；炎性疼痛可选用布洛芬和双氯芬酸。对于过敏、致热原引起的体温骤升，糖皮质激素具有迅速降温的作用。

**2. 疼痛** 按照疼痛的部位、性质、程度、持续时间等选择合适的药物。在明确诊断的情况下才可以镇痛，以防止掩盖病情，耽误治疗。止痛药往往具有胃肠道刺激、依赖性等不良反应，应避免长期使用。选用合理剂型如肠溶片、缓释片，用饭后给药等方式降低不良反应。

**3. 抗炎** 是机体针对不同刺激产生的防御反应，目的是加速机体修复，但是在修复的过程中会产生红、肿、热、痛、功能障碍等局部反应，也有可能造成重要器官的损害。糖皮质激素具有强大的抗炎作用，轻度炎症时会减慢组织修复速度且降低机体免疫力，不建议使用。但也不能因为其不良反应多而谈之色变，预防支气管哮喘发作、皮炎局部用药等均为成熟的治疗方案，遵医嘱正确用药，不良反应较轻。

解热、镇痛、抗炎药物种类较多，是临床各种疾病均会涉及的药物。其适应证、禁忌证及不良反应的熟练掌握是安全用药的重要环节。

本类药物大多为非处方药，可以在药店自行购买，且有一定中枢神经系统反应，切勿盲目自行服用，应在医生的指导下正确用药。

**❓ 想一想2-1-1**

1. 某发热患者对阿司匹林过敏，可以选用什么药物替代？

2. 如果有顾客/患者抱怨，吃了阿司匹林会有头晕、乏力、出虚汗、面色苍白、黑便，这可能是什么原因导致的？如何进行用药指导？

答案解析

3. 很多皮肤炎症的外用药都是复方合剂，主要的成分包括肾上腺糖皮质激素。很多患者谈"激素"色变，应该如何向患者解释使用激素的必要性和注意事项？

**（二）药物相互作用**

**1. 同类药物之间** 解热、镇痛、抗炎药具有相似的作用和不良反应，故在应用时，不能盲目联合用药，防止加重不良反应。

**2. 不同复方制剂之间** 避免使用不同复方制剂，否则可能出现某种成分重复和过量，应根据患者症状的不同选用对应的复方制剂，需要熟知每种有效成分针对的症状，合理用药。

**3. 糖皮质激素类** 此类药物具有强大的抗炎作用。可以抑制炎症产生的炎性渗出，从而缓解红、肿、热、痛、功能障碍等局部反应。具有解热、镇痛、抗炎作用。但糖皮质激素同时具有免疫抑制作用，会降低机体抵抗力。对于细菌引起的严重感染，在抗炎的同时，需要合用足量的抗感染药。

**4. 治疗过敏性疾病的药物** 轻者可以采用抗组胺药，过敏性休克患者首选肾上腺素皮下或肌内注射，严重者可以合用糖皮质激素。

**5. 局部封闭药物** 常用的是中长效类肾上腺糖皮质激素如得宝松、曲安奈德等，加上局麻药普鲁卡因、利多卡因、布比卡因、罗哌卡因等，以及一些酶类、透明质酸类、丹参、当归、黄芪注射液、维生素 $B_{12}$、5% 葡萄糖液和氧气等。肾上腺皮质激素在全身治疗方面禁忌证较多；但是在局部封闭治疗方面，能发挥其强大的抗炎、抗风湿作用。

**（三）健康宣教**

解热、镇痛、抗炎药在日常使用中仅次于抗菌药，是家庭的常备药，针对发热、感冒、牙痛等常见疾病均有一定疗效。但值得注意的是，发热、疼痛和炎症是机体的防御反应。正确处理炎症和药物之间的关系，在减轻症状的同时兼顾疾病的康复，采取不同的用药原则。糖皮质激素、非甾体抗炎药不能长时间使用，而对三叉神经痛、偏头痛等疾病要遵医嘱预防和治疗。

## 目标检测

答案解析

### 一、综合问答题

1. 通过学习各种解热、镇痛、抗炎药，说出此类药物具有的不良反应。

2. 结合实际，说出治疗发热、疼痛、炎症的常用药。

### 二、案例分析题

患者，女，15岁。2个月前淋雨受凉后感到乏力、咽痛等，经门诊检查后，诊断为扁桃体炎，自行治疗（具体不详），未予重视。近1个月来，患者出现乏力，肌肉酸痛，全身多处关节疼痛，躯干出现淡红色、环形红斑。体温37.8℃，无其他明显症状。实验室检查：ASO检查阳性。拟诊断为风湿热。

请思考分析：

1. 该患者诊断为风湿热的依据有哪些？导致该病的病因是什么？

2. 针对该患者病情，可以选用哪些解热、镇痛、抗炎药（至少说出三种）？是否可以联合用药？首选的药物是哪种？该药可能会出现哪些不良反应？

3. 用药过程中出现恶心、反酸、嗳气等症状，最可能的原因是什么？除了以上症状，还需要观察哪些方面？除了观察药物不良反应之外，风湿热还有哪些并发症需要观察？

4. 药师在参与上述药物治疗的过程中，应如何体现专业素养和职业精神？

（冯　稣）

书网融合……

📄 重点回顾　　　ℯ 微课1　　　ℯ 微课2　　　ℯ 微课3　　　📄 习题

PPT

# 任务二　咳嗽、咳痰的药物治疗

**知识目标：**

**1. 掌握**　咳嗽、咳痰的药物治疗原则、药物种类和代表药物、临床治疗方案。

**2. 熟悉**　镇咳药和祛痰药的用法用量和使用注意事项。

**3. 了解**　咳嗽、咳痰常见的病因和临床表现特点。

**技能目标：**

能够结合临床诊治指南，根据患者症状合理选用镇咳药和祛痰药，并为患者提供用药咨询、用药指导、用药教育等药学服务。

**素质目标：**

培养尊重和关爱咳嗽、咳痰等呼吸系统异常症状患者及其家属，积极、细致、认真的服务意识和职业精神。

学习目标

📖 **导学情景**

**情景描述**：患者，男，65 岁，有 40 年吸烟史。近来天气转凉，患者出现咽痛、咽痒、咳嗽、咳痰（痰液黏稠）、呼吸困难等症状而入院。入院检查时，血常规 WBC $2.5 \times 10^9$/L，LY% 50%；流感病毒抗原检测阳性。

**情景分析**：结合患者最近症状及检查，诊断为急性上呼吸道感染。

**讨论**：结合案例，协助医生拟定治疗方案。该患者可选用哪些药物镇咳、祛痰？应用时需要注意什么？

**学前导语**：各种导致全身或呼吸道局部防御功能降低的原因，如受凉、淋雨、气候突变、过度疲劳等，可使原已存在于上呼吸道的或从外界侵入的病毒或细菌迅速繁殖，从而诱发上呼吸道感染。老幼体弱者、免疫功能低下者或慢性呼吸道疾病患者易感。

咳嗽（cough）既是一种常见的临床症状，又是人体呼吸道防御系统的一种保护反应。生理状况下，咳嗽的发生有利于机体清洁气道，抵御微生物及异物的入侵，但咳嗽的持续存在会严重影响患者身心健康及生活质量。

咳痰（expectoration）是呼吸系统疾病的重要症状。在呼吸道的反复感染、异物、过热过冷的空气、刺激性气体、香烟或过敏因素的刺激下，支气管分泌大量痰液，痰液过多可引起咳嗽、加重感染、诱发哮喘，大量的痰液还能阻塞呼吸道引起呼吸困难。

## 一、疾病概述

### （一）病因与发病机制

**1. 咳嗽**　咳嗽反射弧中，咳嗽感受器、传入神经以及咳嗽中枢的任一环节受到影响，都可能导致咳嗽的发生。由于咳嗽反射传入神经分布较广，除呼吸系统疾病外，消化、心血管、耳鼻喉等系统的疾患也可引起慢性咳嗽。咳嗽是多种原因所引起的一种临床症状，常见原因包括急性或慢性支气管炎、支气管哮喘、鼻炎、药物（血管紧张素转换酶抑制药卡托普利、抗心律失常药胺碘酮、抗结核药对氨基水杨酸钠等）、吸烟、雾霾、环境污染等。

咳嗽通常按时间分为 3 类：急性咳嗽、亚急性咳嗽和慢性咳嗽。急性咳嗽 <3 周，亚急性咳嗽为 3~8 周，慢性咳嗽 ≥8 周。

（1）急性咳嗽　普通感冒是急性咳嗽最常见的病因，其他病因包括急性支气管炎、急性鼻窦炎、过敏性鼻炎、慢性支气管炎急性发作、支气管哮喘等。

（2）亚急性咳嗽　最常见原因是感冒后咳嗽、细菌性鼻窦炎、支气管哮喘等。

（3）慢性咳嗽　原因较多，通常可分为两类：一类为初查 X 线胸片有明确病变者，如肺炎、肺结核、肺癌等；另一类为 X 线胸片无明显异常，以咳嗽为主要或唯一症状者，即通常所说的慢性咳嗽。慢性咳嗽的常见原因为：咳嗽变异型哮喘、鼻后滴流综合征、嗜酸性粒细胞性支气管炎和胃-食管反流性咳嗽，这些原因为呼吸内科门诊慢性咳嗽的主要原因。

**2. 咳痰**　气管、支气管与肺实质受到物理的或化学的刺激、感染或过敏，都可以发生炎症而形成痰液。胸膜、横膈、纵隔病变由于压迫支气管或通过反射引起的咳嗽，可以无痰或仅有少量黏液或浆液痰。痰为呼吸道正常分泌物积储而成，或为呼吸道本身已有炎症所致。咳痰的主要病因如下。

（1）支气管疾病　急慢性气管支气管炎、支气管哮喘、支气管内膜结核、支气管扩张、原发性支气管癌、肝脓肿向胸腔破溃形成支气管瘘等。

（2）肺部疾病　各种原因的肺炎（细菌性、病毒性、支原体性、真菌性等）、肺结核、肺脓肿、肺梗死、肺水肿、弥漫性肺间质纤维化、结节病、尘肺等。

（3）其他疾病　白血病、霍奇金淋巴瘤、恶性组织细胞病等，及胶原性疾病如类风湿关节炎、进行性系统性硬化症、系统性红斑狼疮、结节性多动脉炎、Wegener 坏死性肉芽肿等均可累及肺脏，还有胸膜、横膈、纵隔病变（如大量胸腔积液，纵隔肿瘤、膈疝等）由于压迫支气管或通过反射引起的咳嗽，可有少量黏液或浆液痰。

### （二）临床表现与诊断

根据病史、体格检查和选择相关辅助检查进行鉴别。询问咳嗽的持续时间、时相、性质、音色以及诱发或加重因素、体位影响、伴随症状等，了解痰液量、颜色及性状等和有无吸烟史、职业或环境刺激暴露史、服用 ACEI 类药物或其他药物史等，对诊断具有重要价值。

**1. 临床表现**　咳嗽因原发病因不同，临床表现亦有差异，可伴有发热、胸痛、咳痰、咯血、打喷嚏、咽部不适、气促等。

（1）咳嗽伴发热　常见于急性呼吸道感染、肺炎、肺结核、胸膜炎等。

（2）咳嗽伴胸痛　常见于肺炎、胸膜炎、支气管肺癌、肺梗死和自发性气胸。

（3）咳嗽伴有呼吸困难　常见于喉水肿、喉肿瘤、支气管哮喘、慢性阻塞性肺疾病、气胸、肺水肿、气管或支气管异物等。

（4）咳嗽伴咯血　常见于支气管扩张症、肺结核、肺脓肿、支气管肺癌、二尖瓣狭窄等。

（5）咳嗽伴有大量脓痰　常见于支气管扩张症、肺脓肿、肺囊肿合并感染等。

（6）咳嗽伴有哮鸣音　常见于支气管哮喘、慢性喘息性支气管炎、心源性哮喘、气管或支气管异物等。

（7）咳嗽伴有杵状指（趾）　常见于支气管扩张症、慢性肺结核等。

**2. 诊断**　观察痰的性状常可以帮助诊断疾病。

（1）白色泡沫黏液痰　多见于支气管炎和支气管哮喘。

（2）黄色脓样痰　为化脓性感染所致。

（3）粉红色泡沫痰　为肺水肿的特征。

（4）铁锈色痰　为肺炎双球菌引起的大叶性肺炎的典型特点。

（5）大量脓性泡沫痰　为肺脓肿和支气管扩张症的典型特点。

（6）黑色或灰白色痰　多见煤尘肺和各种矽肺。

## 二、治疗目标与原则

### （一）治疗目标

咳嗽、咳痰的治疗关键在于病因治疗，镇咳药、祛痰药只能短暂缓解症状。轻微咳嗽不需镇咳，但剧烈干咳或频繁咳嗽影响休息和睡眠时，则应适当给予镇咳治疗，痰多患者宜用祛痰治疗，达到控制症状、减少患者不适的目的。

### （二）治疗原则

**1. 对因治疗**　对咳嗽、咳痰的原发病因进行针对性治疗，对因治疗是治疗咳嗽、咳痰的起点。

**2. 药物治疗**　咳嗽、咳痰是呼吸系统常见症状，在对因治疗的同时，合理使用镇咳药、祛痰药是控制症状、防止并发症的有效措施之一。剧烈刺激性干咳主要选用中枢性镇咳药。痰液黏稠不易咳出者主要选用乙酰半胱氨酸、溴己新等。正确使用祛痰药促进呼吸道积痰的排出，减轻痰液对呼吸道黏膜的刺激，从而达到镇咳的作用。

**3. 非药物治疗** 作为辅助治疗，可以避免药物治疗的不良反应。非药物治疗主要包括物理疗法等。

## 三、常用治疗药物

常用的镇咳药主要根据作用机制和作用部位进行分类，可分为中枢镇咳药和外周镇咳药。随着对咳嗽反射通路和呼吸道高反应性机制的深入研究，已经发现一些新型的镇咳药，其中具有良好开发前景的主要有速激肽受体拮抗药、P2X 受体拮抗药、选择性大麻素受体激动药等，上述新型镇咳药的治疗效果目前仍处于实验研究阶段。祛痰药主要是通过改善咳痰的流变学性状或呼吸道分泌细胞的功能，进而改善咳嗽清除率和黏液纤毛系统清除率来减轻排痰困难。近年来，祛痰药更多的保护效应也逐渐引人关注，其中包括抗氧化、抗炎症等作用。目前，临床常用的祛痰药主要有痰液稀释药和黏痰溶解药 2 种。

### （一）镇咳药物 🅴 微课 1

咳嗽是呼吸道受到刺激产生的一种保护性反射，通过咳嗽可排出呼吸道异物和分泌物，保持呼吸道通畅和清洁。轻度咳嗽不需进行镇咳治疗，但严重的咳嗽，如剧烈干咳或频繁咳嗽影响休息和睡眠时，则可适当给予镇咳治疗。一般根据其作用机制，将镇咳药（antitussive）分为中枢性和外周性两大类。

**1. 中枢性镇咳药** 是指作用于延髓咳嗽中枢的一个或多个位点而起到镇咳效果的药物。该类药物对延髓中枢具有抑制作用，根据其是否具有成瘾性又可分为依赖性和非依赖性镇咳药。前者为阿片类生物碱及其衍生物，具有十分明显的镇咳作用，由于具有成瘾性，仅在其他治疗无效时短暂使用。后者多为人工合成的镇咳药，如喷托维林、右美沙芬等，临床应用十分广泛。

（1）依赖性镇咳药 可待因（codeine）直接抑制延髓中枢，止咳作用强而迅速，同时亦有镇痛和镇静作用。可用于各种原因所致的剧烈干咳和刺激性咳嗽，尤其是伴有胸痛的干咳。口服或皮下注射，每次 15～30mg，每天量可为 30～90mg。福尔可定（pholcodine）作用与可待因相似，但成瘾性较之为弱。口服每次 5～10mg。

（2）非依赖性镇咳药 右美沙芬（dextromethorphan）是目前临床上应用最广的镇咳药，作用与可待因相似，但无镇痛作用，治疗剂量对呼吸中枢无抑制作用，亦无成瘾性。多种非处方性复方镇咳药物均含有本品。口服每次 15～30mg，每天 3～4 次。喷托维林（pentoxyverine）的作用强度为可待因的1/3，同时具有抗惊厥和解痉作用。口服每次 25mg，每天 3 次。右啡烷（dextrophan）为右美沙芬的代谢产物，患者的耐受性更好，今后可能取代右美沙芬而用于临床治疗。

⚒ **练一练2-2-1** ————————

目前临床上应用最广的镇咳药是

A. 苯丙哌林　　　　　B. 喷托维林　　　　　C. 可待因

D. 右美沙芬　　　　　E. 苯佐那酯

答案解析

💜 **药爱生命** ————————

"复方磷酸可待因口服溶液"俗称止咳药水，含有可待因，主要用于各种原因引起的剧烈干咳和刺激性咳嗽，尤适用于伴有胸痛的剧烈干咳。但长期使用易上瘾，与鸦片、冰毒、摇头丸等毒品相似。2015 年 5 月，国家将含可待因的复方口服液体制剂（包括口服溶液剂、糖浆剂）列入第二类精神药品管理，也就是刑法规定和管制的毒品。药学从业人员应遵守职业道德，安全、合理地使用药物，做好健康宣讲，让更多人了解毒品，珍爱生命，远离毒品。 🅴 微课 2

**2. 外周性镇咳药** 也称末梢镇咳药，通过抑制咳嗽反射弧中的中枢以外的环节而起到镇咳作用。这类药物包括局部麻醉药和黏膜防护药。

（1）苯丙哌林（benproperine） 为非麻醉性镇咳药，作用为可待因的 2~4 倍。可抑制外周传入神经，亦可抑制咳嗽中枢。口服每次 20~40mg，每天 3 次。

（2）莫吉司坦（moguisteine） 为非麻醉性镇咳药，作用较强。口服每次 100mg，每天 3 次。

（3）盐酸那可汀（noscapine hydrochloride） 为外周性镇咳药，可抑制肺牵张反射引起的咳嗽。镇咳效果持续 4 小时左右，无成瘾性。有时引起轻度嗜睡和头痛，不宜用于痰多患者。

（4）苯佐那酯（benzonatate） 为丁卡因衍生物，具有较强的局部麻醉作用，抑制咳嗽反射的传入神经，兼有较强的中枢性镇咳作用。口服每次 25~50mg，每天 3 次。

👁 看一看2-2-1

### 从罂粟到右美沙芬，更理想镇咳药的诞生

1842 年，Friedrich Sertürner 从鸦片中分离出吗啡。吗啡直接作用于延髓咳嗽中枢，镇咳作用强大，但随之而来的成瘾性却令人退避。1898 年，拜耳公司将吗啡衍生物——海洛因推向市场，称其镇痛、镇咳作用超过吗啡近十倍，但仍因成瘾性极强在 1913 年彻底停产。化学家们再次寻找化学结构类似但不容易成瘾的替代药物，在罂粟的众多其他活性成分中发现可待因具有良好的镇咳作用，同时成瘾性较小。可随着时间的推移，可待因成瘾的问题还是慢慢浮出水面。人们不禁要问，难道中枢性镇咳药就一定和成瘾性有关吗？终于，人们发现了右美沙芬，其化学结构与吗啡、海洛因近似，但作用受体的选择性却跟海洛因、可待因不同，经过长期临床观察未发现其在规定剂量下产生成瘾性，但仍值得注意的是，用药务必遵照说明书用量，谨遵医嘱。

### （二）祛痰药物 🄴 微课3

祛痰药（expectorants）通过稀释痰液或降低黏度，促进呼吸道分泌或加速黏膜纤毛运动，使痰液变稀从而利于痰液咳出。祛痰药物种类繁多，根据作用机制的不同，可分为痰液稀释药和黏痰溶解药。

**1. 痰液稀释药** 可增加痰液水分含量，分为恶心性祛痰药和刺激性祛痰药。前者通过刺激胃黏膜反射引起支气管腺体分泌，增加痰液稀释，易于咳出，用于干咳或痰液不易咳出者，代表药为氯化铵。后者可直接刺激支气管分泌，促进痰液稀释而易于咳出，代表药为愈创木酚甘油醚。

（1）氯化铵（ammonium chloride） 通过刺激胃黏膜增加呼吸道腺体而分泌发挥祛痰作用，现很少单独应用，常作为复方制剂使用，如复方贝母氯化铵，用于治疗急、慢性呼吸道炎症黏痰不易咳出的患者。口服每次 100~200mg，每天 3 次。

（2）愈创木酚甘油醚（guaifenesin） 是美国 FDA 唯一批准的祛痰药物。可刺激胃黏膜，反射性引起气道分泌物分泌增多，降低痰液黏稠度，并有一定的支气管舒张作用，达到增强黏液排出的效果。常与抗组胺药、镇咳药、减轻鼻黏膜充血药配伍使用。口服每次 200~400mg，每天 3~4 次。

**2. 黏痰溶解药** 可分解黏痰中的黏蛋白、降解痰液中炎症细胞残留的 DNA 从而溶解脓性痰液，主要用于痰液黏稠引起的呼吸困难及痰液不易咳出的患者。

（1）乙酰半胱氨酸（N–acetylcysteine） 可使黏蛋白多肽链的二硫键断裂，降低痰的黏滞度。不宜与青霉素类、头孢类、四环素等合用，以免降低抗菌活性。口服每次 600mg，每天 1 次，或每次 200mg，每天 3 次。

（2）氨溴索（ambroxol）和溴己新（bromhexine） 两者均属于黏痰溶解药，氨溴索是溴己新在体内的代谢产物，破坏黏多糖蛋白的酸性黏多糖结构，使分泌物黏滞度下降，还可促进纤毛运动和增强

抗微生物药在呼吸道的浓度。氨溴索口服每次 30～60mg，每天 3 次。溴己新口服每次 8～16mg，每天 3 次。

（3）羧甲司坦（carbocistein）　可使黏蛋白的二硫键断裂，降低分泌物黏滞度。厄多司坦（erdosteine）是其前体药物，口服经代谢产生 3 个含有游离巯基的代谢产物而发挥药理作用。羧甲司坦口服每次 500mg，每天 3 次。厄多司坦口服每次 300mg，每天 2 次。

**3. 其他**　高渗盐水及甘露醇吸入可提高气道黏液分泌的水合作用，改善黏液的生物流变学，从而促进黏液清除。联合应用支气管舒张剂可提高部分患者的咳嗽清除能力。

✎ 练一练2-2-2

下列药物中，属于黏痰溶解药的是

A. 乙酰半胱氨酸　　　　　　　B. 氯化铵

C. 可待因　　　　　　　　　　D. 右美沙芬

E. 甘露醇

答案解析

## 四、药学服务

开展呼吸系统异常症状——咳嗽、咳痰的药学服务主要包括：①向医师介绍各类镇咳药、祛痰药等药物的特点，提供各类药物的剂量、疗程、不良反应、相互作用的信息咨询服务；②向护士提供镇咳药、祛痰药的使用注意事项、药物相互作用等；③向患者介绍镇咳药、祛痰药的正确使用方法和使用时间，发生不良反应时的应对措施，提高用药依从性；④向患者、家属及社会公众宣讲如何有效预防呼吸道疾病的发生，做好自我防护。

### （一）用药注意事项

1. 对痰液较多的咳嗽应以祛痰为主，不宜单纯使用镇咳药，应与祛痰药合用，以利于痰液的排出和加强镇咳效果。

2. 对呼吸道伴有大量痰液并阻塞呼吸道，引起气急、窒息者，可及时应用司坦类黏液调节药如羧甲司坦或祛痰药氨溴索，以降低痰液黏度，使痰液易于排除。

3. 对持续 1 周以上的咳嗽，并伴有发热、皮疹、哮喘等症状的持续性咳嗽，应及时去医院就诊。镇咳药连续口服 1 周，症状未缓解者应及时向医师或药师咨询。

4. 对支气管哮喘时的咳嗽，应适当合用平喘药，以缓解支气管痉挛，并辅助应用镇咳药和祛痰药。

5. 患者使用镇咳药后可能出现嗜睡，服药者不可从事高空作业、驾驶汽车等有危险性的机械操作。

6. 可待因或右美沙芬与阿片类受体拮抗药合用，可出现戒断综合征，如过度啼哭、打喷嚏、打呵欠、腹泻等。

7. 可待因在治疗剂量范围内，不良反应较吗啡显著减弱，但过量使用可产生兴奋和惊厥，也具有成瘾性，故应控制剂量与疗程。

8. 可待因可致哺乳期妇女嗜睡，哺乳期妇女服用后可致婴儿发生严重不良反应。

9. 乙酰半胱氨酸能溶解白色黏痰及脓性痰，对于一般祛痰药无效者，使用乙酰半胱氨酸可能仍然有效。

10. 祛痰药仅对咳痰症状有改善作用，在使用中还应注意诱发痰液增多的病因，如使用 7 天后未见好转，应及时就医。祛痰药应用 4 周治疗后无效，应停止用药。

? 想一想2-2-1

1. COPD 患者咳嗽、咳痰时，为什么不建议第一时间使用镇咳药？

2. 肺炎链球菌肺炎患者，选用乙酰半胱氨酸祛痰。患者在选用抗菌药治疗时，哪些不宜使用？原因是什么？

答案解析

### （二）药物相互作用

**1. 同类药物之间**　同类作用机制的药物一般单药使用，产生不良相互作用的现象比较少。

**2. 不同药物之间**　可待因、右美沙芬与阿片受体拮抗药合用，可出现戒断综合征。祛痰药避免与可待因、复方桔梗片、右美沙芬等中枢性强效镇咳药合用，以防止稀化的痰液阻塞气管。乙酰半胱氨酸能减弱青霉素、头孢菌素、四环素类药物的抗菌活性，故不宜与这些合用，必要时，可间隔 4 小时或交替用药。

### （三）健康宣教

咳嗽、咳痰的持续存在不仅影响患者的日常生活，而且对患者的心理及社交带来巨大的负担。绝大部分咳嗽、咳痰由呼吸道疾病引起，因此，预防呼吸道疾病是预防咳嗽、咳痰的关键。平时加强锻炼，多进行户外活动，提高机体抗病能力。中老年长期咳嗽、咳痰应尽快到医院检查，明确病因，及时治疗。

## 目标检测

答案解析

### 一、综合问答题

1. 概述中枢镇咳药可待因、右美沙芬的区别及各药的作用特点。

2. 如何依据咳嗽的性质、表现和类型选用镇咳药物？

### 二、案例分析题

患者，男，48 岁。自诉 2 日前旅游回来，疑中暑感冒，自觉畏寒怕冷，四肢关节酸痛，伴有头痛、喉咙干痒、鼻塞、咳嗽，昨天曾自行到药店购买阿莫西林胶囊服用，症状未能缓解，并有加重趋势，整夜咳嗽，痰多不能入睡，并有憋气等症状。入院查体：体温38.8℃，脉搏 90 次/分，呼吸 20 次/分，血压 110/75 mmHg。实验室检查：血常规正常，胸部 X 线片显示双肺未见明显异常。一般情况尚可。

请思考分析：

1. 该患者服用的阿莫西林胶囊属于哪种类型抗微生物药？适用于何种呼吸道疾病？

2. 根据患者的症状和检查结果，结合上述所学内容，为该患者提供合理的用药方案。

3. 结合本案例，药学人员应如何在药学服务中体现专业素养和职业精神？

（冯　稣）

书网融合……

重点回顾　　　微课1　　　微课2　　　微课3　　　习题

## 任务三　便秘、腹泻的药物治疗

PPT

**学习目标**

**知识目标：**

**1. 掌握**　便秘、腹泻的药物治疗原则、药物种类和代表药物。

**2. 熟悉**　便秘、腹泻的临床症状和常用药物的用药指导。

**3. 了解**　便秘、腹泻的病因和类型。

**技能目标：**

能够结合临床诊治指南正确选用治疗便秘、腹泻的药物，为便秘、腹泻患者提供用药咨询、用药指导、用药教育等药学服务。

**素质目标：**

关心便秘、腹泻患者，提高患者用药依从性，培养以"患者为本"的服务意识。

### 导学情景

**情景描述：**患者，男，25岁。因工作繁忙，经常在外就餐，近3天无诱因出现发热，体温38.5℃，伴左下腹痛、腹泻，排便6~8次/日，开始为水样便，逐渐发展为黏液性血便，伴里急后重，自服肠炎宁片后症状并未缓解，遂到医院就诊。入院检查：血常规，WBC $15 \times 10^9/L$，N 92%；便常规，WBC 20/HP，RBC 3~5/HP；便培养，痢疾杆菌生长。

**情景分析：**根据患者的临床症状和检查结果，诊断为急性细菌感染性腹泻。

**讨论：**结合案例，简要说明诊断依据，协助拟定治疗方案；同时进行用药和健康教育方面的指导和建议。

**学前导语：**在病理状态下，进入结肠的液体量超过结肠的吸收能力和（或）结肠的吸收容量减少时，便产生腹泻。腹泻是常见的一种症状，应针对病因进行治疗，但对腹泻剧烈而持久的患者，可适当给予止泻药物。本任务将介绍便秘、腹泻相关的知识技能，为今后开展药学服务打好基础。

人体在进食后，约10~40小时后排出粪便，大多数健康人在饮食摄入平衡的情况下，不会有大便功能问题，正常粪便的稠度适中，稍加用力即能排出。一般认为，一日排便不多于3次，每周不少于3次，每次大便的重量为150~350g，皆在正常范围，过少则为便秘，过多则为腹泻。

便秘（constipation）是一种临床症状，表现为排便困难和（或）排便次数减少、粪便干结。排便困难包括排便费力、排出困难、肛门直肠堵塞感、排便不尽感、排便费时以及需要手法辅助排便。排便次数减少指每周排便少于3次。

腹泻（diarrhea）是一种常见症状，指排便次数增多，一日内超过3次，或粪质稀薄，含水量超过85%，或粪便量增加，每日排便量超过200g。

## 一、疾病概述

### （一）病因与发病机制

**1. 便秘的分类**　主要为器质性疾病、功能性疾病及药物3大类病因所致，并据此分类（表2-3）。

本部分主要介绍功能性便秘。

表 2 - 3　便秘常见病因与相关因素

| 病因 | 相关因素 |
| --- | --- |
| 功能性疾病 | 功能性便秘、功能性排便障碍、便秘型肠易激综合征 |
| 器质性疾病 | ①肠道疾病：结肠肿瘤、憩室、肠腔狭窄或梗阻、巨结肠、结直肠术后、肠扭转、直肠膨出、直肠脱垂、痔、肛裂、肛周脓肿和瘘管、肛提肌综合征、痉挛性肛门直肠痛<br>②内分泌和代谢性疾病：严重脱水、糖尿病、甲状腺功能减退症、甲状旁腺功能亢进症、多发内分泌腺瘤、重金属中毒、高钙血症、高或低镁血症、低钾血症、卟啉病、慢性肾病、尿毒症<br>③神经系统疾病：自主神经病变、认知障碍或痴呆、多发性硬化、帕金森病、脊髓损伤<br>④肌肉疾病：淀粉样变性、皮肌炎、硬皮病、系统性硬化病 |
| 药物 | 抗抑郁药、抗癫痫药、抗组胺药、抗震颤麻痹药、抗精神病药、解痉药、钙拮抗药、利尿药、单胺氧化酶抑制药、阿片类药、拟交感神经药、含铝或钙的抗酸药、钙剂、铁剂、止泻药、非甾体抗炎药 |

**2. 功能性便秘的病因**　是指排除器质性病变因素及药物因素所致便秘后，由于多种病理生理机制作用所导致的包括肠道动力障碍、肠道分泌紊乱、内脏敏感性改变、盆底肌群功能障碍和肠神经系统功能紊乱等引起的便秘。按照病理生理学机制，可分为以下 4 类。

（1）正常传输型便秘　多见于便秘型肠易激综合征，与精神、心理异常等有关。

（2）慢传输型便秘　结肠运输时间延长，进食后结肠高振幅推进性收缩减少。

（3）排便障碍型便秘　排便过程中腹肌、直肠、肛门括约肌和盆底肌肉不能有效地协调运动，直肠推进力不足，感觉功能下降，从而导致直肠排空障碍。

（4）混合型便秘　即慢传输型便秘和排便障碍型便秘同时存在。

**3. 腹泻的分类**　可分为急、慢性两种类型，超过 4 周者属慢性腹泻。腹泻的病因比较复杂，大致可归类如下。

（1）感染性腹泻　常见于病毒（B 组轮状病毒、诺如病毒、腺病毒、柯萨奇病毒等）、细菌（大肠埃希菌、沙门菌、志贺菌属、霍乱弧菌等）和寄生虫（蓝氏贾第鞭毛虫、溶组织内阿米巴、梨形鞭毛虫等）引起的肠道感染。病毒感染导致急性腹泻的比例远远超过其他病原体，尤其是婴幼儿腹泻。还包括抗微生物药相关性腹泻、医院获得性腹泻和免疫缺陷相关性腹泻等类型。

（2）非感染性腹泻　常见于胃肠道受寒冷刺激后蠕动加快，进食的水分和食物来不及消化吸收所致；饮食不当或消化不良、过敏性肠炎（对鱼、虾、蟹、乳制品过敏引起的肠道变态反应）。常可自愈。

**4. 慢性腹泻的病因**　临床上，不少腹泻往往并非由单一机制引起，而是在多种机制共同作用下发生的。其中，慢性腹泻的发病机制主要有以下 4 种类型。

（1）渗透性腹泻　由于肠腔内含有大量不能被吸收的溶质，使肠腔内渗透压升高，大量液体被动进入肠腔以维持肠腔与内环境渗透性平衡，从而引起腹泻。

（2）分泌性腹泻　肠黏膜上皮细胞电解质转运机制障碍，导致胃肠道水和电解质分泌过多和（或）吸收抑制而引起。

（3）渗出性腹泻　又称炎症性腹泻，是肠黏膜的完整性因炎症、溃疡等病变而损伤，造成大量液体渗出引起的腹泻。

（4）动力异常性腹泻　包括肠腔内容物增加引起反射性肠蠕动加速、某些促动力性激素或介质的释放以及支配肠运动的神经系统异常，使食物快速通过肠道，与肠腔接触时间缩短，影响水分的吸收而导致的腹泻。

**（二）临床表现与诊断**

**1. 便秘**　其特征是结肠蠕动与排便过程出现功能障碍，通常表现为大便干结、排便费力、排便困难和排不干净。部分患者可出现下腹部膨胀感、腹痛、恶心、食欲减退、口苦、疲乏无力、头晕等感觉，有时在小腹左侧（即左下腹部乙状结肠部位）可摸到包块（即粪便）及发生痉挛的肠管。

对于便秘的诊断应详细询问病史，进行体格检查和便秘的特殊检查，排除结、直肠器质性病变和药物导致的便秘，且符合罗马Ⅳ标准中功能性便秘的诊断标准（表2-4）。在上述基础上还要了解便秘的原因和诱因、程度及便秘类型，这对制订治疗方案和预测疗效至关重要。

表2-4　罗马Ⅳ标准中功能性便秘的诊断标准

| 疾病名称 | 诊断标准 |
| --- | --- |
| 功能型便秘 | 1. 必须包括以下2项或2项以上<br>　　a. >25%的排便感到费力<br>　　b. >25%的排便为干球粪或硬粪<br>　　c. >25%的排便有不尽感<br>　　d. >25%的排便有肛门直肠梗阻感和（或）堵塞感<br>　　e. >25%的排便需手法辅助（如用手指协助排便、盆底支持）<br>　　f. 每周自发排便 <3 次<br>2. 不用泻药很少出现稀便<br>3. 不符合肠易激综合征的诊断标准 |

注：诊断前症状出现≥6个月，且近3个月符合上述诊断标准。

**2. 腹泻**　病程短于4周者为急性腹泻，超过4周或长期反复发作者为慢性腹泻，是临床上多种疾病的常见症状。急性腹泻起病急骤，病程较短；慢性腹泻起病缓慢；小肠炎性腹泻，腹泻后腹痛多不缓解；结肠炎性腹泻，腹泻后腹痛多可缓解。在粪便的性状上，各种腹泻的表现也不尽相同，粪便呈稀薄水样且量多，为分泌性腹泻；脓血便或黏液便可见于感染性腹泻、炎症性肠病等；暗红色果酱样便见于阿米巴痢疾；血水或洗肉水样便见于嗜盐菌性食物中毒和急性出血坏死性肠炎；黄水样便见于沙门菌属或金黄色葡萄球菌性食物中毒；米泔水样便见于霍乱或副霍乱；脂肪泻和白陶土色便，见于胆道梗阻；黄绿色混有奶瓣便见于儿童消化不良；而动力性腹泻时多为水便、伴有粪便的颗粒，下泻急促，同时腹部有肠鸣音、腹痛剧烈。

腹泻的诊断旨在明确病因。可以根据患者的年龄、起病方式、腹泻次数及粪便特点、伴随症状等临床特点，结合粪便检查、消化道内镜及影像检查资料建立诊断。

## 二、治疗目标与原则

### （一）治疗目标

根据便秘、腹泻类型的不同，选择不同的治疗方法，治疗目的是缓解症状，恢复正常肠道动力和排便生理功能，纠正其他伴随症状。强调个体化的综合治疗。

### （二）治疗原则

**1. 便秘患者治疗原则**　总的原则是个体化综合治疗，包括推荐合理的膳食结构，建立正确的排便习惯，调整患者的精神心理状态；对有明确病因者进行病因治疗；需长期用通便药维持治疗者，应避免滥用泻药。

（1）基础治疗　①调整生活方式：包括合理的膳食、多饮水、运动、建立良好的排便习惯。②加强患者的自身认知。

（2）药物治疗　是目前采取的主要治疗方法，便秘的常用药物分类、代表药物和作用特点详见表2-5。

表 2 –5 便秘的常用药物分类、代表药物和作用特点

| 分类 | | 常用代表药物 | 作用特点 |
|---|---|---|---|
| 通便药 | 容积性泻药 | 欧车前、聚卡波非钙、麦麸 | 滞留粪便中的水分，增加含水量和粪便体积，主要用于轻度便秘，服药时应补充足够的液体 |
| | 渗透性泻药 | 聚乙二醇、乳果糖、盐类 | 肠内形成高渗状态，吸收水分，增加体积，刺激蠕动，可用于轻、中度便秘患者 |
| | 刺激性泻药 | 比沙可啶、酚酞、蒽醌类、蓖麻油 | 作用于肠神经系统，增强肠道动力和刺激肠道分泌 |
| 促动力药 | | 莫沙必利、普芦卡必利 | 作用于肠神经末梢，释放运动性神经递质、拮抗抑制性神经递质或直接作用于平滑肌，增加肠道动力，对慢传输型便秘有较好的疗效 |
| 促分泌药 | | 利那洛肽、鲁比前列酮 | 刺激肠液分泌，促进排便 |
| 益生菌/益生元 | | 双歧杆菌、乳杆菌、枯草杆菌等 | 通过调节肠道菌群失衡，促进肠道蠕动和胃肠动力来恢复改善便秘症状 |
| 灌肠药和栓剂 | | 甘油、复方角菜酸酯制剂 | 润滑并刺激肠壁，软化粪便，适用于粪便干结、嵌塞患者临时使用 |

注：来源于慢性便秘基层诊疗指南（2019 年）。

**2. 腹泻患者治疗原则** 包括预防脱水、纠正脱水、继续饮食、合理用药。

（1）对因治疗 由于腹泻可由多种病因导致，在应用止泻药治疗的同时，实施对因治疗不可忽视。

（2）补充体液 长期或剧烈服泻时，体内水、盐代谢发生紊乱，常见脱水症和钠、钾代谢紊乱，严重者可危及生命。因此，在针对病因治疗的同时，还应及时补充水和电解质，以调整不平衡状态。

（3）药物治疗 腹泻可引起疼痛、脱水和电解质紊乱，因此在对因治疗的同时，可适当给予止泻药。

## 三、常用治疗药物

根据便秘、腹泻的轻重，有针对性地选择药物。《国家非处方药目录》收载的泻药的活性成分有乳果糖、比沙可啶、甘油、硫酸镁、大黄、山梨醇；制剂有开塞露、聚乙二醇粉剂、羧甲基纤维素钠颗粒。治疗便秘的处方药主要有酚酞、莫沙必利和普芦卡必利等。《国家非处方药目录》收载的止泻药的活性成分和制剂有药用炭、鞣酸蛋白、盐酸小檗碱、口服补液盐、乳酸菌素、双歧三联活菌制剂、地衣芽孢杆菌活菌制剂、复方嗜酸乳杆菌片、复合乳酸菌胶囊、口服双歧杆菌活菌制剂等。

**（一）便秘用药** 📱 微课 1

便秘用药是一类能促进排便反射或使排便顺利的药物，按作用机制可分为容积性泻药、渗透性泻药、刺激性泻药、润滑性泻药、肠道清洗药和促胃肠动力药等。治疗便秘的常用药物如下。

**1. 聚乙二醇 4000 散** 适用于成人及≥8 岁的儿童便秘的症状治疗。口服：10g/次、1～2 次/天，或 20g/次、顿服，每袋内容物溶于一杯水中后服用。

**2. 乳果糖口服溶液** 主要用于慢性或习惯性便秘。乳果糖除了具有渗透性泻药的作用，同时还具有益生元的作用，通过调节肠道菌群的平衡起到治疗作用。常规剂型 10g/15ml，成人起始剂量为 30～45ml/天，维持剂量为 15～25ml/天。

**3. 比沙可啶肠溶片** 用于急、慢性便秘和习惯性便秘。6 岁以上儿童 1 片/次，成人 1～2 片/次，1 次/天，整片吞服。

**4. 利那洛肽** 是 14 个氨基酸组成的多肽，可激活肠上皮细胞的鸟苷酸环化酶 – C 受体。利那洛肽可显著增加患者每周自发排便次数，改善排便费力和粪便性状，并可有效缓解腹胀等腹部不适症状。成人口服 1 次/天，每次剂量为 290μg，至少餐前 30 分钟服用。

**5. 琥珀酸普芦卡必利片** 用于治疗成年女性患者通过轻泻药难以充分缓解的慢性便秘症状。口服，可在一天中任何时间服用，餐前餐后均可。成人 1 次/天，2mg/次。老年患者（>65 岁）起始剂量为 1 次/天，1mg/次；如有需要，可增加至 1 次/天，2mg/次。

**6. 益生菌制剂** 补充含双歧杆菌、乳杆菌、枯草杆菌等益生菌的制剂，尤其是双歧杆菌四联活菌、枯草杆菌二联活菌等复合制剂，可通过调节肠道菌群失衡，促进肠道蠕动和胃肠动力恢复来改善便秘症状。目前推荐其作为慢性便秘的长期辅助用药。益生菌基质是一类不被吸收但可促进肠道优势菌生长的寡糖类物质，以乳果糖为代表，其一方面可作为渗透性泻药治疗便秘，同时又作为益生元促进肠道优势菌的生长，通过双重机制治疗便秘。

**7. 开塞露** 用于小儿、老年体弱便秘者的治疗。用法：将容器顶端刺破或剪开，涂以油脂少许，缓慢插入肛门，然后将药液挤入直肠，成人 1 支/次，儿童 0.5 支/次。

**练一练2-3-1**

聚乙二醇 4000 散所属的泻药类别是

A. 促动力药      B. 润滑性泻药      C. 刺激性泻药

D. 渗透性泻药      E. 容积性泻药

答案解析

### （二）腹泻用药 微课2

腹泻患者首先给予足量口服补液盐，预防和纠正脱水。如水泻次数较多，可选止泻药缓解腹泻症状。止泻药按作用机制可分为吸附药、收敛药、抗动力药和微生态制剂等几类。感染性腹泻还需要使用抗微生物药物或抗病毒药物进行抗感染治疗。

**1. 液体和电解质** 轻度脱水患者及无临床脱水证据的腹泻患者可正常饮水，同时适当予以口服补液治疗。低渗口服补液盐溶液（oral rehydration solution，ORS）可作为轻中度婴幼儿和儿童脱水、任何原因引起的成年人急性脱水、呕吐和严重腹泻引起的轻中度脱水的一线治疗方案，应口服 ORS 直至脱水临床表现完全消失。ORS 的用量（ml）= 体重（kg）×（50~75），4 小时内服完。

**2. 吸附药** 双八面体蒙脱石散对消化道内的病毒、细菌及其产生的毒素有固定、抑制作用；对消化道黏膜有覆盖作用；并通过与消化道黏膜中的糖蛋白相互作用，从质和量两方面修复、提高黏膜屏障对攻击因子的防御功能，可降低结肠的过分敏感性，恢复胃肠道上皮组织的吸收和分泌功能。双八面体蒙脱石散不被胃肠道吸收，不进入血液循环，其连同所固定的攻击因子随着消化道自身的蠕动而排出体外，是目前应用较广泛的止泻药。口服，成人一次 1 袋（首剂加倍），一日 3 次；儿童，1 岁以下一日 1 袋，1~2 岁一日 1~2 袋，2 岁以上一日 2~3 袋，均分 3 次服用。

**练一练2-3-2**

关于双八面体蒙脱石散，描述错误的是

A. 具有吸附、收敛的作用      B. 不被胃肠道吸收

C. 可用于治疗儿童急、慢性腹泻      D. 属于抗动力药

E. 可能影响其他药物的吸收，合用时应间隔 2 小时左右

答案解析

**3. 收敛药** 鞣酸蛋白通过凝固蛋白形成保护层而使肠道免受有害因子的刺激，减少分泌。成人一次 1~2g，一日 3 次；儿童，1 岁以下一次 0.125~0.2g，2~7 岁一次 0.2~0.5g，一日 3 次，空腹服用。

**4. 抗动力药** 可以缓解急性腹泻症状，适用于治疗成年人无合并症的急性腹泻，不适用于幼儿，

如洛哌丁胺、地芬诺酯等。洛哌丁胺与地芬诺酯化学结构相似，直接作用于肠壁的阿片受体，阻止乙酰胆碱和前列腺素的释放，抑制肠道纵行和环行平滑肌收缩，从而抑制肠蠕动，延长肠内容物的通过时间，并通过延长食物在小肠中的停留时间，促进水、电解质及葡萄糖的吸收。地芬诺酯，成人一次 2.5～5mg，一日 2～4 次。儿童，2～5 岁一次 2mg，一日 3 次；5～8 岁一次 2mg，一日 4 次；8～12 岁一次 2mg，一日 5 次。

**5. 微生态制剂** 可以调节肠道的正常菌群，减少致病菌群的过度生长。补充益生菌治疗过程中，应注意发挥优势菌株的作用，改善肠道厌氧环境，调控失衡的微生态环境，增加菌群的多样性。一般来说，多菌株制剂优于单菌株制剂。

**6. 抗微生物药** 根据粪便培养结果和药敏结果以及腹泻患者临床状况选择合适的药物。

**7. 抗病毒药** 病毒性腹泻时应用抗微生物药或微生态制剂基本无效，可选用抗病毒药，如阿昔洛韦、泛昔洛韦。

## ♥ 药爱生命

肠道微生态研究突飞猛进，外在补充益生菌、益生元有利于健康的观点已被广泛认可。肠道微生态制剂也从第一代纯粹补充"活的"益生菌，到第二代具有协同加乘功效的"益生菌＋基质"的合生元体系，再到更加安全高效的第三代乳酸菌代谢物质，由益生菌产生的代谢物质和灭活菌体细胞壁成分等组成。近期临床研究发现，选用第三代肠道微生态制剂进行辅助治疗可改善部分癌症患者消化功能，主要因素是肠内营养联合使用第三代复合肠道微生态制剂，改善患者营养状况，恢复身体机能，增强机体对抗肿瘤的能力，提高生活质量。科技带来健康生活，为癌症患者带来福音。 📱 微课 3

## 四、药学服务

开展便秘、腹泻的药学服务主要包括：①向医师介绍便秘、腹泻常用治疗药物的特点，提供各类药物的剂量、疗程、不良反应、相互作用的信息咨询服务；②向护士提供便秘、腹泻常用治疗药物的使用注意事项、药物相互作用等；③向患者介绍便秘、腹泻常用治疗药物的使用方法，发生不良反应时的应对措施，提高用药依从性；④向患者、家属及社会公众宣讲如何有效防治腹泻和便秘，提高防治疾病的依从性。

### （一）用药注意事项

1. 对慢性便秘者，不宜长期大量使用刺激性泻药，因为药物可损伤肠壁神经丛细胞，进一步造成便秘。

2. 刺激性泻药能够增加肠道蠕动，常引起腹痛，肠梗阻患者禁用。

3. 泻药连续使用不宜超过 7 天，长期用药可引起对药物的依赖性。

4. 由于胃肠液中钾离子浓度较高，腹泻常可致钾离子的过量丢失，低钾血症可影响心脏功能，故需特别注意补充钾盐。

5. 服用药用炭可影响肠道的营养吸收，3 岁以下儿童如患长期的腹泻或腹胀禁用；严重腹泻时应禁食。

6. 洛哌丁胺不能作为有发热、便血的细菌性痢疾的治疗药。急性腹泻者在服用本品 48 小时后症状无改善，应及时停用。肝功能障碍者、妊娠期妇女慎用，哺乳期妇女尽量避免使用，2 岁以下儿童不宜使用。

**❓ 想一想2-3-1**

1. 对于细菌感染性腹泻患者，医生开具了抗微生物药和微生态制剂，如何进行合理的用药指导？

2. 腹泻时，蒙脱石散如何正确服用？

答案解析

### （二）药物相互作用

**1. 同类药物之间** 鞣酸蛋白不宜与铁剂、盐酸小檗碱同服，鞣酸蛋白大量服用可能导致便秘。

**2. 不同药物之间** 酚酞与碳酸氢钠、氧化镁等碱性药合用，可引起尿液变色。地芬诺酯本身具有中枢神经抑制作用，可加强中枢神经抑制药的作用，不宜与巴比妥类、阿片类、水合氯醛、格鲁米特或其他中枢神经抑制药合用。微生态制剂多为活菌制剂，不宜与抗微生物药、药用炭、盐酸小檗碱和鞣酸蛋白同时应用，以避免降低效价。如必须合用，至少应间隔2~3小时。药用炭不宜与维生素、抗微生物药、生物碱、乳酶生及各种消化酶同时服用，因能吸附上述药物，影响疗效。

**👁 看一看2-3-1**

#### 便秘的预防

培养良好的生活和饮食习惯是首要的。①合理饮食：多食蔬菜、瓜果、豆类等含维生素和纤维素较多的粗粮食品，摄取足够水分，使大便保持润滑通畅。②养成定时排便的习惯：健康人直肠内通常没有粪便，清晨起床引起的直立反射，早餐引起的胃、结肠反射，结肠可产生强烈的"集团蠕动"，这些将粪便推入直肠，直肠内粪便蓄积到一定量，便产生便意。③加强锻炼：适当参加多种体育活动，加强腹部运动，促进胃肠蠕动。

### （三）健康宣教

**1. 便秘的危险因素和危害** 告知公众便秘相关的危险因素，包括便秘的病因、诱发因素，尤其对于高危人群，如女性、老年人、体重偏低者、文化程度低者、人口密集区居住者、滥用泻药者，并且将便秘可能造成的危害告知公众，有利于提高公众对便秘防治的依从性。

**2. 便秘的自我预防技巧** 应从饮食、生活习惯、心理等方面向公众宣教预防便秘的技巧。

**3. 病情的自我监测与管理** 教会患者识别便秘，告知患者便秘治疗的基本原则、药物的选择方法、药物的不良反应，以提升患者自我管理的能力，避免滥用药物，让患者知道何时该寻求全科医生的帮助，配合全科医生的管理。

**4. 腹泻防治技巧** 腹泻与患者的生活习惯及饮食偏好有密切关系，故对过度疲劳、紧张、焦虑、饮食无规律、过度摄入辛辣刺激性食物等应予以纠正。必要时进行适时、合理的心理干预，病程长、疾病较严重者需心理科、营养科、外科等多学科合作治疗。

## 🔹 目标检测 🔹

答案解析

### 一、综合问答题

1. 通过本任务的学习及资料查阅，谈一谈功能性便秘的发生机制中，常见的因素有哪些？

2. 发生腹泻时，应如何选择治疗药物？

### 二、案例分析题

患者，女，60岁，因排便费力8年，加重1个月余到医院消化内科门诊就诊。该患者8年前无明显诱因逐渐出现便意减少，大便干硬呈球状，排便费力，每周排便1~2次，无便血，无明显腹痛、腹胀，无恶心、呕吐，间断服用通便药（具体不详）。1个月前开始无明显诱因出现排便费力，较前加重，每周仍可排便1~2次，伴腹胀，有排气，自行服用通便药后可排干硬球状粪便。患者自发病以来精神、饮食正常，体重无明显下降，小便正常。既往患2型糖尿病，病史10年，坚持服用格列美脲2mg，每日1次，血糖控制好。2年前发现骨质疏松，间断补碳酸钙，近1个月未服用。无高血压、冠心病等病史，无手术、外伤史。喜肉食、进食蔬菜水果少，不吸烟，不饮酒，运动少，长期久坐。近期因便秘，自觉增加绿色蔬菜和粗粮的摄入，睡眠略差，心情和生活质量较前比无明显下降。入院进行检查：体温36.2℃，脉搏84次/分，呼吸18次/分，血压130/78mmHg，身高160cm，体重70kg，体质指数（BMI）23.4kg/m²。神清，精神好，查体合作，皮肤巩膜无黄染，结膜无苍白，浅表淋巴结未触及肿大，甲状腺无肿大。双肺呼吸音清，未闻及干湿啰音，心率84次/分，律齐，各瓣膜听诊区未闻及杂音。腹软，无压痛、反跳痛及肌紧张，未触及包块，肠鸣音每分钟4次，肝脾未触及，双下肢无水肿。肛门指诊：直肠黏膜光滑，未触及肿物及直肠脱垂，可触及粪块。

请思考分析：

1. 根据患者的检查结果、既往病史和用药史，分析该患者的病情。目前存在哪些健康问题？

2. 结合上述内容，该患者被诊断为慢性功能性便秘的诊断依据是什么？

3. 作为一名药学工作者，协助医师为该患者拟定药物治疗方案，并进行健康宣教，提供高质量的药学服务。

（谭　娇）

---

书网融合……

| | | | | |
|---|---|---|---|---|
| 重点回顾 | 微课1 | 微课2 | 微课3 | 习题 |

## 任务四　皮癣、瘙痒、痤疮的药物治疗　微课1　微课2

PPT

**知识目标：**

1. **掌握**　皮癣、瘙痒、痤疮等常见皮肤疾病的药物治疗原则、治疗药物种类和代表药物、临床治疗方案。

2. **熟悉**　皮癣、瘙痒、痤疮等常见皮肤疾病的临床表现、治疗药物的用法用量和相关药学服务知识。

3. **了解**　皮癣、瘙痒、痤疮等常见皮肤疾病的病因和发病机制。

**技能目标：**

能够结合临床诊治指南正确选用治疗皮癣、瘙痒、痤疮的药物，为皮癣、瘙痒、痤疮患者提供用药咨询、用药指导、用药教育等药学服务。

**素质目标：**

关心皮肤病患者，提高患者用药依从性，培养以"患者为本"的服务意识，增强学生对职业的使命感、荣誉感。

**学习目标**

📖 **导学情景**

**情景描述**：患者，女，42 岁。近期出现皮肤瘙痒、红肿的症状，认为是湿疹，买点药膏涂涂就没事了，自行到药店购买炉甘石洗剂。但是涂抹 5 天后，红肿处不仅没有减少，反而逐渐扩大，甚至蔓延至面部。因瘙痒难忍，干扰日常生活工作，到医院皮肤科检查，手臂和面部有钱币大小的圆形斑疹，可见红色突起的边界，中心清楚，实验室取材，显微镜镜检有大量孢子和菌丝。

**情景分析**：该患者使用炉甘石洗剂后症状并未缓解，继而到医院进行进一步检查。

**讨论**：患者患何种疾病？应该使用哪种药物进行治疗？

**学前导语**：体癣和湿疹是常见皮肤病，都会出现红肿、瘙痒，患者因真菌感染而致体癣，通常使用特比萘芬、咪康唑等进行抗真菌治疗。本任务将介绍皮癣、瘙痒、痤疮相关的知识技能，为今后开展药学服务打好基础。

皮肤是人体最大的器官，皮肤疾病发病率高、种类多，常见皮肤疾病如病毒性皮肤病、细菌性皮肤病、真菌性皮肤病、瘙痒性皮肤病等，影响患者生活质量，损害身心健康，严重者可危及生命。本任务主要介绍皮癣、瘙痒和痤疮的症状与药物治疗。

## 一、疾病概述

### （一）病因与发病机制

**1. 皮癣**　学名为真菌性皮肤病，是由真菌引起的感染性皮肤病，分为浅部真菌病和深部真菌病。浅部真菌病是指局限于皮肤最外层（表皮）、甲板、毛发和皮肤附属器的真菌感染。深部真菌病则指累及真皮及皮下、内脏、血液和系统性的真菌感染，大多为机会性感染。常见的浅部真菌病有花斑癣、体股癣、手足癣、甲真菌病等。

（1）花斑癣　病原菌为马拉色菌，在特殊情况下方能致病，如在应用糖皮质激素的人群中容易发病，此时表皮细胞的更换周期延长，利于本菌生长，当停用激素后花斑癣即见好转。

（2）体股癣　病原菌为红色毛癣菌、石膏样毛癣菌和絮状表皮毛癣菌。

（3）手足癣　主要由红色毛癣菌、须癣毛癣菌、絮状表皮癣菌、玫瑰色毛癣菌、石膏样毛癣菌引起，发病与密切接触传染源有关。

（4）甲真菌病　常见的病原菌有红色毛癣菌、石膏样毛癣菌、须癣毛癣菌、絮状表皮癣菌等。甲癣来源于手癣的直接蔓延或搔抓身体其他部位癣病灶的直接接触传染，甲单独感染多和甲板外伤有关。

**2. 皮肤瘙痒症**　是一种临床上无原发损害，仅有皮肤瘙痒为主的感觉功能异常性皮肤病，反复搔抓造成"瘙痒→搔抓→瘙痒"的恶性循环，可因各种环境因素或者患者生理异常因素而诱发。

**3. 痤疮**　是一种主要累及面部毛囊皮脂腺的慢性炎症性皮肤病，其发病主要与皮脂过量分泌、毛囊皮脂腺导管角化异常、细菌感染以及免疫炎症反应相关。

### （二）临床表现与诊断

**1. 皮癣**　由于侵犯部位不同，临床表现各异。

（1）花斑癣　俗称汗斑，是一种由马拉色菌引起的轻微的、易反复发作的皮肤浅表角质层慢性炎症。初起为许多细小斑点，很快其上脱屑区扩大，融合成环状并可见脱色斑点。损害颜色随患者的肤色而异，可呈黄棕或暗棕色斑片，好发于胸背部及腹部。一般皮损以着色性斑及（或）脱色斑为主，可有痒感，出汗后更加明显。

（2）体股癣　体癣俗称为"铜钱癣"，好发于面部、躯干及四肢近端，患病初始皮肤发红，出现针头大小的红色斑丘疹、小水泡，从中心向外发展，多呈同心圆形。自觉瘙痒，长期搔抓刺激引起局部湿疹或苔藓样改变。股癣发生在大腿内侧或者臀沟处，开始为丘疱疹及小片红斑，渐向周围蔓延扩大，一般边界不太清楚，皮损蔓延至大腿根部皮肤时，即可显示出典型的体癣皮疹，其上有鳞屑、丘疹、水疱和结痂，边界清楚。

（3）手足癣　是手足皮肤且除其背面以外部位的皮肤癣菌感染。尤其足癣是十分常见的皮肤真菌病，人群患病率高达30%～70%。手癣和足癣常见症状有瘙痒、脱屑和水疱，根据皮损形态和发病部位，临床常见五种类型（表2-6）。

表2-6　手癣和足癣的主要临床表现

| 临床类型 | 临床表现 |
| --- | --- |
| 角化过度型 | 特征为无水疱和脓疱，主要表现为皮肤角化过度，粗糙无汗，寒冷季节常有皮肤皲裂 |
| 鳞屑型 | 脱屑为主，间有少数水疱，疱干脱屑，界限清楚，炎症不明显，手癣常为单侧，夏重冬轻 |
| 水疱型 | 足底或手掌出现水疱，甚至几个水疱融合成较大的疱，界限清楚，皮肤不红，疱破脱屑，一般夏发冬愈 |
| 浸渍糜烂型 | 真菌长期寄生于趾间可致角质层增厚，并由于湿润浸渍而发白，去掉浸软的白皮即可暴露出红色糜烂的基底，剧痒 |
| 体癣型 | 呈弧状或环状边缘，但常与足跖或足缘的皮损相连，也可完全融合为一环状，剧痒 |

（4）甲真菌病　由皮肤癣菌及其他真菌（酵母和各种真菌）感染引起的甲板和（或）甲床病变，统称甲真菌病。甲真菌病包括甲癣、甲念珠菌病和甲的非皮肤癣菌性真菌感染。常单个甲起病，逐渐累及其他甲。感染可自甲游离缘、侧缘或甲弧形处开始，为甲板上局限性混浊的小片，呈点状或不规则状，白色或污黄色，以后逐渐扩大，可累及全部甲板。甲板变色、变形，失去光泽。因甲床累及，甲变松，甲板逐渐增厚、松脆，甲板与甲床分离，前端呈虫蛀样缺损、残破。严重时全甲毁坏。

**？ 想一想2-4-1**

"得了灰指甲，一个传染俩"，这句宣传语，如雷贯耳，那么，灰指甲到底是什么？灰指甲是怎么来的呢？该怎么预防呢？得了灰指甲，又该怎么治疗呢？

答案解析

**2. 瘙痒症**　主要表现为单纯的皮肤瘙痒，或有烧灼、虫爬、蚁行等感觉。一般无原发皮疹。搔抓可引起继发性皮损，包括条状抓痕、表皮剥蚀、血痂、色素沉着或减退。长期搔抓可导致湿疹样变和苔藓样变，还可继发各种皮肤感染。根据全身性或局限性瘙痒，仅有继发改变而无原发性皮损，可以明确诊断。

**3. 痤疮**　多发于15～30岁的青年男女，初发损害为与毛囊一致的圆锥形丘疹，顶端呈黄白色或黑色，即为痤疮早期典型的非炎症性损害——白头粉刺和黑头粉刺，常伴有皮脂溢出；随后可形成炎症性丘疹、脓疱甚至大小不等的暗红色结节或囊肿，破溃后常形成窦道和瘢痕。根据青年男女发生在颜面、前胸和背部，散在性黑头粉刺、丘疹、脓疱、结节及囊肿，对称分布等特点可以诊断。

## 二、治疗目标与原则

### （一）治疗目标

皮肤疾病的治疗要有整体概念，首先要明确诊断，从而根据患者实际情况进行合理化、个体化治疗，达到缓解症状、控制疾病的目的。

## （二）治疗原则

**1. 皮癣** 以局部抗真菌药物为主，必要时系统应用抗真菌药物。积极治疗原发病，增强机体免疫功能。

**2. 瘙痒症** 确定并去除诱因，积极治疗原发病，有利于本病的缓解和痊愈。

**3. 痤疮** 去脂、溶解角质、杀菌、消炎及调节激素水平。

### 💜 药爱生命

#### 疫苗带来痤疮新疗法

痤疮是一种常见的毛囊皮脂腺慢性炎症性疾病，以粉刺、丘疹、脓疱等为临床特征，好发于青春期男女，又称"青春痘"。痤疮发生时，我们能看到的是青春痘，看不见的是致病元凶——痤疮丙酸杆菌。痤疮丙酸杆菌是一种条件致病菌，可分泌一种名为 CAMP（Christie Atkins Munch Peterson）的毒力因子，对毛囊及周围产生刺激并引发炎症。目前科学家研发出一种针对 CAMP 的痤疮疫苗 ORI－001，该疫苗为 CAMP 蛋白单克隆抗体，能与 CAMP 因子结合并阻止其发挥作用，从而达到预防、治疗痤疮的目的，现已进入临床研究阶段。痤疮疫苗研发是一个综合性工程，涉及多个学科、多个专业，激励着我们拥有发自内心的通过创新去治疗疾病、改善人类生命健康的愿景，启示我们要注重培养团结协作精神和开拓创新意识。

## 三、常用治疗药物 📱 微课3

皮癣、瘙痒、痤疮等常见皮肤疾病的药物治疗以外用药物为主，严重病例可同时口服全身治疗药物。外用剂型包括水剂、霜剂、凝胶及软膏等，应根据疾病的临床表现、患者生理病理状态等具体情况选择不同的治疗方法。

### （一）皮癣外用治疗药物

外用治疗药物具有起效快、安全性高、费用低等优点，通常被认为是浅表皮肤真菌感染的一线疗法。

**1. 唑类** 唑类抗真菌药分为咪唑类和三唑类。氟康唑（fluconazole）为新型三唑类抗真菌药，主要作用于固醇合成阶段的甾醇 $14\alpha$－脱甲基酶 P450（简称 P450DM），抑制麦角固醇的合成，其对真菌 P450DM 的作用远远大于哺乳动物，故肝毒性小。克霉唑（clotrimazole）和硝酸咪康唑（miconazole）均为人工合成的咪唑类广谱抗真菌药，主要可能通过真菌中的细胞色素 P450 酶而发挥作用。伊曲康唑（itraconazole）是三咪唑类抗真菌药物，其抗真菌机制基本与唑类相同，作用于细胞色素 P450 固醇合成酶中的羊毛固醇 $C\sim14\alpha$ 脱甲基化酶，使真菌胞膜麦角固醇合成受阻，胞膜结构破坏，抑制真菌细胞生长。

**2. 丙烯胺类** 特比萘芬（terbinafine）为丙烯胺类抗真菌药，抑制真菌细胞麦角甾醇合成过程中的鲨烯环氧合酶，并使鲨烯在细胞中蓄积而起杀菌作用。特比萘芬有广谱抗真菌作用，对皮肤真菌有杀菌作用，对白色念珠菌则起抑菌作用。适用于浅表真菌引起的皮肤、指甲感染，如毛癣菌、犬小孢子菌、絮状表皮癣菌等引起的体癣、股癣、足癣、甲癣以及皮肤白色念珠菌感染。

**3. 抗真菌抗微生物药类** 制霉菌素为多烯类抗微生物药，与真菌细胞膜上的甾醇相结合，引起细胞膜通透性的改变，以致重要细胞内容物漏失而发挥抗真菌作用。局部外用治疗皮肤、黏膜浅表真菌感染。

**4. 其他类** 吗啉类（如阿莫罗芬）主要抑制次麦角类固醇转化成麦角甾醇所需的还原酶和异构

酶，造成次麦角类固醇蓄积，麦角类固醇大量减少，导致胞膜结构和功能受损，从而杀伤真菌。吡咯酮类（如环吡酮胺）主要通过改变真菌细胞膜的完整性，引起细胞内物质外流，并阻断蛋白质前体物质的摄取，导致真菌细胞死亡。硫脲类（如利拉萘酯）通过抑制真菌细胞的角鲨烯环氧化反应，阻遏麦角固醇的合成，从而发挥抗真菌活性。

**（二）皮癣全身治疗药物**

口服抗真菌药物能有效治疗足癣、甲真菌病等较为严重的真菌感染，具有疗程短、用药方便、不会遗漏病灶、患者依从性高、复发率低等优点，适用于局部治疗效果欠佳、反复发作、受累面积大、伴有某些系统性疾病（如糖尿病、艾滋病等）及不愿意接受局部治疗的患者。全身应用抗真菌药物包括抗微生物药类、咪唑类、丙烯胺类、棘白菌素类及嘧啶类等，其特点见表 2 – 7。

表 2 – 7　常用全身性用药的抗真菌药物

| 分类 | 代表药 | 作用机制 | 特点和临床应用 | 用法用量 |
|---|---|---|---|---|
| 抗微生物药类 | 两性霉素 B | 选择性结合真菌细胞膜上的麦角固醇，改变膜通透性，为广谱抗真菌药 | 不易耐药，各种深部真菌病 | 静脉滴注，0.1mg/ml，必要时可加入地塞米松，按照每日 0.5 ~ 1mg/kg，每日或隔日 1 次，6 ~ 10 周/疗程 |
| 咪唑类 | 酮康唑 | 抑制真菌细胞色素 P450 功能，为广谱抗真菌药 | 多种浅部和深部真菌病 | 口服，每次 200 ~ 400mg，每日 1 次，10 天/疗程 |
| | 伊曲康唑 | | 各种浅部真菌病，也适用于深部真菌病 | 口服，每次 200mg，每日 2 次，连续服用 1 周，停药 3 周，为一个疗程 |
| | 氟康唑 | | 各种浅部和深部真菌病 | 口服，每次 500mg，每日 1 次 |
| | 伏立康唑 | | 念珠菌病和曲霉菌病 | 静脉滴注，每次 4 ~ 6mg/kg，每日 2 次；口服，每次 200mg，每日 2 次 |
| | 泊沙康唑 | | 侵袭性曲霉菌病和念珠菌病 | 口服，每次 200mg，每日 2 次 |
| 丙烯胺类 | 特比萘芬 | 抑制真菌细胞膜角鲨烯环化酶 | 皮肤癣菌引起的甲癣、体癣、手足癣；适用于深部真菌病 | 口服，每次 250mg，每日 1 次 |
| 棘白菌素类 | 卡泊芬净 | 抑制葡萄糖合成酶，干扰真菌细胞壁合成 | 侵袭性曲霉菌病和念珠菌病 | 静脉滴注，每次 50 ~ 70mg，每日 1 次 |
| | 米卡芬净 | | 曲霉菌病和念珠菌病 | 静脉滴注，每次 50 ~ 150mg，每日 1 次 |
| | 阿尼芬净 | | 念珠菌病 | 静脉滴注，每次 50 ~ 100mg，每日 1 次 |

**练一练2-4-1**

患者，男，25 岁。双脚趾间瘙痒，经常起水疱、脱皮多年，细菌学检查有癣菌。该患者不宜使用

A. 两性霉素 B　　　　　B. 特比萘芬　　　　　C. 氟康唑

D. 酮康唑　　　　　　　E. 咪康唑

答案解析

**（三）瘙痒症的治疗药物**

根据患者瘙痒的严重程度（皮损部位、持续时间、发生频率）、瘙痒对患者生活质量的影响（夜间瘙痒）以及瘙痒治疗可能发生的不良反应（妊娠、哺乳妇女），给予个体化治疗方案。

**1. 外用治疗药物**　应以保湿、滋润、止痒为主，使用刺激性小的制剂。可用低 pH 的清洁剂和润滑剂、止痒剂（如炉甘石洗剂，含薄荷、樟脑的乙醇制剂或维生素 E 霜、硅霜、鱼肝油等）、表面麻醉药

（如利多卡因乳膏等），也可外用免疫抑制药（如他克莫司、吡美莫司）或短期外用糖皮质激素以缓解症状。

**2. 系统治疗药物** 瘙痒剧烈或外用疗效欠佳者，可口服抗组胺药物、镇静安眠药、三环类抗抑郁药等。严重者可静脉滴注维生素 C、钙剂以及甘草酸苷类制品。

### （四）痤疮的治疗药物

一般来说，外用药物仅适用于轻型痤疮，比较严重的痤疮仅外用药物效果较差，主张口服与外用药物联合治疗。

**1. 外用维 A 酸类** 此类药物具有改善毛囊皮脂腺导管角化、溶解微粉刺和粉刺、抗炎、预防和改善痤疮炎症后色素沉着和痤疮瘢痕等作用。外用维 A 酸类药物可作为轻度痤疮的单独一线用药、中度痤疮的联合用药以及痤疮维持治疗的首选。维 A 酸乳膏、阿达帕林凝胶、他扎罗汀凝胶、硫磺洗剂等建议睡前在痤疮皮损处及好发部位同时应用。

**2. 外用抗微生物药** 过氧化苯甲酰可缓慢释放新生态氧和苯甲酸，具有杀灭痤疮丙酸杆菌、抗炎及轻度溶解粉刺的作用，可作为炎性痤疮首选外用抗微生物药，可以单独使用，也可联合外用维 A 酸类药物使用。药物有 2.5% ~10% 不同浓度及洗剂、乳剂或凝胶等不同剂型可供选择。常用外用抗微生物药包括红霉素、林可霉素及其衍生物克林霉素、氯霉素、氯洁霉素及夫西地酸等。

**3. 口服抗微生物药** 首选四环素类（米诺环素、多西环素等），其次为大环内酯类（红霉素）。使用抗微生物药治疗痤疮，应规范用药的剂量和疗程。剂量：多西环素 100 ~200mg/d（通常 100mg/d），米诺环素 50 ~100mg/d，红霉素 1.0g/d。疗程建议不超过 8 周。

**4. 口服异维 A 酸** 口服维 A 酸类药物包括异维 A 酸和维胺酯。对于严重的痤疮，口服异维 A 酸是标准疗法，每天 0.25 ~0.5mg/kg 作为起始剂量，之后可根据患者耐受性和疗效逐渐调整剂量。维胺酯口服每次 50mg，每日 3 次。

**5. 抗雄激素药物** 可以通过抑制雄激素前体生成或作用于皮肤内雄激素代谢酶和雄激素受体，进而减少或拮抗雄激素活性作用而减少皮脂腺分泌脂质和改善痤疮。常用抗雄激素药物主要包括雌激素、孕激素、螺内酯及胰岛素增敏剂。复方制剂（短效避孕药），常用的包括 2mg 醋酸环丙孕酮和 0.035mg 炔雌醇、3mg 屈螺酮和 0.03mg 炔雌醇以及 3mg 屈螺酮和 0.02mg 炔雌醇等。口服避孕药起效需要 2 ~3 个月，疗程建议在 6 个月以上。螺内酯：推荐剂量 60 ~200mg/d，疗程为 3 ~6 个月。

**6. 糖皮质激素类药物** 生理剂量糖皮质激素可反馈性抑制肾上腺源性雄激素前体分泌；中小剂量糖皮质激素具有抗炎作用，适用于重度炎性痤疮的早期治疗。主要用于暴发性或聚合性痤疮，遵循短期、小剂量、与其他药物联合应用的原则。

## 四、药学服务

开展皮癣、瘙痒、痤疮等常见皮肤疾病的药学服务主要包括：①向医师介绍皮肤疾病外用治疗药物和系统治疗药物的作用特点，提供各类药物的使用剂量、疗程、不良反应、相互作用的信息咨询服务；②向护士提供不同剂型的使用注意事项，应根据皮损特点选择合适的剂型；③向患者介绍皮肤疾病外用治疗药物和系统治疗药物的使用方法和使用注意事项；④向患者、家属及社会公众介绍皮肤疾病药物治疗的意义，需要足量、足疗程，以获得良好的治疗效果。

◉ 看一看2-4-1

### 抗真菌药的发展历史

1957 年，两性霉素 B 成为抗真菌药发展史上第一个疗效确切的药物，具有里程碑意义，该药静脉给药毒性虽然大，但至今仍然是治疗深部真菌感染的重要药物。

20 世纪 80 年代，三唑类抗真菌药如氟康唑和伊曲康唑对表浅部真菌和深部真菌都有良好疗效，被列为治疗真菌感染的首选药。

20 世纪 90 年代，丙烯胺类抗真菌药特比萘芬和布替萘芬成为高效低毒的治疗表浅部真菌感染的药物。

2001 年，抑制真菌细胞壁合成的棘白菌素类抗真菌药如卡泊芬净等研制成功。

近期，新型四唑类药物包括 VT－1161、VT－1129、VT－1598 等，是最新研发的广谱真菌 CYP51 抑制药，因其对真菌 CYP51 的高效力及对人 CYP 的弱亲和力，对人体的副作用明显减少，是抗真菌药的又一次重大发展。

---

### (一) 用药注意事项

**1. 咪唑类** 克霉唑和硝酸咪康唑在临床上主要供外用，偶致局部炎症。伊曲康唑近年有报道可致充血性心力衰竭，另可致肝损害，也可引起其他消化道反应、低钾血症和水肿等。氟康唑毒性低，耐受好，常见的不良反应为恶心、腹痛、腹胀、腹泻、皮疹等，亦可能产生转氨酶升高；患者使用若出现皮疹，应严密监控停药；对本品及其他三唑类药物有过敏者禁用；需服用本品 2 周以上的患者，或接受多倍于常量的氟康唑的患者，治疗前应先检查肝功能，治疗期间每 2 周进行一次肝功能检查。

**2. 丙烯胺类** 特比萘芬局部治疗时患者耐受良好，仅有少数出现轻度副反应，如局部烧灼感或红斑等；口服副反应以胃肠道为主，一般较轻，为一过性。

**3. 抗真菌抗微生物药类** 制霉菌素可外用、可口服，口服不良反应一般不大，多为恶心，大剂量时可出现呕吐、腹泻，减量或停药后症状立即消失。两性霉素 B 口服不易吸收，血药浓度低，一般不致产生不良反应；如予静脉给药 25～50mg，则可发生如下反应：如寒战、高热，发生率很高；恶心、呕吐、食欲不振等胃肠道反应；静脉炎；肾功能损害，几乎每例患者都可发生程度不等的肾脏损害，大剂量可致肾小管坏死、钙化。定期监测尿液、血常规、肝功能，监测血清钾、镁浓度并及时补充。氟胞嘧啶口服或注射后可能出现恶心、呕吐、厌食、腹泻及弥漫性腹痛，少数患者出现荨麻疹、发热、白细胞和血小板减少等，有时也可引起转氨酶升高，对肾脏有轻度影响。

**4. 抗细菌抗微生物药类** 口服抗微生物药治疗痤疮要保证足够的疗程，并避免间断使用，不可无原则地加大剂量或延长疗程，更不可以作为维持治疗甚至预防复发的措施。治疗中要注意药物不良反应，较常见的有胃肠道反应、药疹、肝损害、光敏反应、色素沉着和菌群失调等，特别是四环素类药物。

**5. 维 A 酸类** 异维 A 酸和维胺酯两种药物口服均需与脂餐同服，以增加其口服吸收的生物利用度。青春期前长期使用异维 A 酸有可能引起骨骺过早闭合、骨质增生、骨质疏松等，故 12 岁以下儿童慎用。异维 A 酸有明确的致畸作用，育龄期女性患者应在治疗前 1 个月、治疗期间及治疗结束后 3 个月内严格避孕。

### (二) 药物相互作用

**1. 同类药物之间** 氟胞嘧啶易产生耐药性，与两性霉素 B 合用可增加疗效，并避免后者产生毒性反应。四环素类药物不宜与口服维 A 酸类药物联用，以免诱发或加重良性颅内压增高。

**2. 不同药物之间** 伊曲康唑口服吸收量与胃酸及胃内 pH 密切相关，因此，多种药物不能与其同时应用。抗结核药如利福平，$H_2$ 受体拮抗药如西咪替丁等，质子泵抑制药如奥美拉唑、兰索拉唑，$H_1$ 受体拮抗药如阿司咪唑、特非那丁，胃动力药如西沙必利能降低氟康唑的血浆浓度。氟康唑能导致 1, 3－二甲基黄嘌呤、苯妥英、华法林、环孢素及多种口服降糖药的血药浓度升高。两性霉素 B 能增强其他药物的肾毒性。

（三）健康宣教

1. 向患者、家属及社会公众宣传皮肤疾病的危害与预防知识，加强人们对皮肤疾病的认知，提高重视程度，增加治疗的依从性，提高防治的及时性和主动性。

2. 养成良好的个人习惯，积极参加体育锻炼，增强体质，提高自身抵抗能力。

## 目标检测

答案解析

一、综合问答题

1. 痤疮会留瘢痕吗？在对痤疮进行规范治疗的同时，如何开展健康宣讲以达到治疗、美观、预防于一体的防治目的？

2. 请查阅文献，总结皮肤瘙痒的临床表现特点。

二、案例分析题

患者，女，28 岁。因产后面部色素斑而到某美容院做中药面膜治疗，12 次为一个疗程，做到第 6 次时面部皮肤发红、脱屑伴灼烧感，被告知系"过敏体质"而中止治疗，继之面部皮肤逐渐出现散在红疹并有少许脱屑、瘙痒。在某诊所诊断为"皮肤过敏"，口服抗过敏药物氯雷他定和抗炎药物地塞米松，几天后病情加重，到医院就诊，查体见患者颜面皮肤潮红、脱屑，鼻右旁至上唇皮肤见月牙形分布的红色丘疹。皮屑镜检呈霉菌阳性，诊断为体癣。

请思考分析：

1. 该患者初始使用抗过敏药物氯雷他定和抗炎药物地塞米松，病情并未好转反而加重。原因可能是什么？对临床用药又有何指示？

2. 作为一名药学工作者，结合该临床案例，谈谈体股癣应如何治疗？如何开展体股癣患者的预防和健康教育，提供全面优质的药学服务？

（谭　娇）

书网融合……

重点回顾　　　微课 1　　　微课 2　　　微课 3　　　习题

# 项目三　呼吸系统疾病的药物治疗

## 任务一　呼吸道感染的药物治疗

PPT

**学习目标**

知识目标：

**1. 掌握**　呼吸道感染的药物治疗原则、药物种类和代表药物、临床治疗方案。

**2. 熟悉**　呼吸道感染的症状、治疗药物的用法用量和相关药学服务知识。

**3. 了解**　呼吸道感染的病因和诊断。

技能目标：

1. 能够结合临床指南正确选用治疗呼吸道感染的药物，开展咨询、指导用药，协助拟定药物治疗方案等药学服务。

2. 学会判断呼吸道感染治疗药物的常见不良反应并提供处理方案，主动提供健康教育。

素质目标：

培养尊重、关爱呼吸道感染患者及家属，积极、细致、认真的服务意识和职业精神。

📖 **导学情景**

**情景描述**：患者，男，21 岁。淋雨后出现发热、咽痛、咳嗽、鼻塞、喷嚏、流清涕 2 天。自服抗感冒药效果不佳。入院查体：体温 38.1℃，咽喉部红肿，扁桃体无肿大，双肺呼吸音清。血常规：白细胞正常，淋巴细胞稍高，余正常。

**情景分析**：结合患者症状，诊断为上呼吸道感染。

**讨论**：结合案例，协助拟定治疗方案，并说出药学服务要点。

**学前导语**：上呼吸道感染症状复杂多样，迄今尚无一种药物能解决所有问题，采用单一用药不可能缓解所有症状，一般多采用复方制剂。本任务将介绍急性上呼吸道感染用药的主要知识技能，为今后开展药学服务打好基础。

---

呼吸道感染包括上呼吸道感染（鼻、咽、喉）和下呼吸道感染（气管、支气管、肺）。其中，急性上呼吸道感染最为常见，本文重点论述，另外，相关性较强的支气管炎和流行性感冒放在附录中做简单介绍。

急性上呼吸道感染（acute upper respiratory tract infection），简称上感，为外鼻孔至环状软骨下缘包括鼻腔、咽或喉部急性炎症的总称。主要病原体是病毒，少数是细菌。

## 一、疾病概述

### （一）病因与发病机制

急性上呼吸道感染有 70% ~ 80% 由病毒引起，包括鼻病毒、冠状病毒、腺病毒、流感和副流感病毒、呼吸道合胞病毒、埃可病毒、柯萨奇病毒等，另有 20% ~ 30% 由细菌引起。接触病原体后是否发病，还取决于传播途径和人群易感性。淋雨、受凉、气候突变、过度劳累等可降低呼吸道局部防御功能，致使原存的病毒或细菌迅速繁殖，或者直接接触携带病原体的患者，由喷嚏、空气以及污染的手和用具诱发。老幼体弱、免疫功能低下或有慢性呼吸道疾病，如鼻窦炎、扁桃体炎者更易发病。

### （二）临床表现与诊断

临床上依据症状学特征，将急性上呼吸道感染分为：普通感冒（俗称"伤风"，又称急性鼻炎或上呼吸道卡他）；急性病毒性咽炎、喉炎；急性疱疹性咽峡炎；急性咽结膜炎；急性咽 - 扁桃体炎等。

**1. 普通感冒**  症状主要有鼻部卡他症状如喷嚏、鼻塞、流清水样鼻涕、咽痛、声嘶、轻度干咳、发热、全身酸痛、畏光、流泪、咽喉部充血、水肿，甚至有腭扁桃体肿大、咽后壁淋巴滤泡增生等。一般 5 ~ 7 天痊愈，伴发并发症者可致病程迁延。

**2. 急性病毒性咽炎和喉炎**  由鼻病毒、腺病毒、流感病毒、副流感病毒以及肠病毒、呼吸道合胞病毒等引起。临床表现为咽痒和灼热感，咽痛不明显。咳嗽少见。急性喉炎多为流感病毒、副流感病毒及腺病毒等引起，临床表现为明显声嘶、讲话困难，可有发热、咽痛或咳嗽，咳嗽又使咽痛加重。体检可见喉部充血、水肿，局部淋巴结轻度肿大和触痛，有时可闻及喉部的喘息声。

**3. 急性疱疹性咽峡炎**  多发于夏季，多见于儿童，偶见于成人。由柯萨奇病毒 A 引起，表现为明显咽痛、发热，病程约 1 周。查体可见咽部充血，软腭、悬雍垂、咽及扁桃体表面有灰白色疱疹及浅表溃疡，周围伴红晕。

**4. 急性咽结膜炎**  多发于夏季，由游泳传播，儿童多见。主要由腺病毒、柯萨奇病毒等引起。表现为发热、咽痛、畏光、流泪、咽及结膜明显充血。病程为 4 ~ 6 天。

**5. 急性咽 - 扁桃体炎**  病原体多为溶血性链球菌，其次为流感嗜血杆菌、肺炎链球菌和葡萄球菌等。起病急、咽痛明显，伴发热、畏寒、体温可达 39℃ 以上。查体可发现咽部明显充血，扁桃体肿大和充血，表面有黄色脓性分泌物，有时伴有颌下淋巴结肿大、压痛，而肺部查体无异常体征。

## 二、治疗目标与原则

### （一）治疗目标

目前无特效抗病毒药物，以对症治疗为主，缓解患者症状。

### （二）治疗原则

**1. 药物治疗**  感冒症状较多，可针对不同症状选择相应的对症治疗的药物，也可以选择复方制剂来缓解症状；另外可以用抗病毒药对因治疗，但大多没有明显效果。

**2. 综合治疗**  患者可适当休息，多饮水，进食以清淡饮食为主。进食不佳者可适当短期补液，如葡萄糖氯化钠或葡萄糖注射液，同时加入维生素 C 与氯化钾等支持药物。

## 三、常用治疗药物

治疗感冒的药物种类繁多，总体来说，主要是通过对症治疗来缓解感冒症状和通过抗病毒、抗细菌进行对因治疗。根据习惯，将治疗感冒的药分为对症治疗药物、抗病毒药物、抗微生物药、中药类、复方制剂等。

**（一）对症治疗药物**

**1. 解热镇痛药**　感冒后会伴随发热、头痛、肢体酸痛、关节痛，给予解热镇痛药，如对乙酰氨基酚（又名扑热息痛）、阿司匹林、布洛芬、双氯芬酸、吲哚美辛等药物。此类药物的作用机制为通过抑制环氧合酶，抑制前列腺素的生物合成而起到解热镇痛抗炎作用。其中，对乙酰氨基酚最为常用，可单用，同时也是大多数感冒复方制剂中解热镇痛的成分。

**2. $H_1$ 受体拮抗药**　感冒时会伴随鼻痒、打喷嚏等症状，可用抗过敏药，即 $H_1$ 受体拮抗药，通过拮抗组胺 $H_1$ 受体抗过敏。$H_1$ 受体拮抗药分为两代，第一代包括氯苯那敏（扑尔敏）、苯海拉明、异丙嗪、赛庚啶等，第二代包括氯雷他定、西替利嗪、左西替利嗪、阿司咪唑、阿伐斯汀、左卡巴斯汀、特非那定等。其中，氯苯那敏和苯海拉明常作为复方感冒制剂的成分。

**3. 减轻鼻黏膜充血药**　对于感冒的鼻塞症状，可用 1% 的麻黄碱（麻黄素）、萘甲唑林、羟甲唑林、赛洛唑林滴鼻，因其可激动鼻黏膜血管的 α 受体，使鼻黏膜血管收缩，减少鼻黏膜充血，改善鼻腔通气。另外，伪麻黄碱也可作为口服复方感冒制剂的成分。

**4. 镇咳药**　对感冒伴随咳嗽的患者，可给予镇咳药。镇咳药按作用部位的不同，分为中枢性镇咳药和外周性镇咳药。中枢性镇咳药，通过抑制咳嗽中枢而镇咳，如可待因、双氢可待因、福尔可定、喷托维林、右美沙芬、苯丙哌林、依普拉酮、二氧丙嗪等，其中，苯丙哌林、依普拉酮还兼有外周镇咳作用；外周性镇咳药，通过抑制呼吸道黏膜上的牵张感受器而发挥止咳作用，如那可丁、左羟丙哌嗪和苯佐那酯。

**5. 祛痰药**　对感冒伴随痰多的患者，可用祛痰药。祛痰药按作用机制的不同，可分为黏痰稀释药和黏痰溶解药。黏痰稀释药，口服后刺激胃黏膜引起恶心，反射性促进支气管腺体分泌，使痰液稀释而易于咳出，代表药有氯化铵、安息香酊、碘化钾、桉叶油等。黏痰溶解药可分解痰液中的黏性成分，使痰液的黏稠度降低而易于咳出，代表药有乙酰半胱氨酸、羧甲司坦、溴己新以及溴己新的活性代谢物氨溴索。

**6. 局部抗感染药**　声嘶、咽喉肿痛可口含西地碘及碘喉片，在唾液作用下可释放出碘，直接氧化和卤化菌体蛋白。

**练一练3-1-1**

下列药物中，能缓解上呼吸道感染引起的鼻塞的是

A. 对乙酰氨基酚　　　B. 伪麻黄碱　　　C. 右美沙芬

D. 苯海拉明　　　　　E. 金刚烷胺

答案解析

**看一看3-1-1**

**为什么要对含麻黄碱的药进行管制**

麻黄碱是从麻黄草中提取的生物碱，也可通过化学合成制得。麻黄碱有显著的中枢兴奋作用，长期使用可引起病态嗜好及耐受性。麻黄碱是制造"冰毒"的前体，"冰毒"是国际上滥用最严重的中枢兴奋剂之一。所以，国家药品监督管理局颁布了《麻黄碱管理办法》，对麻黄碱的生产、购销、出口做了严格规定，违者将追究法律责任。我国是世界上对麻黄碱管制最为严厉的国家之一。

**（二）抗病毒药物**

目前尚无有效的特异性抗病毒药物，可选用下列药物。

**1. 利巴韦林**　对流感及腺病毒、呼吸道合胞病毒、疱疹、麻疹病毒有效，成人每次 0.15g，每日 3 次，疗程 7 天。

**2. 金刚烷胺、金刚乙胺**　金刚烷胺和金刚乙胺主要通过抑制甲型流感病毒的 $M_2$ 蛋白的离子通道来抑制病毒脱壳和复制，通过影响血凝素而干扰病毒组装，只对亚洲甲型流感病毒有抑制作用（乙型流感病毒不携带 $M_2$ 蛋白，故无效）。金刚乙胺的抗病毒作用比金刚烷胺强 4～10 倍。金刚烷胺、金刚乙胺用于甲型流感的防治，10 岁以上，300mg/d，口服，可 1～2 次给药，连续 8～10 日。1～10 岁儿童，每天不超过 150mg/d，口服，1～2 次服用。金刚烷胺常作为复方感冒制剂的成分。金刚烷胺可促进纹状体中多巴胺能神经元释放多巴胺，抑制多巴胺再摄取，使多巴胺增多，还有较弱的中枢抗胆碱作用，可用于帕金森病的治疗。

**3. 奥司他韦**　神经氨酸酶是流感病毒表面的一种糖蛋白酶，其活性对新形成的病毒颗粒从被感染细胞中释放和感染性病毒在人体内进一步播散至关重要。奥司他韦是流感病毒神经氨酸酶抑制剂，能抑制甲型和乙型流感病毒的神经氨酸酶活性，从而减少甲型或乙型流感病毒的播散，起到抗病毒作用。奥司他韦可用于甲型和乙型流感的预防和治疗。用于与流感患者密切接触后的流感预防时的推荐剂量为一次 75mg，口服，一日 1 次，至少 7 日，应在密切接触后 2 日内开始用药。用于流感治疗时，在流感初期（理想状态为 36 小时内）开始治疗，每次 75mg，口服，每日 2 次，连续 5 日。

### （三）抗微生物药

如继发细菌感染，有明显用药指征，如发热、血常规改变时可选择抗微生物药治疗。如头孢氨苄、阿莫西林等。

### （四）中药类

具有清热解毒和抗病毒作用的中药亦可选用，有助于改善症状、缩短病程。如双黄连口服液、板蓝根颗粒、小柴胡冲剂、银翘片等应用较为广泛。双黄连口服液，用于外感风热所致的感冒，症见发热、咳嗽、咽痛，口服，每次 2 支，每日 3 次，小儿酌减或遵医嘱。板蓝根颗粒，用于咽喉肿痛、口咽干燥、急性扁桃体炎，预防流感，开水冲服，每次 5～10g，每日 3～4 次。

💗 **药爱生命** ━━━━━━━━

我国医学源远流长，中医药文化博大精深，非常值得我们继承和发扬。中医药讲究辨证施治，体现整体健康观，对许多疾病的治疗都有很明显的优势，比如在治疗感冒方面，疗效就非常显著。中医药治疗感冒常分为以下几类情况。①风寒型感冒：多因风寒外侵引起，表现为怕冷、流清鼻涕、头晕、头痛等。一般可选用解表清热药物，如感冒清热冲剂等。②风热型感冒：多为风热邪气侵犯所致，表现为咽疼、咳嗽、流黄涕、发热等热象。常用银翘解毒颗粒、复方双花颗粒、银黄颗粒等具有清肺热功效的方剂。③暑湿外感型感冒：多为在伏暑天气的暑热湿气侵犯所致，多有消化道症状，如恶心、呕吐、满闷，甚至有腹泻、纳呆等症状。一般选用消暑、化湿的药物，如藿香正气水等。④燥邪外感型感冒：有凉燥和温燥之分，并且还有偏凉寒型和偏热型之分，其特点是皮肤、鼻腔和咽喉部的干燥症状比较明显。一般选用清燥救肺汤等来治疗。中医药治疗感冒有其独特的优势，在具体治疗中，多可与解热镇痛药配合使用。📱微课1

### （五）复方制剂

感冒症状较多，为发挥不同药物的作用，一般常用复方制剂（表 3－1）。

表3-1　治疗感冒的常用复方制剂的特点和用法用量一览表

| 药物 | 成分 | 用法用量 |
|---|---|---|
| 安咖黄敏胶囊 | 对乙酰氨基酚250mg、咖啡因15mg、马来酸氯苯那敏1mg、人工牛黄10mg | 口服，成人，一次1~2粒，一日3次 |
| 氨麻美敏片Ⅱ | 对乙酰氨基酚500mg、氢溴酸右美沙芬15mg、盐酸伪麻黄碱30mg、马来酸氯苯那敏2mg | 口服，12岁以上儿童及成人，一次1片，每6小时服1次，24小时内不超过4次 |
| 复方氨酚烷胺片/胶囊 | 对乙酰氨基酚250mg、盐酸金刚烷胺100mg、人工牛黄10mg、咖啡因15mg、马来酸氯苯那敏2mg | 口服，成人，一次1片（粒），一日2次 |
| 小儿氨酚黄那敏颗粒 | 对乙酰氨基酚125mg、马来酸氯苯那敏0.5mg、人工牛黄5mg | 温水冲服：<br>1~2岁，体重10~15kg，一次用量为0.5~1袋，一日3次<br>4~6岁，体重16~21kg，一次用量为1~1.5袋，一日3次<br>7~9岁，体重22~27kg，一次用量为1.5~2袋，一日3次<br>10~12岁，体重28~32kg，一次用量为2~2.5袋，一日3次 |
| 小儿氨酚烷胺颗粒 | 对乙酰氨基酚100mg、盐酸金刚烷胺40mg、人工牛黄4mg、咖啡因6mg、马来酸氯苯那敏0.8mg | 一日2次，温开水冲服：<br>1~2岁儿童，一次0.5袋；2~5岁，一次1袋；5~12岁，一次1~2袋 |
| 酚麻美敏片 | 对乙酰氨基酚325mg、盐酸伪麻黄碱30mg、氢溴酸右美沙芬15mg、马来酸氯苯那敏2mg | 口服，12岁以上儿童及成人，一次1~2片，每6小时服一次，24小时内不超过4次 |
| 氨酚伪麻美芬片Ⅱ | 对乙酰氨基酚325mg、盐酸伪麻黄碱30mg、氢溴酸右美沙芬15mg | 口服，成人和12岁以上儿童，一次1~2片，一日2次或白天每6小时服一次 |
| 氨麻苯美片 | 对乙酰氨基酚325mg、盐酸伪麻黄碱30mg、氢溴酸右美沙芬15mg、苯海拉明25mg | 口服，成人和12岁以上儿童，睡前服1~2片 |

## 四、药学服务 📱微课2

开展感冒的药学服务主要包括：①向医师介绍新型抗病毒药——病毒神经氨酸酶抑制剂，如扎那米韦、奥司他韦的特点，提供药物的剂量、疗程、不良反应、相互作用的信息咨询服务；②向护士介绍常见抗感冒药的不良反应及与其他药的配伍禁忌；③向患者介绍抗感冒药连续服用不得超过7天，服用剂量不得超过推荐剂量，用药7天后症状仍未缓解或消失，应向医师咨询；④向患者、家属及社会公众介绍抗生素对导致感冒的病毒无效，相似成分的感冒药不能同时服用。

### （一）用药注意事项

**1. 解热镇痛药**　解热镇痛药中，对乙酰氨基酚不良反应较小，常用于缓解感冒的发热、疼痛症状，但是超剂量使用会造成严重肝损伤，引起肝衰竭。一般一日最大用量不超过2.0g。饮酒会加重对乙酰氨基酚的肝毒性，有诱发急性肝衰竭的风险。禁用于活动性及重度肝疾病患者、对对乙酰氨基酚过敏的患者、重度肝功能不全患者。老年患者由于肝、肾功能发生减退，对乙酰氨基酚半衰期延长，易发生不良反应，应慎用或适当减量使用。

阿司匹林因其不良反应较多，目前已较少用其缓解感冒症状。常见不良反应如下。①易诱发消化道出血，消化性溃疡患者禁用。②少数患者可出现荨麻疹、皮疹、血管神经性水肿及过敏性休克，某些哮喘患者服用阿司匹林后可诱发哮喘，称"阿司匹林哮喘"，因其抑制前列腺素合成，导致花生四烯酸生成白三烯等内源性支气管收缩物质增多，引起支气管痉挛，用肾上腺素抢救无效，临床常用糖皮质激素与抗过敏药治疗。支气管哮喘患者禁用阿司匹林。③病毒感染的青少年儿童使用，诱发Reye综合征，表现为严重肝损伤和急性脑水肿，严重可致死，所以病毒感染的青少年儿童禁用。④导致凝血障碍，可用维生素 K 防治，术前 1 周应停用，以防出血。

**2. H₁ 受体拮抗药** 第一代 H₁ 受体拮抗药可引起困倦、头晕、嗜睡，汽车驾驶员等从事高危职业和精密仪器职业的患者，避免服用含氯苯那敏或苯海拉明的感冒药。第一代 H₁ 受体拮抗药兼有轻度阿托品样作用，可升高眼压，加重青光眼病情，青光眼患者使用含抗组胺药的感冒药应格外慎重。第二代 H₁ 受体拮抗药特非那定和阿司咪唑对心肌有毒性作用，可引起尖端扭转型室性心律失常。

**3. 减轻鼻黏膜充血药** 麻黄碱、伪麻黄碱等能兴奋心脏，收缩血管，所以，甲状腺功能亢进、糖尿病、缺血性心脏病、高血压、前列腺肥大患者避免使用含麻黄碱、伪麻黄碱的药物。

**4. 镇咳药** 可待因和右美沙芬属于中枢性镇咳药，镇咳作用强大，可影响痰液的排出，所以，慢性阻塞性肺疾病和重症肺炎等患者慎用可待因和右美沙芬以及其复方感冒药。可待因为麻醉药品，具有成瘾性，采购、运输、储存、处方开具、使用等环节必须遵守麻醉药品相关规定；前列腺增生患者使用可待因，易引起尿潴留而加重病情；可待因为前药，需经 CYP2D6 代谢为吗啡，但其有四种代谢类型，超快型、快速型、正常型和缓慢代谢型，若儿童为超快代谢型基因，易出现嗜睡、呼吸困难、中毒甚至致死，因此 12 岁以下儿童禁用。苯丙哌林服用时需整粒吞服，切勿嚼碎，以免引起口腔麻木。

**5. 抗病毒药** 金刚烷胺和金刚乙胺会引起口干、头晕、嗜睡、共济失调等不良反应，且易发生耐药，全球流行的 H1N1 甲型流感病毒对其耐药。

**6. 治疗细菌感染的药物** 对上呼吸道病毒感染无效，无需常规使用，只有患者有确切指征是继发细菌感染后，才需加用本类药物。

**(二) 药物相互作用**

**1. 同类药物之间** 复方感冒制剂成分相似，合用会出现同一成分的叠加，如对乙酰氨基酚超量会引起肝、肾毒性。

**2. 不同药物之间**

(1) 麻黄碱具有升压作用，合用降压药会降低降压药的疗效；麻黄碱具有扩张支气管作用，合用支气管扩张剂，可增强疗效。

(2) 乙酰半胱氨酸与镇咳药不应同时服用，因为镇咳药对咳嗽反射的抑制作用可能导致支气管分泌物的积聚。乙酰半胱氨酸能减弱青霉素、头孢菌素、四环素类药物的抗菌活性，故不宜合用，必须合用时，间隔 4 小时以上或交替用药。

(3) 右美沙芬具有镇静、致嗜睡作用，合用镇静催眠药会使镇静效果增强，导致嗜睡。

(4) 在使用减毒活流感疫苗 2 周内不应服用奥司他韦，在服用奥司他韦后 48 小时内不应使用减毒活流感疫苗，因为奥司他韦作为抗病毒药，可能会抑制活疫苗病毒的复制。三价灭活流感疫苗可以在服用奥司他韦前后的任何时间使用。

(5) 头孢菌素类母核 7 - ACA 的 3 位上如存在与双硫仑分子结构类似的甲硫四氮唑活性基团或有甲硫三嗪侧链，则在使用此类药物期间或之后 5~7 日内饮酒、服用含有乙醇的药物或食物以及外用乙醇，均可抑制乙醛脱氢酶活性，使乙醛代谢为乙酸的路径受阻，导致乙醛在体内蓄积，引起双硫仑样反应，临床可表现为颜面部及全身皮肤潮红、结膜发红、发热感、头晕、头痛、胸闷、气急、呼吸困难、出汗、言语混乱、视物模糊、步态不稳、狂躁、谵妄、惊慌恐惧、意识障碍、咽喉刺痛、震颤感、口中有大蒜气味、四肢麻木、大小便失禁，严重者可出现心动过速、血压下降、休克、惊厥、濒死感甚至死亡。导致双硫仑反应的药物有头孢孟多、头孢替安、头孢尼西、头孢哌酮、头孢甲肟、头孢匹胺、头孢曲松等。

化学结构中没有甲硫四氮唑侧链和甲硫三嗪侧链的头孢菌素，如头孢拉啶、头孢氨苄、头孢呋辛酯、头孢克洛、头孢丙烯、头孢噻肟、头孢他啶、头孢唑肟、头孢克肟、头孢地尼、头孢他美酯、头孢吡肟等则无此作用。

**? 想一想3-1-1**

很多复方感冒药都含有对乙酰氨基酚，能否共同使用？为什么？

答案解析

**（三）健康宣教**

感冒一般有自限性，病程多在1周左右，无严重症状者可不用或少用药。注意休息，多饮白开水、橘汁水或热姜糖水。避免过度疲劳和受凉，平时应多到户外活动，增加身体御寒能力，依据气候变化增减衣服，常开窗户，注意室内通风和清洁，防止装修污染甲醛、苯等降低免疫力，勤晒被褥。常做深呼吸换气。适宜营养，补充维生素，进食后以温开水或温盐水漱口，保持口鼻清洁。

### 附1：急性气管支气管炎 微课3

急性气管支气管炎（acute tracheobronchitis）是由生物、物理刺激或过敏等因素引起的急性气管-支气管黏膜炎症。

**1. 发病原因**

（1）微生物 病原体与上呼吸道感染类似。病毒常为腺病毒、流感病毒（甲、乙型）、冠状病毒、鼻病毒、单纯疱疹病毒、呼吸道合胞病毒和副流感病毒。细菌常为流感嗜血杆菌、肺炎链球菌、卡他莫拉菌等。近年来，衣原体和支原体感染明显增加，在病毒感染的基础上继发细菌感染亦较多见。

（2）理化因素 冷空气、粉尘、刺激性气体或烟雾（如二氧化硫、二氧化氮、氨气、氯气、室内装修污染等）吸入，可刺激气管-支气管黏膜引起急性损伤和炎症反应。

（3）过敏反应 机体对吸入性致敏原如花粉、有机粉尘、真菌孢子、动物毛皮及排泄物等过敏，或对细菌蛋白质过敏。钩虫、蛔虫的幼虫在肺内移行也可引起气管-支气管急性炎症反应。

**2. 临床症状** 通常起病较急，全身症状较轻，可有发热。初为干咳或少量黏液痰，随后痰量增多，咳嗽加剧，偶伴痰中带血。咳嗽、咳痰可延续2~3周，如迁延不愈，可演变成慢性支气管炎。伴支气管痉挛时，可出现程度不等的胸闷气促。

**3. 治疗**

（1）对症治疗 咳嗽无痰或少痰，可用右美沙芬、喷托维林镇咳。咳嗽有痰而不易咳出，可选用盐酸氨溴索、溴己新、桃金娘油化痰，也可雾化祛痰。较常用的为兼顾止咳和化痰的复方甘草制剂，也可选用其他中成药止咳祛痰。发生支气管痉挛时，可用平喘药，如茶碱、$\beta_2$受体激动药、胆碱受体拮抗药等。发热可用解热镇痛药对症治疗。

（2）抗菌治疗 仅在有细菌感染证据时使用。一般咳嗽10天以上，细菌、支原体、肺炎衣原体等感染的概率较大。可首选新大环内酯类或青霉素类药物，亦可选用头孢菌素或喹诺酮类药物。

### 附2：流行性感冒

流行性感冒（influenza，简称流感）是由流感病毒引起，经飞沫或密切接触传播的呼吸道传染病。根据病毒蛋白结构差异，流感病毒可分为甲、乙、丙三型。其中，甲型流感病毒最容易发生基因变异，新的变种与亚型可引起不同程度的流感流行，甚至发生世界大流行；乙型、丙型基因变异小或无变异，主要引起流感散发或小流行。20世纪发生过五次世界流感大流行，其中1918年流感流行导致2000多万人死亡。2009 年甲型 H1N1 流感是 21 世纪第一次世界流感大流行。临床流行性感冒大多指甲型流感病毒所致者。

流感病毒属于 RNA 病毒，病毒被膜存在两种主要蛋白质抗原，血凝素（HA）与神经氨酸酶（NA），这两种抗原与病毒致病性有关，其变异也与流感流行有关。决定流感病毒两种抗原的基因极易发生变异，病毒基因核苷酸突变所致的抗原变异称为抗原性漂移，病毒通过重组不同病毒株（包括来自动物的流感病毒）基因所致的抗原变异称为抗原性转换，前者可造成小流行与暴发流行，后者可造成大流行与反复流行。

流感病毒对热不耐受，对常用物理与化学消毒方法敏感，如干燥、紫外线照射、乙醇、乙醚、漂白粉等均可灭活流感病毒。

患者是流行性感冒的传染源，潜伏期末到发病初期传染性最强，主要通过空气飞沫传播，密切接触也可以传播，如与污染玩具、物品等接触。人群对流感病毒普遍易感，感染后免疫力可持续一年左右，不同型别流感病毒间没有交叉免疫。

流行性感冒发病初期以及轻症患者的临床表现与普通上呼吸道感染差别不大。典型流感发生在接触后 1～3 日发病（潜伏期），多表现为发热（可在 39℃以上）、畏寒、头痛、乏力、全身不适、肌肉酸痛、咽干、咽痛、咳嗽、鼻塞、流涕，部分患者可有恶心、纳差、便秘或腹泻等表现；体检可见颜面潮红、眼结膜充血与眼球压痛、咽部充血、口腔黏膜疱疹等，普通型流感患者大多在 1 周内病情逐步缓解，严重者可并发流感病毒性肺炎、继发细菌性肺炎。

流行性感冒抗病毒治疗的药物有金刚烷胺、金刚乙胺、奥司他韦、扎那米韦，这些药物需要早期应用，同时奥司他韦、扎那米韦对密切接触者还有预防作用；流感大多属于自限性病毒感染，患者可适当休息，多饮水，进食以清淡饮食为主。对症状严重者可对症治疗，发热、头痛、肌肉疼痛明显者可服用对乙酰氨基酚或阿司匹林（小儿避免使用阿司匹林，以免引起 Reye 综合征）；咳嗽者可选用复方甘草片（溶液）或喷托维林治疗；进食不佳者可适当短期补液，如葡萄糖氯化钠或葡萄糖注射液，同时加入维生素 C 与氯化钾。对严重合并症者，应及时转送上级医院治疗。

流感流行季节前对老年人、幼儿、免疫力低下患者进行流感疫苗接种，可以预防流感发生；在大流行期间，应该对全民进行流感疫苗接种。

## 目标检测

答案解析

### 一、综合问答题

1. 收集各种复方感冒药的说明书，分析这些感冒药的组方及每种成分的作用。

2. 感冒患者除了吃药，饮食起居还应注意些什么？

### 二、案例分析题

案例一：患者，女，30 岁。因天气突变未及时添加衣服，出现头痛、鼻塞、乏力，测体温 37.4℃，认为感冒，自行服用阿司匹林 1 片，30 分钟后突感浑身不适，呼吸困难、大汗淋漓。

请思考分析：

1. 出现这些症状的原因是什么？

2. 可以选择的治疗药物是？

3. 如何在上述药学服务中体现职业素养和专业精神？

案例二：患者，男，36 岁。鼻塞、流鼻涕、口干、咽痛 3 天，伴全身酸痛、乏力；测量体温，

38.8℃。诊断为"上呼吸道感染"。

请思考分析：

1. 可选用什么药物治疗？

2. 能否选用含有苯海拉明的感冒药治疗，为什么？

3. 如何在上述药学服务中体现职业素养和专业精神？

（靳 卓）

书网融合……

| 重点回顾 | 微课1 | 微课2 | 微课3 | 习题 |

PPT

## 任务二 支气管哮喘的药物治疗 微课1

**学习目标**

知识目标：

1. **掌握** 支气管哮喘的治疗原则、临床常用药物的分类及代表药物。

2. **熟悉** 支气管哮喘的症状；常用支气管哮喘治疗药物的给药方法、给药剂量和不良反应；支气管哮喘相关药学服务知识。

3. **了解** 支气管哮喘治疗药物与其他药物之间的相互作用。

技能目标：

1. 可根据支气管哮喘治疗原则，结合患者实际临床症状，协助拟定给药方案并指导患者合理用药；能教育指导支气管哮喘患者合理进行日常活动安排。

2. 能及时判断支气管哮喘治疗药物的常见不良反应并提供处理方案，主动提供健康教育。

素质目标：

树立关爱、尊重支气管哮喘患者的职业意识，培养关爱患者的仁爱之心，形成使用药物治疗支气管哮喘的辩证治疗思维。

## 导学情景

**情景描述：** 患者，男，20岁，既往有支气管哮喘病史。近期外出游玩归来后，出现胸口憋闷、呼吸困难等症状，入院就诊。查体：患者意识清醒，表述准确，自感呼吸加快，有胸闷、咳嗽症状。体温36.6℃，血压95/65mmHg，呼吸35次/分，心率95次/分，支气管舒张试验阳性。双肺闻及明显呼气性哮鸣音。诊断：支气管哮喘发作。

**情景分析：** 结合患者既往病史、本次入院症状体征与检查结果，诊断为支气管哮喘急性发作，应结合支气管哮喘治疗原则进行药物治疗。

**讨论：** 针对本患者现有症状体征，协助拟定药物治疗方案。

**学前导语：**支气管哮喘为多种炎症细胞及细胞组分参与的慢性气道炎症性疾病。哮喘急性发作期的治疗目标是尽快缓解哮喘症状。缓解期治疗的主要目的是通过预防性用药减少哮喘发作次数，提高患者生活质量。本任务将介绍支气管哮喘药物治疗的知识与技能，从而有助于更好地开展药学服务。

支气管哮喘（bronchial asthma）是由多种细胞及细胞组分参与，与患者遗传因素、免疫功能及外部环境因素密切相关的慢性气道炎症性疾病。临床上可将支气管哮喘分为外源性支气管哮喘与内源性支气管哮喘。

## 一、疾病概述

### （一）病因与发病机制

支气管哮喘的病因较为复杂，遗传因素、环境因素、免疫状态、运动与情绪等与支气管哮喘的发作存在密切关系（图 3 – 1）。

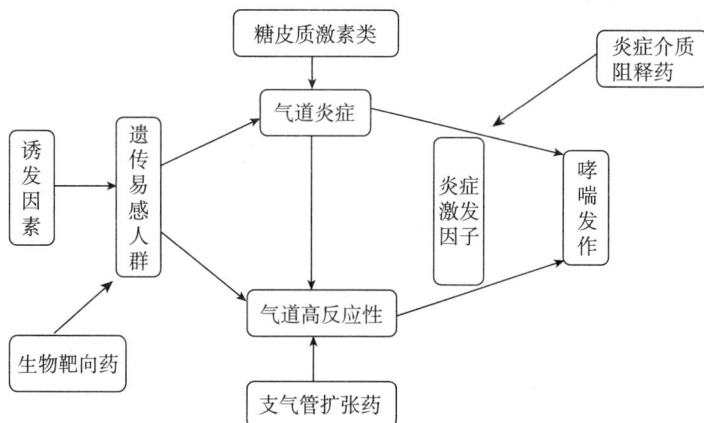

图 3 – 1　支气管哮喘发病机制及药物示意图

流行病学研究证实，患者支气管哮喘的发生与患者亲属哮喘、过敏性疾病的发生存在密切关系，亲缘关系越密切、家族发病案例越多，患者发生支气管哮喘的概率越大。吸入性变态原、致病微生物、某些食物与药物、气候突变和职业工作环境、吸烟等因素以及运动、情绪与支气管哮喘的发作存在密切关系。部分患者在接触上述诱因后可发生典型的气道高反应性，出现气道狭窄、黏膜水肿甚至呼吸困难。

支气管哮喘的发病机制不完全明确，免疫细胞的参与、特异抗体的出现、炎症介质的分泌与作用等因素可共同导致气道慢性炎症，患者在受到诱因时可出现气道黏膜水肿、支气管平滑肌痉挛、通气阻力增高等气道高反应表现。

### （二）临床表现与诊断

**1. 先兆症状**　部分患者在支气管哮喘发作前可出现打喷嚏、流鼻涕、咳嗽、胸闷等症状。

**2. 典型症状与体征**　支气管哮喘患者典型发作时可因气道黏膜水肿、气道阻塞等原因出现典型呼气性呼吸困难，两肺可闻及呼吸相哮鸣音，胸部过度通气可呈桶状胸，严重缺氧患者可出现发绀症状。

**3. 诊断**　支气管哮喘的病因复杂，应结合以下症状体征与检查结果确诊。

（1）典型哮喘的临床症状和体征　反复发作性喘息、气促，伴或不伴胸闷或咳嗽；哮喘发作期、未控制的慢性持续性哮喘，双肺可闻及哮鸣音，呼气相延长；上述症状和体征可经治疗缓解或自行缓解。

（2）可变气流受限的客观检查　支气管舒张试验阳性；支气管激发试验阳性；呼气流量峰值（PEF）平均每日昼夜变异率大于10%或PEF周变异率大于20%。

符合上述症状和体征，同时具备气流受限客观检查中的任何一条，并除外其他疾病所引起的喘息、气促、胸闷及咳嗽，可诊断为哮喘。

👁 看一看3-2-1

### 咳嗽变异性哮喘

咳嗽变异性哮喘是指以慢性咳嗽为唯一或主要临床表现，无明显喘息、气促症状，但存在气道高反应性的一种不典型哮喘。国内多中心调查结果显示，咳嗽变异性哮喘约占慢性咳嗽病因的1/3。

呼吸系统感染、剧烈运动、冷空气、灰尘、花粉、油烟异味等可诱发或加重咳嗽症状。患者常因持续性夜间干咳，使用镇咳祛痰药、抗生素治疗无效后就医。临床可依据不明原因刺激性干咳、镇咳祛痰药与抗生素治疗无效、既往过敏性疾病史、支气管激发试验阳性等方面明确诊断。

## 二、治疗目标与原则

### （一）治疗目标

目前，支气管哮喘尚无彻底治愈方法。哮喘的治疗目标在于达到哮喘症状的良好控制，维持患者正常的活动水平，尽可能减少急性发作或死亡、肺功能不可逆损害和药物相关不良反应。通过药物治疗、生活环境改善、对症处理等方式进行有效干预，控制支气管哮喘发作，使患者正常工作与生活。

### （二）治疗原则

哮喘的治疗原则是以患者病情严重程度和控制水平为基础，选择相应治疗方案。

**1. 急性发作期缓解哮喘症状** 哮喘急性发作是指患者喘息、气促、胸闷、咳嗽等症状在短期内出现或迅速加重，肺功能恶化，需要给予额外的缓解药物进行治疗。此期治疗目的在于尽快缓解症状、解除气流受限、改善低氧血症，制订长期治疗方案预防再次急性发作。短效 $\beta_2$ 受体激动药（SABA）、吸入性糖皮质激素（ICS）是控制轻中度哮喘发作的有效药物。若使用上述药物未能完全缓解哮喘症状，可口服糖皮质激素类药物进行治疗。中重度哮喘急性发作首选吸入短效 $\beta_2$ 受体激动药（如沙丁胺醇、特布他林），疗效不佳者可采用短效 $\beta_2$ 受体激动药联合短效抗胆碱药（SAMA）吸入治疗，及早全身使用糖皮质激素。重度患者在使用上述治疗方案的同时，可联合静脉滴注茶碱类药物。

**2. 慢性持续期维持控制效果** 哮喘慢性持续期治疗以患者病情严重程度和控制水平为基础，选择治疗方案。吸入性糖皮质激素（ICS）、长效 $\beta_2$ 受体激动药（LABA）、白三烯受体拮抗药（LTRA）是哮喘长期治疗方案的主要药物。患者可按需使用短效 $\beta_2$ 受体激动药（SABA）、茶碱类药物。重度哮喘患者可加用生物靶向药。如能明确导致哮喘发作的过敏原或其他非特异性因素，可采取环境控制措施，减少暴露概率，防止哮喘发作。

**3. 缓解期积极消除哮喘诱因** 哮喘一般有多种诱发因素，并与生活环境、职业特点、心理素质和人际关系密切相关，应及时准确地找到有关诱因，采取综合预防或干预措施，降低哮喘的发生率。

## 三、常用治疗药物

临床常用的支气管哮喘治疗药物可通过不同作用机制发挥平喘效果。治疗哮喘的药物可分为控制药物、缓解药物、重度哮喘的附加治疗药物等。根据作用机制，可分为 $\beta_2$ 受体激动药、茶碱类药物、抗胆碱药、糖皮质激素类药、过敏介质阻释药、生物靶向药等。急性发作期可使用吸入给药或静脉给药迅速控制症状。近年来随着雾化技术及药物制剂新技术的发展，吸入给药在哮喘急性发作期可发挥较强的平喘效果。

### (一) β受体激动药 📱 微课2

本类药物可通过激动支气管平滑肌上的β受体，解除气道痉挛，快速缓解哮喘症状。根据药物对β受体的选择性不同，可分为非选择性β受体激动药和选择性$\beta_2$受体激动药。

非选择性β受体激动药（肾上腺素、异丙肾上腺素等）可用于哮喘的急性发作，但由于对心脏有较强的兴奋作用，不作为常规哮喘治疗药物。

选择性$\beta_2$受体激动药对支气管平滑肌上的$\beta_2$受体选择性高，平喘效果可靠，对心脏兴奋作用弱，是支气管哮喘常用治疗药物。根据药物作用时间，可将药物分为短效$\beta_2$受体激动药（SABA，如沙丁胺醇、特布他林等）和长效$\beta_2$受体激动药（LABA，如沙美特罗、福莫特罗、茚达特罗、维兰特罗等）。

**1. 沙丁胺醇** 本药对支气管平滑肌有较强的松弛作用，可口服、雾化吸入、静脉给药。临床主要用于支气管哮喘急性发作与防治、喘息性支气管炎、肺气肿等。

**2. 特布他林** 本药的平喘作用维持时间较沙丁胺醇略长。临床常将本药与糖皮质激素类药物联合，雾化吸入用于哮喘的急性症状控制，效果较好。

**3. 克仑特罗** 本药单次口服给药或直肠给药，作用可维持8~24小时，属强效选择性$\beta_2$受体激动药。气雾吸入起效迅速，5~10分钟即可发挥效果。

**4. 沙美特罗** 新型长效$\beta_2$受体激动药，单次使用可维持12小时气道扩张作用，抑制肥大细胞释放过敏介质，降低气道高反应性，常与丙酸氟替卡松制成复方吸入制剂。

**5. 福莫特罗** 长效选择性$\beta_2$受体激动药起效迅速，用药后可增加第1秒用力呼气量、用力肺活量、呼气峰流速，具有一定的抑制肥大细胞释放组胺的作用。

各类$\beta_2$受体激动药的用法用量详见表3-2。

表3-2 常用$\beta_2$受体激动药的用法用量

| 药物 | 常用剂量范围 | 给药方法 |
| --- | --- | --- |
| 硫酸沙丁胺醇雾化吸入溶液 | 2.5~5mg/次，每日4次 | 吸入给药 |
| 硫酸特布他林雾化液 | 5mg/次，每日3次 | 吸入给药 |
| 盐酸克仑特罗吸入粉雾剂 | 20μg/次，每日3次 | 吸入给药 |
| 羟萘酸沙美特罗吸入粉雾剂 | 50μg/次，每日2次 | 吸入给药 |
| 富马酸福莫特罗片 | 40~80μg/次，每日2次 | 口服 |

### (二) 茶碱类

本类药物通过抑制磷酸二酯酶、拮抗腺苷受体、促进内源性儿茶酚胺类物质激动$\beta_2$受体、抑制平滑肌细胞内质网钙离子释放等多重平喘机制，松弛支气管平滑肌，缓解哮喘症状。

**1. 氨茶碱** 口服1~3小时血药浓度可达到峰值，静脉滴注15分钟即可发挥效果，临床主要用于支气管哮喘、喘息性支气管炎、肺气肿、其他阻塞性肺部疾病引起的支气管炎。本药还具有强心利尿作用，对心源性哮喘也有一定效果，可作为原因不明的哮喘发作的首选药物。

**2. 二羟丙茶碱** 为茶碱和甘油的混合物，平喘作用较氨茶碱弱，优点为不良反应轻。

✎ 练一练3-2-1

不明原因的哮喘发作的首选药物是

A. 沙丁胺醇　　　　B. 特布他林　　　　C. 倍氯米松

D. 氨茶碱　　　　　E. 阿莫西林

答案解析

### （三）胆碱受体拮抗药

本类药物选择性拮抗支气管平滑肌 M 受体，抑制鸟苷酸环化酶，松弛气道平滑肌，发挥平喘效果。常用药物有异丙托溴铵、氧托溴铵、噻托溴铵等。本类药物可通过雾化吸入用于支气管哮喘和喘息性支气管炎的防治。

### （四）糖皮质激素类药物

糖皮质激素类药物是目前治疗支气管哮喘的重要药物之一，具有强大的抗炎、抗免疫作用，可有效控制炎症反应，缓解支气管哮喘症状。常用药物包括全身用糖皮质激素类药物和吸入用糖皮质激素类药物（ICS）。

**1. 全身用糖皮质激素类药物**　包括泼尼松、甲泼尼龙、氢化可的松等。本类药物可有效缓解哮喘急性发作时的炎症反应，可用于哮喘持续状态和支气管扩张药无效的哮喘危重情况。长期全身用药不良反应多，一般仅用于严重支气管哮喘患者。

**2. 吸入用糖皮质激素类药物**　包括倍氯米松、布地奈德、丙酸氟替卡松、糠酸莫米松等。

（1）倍氯米松　属局部糖皮质激素类药物，经局部雾化吸入作用于支气管，发挥抗炎平喘效果，用于中、重度支气管哮喘患者间歇期及慢性哮喘持续期的治疗。

（2）布地奈德　为短效局部糖皮质激素类药物，雾化吸入后局部抗炎作用强，常与选择性 $\beta_2$ 受体激动药联合使用，用于哮喘的急性症状控制，效果好，不良反应轻。

（3）丙酸氟替卡松　与糖皮质激素受体的亲和力较高，局部抗炎作用较强，常与 LABA 合用组成复方制剂。

### （五）炎症介质阻释药

支气管哮喘发生时，气道炎症介质（组胺、白三烯、前列腺素等）释放增多，诱导气道出现炎症反应。炎症介质阻释药通过不同途径减少炎症介质释放，缓解炎症症状。临床上常用药物包括色甘酸钠、酮替芬、孟鲁司特等。

**1. 色甘酸钠**　口服吸收差，主要通过微粉吸入方式给药。本药稳定肥大细胞，减少肥大细胞脱颗粒，抑制过敏介质释放，降低支气管哮喘患者对非特异性刺激的敏感性。临床上在接触诱发因素前使用本药，可有效预防外源性支气管哮喘发作。

**2. 酮替芬**　稳定肥大细胞，抑制过敏介质释放，同时可发挥拮抗组胺 $H_1$ 受体、抗 5 - 羟色胺、抑制磷酸二酯酶等作用，可用于预防支气管哮喘发作与过敏性鼻炎、荨麻疹、接触性皮炎等。

**3. 孟鲁司特**　白三烯在哮喘中介导参与气道反应。孟鲁司特通过抑制白三烯与白三烯受体结合，发挥预防哮喘发作的作用。本药可作为轻度哮喘的替代治疗药物和中重度哮喘的联合用药。

### （六）生物靶向药物

生物靶向药物可合并上述药物用于重度支气管哮喘患者的治疗，已上市的药物包括抗 IgE 单克隆抗体、抗 IL - 5 单克隆抗体、抗 IL - 5 受体单克隆抗体、抗 IL - 4 受体单克隆抗体等。

### （七）临床常用吸入性复方制剂药物

支气管哮喘的药物治疗中，常使用吸入性复方制剂，常用药物详见表 3 - 3。

表 3 –3　常用吸入性复方制剂

| 药品名称 | 药品规格 | 用药剂量 |
| --- | --- | --- |
| 沙美特罗替卡松粉吸入剂 | 沙美特罗 50μg/吸，丙酸氟替卡松 100μg/吸<br>沙美特罗 50μg/吸，丙酸氟替卡松 250μg/吸<br>沙美特罗 50μg/吸，丙酸氟替卡松 500μg/吸 | 每次 1 吸<br>每日 2 次 |
| 糠酸氟替卡松维兰特罗吸入粉雾剂 | 糠酸氟替卡松 100μg/吸，三苯乙酸维兰特罗（以维兰特罗计）25μg/吸<br>糠酸氟替卡松 200μg/吸，三苯乙酸维兰特罗（以维兰特罗计）25μg/吸 | 每次 1 吸<br>每日 1 次 |
| 氟替美维吸入粉雾剂 | 糠酸氟替卡松 100μg/吸，乌美溴铵（以乌美铵计）62.5μg/吸，三苯乙酸维兰特罗（以维兰特罗计）25μg/吸 | 每次 1 吸<br>每日 1 次 |
| 布地奈德福莫特罗粉吸入剂 | 布地奈德 80μg/吸，富马酸福莫特罗 4.5μg/吸<br>布地奈德 160μg/吸，富马酸福莫特罗 4.5μg/吸<br>布地奈德 320μg/吸，富马酸福莫特罗 9μg/吸 | 每次 1 ~ 2 吸<br>每日 2 次 |
| 布地格福吸入气雾剂 | 布地奈德 160μg/揿，格隆铵 7.2μg/揿，富马酸福莫特罗 4.8μg/揿 | 每次 2 揿<br>每日 2 次<br>每日最大剂量 4 揿 |
| 倍氯米松福莫特罗吸入气雾剂 | 丙酸倍氯米松 100μg/揿，富马酸福莫特罗 6μg/揿 | 每次 1 ~ 2 揿<br>每日 2 次<br>每日最大剂量 4 揿 |

✎ **练一练3-2-2**

支气管哮喘慢性维持期的治疗方法推荐

A. 氢化可的松静脉滴注　　　　　　B. 肾上腺素皮下注射

C. 倍氯米松气雾吸入　　　　　　　D. 氨茶碱静脉注射

E. 色甘酸钠气雾剂吸入

答案解析

## 四、药学服务

开展支气管哮喘的药学服务主要包括：①向医师介绍各类支气管哮喘治疗药物的作用机制、作用特点，提供支气管哮喘不同时期的治疗药物选择，提供药学信息咨询服务；②向护士提供不同类型支气管哮喘治疗药物的作用特点、给药方法与不良反应，指导护士进行正确护理操作；③向患者介绍不同类型支气管哮喘治疗药物的作用特点和使用前提，指导患者正确使用吸入制剂，指导患者发生用药不良反应时如何应对，强调药物使用的重要意义，提高用药依从性；④向患者、家属及社会公众介绍支气管哮喘的相关知识、治疗目的、治疗方法，做好健康教育。

### （一）治疗药物选择

支气管哮喘在不同治疗时期的药物选择不同，治疗目的不同。

**1. 支气管哮喘急性发作期的药物治疗**　支气管哮喘急性发作期可增加 ICS 剂量，选用短效选择性 $\beta_2$ 受体激动药（如沙丁胺醇）及茶碱类（如氨茶碱），缓解发作症状。根据患者实际症状可选择静脉给药（如氨茶碱静脉注射）或气雾吸入（如布地奈德 + 特布他林）。如患者在使用上述药物后症状缓解不明显，可酌情静脉给予糖皮质激素类药物。使用期间应注意药物剂量与静脉给药速度，密切监测药物不良反应的发生。肾上腺素仅用于哮喘急性发作。

对于病情严重的支气管哮喘发作，在使用平喘药的同时可配合使用对症处理措施来缓解患者症状，如补液、纠正酸中毒、吸氧、镇咳祛痰、纠正电解质紊乱等。

**2. 支气管哮喘慢性持续期的药物治疗**　支气管哮喘慢性持续期可常规使用 ICS 或 LABA 与 ICS 合用，发挥抗炎平喘效果。对外源性支气管哮喘，可预防性使用炎症介质阻释药（如色甘酸钠、酮替芬等），防止哮喘发作，同时注意个人防护，减少过敏原接触；换季时避免出入人员密集场所，减少呼吸道感染性疾病的发生，避免感染诱导哮喘发作。

❤ **药爱生命** ────────────────────────────────────

近年来，随着生活环境的不断变化，花粉症、荨麻疹、支气管哮喘等一系列过敏性疾病的发病率越来越高，具有过敏体质或免疫功能失调的患者也越来越多。药师应当更加注重此类患者的药学服务工作，主动指导患者合理用药，积极宣传远离诱发因素与预防性用药的重要性，及时对过敏体质患者进行日常生活习惯的指导，引导患者通过适当运动、均衡营养、充足睡眠等方法提高身体素质。实现降低过敏性疾病发作、提高患者生活质量、为人民群众提供正确药学服务的职业担当。📱微课 3

────────────────────────────────────────────────

**（二）用药注意事项**

**1. β₂受体激动药**　肾上腺素与异丙肾上腺素仅用于支气管哮喘急性发作。肾上腺素注射时应注意剂量，避免引起患者心悸。长期使用选择性 β₂ 受体激动药可导致药物作用减弱，发生耐受性，可选择停药 1～2 周使患者恢复敏感性。少数患者用药后出现的头晕、头痛、手指震颤等症状可随用药时间延长而耐受。高血压、糖尿病、甲亢、心功能不全者慎用。

**2. 茶碱类**　氨茶碱有较强的胃肠道刺激，可选择饭后服用，少数患者用药后可出现烦躁不安、失眠等中枢兴奋症状。注射茶碱类药物出现静脉炎时，可局部热敷缓解症状。茶碱类药物必须稀释后缓慢静脉注射，以免出现急性中毒。老人、儿童、肝肾功能不全者慎用，低血压、休克、急性心肌梗死患者禁用。

**3. 胆碱受体拮抗药**　由于本类药物可拮抗胆碱受体，导致口干、便秘、眼内压增高等不良反应，应指导患者用药期间多饮水，食用粗纤维食物。青光眼患者禁用。

**4. 糖皮质激素类药物**　糖皮质激素在支气管哮喘治疗中具有重要作用，但长期全身用药可导致医源性肾上腺皮质功能亢进、医源性肾上腺皮质功能不全、骨质疏松、免疫抑制、诱发或加重感染等。如长期全身用药，应注意调整饮食结构（低盐、低糖、高蛋白），补充钙、磷等物质。吸入糖皮质激素引起的声音嘶哑、口腔鹅口疮（真菌感染）等症状可通过药后漱口有效避免，应指导患者养成吸入给药后漱口的良好习惯。

**5. 炎症介质阻释药**　本类药物主要用于阻止炎症介质释放，预防支气管哮喘发作，不能用于哮喘急性发作期的症状控制。酮替芬用药期间可能出现嗜睡、疲倦等症状，妊娠早期及哺乳期妇女禁用。孟鲁司特有报道可引起神经系统紊乱，如攻击性行为或敌对性兴奋、焦虑等异常精神状态，应予以重视。

**（三）药物相互作用**

1. 糖皮质激素可促进钙、磷、钾等排泄，合用其他排钾药物（如排钾利尿药）时应补充钾离子，避免低钾血症发生。

2. 氨茶碱有强心作用，合用其他强心药时可能诱导心律失常发生，应密切监测患者心率。

## （四）健康宣教

健康宣教是哮喘患者防治工作的重要组成部分。合理有效的药物治疗可控制哮喘发作，维持患者正常活动水平，最大限度地降低急性发作、改善气流受限、减少药物不良反应的发生。通过对患者的健康宣教，可指导患者正确使用吸入装置，提高吸入性药物治疗效果；帮助患者树立正确的治疗观念，可提高患者对哮喘的认识，改善患者用药依从性；积极帮助排查诱导哮喘发作的因素，可指导患者避免接触过敏原，预防呼吸道感染；通过改善生活环境、建立健康的生活习惯等控制支气管哮喘发作，提高生活质量。

**? 想一想3-2-1**

1. 支气管哮喘常用药物的分类及作用机制分别是什么？

2. 每年春季，支气管哮喘患者发作次数都较其他季节有所增加。如何指导支气管哮喘患者平稳度过春季这一哮喘高发季节？

答案解析

## 目标检测

答案解析

### 一、综合问答题

1. 通过分析具体案例，说明支气管哮喘急性发作期各类药物的作用原理与治疗特点。

2. 结合支气管哮喘的治疗原则，总结支气管哮喘不同时期的常用治疗药物选择。

### 二、案例分析题

患者，男，25岁。近期因天气变化出现感冒症状3天，昨日起出现胸闷、咳嗽、呼吸困难等症状，入院就诊，自述既往有支气管哮喘病史，长期使用沙美特罗替卡松粉吸入剂控制症状。入院检查：胸部对称呈桶状胸，双肺可闻及广泛性哮鸣音，肺功能正常。体温38.2℃，支原体抗体检测阳性。诊断：①支原体感染；②支气管哮喘急性发作。

请思考分析：

1. 该患者出现上述症状的原因是什么？可使用什么药进行治疗？（针对疾病诊断，至少说出两种治疗药物）

2. 该患者应如何预防支气管哮喘发作？日常生活中有什么注意事项？药物使用期间有哪些合理用药措施？

3. 结合本案例思考：药学人员如何在药学服务中体现专业素养和职业精神？

（宋立群）

书网融合……

重点回顾　　　微课1　　　微课2　　　微课3　　　习题

## 任务三　慢性阻塞性肺疾病的药物治疗 ⓔ微课1 ⓔ微课2

PPT

**学习目标**

**知识目标：**

**1. 掌握**　慢性阻塞性肺疾病的药物治疗原则、药物种类和代表药物、临床治疗方案。

**2. 熟悉**　慢性阻塞性肺疾病的症状、治疗药物的用法用量和相关药学服务知识。

**3. 了解**　慢性阻塞性肺疾病的病因和诊断。

**技能目标：**

1. 能够结合药物治疗原则正确选用治疗慢性阻塞性肺疾病的药物，开展药物咨询、指导合理用药、协助拟定药物治疗方案等药学服务。

2. 学会判断慢性阻塞性肺疾病治疗药物的常见不良反应并提供处理方案，主动提供健康教育。

**素质目标：**

培养尊重、关爱慢性阻塞性肺疾病患者，积极、细致、认真的服务意识和职业精神。

### 📖 导学情景

**情景描述：** 患者，男，65岁，既往有长期吸烟史、慢性支气管炎病史。3天前出现感冒症状，1天前症状加重，入院就诊。检查显示：体温37.0℃，呼吸26次/分，血压118/80mmHg。患者面部发绀，桶状胸，叩诊显示过清音。肺功能检查结果显示：1秒钟用力呼气容积占预计值百分比（$FEV_1\%$）为75%；使用支气管舒张药后，1秒钟用力呼气容积占用力肺活量百分比（$FEV_1/FVC$）为65%。X线检查显示肺纹理略有增粗。

**情景分析：** 结合患者既往病史以及本次临床表现与肺功能检查结果，诊断为慢性阻塞性肺疾病。

**讨论：** 结合案例，为该患者拟定治疗方案。

**学前导语：** 慢性阻塞性肺疾病可导致支气管和肺组织不可逆性损伤。急性加重期的治疗目标是最小化急性加重的影响，预防再次急性加重的发生。稳定期的治疗目标在于减轻患者呼吸系统症状、改善运动耐量、降低未来风险、提高生活质量。本任务将介绍慢性阻塞性肺疾病的药物治疗知识与技能，从而有助于更好地开展药学服务。

慢性阻塞性肺疾病（chronic obstructive pulmonary disease，COPD）是以持续性气流受限为主要表现的呼吸系统疾病，患者支气管上皮细胞可出现坏死、脱落，多种炎细胞浸润，支气管结构重塑进而引起支气管管腔狭窄，肺功能渐进性减退。COPD是慢性支气管炎、肺气肿等呼吸系统疾病后期常见的并发症，属呼吸系统患病率和致死率较高的疾病之一。

### 一、疾病概述

#### （一）病因与发病机制

COPD的确切病因尚不明确。烟草、职业粉尘、燃烧烟雾、空气污染物等理化刺激，慢性支气管炎、肺气肿等呼吸系统既往病史,细菌、病毒等上呼吸道感染是 COPD 发病、发作的重要因素。COPD 的发生也与遗传易感性、患者年龄与性别、肺生长发育不良、气道高反应性、低体重指数等存在关系。

COPD 的发病机制尚未完全阐明。吸入烟草、烟雾等有害气体可引起气道氧化应激、炎症反应,氧化应激产物对生物大分子产生破坏作用,炎症细胞释放的炎症介质诱导气道上皮细胞杯状化生和黏液分泌增多。慢性支气管炎等慢性炎症刺激导致小气道重塑,气道狭窄,引起气流受限。蛋白酶 – 抗蛋白酶失衡、自身免疫调控、遗传易感性、发育相关因素等多种途径也在 COPD 的发生发展中发挥重要作用。

**(二)临床表现与诊断**

**1. 咳嗽、咳痰**  COPD 的主要症状是慢性咳嗽、咳痰,以晨起和夜间阵咳为主,常咳白色黏液性或浆液性痰液。在寒冷季节或呼吸道感染发生时可出现咳嗽症状加重,痰液可因细菌感染表现为黏液脓痰。

**2. 胸闷、呼吸困难、喘息**  COPD 患者可按照气道受限严重程度进行肺功能分级。早期及轻度患者日常活动时无明显胸闷、呼吸困难症状。急性发作期与中度呼吸功能不良患者可出现不同程度的劳累后胸闷、气喘等症状。严重患者日常活动即出现呼吸困难症状,影响生活质量。急性加重期伴哮喘状态时,肺部可出现广泛哮鸣音。

**3. 诊断**  COPD 主要依据危险因素暴露史、症状体征、肺功能检查结果等临床资料,除外可引起类似症状和持续性气流受限的其他疾病,综合分析确定。吸入支气管扩张药后 1 秒钟用力呼气容积占用力肺活量百分比(FEV$_1$/FVC)<70%,即可判定为持续性气流受限,是确诊 COPD 的必备条件。

## 二、治疗目标与原则

**(一)治疗目标**

COPD 可导致支气管和肺组织不可逆性损伤,如控制不良可严重影响患者生活质量。临床可根据患者肺功能情况、呼吸困难症状分级、急性加重风险评估等指标对 COPD 患者病情进行综合性评估。急性加重期的治疗目标是最小化本次急性加重的影响,预防再次急性加重的发生。稳定期的治疗目标在于减轻患者呼吸系统症状、改善运动耐量、降低未来风险、提高生活质量。

**(二)治疗原则**

**1. 急性加重期治疗**  COPD 急性加重期常由上呼吸道、气管、支气管感染引起。危险因素(吸烟、空气污染等)诱导、稳定期治疗不规范、气温变化等也可导致急性加重。患者可出现呼吸困难加重、喘息、胸闷、咳嗽咳痰加重、痰液颜色和黏度改变、发热等症状。根据患者急性加重和合并症的严重程度,可使用支气管扩张药、糖皮质激素、抗菌药物等治疗,若病情危及生命,可进行氧疗、机械性通气等支持疗法,及时评估并处理合并症。

**2. 稳定期治疗**  稳定期可通过药物治疗、非药物干预等减轻患者呼吸系统症状,改善健康状况,提高生活质量。常用治疗药物包括支气管舒张药(β$_2$ 受体激动药、抗胆碱能药物、茶碱类药物等)、吸入性糖皮质激素类、磷酸二酯酶4(PDE – 4)抑制药等。非药物干预如呼吸康复治疗、氧疗、家庭无创通气、内科介入、外科干预等,可减轻患者呼吸困难症状、改善肺功能、提高运动耐量。疫苗接种可避免由病原体感染导致的 COPD 急性加重。

**3. 综合管理**  对于 COPD 患者,还应通过危险因素管理与健康教育等加强疾病控制效果,提高生活质量。吸烟是导致 COPD 发生的重要因素之一,应广泛宣传吸烟的危害,杜绝公共场所吸烟行为。指导患者长期规律使用药物、介绍吸入装置正确使用方法、宣传缓解呼吸困难技巧等康复知识,有助于稳定患者病情，提高生活质量。

👁 看一看3-3-1

### 烟草与禁烟

烟草作为导致人类疾病的重要因素，对人类健康产生着极其恶劣的影响。烟草燃烧过程中可产生尼古丁、焦油、一氧化碳、多环芳烃、亚硝胺等多种有害物质。卷烟或其他烟草制品燃烧产生的烟雾与吸烟者身上携带的有害物质被称为二手烟，与吸烟者本人吸入的烟雾相比，二手烟中的致癌物浓度更高，对环境及人体的危害更大。5月31日是世界无烟日，拒绝烟草，从你我做起！

## 三、常用治疗药物

COPD不同阶段的治疗原则不同，临床常用治疗药物包括抗感染药、支气管舒张药、祛痰药、糖皮质激素类药物、磷酸二酯酶4抑制药等。同一药物在不同治疗阶段的给药方法与用药剂量也有所不同，应予以重视。

### （一）抗感染药

COPD患者常因呼吸系统感染导致病情加重。在急性加重期，如出现咳嗽咳痰加重、痰液颜色和黏度改变、发热等症状时，应评估感染相关指标。对具备抗菌药物应用指征的患者，及时使用抗感染药可缩短恢复时间、减少治疗失败风险、降低复发风险。临床常用抗感染药包括β-内酰胺类抗感染药、大环内酯类抗感染药、喹诺酮类抗感染药等。

**1. β-内酰胺类抗感染药** 通过抑制细菌细胞壁黏肽合成，导致菌体细胞壁结构缺损，发挥杀菌效果，是临床最常用的一类抗感染药，常用药物包括阿莫西林/克拉维酸钾、哌拉西林/他唑巴坦、头孢哌酮/舒西坦、头孢呋辛、头孢噻肟等。

**2. 大环内酯类抗感染药** 通过抑制菌体蛋白质合成发挥抗菌效果，抗菌谱广，对革兰阳性菌、革兰阴性菌、军团菌、支原体等有较强抗菌效果，临床常用药物包括阿奇霉素、克拉霉素等。

**3. 喹诺酮类抗感染药** 通过抑制细菌DNA回旋酶，影响细菌DNA合成，发挥抗菌效果。本类药物抗菌谱广，口服易吸收，体内分布广泛，常用药物包括氧氟沙星、莫西沙星等。

💗 药爱生命

自1928年英国科学家弗莱明发现青霉素，陆续研制出的抗菌药帮助人类赢得了多场与细菌的斗争，人类因感染性疾病导致死亡的比例大大降低，平均寿命得以显著延长。但随着抗菌药数量的增多，细菌耐药现象逐渐严重。耐甲氧西林金黄色葡萄球菌（MRSA）等多种多重耐药菌株的出现给抗菌治疗带来了巨大困难。

《抗菌药物临床应用指导原则（2015年版）》对抗菌药物的临床使用进行了进一步的修订。药学工作者在工作中应严格按照规范使用抗菌药，为人民健康保驾护航。 📱 微课3

✍ 练一练3-3-1

COPD患者伴上呼吸道细菌感染，既往有青霉素过敏史，推荐使用的抗感染药物是

A. 阿奇霉素 　　B. 头孢氨苄 　　　C. 头孢哌酮

D. 头孢唑肟 　　E. 哌拉西林

答案解析

## （二）支气管舒张药

COPD 患者可因气道阻塞出现哮喘、呼吸困难等症状。支气管舒张药是 COPD 的基础一线治疗药物，通过扩张支气管，改善气道受限，减轻 COPD 症状。临床常用药物包括 β 受体激动药、茶碱类药物、抗胆碱药等（表3-4）。

**1. β 受体激动药** 主要通过激动支气管平滑肌上的 β 受体，发挥扩张气道、解除气道痉挛作用。临床上可将药物分为非选择性 β 受体激动药和选择性 $\beta_2$ 受体激动药。非选择性 β 受体激动药包括肾上腺素、异丙肾上腺素等。由于此类药可非选择性兴奋心脏，诱导心律失常，临床不常用。选择性 $\beta_2$ 受体激动药对支气管平滑肌上的 $\beta_2$ 受体选择性高，对心脏兴奋作用弱，是控制 COPD 急性加重常用药物。临床常用药物包括短效 $\beta_2$ 受体激动药（SABA，如沙丁胺醇、特布他林等）和长效 $\beta_2$ 受体激动药（LABA，如沙美特罗、福莫特罗、维兰特罗等）。急性加重期可选择雾化吸入给药，缓解期可使用长效制剂。

**2. 茶碱类** 通过抑制磷酸二酯酶、拮抗腺苷受体、促进内源性儿茶酚胺类物质激动 $\beta_2$ 受体、抑制平滑肌细胞内质网钙离子释放等多重平喘机制，松弛支气管平滑肌，缓解 COPD 患者气道症状。临床常用药物包括氨茶碱、二羟丙茶碱等。

**3. 抗胆碱能药** 通过选择性拮抗支气管平滑肌 M 受体，降低迷走神经兴奋性，松弛气道平滑肌。临床常用药物包括短效抗胆碱能药（SAMA，如丙托溴铵）和长效抗胆碱能药（LAMA，如噻托溴铵）。常用给药方法为吸入给药。

表3-4 常用支气管舒张药用法用量

| 分类 | 药物 | 剂型与规格 | 常用剂量范围 | 给药方法 |
|---|---|---|---|---|
| 选择性 $\beta_2$ 受体激动药 | 沙丁胺醇 | 片剂，2.4mg/片 | 2.4~4.8mg/次，每日3次 | 口服给药 |
| | | 气雾剂，100（μg·揿） | 100μg/（揿·次），必要时可增至2揿 | 吸入给药 |
| | | 溶液剂，5mg/2.5ml | 2.5~5mg/次，每日4次 | 雾化吸入给药 |
| | 特布他林 | 溶液剂，5mg/2ml | 5mg/次，每日3次 | 雾化吸入给药 |
| 茶碱类 | 氨茶碱 | 注射剂，2ml：0.125g | 0.125~0.25g/次，0.5~1g/日 | 每次用50%葡萄糖注射液稀释至20~40ml，缓慢注射，注射时间不得短于10分钟。 |
| | | 片剂，0.1g | 0.1~0.2g/次，0.3~0.6g/日 | 口服给药 |
| | 二羟丙茶碱 | 片剂，0.1g | 0.1~0.2g/次，每日3次 | 口服给药 |
| 抗胆碱能药 | 异丙托溴铵 | 气雾剂，40μg/揿 | 40~80μg（揿·次），每日2~4次 | 吸入给药 |

**练一练3-3-2**

患者，男，57岁。既往有慢性支气管炎病史，近期因上呼吸道细菌感染出现憋喘症状，诊断为 COPD，住院期间经抗感染、平喘、抗炎治疗后症状缓解，今日出院，出院后应建议患者在维持期使用（  ）巩固治疗效果

答案解析

A. 阿奇霉素分散片，口服，每日500mg，每日1次，连用3日

B. 地塞米松片，口服，每日0.75mg，连用7日

C. 沙美特罗替卡松气雾剂，气雾吸入，每次一吸200μg（沙美特罗50μg 和丙酸氟替卡松100μg），每日2次

D. 盐酸氨溴索片，口服，每次30mg，每日3次

E. 氨茶碱注射液，静脉注射，每次0.25g，每日2次

### （三）祛痰药

COPD 患者可长期存在咳嗽、咳痰症状。如患者痰液不易咳出，可考虑使用祛痰药改善患者症状。临床常用药物包括氨溴索、羧甲司坦等。

### （四）糖皮质激素类

糖皮质激素类药物具有较强的抗炎、抗免疫作用。中重度 COPD 急性加重患者，全身使用糖皮质激素类药物可改善 $FEV_1$、氧合状态，常用药物为甲泼尼龙，给药方案为 40mg/d，治疗 5 天。糖皮质激素类药物全身给药不良反应多，推荐非危重患者应用吸入性糖皮质激素类药物（ICS），发挥局部抗炎作用，不良反应小。COPD 稳定期患者不推荐单一 ICS 治疗，可在使用 1~2 种长效支气管舒张药的基础上联合 ICS 治疗，常用复方制剂包括布地奈德/福莫特罗、氟替卡松/沙美特罗、糠酸氟替卡松/维兰特罗等。

### （五）磷酸二酯酶 4（PDE-4）抑制药

本类药物主要通过抑制细胞内腺苷酸降解而减轻炎症，常用药物为选择性 PDE-4 抑制药罗氟司特。口服罗氟司特可改善应用沙美特罗或噻托溴铵治疗患者的 $FEV_1$。对固定剂量 ICS + LABA 控制不佳患者，加用罗氟司特可改善肺功能。

## 四、药学服务

开展 COPD 的药学服务主要包括：①向医师介绍 COPD 急性发作期与缓解期常用药物的作用机制、作用特点，提供常用药物的给药剂量与疗程、药物不良反应、药物相互作用等信息咨询服务；②向护士介绍常用 COPD 治疗药物的给药方法与用药注意事项，培训护士关注患者用药后可能出现的不良反应并及时处理；③向患者及家属介绍 COPD 的危害、常用治疗药物的给药方法与注意事项、保证用药依从性的意义，指导患者合理安排工作与生活、进行自我病情监护；④向患者、家属及社会公众介绍吸烟与二手烟的危害，宣传戒烟的意义，提倡全民控烟。

### （一）用药注意事项

**1. 抗感染药** 抗感染药的使用应严格执行《抗菌药物临床应用指导原则（2015 年版）》，避免抗感染药滥用导致细菌耐药现象加重。β-内酰胺类抗感染药可能导致患者发生过敏反应，用药前应详细询问患者既往用药史、既往病史、食物药物过敏史。用药前进行皮肤过敏试验，皮试阳性患者禁止使用。β-内酰胺类抗感染药用药过程中也应密切观察。使用头孢菌素类药物期间禁止饮酒或食用含乙醇的食物，以免患者出现恶心、呕吐、视物模糊、血压下降、心跳加快等双硫仑样反应。大环内酯类抗感染药长期应用可出现快速耐药性，影响肠道菌群平衡。对第三代喹诺酮类药物耐药时，可使用第四代喹诺酮类药物。喹诺酮类药物常见不良反应包括胃肠道反应、神经系统反应、皮肤反应及光敏反应、软骨损害等。18 岁以下青少年、妊娠期、哺乳期妇女禁用，以免造成软骨损害。喹诺酮类药物用药期间应避免光照。既往有精神病、癫痫病史患者慎用。

**2. 支气管舒张药** 少数患者使用选择性 $β_2$ 受体激动药后可出现头晕、头痛、手指震颤等症状，可适当调整剂量。长期使用选择性 $β_2$ 受体激动药可导致耐受性，可间断性停药 1~2 周以恢复患者敏感性。氨茶碱有较强胃肠道刺激，可选择饭后服用。应严格控制氨茶碱用药剂量与静脉给药速度，用药期间应监测血浆药物浓度，以免药物剂量过大导致患者中毒。抗胆碱药可拮抗胆碱受体，导致口干、便秘、眼内压增高等不良反应，用药期间应多饮水，多食用粗纤维食物，青光眼患者禁用。

**3. 祛痰药** 羧甲司坦可导致恶心、呕吐、胃肠出血等，一般不可用于饭前，消化性溃疡患者禁用。

**4. 糖皮质激素类药** 长期全身用药可导致严重不良反应，如医源性肾上腺皮质功能亢进症（满月脸、水牛背、向心性肥胖、多毛、痤疮）、钠水潴留、低钾血症、骨质疏松、心血管系统疾病（高血压、动脉粥样硬化）、诱发或加重感染等。COPD 急性发作期全身性使用激素类药物不应时间过长。局部雾化吸入糖皮质激素类药物可能导致声音嘶哑、鹅口疮，应指导患者养成雾化后漱口的良好习惯。

**5. 磷酸二酯酶 4（PDE-4）抑制药** 罗氟司特常见不良反应包括恶心、食欲下降、体重减轻、腹痛腹泻、头痛等。罗氟司特治疗期间应监测体重，低体重患者避免使用。

**？ 想一想3-3-1**

1. 为什么 COPD 患者要使用支气管舒张药？不同支气管舒张药的特点有哪些区别？

2. 如果患者出现 COPD，肺功能已出现明显下降，应如何指导患者进行日常用药？对患者有哪些健康指导意见？

答案解析

### （二）药物相互作用

1. 喹诺酮类药物与氨茶碱合用时易出现神经系统反应，应禁止合用。

2. 氨茶碱与 β 受体激动药合用可协同兴奋心脏，诱导心律失常发生，用药期间应监测心率。

3. 糖皮质激素可促进钙、磷、钾等排泄，合用其他排钾药物时应注意补充钾离子，避免低钾血症发生。

4. 罗氟司特不宜与茶碱类同时应用。

### （三）健康宣教

COPD 是呼吸系统常见病和多发病，是导致慢性呼吸衰竭和肺源性心脏病的常见病因。应积极引导COPD 患者保持心情愉悦、戒烟戒酒、适度运动、调整饮食结构、避免感染、定期监测，控制病情发展，提高生活质量。规范用药是控制症状、减少发作的重要措施，应告知患者及家属本病需要长期用药，提高用药依从性。

### 目标检测

答案解析

#### 一、综合问答题

1. 简述 COPD 各类治疗药物的特点与应用情况。

2. 结合实际讨论：影响 COPD 治疗效果的因素有哪些？

#### 二、案例分析题

患者，男，59 岁。长期吸烟，既往经常出现咳嗽、咳痰症状。1 年前因持续性咳嗽、咳痰、憋闷入院就诊，诊断为慢性阻塞性肺疾病，经药物治疗后缓解，自行停止用药。1 周前感冒后出现刺激性咳嗽，今日因黏痰不易咳出、胸闷、呼吸困难等症状入院治疗。

查体：体温 38.4℃，脉搏 95 次/分，呼吸 32 次/分，血压 106/90mmHg。患者胸部叩诊显示过清音，双肺闻及广泛性哮鸣音；血常规：白细胞 $13.2 \times 10^9$/L；支原体抗体阳性。诊断结果：急性上呼吸道感染（支原体性支气管炎）、慢性阻塞性肺疾病。

请思考分析：

1. 该患者可使用哪些药物进行治疗？用药依据是什么？（至少说出三种）
2. 针对该患者，应如何做好用药指导合理用药宣教，并体现专业素养和职业精神？

（宋立群）

**书网融合……**

| 重点回顾 | 微课1 | 微课2 | 微课3 | 习题 |

# 项目四  消化系统疾病的药物治疗

## 任务一  消化性溃疡的药物治疗 🇪微课1

PPT

**学习目标**

**知识目标：**

**1. 掌握**  消化性溃疡的药物治疗原则、药物种类和代表药物、临床治疗方案。

**2. 熟悉**  消化性溃疡的症状、治疗药物的用法用量和相关药学服务知识。

**3. 了解**  消化性溃疡的病因和诊断。

**技能目标：**

1. 能够结合临床指南正确选用治疗消化性溃疡的药物，开展咨询、指导用药，协助拟定药物治疗方案等药学服务。

2. 学会判断消化性溃疡治疗药物的常见不良反应并提供处理方案，主动提供健康教育。

**素质目标：**

培养尊重、关爱消化性溃疡患者及家属，积极、细致、认真的服务意识和职业精神。

### 📖 导学情景

**情景描述**：患者，男，20岁，主诉反复腹痛1年，加重3天。患者1年前无明显诱因出现间歇性腹痛，为剑突下和脐周痛为主，无转移性右下腹痛，进食后明显，症状反复，期间可好转数天至1周。3天前进食汤圆后腹痛加重，呕吐1次，无咖啡样物，非喷射性，自行口服药物治疗未见好转。实验室检查 Hp 阳性，入院后胃镜检查提示"胃体溃疡"，以"腹痛待查：胃十二指肠炎？"收入院。

**情景分析**：诊断为"消化性溃疡，幽门螺杆菌感染"。

**讨论**：哪种药物是治疗消化性溃疡的首选药物？

**学前导语**：消化性溃疡的核心思想是"无酸无溃疡"，因此，治疗目标是通过提高胃内 pH 来缓解消化溃疡症状、促进溃疡愈合、预防复发，以达到提高生活质量，防止消化道出血、消化道穿孔等严重并发症的目的。本任务将介绍消化性溃疡药物治疗相关的知识技能，为今后开展药学服务打好基础。

---

消化性溃疡（peptic ulcer，PU）是指在各种致病因子的作用下，消化道黏膜发生炎性反应与坏死、脱落、形成溃疡，溃疡的黏膜坏死缺损穿透黏膜肌层，严重者可达固有肌层或更深。病变可发生于食管、胃或十二指肠，也可发生于胃-空肠吻合口附近或含有胃黏膜的麦克尔憩室内，其中以胃、十二指肠最常见。

近年来，消化性溃疡发病率虽有下降趋势，但目前仍是常见的消化系统疾病之一。本病在全世界均常见，一般认为，约有10%的人在其一生中患过消化性溃疡。但在不同国家和地区，其发病率有较大差异。消化性溃疡在我国人群中的发病率尚无确切的流行病学调查资料。本病可见于任何年龄，以

20~50 岁居多，男性多于女性 [ （2~5）∶1]，临床上十二指肠溃疡多于胃溃疡，两者之比约为 3∶1。

## 一、疾病概述

### （一）病因与发病机制

消化性溃疡的发病机制主要与胃、十二指肠黏膜的损伤因素和黏膜自身防御 - 修复因素之间失平衡有关。幽门螺杆菌（helicobacter pylori，Hp）感染、大量使用非甾体抗炎药（non - steroidal anti - inflammatory drugs，NSAIDs）、胃酸和（或）胃蛋白酶引起黏膜自身消化都是重要的损伤因素。而前列腺素等则是主要的保护修复因素。

**1. 幽门螺杆菌感染** 是消化性溃疡重要的发病原因和复发因素之一。消化性溃疡患者的 Hp 检出率显著高于普通人群，而根除 Hp 后消化性溃疡复发率明显下降，上述证据均证实本病与 Hp 感染的高度相关性。Hp 感染后触发的消化黏膜免疫应答异常而导致慢性炎性反应是其病理基础。 📱 微课 2

### ❤ 药爱生命

消化性溃疡的发病有"病从口入"之说。其一，Hp 感染经常通过不良饮食习惯在家庭内传播，应提倡分餐制，餐具定期消毒，避免导致母婴传播的不良喂食习惯，减少感染 Hp 的机会。提倡对高危人群或在健康查体时进行幽门螺杆菌监测并治疗（<14 岁儿童除外），其中，尿素呼气试验（urea breath test，UBT）是最佳选择之一。对于胃癌高风险人群，建议根除 Hp 治疗后定期随访检测 Hp。其二，保持口腔健康，改善饮食习惯，多吃新鲜食品，注意补充多种营养物质，不吃霉变食物，少吃熏制、腌制、富含硝酸盐和亚硝酸盐的食物以及浓烈、辛辣的食物。戒烟、控酒和保持良好心理状态及充足睡眠也有利于预防消化性溃疡的发生。提倡使用公勺、公筷，践行健康饮食是实现健康中国建设的基本举措之一。

**2. 长期大剂量使用非甾体抗炎药** NSAIDs 特别是阿司匹林类等药物广泛用于发热、疼痛、风湿性疾病、骨关节炎、心脑血管疾病等。流行病学调查显示，在长期服用 NSAIDs 的人群中，15%~30% 会出现消化性溃疡，溃疡伴出血、穿孔等并发症的发生率增加 4~6 倍，而老年人消化性溃疡及其并发症的发生和致死约 25% 与 NSAIDs 有关。

NSAIDs 对胃肠道黏膜损伤的机制包括局部和系统两方面作用。局部作用为药物透过胃肠道黏膜上皮细胞膜进入胞体，电离出大量氢离子，造成线粒体损伤，对胃肠道黏膜产生毒性，使黏膜细胞间连接的完整性被破坏，上皮细胞膜通透性增加，激活中性粒细胞介导的炎性反应，促使上皮糜烂、溃疡形成。系统作用主要是 NSAIDs 抑制环氧合酶 1（cyclooxygenase - 1），减少对胃黏膜具有保护作用的前列腺素的合成，进而引起胃黏膜血供减少，上皮细胞屏障功能减弱，氢离子反向弥散增多，使损伤加剧，导致糜烂、溃疡形成。此外，NSAIDs 还具有明显的抗血小板作用，会增加消化道出血的风险。

**3. 胃酸分泌异常** 胃酸对消化道黏膜的损伤作用一般只有在正常黏膜防御和修复功能遭受破坏时才发生。多数十二指肠溃疡患者存在基础酸排量（basal acid output，BAO）、夜间酸分泌、最大酸排量（maximal acid output，MAO）、十二指肠酸负荷等增高的情况。胃溃疡患者除了幽门前区溃疡外，其胃酸分泌量大多正常或低于正常。一些神经内分泌肿瘤，如胃泌素瘤大量分泌促胃液素，导致高胃酸分泌状态，过多的胃酸成为溃疡形成的起始因素。非 Hp、非 NSAIDs 型消化性溃疡与胃酸分泌的关系尚待更多研究予以证实。

**4. 其他因素** 某些药物，如糖皮质激素、部分抗肿瘤药物和抗凝药的长期使用也可诱发消化性溃疡，亦是上消化道出血的重要诱因之一。特别是目前广泛应用的抗血小板药，如噻吩吡啶类的氯吡格雷，能明显增加消化道出血风险。另外，吸烟、饮食因素、遗传、应激与心理因素、胃十二指肠运动异常等与消化性溃疡发生也密切相关。

**（二）临床表现与诊断**

**1. 临床表现**　中上腹痛、反酸是消化性溃疡的典型症状，腹痛发生与进餐时间的关系是鉴别胃与十二指肠溃疡的重要临床依据。消化性溃疡的主要并发症包括上消化道出血、穿孔和幽门梗阻等，而胃溃疡是否会发生癌变则尚无定论。

上消化道出血是消化性溃疡尤其是 NSAIDs 型溃疡最常见的并发症。消化性溃疡并发穿孔多见于老年患者，考虑可能与老年患者临床症状较隐匿以及 NSAIDs 类药物应用率较高等因素有关。

**2. 临床诊断**　胃镜检查是诊断消化性溃疡最主要的方法。对消化性溃疡应常规做尿素酶试验、组织学检测、核素标记 $^{13}C$ 呼气试验等，以明确是否存在 Hp 感染。消化性溃疡还需与胃癌、淋巴瘤、克罗恩病、结核病、巨细胞病毒感染等继发的上消化道溃疡相鉴别。 微课3

## 二、治疗目标与原则

**（一）治疗目标**

消化性溃疡治疗目标是通过提高胃内 pH 来缓解消化溃疡症状、促进溃疡愈合、预防复发，以达到提高生活质量，防止消化道出血、消化道穿孔等严重并发症的目的。

**（二）治疗原则**

**1. 一般治疗**　在针对消化性溃疡可能的病因进行治疗的同时，还要注意戒烟、戒酒，注意规律饮食、休息等一般治疗。在消化性溃疡活动期，患者要注意休息，避免剧烈运动、刺激性饮食，合理增加营养等。

**2. 消化性溃疡的抑酸治疗**　抑酸治疗是缓解消化性溃疡症状、愈合溃疡的最主要措施。质子泵抑制药（PPIs）是首选药物。

抑酸治疗降低胃内酸度，与溃疡尤其是十二指肠溃疡的愈合存在直接关系。如果用药物抑制胃酸分泌，使胃内 pH 升高≥3，每天维持 18~20 小时，则可使大多数十二指肠溃疡在 4 周内愈合。消化性溃疡治疗通常采用标准剂量 PPIs，每日 1 次，早餐前 0.5 小时服药。治疗十二指肠溃疡的疗程为 4~6 周，胃溃疡为 6~8 周，通常胃镜下溃疡愈合率均 >90%。对于存在高危因素和巨大溃疡患者，建议适当延长疗程。PPIs 的应用可降低上消化道出血等并发症的发生率。对于 Hp 阳性的消化性溃疡，应常规行 Hp 根除治疗，在抗 Hp 治疗结束后，仍应继续使用 PPIs 至疗程结束。

推荐 PPIs 用于治疗胃泌素瘤或 G 细胞增生等致促胃液素分泌增多而引起的消化性溃疡。对于胃泌素瘤的治疗，通常应用双倍标准剂量的 PPIs，分为每日 2 次用药。若 BAO >10mmol/h，则还需增加剂量，以达到理想的抑酸效果。对于行胃泌素瘤根治性手术的患者，由于术前患者长期处于高促胃液素血症状态，所以术后仍需继续采用抑酸治疗，维持一段时期。

其他抑酸药与抗酸药亦有助于缓解消化性溃疡的腹痛、反酸等症状，促进溃疡愈合。$H_2$ 受体拮抗药的抑酸效果逊于 PPIs，常规采用标准剂量，每日 2 次，对十二指肠溃疡的疗程需要 8 周，用于治疗胃溃疡时疗程应更长。

**3. 消化性溃疡的抗 Hp 治疗**　根除 Hp 应成为 Hp 阳性消化性溃疡的基本治疗，是溃疡愈合和预防复发的有效防治措施。

## 三、常用治疗药物

### （一）治疗药物分类

目前临床上常用的治疗消化性溃疡的药物包括抑酸药、抗酸药、胃黏膜保护药以及用于抗幽门螺杆菌、缓解消化道症状的相关药物。

**1. 抑酸药**　是目前消化性溃疡治疗最主要的药物，包括质子泵抑制药、$H_2$ 受体拮抗药、M 受体拮抗药和胃泌素受体拮抗药。

（1）PPIs　吸收入血后转运至胃黏膜壁细胞，在分泌管的酸性环境中被质子化，转化为具有生物活性的次磺酸和次磺酰胺后，与 $H^+/K^+ - ATP$ 酶的巯基脱水偶联形成不可逆的共价二硫键，使 $H^+/K^+ - ATP$ 酶不可逆失活，阻滞 $H^+$ 分泌的最后共同通道，达到较强和较长时间抑制胃酸分泌的效果。因 PPIs 使 $H^+/K^+ - ATP$ 酶不可逆失活，只有新酶生成才能恢复泌酸功能。常用 PPIs 包括：奥美拉唑、兰索拉唑、泮托拉唑、雷贝拉唑和艾司奥美拉唑等，相互之间差异较明显（表 4-1，表 4-2，表 4-3）。

表 4-1　质子泵抑制药口服剂的适应证

| 适应证 | GERD | 消化性溃疡 | NSAIDs 相关性溃疡 | 卓-艾综合征 | H. pylori 感染根除 ** |
|---|---|---|---|---|---|
| 奥美拉唑 | + | + | +* | + | + |
| 兰索拉唑 | + | + |  | + | + |
| 泮托拉唑 | + | + |  |  | + |
| 雷贝拉唑 | + | + |  | + | + |
| 艾司奥美拉唑 |  |  | + |  | + |
| 艾普拉唑 | + | + |  |  | + |

备注：GERD，胃食管反流病；NSAIDs，非甾体抗炎药；* 包括预防 NSAIDs 相关性溃疡，参考信息来自原研药的药品说明书；** 参考《第五次全国幽门螺杆菌感染处理共识报告》。

表 4-2　不同质子泵抑制药注射剂的适应证

| 适应证 | GERD | 消化性溃疡 | NSAIDs 相关性溃疡 | 卓-艾综合征 | H. pylori 感染根除 | 预防应激性黏膜损伤 |
|---|---|---|---|---|---|---|
| 奥美拉唑 | + | + | + | + | + |  |
| 兰索拉唑 |  | + |  |  | + |  |
| 泮托拉唑 | + | + |  |  | + |  |
| 雷贝拉唑 |  |  |  |  | + |  |
| 艾司奥美拉唑 | + |  |  |  | + | + |
| 艾普拉唑 |  | + |  |  | + |  |

表 4-3　质子泵抑制药在特殊病理、生理状况患者中的应用

| 特殊人群 | 奥美拉唑 | 兰索拉唑 | 泮托拉唑 | 雷贝拉唑 | 艾司奥美拉唑 | 艾普拉唑 |
|---|---|---|---|---|---|---|
| 肾功能异常 | 无需调整 | 15mg/日 | 无需调整 | 无需调整 | 无需调整 | 慎用 |
| 肝功能异常 | 严重者≤20mg/日 | 慎用 15mg/日 | 重度≤20mg/日 | 严重者慎用 | 严重者≤20mg/日 | 慎用 |
| 老年人 | 无需调整 | 慎用 | 无需调整 | 无需调整 | 无需调整 | 无需调整 |
| 儿童 | 可以使用 | 经验有限 | 无临床资料 | 无临床资料 | 无临床资料 | 无临床资料 |
| 妊娠期用药 | 可以使用 | 利＞弊时使用 | 利＞弊时使用 | 利＞弊时使用 | 慎用 | 不建议服用 |
| 哺乳期用药 | 对婴儿影响较小 | 暂停哺乳 | 暂停哺乳 | 暂停哺乳 | 暂停哺乳 | 暂停哺乳 |

（2）$H_2$ 受体拮抗药　能选择性竞争结合胃壁细胞膜上的 $H_2$ 受体，使组胺不能与受体结合，从而抑

制胃酸分泌。目前在临床广泛应用的有西咪替丁、雷尼替丁、法莫替丁、尼扎替丁、罗沙替丁等（表4-4）。

表4-4 常用 H<sub>2</sub> 受体拮抗药

| 药名 | 生物利用度（%） | 达血药峰值时间（小时） | 半衰期（小时） | 有效血药浓度维持时间（小时） | 相对抑酸活力 | 常用剂量 | 对肝药酶抑制 |
|---|---|---|---|---|---|---|---|
| 西咪替丁 | 60~70 | 0.75~1.5 | 2 | 5 | 1.0 | 0.4g, bid 或每餐 0.2g 加临睡前 0.4g（0.8g/qn）* | + |
| 雷尼替丁 | 50~60 | 1~2 | 2~3 | 8~12 | 5.0 | 150mg, bid（75mg/qn） | +/- |
| 法莫替丁 | 43 | 1~3.5 | 2.5~4 | 12 | 40.0 | 20mg, bid（20mg/qn） | |
| 尼扎替丁 | 90 | 1~3 | 2 | 8 | 5.0 | 150mg, bid（150mg/qn） | |
| 罗沙替丁 | 85 | 1~3 | 4 | 8~12 | 6.0 | 75mg, bid（75mg/qn） | |

*括号内为维持剂量。

（3）其他药物　M受体拮抗药和胃泌素受体拮抗药可分别通过竞争性拮抗壁细胞上的乙酰胆碱M受体和胃泌素受体而减少胃酸分泌。M受体拮抗药哌仑西平，抑酸作用比 H<sub>2</sub> 受体拮抗药稍弱，可使空腹和进餐刺激的胃酸分泌分别减少50%和30%，与 H<sub>2</sub> 受体拮抗药有协同作用。

**2. 抗酸药**　主要是一些无机弱碱，可中和胃酸，抑制胃蛋白酶活性，升高胃液pH。此类药物起效快，能迅速缓解溃疡疼痛，促进溃疡愈合。目前抗酸剂主要用于消化性溃疡的辅助治疗，尤其是腹痛症状严重者的联合用药。

✎ **练一练4-1-1**

奥美拉唑属于

A. PPIs　　　　　　　　　B. H<sub>2</sub> 受体拮抗药　　　　　　C. M 受体拮抗药

D. 胃泌素受体拮抗药　　　 E. 前列腺素衍生物

答案解析

**3. 胃黏膜保护剂**　主要通过增加碳酸氢盐分泌、改善黏膜血流或在黏膜表面形成保护层来增强黏膜抵抗力。常用药物有前列腺素衍生物、硫糖铝、铋剂等。

（1）前列腺素衍生物　可抑制组胺、促胃液素及胃酸分泌；对抗血栓素2（TXA<sub>2</sub>）的缩血管作用，增加黏膜血流量；增加碳酸氢盐分泌，对抗胃酸侵蚀；增加胶质状黏液层厚度；抑制胃泌素对食物的反应。代表药物为米索前列醇。

（2）硫糖铝　是硫酸蔗糖和氢氧化铝的复合物。其保护胃黏膜的机制包括：①与蛋白质形成大分子复合物，在溃疡创面上形成保护膜，阻止胃酸、胃蛋白酶和胆汁酸的渗透与侵蚀；②吸附胃蛋白酶和胆汁酸；③促进胃黏液和碳酸氢盐分泌；④增加胃黏膜血流量；⑤刺激前列腺素合成与释放；⑥激活巨噬细胞，促进上皮细胞修复。

（3）铋剂　临床常用胶体次枸橼酸铋（枸橼酸铋钾）。胶体次枸橼酸铋在酸性环境（pH<5.0）下，形成氧氯化铋和枸橼酸铋的沉淀物，可直接与黏液结合形成糖蛋白铋，覆盖于溃疡表面，形成保护屏障；同时，胶体次枸橼酸铋还能抑制胃蛋白酶活性，结合胆汁酸，刺激内源性前列腺素释放，改善微循环，刺激黏液分泌，促进上皮修复。

**4. 治疗 Hp 感染的药物**　常用的有 PPIs、铋剂、抗菌药物等。单一药物治疗效果较差，目前提倡联合治疗。《第五次全国幽门螺杆菌感染处理共识报告》指出：推荐铋剂+标准剂量 PPIs+2 种抗菌药物组成的四联疗法，推荐疗程为14天，常用7种用药方案（表4-5）。

表 4 - 5　根除幽门螺杆菌四联方案中的抗菌药物组合、剂量和用法

| 方案 | 抗菌药物 1 | 抗菌药物 2 |
|---|---|---|
| 1 | 阿莫西林 1000mg，2 次/天 | 克拉霉素 500mg，2 次/天 |
| 2 | 阿莫西林 1000mg，2 次/天 | 左氧氟沙星 500mg，1 次/天；200mg，2 次/天 |
| 3 | 阿莫西林 1000mg，2 次/天 | 呋喃唑酮 100mg，2 次/天 |
| 4 | 四环素 500mg，3 次/天或 4 次/天 | 甲硝唑 400mg，3 次/天或 4 次/天 |
| 5 | 四环素 500mg，3 次/天或 4 次/天 | 呋喃唑酮 100mg，2 次/天 |
| 6 | 阿莫西林 1000mg，2 次/天 | 甲硝唑 400mg，3 次/天或 4 次/天 |
| 7 | 阿莫西林 1000mg，2 次/天 | 四环素 500mg，3 次/天或 4 次/天 |

注：标准剂量（质子泵抑制药 + 铋剂；2 次/天，餐前 0.5 小时口服）+2 种抗菌药物（餐后口服）。标准剂量质子泵抑制药为艾司奥美拉唑 20mg、雷贝拉唑 10mg（或 20mg）、奥美拉唑 20mg、兰索拉唑 30mg、泮托拉唑 40mg、艾普拉唑 5mg，以上选一；标准剂量铋剂为枸橼酸铋钾 220mg。

**5. 促胃肠动力药**　可加速胃排空，减少促胃液素分泌，减轻胃酸对胃黏膜的损害，可用于消化性溃疡伴消化不良或胃动力不足者。

👁 看一看 4-1-1

### 应激性溃疡

应激可由躯体因素引起，亦可由心理社会因素引起。而应激反应既可对躯体造成损害，亦可导致精神、心理的障碍。

应激性溃疡是指在大面积烧伤、严重创伤、休克、败血症、脑血管意外等应激状态下所出现的胃、十二指肠黏膜的急性损伤，其主要表现为胃及十二指肠黏膜的糜烂、溃疡出血。其病变常较表浅，少数溃疡可较深甚至穿孔。当溃疡侵犯大血管时，可导致消化道大出血。应激性溃疡可在严重应激原作用数小时内出现，其发病率可达 80% 以上。如应激原逐步解除，溃疡可在数日内愈合，而且不留瘢痕。如严重创伤、休克及败血症等患者并发应激性溃疡大出血，则其死亡率可明显升高。该病的治疗应以消除应激因素为主，同时配合强效抗溃疡药及时治疗。

## 四、药学服务

开展消化性溃疡的药学服务主要包括：①向医师介绍质子泵抑制药、$H_2$ 受体拮抗药、胃肠道黏膜保护药、抗菌药物的作用特点，提供各类药物的剂量、疗程、不良反应、相互作用的信息咨询服务；②向护士提供抗消化性溃疡药物的使用注意事项；③向患者介绍消化性溃疡治疗特点和药品使用方法，Hp 的根除方法和严格遵循医嘱服药的重要性，提高其依从性；④向患者、家属及社会公众介绍消化性溃疡预防及治疗的相关知识、减少 Hp 传播的方式方法等。

### （一）用药注意事项

**1. 质子泵抑制药**　餐前 0.5 ~ 1 小时服用 PPIs，有利于更长时间地降低胃酸分泌。但若需大剂量时，应分 2 次分别在早餐前和晚餐前服用，这样的给药方式与早餐前服用双倍剂量 PPIs 相比，可更好地控制胃内 pH。警惕质子泵抑制药长期或高剂量用药可能产生的不良反应，包括高胃泌素血症、骨质疏松、低镁血症、难辨梭状芽孢杆菌感染、维生素 $B_{12}$ 和铁吸收不良、肺炎、肿瘤等。

**2. 铋剂**　服用过程中可致大便变黑，长期大量服用铋剂可能有神经毒性，应避免长期服用，用药 4 ~ 8 周后应间隔 2 个月后方可再次用药。

**3. 抗微生物药**　不规范使用抗微生物药可引起 Hp 抗药性增加，导致根除 Hp 治疗失败。根除 Hp

治疗应足剂量、足疗程联合用药，如根除失败，不建议短期内再次进行根除治疗。

**❓ 想一想4-1-1**

1. Hp 阳性消化性溃疡患者为什么需要根除 Hp？
2. 根除 Hp 治疗方案有哪些？给药方法是什么？

答案解析

**（二）药物相互作用**

1. 质子泵抑制药可改变胃内 pH 而影响其他药物的吸收和（或）溶解，如酮康唑、伊曲康唑、卡培他滨等。如必须联合使用，宜选择相互作用最小的品种，密切监测临床疗效和不良反应，及时调整用药剂量和疗程。大多数质子泵抑制药为弱碱性药物，易与酸性药物发生中和反应，建议单独输注，并选择适宜溶媒。质子泵抑制药输注前后也应冲管，避免配伍禁忌导致药液的浑浊和沉淀。

2. 警惕质子泵抑制药与其他药物合并使用引起的不良反应。质子泵抑制药主要经过 CYP2C19 和 CYP3A4 代谢（表4-6），与其他经 CYP2C19 和 CYP3A4 代谢的药物或者酶诱导药、酶抑制药或底物合用可能会产生相互作用，如华法林、地西泮、苯妥英、茶碱、地高辛、卡马西平、氯吡格雷、硝苯地平、利巴韦林、甲氨蝶呤、HIV 蛋白酶抑制药、伏立康唑和他克莫司等。

表4-6 质子泵抑制药的代谢途径

| 代谢途径 | 奥美拉唑 | 兰索拉唑 | 泮托拉唑 | 雷贝拉唑 | 艾司奥美拉唑 | 艾普拉唑 |
|---|---|---|---|---|---|---|
| 主要 | CYP2C19 | CYP3A4 | CYP2C19 | CYP2C19 | CYP2C19 | CYP3A4 |
| 次要 | CYP3A4 | CYP2C19 | CYP3A4 | CYP3A4 | CYP3A4 | |

**（三）健康宣教**

**1. 疾病知识** 消化性溃疡主要指发生于胃和十二指肠的慢性溃疡，即胃溃疡和十二指肠溃疡。患者临床表现不一，少数患者可无症状，或以出血、穿孔等并发症为首发症状。多数消化性溃疡有慢性过程、周期性发作和节律性上腹痛的特点。

**2. 饮食** 溃疡活动期少食多餐，每日进餐 4~5 次，进餐时宜细嚼慢咽；食物以清淡、质软、营养丰富、易消化的食物如稀饭、面条、馄饨等为主。

**3. 休息和活动** 病情较重、溃疡有活动者嘱其卧床休息几天至 1~2 周。病情较轻者可适当活动，以分散注意力。

**4. 用药指导** 告诉患者及家属有关药物的名称、剂量、用法、作用与副作用，坚持遵医嘱服药，注意药物常见的不良反应，如质子泵抑制药会引起皮疹、瘙痒、头晕、失眠等不适。$H_2$ 受体拮抗剂如法莫替丁，应餐中或餐后即刻服用，如同时用抗酸药则两药间隔 1 小时以上，如静脉用药应注意控制速度，有引起低血压和心律失常的可能。抗 Hp 药物，质子泵抑制药 + 铋剂 + 两种抗菌药，应连用14 天。质子泵抑制药、铋剂饭前服用，两种抗菌药饭后服用，常见不良反应有胃肠道不适。胃黏膜保护剂会引起便秘等不良反应，应多喝水，必要时给予缓泻剂。尽量避免使用对胃黏膜有刺激的药物，如阿司匹林、吲哚美辛、糖皮质激素等，以利于溃疡的修复。

## 目标检测

**一、综合问答题**

1. 患者，男，45 岁。反复上腹痛 6 周，进食后 2 小时发生，胃镜检查提示"胃体溃疡"，Hp 阴性。试给出其治疗方案及用药教育。

2. 某患者的溃疡在停用 NSAIDs 类药物并服用奥美拉唑（20mg/d）8 周后痊愈，然而因膝关节炎需要继续使用 NSAIDs 类药物治疗。该患者应该采用什么药物同时治疗，才能使其今后溃疡的复发率降到最小？

**二、案例分析题**

患者，65 岁。出席婚礼后感到直立位不适和腹泻，既往体健，无不适主诉。除了最近 4 周由于头痛和膝关节炎而每 4～6 小时服用布洛芬 400mg 外，既往无药物治疗史。实验室检查：血红蛋白 8g/dl，Hct 0.26，大便愈创脂法试验阳性，其他无明显异常。患者为行内镜检查排除胃肠道出血收入院，内镜检查示胃窦处两个溃疡（0.2cm 和 0.4cm）。

请思考分析：

1. 什么原因引起患者胃肠道出血？

2. 为何患者没有 NSAIDs 类药物相关性溃疡的上腹痛症状？

3. NSAIDs 类药物是如何引起溃疡的？

4. 如何在上述药学服务中体现职业素养和专业精神？

（刘　辉）

书网融合……

重点回顾　　　微课1　　　微课2　　　微课3　　　习题

PPT

# 任务二　炎性肠道疾病的药物治疗

**学习目标**

**知识目标：**

1. **掌握**　炎性肠道疾病的常用药物类型、药物治疗原则、治疗药物合理选用。

2. **熟悉**　炎性肠道疾病治疗药物的不良反应及注意事项。

3. **了解**　炎性肠道疾病的临床表现。

**技能目标：**

学会对常见炎性肠道疾病的临床特点和病例进行分析，具备用药咨询和指导能力。

**素质目标：**

具有"以患者为中心"，关爱炎性肠道疾病患者，实事求是、严谨细致的职业素质。

### 📖 导学情景

**情景描述：** 患者，男，15 岁。一年前因郊游野炊，受凉发热，后出现腹胀，腹泻，2 ~ 3 次/日，糊状便，无黏液脓血便，伴间断性脐周腹痛，排便后减轻，里急后重感。家长以为饮食不当所致，自用健胃消食片及养胃药物（具体不详）无明显改善，近期病情加重，新出现反复发热症状，遂入院就诊。

**情景分析：** 综合患者病史，消化道症状特异且有发热，行结肠镜检查，诊断为克罗恩病。

**讨论：** 结合案例，协助拟定治疗方案，并说出药学服务要点。

**学前导语：** 目前，炎性肠道疾病机制尚不清楚，被认为是由多种病因引起的疾病。营养不良、不良的生活方式、遗传等原因都有可能诱发。炎性肠道疾病的治疗目标是合理使用药物，控制急性发作，促进黏膜愈合，维持缓解，减少复发，防治并发症。本任务将介绍相关的知识技能，为今后开展药学服务打好基础。

炎性肠道疾病（inflammatory bowel disease，IBD）是由环境、遗传、感染和免疫等多种病因引起的肠道炎症，有反复发作且伴随终生倾向，溃疡性结肠炎（ulcerative colitis，UC）和克罗恩病（Crohn disease，CD）是其主要疾病类型，症状和发病机制都不同。

## 一、疾病概述

### （一）病因与发病机制

炎性肠道疾病是一种病因尚不十分清楚的慢性非特异性肠道炎性疾病。溃疡性结肠炎多发生于 20 ~ 40 岁，儿童或老人也可见，男女发病率无显著性差异。近年我国的溃疡性结肠炎患病率呈上升趋势，重症较常见。溃疡性结肠炎病理上主要在大肠黏膜与黏膜下层，呈连续性弥漫性分布。病变多始于直肠，逆行向周围扩散，可累及全结肠甚至末段回肠。克罗恩病多发生于 15 ~ 30 岁，但首次发作可发生于任何年龄，男女发病率无显著性差异。该疾病在欧美国家多见，近年我国的克罗恩病患病率呈上升趋势。溃疡性结肠炎和克罗恩病的鉴别诊断见表 4 - 7。

表 4 - 7　溃疡性结肠炎和克罗恩病的鉴别诊断

| 比较项目 | 溃疡性结肠炎 | 克罗恩病 |
|---|---|---|
| 临床症状 | | |
| 　腹泻伴黏液脓血便 | 多见 | 有腹泻，但脓血便少见 |
| 　病变分布范围 | 病变连续 | 呈节段性 |
| 　小肠病变 | 无（倒灌性结肠炎除外） | 有 |
| 　是否会影响上消化道 | 否 | 是 |
| 　直肠是否受累 | 绝大多数受累 | 较少受累 |
| 　肠外临床症状 | 在我国相对少见 | 常见 |
| 　腹部肿块 | 很少 | 有时在右上腹 |
| 　小肠梗阻 | 很少 | 常见 |
| 　结肠梗阻 | 很少 | 常见 |
| 　瘘管和肛周疾病 | 无 | 常见 |
| 免疫学 | | |
| 　抗中性粒细胞浆抗体 | 常见 | 很少 |
| 　抗酿酒酵母抗体 | 很少 | 常见 |

| 比较项目 | 溃疡性结肠炎 | 克罗恩病 |
|---|---|---|
| 病理学 | | |
| 透壁炎症 | 无 | 是 |
| 隐窝结构改变 | 是 | 不常见 |
| 腺窝炎，腺窝脓肿 | 有 | 有 |
| 肉芽肿 | 无 | 有 |
| 裂隙状溃疡，阶段性损伤 | 很少 | 常见 |
| 内镜下表现 | 溃疡浅，黏膜弥漫性充血水肿、颗粒状，脆性增加 | 纵行溃疡，卵石样外观，病变间黏膜外观正常（非弥漫性） |
| 活检特征 | 固有膜全层弥漫性炎症，隐窝结构明显异常，杯状细胞减少 | 裂隙状溃疡，干酪样肉芽肿，黏膜下层淋巴细胞聚集 |

### 💜 药爱生命

我国 IBD 发病率和患病率均有上升趋势，2005～2014 年 IBD 的总病例数约为 35 万，预计到 2025 年，我国 IBD 患者将达到 150 万例。越来越多生物制剂的使用导致 IBD 患者的医疗费用大幅上升。一项研究显示，确诊 CD 和 UC 后，在治疗的前 5 年内，每个 CD 患者的社会成本约为 9 万元，每个 UC 患者约为 4.6 万元；诊断后第 3 年，生产力损失超过其他所有成本，提示 IBD 明显降低患者个人生活质量，也会相应地给社会经济带来不利影响。目前，IBD 的治疗手段主要有药物治疗和非药物治疗两大类。其中，非药物治疗以预防 IBD 为主，加强健康教育和易感人群筛查，实施早期干预和治疗，是预防或治疗以上疾病最经济、成本最低的方法，也是提高患者生活质量的主要方式之一。以上事例教育我们，未来的药学工作者在职业生涯中要坚持大力宣传 IBD 健康教育相关知识，降低 IBD 的发生率，提高治疗效果。

### （二）临床表现与诊断

**1. 腹泻**　与炎症导致肠黏膜对水、钠吸收障碍以及结肠运动功能失常有关。

**2. 黏液脓血便**　是本病活动期的重要表现，系黏膜炎性渗出、糜烂及溃疡所致。

**3. 大便次数及便血**　程度与病情轻重有关，轻者排便 2～4 次/日，便血轻或无；重者超过 10 次/日，脓血显见，甚至出现大量便血。粪质多数为糊状，重症可呈稀水样大便。病变限于直肠或累及乙状结肠的患者，除可有便频、便血外，偶尔表现为便秘。

**4. 其他症状**　腹痛为左下腹或下腹阵痛，亦可累及全腹，有轻至中度腹痛。常有里急后重，便后腹痛缓解。轻者可无腹痛或仅有腹部不适。重者如并发中毒性巨结肠或炎症波及腹膜，可有持续剧烈腹痛。其他症状可有腹胀、食欲不振、恶心、呕吐、发热、营养不良等。体征轻、中型患者仅有左下腹轻压痛，有时可触及痉挛的降结肠或乙状结肠。重型和暴发型患者常有明显压痛甚至肠型。若出现腹肌紧张、反跳痛、肠鸣音减弱等体征，应注意中毒性巨结肠、肠穿孔等并发症。

### 二、治疗目标与原则

### （一）治疗目标

炎性肠道疾病的治疗目标是控制急性发作，促进黏膜愈合，维持缓解，减少复发，防治并发症。

### （二）治疗原则

预防为主，即注意饮食卫生，防止食物、饮水被污染，不吃腐败变质、被病原微生物或其他毒素污染的食物，戒烟，戒酒等。另外，疾病的活动期患者应有充分休息，调节好情绪，避免心理压力过大；急性活动期可给予流质或半流质饮食，病情好转后改为富营养、易消化的少渣饮食，调味不宜过于辛辣；按医服药及定期医疗随访，不要自行停药。反复病情活动者应有终身服药的心理准备。

## 三、常用治疗药物

目前有效治疗的方法主要包括两类，即控制炎症反应的药物和对症治疗的药物。

### （一）控制炎症反应的药物

**1. 5 - 氨基水杨酸类（5 - ASA）**　主要用于治疗溃疡性结肠炎，作用于结肠炎性黏膜，与肠壁结缔组织络合后，较长时间停留在肠壁组织中起到抗炎和免疫抑制作用，清除氧自由基，可抑制肠黏膜的前列腺素合成和炎症介质白三烯的形成，对肠道炎症有显著的抗炎作用。对于病变部位主要在左半结肠的溃疡性结肠炎患者，5 - ASA 外用制剂疗效优于口服制剂；对于末端结肠病变，口服与直肠给药联用效果更好。由于 5 - ASA 在胃酸内多被分解失效，常通过以下给药系统进入肠道，发挥其药理作用，主要制剂品种有三种。　📱微课1

（1）柳氮磺吡啶（SASP）　5 - ASA 通过偶氮键连接于磺胺吡啶，使之能通过胃，进入肠道。在结肠中细菌的作用下，SASP 的偶氮键断裂，5 - ASA 得以释放，发挥其抗炎作用，是治疗轻、中度或经糖皮质激素治疗已有缓解的重度溃疡性结肠炎常用药物。该药价格便宜。

（2）奥沙拉嗪　通过偶氮键连接 2 分子 5 - ASA，优点是在胃及小肠中不被吸收也不被分解，到达结肠后，其偶氮键在细菌的作用下断裂，分解为 2 分子 5 - ASA 并作用于结肠炎症黏膜，疗效与柳氮磺吡啶相仿，但降低了不良反应率。缺点是价格昂贵，适宜于对柳氮磺吡啶不能耐受者。

（3）美沙拉嗪　由乙基纤维素包载 5 - ASA，在肠道碱性环境下释放出 5 - ASA。其灌肠剂适用于病变局限在直肠及乙状结肠者，栓剂用于病变局限在直肠者。

✎ **练一练4-2-1**

下列说法中，错误的是

A. 5 - 氨基水杨酸可抑制肠黏膜的前列腺素合成和炎症介质白三烯的形成，对肠道炎症有显著的抗炎作用

B. 柳氮磺吡啶是治疗轻、中度或经糖皮质激素治疗已有缓解的重度 UC 常用药物

C. 奥沙拉嗪适宜于对柳氮磺吡啶不能耐受者

D. 美沙拉嗪在肠道酸性环境下释放出 5 - ASA

E. 5 - ASA 的灌肠剂适用于病变局限在直肠及乙状结肠者，栓剂用于病变局限在直肠者

答案解析

**2. 糖皮质激素类**　外源性皮质类固醇与糖皮质激素受体结合后迁移到细胞核，通过将糖皮质激素反应元件与 DNA 结合或通过将自身与其他转录因子捆绑在一起来调节基因的表达，增加抗炎蛋白编码基因的转录或抑制炎症基因的表达。这类药物临床常用的有泼尼松、氢化可的松、甲泼尼松龙、布地奈德等。对急性发作期有较好的疗效，对 5 - ASA 疗效不佳的轻、中度患者，特别是重度的患者可选用全身皮质类固醇（corticosteroids，CS），此外，CS 也可用于中、重度疾病的缓解。部分患者表现为激素无效或依赖，对这些患者应考虑加用免疫抑制剂。布地奈德全身不良反应较少，有条件可用于轻、中度回结肠型患者。

**3. 免疫抑制剂**　作用机制是通过控制免疫反应达到抑制促炎细胞因子生成的目的，进而阻止免疫反应性炎症的发生。常用药物包括硫唑嘌呤、6 - 巯嘌呤、甲氨蝶呤、环孢素、他克莫司和沙利度胺等

（表4-8）。

沙利度胺具有成本低、口服方便、无免疫原性等优势。硫唑嘌呤或硫嘌呤可试用于激素治疗效果不佳或对激素依赖的慢性持续型病例，加用这类药物后可逐渐减少激素用量甚至停用。对严重溃疡性结肠炎急性发作，静脉用糖皮质激素治疗无效时，可应用环孢素静脉滴注，大部分患者可暂时缓解而避免急症手术。对嘌呤类无效或不耐受的克罗恩病患儿可考虑甲氨蝶呤。

表4-8　常见免疫抑制药特征比较

| 药物 | 应用 | 优势 | 缺点 |
| --- | --- | --- | --- |
| 硫唑嘌呤 | 糖皮质激素或英夫利昔单抗诱导缓解后的维持治疗；或与糖皮质激素合用于诱导缓解；维持克罗恩病术后诱导缓解 | 延长预期寿命，与甲硝唑联用可显著降低内镜复发率 | 起效慢，3个月达到稳态血药浓度；不良反应发生率高（胃肠道、骨髓抑制、肝毒性），可能引发非霍奇金淋巴瘤 |
| 6-硫嘌呤 | | 有效预防术后24个月内复发 | 起效慢，3个月达到稳定血药浓度；骨髓抑制 |
| 甲氨蝶呤 | 仅用于嘌呤类及TNF抑制剂药物治疗无效或不耐受的活动期或复发克罗恩病 | 较嘌呤类似物起效更快，诱发恶性肿瘤的风险低，有利于儿童克罗恩病的治疗 | 肝毒性、肺炎；延迟应答 |
| 环孢素 | 溃疡性结肠炎 | 不延误结肠切除术 | 治疗窗窄、不良反应大 |
| 他克莫司 | 传统药物难治或抗TNF-α药物难治的炎性肠道疾病 | 体内、体外的免疫抑制效果均是环孢素A的数十倍至数百倍 | 可诱发糖尿病 |
| 沙利度胺 | 溃疡性结肠炎；儿童难治性炎性肠道疾病 | 价格低廉，口服方便，镇静、抗焦虑 | 起效慢，4周以上；神经系统紊乱导致停药 |

**4. 生物制剂**　常见的生物制剂有英夫利昔单抗、阿达木单抗、赛妥珠单抗聚乙二醇等。英夫利昔单抗（infliximab）是一种抗TNF-α的人鼠嵌合体单克隆抗体，为促炎细胞因子的拮抗剂，临床试验证明对传统治疗无效的活动性克罗恩病有效，重复治疗可取得长期缓解，近年已在临床使用。

◉ 看一看4-2-1

### 英夫利昔单抗的发现

英夫利昔单抗是1998年美国食品药物管理局（FDA）批准的第一个生物治疗药物。其机制包括拮抗TNF-α活性、对免疫细胞的直接细胞毒性和诱导T细胞凋亡。研究证明，使用英夫利昔单抗药物治疗可诱导缓解复发性克罗恩病并维持疗效。临床试验数据表明，英夫利昔单抗在治疗活动性溃疡性结肠炎方面是有益的，并可减少糖皮质激素的应用。作为批准用于人治疗的第一个单克隆TNF抗体，英夫利昔单抗是纯化的重组DNA衍生的嵌合人-小鼠IgG单克隆抗体，并且含有鼠重（H）和轻（L）链可变区，连接到人基因组重链和轻链恒定区。英夫利昔单抗可以迅速与人类可溶性或膜形式的TNF形成稳定的复合物，并终止TNF的生物活性以及信号。1998年被FDA批准后，英夫利昔单抗用于炎性肠道疾病治疗约18年，其临床疗效已得到很好的证实。

### （二）对症治疗的药物

及时纠正水、电解质平衡紊乱；贫血者可输血；低蛋白血症者应补充白蛋白。病情严重应禁食，并予完全胃肠外营养治疗。

对腹痛、腹泻的对症治疗，要权衡利弊，使用抗胆碱能药物如山莨菪碱或止泻药如地芬诺酯（苯乙哌啶）或洛哌丁胺宜慎重，在重症患者应禁用，因有诱发中毒性巨结肠的危险。

抗生素治疗对一般病例并无指征。但对重症有继发感染者，应积极进行抗感染药物治疗，给予广谱抗生素如广谱半合成青霉素或喹诺酮类药物等抗感染药物治疗，静脉给药，合用甲硝唑对厌氧菌感染有效。

**？ 想一想4-2-1**

患者，女，28岁。平时工作较繁忙，工作压力大，不能按时吃饭，经常在外卖平台上点餐。近期由于不舒服去医院，诊断为溃疡性结肠炎。在治疗康复期间，应如何做好患者教育？

答案解析

## 四、药学服务

开展炎性肠道疾病的药学服务主要包括：①向医师介绍5-氨基水杨酸、糖皮质激素、免疫抑制剂、生物制剂等药的特点，提供各类药物的剂量、疗程、不良反应、相互作用的信息咨询服务；②向护士提供炎性肠道疾病不同药物的使用注意事项、不良反应等；③向患者介绍炎性肠道疾病药物治疗的特点和使用方法，预防不良反应发生的措施及发生特定不良反应时的应对措施，提高其依从性；④向患者、家属及社会公众介绍炎性肠道疾病预防和治疗的内容及意义等。

### （一）用药注意事项

**1. 5-氨基水杨酸** 本药有三种制剂，疗效和不良反应有所不同。

（1）柳氮磺吡啶（SASP） 不良反应分为两类。一类是剂量相关的不良反应，如恶心、呕吐、食欲减退、头痛、可逆性男性不育等，餐后服药可减轻消化道不良反应。另一类不良反应是过敏，有皮疹、粒细胞减少、自身免疫性溶血、再生障碍性贫血等，因此，服药期间应定期复查血常规，一旦出现此类不良反应，应改用其他药物。

（2）奥沙拉嗪 最常见的不良反应是腹泻，通常短暂，发生于治疗开始或增加剂量时；减少本品用量或与食物共服，腹泻会得到控制。不完全排除过敏反应，可能发生皮疹、恶心、震颤和头痛、头晕、关节痛、腹痛，与SASP相比不良反应发生率低。

（3）美沙拉嗪 可能出现轻度的胃部不适，也有可能诱发慢性肝炎。长期服用时，患者需要经常定期检查肝脏指标谷丙转氨酶（ALT）等，如果该指标远远超过正常水平，则需要停用，否则容易引起肝炎、肝纤维化甚至肝坏死。

**2. 糖皮质激素** 不良反应包括医源性肾上腺皮质功能亢进症、撤药反应等。给药途径不同，不良反应的程度不一样。局部不良反应轻微，口服次之，注射给药较严重。

**3. 免疫抑制剂** 常见的不良反应是血液系统损害、肝功能异常、感染、胃肠道反应和呼吸系统疾病，大剂量时可出现胃肠道和口腔溃疡、脱发等。累及人体多个系统，其中，骨髓抑制、肺毒性、肝毒性等具有潜在致死性。临床上应引起高度重视，密切观察患者用药期间的临床表现及监测各项检验指标，进行肝功能组织学检查，包括血小板在内的全血细胞检查，尤其是老年患者的血液学指标，一旦出现异常反应，应该立即停药，并对症治疗。硫唑嘌呤可致畸胎，孕妇禁用。

**4. 山莨菪碱** 常见的不良反应有口干、面红、视物模糊等；少见的有心跳加快、排尿困难等；上述症状多在1~3小时内消失，毒性较低。

**5. 地芬诺酯** 不良反应少见，服药后偶见口干、恶心、呕吐、头痛、嗜睡、抑郁、烦躁、失眠、皮疹、腹胀及肠梗阻等，减量或停药后消失。

**6. 洛哌丁胺** 本品一般耐受良好，偶见口干、胃肠痉挛、便秘、恶心和皮肤过敏。

**7. 广谱半合成青霉素** 最常见的不良反应是过敏反应，服用期间可能出现的不良反应包括恶心、呕吐、腹痛、腹泻等胃肠道不适症状，严重的甚至还会出现假膜性肠炎。

**8. 喹诺酮类药物** 胃肠道不良反应、中枢神经系统不良反应、肝毒性、肾毒性、光毒性等。

**9. 英夫利昔单抗** 最常见的不良反应为感染，输注相关反应，头痛和腹痛。

**？ 想一想4-2-2**

为什么糖皮质激素局部给药时不良反应较轻？

答案解析

**（二）药物相互作用**

1. 5－氨基水杨酸与尿碱化药合用可增强磺胺药在碱性尿中的溶解度，使排泄增多；对氨基苯甲酸可代替磺胺被细菌摄取，与磺胺药的抑菌作用发生拮抗，因而两者不宜合用。

2. 糖皮质激素与非甾体抗炎药合用时可加强糖皮质激素的致溃疡作用，也会增强对乙酰氨基酚的肝毒性。

3. 硫唑嘌呤与其他具有肝毒性的药物（丙戊酸钠、异烟肼）联合应用，会使肝毒性明显加重；别嘌醇可抑制硫唑嘌呤的代谢，合用时硫唑嘌呤的剂量应减量至 1/4 的常规剂量。

**✎ 练一练4-2-2**

下列说法中，正确的是

A. 美沙拉嗪可能出现轻度的胃部不适，可放心长期使用

B. 糖皮质激素局部给药时会出现严重的不良反应

C. 山莨菪碱适用于炎性肠道疾病引起腹痛的老年男性患者

D. 硫唑嘌呤可与异烟肼联合应用

E. 环孢素常见的不良反应是血液系统损害，长期应用时需定期去医院复查血常规

答案解析

**（三）健康宣教** 📱微课2

炎性肠道疾病是一类由环境、遗传、感染和免疫等多种病因引起的肠道炎症，目前没有理想的治疗药物，并有反复发作且伴随终身的现象，严重影响患者生活质量，针对这一情况，要做好以下几方面的健康宣教。①坚持早发现，早治疗：由于本病有一定的遗传性，且早期症状与一般胃肠炎非常相似，应宣传目标人群重视此病的筛查，对有家族史和前驱症状者，应建议其定期检查，肠镜是最理想的筛查方法。②帮助患者了解治疗方案，知晓药物不良反应和治疗效果的长效性，提高用药依从性。③指导炎性肠病患者养成健康的生活方式，保证进食、休息、用药规律，定期随访监测病情，保持良好心态，是改善愈合的重要保证。

**◆ 目标检测 ◆**

答案解析

**一、综合问答题**

1. 利用各种信息资源，收集治疗炎性肠道疾病的有关治疗方案，归纳炎性肠道疾病的治疗目标和原则。

2. 结合实际，影响炎性肠道疾病治疗效果的因素有哪些？

## 二、案例分析题

患者，女性，24岁。反复黏液脓血便4年，加重2周。4年前出现大便带血，未予诊治。3年前在当地医院查肠镜："溃疡性结肠炎（直、乙状结肠型）"，予灌肠、口服SASP抗炎治疗，症状好转出院。出院后，大便带血时有反复，自服SASP治疗。1年前大便带血加重（10次/日），伴有脓液，再次于当地予以激素、中药灌肠、SASP、输血支持治疗，因便血无改善转至某省级医院，肠镜示"溃疡性结肠炎（全结肠型）"，继续局部灌肠，并予激素静滴、5-ASA口服治疗，脓血便渐止，后出院采取口服激素2个月减量停药，予5-ASA维持治疗。2周前，便血再次加重（6~8次/日）再次就诊。

请思考分析：

1. 该患者使用过的SASP属于哪一类药物？该药物有什么作用和不良反应？

2. 除了上述使用过的药物外，还可以选用哪些药物治疗溃疡性结肠炎？

3. 结合患者实际情况，使用激素时的注意事项或合理用药措施有哪些？（至少说出三条）

4. 如何在上述药学服务中体现职业素养和专业精神？

（付　围）

---

书网融合……

📖重点回顾　　📱微课1　　📱微课2　　⏰习题

PPT

# 任务三　急性胃肠炎的药物治疗 📱微课1

**学习目标**

**知识目标：**

1. **掌握**　急性胃肠炎的药物治疗原则、药物种类和代表药物、治疗方案。

2. **熟悉**　急性胃肠炎的症状、治疗药物的用法用量和相关药学服务知识。

3. **了解**　急性胃肠炎的病因和诊断。

**技能目标：**

1. 能够结合临床指南正确选用治疗急性胃肠炎的药物，开展咨询、指导用药，协助拟定药物治疗方案等药学服务。

2. 学会判断急性胃肠炎治疗药物的常见不良反应并提供处理方案，主动提供健康教育。

**素质目标：**

培养尊重、关爱急性胃肠炎患者及家属，积极、细致、认真的服务意识和职业精神。

📖 导学情景

**情景描述**：患者，女，27岁，上腹疼痛、恶心、呕吐伴腹泻数天就诊。自诉4天前吃过凉拌饭菜后，半夜发生上腹疼痛不适，伴持续恶心、呕吐，吐后腹痛稍减。解水样便，无黏液和脓血，4~5次/日，无畏寒、发热。曾于药店自购"止泻药"和"止痛药"，自觉症状好转，但仍有腹部不适，随后到医院就诊。查体：体温36.5℃，上腹轻压痛，肠鸣音较活跃。血分析示：白细胞$13.6 \times 10^9$/L，红细胞$3.95 \times 10^{12}$/L；大便常规：黄色水样便。

**情景分析**：结合患者症状以及生活史，凉拌饭菜由于没有经过高温，容易滋生大量的细菌，从而导致细菌性腹泻，加之入院体检时白细胞升高，诊断为急性胃肠炎。

**讨论**：结合案例，协助拟定治疗方案，并说出药学服务要点。

**学前导语**：急性胃肠炎的近期治疗目标是通过控制腹泻、呕吐、腹痛等来缓解症状和防止出现脱水、休克等并发症，远期目标是通过良好的健康生活方式达到预防急性胃肠炎、提高患者生活质量和降低患病率的目的。本任务将介绍相关的知识技能，为今后开展药学服务打好基础。

消化系统由口腔、食管、胃、十二指肠、空肠、回肠、结直肠、肛门、肝等众多脏器构成，这些脏器的疾病比较常见且相互关联。常见的消化道疾病有消化性溃疡、胃食管反流病、食管癌、胃癌、急性胃肠炎等。其中，急性胃肠炎是最常见的消化道疾病，是本任务主要介绍的内容，常见于夏秋季节，其发生多由进食含有病原菌及其毒素的食物或饮食不当引起。

## 一、疾病概述

### （一）病因与发病机制

急性胃肠炎是指发生在胃肠道黏膜的急性弥漫性炎症，多由饮食不洁，如进食被病原微生物或其毒素污染的食物，或进食生冷、刺激性食物而诱发。起病急，发病时胃肠黏膜有充血、水肿、糜烂、出血等改变，甚至有一过性浅表溃疡形成。多发于夏秋季节，是最常见的消化道疾病。

急性胃肠炎的致病菌主要有大肠埃希菌、志贺菌属、沙门菌属等。病毒常通过粪－口传播途径在婴幼儿及儿童中传播，轮状病毒感染是引起小儿腹泻的主要原因。

### （二）临床表现与诊断

**1. 恶心、呕吐**　恶心经常是呕吐的先兆感觉，也可单独出现。表现为上腹部不适，常伴有头晕、流涎、血压降低等迷走神经兴奋症状。呕吐可将有害物质从胃排出，从而起保护作用，但持久而剧烈的呕吐可引起失水、电解质紊乱、代谢性碱中毒及营养不良。

**2. 腹泻**　消化功能紊乱，其主要表现为排便量和排便次数的增加。根据病情严重程度的不同分为急性及慢性腹泻。

**3. 脱水**　重症患者由于频繁呕吐或腹泻导致体液过度丢失，若不能即时补充，会出现口渴、尿少、眼眶凹陷等脱水症状，严重时会造成虚脱，甚至引发休克和危及生命，应及时补充体液，纠正水、电解质紊乱。

急性胃肠炎的诊断依赖详细病史、典型临床表现、实验室检查等，必要时可进行大便致病菌培养和胃肠镜及活组织检查与其他炎性肠道疾病相区别。

👁 看一看4-3-1

#### 脱水的分级

临床上，根据患者病史以及症状和体征，可做出是否脱水的诊断，脱水的诊断做出后，可根据血清钠浓度确定是哪种类型的脱水，从而判断脱水的严重程度。

**1. 轻度脱水** 失水量占体重的 2% ~3% 或体重减轻 5%，仅有一般的神经功能症状，如头痛、头晕、无力、皮肤弹性稍有降低，高渗性脱水有口渴。

**2. 中度脱水** 失水量占体重的 3% ~6% 或体重减轻 5% ~10%，脱水的体表症状已经明显，并开始出现循环功能不全的症状。

**3. 重症脱水** 失水量占体重的 6% 以上或体重减轻 10% 以上，前述症状加重，甚至出现休克、昏迷。

## 二、治疗目标与原则

### （一）治疗目标

急性胃肠炎治疗的近期目标是通过非药物疗法和药物疗法来消除临床症状和防止出现休克、脱水等严重并发症，治疗的远期目标是通过良好的、健康的生活方式达到预防急性胃肠炎、保护胃肠道，提高健康水平的目的。

### （二）治疗原则

**1. 预防** 包括注意饮食卫生，防止食物、饮水被污染，不吃腐败变质、被病原微生物或其毒素污染的食物、戒酒等。

**2. 治疗** 卧床休息，进清淡流质饮食，严重、频繁呕吐时禁食 6 ~24 小时，必要时可选择甲氧氯普胺或多潘立酮等进行止吐。严重腹泻伴感染可选择双八面体蒙脱石或洛哌丁胺等止泻药，再加用抗感染药物。严重胃肠绞痛可选择阿托品或山莨菪碱等用于解痉止痛。一旦恶心、呕吐较轻或停止，应口服葡萄糖 - 电解质溶液或加盐的肉菜清汤以防脱水。儿童可能较快发生脱水，应迅速给予葡萄糖 - 电解质溶液口服，如果呕吐持久或存在严重脱水，则需要通过静脉注射适当补充电解质以防止严重脱水引起休克等并发症。

**? 想一想4-3-1**

1. 日常生活中的哪些不良行为容易引发急性胃肠炎？请举例说明。
2. 通过查阅相关资料，了解：清淡流质饮食有哪些？

答案解析

## 三、常用治疗药物 微课2

目前有效治疗急性胃肠炎的药物主要包括三类，即对症治疗药物、抗感染治疗药物、纠正水电解质紊乱药。

### （一）对症治疗药物

对症治疗药物包括止吐药、止泻药、解痉止痛药三类（表 4 - 9）。

**1. 止吐药** 甲氧氯普胺属于多巴胺 $D_2$ 受体拮抗药，可作用于延髓催吐化学感受区（CTZ）中的多巴胺受体，具有强大的中枢性镇吐作用。主要作用于上消化道，提高静息状态胃肠道括约肌的张力，阻止胃 - 食管反流，加强胃和食管蠕动，并增强镇吐效应。多潘立酮属于外周性多巴胺受体拮抗药，具有较强的促胃肠运动和止吐作用，可以加强食管下部括约肌张力，防止胃 - 食管反流，增强胃蠕动，促进胃排空，协调胃与十二指肠运动，抑制恶心、呕吐。

**2. 止泻药** 双八面体蒙脱石能与黏液蛋白结合,保护肠黏膜,对病毒、细菌和细菌毒素具有极强的吸附能力,可减少这些攻击因子的致病作用,具有显著的止泻作用;洛哌丁胺通过延迟肠内容物转运、肠内容物吸收而缓解腹泻症状。止泻药不能用于感染性腹泻或可疑感染性腹泻的患者。

**3. 解痉止痛药** 阿托品、山莨菪碱属于 M 受体拮抗药,具有明显的外周抗胆碱作用,使乙酰胆碱引起的痉挛平滑肌松弛,选择性缓解胃肠道、胆道痉挛及抑制蠕动,并解除微血管痉挛,增加血供,从而改善微循环。

表 4 - 9 常用急性胃肠炎对症治疗药物的作用特点

| 药名 | 适应证 | 用法用量 | 注意事项 | 禁忌证 |
|---|---|---|---|---|
| 甲氧氯普胺 | ①化疗、放疗、手术、颅脑损伤、脑外伤后遗症、海空作业以及药物引起的呕吐;②急性胃肠炎、胆囊炎、胰腺炎、尿毒症等导致的恶心、呕吐症状的对症治疗;③诊断性十二指肠插管前用,有助于顺利插管;④胃肠钡剂 X 线检查,可减轻恶心、呕吐反应,促进钡剂通过 | 口服;成人每次5～10mg,每日3次 | 对晕动病所致呕吐无效 | ①对普鲁卡因或普鲁卡因胺过敏者;②胃肠道出血、机械性肠梗阻或穿孔,可因用药使胃肠道动力增加,病情加重;③不能用于因行化疗和放疗而呕吐的乳癌患者 |
| 多潘立酮 | 用于消化不良、腹胀、嗳气、恶心、呕吐、腹部胀痛 | 多潘立酮片、多潘立酮分散片:口服,成人一次10mg,一日3次,饭前15～30分钟送服 | 本品升高催乳素水平,长期用药会维持高水平,但停药后可恢复正常;肝功能损害的患者慎用;可能加重心律失常 | ①嗜铬细胞瘤、乳腺癌、机械性肠梗阻、胃肠出血等疾病患者禁用;②已知对多潘立酮或本品任一成分过敏者禁用;③增加胃动力有可能产生危险时(胃肠道出血、机械性梗阻、穿孔)禁用 |
| 双八面体蒙脱石 | 适用于急、慢性腹泻;胃食管反流病、食管炎、胃炎及结肠炎;肠易激综合征的症状治疗;肠道菌群失调 | 口服:1袋/次,3次/日;儿童剂量酌减 | 本药可能影响其他药物吸收,必须合用时应在服用本药前 1 小时服用其他药物 | 对本药中任何成分过敏者 |
| 山莨菪碱 | 本品用于解除平滑肌痉挛,胃肠绞痛、胆道痉挛以及急性微循环障碍和有机磷中毒等 | 肌内注射或静脉注射,成人一般剂量为 5～10mg,一日1～2次,也可经稀释后静脉滴注 | 急腹症诊断未明确时,不宜轻易使用 | ①颅内压增高、脑出血急性期、青光眼、幽门梗阻、肠梗阻及前列腺肥大者禁用;②反流性食管炎、重症溃疡性结肠炎慎用 |

### (二)抗感染药

**1. 盐酸小檗碱** 临床主要用于肠道感染及菌痢等,0.3g/次,3 次/日。

**2. 左氧氟沙星** 属于喹诺酮类广谱抗生素药,尤其对需氧革兰阴性杆菌的抗感染活性高,口服0.3g/次,2 次/日;或0.2g 每 8～12 小时,静脉滴注。

**3. 广谱青霉素和第三代头孢菌素类** 较常用的有阿莫西林(羟氨苄青霉素)以及对抗耐药性增加的 β - 内酰胺酶抑制剂克拉维酸钾(阿莫西林克拉维酸钾)、青霉烷砜类抗生素的复方制剂氨苄西林钠舒巴坦钠等,可用于敏感菌所致肠道感染。对病情严重、怀疑有败血症的婴儿和其他高危人员,静脉应用第三代头孢菌素如头孢曲松等。

**4. 米诺环素** 属于半合成的四环素类抗生素药,可用于敏感菌所致肠道感染,口服,成人首次剂量为 0.2g,以后每 12 小时服用 0.1g,或每 6 小时服用 50mg。

**5. 磺胺甲噁唑** 属于磺胺类抗生素药,对大多数革兰阳性菌和革兰阴性菌有良好的抗菌作用,可用于大肠埃希菌等敏感菌引起的肠道感染,成人常用量为首剂 2g,以后 2g/日,分 2 次服用。

**6. 庆大霉素** 属于氨基糖苷类抗生素药,可用于敏感菌引起的痢疾、肠炎等肠道感染性疾病,口服,成人 80～160mg/次,3～4 次/日。

1. 病情严重、怀疑有败血症的婴儿能不能使用喹诺酮类药物？为什么？
2. 病因未明的腹痛能不能使用山莨菪碱？为什么？

答案解析

### （三）纠正水、电解质紊乱药

呕吐、腹泻导致失水过多及电解质紊乱时，轻度者给予口服补液（表4-10），重度者则静脉输液，液体输入量根据病情决定，一般可输入1000～3000ml/d，其中生理盐水或5%的葡萄糖盐水需1500ml，也可补充葡萄糖液；对血压下降的患者，应及早快速补液，以补充其循环血容量的不足；输液后仍不能使血压正常者，可在液体中加入升压药如去甲肾上腺素或间羟胺；如有酸中毒，应给予碱性药物如碳酸氢钠；对不能进食而尿量正常的患者，注意补充氯化钾。

表4-10 不同规格口服补液盐的特点

| 分类 | 适应证 | 规格 | 用法用量 | 不良反应 |
|------|--------|------|----------|----------|
| 口服补液盐（Ⅰ） | 用于治疗和预防急、慢性腹泻造成的轻度脱水 | 每包重14.75g（大袋葡萄糖11g，氯化钠1.75g；小袋氯化钾0.75g，碳酸氢钠1.25g） | 临用时，将1袋（大、小各1包）溶于500ml温水中，一般每日服用3000ml，直至腹泻停止 | 肠道不良反应可见恶心、刺激感，多因未按规定溶解本品，由浓度过高而引起 |
| 口服补液盐（Ⅱ） | | 每包13.95g（氯化钠1.75g，氯化钾0.75g，枸橼酸钠1.45g，无水葡萄糖10g） | 临用时，将本品1袋溶于500ml温水中，一般每日服用3000ml，直至腹泻停止 | |
| 口服补液盐（Ⅲ） | | 5.125g | 临用前，将1袋量溶解于250ml温开水中，随时口服 | |

患者，男，6岁，因吃了凉西瓜导致腹泻，经初步诊断，属于非细菌引起的腹泻。基于该诊断，下列具有止泻作用的药物是

A. 小檗碱　　　　　　B. 左氧氟沙星　　　　　　C. 阿托品

D. 多潘立酮　　　　　E. 蒙脱石散

答案解析

## 四、药学服务

开展急性胃肠炎的药学服务主要包括：①向医师介绍甲氧氯普胺、双八面体蒙脱石、阿托品、山莨菪碱、小檗碱、阿莫西林等药物的特点，提供各类药物的剂量、疗程、不良反应、相互作用的信息咨询服务；②向护士提供急性胃肠炎不同药物的使用注意事项、不良反应等；③向患者介绍急性胃肠炎有关药物治疗特点和使用方法，预防不良反应发生的措施及发生不良反应时的应对措施，提高其依从性；④向患者、家属及社会公众介绍急性胃肠炎的预防措施。

❤ **药爱生命**

近年来，许多国家的急性胃肠炎发生率显著上升，全世界每年有220万～1000万人因患急性胃肠炎症状的疾病而丧生。急性胃肠炎是当今世界上分布最广泛、最常见的疾病症状之一，是一个重要的公共卫生问题。急性胃肠炎既可能是很多疾病的症状，也可能是由多种致病因子如细菌、病毒和寄生虫等直接导致的疾病，并与饮食习惯和环境卫生密切相关，通常具有感染性或中毒性，从而造成严重

的社会经济负担。加强预防消化道疾病的健康教育，强化食品安全卫生监管和保障力度，提倡安全洁净的饮食卫生习惯，让公众了解、认识本类疾病的预防和治疗常识，有助于预防疾病和降低发病率，大大减轻对社会经济生活的不良影响，提高公众的生活质量和幸福感。

### （一）用药注意事项 📱微课3

**1. 甲氧氯普胺** 不良反应包括昏睡、烦躁不安、疲怠无力。比较少见的反应包括乳腺肿痛、恶心、便秘、皮疹、腹泻、睡眠障碍、眩晕、严重口渴、头痛、容易激动。用药期间有可能会出现乳汁增多，由催乳素的刺激导致。大剂量长期应用可能会拮抗多巴胺受体，使胆碱能神经功能相对亢进而导致锥体外系反应，可出现肌肉震颤、发音困难、共济失调。

**2. 山莨菪碱** 不良反应常见口干、面红、视物模糊等，少见心跳加快、排尿困难等，上述症状多在1~3小时内消失，用量过大时可出现阿托品样中毒症状。若不良反应较大，应立即停药，就医。

**3. 双八面体蒙脱石** 不良反应较轻，偶见便秘、大便干结。

**4. 广谱青霉素和第三代头孢菌素类**

（1）**阿莫西林** 不良反应以过敏反应较为常见，用前必须做青霉素钠皮肤试验，阳性反应者应禁用；传染性单核细胞增多症患者易发生皮疹，应避免使用；疗程较长时患者应检查肝、肾功能和血常规；有哮喘、枯草热等过敏性疾病史者应慎用。

（2）**阿莫西林克拉维酸钾** 具有氨苄青霉素类抗生素毒性低的性质，但仍建议在延长治疗期间定期检查肾、肝或造血功能；单核细胞增多症患者应禁用氨苄青霉素类抗生素；治疗期间有出现二重感染的可能，若出现，应停药或采取合适的方法继续治疗；为减轻胃肠道副作用，建议用餐时服用本品。

（3）**氨苄西林钠舒巴坦钠** 用药前须做青霉素皮肤试验，阳性者禁用；长期用药时应常规监测肝、肾功能及血常规；肌内注射时，可用0.5%利多卡因作溶剂以缓解注射部位疼痛；此药在弱酸性葡萄糖液中分解较快，宜用中性液体作溶剂，药物溶解后应立即使用，溶液久置后致敏物质可增多。

（4）**头孢曲松** 有交叉过敏反应，对青霉素过敏患者应用本药时应根据患者情况充分权衡利弊后决定，有青霉素过敏性休克或即刻反应者，不宜再选用头孢菌素类；有胃肠道疾病史者，特别是溃疡性结肠炎、局限性肠炎或抗生素相关性结肠炎者应慎用。

**5. 左氧氟沙星** 可能影响骨骼发育，孕妇及18岁以下的小儿及青少年禁用，哺乳期妇女应停止哺乳。

**6. 米诺环素** 最常见的不良反应包括胃肠道症状，如腹痛、恶心、厌食及胃肠道疾病，以及头晕。发生率无法确定的不良反应有休克和过敏反应、系统性红斑狼疮（SLE）样症状恶化、结节性多动脉炎、显微镜下多血管炎等。

**7. 磺胺甲噁唑** 主要有交叉过敏反应，出现固定型色素沉积，多发于皮肤黏膜交界处；偶有肝脏损害和肾脏损害，应定期检查，多饮水等。

**8. 庆大霉素** 与其他氨基糖苷类如链霉素、阿米卡星等有交叉过敏反应，与妥布霉素、西索米星等有交叉耐药现象；对敏感菌所致的全身性感染应采用注射治疗；出现失水、第Ⅷ对脑神经损害、重症肌无力或帕金森病、肾功能损害应慎用本药；长期或大剂量服用本药的慢性肠道感染患者应注意出现肾毒性或耳毒性的可能。

在使用广谱抗感染药物时，避免长期应用诱发二重感染。

**❋ 练一练4-3-2**

患者，男，16岁，因吃了过夜的凉拌菜而导致腹泻，初步诊断为急性胃肠炎。下列说法中，错误的是

A. 若患者出现胃肠绞痛，可服用阿托品

B. 若患者出现严重呕吐，可服用甲氧氯普胺

C. 若患者出现白细胞升高，可服用左氧氟沙星

D. 若患者出现腹泻，可服用双八面体蒙脱石

E. 若患者出现脱水，应及时补液

答案解析

### （二）药物相互作用

**1. 甲氧氯普胺** 包括：①能增加对乙酰氨基酚、阿莫西林、左旋多巴和四环素的吸收速率；②与地高辛合用可减少地高辛吸收；③与吩噻嗪类药物合用可增强锥体外系反应，故不可合用；④与西咪替丁合用可降低西咪替丁的口服生物利用度。

**2. 山莨菪碱** 包括：①可抑制胃肠道蠕动使维生素 $B_2$ 在吸收部位的滞留时间延长，吸收增加；②与维生素 K 合用治疗黄疸型肝炎，在降低氨基转移酶、消退黄疸方面优于常规治疗；③与其他抗胆碱药合用可能引起抗胆碱作用相加，增加不良反应，合用时可减少用量；④因拮抗 M 受体减少唾液分泌使舌下含化的硝酸甘油、戊四硝酯、硝酸异山梨酯的崩解减慢从而使吸收作用减弱。

**3. 双八面体蒙脱石** 与其他药物合用时（阿莫西林、维生素等）会减少其他药物的吸收，建议间隔2小时以上服用。

**4. 广谱青霉素和第三代头孢菌素类**

（1）阿莫西林 与丙磺舒合用时，丙磺舒竞争性地减少本品的肾小管分泌，两者同时应用可引起阿莫西林血药浓度升高、半衰期延长。

（2）阿莫西林克拉维酸钾 可能降低避孕药的药效，应增加避孕药的剂量或避免合用。

（3）氨苄西林钠舒巴坦钠 包括：①丙磺舒可使氨苄西林在肾中清除变缓，升高其血药浓度；②与华法林合用可加强华法林的抗凝血作用；③与避孕药合用，可加速雌激素代谢或减少其肝肠循环，降低口服避孕药的药效。

（4）头孢曲松 包括：①头孢曲松静脉输液中加入红霉素、四环素、两性霉素 B、间羟胺、苯妥英钠、氯丙嗪等药物时将出现混浊，应单独给药；②应用头孢曲松期间饮酒或服含乙醇药物时，个别患者可出现双硫仑样反应，故在其使用期间和以后数天内应避免饮酒和服含乙醇的药物。

**5. 米诺环素** 包括：①能降低凝血酶原的活性，与抗凝血药合用时，应降低抗凝血药的剂量；②与含铝、钙、镁、铁离子的药物合用时，可形成不溶性络合物，使其吸收减少；③肝药酶诱导剂（苯巴比妥、苯妥英钠、卡马西平、利福平等）可诱导微粒体酶的活性，致米诺环素血药浓度降低，合用时须增加其剂量；④和全麻药甲氧氟烷合用可导致致命性的肾毒性，应禁止合用。

**6. 磺胺甲噁唑** 包括：①合用碱化尿液的药物时可增加磺胺甲噁唑在碱性尿中的溶解度，使排泄增多；②不能与对氨基苯甲酸合用，因其可代替磺胺甲噁唑被细菌摄取，两者相互拮抗；③磺胺甲噁唑可取代口服抗凝药、口服降血糖药、甲氨蝶呤等药物的蛋白结合部位，或抑制其代谢，以致药物作用时间延长或毒性发生；④与骨髓抑制药合用时可能增强此类药物对造血系统的不良反应。

**7. 庆大霉素** 包括：①与其他氨基糖苷类合用或先后连续应用，可增加耳毒性、肾毒性及神经肌肉阻滞作用的可能性；②与卷曲霉素、顺铂、依他尼酸、呋塞米或万古霉素等合用或先后连续应用，

可增加耳毒性与肾毒性的可能性；③与头孢噻吩合用可能增加肾毒性。

### （三）健康宣教

急性胃肠炎是常见疾病，与生活习惯和环境卫生状况密切相关，做好健康宣教，提倡以预防为主、治疗为辅的健康指导策略是主要宣教目标。

预防急性胃肠炎的关键是严格把控食物安全卫生关。做好饮食、饮水卫生，加强粪便管理，大力消灭苍蝇等有害媒虫，是预防该病的根本措施。食品要生熟分开，进食前要烧熟烧透。饭前便后洗手、蔬菜瓜果生吃前消毒洗净、外出选择干净卫生的饭店等都是有效的预防措施。

出现腹泻、腹痛等症状时，不宜马上使用抗感染药物，应及时补充水和电解质，并及时采取支持疗法。确有发热、乏力、虚脱等抗感染治疗指征时，应合理选择药物，并持续补充水和电解质。

## 目标检测

答案解析

### 一、综合问答题

1. 通过收集各种治疗急性胃肠炎的治疗方案，说出急性胃肠炎的治疗目标和原则。
2. 急性胃肠炎的治疗方法有哪些？

### 二、案例分析题

患者，男，62岁，因"腹泻、呕吐1天"就诊。诉前一天吃了海鲜，清晨起床感腹痛，腹泻 8～9 次，大便开始呈黄色稀便，后呈水样便，无果酱样便，无脓血便。呕吐 3～4 次，为胃内容物，无喷射性。在家自行服用"杨梅酒"，后感头晕，全身无力。自发病以来，精神差，未进饮食，大便如上，小便量稍少，既往体健，未到过疫区，无烟酒嗜好。查体：体温 37.5℃，神志清楚，腹肌稍紧，上腹轻压痛，肠鸣音 6～7 次/分。血常规：白细胞 $13.4 \times 10^9$/L，中性粒细胞百分比 80.7%。初步诊断为急性胃肠炎。

请思考分析：

1. 该患者初步诊断为急性胃肠炎的依据有哪些？
2. 用于治疗急性胃肠炎的药物有哪些？这些药物用于有什么症状的急性胃肠炎患者？
3. 该患者使用阿托品时出现尿潴留，最可能的原因是什么？
4. 如何在上述药学服务中体现职业素养和专业精神？

（付　囷）

**书网融合……**

重点回顾　　微课1　　微课2　　微课3　　习题

# 项目五　神经与精神疾病的药物治疗

## 任务一　睡眠障碍的药物治疗

**学习目标**

**知识目标：**

**1. 掌握**　失眠症的药物治疗原则、药物种类和代表药物、临床治疗方案。

**2. 熟悉**　失眠症的症状、治疗药物的用法用量和相关药学服务知识。

**3. 了解**　失眠症的病因和诊断。

**技能目标：**

1. 能够结合临床指南正确选用治疗失眠症的药物，开展咨询、指导用药，协助拟定药物治疗方案等药学服务。

2. 学会判断失眠症治疗药物的常见不良反应并提供处理方案，主动提供健康教育。

**素质目标：**

培养尊重、关爱失眠症患者及家属，积极、细致、认真的服务意识和职业精神。

### 导学情景

**情景描述：**患者，女，19岁，某高校大一学生。自述高三时因学习压力大，曾有过一段时间失眠，后经2周心理辅导，睡眠状况好转。近期无诱因又开始出现失眠现象，开始时表现为入睡困难，易胡思乱想，白天尚能正常学习，后来逐渐加重，现在几乎整夜无法入睡，每天都为睡眠困扰。白天头晕、困倦、乏力、脾气急躁易怒，经常莫名心情不好，不想与人讲话。既往史：体健，无肝、肾、糖尿病病史，无药物过敏史，月经史、个人史及家族史无特殊，家人无精神病。查体：体温37.3℃，脉搏75次/分，呼吸22次/分，血压106/75mmHg，余无殊。脑电图检查未见异常。多排CT–头颅平扫也未见异常。

**情景分析：**结合病史、体格检查和精神卫生量表评估，诊断为失眠伴有轻度焦虑、抑郁症。

**讨论：**结合案例，协助拟定治疗方案，并说出药学服务要点。

**学前导语：**失眠症是最常见的睡眠障碍性疾病，长期失眠对于正常的生活和工作会产生严重的负面影响，甚至会导致恶性意外事故的发生。因此，需要对失眠进行干预。请想一想，都有哪些方式、方法可用于失眠的干预呢？本任务将介绍失眠症相关的知识技能，为今后开展药学服务打好基础。

---

睡眠障碍指各种原因引起的睡眠–觉醒的节律紊乱，导致睡眠质量异常或睡眠中行为异常所造成的临床综合征。根据2014年睡眠障碍的国际分类–第三版（ICSD–3），睡眠障碍包括八大类：①失眠；②睡眠相关呼吸障碍；③中枢性睡眠增多；④昼夜节律睡眠觉醒障碍；⑤异态睡眠；⑥睡眠相关运动障碍；⑦独立症候群，正常变异及尚未明确的问题；⑧其他睡眠障碍。其中，失眠症是以频繁而持续的入睡困难和（或）睡眠维持困难并导致睡眠感不满意为特征的睡眠障碍，是最常见的睡眠障碍

类型。本节主要学习失眠症的药物治疗。

## 一、疾病概述

### （一）病因与发病机制

失眠症可由多种原因引起，主要病因包括：精神因素，如焦虑、抑郁、紧张等，容易引起失眠的发生；环境因素，如环境嘈杂、空气污浊、居住拥挤或突然改变睡眠环境等，这是影响失眠发病的主要因素；躯体因素，如更年期综合征、月经不调、高血压、糖尿病等，都可能会导致失眠的发生；生活因素，如工作、学习压力的增大可导致人体神经系统的功能异常，从而导致失眠的发生；此外，睡眠节律改变、药物因素等也可能会影响人的睡眠。

### （二）临床表现与诊断

**1. 临床表现**　失眠症的主要临床表现包括入睡困难（入睡潜伏期超过 30 分钟）、睡眠维持障碍（整夜觉醒次数≥2 次）、早醒、睡眠质量下降和总睡眠时间减少（通常少于 6.5 小时），同时伴有日间功能障碍。失眠引起的日间功能障碍主要包括疲劳、情绪低落或激惹、躯体不适、认知障碍等。

**2. 诊断**　根据病程，失眠症可分为短期失眠症（病程 <3 个月）和慢性失眠症（病程≥3 个月）。慢性失眠症的诊断标准如下（必须同时符合第 1~6 项标准）。

（1）存在以下一种或者多种睡眠异常症状（患者自述，或者照料者观察到），包括：①入睡困难；②睡眠维持困难；③比期望的起床时间更早醒来；④在适当的时间不愿意上床睡觉。

（2）存在以下一种或者多种与失眠相关的日间症状（患者自述，或者照料者观察到）：①疲劳或全身不适感；②注意力不集中或记忆障碍；③社交、家庭、职业或学业等功能损害；④情绪易烦躁或易激动；⑤日间思睡；⑥行为问题（比如：多动、冲动或攻击性）；⑦精力和体力下降；⑧易发生错误与事故；⑨过度关注睡眠问题或对睡眠质量不满意。

（3）睡眠异常症状和相关的日间症状不能单纯用没有合适的睡眠时间或不恰当的睡眠环境来解释。

（4）睡眠异常症状和相关的日间症状至少每周出现 3 次。

（5）睡眠异常症状和相关的日间症状持续至少 3 个月。

（6）睡眠和觉醒困难不能被其他类型的睡眠障碍更好地解释。

符合慢性失眠症第 1~3、第 6 条标准，但病程不足 3 个月和（或）相关症状出现的频率未达到每周 3 次的失眠，可诊断为短期失眠症。

## 二、治疗目标与原则

失眠症的治疗主要有心理治疗，包括睡眠卫生教育和针对失眠的认知行为治疗（cognitive behavioral therapy for insomnia，CBT－I）；还有药物治疗、物理治疗、中医治疗和综合治疗等。

### （一）治疗目标

通过综合治疗达到：改善睡眠质量和（或）增加有效睡眠时间，恢复日间社会功能，提高生活质量，防止短期失眠转化成慢性失眠；减少与失眠相关的躯体疾病或与精神疾病共病的风险，尽可能避免包括药物在内的各种干预方式带来的负面效应。

### （二）治疗原则

**1. 基本原则**　在病因治疗、CBT－I 和睡眠卫生教育的基础上，酌情给予催眠药物。短期失眠患者应先积极寻找并消除可能的诱因，同时积极处置失眠症状，在无法完成 CBT－I 时应尽早应用药物治疗。慢性失眠患者在建立良好睡眠卫生习惯的基础上，应首选 CBT－I。

**2. 个体化** 用药剂量应遵循个体化原则，由小剂量开始给药，达到有效剂量后不可轻易调整药物剂量。

**3. 给药原则** 按需、间断、足量。每周服药 3~5 日，而非连续每晚用药；需长期药物治疗的患者宜"按需服药"；抗抑郁药不能采用间断治疗的方法。

**4. 疗程** 应根据患者睡眠情况来调整用药剂量和维持时间。短于 4 周的药物干预可连续治疗；超过 4 周的药物干预需每月定期评估，每 6 个月或旧病复发时，需对睡眠情况进行全面评估；必要时变更方案或者根据患者的睡眠状况适时采用间歇治疗。

**5. 特殊人群** 儿童、孕妇、哺乳期妇女以及肝肾功能损害、重度睡眠呼吸暂停综合征、重症肌无力患者不宜服用催眠药物治疗。

### 三、常用治疗药物 📱微课

治疗失眠症的理想药物应具有迅速导眠、维持足够睡眠时间、提高睡眠质量且无宿醉反应和成瘾性等特征。目前，临床治疗失眠症的药物主要包括苯二氮䓬类受体激动药（benzodiazepine receptor agonists，BzRAs）、褪黑素受体激动药、食欲素受体拮抗药和具有催眠效果的抗抑郁药物。巴比妥类药物、水合氯醛虽被 FDA 批准治疗失眠，但临床不推荐。抗癫痫药、抗精神病药不作为首选药物使用，仅适用于特殊情况和人群。

#### （一）苯二氮䓬类受体激动药（BzRAs）

包括传统的苯二氮䓬类药物（benzodiazepine drugs，BZDs）和新型非苯二氮䓬类药物（nonbenzodiazepine drugs，non‑BZDs）。

**1. BZDs** 通过非选择性激动 $\gamma$‑氨基丁酸（GABA）A 受体而发挥抗焦虑、镇静、催眠、肌肉松弛和抗惊厥等药理作用。BZDs 可缩短入睡时间、减少觉醒时间和次数、增加总睡眠时间。临床常用的药物主要包括艾司唑仑、三唑仑、地西泮、阿普唑仑、劳拉西泮、氯硝西泮。其中，三唑仑是唯一的短半衰期催眠药物，但由于其成瘾性和逆行性遗忘发生率高，已被我国列为一类精神药品管理。

**2. non‑BZDs** 常用药物有唑吡坦、佐匹克隆、右佐匹克隆和扎来普隆等。本类药物为选择性 $GABA_A$ 受体激动药，主要发挥催眠作用。non‑BZDs 半衰期短，次日残余效应被最大限度地降低，一般不产生日间困倦，产生药物依赖性的风险较传统 BZDs 低，目前被推荐作为治疗失眠的一线药物。

💜 **药爱生命** ————

三唑仑是短效苯二氮䓬类药物，具有很强的镇静、催眠、肌松和解痉作用。口服吸收迅速，10~15 分钟即可使人入睡，并可维持 4~6 小时。该药于 1982 年被批准以镇静催眠药上市后，先后在 90 多个国家出售，一度跻身世界 50 种畅销药物行列。其后发现，该药的药物依赖性和逆行性遗忘发生率非常高，并被不法分子所使用。为了保证其在医疗、科研领域的合法使用，防止其流入非法渠道，2005 年 3 月 1 日起，我国国家药品监督管理部门将三唑仑及其盐和制剂列入第一类精神药品管理。

麻醉药品和第一类精神药品是我国依法依规实行特殊管理的药品。一方面，这类药品是临床诊疗工作中必不可少的药物；另一方面，不规范地连续使用易产生依赖性，若流入非法渠道则会造成严重的社会危害甚至违法犯罪。试想，如果对三唑仑这类药物不实施严格管控，会出现多少社会危害？作为药学生，我们应当扎实自己的知识储备，严守职业道德，在今后工作中做好麻醉药品和精神药品的管理和使用。

下列镇静催眠药物中，原发性失眠首选

A. 地西泮　　　　　　B. 唑吡坦　　　　　　C. 三唑仑

D. 氟西泮　　　　　　E. 劳拉西泮

### （二）褪黑素和褪黑素受体激动药

褪黑素参与调节睡眠-觉醒周期，可以改善时差症状、睡眠时相延迟综合征和昼夜节律失调性睡眠障碍。但使用普通褪黑素治疗失眠尚无一致性结论，故不推荐将普通褪黑素作为催眠药物使用。褪黑素受体激动药包括雷美替胺、阿戈美拉汀等。

雷美替胺属于褪黑素受体 $MT_1$ 和 $MT_2$ 激动药，可缩短睡眠潜伏期、提高睡眠效率、增加总睡眠时间，用于治疗以入睡困难为主的失眠及昼夜节律失调性睡眠障碍。由于没有药物依赖性，也不会产生戒断症状，其已获准长期使用治疗失眠。

阿戈美拉汀既是褪黑素受体激动药，也是 5-羟色胺受体拮抗剂，因而具有抗抑郁和催眠双重作用，能改善抑郁症相关性失眠，缩短睡眠潜伏期，增加睡眠连续性。褪黑素受体激动剂可作为不能耐受前述催眠药物的患者和已发生药物依赖患者的替代治疗。

### 世界睡眠日

睡眠是人的生理需要，人的一生中有 1/3 的时间是在睡眠中度过的。失眠的危害很大，长期失眠不仅可以导致记忆力衰退、学习能力下降、心理障碍、抑郁症或焦虑、免疫力下降以及神经内分泌失调等，甚至会增加猝死的风险。据 WHO 统计，约 27% 的人有睡眠问题，为唤起全民对睡眠重要性的认识，国际精神卫生组织主办的全球睡眠和健康计划于 2001 年发起了一项全球性的活动，将每年的 3 月 21 日及春节的第一天春季的第一天定为"世界睡眠日"。

### （三）食欲素受体拮抗药

食欲素又称为下丘脑分泌素，具有促醒作用。苏沃雷生是一种高选择性食欲素受体拮抗药，是该类药物中第一个获得 FDA 批准用于治疗成人失眠（入睡困难和睡眠维持障碍）的药物，可以缩短入睡潜伏期，减少入睡后觉醒时间，增加总睡眠时间。

### （四）抗抑郁药

部分抗抑郁药同时具有镇静催眠作用，在失眠伴随抑郁、焦虑心境时应用较为有效。

**1. 低剂量多塞平**　因具有专一性抗组胺机制，可以改善成年和老年慢性失眠患者的睡眠状况，具有临床耐受性良好、无戒断效应的特点，近年来已作为治疗失眠症的推荐药物之一。

**2. 选择性5-羟色胺再摄取抑制剂（selective serotonin reuptake inhibitors，SSRIs）**　无特异性催眠作用，但可通过治疗抑郁和焦虑来改善失眠症状。反之，对于部分镇静催眠药物无效的慢性失眠患者，虽然其有关量表评分并未达到抑郁或焦虑的诊断标准，但某些抗抑郁药物能显著改善或治愈其失眠症状。

**3. 小剂量米氮平**　可增加睡眠的连续性和慢波睡眠，缩短入睡潜伏期，增加总睡眠时间，改善睡眠效率，尤其是对于伴有失眠的抑郁症患者，能缓解失眠症状。

常用失眠治疗药物的用法用量和主要适应证见表 5-1。

表 5 - 1　临床常用具有镇静催眠作用的药物

| 药名 | 半衰期（小时） | 药物达峰时间（小时） | 成人睡前口服剂量（mg） | 主要适应证 | 备注 |
|---|---|---|---|---|---|
| **BZDs** | | | | | |
| 艾司唑仑 | 10 ~ 24 | 3 | 1 ~ 2 | 入睡困难或睡眠维持障碍 | 老年人 0.5mg，老年人可出现呼吸抑制 |
| 阿普唑仑 | 12 ~ 15 | 1 ~ 2 | 0.4 ~ 0.8 | 入睡困难或睡眠维持障碍 | 老年人半衰期约 19 小时 |
| 劳拉西泮 | 12 ~ 18 | ≤2 | 2 ~ 4 | 入睡困难或睡眠维持障碍 | 主要用于焦虑伴失眠 |
| 替马西泮 | 3.5 ~ 18.4 | 1.2 ~ 1.5 | 15 ~ 30 | 入睡困难或睡眠维持障碍 | 老年人 7.5 ~ 15mg |
| 地西泮 | 20 ~ 70 | 0.5 ~ 2 | 5 ~ 10 | 入睡困难或睡眠维持障碍 | 主要用于焦虑伴失眠 |
| 氟西泮 | 30 ~ 100 | ≤0.5 | 15 ~ 30 | 入睡困难或睡眠维持障碍 | 老年人 15mg，注意半衰期过长 |
| 三唑仑 | 1.5 ~ 5.5 | 0.25 ~ 0.5 | 0.125 ~ 0.5 | 入睡困难 | 一类精神药品，短期使用 |
| **non - BZDs** | | | | | |
| 唑吡坦 | 0.7 ~ 3.5 | 0.5 ~ 3 | 10 | 入睡困难或睡眠维持障碍 | 老年人 5mg |
| 佐匹克隆 | ≤5 | 1.5 ~ 2 | 7.5 | 入睡困难或睡眠维持障碍 | 老年人 3.75mg，老年人半衰期约 7 小时 |
| 右佐匹克隆 | ≤7 | ≤1 | 1 ~ 3 | 入睡困难或睡眠维持障碍 | 老年人 1 ~ 2mg，65 岁以上半衰期 9 小时 |
| 扎来普隆 | ≤1 | ≤1 | 5 ~ 10 | 入睡困难 | 老年人 5 ~ 10mg |
| **褪黑素类** | | | | | |
| 褪黑素缓释片 | 6 | | 2 | 入睡困难或睡眠维持障碍 | 适用于大于 55 岁的失眠人群 |
| 雷美替胺 | 1 ~ 2.6 | 0.75 | 8 | 入睡困难 | 禁止与氟伏沙明联用 |
| 阿戈美拉汀 | 1 ~ 2 | | 25 ~ 50 | 合并抑郁症的失眠 | |
| **具催眠作用的抗抑郁药** | | | | | |
| 多塞平 | 10 ~ 50 | 1.5 ~ 4 | 6 | 睡眠维持障碍 | 老年人剂量减半 |
| 阿米替林 | 10 ~ 199 | 2 ~ 5 | 10 ~ 25 | 抑郁症 | |
| 曲唑酮 | 3 ~ 14 | 1 ~ 2 | 25 ~ 150 | 抑郁症 | 适用于焦虑/抑郁伴失眠 |
| 米氮片 | 20 ~ 40 | 0.25 ~ 2 | 3.75 ~ 15 | 抑郁症 | 适用于焦虑/抑郁伴失眠 |
| **食欲素受体拮抗药** | | | | | |
| 苏沃雷生 | 0.5 ~ 6 | 9 ~ 13 | 10 ~ 20 | 入睡困难或睡眠维持障碍 | 发作性睡眠禁用 |

**？ 想一想5-1-1**

对于老年失眠患者，首选的治疗方法是什么？什么情况下可以选择药物治疗？使用药物时，有什么需要特别注意的地方？

答案解析

## 四、药学服务

开展失眠症的药学服务主要包括：①向医师介绍常用失眠治疗药物，尤其是一些新型药物的特点，提供各类药物的剂量、疗程、不良反应、相互作用的信息咨询服务；②向护士提供新型失眠治疗药物的特征性不良反应等；③向患者介绍失眠症药物的治疗特点和使用方法，如何在使用时尽量避免不良反应的发生以及发生不良反应时的应对措施，提高其依从性；④向患者、家属及社会公众介绍失眠症综合管理内容和意义等。

### （一）用药注意事项

**1. BZDs**　常见的不良反应包括头晕、口干、食欲不振、便秘、谵妄、跌倒、潜在的依赖性、次日残留的镇静作用、肌张力下降和认知功能减退等。老年患者应用时尤须注意跌倒风险。使用中短效BZDs 治疗失眠时有可能引起反跳性失眠。持续使用 BZDs 后，在停药时可能会出现戒断症状，长期大量使用会产生耐受性和依赖性。

**2. non - BZDs**　本类药物不良反应相对较少，其中，唑吡坦常见有头晕、头痛、遗忘等不良反应。佐匹克隆和右佐匹克隆不良反应较少，常见的不良反应为口苦、味觉异常。扎来普隆常见头晕、共济失调的不良反应。

**3. 褪黑素受体激动剂**　在临床试验中，雷美替胺最常见的不良反应为头晕、味觉障碍、肌痛、头痛、疲劳、嗜睡等，大多数为轻 - 中度。阿戈美拉汀不良反应轻微，通常为轻 - 中度，最常见的不良反应为恶心和头晕。

**4. 抗抑郁药**　多塞平常见的不良反应为嗜睡和抗胆碱能反应。米氮平常见有嗜睡、镇静、口干、体重增加、食欲增加等不良反应。

**5. 药物治疗的次序**　推荐用药顺序为：①短、中效 BzRAs 或褪黑素受体激动药；②其他 BzRAs 或褪黑素受体激动药；③具有镇静作用的抗抑郁药（如曲唑酮、米氮平、氟伏沙明、多塞平等），尤其适用于伴抑郁和（或）焦虑的失眠患者；④联用 BzRAs 和具有镇静作用的抗抑郁药；⑤抗癫痫药、抗精神病药不作为首选药物使用，仅适用于某些特殊情况和人群；⑥临床不推荐使用巴比妥类、水合氯醛、抗组胺药等。

**6. 不同人群失眠药物的选择**

（1）原发性失眠患者　首选 non - BZDs；如首选药物无效或无法依从，可更换另一种短 - 中效BzRAs 或褪黑素受体激动药；若治疗效果不佳，可添加具有镇静作用的抗抑郁药物；若疗效仍不理想，可联用 BzRAs、褪黑素受体激动药和抗抑郁药。

（2）长期应用镇静催眠药物的慢性失眠患者　不提倡药物连续治疗，推荐采用间歇治疗（推荐3 ~ 5 次/周）或按需治疗的方式服用 non - BZDs，同时建议至少每 4 周进行 1 次评估。抗组胺药、抗过敏药及其他辅助睡眠的非处方药不适用慢性失眠的治疗。

（3）老年患者　首选非药物治疗手段，尤其强调进行 CBT - I。当针对原发疾病的治疗不能缓解失眠症状或无法依从非药物治疗时，可考虑药物治疗，推荐应用 non - BZDs、褪黑素受体激动药、食欲素受体拮抗药和小剂量多塞平。必需使用 BZDs 时需谨慎，若发生共济失调、意识模糊、幻觉、呼吸抑制等症状时，需立即停药并妥善处理。同时需注意 BZDs 引起的肌张力降低有可能产生跌倒等意外伤害。老年患者的用药应从最小有效剂量开始，短期应用或采用间歇疗法，用药过程中需密切观察药物不良反应。

（4）妊娠期及哺乳期失眠患者　首选非药物干预手段，如 CBT - I。必须使用药物时需权衡利弊，且应该：尽量缩短治疗疗程；尽量采用单药治疗；尽量采用小剂量给药；尽量采用更安全的药物。原则上 non - BZDs 较 BZDs 安全，避免使用选择性 5 - HT 再摄取抑制药和抗组胺药。就目前的临床数据而言，似乎佐匹克隆比唑吡坦相对更安全，右佐匹克隆在美国更被允许用于妊娠期妇女。

**7. 药物治疗方案的调整**

（1）换药指征　推荐治疗剂量无效；对药物产生耐受性或严重不良反应；与正在使用的其他药物发生相互作用；长期使用（>6 个月）导致减药或停药困难；有药物成瘾史的患者。

（2）换药方法　如果首选药物治疗无效或无法遵医嘱服药，可更换为另一种短、中效的 BzRAs 或者褪黑素受体激动药。需逐渐减少原有药物剂量，同时开始给予另一种药物，并逐渐加量，在 2 周左右完成换药过程。

（3）常用减药方法　逐步减少睡前药量和（或）变更连续治疗为间歇治疗。

**8. 终止药物治疗**

（1）停药指征  患者感觉能够自我控制睡眠时，考虑逐渐减量、停药；如失眠与其他疾病（如抑郁症）或生活事件相关，当病因去除后，也应考虑减量、停药。

（2）停药原则  避免突然中止药物治疗，应逐步减量、停药以减少失眠反弹，有时减量过程需要数周至数个月。

**9. 助眠药**  能引起嗜睡，在从事驾驶、仪器操作或其他需要集中注意力才能完成的操作时，应谨慎使用，以免发生事故。

### （二）药物相互作用

**1. 同类药物之间**  non - BZDs 与 BZDs 同服，戒断综合征的出现可增加。

**2. 不同药物之间**  助眠类药物与乙醇同时使用时，可增强镇静作用；在合并使用中枢神经系统抑制药如抗精神病药、安眠药、抗抑郁药、抗癫痫药、麻醉剂和镇静抗组胺药时，可能发生中枢抑制作用的加重。

### （三）健康宣教

睡眠问题多为功能性障碍，与心理、环境、社会问题等多种因素有关，有针对性地进行健康宣教有助于减少药物使用，提高治疗效果。一般应重点开展以下内容。

1. 镇静催眠药物中有的会有依赖性，长期应用会产生耐药性，需较大剂量才能入睡。此外，长期应用镇静催眠药本身也可能会产生睡眠障碍，所以失眠患者应该合理应用助眠药物。

2. 产生睡眠问题的原因很多，如躯体疾病、情感因素、生活方式（过多地饮用咖啡或茶叶）以及环境因素（噪声、拥挤和污染等），应找出原因，有助于重新建立规律睡眠。例如：睡前 4 ~ 6 小时内避免接触咖啡、浓茶或烟草等兴奋性物质；睡前不要饮酒，利用乙醇助睡不利于疾病治疗等。

3. 应采取规律适度的体育锻炼，睡前 3 ~ 4 小时内应避免剧烈运动；睡前不宜暴饮暴食或进食不易消化的食物；睡前 1 小时内不做容易引起兴奋的脑力劳动或观看容易引起兴奋的书刊和影视节目；卧室环境应安静、舒适，保持适宜的光线及温度；保持规律的作息时间。

4. 采取非药物治疗手段对改善睡眠问题有明显效果。采用按摩、理疗、针灸等方法具有确切疗效，配合放松疗法，如睡前牛奶或者听舒缓音乐，有助于改善睡眠问题。

## 目标检测

答案解析

### 一、综合问答题

1. 通过收集各种类型失眠症的治疗方案，说出失眠症的治疗目标和原则。

2. 结合实际，影响失眠症的因素有哪些？

### 二、案例分析题

患者，女，28 岁，失眠病史 1 年余。1 年前，患者因工作压力大导致发病，但工作问题解决后，失眠现象未消失。患者主诉近 1 个月失眠问题加重，入睡困难，每晚仅能睡 2 ~ 3 小时，睡眠质量差。近日甚至出现了头晕目眩、心悸气短、体倦乏力、急躁易怒、注意力不集中、健忘等症状，工作效率明显下降。

请思考分析：

1. 在为该患者选择药物之前，还应该了解患者的哪些信息？

2. 在开始药物治疗之前，该患者还可以选择什么治疗方式？

3. 当需要药物治疗时，该患者适合选择哪类药物治疗？依据是什么？

4. 如何在上述药学服务中体现职业素养和专业精神？

（田冲冲）

**书网融合……**

📄 重点回顾　　　📱 微课　　　📊 习题

# 任务二　癫痫的药物治疗

PPT

> **学习目标**
>
> **知识目标：**
>
> 1. **掌握**　癫痫的药物治疗原则、药物种类和代表药物、临床治疗方案。
>
> 2. **熟悉**　癫痫的分类、症状、治疗药物的用法用量和相关药学服务知识。
>
> 3. **了解**　癫痫的病因和诊断。
>
> **技能目标：**
>
> 1. 能够结合临床指南正确选用治疗癫痫的药物，开展用药咨询指导、协助拟定药物治疗方案。
>
> 2. 学会判断癫痫治疗药物的不良反应并提供处理方案，主动提供健康教育。
>
> **素质目标：**
>
> 培养尊重、关爱癫痫患者及家属，积极、细致、认真的服务意识和职业精神。

📖 **导学情景**

**情景描述：**患者，男，30岁，以"发作性抽搐3天"为主诉入院。患者3天前无明显诱因突然出现抽搐，表现为双眼上翻、双上肢屈曲、双下肢伸直，伴有小便失禁，唤之不应，伴咬舌，约10分钟后症状缓解，缓解后如正常人，遂就诊于当地医院。行头颅CT检查：平扫未见异常；血常规检查：白细胞$5.6×10^9$/L，未予特殊治疗。1天前再次出现上述症状，约10分钟后缓解，缓解后如正常人。患者既往体健，否认"高血压、心脏病"病史，否认烟酒等不良嗜好，否认食物、药物过敏史。父母均体健，家族中无此类疾病发生。入院体检：血压120/70mmHg，脉搏85次/分，呼吸20次/分，体温36.4℃，余无殊。患者头颅CT未见异常。脑电图未见异常。

**情景分析：**结合病史、体格检查和实验室检查，诊断为癫痫。

**讨论：**结合案例，协助拟定治疗方案，并说出药学服务要点。

**学前导语：**癫痫是一种常见的中枢神经系统疾病。癫痫发作不仅给患者造成巨大的身心上的痛苦，对于家庭和社会也会带来严重的经济负担。因此，应采取有效的措施来控制癫痫的发作。那么，癫痫都有哪些病因？我们可以采取哪些方式、方法对其进行干预呢？本任务将介绍癫痫相关的知识技能，为今后开展药学服务打好基础。

癫痫（epilepsy）是最常见的中枢神经系统疾病之一，它不是单一的疾病实体，而是一种有着不同病因基础、临床表现各异但以反复癫痫发作为共同特征的慢性脑部疾病状态。癫痫发作（epileptic seizure）是指具备突发突止、短暂性、一过性特点的临床痫性发作，脑电图上可发现过度的异常同步化放电。临床出现两次（相隔时间 > 24 小时）非诱发或非反射的癫痫发作即可被诊断为癫痫。

根据 2017 年国际抗癫痫联盟（International League Against Epilepsy，ILAE）的最新分类，临床常见癫痫发作可分为局灶性起源、全面性起源以及未知起源的癫痫发作。

## 一、疾病概述

### （一）病因与发病机制

癫痫的病因非常复杂，主要包括结构性、遗传性、代谢性、感染性、免疫性以及未知因素。发病机制至今尚未完全阐明。目前多认为癫痫发病是中枢神经系统兴奋与抑制间的不平衡所致，其主要与离子通道、神经递质及神经胶质细胞的改变有关。比如，电压门控的钠离子通道突变后，使通道容易反复开放，从而引起神经元持久的过度兴奋状态；或者由于兴奋性神经递质过多或抑制性递质过少，中枢兴奋与抑制间失衡，使膜不稳定并产生癫痫性放电。谷氨酸（Glu）和 γ-氨基丁酸（GABA）是脑内最重要的兴奋性和抑制性神经递质。多种致痫病理过程都通过这两种递质及其受体途径介导癫痫的发生。

### （二）临床表现与诊断

由于异常放电的起始部位和传递方式的不同，癫痫发作的临床表现复杂多样，可表现为发作性运动、感觉、自主神经、意识及精神障碍等（表 5-2）。

表 5-2　常见癫痫发作的临床表现

| 分类* | 临床主要表现 |
| --- | --- |
| **局灶性起源** | |
| 局灶性运动性发作 | 癫痫灶对侧肢体或面部抽搐。口、唇、拇指、食指最容易受累 |
| 局灶性感觉性发作 | 表现为躯体感觉性发作（麻木、疼痛）和特殊感觉性发作（嗅、味、听、视或眩晕等） |
| 局灶性自主神经性发作 | 发作以自主神经症状为主，如头痛、腹痛、恶心、呕吐和上腹部不适等。发作持续数分钟至数小时甚至 1~2 天 |
| 局灶性认知性发作 | 表现为发作性精神症状，包括幻觉、幻听、错觉、情感障碍、认知障碍和记忆障碍等 |
| 伴有意识障碍的局灶性发作 | 包括两种及两种以上局灶性癫痫发作，并有程度不等的意识障碍及自动症。可持续数分钟至数小时 |
| 局灶性发作进展为双侧强直-阵挛性发作 | 意识清楚或意识障碍的局灶性发作均可泛化为强直-阵挛性发作 |
| **全面性起源** | |
| 强直-阵挛性发作 | 既往也称大发作，以意识丧失、双侧对称强直后紧跟有阵挛动作并通常伴有自主神经受累表现为主要临床特征，发作持续 1~5 分钟，发作后意识混浊或嗜睡，经数小时后清醒 |
| 阵挛性发作 | 表现为双侧肢体节律性的抽动，发作时意识丧失。多持续数分钟 |
| 强直性发作 | 表现为躯体部分或全身，肌肉僵直，没有阵挛成分。通常维持数秒钟或更长，随后发作停止，发作时有短暂意识丧失 |
| 肌阵挛发作 | 表现为快速、短暂、电击样肌肉抽动。可累及全身也可限于某局部肌肉或肌群 |
| 典型失神发作 | 表现为突发短暂的意识丧失，发作时语言中断，活动停止，固定于某一体位，不跌倒，两眼茫然凝视。一般持续 5~20 秒。主要见于儿童和青少年，罕见于成人 |
| 不典型失神发作 | 发作起始和结束均较典型失神缓慢，意识障碍程度较轻，发作持续可能超过 20 秒 |
| 失张力发作 | 又称无动性发作，表现为突发的一过性肌张力丧失，不能维持姿势，持续 1~3 秒或更长，伴意识丧失 |

癫痫的诊断分为5个步骤：①明确是否为癫痫发作；②确定癫痫发作的类型；③诊断是否为癫痫综合征；④寻找癫痫的病因；⑤评估残障及共患病（图5-1）。可通过对患者进行详细的问诊、神经系统查体及辅助检查进行诊断，其中，脑电图（EEG）是诊断癫痫最重要的辅助手段。发作期异常脑电活动是诊断癫痫发作的金标准。神经影像学检测是寻求癫痫病因的重要手段，可分为结构性及功能性成像技术。诊疗指南推荐将头颅核磁共振（MRI）成像作为癫痫的首选成像手段。

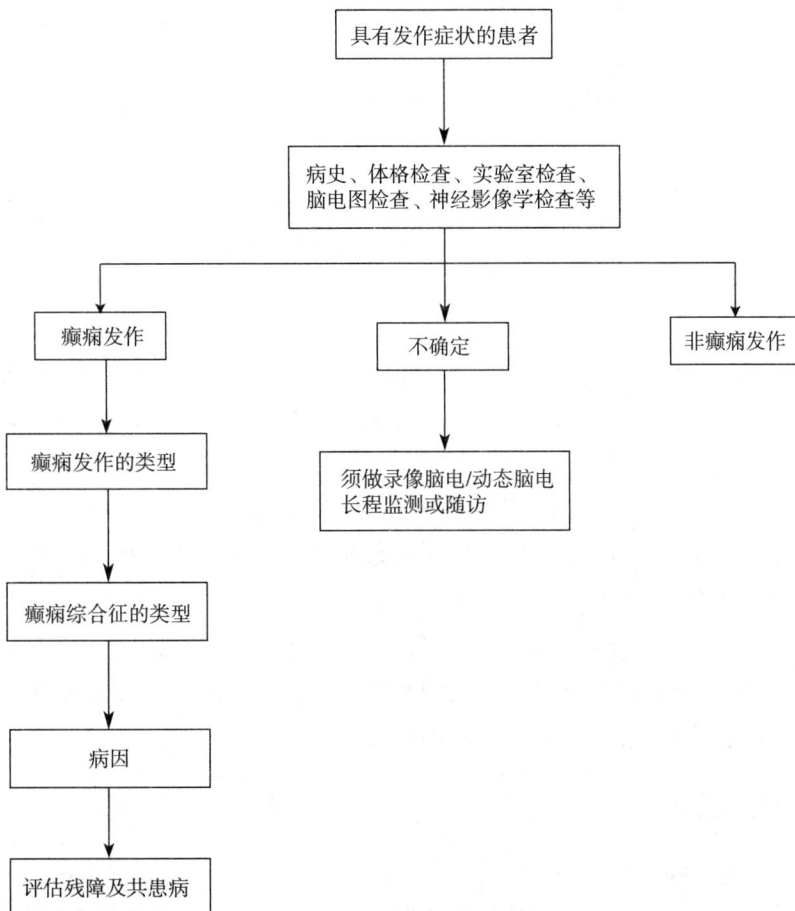

图 5-1 癫痫的诊断流程

## 二、治疗目标与原则 🅔微课

癫痫的主要治疗方案包括药物治疗、外科治疗、生酮饮食及神经调控治疗等。其中，抗癫痫药物（anti-epileptic drugs，AEDs）治疗是目前癫痫治疗中最主要的治疗方案，常作为首选方案。

（一）治疗目标

目前癫痫治疗主要还是以控制癫痫发作为首要目标，但应该明确的是，癫痫治疗的最终目标不仅仅是控制发作，更重要的是提高患者生活质量。对于伴有精神运动障碍的患者，还应进行长期针对躯体、精神心理方面的康复治疗，降低致残程度，提高心理调节能力，掌握必要的工作、生活技能，尽可能促进其获得正常的社会及家庭生活。对于儿童期患者应强调通过全面的智力精神运动康复，在控制癫痫的同时促进其正常发育。

（二）治疗原则

**1. 病因治疗** 有明确病因者应进行病因治疗，如颅内肿瘤需用手术方法切除新生物，寄生虫感染者需用抗寄生虫的方法进行治疗。

**2. 药物治疗的一般原则**

（1）开始治疗的原则　第2次癫痫发作后；已有2次发作，发作间隔期为1年以上，根据患者及家属的意愿酌情选择用或不用药物治疗；有下述情况者，首次发作后即需开始治疗：脑功能缺陷，脑电图明确痫样放电，不能承受再次发作风险，头颅影像检查显示脑结构损害。

（2）根据癫痫发作类型、癫痫及癫痫综合征类型选择用药　治疗初始的药物选择非常关键，如选药不当，不仅治疗无效，而且还会导致癫痫发作加重。

（3）药物的用法　用药方法取决于药物的药动学特点、作用机制及不良反应等多方面的因素。如苯妥英钠具有非线性药动学特征，且治疗窗较窄。应加强血药浓度监测。

（4）单药治疗　70%的新诊断癫痫患者可通过服用一种抗癫痫药物控制癫痫发作。应从单药最小剂量开始，逐渐增量至最大限度地控制发作而无不良反应或不良反应轻微。

（5）联合用药　当单药剂量已足，癫痫仍控制不佳或有多种类型的发作时，可考虑联合用药。联合用药时，尽量选择作用机制不同、无相互作用或相互作用及不良反应小、治疗指数较高的药物。

（6）更换药物　当一种抗癫痫药物达最大耐受剂量仍不能控制发作或由于毒性反应而需要换另外一种药物时，应逐步更换。应采取新旧药物重叠的原则，不能骤然停用旧药，否则可能诱发癫痫发作甚至癫痫持续状态。

（7）增减药物与停药　增药可适当地快，减药一定要慢，必须逐一增减，以便于评估疗效和毒副作用。停药应逐渐减量，缓慢停药，不可骤然停用抗癫痫药物，通常当发作完全控制并规律服药3~5年方可考虑药量减量或停药。

（8）长期服用，定期复查　长期规律服用抗癫痫药物，不随意增减用药或停换治疗药物，是控制癫痫发作的基础。多数抗癫痫药物都有不同程度的不良反应，应用药物前后应常规定期监测肝肾功能、血常规、血药浓度，防止出现严重的不良反应及中毒反应。

## 三、常用治疗药物

药物治疗是癫痫最重要和最基本的治疗，也往往是癫痫的首选治疗。抗癫痫药物主要通过两种方式来减轻或消除癫痫发作：①抑制病灶区神经元的异常放电；②阻止异常放电向周围组织扩散。

**（一）传统抗癫痫药物**

**1. 苯妥英钠（PHT）**　又称大仑丁，属于乙内酰脲类。它不能抑制癫痫病灶的异常放电，但可以阻止异常放电向周围正常脑组织的扩散，其抗癫痫作用机制可能主要与膜稳定作用、抑制突触传递的强直后增强、增强 γ-氨基丁酸能神经元的抑制作用等相关。苯妥英钠起效缓慢，对肝药酶有诱导作用，血浆蛋白结合率高（90%），治疗窗狭窄，易达到中毒剂量。同时由于个体差异及非线性药动学的特点，需个体化给药。用药期间需注意检查血常规和肝功能等，并定期监测血药浓度。

**2. 苯巴比妥（PB）**　又名鲁米那，是最早应用于临床的抗癫痫药。其抗癫痫作用强、广谱、起效快，既能够抑制病灶神经元的异常放电，又能抑制异常放电的扩散。其抗癫痫作用机制涉及多个方面，如直接抑制异常神经元的异常放电、增强 γ-氨基丁酸能神经元的抑制效应以及抑制电压依赖性的钙通道等。但因中枢抑制作用明显和明显的肝药酶诱导作用，很少作为首选药。

**3. 卡马西平（CBZ）**　为安全、强效、广谱的抗癫痫药。抗癫痫作用机制类似于苯妥英钠。需要注意的是，卡马西平有自身诱导作用，长期服药可使清除率增加，半衰期缩短，稳态浓度可下降达50%，此时需增大剂量。

**4. 乙琥胺（ESM）**　抗癫痫作用机制可能与选择性抑制丘脑T型钙离子通道有关。临床只对失神发作有效，对其他型癫痫无效。服药期间应定期随访全血细胞计数和肝、肾功能。

**5. 丙戊酸钠（VPA）**　为广谱抗癫痫药物，不抑制癫痫病灶放电，但能阻止病灶异常放电的扩散。其抗癫痫作用机制与调节脑内 γ - 氨基丁酸的代谢有关。在临床为多种类型癫痫的首选药，还可用于双相情感障碍相关的躁狂发作的治疗。丙戊酸钠对肝功能有损害，引起血清碱性磷酸酶和氨基转移酶升高，服用 2 个月后要检查肝功能。

**6. 氯硝西泮（CZP）**　属于苯二氮䓬类抗癫痫药物，抗癫痫机制与增强 γ - 氨基丁酸突触传递功能有关。抗癫痫谱广，对肌阵挛发作和失神发作尤佳。但由于中枢抑制易导致嗜睡症状，影响工作和学习，不作为首选。

**7. 扑痫酮（PRM）**　又名扑米酮，化学结构类似苯巴比妥，在体内代谢生成苯巴比妥和苯乙基丙二酰胺，二者具有抗癫痫作用。作用机制与抗癫痫谱和苯巴比妥相似。与苯巴比妥相比，并无特殊优点且价格较贵，仅用于其他药物不能控制的患者。

### ❤ 药爱生命

　　由于具有突然发病、反复发作、病程长、治疗时间长等特点，癫痫会给患者带来身体上和心理上的巨大痛苦，患者常常会产生恐惧、自卑、抑郁等不良心理。其实，癫痫患病率约为 7/‰，是一种常见的中枢神经系统疾病。古今中外，有很多名人也身患癫痫。比如，法国优秀作家莫泊桑，虽然被癫痫困扰，但仍留下了诸多传世之作；拿破仑，一生与癫痫抗争，这并没牵绊他成为卓越的军事家；梵高，世界著名画家，幼时罹患癫痫，但这并没妨碍他画出世界级名画；还有俄罗斯文学家陀斯妥耶夫斯基，虽饱受癫痫困扰，但这从未阻挡过他的创作，他甚至撰写出了以癫痫患者为主人公的世界名著《白痴》。在当今社会，各行各业精英中也不乏癫痫患者。因此，癫痫患者要树立治疗的信心，积极配合医生治疗，相信在患者、家属乃至全社会的共同努力下，他们一样也可以拥有精彩的人生。而作为药学工作人员，我们在提供药学服务的同时，要积极给予癫痫患者以心理支持，帮助其正确面对疾患，积极、健康、快乐地生活。

#### （二）新型抗癫痫药物

**1. 加巴喷丁（GBP）**　是 γ - 氨基丁酸的衍生物，其结构与 γ - 氨基丁酸类似，为有中枢活性的 γ - 氨基丁酸激动药。其抗癫痫作用与改变脑内 γ - 氨基丁酸浓度与代谢有关。主要用于 3 岁以上儿童和成人局灶性发作的辅助治疗。

**2. 奥卡西平（OXC）**　是卡马西平的 10 - 酮衍生物，适应证及作用机制与卡马西平相同，耐受性更好，无肝药酶诱导作用，相互作用少。可作为单药或附加药物使用。在服用奥卡西平期间，建议仔细观察患者和监测同服的其他抗癫痫药的血液浓度。

**3. 拉莫三嗪（LTG）**　为广谱抗癫痫药物。属于苯三嗪类，其特点与苯妥英钠和卡马西平类似。可作为单药或附加药物治疗。

**4. 托吡酯（TPM）**　为磺酸基取代的单糖衍生物。可有效控制各种癫痫，特别是作为辅助药物治疗难治性癫痫。

**5. 左乙拉西坦（LEV）**　属于吡咯烷酮衍生物，为吡拉西坦类似物，广谱抗癫痫药。

**6. 其他**　其他新型抗癫痫药物还有唑尼沙胺（ZNS）、吡仑帕奈（PER）、拉考沙胺（LCM）等，作为上述药物的替代药物。

👁看一看5-2-1

### 卡马西平的药物基因组学差异

人类白细胞抗原B（human leukocyte antigen B，HLA-B）基因是一种编码参与呈递抗原至免疫系统的细胞表面蛋白的基因。针对华裔汉族患者的回顾性研究发现，多种严重皮肤不良反应尤其是Stevens-Johnson综合征（Stevens-Johnson Syndrome，SJS）和中毒性表皮坏死松解症（toxic epidermal necrolysis，TEN）与使用卡马西平以及患者体内携带HLA-B\*1502等位基因之间存在很强的相关性。因此，国家药品监督管理部门要求在卡马西平说明书中说明，华裔汉族人在首次使用卡马西平前，应检测HLA-B\*1502基因，阳性者应避免使用卡马西平。

## 四、药学服务

开展癫痫病的药学服务主要包括：①向医师介绍常用抗癫痫药物，尤其是一些新型抗癫痫药物的特点，提供各类药物的剂量、疗程、不良反应、相互作用的信息咨询服务；②向护士提供新型抗癫痫药物的用法、适用人群、不良反应以及注意事项等；③向患者介绍不同抗癫痫药物的选择、治疗特点和使用方法，如何在使用时尽量避免不良反应的发生以及发生不良反应时的应对措施，提高其依从性；④向患者、家属及社会公众介绍癫痫病的综合管理内容和意义等。

### （一）用药注意事项

**1. 不良反应的管理** 多数抗癫痫药物都有不同程度的不良反应（表5-3），不良反应的管理是抗癫痫药物治疗中长程管理的重点内容。抗癫痫药物的不良反应大致可分为4类。①急性不良反应：多出现在用药初期，以中枢神经系统和胃肠道反应为主，一般与起始用药剂量及加量速度密切相关。通常随用药时间延长可逐渐耐受。②特异质反应：如皮肤损害、严重的肝毒性、血液系统损害，可为致命性的。③慢性不良反应：如认知与行为障碍、体重增加或减少、青春期性激素影响、脱发、骨质疏松等。④致畸作用。

表5-3 常见抗癫痫药物的不良反应

| 药物 | 常见的不良反应 | 罕见但严重的不良反应 |
|---|---|---|
| 苯妥英钠 | 恶心、呕吐、便秘、齿龈增生、头痛、眩晕、眼球震颤、共济失调、精神改变、多毛、皮疹、肝毒性、巨幼细胞贫血、血细胞减少、维生素D及钙代谢紊乱 | 大疱性皮肤病、Stevens-Johnson综合征、中毒性表皮坏死松解症、粒细胞缺乏、再生障碍性贫血、肝功能衰竭、血清病、腺病、红斑狼疮、肾毒性、自杀念头 |
| 苯巴比妥 | 恶心、呕吐、便秘、行走不稳、镇静、头晕、头痛、嗜睡、共济失调、眼球震颤、皮疹、肝损害 | 巨幼细胞贫血、骨软化、剥脱性皮炎、多形红斑、Stevens-Johnson综合征、中毒性表皮坏死松解症、呼吸抑制 |
| 卡马西平 | 视力模糊、复视、共济失调、眼球震颤、恶心、呕吐、头晕、嗜睡、体重增加、低钠血症、白细胞减少、血小板减少、皮疹、转氨酶升高 | 粒细胞缺乏、再生障碍性贫血、巨幼细胞贫血、假性淋巴瘤、急性卟啉病、攻击行为、Stevens-Johnson综合征、中毒性表皮坏死松解症、光敏反应等 |
| 丙戊酸钠 | 胃肠道功能紊乱、脱发、体重增加、血小板减少、低纤维蛋白原血症、震颤、月经周期改变、肝脏损害、痛经、幻觉、头痛、头晕、嗜睡、味觉紊乱 | 肝功能衰竭、凝血功能异常、认知功能障碍、胰腺炎、Stevens-Johnson综合征、中毒性表皮坏死松解症、多囊卵巢综合征、药物反应伴嗜酸性粒细胞增多和全身症状（DRESS） |
| 乙琥胺 | 恶心、呕吐 | 粒细胞缺乏、Stevens-Johnson综合征、中毒性表皮坏死松解症、再生障碍性贫血、肝功能衰竭、血清病 |
| 奥卡西平 | 嗜睡、头痛、头痛、复视、恶心、呕吐、疲劳、步态异常、震颤、低钠血症、皮疹 | Stevens-Johnson综合征、中毒性表皮坏死松解症、血管性水肿、严重的多器官过敏反应、嗜酸性粒细胞增多 |

**练一练5-2-1**

**多选题**

丙戊酸钠的不良反应有

A. 脱发　　　　　　　B. 恶心、呕吐　　　　　　C. 肝毒性

D. 体重增加　　　　　E. 低纤维蛋白原血症

答案解析

**2. 治疗方案**　初始治疗的药物选择非常重要，选药正确可以增加治疗的成功率。根据发作类型选药是癫痫治疗的基本原则，同时还要考虑以下因素：禁忌证、可能存在的不良反应、服药次数、剂型、特殊人群、药物之间的相互作用以及药物来源和费用等。具体药物选择可参考2015版《临床诊疗指南-癫痫病分册》（表5-4）。

表5-4　根据癫痫发作类型选择 AEDs

| 癫痫发作类型 | 一线药物 | 添加药物 | 其他可参考的治疗 | 不推荐的治疗（可能会加重发作） |
|---|---|---|---|---|
| 全面强直-阵挛性发作 | VPA、LTG、CBZ、OXC、LEV | LEV、LTG、VPA、TPM、CLB | | 如果同时存在失神或肌阵挛发作，或考虑为青少年肌阵挛性癫痫，则以下药物慎用：CBZ、GBP、OXC、PHT、PGB、VGB |
| 强直或失张力发作 | VPA | LTG | TPM、卢非酰胺 | CBZ、GBP、OXC、PGB、VGB |
| 失神发作 | ESM、LTG、VPA | ESM、LTG、VPA | CLB、CZP、LEV、ZNS | CBZ、PHT、GBP、OXC、PGB、VGB |
| 肌阵挛发作 | VPA、LEV、TPM | LEV、VPA、TPM | CLB、CZP、LEV、ZNS | |
| 局灶性发作 | CBZ、LTG、LEV、OXC、VPA | CBZ、CLB、GBP、LTG、OXC、VPA、TPM | 醋酸艾司利卡西平、卢卡酰胺、PB、PHT、PGB、VGB、ZNS | |

注：CBZ，卡马西平；CLB，氯巴占；CZP，氯硝西泮；ESM，乙琥胺；GBP，加巴喷丁；LEV，左乙拉西坦；LTG，拉莫三嗪；OXC，奥卡西平；TPM，托吡酯；PB，苯巴比妥；PHT，苯妥英钠；PGB，普瑞巴林；VPA，丙戊酸钠；VGB，氨己烯酸；ZNS，唑尼沙胺。

**3. 特殊人群抗癫痫药物的选择**

（1）**女性癫痫患者**　在为女性癫痫患者制订给药方案的时候，应该充分考虑癫痫反复发作的特点以及长程抗癫痫药物治疗可能对女性患者（包括其子女）造成的影响。比如女性患者需尤其关注药物对容貌的影响，长期使用苯妥英钠可导致皮肤多毛症和齿龈增生，应尽可能避免长期使用。应重视癫痫女性的生育功能，对于尚未生育的患者应尽量避免使用苯巴比妥、丙戊酸钠、卡马西平、扑痫酮等，因其可能干扰下丘脑-垂体-卵巢轴，导致患者可能出现月经周期紊乱、闭经、不育等并发症；育龄期女性癫痫患者应在医生的指导下计划妊娠，并应在至少无发作9个月再计划妊娠。建议在备孕时优先选择新型抗癫痫药物，尽可能避免使用丙戊酸钠，尽量保持单药治疗的最低有效剂量；推荐孕前3个月和孕初3个月服用叶酸；分娩过程中及分娩后应该继续服用抗癫痫药物，如果不能及时口服抗癫痫药物，应该通过其他途径给予足量抗癫痫药物；绝大多数抗癫痫药物可以通过乳汁分泌，但是乳汁中抗癫痫药物的浓度相对比较低，对于绝大多数服用抗癫痫药物单药治疗的妇女来说，哺乳总体是安全的，应当鼓励母乳喂养。但应密切观测婴儿的不良反应，如嗜睡、母乳喂养困难、易激惹、体重减轻等现象，如存在则暂停哺乳。如为多药联合的患者，可以考虑人工喂养。

（2）**儿童癫痫患者**　用药需根据不同生长发育阶段的生理特点，在有效药物浓度的监测下根据临床疗效调整剂量，注意有无药物相关不良反应。选择抗癫痫药物时，综合考虑药物对患儿认知功能的影响，权衡利弊，调整治疗方案。

（3）**老年癫痫患者**　老年人通常对抗癫痫药物较敏感，应尽可能缓慢加量、维持较低的有效治疗

剂量，加强必要的血药浓度监测；且老年癫痫患者常合并多种慢性病，需同服用治疗其他疾病的药物，应系统性考虑患者服用的非抗癫痫药物与抗癫痫药物的相互作用；另外，老年患者，尤其是绝经后女性患者容易出现骨质疏松，建议尽可能避免使用有肝酶诱导作用的抗癫痫药物，并可补充维生素 D 和钙剂。通常，老年人除癫痫外无其他系统疾病者首选用药为拉莫三嗪与奥卡西平，伴有其他系统疾病者首选用药则为拉莫三嗪与左乙拉西坦。

? **想一想5-2-1**

对于女性癫痫患者，在选择抗癫痫药物时有什么需要注意的地方？

答案解析

### （二）药物相互作用

传统的抗癫痫药物多数具有肝药酶诱导或抑制作用，使抗癫痫药物间或与其他非抗癫痫药物容易发生相互作用，临床使用时应特别注意。新型抗癫痫药物相对来说具有更优的药动学过程，药物相互作用更少，患者耐受性更佳。

**1. 卡马西平（CBZ）** 卡马西平是肝药酶强诱导剂，同时也是 CYP3A4 的底物。红霉素、唑类抗真菌药、异烟肼等可使卡马西平及其活性代谢产物的血浆水平增加；与单胺氧化酶抑制剂合用可引起高热或高血压危象，严重者发生惊厥甚至死亡，两药应用至少间隔 14 日；降低口服抗凝药、美沙酮、舍曲林等的血浆水平，使其活性减弱甚至消失。

**2. 苯妥英钠（PHT）** 苯妥英钠也具肝药酶诱导作用，与抗凝药、糖皮质激素、含雌激素的口服避孕药、促皮质激素等合用时，可加速上述药物代谢，降低疗效；长期应用对乙酰氨基酚的患者应用苯妥英钠可增加肝脏中毒的危险，并且疗效降低；与降糖药或胰岛素合用时，因苯妥英钠可使血糖升高，需调整后两者用量。

**3. 丙戊酸钠（VPA）** 丙戊酸钠是肝药酶抑制剂，与其他抗癫痫药物联用时，可使血药浓度增加，导致药物过量反应的出现；与氨曲南、亚胺培南、美罗培南联合应用时可能使丙戊酸钠血药浓度减低，导致痉挛性反应的发生。因此，在接受抗感染药物治疗期间应进行丙戊酸钠的临床监测并及时调整剂量；与乙醇和其他中枢抑制药联用时，中枢抑制作用增强；与对肝脏有毒性的药物合用时，有潜在肝脏中毒的危险。有肝病史者长期应用，须经常检查肝功能。

**4. 托吡酯（TPM）** 与口服避孕药合用时，可能使后者疗效降低，从而增加非月经性出血的可能；与氢氯噻嗪合用可能引起低钾血症；与其他易引起肾结石的药物同时使用时，可能会增加肾结石的风险。因此，应避免联用。

**5. 左乙拉西坦（LEV）** 不易出现药代动力学相互作用。

### （三）健康宣教

癫痫作为常见的慢性神经系统疾病，合理有效的健康宣教对疾病治疗非常重要。应注意介绍以下内容。①癫痫有多种治疗手段，如病因治疗、药物治疗、手术治疗、神经调控治疗以及饮食治疗等。一旦确诊癫痫，患者及其家属就需接受癫痫病教育。教育和指导应该是长程的，特别是当癫痫症状控制不佳需要调整治疗方案时。②教育的内容应该包括：癫痫的病因；诱发癫痫的因素；癫痫的临床表现；癫痫的危害；个体化的治疗目标；服用药物可能产生的不良反应；长期规律服药的必要性以及未经医师同意随意更换治疗方案可能产生的严重不良后果。③日常血常规、尿常规、肝肾功能以及血药浓度监测的意义和必要性；规律运动；合理饮食；抗癫痫药物间以及与其他药物间的相互作用；发生紧急情况如癫痫发作时的应对措施；育龄期妇女受孕必须做到有计划并全程监护。

# 目标检测

答案解析

## 一、综合问答题

1. 通过收集各种类型癫痫的治疗方案，说出癫痫的治疗目标和原则。
2. 结合实际，抗癫痫药物在使用时有哪些注意事项？

## 二、案例分析题

患者，男，31 岁。25 岁时第一次癫痫发作，诱因可能是疲劳。3 年前进行过肾移植手术。术后坚持服用他克莫司（FK506）和霉酚酸酯免疫抑制剂。该患者定期来院监测他克莫司（FK506）和霉酚酸酯免疫抑制剂的血药浓度。近日，药师问诊，患者主述前一日发作，既往每日晚上服用丙戊酸钠缓释片 250mg，癫痫发作频率为每月一次。患者叙述从未进行丙戊酸钠浓度测定。

请思考分析：

1. 该患者在使用丙戊酸钠过程中存在什么问题？有哪些建议？
2. 结合案例，你认为在抗癫痫药物使用过程中有哪些注意事项？
3. 如何在上述药学服务中体现职业素养和专业精神？

（田冲冲）

书网融合……

📑 重点回顾　　　　　　📱 微课　　　　　　⏱ 习题

# 任务三　帕金森病的药物治疗

PPT

**学习目标**

**知识目标：**

1. **掌握**　帕金森病的药物治疗原则、药物种类和代表药物、临床治疗方案。
2. **熟悉**　帕金森病的分类、症状、治疗药物的用法用量和相关药学服务知识。
3. **了解**　帕金森病的病因和诊断。

**技能目标：**

1. 能够结合临床指南正确选用治疗帕金森病的药物，开展用药咨询指导、协助拟定药物治疗方案。
2. 学会判断帕金森病治疗药物不良反应并提供处理方案，主动提供健康教育。

**素质目标：**

培养尊重、关爱帕金森病患者及家属，积极、细致、认真的服务意识和职业精神。

**情景描述**：患者，男，52岁，主诉"渐进性运动迟缓伴双上肢抖动3年余"。患者3年前无明显诱因出现双下肢运动迟缓，活动不灵活，表情呆板，逐渐出现双上肢不自主抖动，当时诊断为帕金森病。服用多巴丝肼（0.125g，每日2次）后患者病情有所好转，以后逐渐出现起床、翻身及转身时运动缓慢，系纽扣和鞋带、书写困难，头晕，便秘。近日，患者上述症状加重，遂入院就诊。患者否认高血压、心脏病、糖尿病、脑血管疾病病史，否认食物药物过敏史，父母兄弟姐妹的健康状况良好，无与患者类似的疾病，否认家族遗传性疾病史。

**情景分析**：结合病史、体格检查和实验室检查，诊断为帕金森病。

**讨论**：结合案例，协助拟定治疗方案，并说出药学服务要点。

**学前导语**：帕金森病是中老年人常见的神经退行性疾病，不仅会损害患者本身的日常活动，也会带来巨大的社会和医疗负担。由于帕金森病早期阶段的病程进展较后期阶段快，提倡一旦早期诊断，即应开始早期药物治疗。那么，治疗帕金森病的药物有哪些呢？针对不同的患者，又应该制订怎样的治疗方案呢？本任务将介绍帕金森病相关的知识技能，为今后开展药学服务打好基础。

原发性帕金森病，简称帕金森病（Parkinson's disease，PD），又称震颤麻痹（paralysis agitans），于1817年由英国医师詹姆士·帕金森（James Parkinson）首次报道并系统描述，是一种常见的中老年神经系统退行性疾病，隐袭起病，进展缓慢，主要病理改变为黑质多巴胺能神经元进行性退变和路易小体形成，导致纹状体多巴胺（dopamine，DA）递质减少、多巴胺与乙酰胆碱（acetylcholine，Ach）递质失平衡。其主要临床特征为运动迟缓、静止性震颤、肌强直和姿势平衡障碍，同时伴各种非运动症状，如嗅觉障碍、睡眠障碍、自主神经功能障碍、认知和精神障碍等。在我国65岁以上人群中，帕金森病的患病率为17%，并随年龄增长而升高，给家庭和社会带来沉重的负担。

**药爱生命**

1817年，英国医生James Parkinson最早发表关于"震颤麻痹"的短论，首次系统地描述了该病的特征。然而，著作发表之后并未引起学术界广泛的关注。直到19世纪60年代以后，法国神经病学家Jean-Martin Charcot通过细致的观察性研究，在总结自己和他人研究结果的基础上，总结出帕金森病的四项核心症状，同时提出"震颤麻痹"的命名不准确，建议以Parkinson医生的名字重新命名"震颤麻痹"，即命名为"帕金森病"。

时至今日，帕金森病仍缺乏特异性的实验室或影像学的检查方法，其诊断仍主要依靠临床症状的判定。回顾这段研究历史有益于我们加深对帕金森病症状学的理解，培养细致的临床观察思维能力。它让我们体会到在医学水平相对落后的情况下，先辈们如何依靠敏锐的观察、形象的描述和准确的鉴别发现这种疾病，又是如何纠正错误认识，提出新的、正确的认识的。毋庸置疑，在重化验、重机器而忽视医生自己的双手和双眼的今天，这种精神难能可贵。

## 一、疾病概述

### （一）病因与发病机制

目前，帕金森病的病因和发病机制尚未完全明确。多项研究表明，其发生发展可能与年龄因素（发病率与年龄呈线性关系）、环境因素（如喝井水、农村生活史以及除草剂、杀虫剂等的暴露）和遗传因素之间的相互作用有关。可能的发病机制包括线粒体功能障碍（如线粒体复合物I活性下降，活性氧生成增加)、氧化应激(帕金森病患者脑内多巴胺代谢产生过量自由基)、谷氨酸的毒性作用(谷氨酸通过受体或直接激发线粒体自由基的生成,引起脑内多巴胺神经元损伤)以及免疫炎性机制(帕金森病患者血液和脑脊液中淋巴细胞数目增多)。

（二）临床表现与诊断

帕金森病的诊断主要依靠详尽的病史、完整的神经系统体格检查,辅以治疗初期患者对多巴胺能药物的反应。诊断的主要依据是我国帕金森病及运动障碍学组制定的《中国帕金森病的诊断标准(2016版)》。主要有以下几点:缓慢进展性病程,运动迟缓及至少具备静止性震颤和肌强直中的一组,对多巴胺能药物治疗敏感。帕金森病的临床表现包括特征性的运动症状及非运动症状(表5-5)。

表5-5　帕金森病的临床表现

| 运动症状 | | 非运动症状 | |
| --- | --- | --- | --- |
| 运动迟缓 | 随意运动减少;手指精细动作障碍,书写困难呈"写字过小征";面肌强直、运动减少,呈"面具脸";大量流涎,病情严重时可有吞咽困难、饮水呛咳;构音含糊而低沉,语言单调 | 自主神经功能障碍 | 包括顽固性便秘、尿频、排尿不畅、尿失禁;阳痿;体位性低血压;汗液分泌增多或减少;头面部皮脂分泌增多呈"油脂面容",伴有脂溢性皮炎倾向 |
| 静止震颤 | 早期表现为静止性震颤,多始于一侧上肢的远端(手指),呈"搓丸样动作",逐渐发展到同侧下肢与对侧上、下肢体。疲劳、紧张及情绪激动时震颤加剧,睡眠时停止。晚期可演变为经常性震颤。少数患者可不出现震颤 | 精神障碍 | 近半数患者抑郁,常伴有焦虑、淡漠、疲劳;部分患者晚期可能出现认知障碍乃至痴呆,以及幻觉、妄想及冲动控制障碍 |
| 肌强直 | 受累肢体运动缓慢,关节呈"铅管样强直";有静止性震颤的患者可感到"齿轮样强直"。面部、颈部、躯干及四肢肌肉均可受累。肌强直严重者可引起肢体的疼痛,称痛性痉挛 | 睡眠障碍 | 可有失眠、快速眼动期睡眠行为障碍、白天过度嗜睡、不宁腿综合征、睡眠呼吸暂停等 |
| 姿势平衡障碍 | 早期表现为"冻结步态"或"慌张步态" | 感觉障碍 | 出现嗅觉减退,常会有肢体麻木、疼痛等 |

## 二、治疗目标与原则

### （一）治疗目标

帕金森病的治疗目标为控制运动症状、预防运动并发症、改善非运动症状。

### （二）治疗原则

**1. 综合治疗模式**　帕金森病患者可先后或同时出现运动症状和非运动症状,但在整个病程中都会有这两类症状,有时会产生多种非运动症状。不仅运动症状会影响患者的工作能力和日常生活能力,非运动症状也会明显干扰患者的生活质量。因此,应对帕金森病患者的运动症状和非运动症状采取全面综合治疗。

**2. 多学科治疗模式**　包括药物治疗、手术治疗、肉毒毒素治疗、运动疗法、心理干预、照料护理等。药物治疗作为首选,是整个治疗过程中的主要治疗手段;手术治疗则是药物治疗的一种有效补充手段;肉毒毒素注射是治疗局部痉挛和肌张力障碍的有效方法;运动与康复治疗、心理干预与照料护理则适用于帕金森病治疗全程。因此,在临床条件允许的情况下,组建以神经内科、功能神经外科、神经心理、康复乃至社区全科医生等多学科团队,可以更有效地治疗和管理帕金森病患者,为患者的症状改善和生活质量提高带来更大的益处。

**3. 全程管理**　目前应用的治疗手段,无论药物或手术,只能改善症状,不能阻止病情的发展,更无法治愈。因此,治疗不能只顾眼前,而且需长期管理,以达到长期获益。

**4. 用药原则**　药物治疗的原则是以达到有效改善症状、避免或降低不良反应、提高工作能力和生活质量为目标。①提倡早期诊断、早期治疗，坚持"剂量滴定"以避免产生药物急性不良反应，力求实现"尽可能以小剂量达到满意临床效果"的用药原则。②强调个体化特点，选择药物时应综合考虑患者的疾病特点、发病年龄、有无共病、药物可能的不良反应以及患者的意愿、经济承受能力等因素。③尽可能避免、推迟或减少药物的不良反应和运动并发症。需要特别注意的是，药物治疗特别是使用左旋多巴及大剂量多巴胺受体激动药时不能突然停药，以免发生撤药恶性综合征。

### 三、常用治疗药物 微课

根据帕金森病发病机制，治疗帕金森病的药物主要分为两大类。一类是中枢拟多巴胺类药，包括左旋多巴（L - Dopa）和复方左旋多巴、多巴胺受体激动药、多巴胺递质促释药、单胺氧化酶 B（monoamine oxidase - B，MAO - B）抑制药和儿茶酚氧位甲基转移酶（catechol - O - methyltransferase，COMT）抑制药。另一类是中枢抗胆碱药。临床常用的帕金森病治疗药物及其主要特点见表 5 - 6。

表 5 - 6　常用帕金森病治疗药物及其用法用量

| 种类 | 代表药物 | 药理作用 | 适应证 | 用法用量 |
|---|---|---|---|---|
| 抗胆碱药物 | 苯海索 | 选择性抑制纹状体的胆碱能神经通路 | 伴有震颤的、无认知障碍的非老年患者 | 1 ~ 2mg，3 次/日 |
| 复方左旋多巴 | 多巴丝肼、卡比双多巴 | 左旋多巴与多巴脱羧酶抑制剂组成的复方制剂，可减少外周左旋多巴降解，使进入脑内的左旋多巴增加，恢复脑内多巴胺与乙酰胆碱平衡 | 治疗各种类型的帕金森病 | 初始剂量为 62.5 ~ 125mg，2 ~ 3 次/日，建议早期患者使用复方左旋多巴单药治疗时剂量不超过 400mg/日（以左旋多巴含量计） |
| 多巴胺受体激动药 | 吡贝地尔缓释剂 | 与多巴胺受体结合，兴奋多巴胺受体 | 非老年起病帕金森病患者的病程初期 | 初始剂量为 50mg，1 次/日；有效剂量为 150mg/日，分 3 次口服，最大剂量不超过 250mg/日 |
| | 普拉克索 | 与多巴胺受体结合，兴奋多巴胺受体 | 非老年起病帕金森病患者的病程初期 | 初始剂量为 0.125mg，3 次/日；有效剂量为 0.5 ~ 0.75mg，3 次/日，最大剂量不超过 4.5mg/日 |
| | 罗匹尼罗 | 与多巴胺受体结合，兴奋多巴胺受体 | 非老年起病帕金森病患者的病程初期 | 初始剂量为 0.25mg，3 次/日，每服用 1 周后每日增加 0.75mg 至每日 3mg；有效剂量为 3 ~ 9mg/日，分 3 次服用，最大剂量为 24mg/日 |
| | 罗替戈汀 | 与多巴胺受体结合，兴奋多巴胺受体 | 非老年起病帕金森病患者的病程初期 | 初始剂量为 2mg，1 次/日，每使用 1 周后每日增加 2mg；有效剂量，早期患者为 4 ~ 8mg/日，中晚期患者为 8 ~ 16mg/日 |
| 多巴胺递质促释药 | 金刚烷胺 | 促进纹状体多巴胺的合成和释放，减少神经细胞对多巴胺的再摄取 | 对少动、强直、震颤均有改善作用，对改善异动症有帮助 | 50 ~ 100mg，2 ~ 3 次/日 |
| MAO - B 抑制药 | 司来吉兰 | 抑制多巴胺的重摄取及突触前受体 | 症状较轻，对生活、工作无明显影响的患者 | 2.5 ~ 5.0mg，2 次/日，早晨、中午服用 |
| | 雷沙吉兰 | 抑制多巴胺的重摄取及突触前受体 | 症状较轻，对生活、工作无明显影响的患者 | 1mg，1 次/日，早晨服用 |
| COMT 抑制药 | 恩他卡朋 | 抑制 COMT，减少左旋多巴代谢 | 应用于复方左旋多巴疗效减退、出现剂末现象的患者 | 每次 100 ~ 200mg，与复方左旋多巴同服 |
| | 托卡朋 | 抑制 COMT，减少左旋多巴代谢 | 应用于复方左旋多巴疗效减退、出现剂末现象的患者 | 每次 100mg，3 次/日，第一剂与复方左旋多巴同服，此后间隔6小时服用，可单用，最大剂量为 600mg/日 |

注：MAO - B，单胺氧化酶 - B；COMT，儿茶酚氧位甲基转移酶。

👁 看一看5-3-1

### 左旋多巴的发现和应用

左旋多巴用于治疗帕金森病已有近50年的历史，其研制过程中先后产生了两位诺贝尔奖得主，也为该药增添了一些传奇色彩。

1913年，瑞士化学家Marcus Guggenheim从温莎豆中分离出左旋多巴。1958年，Arvid Carlsson发现D，L-3，4-二羟基苯基丙氨酸（左旋多巴为其左旋体）可通过血脑屏障，逆转利血平导致的脑内多巴胺耗竭所造成的影响，改善实验动物的运动功能。他也因此获得2000年的诺贝尔生理学或医学奖。后来，奥地利神经药理学家Oleh Hornykiewicz和同事发现帕金森病患者脑内存在显著的多巴胺丢失，并首次将左旋多巴用于临床患者，症状显著改善。

而美国化学家William Knowles通过改进左旋多巴的合成路线，使其工业化生产成为可能，他也因此获得了2001年的诺贝尔化学奖。1970年，左旋多巴获批上市，拉开了之后数十年其作为抗帕金森病治疗金标准的序幕。

## 四、药学服务

开展帕金森病的药学服务主要包括：①向医师介绍常用帕金森病治疗药物，尤其是一些新型药物的特点，提供各类药物的剂量、疗程、不良反应、相互作用的信息咨询服务；②向护士提供新型帕金森病治疗药物的特征性不良反应等；③向患者介绍帕金森病治疗药物的治疗特点和使用方法，如何在使用时尽量避免不良反应的发生以及发生不良反应时的应对措施，提高其依从性；④向患者、家属及社会公众介绍帕金森病综合管理内容和意义等。

### （一）用药注意事项

**1. 常用药物的注意事项**　帕金森病治疗周期长，药物的不良反应比较多，应是药师进行用药指导的重点内容。

（1）苯海索　常见的不良反应包括排尿困难、青光眼、记忆力下降。闭角型青光眼及前列腺肥大患者禁用。同时，对<60岁的患者要告知长期应用本类药物可能导致其认知功能下降，所以需定期复查认知功能，一旦发现患者的认知功能下降，则应立即停用，对≥60岁的患者最好不用抗胆碱药物。

（2）左旋多巴/复方左旋多巴　主要不良反应为胃肠道不良反应、直立性低血压、精神障碍、剂末现象、开关现象和异动症等。活动性消化道溃疡者慎用，对本品过敏、闭角型青光眼、精神病患者以及孕妇和哺乳期妇女禁用。本类药物在使用时易诱发致残性的运动并发症（症状波动、异动症），用药需要个体化，不宜突然停药。此外，左旋多巴代谢受食物中蛋白质的影响，因此避免与高蛋白食物一起服用，建议餐前1小时或餐后2小时服用本品。使用过程中监测黑色素瘤。

（3）多巴胺受体激动药　不良反应中，直立性低血压、脚踝水肿和精神异常（幻觉、食欲亢进、性欲亢进等）的发生率较高。使用时应从小剂量开始，逐渐增加剂量。对本品过敏者禁用；禁与地西泮类精神药物合用。

（4）MAO-B抑制药　司来吉兰常见不良反应为恶心、头晕、头痛、异动症，过量可能发生高血压危象。因可引起头晕，建议患者在服药期间避免驾驶车辆或操作机器；雷沙吉兰常见流感综合征以及消化道的不良反应；使用时应监测肝功能和黑色素瘤。本类药物不宜在晚上服用，以免引起失眠。胃溃疡者慎用。

（5）COMT抑制药　恩他卡朋常见不良反应为腹泻、头痛、多汗、口干、恶心、尿液变黄等，肝功能不全者禁用，且在使用时应注意监测肝功能；托卡朋常见运动障碍、肌张力障碍、嗜睡、头晕、恶心、厌食、腹泻以及肝功能损害等不良反应，肝脏疾病、ALT/AST 超过正常值上限的患者及严重肾功能不全患者禁用，同时注意在用药前和使用过程中监测肝功能。

（6）金刚烷胺　不良反应常见网状青斑、体重增加和认知障碍。肾功能不全、癫痫、严重胃溃疡、肝病患者慎用，哺乳期妇女禁用。使用过程中监测黑色素瘤。

**2. 治疗方案**　根据临床症状严重程度的不同，可以将帕金森病的病程分为早期和中晚期。即将Hoehn – Yahr 分级 1.0 ~ 2.5 级定义为早期，Hoehn – Yahr 分级 3 ~ 5 级定义为中晚期。

（1）早期帕金森病的药物治疗　帕金森病一旦发生，将随时间推移而渐进性加重，且疾病早期病程进展较后期要快；一旦早期确诊，即应尽早开始治疗，减缓疾病进程。疾病初期多以单药治疗，也可采用小剂量多药（针对多靶点）联合应用，力求疗效最佳、维持时间更长，而急性不良反应和运动并发症的发生率最低。早期帕金森病的治疗策略如下（图 5 – 2）。

①早发型帕金森病（发病年龄≤50 岁）患者，不伴智能减退，可有如下选择：A. 非麦角类多巴胺受体激动药；B. MAO – B 抑制药；C. 复方左旋多巴；D. 恩他卡朋双多巴片；E. 金刚烷胺；F. 抗胆碱能药。

首选药物并非按照以上顺序，需根据不同患者的具体情况，而选择不同方案。若力求显著改善运动症状，则可首选 C 或 D 方案；也可小剂量应用 A 或 B 方案时，同时小剂量合用 C 方案；若考虑药物经济因素，对强直少动型患者可首选 E 方案，对震颤型患者也可首选 F 方案。

②晚发型帕金森病（发病年龄 >50 岁）患者，或伴智能减退的早发型患者：一般首选复方左旋多巴治疗。症状加重、疗效减退时可添加多巴胺受体激动药、MAO – B 抑制药或 COMT 抑制药治疗。抗胆碱能药尽可能不用，尤其老年男性患者。

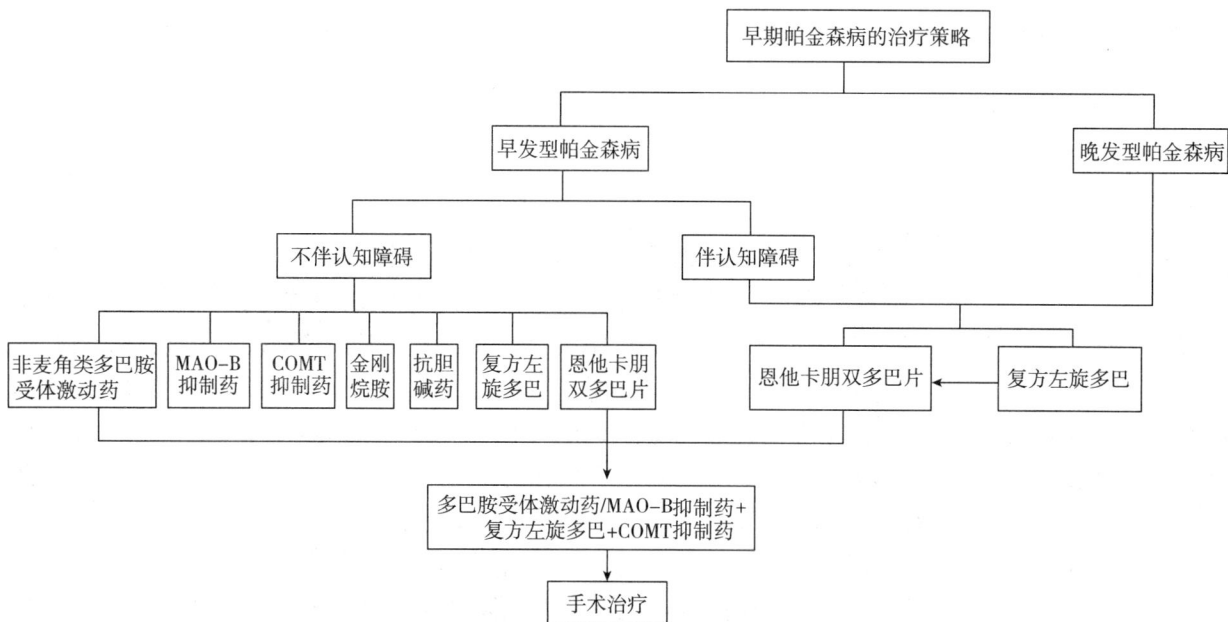

图 5 – 2　早期帕金森病的治疗策略

注：MAO – B，单胺氧化酶 – B；COMT，儿茶酚氧位甲基转移酶。

（参考 2019 年帕金森病基层诊疗指南）

（2）中晚期帕金森病的药物治疗　中晚期尤其是晚期帕金森病的临床表现极其复杂，有疾病本身的进展，也有药物不良反应或运动并发症的因素参与。对中晚期帕金森病患者的治疗，既要继续力求改善运动症状，又要妥善处理一些运动并发症和非运动症状。其中，运动并发症（症状波动和异动症）是帕金森病中晚期常见的症状。

①症状波动的治疗：症状波动主要包括剂末恶化、"开关"现象。处理原则见图5-3。

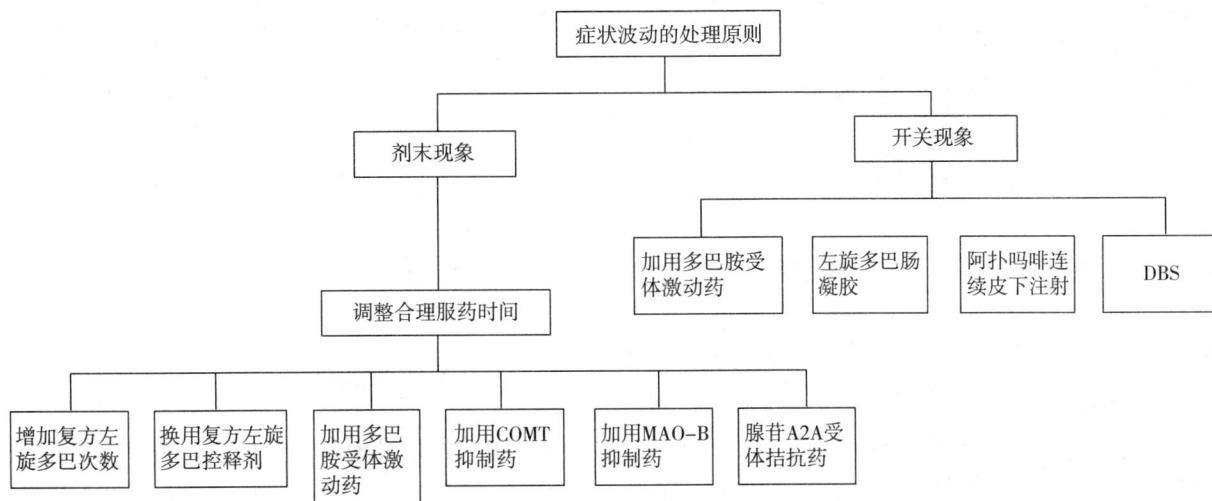

**图5-3　症状波动的处理原则**

（参考2019年中国帕金森病治疗指南）

注：COMT，儿茶酚氧位甲基转移酶；MAO-B，单胺氧化酶-B；DBS，脑深部电刺激。

②异动症的治疗：异动症又称为运动障碍，包括剂峰异动症、双相异动症和肌张力障碍。处理原则见图5-4。

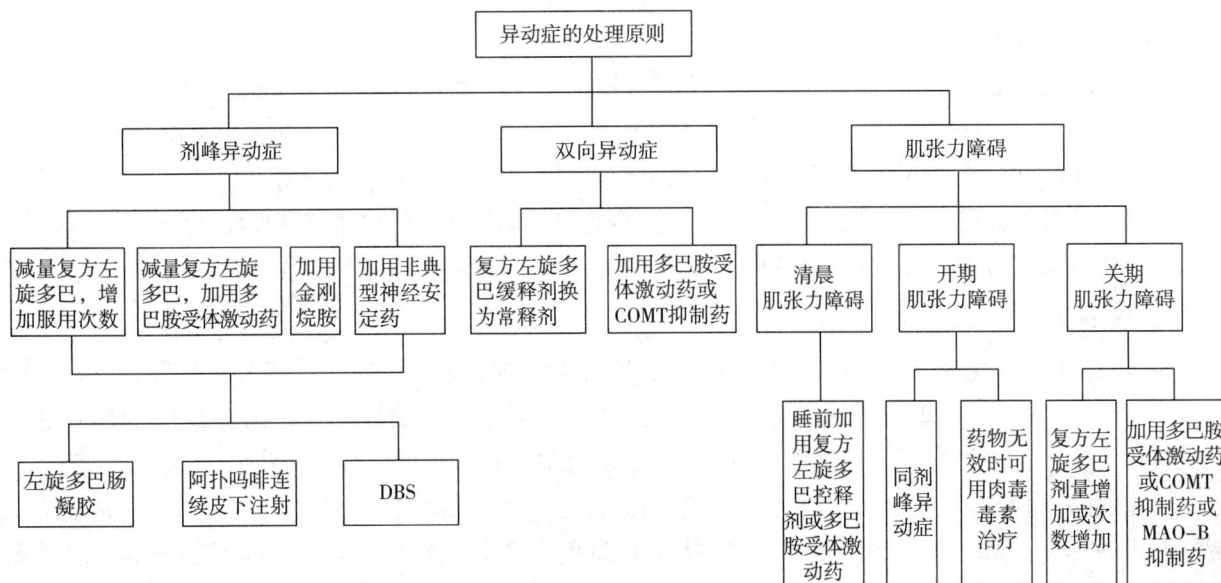

**图5-4　异动症的处理原则**

（参考2019年中国帕金森病治疗指南）

注：COMT，儿茶酚氧位甲基转移酶；MAO-B，单胺氧化酶-B；DBS，脑深部电刺激。

✎ **练一练5-3-1**

患者，男，58岁。呈典型的"面具脸""慌张步态"及"小字症"表现，确诊为帕金森病，患者同时伴有闭角型青光眼。该患者不宜用

A. 恩托卡朋　　　B. 左旋多巴　　　C. 普拉克索　　　D. 吡罗地尔　　　E. 金刚烷胺

答案解析

**？想一想5-3-1**

对于晚发型帕金森病患者（发病年龄＞50岁），应选择怎样的药物治疗方案？有哪些药物应避免使用？为什么？

答案解析

### （二）药物相互作用

**1. 左旋多巴** 本药与其他药物配伍容易发生不良反应，应高度重视，避免使用。与非选择性单胺氧化酶抑制药合用可致急性肾上腺危象；与器粟碱或维生素 $B_6$ 合用，可降低本药的药效；与利血平合用，可抑制本药的作用；与抗精神病药物合用，由于两者互相拮抗，应避免合用；与甲基多巴合用，可增加本药的不良反应并使甲基多巴的抗高血压作用增强。

**2. 恩他卡朋** 本药在胃肠道中能与铁形成螯合物，和铁制剂的服药时间至少应该间隔 2～3 小时；与非选择性单胺氧化酶抑制药合用，可抑制 COMT 和 MAO，减少儿茶酚胺的代谢，应避免两者合用；可增强肾上腺素、麻黄碱、去甲肾上腺素等的变时作用，有可能导致心悸、心律失常等，必须要合用时监测心功能。

**3. 苯海索** 本药与乙醇或其他中枢神经系统抑制药合用时，可使中枢神经抑制作用加强；与金刚烷胺、抗胆碱药、单胺氧化酶抑制药帕吉林及丙卡巴肼合用时，可加强抗胆碱作用，并可发生麻痹性肠梗阻；与单胺氧化酶抑制药合用，可导致高血压；与制酸药或吸附性止泻药合用时，可减弱本药的效应；与氯丙嗪合用时，后者代谢加快，可使其血药浓度降低；与强心苷类合用可使后者在胃肠道停留时间延长，吸收增加，易于中毒。

**4. 司来吉兰** 由于有高血压风险，本药不得与拟交感神经药合用；由于存在 5 - 羟色胺综合征的风险，本药不得与选择性 5 - 羟色胺再摄取抑制药或 5 - 羟色胺与去甲肾上腺素再摄取抑制药同时使用。本药停药后 14 天内不得使用氟西汀，氟西汀停药最少 5 周后才可开始服用本药；与三环类抗抑郁药同时使用时，偶有报告重度中枢神经系统毒性（5 - 羟色胺综合征），有时伴有高血压、低血压、出汗，应避免两者合用；与单胺氧化酶抑制药同时使用可能会导致中枢神经系统和心血管系统疾病。

### （三）健康宣教

应注意向患者及家属介绍：①关注帕金森病的早期表现，如震颤、行动迟缓等，应提高警惕，做到早发现、早诊断、早治疗；②药物治疗是帕金森病最主要的干预手段，患者应该长期坚持按剂量正确服用药物；③运动可防止和推迟关节强直和肢体挛缩，因此，患者可进行适度的锻炼和日常活动，注意活动安全，防止跌倒；④患者还应当合理饮食，饮食营养均衡，注意蛋白质的摄入，因为蛋白质可能抑制左旋多巴在肠道的吸收；⑤由于可能发生直立性低血压，应避免突然改变体位，起床、站立或转头等动作要缓慢，睡眠时抬高头位，尽量不要平躺；⑥由于疾病本身或抗帕金森病药物可导致困倦疲劳，患者不宜从事驾车或操作机械等需要集中注意力的事情；⑦养成良好的睡眠习惯，保持心情愉悦。

**目标检测**

答案解析

### 一、综合问答题

1. 通过收集各种类型帕金森病的治疗方案，说出帕金森病的治疗目标和原则。

2. 结合实际，为帕金森病患者制订治疗策略时应考虑哪些因素？

## 二、案例分析题

患者，女，50 岁。因"帕金森病史十余年，药物控制不佳，为进一步规范帕金森病药物治疗，改善帕金森病发作症状"收治入院。既往口服多巴丝肼片 250mg，一日多次；卡左双多巴控释片 250mg，一日多次（患者自感不适即服），药物控制不佳。患者入院诊断为：帕金森病，异动症，轻度抑郁。医生为患者调整治疗方案为：多巴丝肼片 500mg/d；卡左双多巴控释片 250mg/d；金刚烷胺片 0.3g/d；司来吉兰 5mg/d；西酞普兰 20mg/d。患者入院治疗第 2 天后，家属诉：全身乱动情况持续存在，有时有阵发性四肢、头面部抖动，抖动时伴大汗淋漓。同时患者情绪低落、易波动，躯体尤其腹部有发紧感，约持续半小时后自行缓解。

请思考分析：

1. 该患者都使用过哪些种类的帕金森病治疗药物？这些药物主要用于什么情况的帕金森病患者？该患者还可以选用哪些治疗帕金森病的药物（至少说出三种）？

2. 该患者出现的抖动、大汗淋漓、情绪波动等现象的最可能原因是什么？应如何处理？

3. 针对该患者，作为一名药师，你认为可以进行哪些措施来帮助患者控制疾病、改善病情？

（田冲冲）

书网融合……

　重点回顾　　　　　微课　　　　　习题

# 任务四　阿尔茨海默病的药物治疗

PPT

**学习目标**

**知识目标：**

**1. 掌握**　阿尔茨海默病的药物治疗原则、药物种类和代表药物、临床治疗方案。

**2. 熟悉**　阿尔茨海默病的症状、治疗药物的用法用量和相关药学服务知识。

**3. 了解**　阿尔茨海默病的病因和诊断。

**技能目标：**

1. 能够结合临床指南正确选用治疗阿尔茨海默病的药物，开展咨询、指导用药，协助拟定药物治疗方案等药学服务。

2. 学会判断阿尔茨海默病治疗药物的常见不良反应并提供处理方案，主动提供健康教育。

**素质目标：**

培养尊重、关爱阿尔茨海默病患者及家属，积极、细致的服务意识和职业精神。

### 导学情景

**情景描述：** 患者，女，72 岁。家人反映患者记忆明显减退，认不出亲人，甚至不能正确回答自己的姓名、年龄，理解、计算、判断及分析综合等智能活动明显下降，智力减退，难以自理，进食不知饥饱，出门后找不到家门，时常与人争吵或因轻微不适感与家人纠缠不休。脑电图检查呈 α 节律减慢，CT 检查可见大脑皮质萎缩及脑室扩大。

**情景分析：** 结合患者发病症状及检查，诊断为晚期阿尔茨海默病。

**讨论：** 结合案例，协助医师为该患者拟定治疗方案。

**学前导语：** 阿尔茨海默病是一个世界级的疑难病症，发病原因未知，无法完全治愈。目前的治疗手段包括药物治疗，辅以心理治疗与认知康复治疗等，治疗目的为减轻症状，延缓病情发展。本任务将介绍有关内容，为今后的药学服务工作打好基础。

阿尔茨海默病（Alzheimer's disease，AD）是老年期痴呆中最常见的疾病类型，由中枢神经系统慢性进行性变性引起，以渐进性记忆障碍、认知功能障碍及人格改变等神经精神症状为特征，部分患者可伴有不同程度的精神疾病。常隐袭起病，进展缓慢。因其多在老年和老年前期发病，常被家人认为是正常的衰老过程而忽视。近年来由于人口老龄化，该病发病率呈明显增加趋势，成为相关研究热点之一。

## 一、疾病概述 📱微课1

### （一）病因与发病机制

本病最典型的病理特征为大脑皮质和海马组织内出现大量的老年斑（senile plaques，SP）、神经纤维缠结（neurofibrillary tangles，NFTs）、神经元数量减少和颗粒空泡变性。病因尚不清楚，一些危险因素与本病有关。

**1. 遗传因素** 10% 的阿尔茨海默病患者有家族史。

**2. 神经递质** 阿尔茨海默病患者存在胆碱能神经元退行性病变。由于胆碱能神经元与学习、注意力和记忆有关，故推测胆碱功能低下在阿尔茨海默病的发病机制中起一定作用。

**3. 中毒** 铝、铜、锌、锰、硒等神经毒素在脑内蓄积。

**4. 免疫功能紊乱** 阿尔茨海默病患者血清、脑脊液和死后脑组织中存在大量特征性免疫反应，提示免疫反应和炎症在阿尔茨海默病神经元破坏中可能起一定作用。

**5. 其他** 如慢性病毒感染、心理应激、吸烟、高血压、脑外伤、糖尿病、性别、受教育程度等与发病也有一定关系。

阿尔茨海默病的发病机制非常复杂，有 Aβ 淀粉样蛋白级联假说、tau 蛋白过度磷酸化学说、神经血管功能衰退学说、胆碱能学说、基因突变学说、神经细胞凋亡学说、免疫异常学说、氧化应激学说、炎性反应学说等，存在多因素相互作用的结果。

目前 Aβ 淀粉样蛋白级联假说、tau 蛋白过度磷酸化学说是本病最重要的机制，在阿尔茨海默病患者的大脑中发现胆碱能神经元明显减少，胆碱能活性和乙酰胆碱含量降低，这些被认为与阿尔茨海默病的认知症状有关。该胆碱能神经的活性下降与大脑中 5 – 羟色胺能 6 型（5 – HT$_6$）受体和组胺 3 型（H$_3$）受体的功能减低有关。阿尔茨海默病的病理机制还与谷氨酸的兴奋毒性所致的 NMDA 受体过度激活有关。

### （二）临床表现与诊断 📱微课2

阿尔茨海默病的临床起病非常隐匿，病情呈持续进行性发展而无缓解。有些患者在环境突然变化、精神受刺激、躯体疾病的情况下，症状很快出现。

**1. 记忆障碍** 是本病的首发症状，早期表现为近记忆障碍，不能记起不久前发生的事，随着病情进展，远期记忆受损，记不清自己的生日、重要事件甚至姓名等，并可出现错构、虚构症状。

**2. 认知障碍** 是本病特征性的临床表现。掌握新知识、熟练运用能力及社交能力下降，并随时间的推移而逐渐加重。

（1）语言功能障碍 特点是阅读和书写异常，后出现口语表达和理解障碍。

（2）失认及失用 失认表现为不认识亲人和朋友的面貌，自我认识受损者则产生镜子征，与镜中的自己说话。失用表现为患者丧失熟练技能，甚至不会使用筷子、汤匙等。

（3）时间、空间定向障碍 表现为不能准确说出时间、判断物品位置，经常迷路，穿衣时分不清上下左右和正反等。

（4）计算力下降 早期计算力变慢，出现计算错误，后期发展为简单运算不能完成。

**3. 情感或行为障碍** 表现为不安、多疑、易激动、淡漠、抑郁、焦虑或欣快。可出现妄想、错觉、幻觉，而出现冲动性的伤人、毁物行为。有的患者一改以往的生活习惯。

**4. 其他症状** 早期神经系统检查无局灶阳性体征，但是可出现吸吮反射、持握反射。疾病晚期可见四肢僵直、锥体束征、步态、平衡障碍及大小便失禁等，约5%的患者出现癫痫发作和帕金森综合征。

阿尔茨海默病起病缓慢，以逐渐加重的痴呆为主要临床症状，病情发展虽可暂时停顿，但不可逆转。根据病史、体检和实验室检查排除其他导致痴呆可能的原因外，需与老年期的其他精神病、可以引起痴呆的征象，如恶性贫血等疾病相鉴别。

## 二、治疗目标与原则

### （一）治疗目标

阿尔茨海默病尚无特效治疗方法，主要目标是初级预防，推迟起病，控制疾病进展和改善患者症状，包括减轻记忆力减退、纠正精神行为紊乱以期提高生活质量，延长寿命。

### （二）治疗原则

主要包括药物对症治疗，用以改善记忆障碍、认知功能障碍和对症改善精神症状。此外，应对生活不能自理的患者加强陪护及护理，防止并发症的出现和意外事件的发生。

## 三、常用治疗药物

阿尔茨海默病的药物治疗策略基于本病的各种发病机制假说，主要包括：增加乙酰胆碱能神经的活性、抑制谷氨酸的兴奋毒性、促进 Aβ 的清除、减少 tau 蛋白过度磷酸化、降低神经炎症反应。本任务主要介绍采用前两种治疗策略的药物。

### （一）胆碱酯酶抑制药

**1. 他克林** 是 FDA 批准的第一个治疗阿尔茨海默病的药物，为第一代可逆性中枢 AChE 抑制药，因有严重不良反应，特别是肝毒性，现已经撤市。

**2. 多奈哌齐** 为第二代可逆性中枢 AChE 抑制药，选择性强，主要作用在脑中最敏感的区域皮质和海马回，通过抑制 AChE 来增加中枢 ACh 的含量，对丁酰胆碱酯酶无作用，同时能增加整个脑的血流量，减轻淀粉样蛋白的神经毒性，减轻自由基导致的神经变性。与第一代他克林相比，多奈哌齐对中枢 AChE 有更高的选择性和专属性，半衰期较长，能改善轻至中度阿尔茨海默病患者的认知能力和其他临床症状。口服后吸收良好，进食和服药时间对药物吸收无影响，生物利用度为 100%，开始剂量为 5mg/d，4~6 周后可加量至 10mg/d。本药是目前应用最广泛的胆碱酯酶抑制药之一。

**3. 卡巴拉汀** 属于第二代 AChE 抑制药，能选择性地抑制大鼠大脑皮质和海马中的 AChE 活性，而对纹状体、脑桥以及心脏的 AChE 活性抑制力很小。本药可改善阿尔茨海默病患者胆碱能神经介导的认知功能障碍，提高认知能力，如记忆力、注意力和方位感，尚可减慢淀粉样蛋白前体（APP）的形成。本药具有安全、耐受性好、不良反应轻等优点，且无外周活性，尤其适用于伴有心脏、肝脏以及肾脏等疾病的阿尔茨海默病患者。卡巴拉汀口服迅速吸收，起始剂量为每次 1.5mg，每天 2 次，2 周后，剂量可逐渐增加至 3mg，每天 2 次，两周后，剂量可逐渐增加至 3mg，每天 2 次，最大剂量为 6mg。

**4. 加兰他敏** 是从雪花莲属植物以及我国石蒜植物内分离得到的生物碱，属于第二代 AChE 抑制药，对神经元中的 AChE 有高度选择性，抑制神经元中 AChE 的能力比抑制血液中丁酰胆碱酯酶的能力强 50 倍，是 AChE 竞争性抑制药。在胆碱能高度不足的区域（如突触后区域）活性最大。用于治疗轻、中度阿尔茨海默病，临床有效率为 50%~60%，疗效与他克林相当，但无肝毒性。口服剂量为 30~60mg/d，用药后 6~8 周治疗效果开始明显。可作为阿尔茨海默病治疗的首选药之一。

**5. 石杉碱甲** 是我国学者于 1982 年从石杉科植物千层塔中分离得到的生物碱。为强效、可逆性胆碱酯酶抑制药，有很强的拟胆碱活性，易于通过血脑屏障，可明显提高额叶、颞叶、海马等脑区的乙酰胆碱含量，有效时间长，其作用强度仅次于多奈哌齐，对改善衰老性记忆障碍及老年痴呆患者的记忆功能有良好作用。在改善认知功能方面，与高压氧治疗相比效果显著。临床用于老年性记忆功能减退及阿尔茨海默病患者，改善其记忆和认知能力。临床上对阿尔茨海默病的应用比较广泛。口服，每天 2 次，每次 100~200μg，一日剂量不能超过 450μg。

## （二）NMDA 受体非竞争性拮抗药

主要有美金刚，又名美金刚胺，是阿尔茨海默病治疗一线药物，是电压依赖性的 NMDA 受体非竞争性拮抗药，可与 NMDA 受体上的环苯乙哌啶（phencyclidine）结合位点结合。NMDA 受体是离子型谷氨酸受体的一个亚型，全称是 N - 甲基 - D - 天冬氨酸受体，是中枢兴奋型氨基酸受体的重要代表，与学习和记忆过程密切相关。当谷氨酸以病理量释放时，美金刚可减少谷氨酸的神经毒性作用；当谷氨酸释放过少时，美金刚可改善记忆过程所需谷氨酸的传递。临床研究表明，本药能显著改善轻度至中度血管性痴呆症患者的认知能力，而且对较严重的患者效果更好；对中度至重度的老年痴呆症患者，还可显著改善其动作能力、认知障碍和社会行为。美金刚是第一个用于治疗晚期阿尔茨海默病的 NMDA 受体非竞争性拮抗药，将美金刚与 AChE 抑制药同时使用效果更好。每日最大剂量为 20mg，为了减少副作用的发生，在治疗的前 3 周应按每周递增 5mg 剂量的方法逐渐达到维持剂量。

**练一练5-4-1**

1. 加兰他敏所属的药物类别是

A. 胆碱酯酶抑制药

B. NMDA 受体非竞争性拮抗药

C. 抗氧化剂

D. 抗炎治疗类药物

E. 雌激素代替治疗类药物

答案解析

2. NMDA 受体非竞争性拮抗药类治疗阿尔茨海默病的代表药物是

A. 他克林　　B. 多奈哌齐　　C. 卡巴拉汀　　D. 加兰他敏　　E. 美金刚

👁 看一看5-4-1

### 阿尔茨海默病治疗药物的新进展

基于阿尔茨海默病发病机制的各种假说，目前阿尔茨海默病治疗的策略主要包括如下 5 种：增加乙酰胆碱能神经的活性、抑制谷氨酸的兴奋毒性、促进 Aβ 的清除、减少 tau 蛋白过度磷酸化和神经炎症反应。自 2003 年以来，进入阿尔茨海默病治疗临床试验的化合物多达 200 余个，但新药物的成功率非常低。多数通过了前期临床试验的化合物都因为在后期临床试验中缺乏疗效或因严重的不良反应而被中止试验。这让人们重新审视现有药物干预靶点的准确性，并致力于寻找阿尔茨海默病的客观诊断指标和生物标记物。尽管如此，目前全球正在开展的阿尔茨海默病治疗药物的临床试验仍多达 2000 余个。除药物外，许多营养制品和植物也有望改善阿尔茨海默病的症状而用于辅助治疗。

## 四、药学服务

开展阿尔茨海默病的药学服务主要包括：①向医师介绍治疗所用 AchE 抑制药和 NMDA 受体非竞争性拮抗药的特点，提供各类药物的剂量、疗程、不良反应、相互作用的信息咨询服务；②向护士提供治疗药物不同剂型的使用注意事项、新型治疗药物的特征性不良反应等；③向患者介绍阿尔茨海默病药物治疗特点和使用方法，发生精神失常时的应对措施，提高其依从性；④向患者、家属及社会公众介绍阿尔茨海默病治疗的内容和意义等。

💗 药爱生命

目前我国有老年痴呆患者 500 万之多，而且每年平均有 30 万新发病例。随着我国社会老龄化程度不断加深，因阿尔茨海默病引发的老年痴呆等问题正不断侵蚀我国老年群体。"老吾老以及人之老"，当身边老人出现相关病症，就需要我们身边人来察觉并及时就医和启动生活支持计划，而社会、家庭的关爱和理解，建立多方联动和帮扶网络，才是阿尔茨海默病患者最需要的良药。

### （一）用药注意事项

**1. 多奈哌齐**　肝毒性及外周抗胆碱副作用，较他克林轻。不良反应有：①全身反应，较常见的有流感样胸痛、牙痛等；②心血管系统反应，如高血压，血管扩张、低血压，心房颤动等；③大便失禁、胃肠道出血、腹部胀痛等；④神经系统反应，如谵妄、震颤、眩晕、易怒、感觉异常等；⑤其他，如脱水、尿失禁、呼吸困难、视物模糊等。

**2. 卡巴拉汀**　主要不良反应有恶心、呕吐、乏力、眩晕、精神错乱、嗜睡、腹痛和腹泻等，继续服用一段时间或减量一般可消失。国内临床试验资料显示，除消化道不良反应发生率略高于多奈哌齐，其他不良反应与多奈哌齐相似。禁用于严重肝、肾损害患者及哺乳期妇女。病态窦房结综合征、房室传导阻滞、消化性溃疡、哮喘、癫痫、肝或肾功能中度受损患者慎用。

**3. 加兰他敏**　主要不良反应表现为治疗早期（2～3 周）患者可有恶心、呕吐及腹泻等胃肠道反应，稍后即消失。

**4. 石杉碱甲**　常见不良反应有恶心、头晕、多汗、腹痛、视物模糊等，一般可自行消失，严重者可用阿托品拮抗。有严重心动过缓、低血压及心绞痛、哮喘、肠梗阻患者慎用。

**5. 美金刚** 服后有轻微眩晕、不安、头重、口干等。饮酒可能加重不良反应。肾功能不良时减量，肝功能不良、意识紊乱患者以及孕妇、哺乳期妇女禁用。

**? 想一想5-4-1**

请同学们结合所学内容，思考并回答：

1. 阿尔茨海默病的临床表现有哪些？

2. 阿尔茨海默病的治疗原则是什么？

答案解析

### （二）药物相互作用

多奈哌齐：当蛋白结合浓度小于300ng/ml时，与洋地黄、华法林联用会影响后两者的血浆蛋白结合率和疗效。治疗剂量时并不影响其他药物的代谢。

### （三）健康宣教 微课3

随着全球人口老龄化，阿尔茨海默病的发病率呈逐年上升趋势，由于目前尚未有理想治疗方案，加强健康宣教非常重要，主要包括如下。①向患者和目标人群介绍疾病常识，如：发病率随年龄显著升高，女性发病率较男性高。多数为散发，极少部分患者被证实有家族史，为常染色体显性遗传。②目前尚无特效治疗方法。除常用的药物治疗外，阿尔茨海默病患者在生活还能自理时因存在认知及行为异常，需建议家属做好防走失、防自残的工作。疾病晚期患者长期卧床，需要建议家属加强翻身、拍背，防压疮及坠积性肺炎等并发症。③延缓疾病进展，除了药物治疗，合理饮食和作息习惯、积极向上的情绪和和谐的人际关系也非常重要。④建立家庭－社区－社会帮扶与救助机制，减轻患病家庭的照护压力，提高患者生活质量。

## 目标检测

答案解析

### 一、综合问答题

1. 通过收集各种类型阿尔茨海默病的治疗方案，说出阿尔茨海默病的治疗目标和原则。

2. 结合实际，可能引起阿尔茨海默病发生的因素有哪些？

### 二、案例分析题

患者，男，60岁。4年前家人发现其经常忘事，记忆力明显下降，逐渐发展为刚做的事即予否认，常因忘记自己的钱放哪儿而责怪家人"偷"其钱财。近半年多来，记忆力下降更为明显，外出时经常迷路，回不了家。夜间睡眠差，常在夜间起床"做家务"或反复多次检查孩子是否在家睡觉。既往无高血压病、糖尿病史。家族中父母去世较早，其舅舅有类似病史，但未曾去医院诊治，具体欠详。查体：神志清楚，对答尚切题，近记忆力明显下降，不能回忆早餐食物，"100－7"不能完成。脑神经检查（－），吸吮反射（＋），双侧掌下颌反射（＋）。四肢肌力、肌张力正常，四肢腱反射正常，下肢病理反射未引出。感觉检查正常。颅脑MRI示：大脑皮质弥漫性萎缩。EEG未见明显异常。

请思考分析：

1. 该患者最可能的诊断及诊断依据是什么？

2. 协助医师拟订进一步药物治疗方案。

3. 结合上述病例，说出如何在药学服务中体现专业素养和职业精神。

（刘　秀）

书网融合……

| 重点回顾 | 微课1 | 微课2 | 微课3 | 习题 |

PPT

# 任务五　抑郁症的药物治疗

**学习目标**

**知识目标：**

1. **掌握**　抑郁症的药物治疗原则、药物种类和代表药物、临床治疗方案。

2. **熟悉**　抑郁症的症状、治疗药物的用法用量和相关药学服务知识。

3. **了解**　抑郁症的病因和诊断。

**技能目标：**

1. 能够结合临床指南正确选用治疗抑郁症的药物，开展咨询、指导用药，协助拟定药物治疗方案等药学服务。

2. 学会判断抑郁症治疗药物的常见不良反应并提供处理方案，主动提供健康教育。

**素质目标：**

培养尊重、关爱抑郁症患者及家属，积极、细致、认真的服务意识和职业精神。

## 导学情景

**情景描述：**患者，男，34岁。常感到情绪低落，忧愁伤感，甚至悲观绝望。对以往热爱的事业提不起兴趣，不爱运动，容易疲劳，言语减少，感到思维迟缓，躯体疼痛，食欲减退，严重失眠。偶有自杀倾向。症状超过2周。通过SCL-90自测量表发现，患者的躯体化与抑郁因子显著高于平均值。

**情景分析：**结合患者最近症状及测试，诊断为重度抑郁症。

**讨论：**结合案例，为该患者拟定治疗方案。

**学前导语：**抑郁症的治疗目标是通过对症药物与心理治疗等手段，消除临床症状，最大限度减少自残与自杀的状况出现；提高生存质量，恢复社会功能；预防复发；进而实现临床治愈。本任务将重点介绍抑郁症药物治疗方案，为今后开展药学服务打下良好基础。

抑郁症广义上又称为抑郁障碍，是一种常见的心境障碍，可由多种原因引起，以显著而持久的心境低落为主要临床特征，且心境低落与其处境不相称。临床可出现情绪的消沉，从闷闷不乐到悲痛欲绝，自卑抑郁，甚至悲观厌世，可有自杀企图或行为；部分病例有明显的焦虑和运动性激越；严重者可出现幻觉、妄想等精神病性症状。狭义上讲，抑郁症是抑郁障碍的一种类型。抑郁障碍包括：抑郁症、恶劣心境、脑和躯体疾病患者伴发抑郁等。本任务主要介绍抑郁症。

## 一、疾病概述

### （一）病因与发病机制

抑郁症的病因研究并不明确，但研究表明生物、心理与环境诸多方面的因素参与抑郁症的发病过程。

**1. 生物学因素**　主要包括遗传、神经生化、神经内分泌、神经再生等方面。目前认为主要有以下三种发病机制：①单胺能神经通路信号异常；②下丘脑－垂体－肾上腺素轴功能亢进；③海马体积减小和神经可塑性下降。其中，单胺假说认为中枢单胺类神经递质5－羟色胺（5－HT）、去甲肾上腺素（NA）和多巴胺（DA）在重要脑区的绝对或相对缺乏与抑郁症关系密切，尤其是5－HT系统的功能低下被公认为抑郁症的生物学基础。近年相关研究也认为抑郁症与脑内的NA和5－HT受体敏感性有关。

**2. 心理因素**　与抑郁症关系密切的心理学易患素质是较典型的病前性格，如抑郁气质。

**3. 环境或应激因素**　成年期遭遇应激性的生活事件，是导致出现具有临床意义的抑郁发作的重要触发条件。

以上这些因素并不是单独起作用，目前认为以上因素之间的交互作用在抑郁症发病过程中具有重大影响。

### （二）临床表现与诊断　📺微课1

抑郁发作概括为情绪低落、思维迟缓、意志活动减退"三低"症状，但这些重度抑郁发作时的典型症状不一定出现在所有的抑郁障碍患者中，如发作至少持续2周，并且不同程度地损害社会功能，会给本人造成痛苦或不良后果。抑郁症可以表现为单次或反复多次的抑郁发作，以下是抑郁发作的主要表现。

**1. 情绪低落**　表现为显著而持久的情绪低落、悲观失望、对日常活动丧失兴趣和愉快感，精力明显减退，无明显原因的持续疲乏感。

**2. 思维迟钝**　表现为语言减少，语速减慢，声音低沉，患者感到思考问题困难，工作学习能力下降。

**3. 意志活动减退**　表现为动作缓慢，严重者可达木僵状态；生活被动懒散。伴有焦虑的患者可有坐立不安等症。严重者甚至反复出现自杀念头或行动。

**4. 其他症状**　主要有睡眠障碍、食欲减退、体重下降、性欲减退、便秘、身体任何部位的疼痛、阳痿、闭经、乏力等。抑郁发作时也可出现人格解体、现实解体及强迫症状。

## 二、治疗目标与原则

### （一）治疗目标

抑郁发作的治疗要达到3个目标：一是提高临床治愈率，最大限度地减少病残率和自杀率，关键在于彻底消除临床症状；二是提高生存质量，恢复社会功能；三是预防复发。

### （二）治疗原则

抑郁症为高复发性疾病，应全程治疗，包括急性期治疗、恢复期（巩固期）治疗和维持期治疗。单次发作的抑郁症50%～85%会有第2次发作的可能性，因此常需维持治疗以防复发。具体病程如下。

①临床痊愈：症状完全消失（汉密尔顿抑郁量表评分 HAMD≤7）。②复燃：急性治疗症状部分缓解（HAMD 减分率≥50%）或达到临床痊愈，因过早减药或停药后症状的再现，常需巩固治疗和维持治疗以免复燃。③复发：指临床痊愈后一次新的抑郁发作，维持治疗可有效预防复发。

抑郁症的治疗方法有药物治疗、心理治疗及康复治疗。药物治疗是主要手段，主要用于改善脑部神经递质的不平衡。其治疗原则与精神分裂症基本相同：早期发现、早期诊断、早期治疗；一般采用单一药物治疗，足剂量、足疗程治疗，个体化治疗。

**1. 急性期治疗** 推荐用药 6～8 周，控制症状，尽量达到临床痊愈。治疗抑郁症时，一般药物治疗 2～4 周开始起效，若患者用药 4～6 周无效，可改用同类其他药物或作用机制不同的药物。

**2. 恢复期** 又称巩固期，治疗至少需 4～6 个月，在此期间患者病情不稳，复发风险较大，原则上应继续使用急性期治疗有效的药物且剂量不变。

**3. 维持期治疗** 抑郁症易复发，因此需维持治疗以防止复发。维持治疗结束后，若病情稳定，可缓慢减药直至终止治疗，但应密切观察，一旦发现有复发的早期症状，迅速恢复原治疗。维持治疗期间剂量可适当减低，维持治疗时间因人而异，短者半年，发作次数越多，维持治疗时间应越长，发作一次，至少要维持治疗 6～12 个月，发作 2 次，至少维持治疗 2～3 年，病情多次复发者甚至需终身治疗。

## 三、常用治疗药物 🅔 微课2

药物治疗是中度以上抑郁发作的主要治疗措施。临床目前使用的抗抑郁药大多是以单胺学说作为抑郁症发病机制并在此基础上建立动物模型研发获得的，包括三环类抗抑郁药、四环类抗抑郁药、单胺氧化酶抑制药、选择性 5-HT 再摄取抑制药、5-HT 与 NA 再摄取抑制药、NA 与特异性 5-羟色胺能抗抑郁药等。其中，三环类、四环类抗抑郁药和单胺氧化酶抑制药为传统药物，由于不良反应较大，应用明显减少。

### （一）三环类抗抑郁药（TCAs）

该类药物的结构中有 2 个苯环和一个杂环，故统称三环类抗抑郁药。常用的有丙咪嗪、阿米替林等。在作用机制上，三环类抗抑郁药属于非选择性单胺摄取抑制药，主要抑制 NA 和 5-HT 的再摄取，从而增加突触间隙这两种递质的浓度。丙咪嗪和阿米替林一般均从小剂量 25mg/d 开始，逐渐增加至每天 50～300mg，分 1～3 次服。三环类药物的治疗效果大多在开始用药后 1～3 周内出现。如使用最高剂量 4～6 周仍无明显效果，可换用另一种药物。如治疗有效，应继续使用原剂量 16～20 周，再酌情减至维持剂量用 6～12 个月。以往发作频繁或症状缓解不全者，维持治疗宜更长时间。

🗡 **练一练5-5-1**

丙咪嗪所属的抗抑郁药类别是

A. 三环类抗抑郁药　　　　　　　　B. 四环类抗抑郁药

C. 单胺氧化酶抑制药　　　　　　　D. SNRI

E. NaSSA

答案解析

### （二）四环类抗抑郁药

代表药物为马普替林。治疗作用与三环类抗抑郁药相似，但副反应较三环类轻，对心血管系统的影响较小，三环类治疗无效者或老年患者可选用。其起始剂量为 25mg/d，常用剂量为 75～50mg/d，分 2～3 次口服。米安色林是另一类型的四环类抗抑郁药，可拮抗 α₂ 肾上腺素受体，促进去甲肾上腺素转换，并可抑制 5 - HT$_2$ 受体功能，但无抗胆碱能效应。其初始剂量为 30mg/d，一般治疗剂量为 60 ~ 120mg/d。可用于老年患者和睡眠障碍者。阿莫沙平可阻滞突触前膜去甲肾上腺素的再摄取，对 5 - HT$_2$ 受体和多巴胺受体有拮抗作用，有较强的抗抑郁和振奋作用，并可用作抗精神病药。初始剂量为 25 ~ 75mg/d，分 2 次口服，渐增至 150mg/d，最高可达 300mg/d。

### （三）单胺氧化酶抑制药（MAOI）

代表药物主要为苯乙肼类。作用机制为抑制单胺类中枢神经递质的降解，使突触后受体部位递质的含量升高而起抗抑郁作用。由于这类药物的副反应较重，常见头晕、失眠、口干、恶心、直立性低血压、勃起功能障碍和肝损害等，现已很少使用。苯乙肼的起始剂量为 5mg，每日 2 ~ 3 次，常用量为 30 ~ 60mg/d，对难治性抑郁症，一般可用到 90mg/d。因此药有振奋作用，不宜睡前服药。

### （四）选择性 5 - 羟色胺再摄取抑制药（SSRIs）

为第二代抗抑郁药，代表药物为氟西汀、帕罗西汀、舍曲林、氟伏沙明、西酞普兰、艾司西酞普兰六种。该类药物对 5 - HT 再摄取的抑制作用是对 NA 再摄取抑制作用的数十倍，具有高度选择性。与 5 - HT 受体亲和力高，与 NA 受体、组胺受体、胆碱受体亲和力低。副反应比三环类明显减少。抗抑郁疗效与三环类相当。此外，这类药物对焦虑障碍，如强迫障碍、惊恐障碍等也有效。初始剂量：氟西汀、帕罗西汀和西酞普兰为 10 ~ 20mg/d，艾司西肽普兰为 5 ~ 10mg/d，舍曲林和氟伏沙明为 50mg/d。逐渐增加至氟西汀、帕罗西汀和西酞普兰为 20 ~ 60mg/d，艾司西肽普兰为 10 ~ 20mg/d，舍曲林和氟伏沙明为 50 ~ 200mg/d。氟伏沙明最高剂量可达 300mg/d。

### （五）5 - 羟色胺与去甲肾上腺素再摄取抑制药（SNRIs）

代表药物为文拉法辛和度洛西汀。不同于其他抗抑郁药，这类药物具有独特化学结构和药理作用，可通过显著抑制 NA 和 5 - HT 的再摄取发挥抗抑郁作用，同时对 DA 的摄取有轻微抑制作用。其疗效与三环类抗抑郁药相当。文拉法辛具有起效快、副作用轻、耐受性好的特点，起始剂量为 25mg，每天 2 ~ 3 次，常用治疗剂量为 75 ~ 375mg/d，分 2 ~ 3 次服。度洛西汀起始剂量为 60mg，每天 1 次，常用治疗剂量为 60 ~ 120mg/d，副反应少，最常为恶心，与食物同服可明显减少副反应。

### （六）去甲肾上腺素能与特异性 5 - 羟色胺能抗抑郁药（NaSSA）

代表药物为米氮平。主要通过拮抗中枢去甲肾上腺素能神经元及末梢突触前膜 $\alpha_2$ 自身受体和 5 - HT 神经末梢突触前 $\alpha_2$ 异体受体，促进 NA 和 5 - HT 释放，发挥其抗抑郁作用。对重症抑郁、伴焦虑和睡眠障碍者疗效较好。用于焦虑和失眠患者，治疗剂量为 10 ~ 30mg/d；用于重型抑郁症，治疗剂量为 30 ~ 60mg/d。有嗜睡、过度镇静、食欲增加等副反应。

### （七）其他抗抑郁药

曲唑酮为三唑吡啶类化合物，具有 5 - HT$_2$ 受体拮抗及 5 - HT 再摄取抑制作用（SARI），可用于改善睡眠，控制焦虑和缓解抑郁。其改善睡眠的起始剂量为 50mg，睡前 2 小时服；30 ~ 60 分钟起效。常与选择性 5 - HT 再摄取类抗抑郁药合用，以相互增强抗抑郁作用。常用量为 50 ~ 150mg/d。其副反应为困倦、乏力、头晕、头痛、震颤、口干、便秘、恶心、呕吐、直立性低血压、心律失常、痛性阴茎勃起，偶有皮疹、粒细胞减少。

奈法唑酮的药理作用与曲唑酮相似，对某些焦虑、失眠的抑郁症和老年期抑症有效。常用剂量为 300 ~ 500mg/d，分次口服；最高可达 600mg/d。主要副反应有恶心、困倦、口干、晕、便秘、视力模糊等。无心血管系统及性功能障碍等不良反应为其优点。噻奈普汀为作用机制独特的抗抑郁药，可增加突触前 5 - HT 的再摄取，减少突触对 5 - HT 的利用。

👁 看一看5-5-1

## 抗抑郁药的由来

抗抑郁药经历了三个阶段的发展。世界第一类抗抑郁药物是异烟肼，但由于其肝毒性较大而使临床受到限制，最终退出市场。取而代之的是三环类抗抑郁药（TCAs）如丙咪嗪，但也因其严重的副作用而逐渐被市场放弃。1972 年美国礼来公司研制出 5 羟色胺（5 - HT）再抑制摄取药（SSRIs）氟西汀，成为有史以来应用最为广泛的抗抑郁药，它的成功开创了抗抑郁药物的全新时代。

当前，临床最常使用的 5 类 6 个 SSRIs 药物被我国精神医学界形象地称为"六朵金花"，分别是：氟西汀、帕罗西汀、舍曲林、氟伏沙明、西酞普兰以及艾司西酞普兰。这 6 种药物各具特点，副作用适中，作为临床一线药物，正在帮助无数抑郁症患者开启康复之路。

### （八）难治性抑郁症的治疗措施

**1. 增加抗抑郁药的剂量，至最大治疗剂量的上限**　在增量过程中应注意药物的不良反应，有条件的应监测血药浓度。

**2. 抗抑郁药合并增效剂**　可以合并锂盐、甲状腺素、5 - HT₁A 受体拮抗药（如丁螺环酮）、苯二氮䓬类、第二代抗精神病药物、抗癫痫药物等。

**3. 两种不同类型或不同药理作用机制的抗抑郁药物的联合使用**　此时应特别预防 5 - HT 综合征的出现。

💗 药爱生命

2018 年，我国研究团队在抗抑郁机制研究方面取得了重大突破。该团队在国际顶级期刊《自然》刊发了两篇研究论文，受到广泛关注。他们首次揭示了快速抗抑郁分子的作用机制，推进了人类关于抑郁症发病机制的认知，并为研发新型抗抑郁药提供了多个崭新的分子靶点。

这一科研发现或将开启抑郁症药物研究的全新局面，也标志着中国科学家在抑郁症研究领域已进入第一方阵，这也是我国近年来加大对基础理论研究投入的成果之一。后续研究正在深入进行中，也预示着人类在向着攻克抑郁症的道路上进一步迈进。

## 四、药学服务

开展抗抑郁药的药学服务主要包括：①向医师介绍三环类抗抑郁药、四环类抗抑郁药、单胺氧化酶抑制药、SSRIs、SNRIs、NaSSA 等新药的特点，提供各类药物的剂量、疗程、不良反应、相互作用的指导与咨询；②向护士介绍不同药物的不同剂型和使用注意事项；③向患者介绍抗抑郁药物治疗特点和使用方法；④向患者、家属及社会公众介绍治疗抑郁症的内容和意义等。

### （一）用药注意事项

**1. 三环类**　单独使用该类药物可以拮抗突触后膜 α₁ 受体、H₁ 受体、M₁ 受体，导致低血压、镇静、口干、便秘等不良反应。此类药物虽适用于各种类型及不同严重程度的抑郁障碍，但由于不良反应大，现已极少应用。

**2. 四环类**　本类药物中的马普替林副作用小，但高剂量可能诱发癫痫。米安色林适用于老年或伴有心脏病的抑郁症患者。

**3. MAOI**　这类药物不良反应较严重，使用时需要加强用药监护，且不宜配伍使用。

**4. SSRIs**　这类药物可有嗜睡或失眠、焦虑、恶心、厌食等副反应，也可能出现性功能障碍。抗胆碱能副反应轻，口干、便秘、视物模糊、尿潴留等较少发生，几乎没有心血管副反应。安全性高、使用方便为其优点。已作为治疗抑郁障碍的一线用药，尤其适用于老年性抑郁和伴有躯体疾病的抑郁症患者。这类药物禁止与 MAOI 合用，因可导致精神错乱、躁动、肌阵挛、大汗等 5 - HT 综合征。若使用 MAOI 需更换药物者，应停用 MAOI 2 周后，再改用这类药物。若由氟西汀改为 MAOI，应间隔大约 5 周。这类药物与三环类抗抑郁药合用可使后者血药浓度升高，应适当减少三环类抗抑郁药的剂量。不宜与华法林、洋地黄制剂联合使用。

**5. SNRIs** 其中，文拉法辛副反应为恶心、嗜睡、失眠、头昏、性功能障碍等，且可有血压升高现象，有高血压者慎用此类药物。

**? 想一想5-5-1**

1. 具有自杀倾向的抑郁症患者在选择抗抑郁药物时，尽量避免选用哪一类药物？为什么？

2. 抗抑郁的分类及不良反应分别是什么？

答案解析

**（二）药物相互作用**

**1. TCAs** 与其他药物作用较多，包括如下。①苯巴比妥、苯妥英钠、卡马西平、口服避孕药、乙醇、吸烟等可诱导肝药酶，加速 TCAs 代谢，使其血药浓度降低。②西咪替丁、哌甲酯、氯丙嗪、氟哌啶醇、甲状腺素、雌激素、奎尼丁等可抑制 TCAs 的代谢，使其血药浓度升高。③SSRIs（特别是氟西汀、帕罗西汀和氟伏沙明）与之合用，可增加 TCAs 的血药浓度，可能诱发中毒，因此原则上应单独应用；但若减小 TCAs 的剂量，必要时还是可以合用的。④与 MAOIs 同时或先后应用，可引起高血压危象等严重不良反应，如两药需换用时，间隔应超过 2 周。⑤与抗惊厥药合用，可降低惊厥阈值，降低抗惊厥药作用，故需调整抗惊厥药剂量。⑥与肾上腺素受体激动药合用，可引起严重高血压和高热。⑦与抗组胺药或抗胆碱药合用，药效相互加强。⑧与甲状腺制剂合用，可互相增效，导致心律失常。⑨与乙醇、镇静催眠药合用，使中枢抑制作用增强。

**2. SSRIs** 本药应用较多，应注意以下几点。①SSRIs 类蛋白结合率高，如与其他蛋白结合率高的药物合用，可能出现置换作用，使血浆中游离型药物浓度升高，药物作用增强，特别是治疗指数低的药物如华法林、洋地黄毒苷，应特别注意。②SSRIs 对肝药酶有不同程度的抑制作用，可使经肝药酶代谢的其他药物血药浓度升高，导致不良反应，故氟西汀与苯妥英钠、舍曲林与甲苯磺丁脲、氟伏沙明与华法林合用时，必须慎重。

**3. MAOIs** 吗氯贝胺不宜与拟交感药如甲基多巴、左旋多巴、多巴胺合用；不宜与其他抗抑郁药合用，一般需间隔 2 周以上；禁止与哌替啶、可待因、麻黄碱、伪麻黄碱合用；与西咪替丁合用时剂量减半。

**（三）健康宣教** 📱 微课3

抑郁症既是生理性疾病，也是心理性疾病，采用药物治疗和心理治疗相结合的综合治疗会使效果更好。心理治疗一般选择轻/中度的患者，且在治疗过程中密切观察，防止自杀。适合心理治疗的情况有：①患者自愿首选心理治疗或坚决排斥药物治疗者；②有明显的抗抑郁药使用禁忌；③发病有明显的心理社会原因。

在药物治疗过程中，要给予患者正确有效的引导。①抗抑郁药治疗效果较高，均可达到 60% 以上；②多数接受药物治疗的患者在用药初期都会有明显不良反应，可问询医生或药师，切勿自行处理。③抗抑郁药必须每天定时服用，应避免漏服，并能减少不良反应。④抗抑郁药疗效出现较慢，自感症状减轻可能需要 2~4 周，4~6 周后有明显疗效。⑤抗抑郁药至少需要服用 6~9 个月。患者虽症状完全缓解，但在治疗开始 6 个月内停药更容易导致抑郁症的复发。⑥抗抑郁药物不是成瘾性物质，可提高患者心境，改善情绪，但并不导致对药物的渴求感。

抑郁症属于发病率较高的精神类疾病，应加强健康宣教，重视对家属和社会公众的宣传，正确看待疾病，消除歧视，共同营造有利于患者康复、防止复发的社会氛围。

答案解析

## 目标检测

### 一、综合问答题

1. 结合实际，抑郁症治疗应该注意哪些方面？

2. 简述抑郁症的病因学及发病原因。

### 二、案例分析题

患者，女，49岁。患者自感收入少，没有经济能力供孩子读书深造，觉得生活压力大，对周围事情没有兴趣，时常责备自己，有厌世情绪。近日，因琐事与丈夫吵架，2天未进食，失眠，无语独处，拒绝上班，遂入院就医。诊断为抑郁症，给予阿米替林75mg/d，病情稍有好转，因胃肠道不适，患者擅自停药。1个月后病情加重，情绪更加低落，整夜不能入睡，烦躁、着急，坐立不安、心慌、口干。企图自杀而未遂。后医生建议改用氟西汀20mg/d。

请思考分析：

1. 该患者都使用过哪些种类的抗抑郁药？这些药物主要用于什么情况的抑郁症患者？

2. 药师应该如何协助医师设计治疗方案和进行用药指导？

3. 结合本案例，应如何在药学服务中体现专业素养和职业精神？

（刘　秀）

书网融合……

重点回顾

微课1

微课2

微课3

习题

## 任务六　精神分裂症的药物治疗 微课1

PPT

**学习目标**

**知识目标：**

1. **掌握**　精神分裂症的药物治疗原则、治疗药物选用、药物不良反应及用药方案。

2. **熟悉**　精神分裂症的症状、治疗药物的相互作用和相关药学服务知识。

3. **了解**　精神分裂症的病因和诊断。

**技能目标：**

1. 能依据精神分裂症治疗指南正确选用药物，并开展用药咨询、指导患者用药，协助医生拟定治疗方案等药学服务。

2. 学会正确判断精神分裂症治疗药物的常见不良反应并提供处理措施，主动提供健康宣教。

**素质目标：**

培养尊重、关爱精神分裂症患者的人文关怀精神以及严谨、认真的职业道德精神。

📖 **导学情景**

**情景描述**：患者，男，45 岁，因怀疑被他人毒害长达半年而入院。患者病前有孤僻、多疑、沉默以及敏感性格。平素身体健康，无重病史。其母患精神病已 20 年。患者近 1 年来，经常在工作中与他人发生争论，并有头昏、喉塞、失眠、少食等症状。2 个月前，患者感受到有人在使用"中子射线"控制其思想和行为，有时能听到"中子射线"与他对话，命令他"不许反抗，否则将会大祸临头"。走在街上也发觉"处处有人跟踪"。吸烟加多，满面愁容，同事劝慰则更加反感。就医后，身体和神经系统检查未发现异常。精神检查：仪态端正，意识清楚，智力正常，言答切题，表情紧张。在得知医生让自己住院后，情绪异常激动，并有冲动行为，大喊救命，否认有病。

**情景分析**：结合患者各项检查及家庭遗传史，诊断为精神分裂症。

**讨论**：结合案例，协助拟定治疗方案，并说出药学服务要点。

**学前导语**：精神分裂症是精神障碍的一种，病因尚不完全明确，好发于青壮年，患者多隐性起病。药物治疗往往是本病有效治疗的基础。心理社会支持治疗对帮助患者适应工作、提高社交应对、与他人正常沟通均有所助力，对减轻症状和健康生活亦至关重要。本任务将介绍精神分裂症的药物治疗相关知识技能，为今后开展药学服务打好基础。

精神分裂症是一种病因未完全明确的慢性疾病，患者多在青壮年时期缓慢或亚急性发病，临床上表现症状各异，主要为思维、情感和行为等多方面的障碍以及精神活动的不协调。通常情况下大部分患者意识清楚，智力正常，但少部分患者会出现认知功能障碍。精神分裂症依据临床症状可分为Ⅰ型和Ⅱ型。Ⅰ型以幻想、妄想等阳性症状为主，Ⅱ型以情感淡漠、主动性缺乏等阴性症状为主。该病一般迁延多年，且容易反复发作、加重或恶化，最终导致部分患者出现精神残疾，但相当一部分患者若经过合理治疗可保持痊愈或基本痊愈状态。

## 一、疾病概述

### （一）病因与发病机制

目前精神分裂症的发病原因及发病机制均不明确，但发现其发病与多种因素有关，如性格特点、不良事件、精神压力、意外因素以及遗传因素等，这些个体心理的易感性和外部社会环境的不良因素对疾病发生发展的作用已被大家所共识。此外，神经生化研究发现精神分裂症患者大脑的神经递质出现失衡，特别是多巴胺（DA），5-羟色胺（5-HT）的异常与精神分裂症关系最大。

👁 **看一看5-6-1**

### 中枢 DA 神经通路及其生理功能

**1. 黑质-纹状体通路** 神经纤维起源于黑质 A9 细胞群，终止于纹状体，其主要作用是与乙酰胆碱能神经元共同调节肌紧张及共济活动。

**2. 中脑-边缘通路** 神经纤维起源于中脑腹侧 A11 细胞群，终止于边缘系统，此通路常常影响复杂的情绪与行为。

**3. 中脑-皮质通路** 神经纤维起源于中脑腹侧 A10 细胞群，终止于前额叶，此通路与高级精神活动有关。

**4. 结节-漏斗通路** 神经纤维起源于弓状核 A12 细胞群，终止于正中隆起的门脉，这条通路与内分泌有关，特别是对促性腺激素的分泌具有抑制作用。

### （二）临床表现与诊断

精神分裂症的临床表现呈复杂性、多样性、个体差异性。临床症状可涉及感知觉、思维、情感、行为以及认知功能等多方面。

**1. 感知觉障碍** 精神分裂症可看到、听到、闻到、尝到以及感觉到多种不存在的事物，其中以幻听最为常见。

**2. 思维障碍** 精神分裂症的核心症状就是思维障碍。思维障碍包括思维形式障碍和思维内容障碍。思维形式障碍即思维联想过程的障碍，包括思维联想的活动过程、连贯性及逻辑性等方面的障碍。思维内容障碍最常见的则是妄想，如被害妄想、关系妄想、影响妄想、嫉妒妄想以及夸大妄想等。

**3. 情感障碍** 情感淡漠及情感反应不协调是精神分裂症患者最常见的情感症状，此外，易激惹、抑郁及焦虑等情感症状也较为常见。

**4. 意志和行为障碍** 大多数精神分裂症患者意志减退甚至缺乏，行为上表现为活动减少、离群独处，被动做事，缺乏积极性和主动性，对生活、工作及家人缺乏关心。

**5. 认知功能障碍** 研究表明，约85%患者会出现认知功能障碍，如信息处理能力、注意力、记忆力、学习能力及执行功能力等的认知缺陷。

对精神分裂症的诊断标准，国外常用的有：美国疾病分类和诊断统计手册 DSM – IV – TR、WHO 国际疾病分类手册 ICD – 10；国内常用的有：中国精神障碍分类与诊断标准 CCMD – 3。

一般来说，精神分裂症的诊断应符合以下标准：①经过仔细检查没有发现相应的可以解释其症状的躯体疾病，精神因素在其发病及病情变化上有很大的影响；②患者的症状妨碍工作、学习、生活或社交，无法摆脱精神痛苦，以至于主动求医；③患者病程持续时间不少于 3 个月，除惊恐障碍外。

## 二、治疗目标与原则

### （一）治疗目标

精神分裂症的治疗通常可分为 3 期，即急性治疗期、巩固治疗期、维持治疗期，每期治疗目标不同。

**1. 急性期治疗目标** ①消除主要症状，争取临床缓解；②预防自杀和冲动行为的发生；③将药物不良反应降到最低，防止严重不良反应的发生；④为恢复社会功能、回归社会做准备。

**2. 巩固稳定期治疗目标** ①防止症状复燃；②控制精神分裂症后的抑郁或强迫症状；③预防自杀；④控制和预防长期药物不良反应；⑤促进回归社会。

**3. 预防复发的维持期治疗目标** ①预防病情复发和恶化；②提高患者对治疗的依从性；③恢复社会功能。

### （二）治疗原则

精神分裂症的治疗以使用抗精神分裂症药物为主，对出现的抑郁、躁狂、心境障碍可合并相应的药物治疗，治疗原则如下。

1. 早发现，早治疗：该病前期隐匿性较大，早期发现、及时治疗可纠正和干预不良环境和诱因，针对性强，治疗效果好，其中，首次发病是治疗的关键。

2. 药物治疗可以缓解绝大部分症状，应作为首选治疗措施。尽可能单一用药，若疗效不满意或无严重不良反应时可适当加量。非必要时不合并用药。

3. 坚持长期规律治疗：作为慢性病，要有长期治疗计划，药物选择应考虑症状、副反应、个体耐受性，同时考虑经济承受能力和可获得性。患者和家属要学会疾病的自我管理技能，防止反复发作，维持病情的长期稳定。

4. 建立长期有效的多方协同帮助和干预机制：本病的心理康复非常重要，主要来自家庭和社会的支持和干预。家庭成员对患者的治疗、康复起着非常重要的作用，家属需要了解疾病知识，支持患者治疗，帮助患者选择正确的治疗途径。精神分裂症患者通常会面临心理和社会问题，这是疾病表现的一部分，也是病后的心理应激反应，因此需进行心理和社会的干预。

### 三、常用治疗药物

抗精神分裂症药物按化学结构，可分为吩噻嗪类、硫杂蒽类、丁酰苯类、苯甲酰胺类以及苯二氮䓬类等；根据作用机制，又可以分为第一代和第二代抗精神分裂症药物（表5-7）。

1. **第一代抗精神分裂症药物**　又称典型抗精神分裂症药物，作用机制为拮抗中脑－边缘系统通路和中脑－皮质通路多巴胺 $D_2$ 受体来发挥抗精神分裂症作用，以改善阳性症状和控制兴奋、躁动为主，对阴性症状及伴发的抑郁症状疗效不佳；不良反应较严重，主要不良反应为锥体外系反应。代表药物有氯丙嗪、奋乃静、三氟拉嗪、氟哌啶醇、硫利达嗪、舒必利等。

2. **第二代抗精神分裂症药物**　也称非典型抗精神分裂症药物，作用机制为拮抗脑内 $5-HT_2$ 受体和 $D_2$ 受体，对阳性症状和第一代抗精神分裂症药物作用相当，但对阴性症状、伴发的抑郁症状等情感障碍、认知障碍也有明显改善作用；不良反应较轻，患者耐受性和依从性好，利于长期使用。代表药物有氯氮平、利培酮、奥氮平、喹硫平等，目前已作为抗精神分裂症一线药物。

表5-7　常用抗精神分裂症药物的分类、用法用量及作用特点

| 分类 | | 药名 | 用法用量 | 作用特点 |
|---|---|---|---|---|
| 第一代 | 吩噻嗪类 | 氯丙嗪 | 300~600mg/d 每日3次 | 适用于具有精神运动性兴奋和幻觉妄想状态的各种急性精神分裂症患者 |
| | | 奋乃静 | 8~50mg/d 每日2~3次 | 对慢性精神分裂症的疗效优于氯丙嗪 |
| | | 氟奋乃静 | 2~20mg/d 每日2~3次 | 对中枢有兴奋作用，对行为退缩、情感淡漠等症状有较好疗效 |
| | | 三氟拉嗪 | 5~40mg/d 每日2~3次 | 同氟奋乃静 |
| | | 硫利达嗪 | 200~600mg/d 每日3次 | 抗精神分裂症作用不如氯丙嗪，老年人易耐受 |
| | 硫杂蒽类 | 氯普噻吨 | 200~600mg/d 每日3次 | 同氯丙嗪相比，调整情绪、控制焦虑较强，抗幻觉作用弱 |
| | | 氟哌噻吨 | 5~40mg/d 每日1次 | 适用于情感淡漠、幻觉、焦虑、抑郁的急慢性精神分裂症患者 |
| | 丁酰苯类 | 氟哌啶醇 | 6~40mg/d 每日3次 | 抗精神分裂症作用强，能控制精神运动的兴奋症状，对慢性症状也有效，但锥体外系反应发生率高且严重 |
| | | 五氟利多 | 20~120mg/周 每周1次 | 抗精神分裂症作用较强，对慢性患者维持和巩固治疗效果好 |
| | 苯甲酰胺类 | 舒必利 | 200~800mg/d 每日2~3次 | 常用于紧张型精神分裂症，能改善患者与周围接触能力、活跃情绪、减轻幻觉和妄想 |

续表

| 分类 | | 药名 | 用法用量 | 作用特点 |
|---|---|---|---|---|
| 第二代 | 二苯二氮䓬类 | 氯氮平 | 100～450mg/d<br>每日2～3次 | 对急慢性精神分裂症均有较好的疗效，起效快，作用强，但长期应用易导致粒细胞缺乏 |
| | | 奥氮平 | 5～20mg/d<br>每日1次 | 适用于精神分裂症及其他伴有严重阳性症状或阴性症状的精神病急性期和维持期的治疗 |
| | 二苯硫氮䓬类 | 喹硫平 | 300～800mg/d<br>每日2～3次 | 有较强的抗精神分裂症作用，锥体外系反应轻。口服吸收良好，代谢完全 |
| | 苯丙异䓬唑类 | 利培酮 | 2～6mg/d<br>每日2次 | 对精神分裂症阳性、阴性症状均有效，有用量小、见效快、使用方便、锥体外系反应轻等特点 |
| | 苯异硫唑类 | 阿立哌唑 | 10～30mg/d<br>每日1次 | 可用于治疗各种类型的精神分裂症。对精神分裂症的阳性和阴性症状均有明显疗效，也能改善伴发的情感症状，降低精神分裂症的复发率 |
| | | 齐拉西酮 | 8～160mg/d<br>每日2次 | 对精神分裂症患者急性激越症状效果好，不良反应轻 |

✎ 练一练5-6-1

以淡漠退缩、主动性缺乏等阴性症状为主的精神分裂症患者宜选用

A. 氯丙嗪　　　　　　B. 奋乃静　　　　　　C. 氟奋乃静
D. 氟哌啶醇　　　　　E. 利培酮

答案解析

## 四、药学服务

开展精神分裂症防治的药学服务主要包括：①向医师介绍氯丙嗪、利培酮等常用抗精神分裂症药物的作用、临床应用、不良反应以及药物相互作用，参与患者用药全过程的药学监护，对于严重患者协助医师进行药物治疗方案的调整；②向护理人员普及如何指导患者正确服药的知识，如何对患者用药过程可能出现的不良反应进行正确预防；③向患者提供有关疾病治疗等方面的知识，重点对药物治疗的重要性进行介绍，并鼓励患者按时、按量服用药物，避免增药、减药、断药，培养患者正确的用药习惯。

♥ 药爱生命

目前，对精神分裂症发病机制的研究已聚焦于基因水平。国际上已开展一系列大规模的全基因组关联研究（GWAS），报道了上百个与精神分裂症显著相关的单核苷酸多态性位点（SNPs），其中，2q33.1风险基因座中的遗传变异与精神分裂症显著相关。我国在此领域也取得了显著成果，有关研究团队基于已报道的108个精神分裂症风险基因座开展鉴别研究工作，发现132个功能SNPs中的2个功能SNPs（rs796364、rs281759）位于2q33.1区域，其在东亚人群中与精神分裂症显著相关，突破性地发现这2个功能SNPs可能通过干扰转录因子（CTCF、RAD21和FOXP2）的结合来调控远端基因TYW5的表达，进而影响神经发育和树突棘形态发生，导致精神分裂症易感，该研究发现将为精神分裂症的遗传分子机制解析提供了重要依据。此项成果表明我国在精神分裂症的全基因组关联研究领域已经步接近领先水平。相信在不远的将来，更多新成果将会涌现，从而带动抗精神分裂症药物的研发，为精神分裂症的治疗带来新突破。

**（一）用药注意事项** 📱 微课2

抗精神分裂症药物种类较多，且多数药物可与多种受体相互作用，因此药物选择性低，不良反应较多。主要不良反应有锥体外系反应、抗胆碱作用、镇静、直立性低血压等。

**1. 锥体外系不良反应** 由抗精神分裂症药对黑质-纹状体的多巴胺通路 $D_2$ 受体过度拮抗而引起。锥体外系不良反应是典型抗精神分裂症药物最常见的不良反应。包括以下四种表现形式。①急性肌张力障碍：如双眼上翻，颈强直、闭口困难，伸舌等。可肌内注射东莨菪碱进行缓解，缓解后加服苯海索。②静坐不能：患者自觉心神不宁，主观上有不断运动的需要，表现为坐立不安、来回徘徊。患者常伴有焦虑症状。此时可选用苯二氮䓬类药如地西泮（安定）、氯硝西泮（氯硝安定）和 β 受体拮抗药如普萘洛尔（心得安）等药物处理，抗胆碱药通常无效。必要时需减少抗精神病药剂量，或选用锥体外系反应轻的药物。③类帕金森症：主要表现为患者动作缓慢，手脚或身体其他部分的震颤，身体失去柔软性，变得僵硬。一般在用药数周或数月出现，可加服苯海索进行缓解。④迟发性运动障碍：又称迟发性多动症。患者临床特点为不自主的、有节律的刻板式运动。有的表现为口唇及舌重复的不可控制的运动如吸吮、鼓腮、咀嚼、舐舌等；有的表现为无目的的抽动，如舞蹈样动作、捻丸动作、上肢抛球样动作；有的则表现为全身躯干运动不协调，呈角弓反张，全身左右摇摆等。以上症状均于睡眠时消失，情绪紧张激动时加重。迟发性运动障碍尚无特效药物，若早期发现，及时停药，部分患者可恢复，关键在于预防。使用抗胆碱药物反而会加重，抗 DA 药可使之减轻。

**2. 心血管系统不良反应** 以心动过速和低血压较常见。特别是吩噻嗪类药物最为明显，氟哌啶醇在这方面的影响则较小，故更适合老年患者使用。吩噻嗪类药物同时也是 α 受体拮抗药，所以对该类药物导致的低血压不可以使用肾上腺素，可使用去甲肾上腺素、间羟胺等。此外，对于心动过速，必要时可加用普萘洛尔处理。

**3. 过度镇静或嗜睡** 由于抗精神分裂症药物有中枢抑制作用，患者可出现过度镇静或嗜睡，表现为注意力不集中、记忆力受损和谵妄等。通常情况下，这些症状因患者耐受而减轻或消失，一般不必特殊处理。但患者忌驾驶、机械操控或高空作业，用药前应充分告知建议并暂停相关操作。

**4. 高催乳素血症** 由于部分抗精神分裂症药物可拮抗下丘脑结节-漏斗通路的 $D_2$ 受体，抑制催乳素抑制因子释放，易导致泌乳、闭经和性功能异常，是最常见和最主要的内分泌系统不良反应，给患者尤其是女性患者造成很大的身心影响。

**5. 恶性综合征** 是一种少见但危害性较大的严重不良反应。临床表现有高热、心动过速、血压增高、出汗等。一旦出现，应立即停药，并给予对症和支持治疗。如可使用肌肉松弛药丹曲林、拟多巴胺药溴隐亭等药物，以及补液、降温、吸氧、预防感染等对症措施。

**6. 抗胆碱能不良反应** 主要由抗精神分裂症药物拮抗 M 受体所致，表现为口干、舌燥、便秘、视力模糊等，严重者可出现尿潴留、肠梗阻等。一般无需特殊处理，但应注意患者大小便状况，若经润肠后大便仍不能排出、尿潴留诱导后尿液仍排不出，可使用新斯的明进行处理。

**7. 过量中毒** 抗精神分裂症药物中毒的最早征象是患者出现意识问题或者激越症状。可见肌张力障碍、抽搐和癫痫发作。常有严重低血压以及心律失常、低体温等，应及时抢救。抢救措施：反复洗胃、输液、利尿，同时给予去甲肾上腺素升压以及其他对症处理措施。

**8. 其他** 主要包括如下。①肝功能损害：抗精神分裂症药物在临床应用中都可能发生，部分可自行缓解或在停药后逐步恢复。部分患者需要合并保肝药物治疗，治疗时应定期监测肝功能水平。②过敏：常见皮疹、皮炎等，若出现应及时停药并进行处理。③惊厥与癫痫：少数患者用药过后出现局部或全身抽搐，脑电图可见癫痫样放电，多见于氯丙嗪、氯氮平等抗胆碱作用较强的药物。对于有惊厥史或癫痫史的患者发生率更高，应慎用。必要时可加服抗癫痫药。

**？ 想一想5-6-1**

1. 锥体外系反应有哪些表现？出现的原因是什么？

2. 精神分裂症患者使用氯丙嗪导致血压下降，为什么不能使用肾上腺素升压？应选用何种药物？

答案解析

### （二）药物相互作用

1. 合并用药要遵循选择作用机制不同、不良反应不同、适当减少合用药物剂量、注意药物相互作用、高效价药物与低效价药物合用、长效药物与短效药物合用等原则。此外，要根据患者症状选择正确药物。依据《中国精神分裂症指南》，第一代和第二代抗精神分裂症药物均可作为一线药物，氯氮平应谨慎使用。患者用药时，药物的剂量应个体化，并随治疗阶段的不同进行调整。一般从小剂量开始，缓慢加量，2周时加至治疗量，待病情缓解，缓慢停药，切忌突然停药。治疗时需足量、足疗程，并积极进行全病程治疗。

2. 抗精神分裂症药物相互作用主要包括：①吩噻嗪类药物与单胺氧化酶抑制剂合用可增加药源性恶性综合征发生风险、增加锥体外系不良反应；②锂盐可降低氯丙嗪和氯氮平的血药浓度；③吩噻嗪类药物与钙通道阻滞药或β受体拮抗药合用可增加低血压发生风险；④吩噻嗪类药物与抗胆碱药物合用可增加药源性恶性综合征发生风险；⑤吩噻嗪类药物可逆转肾上腺素的升压作用；⑥吸烟可降低部分抗精神分裂症药物如氯氮平的血药浓度。

### （三）健康宣教 ⓔ 微课3

对精神分裂症患者的健康宣教可从以下几方面进行。①怀疑有明显心理、行为问题的患者，要及时去医院进行咨询、检查和诊治。②叮嘱患者遵照医嘱按时、按量服药，不正确治疗或不规律服药会导致难以治愈或反复发作。通常情况下，对于精神分裂症合作的患者多采用口服给药，对病情重、不合作或拒绝的患者可肌内注射给药，可在病情缓解后改为口服。③发病期间，注意看管，确保患者安全并防止伤人毁物。④精神症状缓解后，要鼓励患者参加各项康复活动，恢复社会功能。⑤注意药物不良反应，如有不适及时复诊。⑥关心体贴患者，尊重患者的人格。

对该病和治疗的健康宣教还应该包括家属和社会公众，即正确看待疾病，消除歧视，共同营造有利于患者康复、防止复发的社会氛围。

**◈ 目标检测 ◈**

答案解析

#### 一、综合问答题

1. 结合我国《精神分裂症防治指南》，精神分裂症的药物治疗原则、按作用机制分类的常用代表药物有哪些？

2. 结合前面所学知识，从药物的机制出发，比较氯丙嗪与乙酰水杨酸对体温调节的影响及其应用有何不同？

#### 二、案例分析题

患者，女，45岁。近半年来，心神不宁，总有感觉会被别人加害，常感有人跟踪与窃听，故而不敢大声说话。走在大街上，常听见陌生人在议论自己并且要对其不利。有时自己独处时亦能听到有人说其坏话，但自己又看不到人。因此，患者总是闷闷不乐，心情不适，时间久了，干脆闭门不出，甚至拨打110报警寻求庇护。

请思考分析：

1. 该患者最可能的诊断是什么？诊断依据是什么？

2. 请为此患者选择治疗药物以及协助制订用药方案。

3. 如何在上述药学服务中体现职业素养和专业精神？

（李　嘉）

书网融合……

重点回顾　　微课1　　微课2　　微课3　　习题

# 项目六　心脑血管疾病的药物治疗

## 任务一　脑血管意外的药物治疗 [e]微课

PPT

<table>
<tr><td rowspan="1">学习目标</td><td>

**知识目标：**

1. **掌握**　脑血管意外的药物治疗原则、药物种类和代表药物、临床治疗方案。
2. **熟悉**　脑血管意外的分类、症状、治疗药物的用法用量和相关药学服务知识。
3. **了解**　脑血管意外的病因和诊断。

**技能目标：**

1. 能够结合临床指南正确选用治疗脑血管意外的药物，开展咨询、指导用药，协助拟定药物治疗方案等药学服务。
2. 学会初步判断脑血管意外的分类，判断治疗药物的常见不良反应并提供处理方案，主动提供健康教育。

**素质目标：**

培养尊重、关爱脑血管意外患者及家属，积极、细致、认真的服务意识和职业精神。

</td></tr>
</table>

### 导学情景

**情景描述**：患者，男，67岁。昨日晚间23点突然跌坐到地上，不能自行爬起，无恶心呕吐，无意识障碍，无口角歪斜，言语不清。家人急送至医院。

**情景分析**：通过患者症状与头颅CT，判断为左侧额颞顶叶脑出血。

**讨论**：结合案例，为患者初步拟定治疗方案。

**学前导语**：脑血管意外的类型较多，起病急、致残率高。而且大多数患者家属不懂应对措施，因此预后较差。此类疾病需要及时的药物治疗与手术治疗，才能减轻疾病带来的损害，防止疾病进一步发展。本任务将介绍相关的知识与技能，为将来的药学服务打好基础。

脑血管意外又称为急性脑血管病，或中风、脑卒中，是供应脑的动脉血管（包括两侧颈内动脉和椎动脉）病变引起的脑局灶性血液循环障碍，而致意识障碍和（或）脑局灶症状（言语障碍、面瘫、肢瘫）。脑血管意外已成为神经系统疾病中最常见的危重病，也是人类病死率最高的三大疾病之一。

### 👁 看一看6-1-1

#### 脑供血的重要性

人脑的重量为1400g左右，只占人体体重的2%，每分钟的血流量为700~1000ml，占全心输出量的15%~20%，耗氧量占全身耗氧量的20%~25%。脑组织对缺血缺氧的耐受性较低，如果脑的血液供应减少，脑的功能就随之下降，甚至发生功能障碍。当血流量减少到临界水平（约为正常水平的

50%以下）时，就会出现脑缺血症状；如果脑血流量完全中断 5 ~ 10 秒，即可导致意识丧失，中断 5 ~ 6 分钟以上将产生不可逆脑损伤。所以，人脑的正常生理功能必须依靠良好的血液供应来维持。

## 一、疾病概述

### （一）病因与发病机制

脑血管意外可分为出血性脑血管病和缺血性脑血管病两大类型，前者包括脑出血、蛛网膜下腔出血；后者包括短暂性脑缺血发作、脑血栓形成和脑栓塞，其中，以脑血栓形成最为多见。脑出血、脑血栓形成及短暂性脑缺血发作多数由高血压和动脉粥样硬化引起；蛛网膜下腔出血多为脑动脉瘤、血管畸形等所引起。脑栓塞多见于中青年有心脏病的患者，如心脏瓣膜病、心肌梗死栓子脱落堵塞脑血管而成。

### （二）临床表现与诊断

脑血管病的病因、发生机制、病变性质、病理类型、临床表现等复杂多样，辅助检查和治疗方法较多，而其结果及评价不一，有的差异较大，甚至因处理不当造成不良后果。本任务根据临床客观实践，结合当今国内外研究的现状，仅对常见几类脑血管病的临床症状表现和诊断做出初步的描述。

**1. 出血性脑血管病**

（1）脑出血　多骤然发病，多见于有高血压病史的中老年患者，多在情绪激动、过度用力或高度紧张时发生。症状因出血部位和出血量的不同而有差异。发病时可出现剧烈头痛、头晕、呕吐，数分钟至数小时内发生口眼歪斜、肢体偏瘫、意识障碍等。重症者脉搏缓慢，呼吸深缓，常伴中枢性高热，病情恶化时呈现中枢性呼吸、循环衰竭，瞳孔形状不规则、双侧缩小或散大、双侧大小不等，对光反应迟钝或消失。脑膜刺激征阳性，眼底可见视网膜动脉硬化和视网膜出血，偶有视乳头水肿，可有上消化道出血、心律不齐、肺水肿等。

（2）蛛网膜下腔出血　发病前多有明显诱因，如剧烈运动、情绪激动、用力咳嗽等，症状表现为突发在劳动或日常生活中，突然剧烈头痛，迅即出现颈项强直、恶心呕吐、烦躁等症状，严重者可出现意识障碍。

**2. 缺血性脑血管病**

（1）脑血栓形成　病前多有短暂性脑缺血发作史，常在睡眠中或安静时发作，可有头晕肢麻、暂时性神志不清等前期症状，逐渐产生偏瘫、失语、意识障碍等症状，症状逐渐加重，数小时至数天达高峰。

（2）脑栓塞　多见中年以上，伴有高血压、冠心病、糖尿病或高血脂病史，有的患者有短暂性脑缺血发作史。安静休息时发病较多，症状经数小时至 1 ~ 2 天达到顶峰。通常意识较清，生命体征平稳，当大脑大面积梗死或基底动脉闭塞严重时，可有意识不清，甚至出现脑疝死亡。临床上将起病6 小时内病情即达到高峰者称为完全型，常病情严重，表现为完全性偏瘫；单侧性神经功能障碍逐渐进展，呈阶梯式加重者称为进展型，通常自一侧上肢开始，可持续数小时或数天；起病 2 周后症状仍进展者称为缓慢进展型，与脑灌流减少等有关；症状持续 24 小时以上，经过一定时间消失者称为可逆性脑缺血发作，其梗死较轻。颈内动脉系统梗死，可见对侧偏瘫、偏身感觉障碍、失语、抽搐及同侧单眼失明；椎 - 基底动脉系统梗死，可见眩晕、眼球震颤、共济失调、一侧眼肌麻痹、交叉性感觉障碍或舌肌麻痹、吞咽困难、发音不清、双侧下面部肌无力等。

（3）短暂性脑缺血发作　可分为颈动脉系统和椎 - 基底动脉系统缺血两类。颈动脉系统常见症状为对侧单肢无力或不完全性偏瘫，对侧感觉异常或减退，短暂的单眼失明是颈内动脉分支——眼动脉缺血的特征性症状，优势半球（通常为左侧）缺血时可有失语，对侧同向偏盲较少见。椎－基底动脉系统以阵发性眩晕最常见，一般不伴有明显的耳鸣，可发生复视、眼震、构音障碍、吞咽困难、共济失调。一侧脑神经麻痹、对侧肢体瘫痪或感觉障碍为典型症状。

依据起病情况、临床表现，结合脑部 CT 扫描或脑 MRI 检查可做初步诊断。

### 👁 看一看6-1-2

#### 夏天也需要预防心血管疾病

夏天到了，不少心脑血管病患者有这样一个认识误区，认为一年之中夏季血压最低，症状会相对稳定。其实不然，夏季是心脑血管疾病发病的高峰期。有资料显示，进入 5 月份后，中风、冠心病患者的住院率明显增加，在 35℃ 以上的高温天气，心脑血管疾病死亡率明显上升，所以高温对心脑血管病患者来说危害很大。这是由于夏季人体新陈代谢加快，对氧气和养分的需求量增加，但此时气温较高，空气湿度较大，而含氧量降低，且人体为了散热会使血液集于体表，因而心脏、大脑血液供应减少，会加重缺血缺氧反应。由于气压偏低、人体大量排汗，体内水分流失多，使血液黏度上升，血液循环受阻，容易诱发血栓、心肌梗死、冠心病、中风等心脑血管疾病。

## 二、治疗目标与原则

### （一）治疗目标

脑血管意外的类型较多，大多起病急，致死率高，且预后较差，致残率高。对于大多数患者，应迅速判断类型，及时干预，减轻疾病带来的损害，防止疾病进一步发展。

### （二）治疗原则

**1. 出血性脑血管病**　脑内血肿压迫脑组织引起脑水肿和颅内高压导致脑疝是主要死因；脑组织损伤导致长期昏迷并发呼吸道和泌尿道感染也是早期死亡的主要原因。急性期的主要治疗原则是保持安静，稳定血压，尽量减少不必要的搬动，防止继续出血，根据情况，适当降低颅内压，防治脑水肿，维持水、电解质及血糖、体温平衡；同时加强呼吸道管理及护理，预防及防止各种颅内及全身并发症；对症治疗，如烦躁者给予镇静药。

**2. 缺血性脑血管病**　早期溶栓治疗，恢复血氧供应。改善脑循环，降低脑代谢，减轻脑水肿。全身治疗要纠正高血糖，降低血黏度，维持水、电解质平衡。预防脑栓塞再发，稳定患者病情，阻止脑梗死进一步发展，尽可能减轻神经功能缺失，预防并发症的发生。

## 三、常用治疗药物

### （一）出血性脑血管病常用药物

**1. 脱水药**　代表药物为甘露醇，通过渗透性脱水作用减少脑组织的含水量，也能减少脑脊液分泌，使脑脊液容量减少，从而降低颅内压。甘露醇还是一种较强的自由基清除剂，能清除毒性强、作用广泛的羟自由基，减轻迟发性脑损伤。

**2. 钙通道阻滞药**　代表药物为尼莫地平，是选择性作用于颅内血管的钙通道阻滞药，能调节钙流入血管平滑肌内，逆转血管痉挛，改善脑血流，且使灌注不足部位的血流量增加高于正常部位，同时也减少钙离子进入脑细胞，降低钙超载，保护脑组织。

**3. 止血药**　代表药有氨甲环酸、氨甲苯酸、蛇毒血凝酶等，早期应用能预防出血进一步增多，但需严格控制剂量。

**4. 抗氧化剂** 维生素 E、维生素 C 等，可明显增强血浆超氧化物歧化酶的活力，有效清除自由基，减轻脑水肿。

### (二) 缺血性脑血管病常用药物

本类药物大多属于防治血栓的药物（表6－1）。

表6－1　缺血性脑血管意外常用药物及机制

| 类别 | 代表药 | 作用机制及特点 |
| --- | --- | --- |
| 溶栓药 | 链激酶、尿激酶 | 使纤维蛋白溶酶原转变为纤维蛋白溶酶，从而溶解血栓 |
| 抗凝药 | 肝素钠 | 激活 AT－Ⅲ，使凝血因子失去活性，发挥凝血作用。可延长凝血时间、凝血酶原时间和凝血时间 |
| | 华法林 | 竞争性抑制凝血因子合成，从而减弱凝血功能 |
| | 利伐沙班 | 一种口服、具有生物利用度的 Xa 因子抑制剂，其选择性地阻断 Xa 因子的活性位点，且不需要辅因子就发挥活性 |
| | 达比加群酯 | 新型的合成直接凝血酶抑制剂，属非肽类的凝血酶抑制剂。作用机制为结合于凝血酶的纤维蛋白特异结合位点，阻止纤维蛋白原裂解为纤维蛋白，从而抑制凝血级联放大效应的最后步骤及血栓形成 |
| 降纤药 | 巴曲酶 | 分解纤维蛋白原，促使血中组织型纤溶酶原激活剂释放，降低血液黏稠度，抑制红细胞凝集，增强红细胞的变形能力，改善微循环 |
| 脱水药 | 甘露醇 | 促进组织水分向血浆转移，使脑组织脱水，降低颅内压 |
| 血容量扩充药 | 低分子右旋糖酐 | 增加血容量，稀释血液，降低血黏度，抑制血小板聚集，增加脑血流量，改善脑微循环 |
| 抗血小板药 | 阿司匹林 | 抑制环氧合酶，从而减少 $PGG_2$、$PGH_2$ 及 $TXA_2$ 的生成，抑制血小板的聚集和释放 |
| | 氯吡格雷 | 选择性地抑制 ADP 与血小板受体的结合及抑制 ADP 介导的糖蛋白 GPⅡb/Ⅲa 复合物的活化，而抑制血小板聚集。也可抑制非 ADP 引起的血小板聚集，对血小板 ADP 受体的作用不可逆 |

### (三) 改善脑功能的药

脑血管意外患者在急性期以后，治疗的目的改为改善受损神经，提高脑细胞对氧和葡萄糖的利用，改善和减轻脑组织由于缺血缺氧所造成的神经功能障碍，促进脑功能恢复。

**1. 脑苷肌肽** 促进心、脑组织的新陈代谢，参与脑组织神经元的生长、分化和再生过程，改善脑血液和脑代谢功能。

**2. 三磷酸腺苷** 是一种高能化合物，分解后可释放能量供给机体，并能增加脑血流量，促进蛋白质合成，使受损而未死亡的神经细胞功能恢复。

**3. 胞二磷胆碱** 为核苷酸中间代谢产物，能促进卵磷脂的生物合成，对抗磷脂酶 $A_2$，阻止花生四烯酸释放，消除游离的脂肪酸，并具有增强脑细胞代谢和调节神经功能的作用。

**4. 吡拉西坦** 能增进大脑磷质的代谢和 ATP 转换，刺激大脑核糖核酸和蛋白质合成，增强脑皮质对缺氧的耐受能力，降低脑血管阻力，增加脑血流量。

**5. 吡硫醇** 是维生素 $B_6$ 衍生物，能促进脑内葡萄糖及氨基酸的代谢，调整血流量。

**6. γ－氨酪酸** 是脑内一种神经介质，能提高葡萄糖磷酸化酶的活性，增强组织代谢活动，改善脑循环，增加脑血流量和脑耗氧量。

**7. 双氢麦角毒碱** 是一种脑代谢增强剂，具有增强脑神经细胞新陈代谢、补偿神经介质的不足和改善脑循环的作用。

**8. 阿米三嗪** 具有增强肺泡与毛细血管的气体交换，提高脑组织供氧，对抗脑组织缺氧，改善脑循环和脑功能的作用。

✎ **练一练6-1-1**

下列药物中，用于脑栓塞早期溶栓治疗的是

A. 阿司匹林　　　　　B. 尿激酶　　　　　C. 肝素

D. 甘露醇　　　　　　E. 华法林

答案解析

## 四、药学服务

开展脑血管意外的药学服务主要包括：①向医师提供治疗脑血管病所需的各类药物的剂量、疗程、不良反应、相互作用的信息咨询服务；②向护士提供治疗脑血管病所需药物的使用注意事项、不良反应等；③向恢复期患者介绍脑功能恢复药物治疗特点和使用方法，提高其依从性；④向患者、家属及社会公众介绍脑血管意外的治疗措施及预防方法。

### （一）用药注意事项

**1. 脱水药** ①电解质紊乱是脱水药最常见的不良反应；②快速大量静脉注射甘露醇可引起血容量迅速大量增多，急、慢性肾衰竭时尤为明显，导致心力衰竭、稀释性低钠血症，偶可致高钾血症；③过度利尿导致血容量减少，加重少尿；④大量细胞内液转移至细胞外可致组织脱水，并可引起中枢神经系统症状；⑤颅内活动性出血者禁用，因扩容加重出血，但颅内手术时除外。

**2. 钙通道阻滞药** 容易引起颜面潮红、头痛、恶心、低血压等。低血压多出现在剂量过大或与其他降压药合用时。外周水肿是常见的一种不良反应，以二氢吡啶类如硝苯地平的发生率最高，多见于踝部，也可发生于手部。便秘常见于非二氢吡啶类，如维拉帕米和地尔硫䓬，发生程度与药物剂量呈正相关。

**3. 溶栓药** 应用溶栓药需防止严重出血。活动性内脏出血者、既往有出血性脑卒中者、1年内有缺血性脑卒中或脑血管事件、颅内肿瘤、可疑主动脉夹层者等禁用。严重肝功能或肾功能不全者禁用。妊娠及哺乳期妇女、分娩10天内产妇，进行过组织活检、静脉穿刺、大手术的患者，严重胃肠道出血患者，继发于肝肾疾病而有出血倾向或凝血障碍者慎用。

**4. 抗凝药** 一般抗凝药的剂量应根据凝血酶原时间控制在25~30秒（正常值为12秒）进行调节。华法林抗凝强度的评价采用INR，最佳的抗凝强度为INR 2.0~3.0。如肝素过量可以用鱼精蛋白对抗，华法林过量可用维生素K对抗，必要时输新鲜血浆或全血。肝、肾功能不全，有出血倾向、消化性溃疡、严重高血压的患者及孕妇禁用。

**5. 降纤药** 本类药物具有降低纤维蛋白原的作用，用药后可能有出血或止血延缓现象。因此，治疗前及治疗期间应对患者进行血纤维蛋白原和血小板凝集情况的检查，并密切注意临床症状。首次用药后第一次血纤维蛋白原低于100mg/dl者，给药治疗期间出现出血或可疑出血时，应中止给药，并采取输血或其他措施。

**6. 血容量扩充药** 充血性心力衰竭、严重血小板减少症、凝血障碍、出血性疾病等的患者忌用。心、肝、肾功能不全，活动性肺结核及有过敏史等的患者慎用。首次使用时，注速宜慢并严密观察5~10分钟。不宜与全血混合输注，以免引起血细胞凝集和聚集。血容量扩充药不能代替全血的作用。输注过程中应注意调节电解质的平衡。

**7. 抗血小板药** 最常用的是小剂量阿司匹林，使用时避免同时使用非甾体抗炎药，尤其是布洛芬可影响阿司匹林的抗血小板作用。联合其他抗血小板和抗凝药物时，出血危险增加。出血性疾病，如重要脏器的出血（颅内出血、胃肠道出血、泌尿生殖系统出血等）、活动性消化性溃疡、严重控制不良的高血压、严重过敏反应或不能耐受（表现为哮喘及鼻息肉）等禁止使用。

**8. 改善脑功能的药** 此类药物种类较多，大多不良反应较少，但需严格把握适应证和控制用药剂量。

💜 **药爱生命**

改善脑功能的药大多属于辅助用药，而多年来，辅助用药已经成为过度用药和利益输送的重灾区。管不好辅助用药，合理用药就无从谈起。自 2018 年 12 月 12 日国家卫健委发布通知，明确要尽快建立全国辅助用药目录以来，各地已将汇总的目录上报，目前专家正在进行论证。一份全国性的辅助用药目录将正式出台。有了这份目录的规范，医生在使用辅助用药时将会更加审慎。这不仅关系到患者健康，还关系到降低患者和医保费用的负担，也将为下一步的医疗体制改革留出结构性空间。

**（二）药物相互作用**

1. 脱水药如甘露醇，能增加洋地黄的毒性作用；同时会增加利尿药特别是碳酸酐酶抑制药的利尿和降眼内压作用，与这些药物合并使用时应调整剂量。

2. 溶栓药与华法林、肝素等抗凝血药及抗血小板药合用，可增加出血的危险。溶栓药溶栓治疗血管疏通后，若再次发生梗死可用其他溶栓药。

3. 钙通道阻滞药与 β 受体拮抗药合用时，在个别患者可能诱发和加重低血压、心力衰竭和心绞痛。部分药物与蛋白结合率高的药物如华法林等同用时，这些药的游离浓度常发生改变。

4. 抗血小板药如阿司匹林，不宜与抗凝血药及溶栓药同用；与糖皮质激素如地塞米松等同用，可增加胃肠道不良反应。本类药物还能加强口服降糖药及甲氨蝶呤的作用，不应同用。

**（三）健康宣教**

脑血管意外的宣教内容可大致归纳为三个主要方面：让公众了解脑血管意外的严重危害，能引起足够的重视，主动采取积极的预防措施；使公众熟悉脑血管意外发病的主要危险因素和诱发因素并知道如何预防；知道突发脑卒中的具体应对措施。

**1. 了解个人血压** 高血压是脑血管意外的第一危险因素，有高血压病史的人应该经常测量血压，了解自己的血压变化、服药或换药后的效果，以及是否需要调整药物剂量等。无高血压病史的中年人和小于 35 岁但有高血压家族史者也应该半年至一年测量血压一次。一旦确诊为高血压，即应开始非药物治疗或药物治疗，并要持之以恒。

**2. 定期体检** 除了高血压以外，高血脂、糖尿病以及心脏疾病都是脑血管病的高危因素，因此，40 岁以上的人定期体检是非常必要的，一般每年检查一次为宜，发现异常后即应积极治疗。

**3. 改变不健康的生活方式** 不健康的生活方式包括：体力活动过少、休息时间不规律、膳食营养成分摄入不合理等。要教育人们注意采用健康的生活方式，多参加一些体育锻炼活动，注意劳逸结合；多吃一些含蛋白质、纤维素较多的食物，少摄入盐和高脂食物。

❓ **想一想6-1-1**

结合所学知识，应采取哪些措施来降低脑血管意外的发生率？

答案解析

**4. 学会急救措施** 一旦发现脑血管意外患者，如果出现无意识、肢体瘫痪，应立即拨打 120 急救电话。不要慌乱搬动患者、背负或搀扶患者勉强行走去医院，患者必须绝对安静卧床（脑出血患者头部垫高），松开领扣，头偏向一侧，清除口中异物，尤其要注意头部的稳定，否则会错过最有利的治疗时机而造成病情加重的抢救失败。如果患者出现"三无"即无意识、无呼吸和无心跳，需在现场做心肺复苏术。

## 目标检测

### 一、综合问答题

1. 不同类型的脑血管意外，治疗原则有什么区别？

2. 如果发现脑血管意外患者，应该怎么做？

### 二、案例分析题

患者，男，66岁，有高血压和高血脂病史。3小时前乘凉时感右侧肢体麻木、无力，呈逐渐加重趋势，1小时前家人发现其讲话吐字不清，立即入院就诊。

请思考分析：

1. 该患者最有可能患的疾病是什么？为什么？

2. 该患者的治疗原则是什么？

3. 经过治疗后，患者出院时医生开具的药为阿司匹林。使用阿司匹林的目的是什么？

4. 如何在上述的药学服务中体现职业素养和专业精神？

（李鹏杰）

书网融合……

重点回顾　　　微课　　　习题

# 任务二　高血压的药物治疗

PPT

**学习目标**

知识目标：

1. **掌握**　高血压药物治疗原则、药物种类和代表药物、临床治疗方案。

2. **熟悉**　高血压的症状、治疗药物的用法用量和相关药学服务知识。

3. **了解**　高血压的临床症状和诊断。

技能目标：

1. 能够依据高血压治疗指南正确选用治疗高血压的药物，开展咨询、指导用药，协助拟定药物治疗方案等药学服务。

2. 能初步判断降压药的常见不良反应并提供处理方案，主动提供健康教育。

素质目标：

培养尊重、关爱高血压患者及家属，以及积极、细致、认真的服务意识和职业精神。

## 📖 导学情景

**情景描述**：患者，男，65 岁。高血压病史 5 年，一直坚持服用硝苯地平一次 5mg，2 次/日来控制血压。近半月来经常头晕，视力模糊，硝苯地平改为每日 3 次，仍不见好转。现测血压 150/95mmHg；查眼底：视网膜动脉变细；血脂略高，血糖正常。

**情景分析**：结合患者最近症状及检查，诊断为高血压。

**讨论**：结合案例，为该患者拟定治疗方案。

**学前导语**：高血压是最常见的慢性病之一，也是心脑血管病最主要的危险因素之一。血压值和危险因素评估是诊断和制订高血压治疗方案的主要依据，不同患者高血压管理的目标不同，需要根据其具体情况确定该患者最合适的降压目标，采用针对性的综合治疗措施，以控制血压，降低心脑血管事件的发生率。本任务将介绍必要的知识与技能，为今后开展药学服务打好基础。

---

高血压（hypertension）是指以体循环动脉血压增高为主要特征 [收缩压≥140mmHg 和（或）舒张压≥90mmHg]，可伴有心、脑、肾等器官功能性或器质性损害的临床综合征。目前，高血压一般分为原发性高血压和继发性高血压两种类型。

## 一、疾病概述

### （一）病因与发病机制

原发性高血压的病因和发病机制不明，高危因素包括：家族遗传因素，饮食中钠盐摄入过多，长期精神紧张，肥胖，吸烟、酗酒及缺乏体力活动等不良生活习惯。目前认为，高血压的发病是遗传因素和环境因素长期相互作用的结果。

发病机制有多种理论，多数认为高级神经活动紊乱在原发性高血压的发病机制中占主导地位。长期过度精神紧张、忧虑、情绪波动等引起大脑皮质内兴奋与抑制过程平衡失调，使血管运动中枢兴奋性升高，同时使交感神经兴奋性升高，交感神经末梢释放去甲肾上腺素和肾上腺髓质释放肾上腺素增加，引起全身小动脉发生痉挛性收缩，外周阻力增加，引发高血压。长时间小动脉痉挛性收缩，一方面使管壁发生透明变性和纤维组织增生，使动脉硬化，加重高血压；另一方面可使肾脏缺血，肾素分泌增加，使肾素 - 血管紧张素 - 醛固酮系统（RAAS）作用增强，产生更多的血管紧张素，使全身小动脉痉挛性收缩；此外还能刺激肾上腺皮质释放醛固酮，产生水钠潴留，进一步加重高血压。

继发性高血压是指由某些确定的疾病引起的血压升高。有效去除或控制病因后，继发症状的高血压可被治愈或明显缓解；继发性高血压在高血压人群中占 5%～10%；常见病因为肾实质性、肾血管性高血压，内分泌性（如 Cushing 综合征、嗜铬细胞瘤等）和睡眠呼吸暂停综合征等，由于精神心理问题而引发的高血压也时常可以见到。

### （二）临床表现与诊断

**1. 高血压临床症状**　早期可能无症状或症状不明显，常见的是头晕、头痛、颈项板紧、疲劳、心悸等。仅会在劳累、精神紧张、情绪波动后发生血压升高，并在休息后恢复正常。随着病程延长，血压明显地持续升高，逐渐会出现各种症状，如头痛、头晕、注意力不集中、记忆力减退、肢体麻木、夜尿增多、心悸、胸闷、乏力等。高血压的症状与血压水平有一定关联，但症状的严重程度和血压升高水平未必一致。多数症状在紧张或劳累后可加重，清晨活动后血压可迅速升高，出现清晨高血压，因此，心脑血管事件多发生在清晨。当血压突然升高到一定程度时，甚至会出现剧烈头痛、呕吐、心悸、眩晕等症状，严重时会发生神志不清、抽搐，这就属于急进型高血压和高血压危重症，多会在短期内发生严重的心、脑、肾等器官的损害和病变，如心肌梗死、中风、肾衰等。

**2. 诊断**

（1）诊室血压　在未服用降压药物的情况下，非同日3次测量收缩压≥140mmHg和（或）舒张压≥90mmHg，可诊断为高血压。如目前正在服用降压药物，血压虽<140/90mmHg，仍诊断为高血压。

（2）动态血压监测　24小时平均血压≥130/80mmHg，或白天血压≥135/85mmHg，或夜间血压≥120/70mmHg，可诊断为高血压。

（3）家庭自测血压　连续监测5~7日平均血压≥135/85mmHg，可诊断为高血压。

（4）隐匿性高血压和白大衣高血压　需注意隐匿性高血压和白大衣高血压。隐匿性高血压主要表现为诊室血压<140/90mmHg，动态血压监测或家庭自测血压提示高血压。白大衣高血压表现为反复出现诊室血压升高，而动态血压监测或家庭自测血压正常。

**3. 高血压的分级**　所有人群均应定期筛查高血压，并进行血压水平分级（表6-2）。

表6-2　高血压分级

| 分级 | 诊室血压（mmHg） | | |
| --- | --- | --- | --- |
| | 收缩压 | | 舒张压 |
| 正常血压 | <120 | 和 | <80 |
| 高血压前期 | 120~139 | 和（或） | 80~89 |
| 高血压 | ≥140 | 和（或） | ≥90 |
| 1级高血压（轻度） | 140~159 | 和（或） | 90~99 |
| 2级高血压（中度） | 160~179 | 和（或） | 100~109 |
| 3级高血压（重度） | ≥180 | 和（或） | ≥110 |
| 单纯收缩期高血压 | ≥140 | 和 | <90 |

**◉看一看6-2-1**

### 高血压的现状

近年来对我国部分省市区社区居住的成年人（35~75岁），共计约1700万人的调查结果显示，受试者中44.7%患有高血压，其中44.7%已知患病，30.1%正在服用规定抗高血压药物，7.2%患者血压已达到有效控制。年龄标准化及性别标准化的高血压患病率、意识率、治疗率及控制率分别为37.2%、36.0%、22.9%及5.7%。最常用的抗高血压药物是钙通道阻滞药，占55.2%。在服药治疗但血压尚未得到有效控制的人群中，81.5%的患者仅服用一种药物。以上数据显示，高血压的知晓率、控制率均偏低已成为威胁健康的重要因素，因此，我国高血压防控亟须得到社会重视。

## 二、治疗原则与目标

### （一）治疗原则

高血压治疗应遵循三个原则：达标、平稳、综合管理。

**1. 降压达标**　不论采用何种治疗，将血压控制在目标值以下是根本。而降压药物治疗的时机取决于心血管风险评估水平，在改善生活方式的基础上，对血压仍超过140/90mmHg的患者应给予药物治疗。对高危患者，应及时启动降压药物治疗，并对并存的危险因素和合并的临床疾病进行综合治疗。对中危患者，可观察数周，评估靶器官损害情况，改善生活方式，如血压仍不达标，则应开始药物治疗。对低危患者，则可进行1~3个月的观察，密切随诊，尽可能进行诊室外血压监测，评估靶器官损害情况，改善生活方式，如血压仍不达标可开始降压药物治疗（表6-3）。

表6-3 生活习惯对血压的影响

| 内容 | 目标 | 可获得的收缩压下降效果（预计） |
| --- | --- | --- |
| 减少钠盐的摄取 | 每人每日食盐摄入量不超过6g（1啤酒瓶盖）<br>注意隐形食盐摄取（味精、咸菜、酱油等） | 2~8mmHg |
| 减轻体重 | BMI<24，腰围<90cm（男），腰围<85cm（女） | 5~20mmHg/减轻10kg |
| 规律运动 | 中等强度运动，每次50分钟，每周5~7次 | 4~9mmHg |
| 戒烟 | 建议戒烟，避免被动吸烟 | — |
| 戒酒 | 推荐不饮酒，目前在饮酒的高血压患者建议戒酒 | 收缩压下降约3.3mmHg<br>舒张压下降约2mmHg |
| 心理平衡 | 减轻精神压力，保持心情愉悦 | — |

**2. 平稳降压** 告知患者长期坚持生活方式干预和药物治疗，保持血压长期平稳至关重要；此外，长效制剂有利于每日血压的平稳控制，对减少心血管并发症有益，推荐使用。

**3. 对高血压患者进行综合干预管理** 选择降压药物时应综合考虑其伴随合并症情况。如对已患心血管疾病的患者及具有某些危险因素的患者，应考虑给予抗血小板及降脂治疗，以降低心血管疾病再发及死亡风险。

**4. 高血压患者的用药原则** ①剂量原则：一般人群采用常规剂量，老年人从小剂量开始。②优先原则：优先选择长效制剂（从长时疗效和平稳性考虑）和固定复方制剂（从依从性考虑）。③联合原则：联合用药（2级高血压或高危人群）。④个体化原则：依据不同合并症和患者对药物不同的耐受性给予个体化用药。

**（二）治疗目标**

高血压治疗的主要目标是血压达标，保护靶器官，减少心、脑、肾的并发症。

降压治疗应该确立血压控制目标值。不同人群的降压目标不同，一般高血压患者，血压降至140/90mmHg以下；合并糖尿病、冠心病、心力衰竭、慢性肾脏疾病伴有蛋白尿的患者，如能耐受，血压应降至130/80mmHg以下；65~79岁的患者血压降至150/90mmHg以下，如能耐受，血压可进一步降至140/90mmHg以下；80岁及以上的患者血压降至150/90mmHg以下。

## 三、常用治疗药物

目前治疗高血压的药物中，临床评价较高的一线药物主要有五大类降压药物，即血管紧张素转化酶抑制药（ACEI）、血管紧张素受体拮抗药（ARB）、β受体拮抗药、钙通道阻滞药（CCB）和利尿药（图6-1）。

**1. 血管紧张素转化酶抑制药（ACEI）和血管紧张素受体拮抗药（ARB）** 两类药物降压作用明确，降压的同时能逆转心室肥厚，尤其适用于伴有心力衰竭、心肌梗死、糖尿病、慢性肾脏疾病的患者，有充足证据证明可改善预后。

**2. β受体拮抗药** 可降低心率，尤其适用于心率偏快的患者，用于合并心肌梗死或心力衰竭的患者，可改善预后；用于冠心病、劳力性心绞痛患者，可减轻心绞痛症状。但注意心力衰竭急性期（气短、端坐呼吸、不能平卧）不适合应用，应待病情平稳后使用。心肌梗死或心力衰竭急性期不建议使用β受体拮抗药。以β受体拮抗作用为主的α-β受体拮抗药，如卡维地洛、阿罗洛尔、拉贝洛尔等，也适用于上述人群。

**3. 钙通道阻滞药**　最常用于降压的是二氢吡啶类钙通道阻滞药，如氨氯地平、硝苯地平缓释片或控释片、非洛地平缓释片等。此类药物降压作用强，耐受性较好，无绝对禁忌证，适用范围相对广，老年单纯收缩期高血压等更适用。

**4. 利尿药**　噻嗪类利尿药常用氢氯噻嗪，尤其适用于老年人、单纯收缩期高血压及合并心力衰竭的患者。

**5. 肾素抑制药**　代表药阿利吉仑是第二代肾素抑制药，能在第一环节抑制 RAS 系统，降低肾素活性，减少 Ang 和醛固酮的生成，不影响缓激肽和前列腺素的代谢，起到降血压和治疗心血管疾病的作用。

**6. 其他降压药**　近年来由上述药物组成的单片复方制剂，由于服用方便，易于长期坚持，已成为高血压治疗的新模式，推荐首选。其他有明确降压效果的传统单片复方制剂，包括复方利血平片、复方利血平氨苯蝶啶片等，根据患者情况仍可使用。

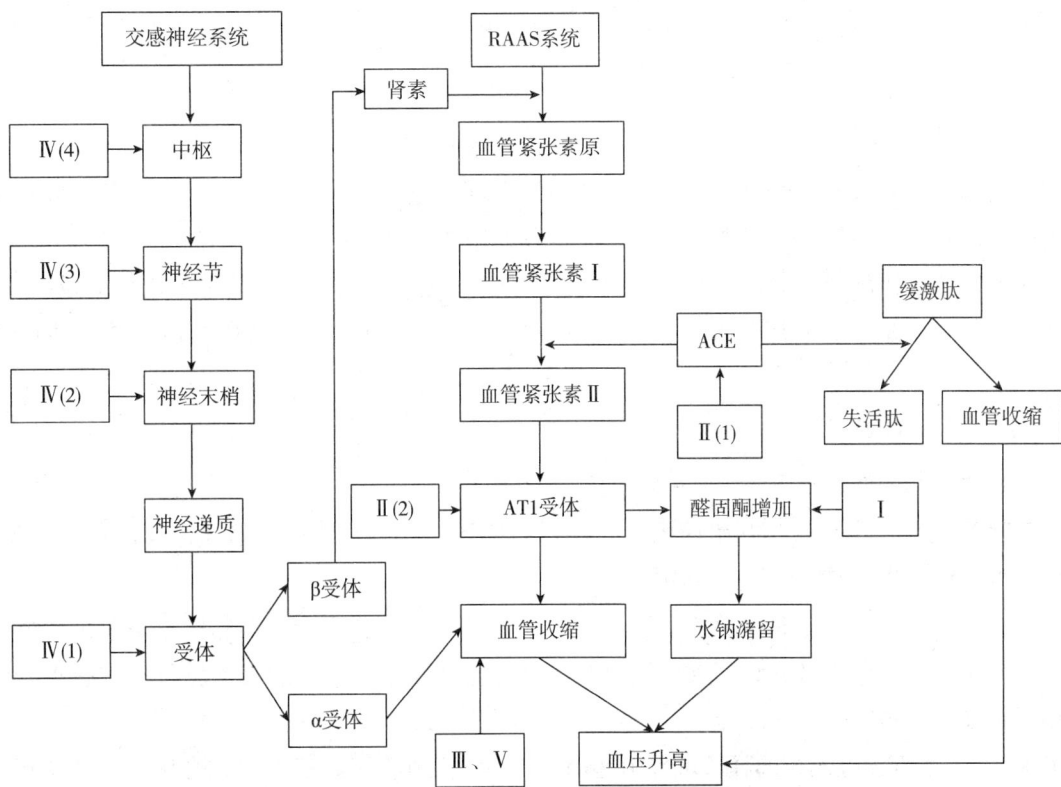

**图 6-1　常见抗高血压药的主要作用机制**

Ⅰ利尿药；ⅡRAAS 抑制药〔（1）ACEI；（2）ARB〕；Ⅲ钙通道阻滞药（CCB）；Ⅳ交感神经抑制药〔（1）肾上腺素受体拮抗药；（2）去甲肾上腺素能神经末梢阻滞药；（3）神经节阻断药；（4）中枢性降压药〕；Ⅴ血管扩张药

✂ **练一练6-2-1**

对高血压伴心率过快患者效果尤佳的药物是

A. 硝苯地平　　　　　B. 美托洛尔　　　　　C. 氢氯噻嗪

D. 肼屈嗪　　　　　　E. 卡托普利

答案解析

❤ **药爱生命**

20 世纪 70 年代，著名数学家华罗庚教授在与北京朝阳医院心血管专家洪昭光大夫交谈时，洪大夫谈到现在高血压病治疗的最大难题是降压药需每日服 3 次，每次 3～4 片，很不方便，很多高血压患者不能按时服药，因此，高血压的控制率很不理想。能不能研制一种只需每日服 1 片的降压药，同时这种降压药还能尽量避免不同药物的副作用呢？数学家华罗庚教授觉得可以应用数理统计学中的优选法来指导药物配伍，他提出借鉴交叉设计或均匀设计等方法，将常用的几类抗高血压药物用其临床常规用量 1/5～1/2 的小剂量进行多因素组合配伍实验，考察各种方案的疗效增强、协同抵抗副作用的临床效果。最终，在上述理论和模型的指导下，历经 3 年的反复实验，终于确定了序号为 0 号的配方组成效果最佳。1973 年，经多家大型医院临床观察，0 号配方的降压有效率为 96.9%，后卫生部经审核批准投入生产，这就是北京降压 0 号的故事。这段数学家和医学家跨界合作的故事以及他们坚忍不拔地开拓进取的创新精神，依然为大家津津乐道。未来的药学人员也需要在自己的岗位上传承和发扬这种不断奋进的职业素养和专业精神，为人民群众健康事业做出更大贡献。

## 四、药学服务

开展高血压的药学服务主要包括：①向医师介绍不同类型降压药的特点、适应证等，同时提供各类药物的剂量、疗程、不良反应、相互作用等信息咨询服务；②向护士提供不同类型降压药的使用注意事项、用药后监护措施等；③向患者介绍降压药治疗特点和使用方法，常见不良反应及应对措施，提高其依从性；④向患者、家属及社会公众普及高血压的危害以及防治高血压所需要养成的生活习惯等。

### （一）用药注意事项

**1. ACEI 类药物的注意事项**

（1）该类药物应从小剂量起开始使用，并逐渐加量到起效，尤其是肾动脉粥样硬化的老年患者，避免血压过度降低。患者要定期检查肾功能。

（2）严重肾功能不全（肌酐清除率＜30ml/min）者禁用本品。双侧肾动脉狭窄与单个功能肾的动脉狭窄者，使用本品时导致严重低血压和肾功能不全的危险性增高。双侧肾动脉狭窄、脱水者以及孕妇应禁用该类降压药物。

（3）ACEI 由于抑制醛固酮的释放可以引起高钾血症，尤其在肾功能不全或合用保钾利尿药或口服补钾药物时更容易发生，应定期监测血钾水平。

（4）ACEI 类药物会导致头晕、眩晕等不良反应，所以驾驶及进行高空作业的人慎用。

（5）如果患者使用该类药物期间出现干咳，应改用 ARB 进行治疗。

（6）如果患者用药期间出现低血压现象则应让患者躺下，一旦患者血压水平稳定，可继续用药。

**2. ARB 类药物的注意事项**

（1）初次使用时要减量，避免用量过大，血压下降过快而致肾功能恶化。

（2）用药前注意查血生化、肝功能及血钾。

（3）可在进餐或空腹时服用，最好在每天的同一时间服用。

（4）严重肾功能不全（肌酐清除率＜30ml/min）者禁用本品。双侧肾动脉狭窄与单个功能肾的动脉狭窄者，使用本品时导致严重低血压和肾功能不全的危险性增高。

（5）ARB 药物会导致头晕、眩晕等不良反应，所以驾驶及进行高空作业的人慎用。

（6）妊娠期高血压及哺乳期女性患者不可用。

**3. β受体拮抗药的注意事项**

（1）运动员慎用。

（2）要从小剂量开始，剂量应个体化，以避免心动过缓的发生，心脏传导障碍者应慎用。

（3）糖尿病患者的血糖水平波动较大时，β受体拮抗药可能会掩盖低血糖症状，糖尿病患者慎用。

（4）可引起支气管平滑肌痉挛，而加重支气管哮喘及糖尿病，血脂升高，加重心衰，因此有慢性肺部疾患及哮喘患者应慎用。

（5）若没有医师指导，不得突然停药或变更剂量，突然停药可出现交感神经活动亢进，血压急剧升高，心率增快引起高血压危象及诱发心绞痛和心肌梗死，必须停药时要注意逐渐递减剂量，每2～3天剂量减半，整个撤药过程应至少持续2周。

**4. CCB类药物的注意事项**

（1）因短效CCB用药后血压下降过快，易引起低血压反应，反射性引起心率增快，血压波动较大，目前在非紧急状态时已不主张使用短效CCB，多主张使用每日1～2次的长效CCB。

（2）初始用药时，少数患者出现面部潮红、头胀、心跳加速。如初始小剂量用药，适应后逐渐加大剂量，这些不良反应会较轻微。

（3）双下肢轻度凹陷性水肿也是CCB的常见副作用，如在应用CCB时加用小剂量利尿剂就可以缓解，并可增强降压的效果。

**5. 利尿药的注意事项**

（1）应用噻嗪类利尿药进行降压治疗宜推荐较小的有效剂量，避免有效血容量过度降低而导致各脏器的供血量下降，可单用，也可与其他类降压药物如CCB类、ACEI类和ARB类联合应用，可协同降压。

（2）最好晨起时服用，在每天的同一时间服用。不宜在晚上，因为夜间血流速度慢，血黏度高，利尿后，会使血黏度进一步增高，增加血栓风险；再者，晚上用利尿剂，小便次数增多，影响患者睡眠而间接影响血压。

（3）腹泻时不宜应用利尿剂，因腹泻会使血液浓缩，血黏度增高，利尿会增加血黏度，血栓和心肌梗死的发生概率增加。

（4）长期使用利尿药时，应定期监测血钾、钠、氯等电解质的水平。

（5）对利尿药成分过敏者禁用该类利尿药，如对磺胺类药物过敏者禁用吲达帕胺；噻嗪类利尿药禁用于痛风患者。

（6）高血压患者合并糖耐量降低或糖尿病、血脂代谢紊乱者，尤其是高尿酸血症患者慎用噻嗪类利尿药，如长期或大剂量应用，应定期监测血糖、血脂、尿酸水平以及电解质情况等。

（7）利尿药对性功能有一定的影响，长期使用噻嗪类利尿药的男性，3%～32%出现性功能障碍，可引起勃起功能障碍和性欲减退，精子数目减少，停药后症状可减轻或消失。

**6. 肾素抑制药的注意事项**

（1）代表药阿利吉仑的不良反应发生率与ARBs、ACEI或安慰剂相当。

（2）最常见的不良反应是疲劳、头晕、头痛和腹泻。较常见的不良反应包括皮疹、尿酸升高、痛风和肾结石等。胃肠道不良反应包括腹泻、腹痛、消化不良等，高钾血症罕见。

（3）过敏者、严重肝或肾功能不全者、肾动脉狭窄者、肾病综合征者、肾性高血压患者不宜使用。

**练一练6-2-2**

某高血压患者服用降压药后出现剧烈干咳，最有可能引起该症状的药物是

A. 氯沙坦           B. 普萘洛尔           C. 氢氯噻嗪

D. 硝苯地平          E. 卡托普利

答案解析

### （二）药物相互作用

**1. 血压较高或有合并症的患者**   起始治疗时就应当采用联合治疗方案，以达到更优的血压控制。合理应用联合治疗方案，可能达到 1 + 1 > 2 的效果，或中和某些药物的副作用。

（1）无合并症高血压的联合用药   合并症指伴随冠心病、心力衰竭、脑卒中、糖尿病、慢性肾脏疾病或外周动脉粥样硬化病。

收缩压 < 160mmHg 且舒张压 < 100mmHg：单药起始，五种一线药均可，其中 β 受体拮抗药尤其适用于心率偏快者。起始剂量观察 2~4 周后，未达标者加量，或更换另一种药物，或直接联合使用两种药物，如 CCB + ACEI/ARB、ACEI/ARB + 利尿药、CCB + 利尿药、β 受体拮抗药 + CCB 等，每调整一次，观察 2~4 周。2 级以上高血压（≥160/100mmHg）患者在开始时就可推荐两种降压药联合治疗。

上述两药联合方案应用后，血压仍未达标，加用第三种药物，可选 CCB + ACEI/ARB + 利尿药或 CCB + ACEI/ARB + β 受体拮抗药。

（2）有合并症高血压的联合用药   此类情况的治疗在长期高血压患者或者老年人中尤其重要（表 6 - 4）。

表 6 - 4   有合并症高血压的联合用药

| 患者特征 | 第一步 | 第二步 | 第三步 |
| --- | --- | --- | --- |
| 高血压合并心肌梗死 | A + B | A + B + C 或 A + B + D | A + B + C + D |
| 高血压合并心绞痛 | B 或 A 或 C | B + C 或 B + A 或 A + C | B + C + A 或 B + C + D |
| 高血压合并心力衰竭 | A + B | A + B + D | A + B + D + C |
| 高血压合并脑卒中 | C 或 A 或 D | C + A 或 C + D 或 A + D | C + A + D |
| 高血压合并糖尿病或慢性肾病 | A | A + C 或 A + D | A + C + D |

注：A 为 ACEI/ARB；B 为 β 受体拮抗药；C 为 CCB；D 为噻嗪类利尿药。

**2. 由于高血压治疗较为复杂且需要长期用药，常常涉及多重用药**   尤其多见于老年患者，因此特别需要注意药物相互作用引发的不良反应。

（1）患者在使用 ACEI 类降压药物期间同时使用胰岛素或口服降糖药容易引发低血糖，所以应对同时联用上述药物的患者进行密切的血糖水平监测，一旦患者出现严重的低血糖，应及时静脉推注葡萄糖溶液进行治疗。血压水平稳定后，可以考虑继续使用该类药物治疗。

（2）对于正在使用非甾体抗炎药与选择性环氧合酶 - 2 抑制剂的患者，使用 ACEI 和 ARB 时会导致 ACEI 的作用削弱，并且进一步导致肾功能损害，甚至发生肾衰竭。

（3）β 受体拮抗药因有抑制心肌收缩力的作用，不宜与维拉帕米合用。

（4）非二氢吡啶类 CCB 和 β 受体拮抗药联用会明显地抑制窦房结活动和延长房室传导时间，特别对于老年人，心室功能不全和自身有心脏传导缺陷的患者在使用这两类药物时，要密切关注心电图监测。

（5）肾素抑制药与阿托伐他汀、酮康唑合用，可使本品的血浆药物浓度升高，其作用机制为竞争性抑制 CYP3A4 介导的本品代谢，联合应用时宜注意监测。

（6）肾素抑制药与呋塞米联合应用，可使后者的血浆药物浓度降低，其发生机制尚不明确，应注意监测是否有呋塞米无效症状，如尿量降低、水肿、血压没有控制。

### （三）健康宣教 📱微课

高血压目前无法根治，合理的治疗可以很好地控制并发症，但对确诊高血压的患者，应立即启动并长期坚持生活方式干预，即"健康生活方式六部曲"——限盐减重多运动，戒烟戒酒心态平。

一些生活方式干预方法可有效控制血压，如减少钠盐摄入、减轻体重、规律地进行中等强度运动（如快走、慢跑、骑车、游泳、太极拳等常见健身方式）均有直接的降压效果。戒烟、戒酒可直接降低心血管病的发生风险，更应大力提倡。此外，协助患者减轻精神压力、保持心理平衡，也是提高治疗效果的重要措施。

❓ 想一想6-2-1

为什么限制食盐的摄取能降低血压？

答案解析

## 目标检测

答案解析

### 一、综合问答题

1. 总结不同人群的高血压治疗原则与治疗目标。

2. 结合实际，高血压患者平时应该注意的因素有哪些？

### 二、案例分析题

患者，男，56 岁。高血压（162/101mmHg）并发心衰，慢性阻塞性肺疾病（COPD）。医嘱：地高辛 0.125mg，口服，每日 1 次；美托洛尔 50mg，口服，每日 2 次；氢氯噻嗪 12.5mg，口服，每日 2 次。用药 3 天后，患者呼吸困难加重。

请思考分析：

1. 该患者用药后呼吸困难加重，最可能的原因是什么？

2. 该患者血压的控制目标是多少？推荐使用哪些药物？原因是什么？

3. 请给出该患者的健康指导。（至少说出三条）

4. 如何在上述药学服务中体现职业素养和专业精神？

（李鹏杰）

书网融合……

📄重点回顾　　　📱微课　　　📝习题

## 任务三 血脂异常的药物治疗 🅔微课

PPT

**学习目标**

**知识目标：**

1. **掌握** 血脂异常的药物治疗原则、药物种类和代表药物、临床治疗方案。
2. **熟悉** 血脂异常的分类及临床症状；血脂异常的非药物治疗方案。
3. **了解** 血脂异常的病因和诊断。

**技能目标：**

能够结合临床指南正确选用治疗血脂异常的药物，开展咨询、指导用药，协助拟定药物治疗方案等药学服务，并能提供健康教育。

**素质目标：**

培养尊重、关爱血脂异常患者及家属，积极、细致、认真的服务意识和职业精神。

### 📖 导学情景

**情景描述：** 患者，男，55岁。平素胃口好，不爱运动，自感身体很好，1年前在例行体检时发现血脂升高，但无临床症状，在家人劝说下到医院进行进一步检查。门诊查血清总胆固醇 6.25mmol/L，三酰甘油 4.8mmol/L，低密度脂蛋白胆固醇 4.53mmol/L。

**情景分析：** 根据患者自述及检查，诊断为血脂异常。

**讨论：** 血脂异常的治疗方案是什么？如何根据血脂异常分类对患者进行用药指导？

**学前导语：** 在日常生活中，由于血脂异常的症状不明显，大多是在体检或检查其他疾病时发现，导致多数患者不重视，控制率偏低，也为我们进行用药指导带来一定的困难。那么，如何运用我们的专业知识对患者进行宣教来提高患者的用药依从性呢？

血脂异常是指血脂水平过高，可直接引起一些严重危害人体健康的疾病，如动脉粥样硬化、冠心病、胰腺炎等。由于人民生活水平提高，肥胖人群越来越多，近年来，血脂异常成为影响人类健康的重要威胁之一。

## 一、疾病概述

### （一）病因与发病机制

**1. 血脂分型** 血脂包括：三酰甘油、胆固醇、磷脂。它们与蛋白质结合成不同形式而存在。按其电泳性能和密度可分为四种：乳糜微粒（CM）、极低密度脂蛋白（VLDL）、低密度脂蛋白（LDL）、高密度脂蛋白（HDL）。

乳糜微粒含三酰甘油多，但不易引起病变；VLDL中三酰甘油含量较高，易脱出沉积于血管壁产生病变，较常见；LDL颗粒较小，胆固醇含量高，易进入损伤动脉壁，且胆固醇易脱出沉积于血管壁产生病变，与动脉粥样硬化的发病密切相关，有"致动脉粥样硬化脂蛋白"之称；HDL颗粒最小，蛋白质含量高，能自由进出动脉壁且稳定，对动脉有"保护作用"即阻止胆固醇固定在动脉细胞内，还有

"清理作用"即溶解已经贮存在血管内的胆固醇并带至肝脏代谢。

**2. 血脂异常的病因与分类** 血脂异常分为原发性和继发性两类。前者与先天性和遗传有关，是由于单基因缺陷或多基因缺陷（遗传缺陷），使参与脂蛋白转运和代谢的受体、酶或载脂蛋白异常所致，或由于环境因素（饮食、营养、药物）和通过未知的机制而致。后者多继发于代谢性紊乱疾病（糖尿病、高血压、黏液性水肿、肥胖、肝肾疾病、肾上腺皮质功能亢进）或与其他因素如年龄、性别、季节、饮酒、吸烟、饮食、体力活动、精神紧张、情绪活动等有关。按临床上血浆中各种脂蛋白增高的情况，WHO 将血脂异常一般分为五型六类（表 6 - 5）。

Ⅰ 型高脂蛋白血症：又称"高乳糜微粒血症"，在临床上比较少见。主要是空腹血浆中存在的乳糜微粒浓度增高所致。血浆外观呈"奶油样"顶层，下层澄清（将血浆置于 4℃ 冰箱中过夜）。测定血脂主要是三酰甘油水平升高，而其他脂蛋白基本正常，胆固醇水平则可正常或轻度增加。

Ⅱ 型高脂蛋白血症：此型在临床上最为常见，是与动脉粥样硬化密切相关的一型。Ⅱ 型引起低密度脂蛋白（LDL）增高。LDL 以正常速度产生，但由于细胞表面 LDL 受体数减少，LDL 的血浆清除率下降，导致其在血液中堆积。LDL 是胆固醇的主要载体，所以，Ⅱ 型患者的血浆胆固醇水平升高。其又分为两类。

Ⅱa 型高脂蛋白血症：血浆中 LDL 水平单纯性增加。血浆外观澄清或轻混。测定血脂只有单纯性胆固醇水平升高，而三酰甘油水平则正常。

Ⅱb 型高脂蛋白血症：血浆中 VLDL 和 LDL 水平均有增加。血浆外观澄清或轻混。测定血脂则胆固醇和三酰甘油水平均有增加。此型临床上相当常见。

Ⅲ 型高脂蛋白血症：此型在临床上很少见。主要是由血浆中乳糜微粒残粒和 VLDL 残粒水平增加导致。其血浆外观混浊，常可见一模糊的"奶油样"顶层。血浆中胆固醇和三酰甘油浓度均明显升高，且两者升高的程度大致相当。

Ⅳ 型高脂蛋白血症：此型的发生率低于 Ⅱ 型，但仍很常见。多于20 岁后发病，可为家族性，但更多地还是由后天因素导致。Ⅳ 型最主要的特征是 VLDL 升高，VLDL 是肝内合成的三酰甘油和胆固醇的主要载体，因而引起三酰甘油的升高，有时也可引起胆固醇水平的升高。

Ⅴ 型高脂蛋白血症：空腹时，血浆中乳糜微粒和 VLDL 水平均升高。血浆外观有"奶油样"顶层，下层混浊。血浆三酰甘油和胆固醇水平均升高，但以三酰甘油升高为主。本型是 Ⅰ、Ⅳ 混合型，可同时兼有两型的特征。

表 6 - 5 高脂蛋白血症的类型

| 分型 | 发病率 | 血浆中升高成分 | |
|---|---|---|---|
| | | 脂蛋白 | 脂质 |
| Ⅰ | 少见 | CM | TG |
| Ⅱa | 较常见 | LDL | TC |
| Ⅱb | 较常见 | LDL + VLDL | TG + TC |
| Ⅲ | 少见 | VLDL + IDL | TC + TG |
| Ⅳ | 较常见 | VLDL | TG |
| Ⅴ | 少见 | VLDL + CM | TG + TC |

注：IDL 即中密度脂蛋白，主要是极低密度脂蛋白（VLDL）异化的中间代谢产物，是高脂血症危险因素之一。

**（二）血脂异常的临床表现与诊断**

关于血脂异常的诊断，目前国际和国内尚无统一的方法和标准。既往认为血浆总胆固醇浓

度 >5.17mmol/L（200mg/dl）可定为高胆固醇血症，血浆三酰甘油浓度 >2.3mmol/L（200mg/dl）为高三酰甘油血症。

除血脂异常外，临床表现包括两个方面：一是脂质在真皮内沉积所引起的黄色瘤；二是脂质在血管内皮沉积所引起的动脉硬化。但早期可能无任何症状，少数人可表现为角膜弓和脂血症眼底改变。角膜弓又称为老年环，多见于家族性高胆固醇血症。脂血症眼底改变是富含三酰甘油的大颗粒脂蛋白沉积在眼底小动脉上引起光散射所致，常常是严重的高三酰甘油血症并伴有乳糜微粒血症的特征表现。

## 二、治疗目标与原则

### （一）治疗目标

在决定采用药物进行血脂异常治疗时，需要全面了解患者患心脑血管疾病和伴随的危险因素情况。在进行降脂治疗时，应将降低低密度脂蛋白胆固醇（LDL - C）作为首要目标，以降低死亡风险，延长患者生存期并提高生活质量。

### （二）治疗原则

首先采用饮食疗法，其次消除恶化因素，最后考虑药物治疗。其中，饮食治疗和改善生活方式是血脂异常治疗的基础措施，无论是否进行药物调脂治疗，都必须坚持控制饮食和改善生活方式。其次，血脂异常分为不同的类型，需要根据具体情况选择不同类型的降脂药。

## 二、常用治疗药物

降血脂药发展较快，种类较多，作用机制也不同，从效果上主要分为降低三酰甘油的药物和降低胆固醇的药物两大类。

### （一）降低三酰甘油的药物

**1. 贝特类（fibrates）** 属苯氧芳酸类调脂药，能激活过氧化物酶增殖体激活受体（PPARa），诱导脂蛋白脂肪酶表达，促进富含三酰甘油的脂蛋白颗粒中的三酰甘油水解，导致血浆极低密度脂蛋白（VLDL）减少，在一定程度上增加高密度脂蛋白（HDL）水平。贝特类药物口服吸收良好，血浆蛋白结合率约95%，不易分布到外周组织。大部分在肝脏中与葡萄糖醛酸结合，少量以原形经肾脏排出。目前，临床常用药物有非诺贝特、吉非贝齐和苯扎贝特等。

**2. 安妥明（atromid - S，clofibrate）** 作用机制尚不明确，可能因其与白蛋白结合能力强，减少脂肪酸进入肝脏合成三酰甘油；能促进脂蛋白脂肪酶活性，促进 VLDL 中三酰甘油的分解；也能抑制 HMG - CoA 还原酶，减少胆固醇合成；也可促进胆固醇分解及经胆汁排泄。它还具有抑制血小板凝集、增强纤维蛋白溶解酶活性，具抗血栓形成作用。主要用于高三酰甘油血症，可降三酰甘油30% ~40%，降胆固醇10% ~20%。肝肾功能不全、溃疡病、糖尿病患者慎用。

**3. 烟酸（nicotinic Acid，niacin）** 通过抑制 cAMP 形成而抑制脂肪组织的脂质分解，减少游离脂肪酸释放，从而减少三酰甘油的合成；也可促进胆固醇经肠道排泄，降低胆固醇；还有扩张冠脉，增加冠脉流量的作用。用于高三酰甘油血症及冠心病，但因不良反应较多，现已少用。

### （二）主要降低胆固醇的药物

**1. 羟甲戊二酰辅酶 A 还原酶抑制剂（他汀类，statins）** 此类药物通过竞争性抑制内源性胆固醇合成限速酶（HMG - CoA），抑制细胞内羟甲戊酸代谢途径，使细胞内胆固醇合成减少，从而反馈性刺激细胞膜表面（主要为肝细胞）低密度脂蛋白受体数量和活性增加，使血清胆固醇清除增加、水平降低。此类药物是目前最有效的降脂药物之一，不仅能强效地降低总胆固醇（TC）和低密度脂蛋白（LDL），而且能一定程度上降低三酰甘油（TG），还能升高高密度脂蛋白（HDL），所以他汀类药物也可以称为较全面的调脂药。

他汀类药物分为天然化合物（如洛伐他汀、辛伐他汀、普伐他汀）和完全人工合成化合物（如氟伐他汀、阿托伐他汀、罗伐他汀），是最为经典和有效的降脂药物，广泛应用于血脂异常的治疗。他汀类药物除具有调节血脂作用外，在急性冠状动脉综合征患者中早期应用能抑制血管内皮的炎症反应，稳定粥样斑块，改善血管内皮功能。近年来，研究发现他汀类药物具有多方面非降脂作用，其中包括缓解器官移植后的排异反应、治疗骨质疏松症、抗肿瘤、抗老年痴呆等多种作用。

**2. 消胆胺（cholestyramine）**　是一种苯乙烯型强碱性阴离子交换树脂，分子量在 100 万以上，常用其氯化物，作为胆汁酸结合药。胆汁酸是胆固醇在肝内分解代谢的产物，排入小肠后 90% 被重吸收，称"胆汁酸肝肠循环"，其本身的作用是帮助脂类及脂溶性维生素吸收。肠内胆固醇的吸收须有胆汁酸协助，肝内胆固醇分解速度又受胆汁酸的量所控制，即胆汁酸减少使胆固醇分解增加。本品可使血中胆固醇下降 20% ~ 30%，对三酰甘油无影响。

**3. 依折麦布（Ezetimibe）**　本药为近年来研发的新药，通过选择性抑制小肠胆固醇转运蛋白，有效减少肠道内胆固醇吸收，降低血浆胆固醇水平以及肝脏胆固醇储量。

**（三）其他降低血脂的药物**

**1. 硫酸软骨素（chondroitin sulfate A）**　为从猪鼻和喉软骨提取的一种酸性黏多糖。能抑制磷酸二酯酶活性，使 cAMP 含量增加，活化脂解酶，促进脂质代谢，降低血脂和防止脂质沉着于动脉壁。它可降低胆固醇和三酰甘油，消除或减少冠脉和主动脉脂质沉着，具有抗凝血、促进冠脉侧支循环及抗炎作用。用于防治动脉粥样硬化、冠心病、心绞痛等。有出血倾向者慎用或忌用。

**2. 弹性酶（elastase）**　广泛存在于哺乳动物胰脏中。本品能抑制胆固醇在体内合成并促进其转化成胆汁酸，从而降低胆固醇，防止其在动脉壁沉积。适用于 Ⅱ 型和 Ⅳ 型血脂异常、AS 和脂肪肝等。

**3. 卵磷脂（lecithin）**　为肝脏合成脂蛋白不可缺少的组成部分，具有稳定脂蛋白、阻止脂类析出的作用。可促进胆固醇酯化，有助于胆固醇的转运、代谢和排泄，使其不易在血管壁沉积。也有抗脂肪肝作用。

👁 **看一看6-3-1**

### DHA 和 EPA

鱼油富含 Ω－3 多不饱和脂肪酸，主要功效成分是 DHA（二十二碳六烯酸）和 EPA（二十碳五烯酸）。这两种不饱和脂肪酸对于血脂调节来说，优于坚果、植物油中的不饱和脂肪酸，其作用机制主要是 DHA 和 EPA 能促进酸性及中性胆固醇自粪便中排泄，从而达到降低血脂的效果。高纯度的鱼油对三酰甘油的降低作用较好。

💜 **药爱生命**

2001 年美国报道，31 例心血管疾病患者使用西立伐他汀后出现了严重的横纹肌溶解症，其后均死亡。这一事件导致该药立即被停止使用，同时也让人们高度重视他汀类药物的用药安全问题。他汀类药物，特别是在总结西立伐他汀经验教训的基础上开发的新品种经过二十年的临床使用，总体评价安全可靠，但仍有小概率发生横纹肌溶解症的可能，鉴于该类药物在治疗血脂紊乱及其他心脑血管疾病方面的优势，仍广泛使用。

作为药学人员，在开展药学服务时要时刻把安全用药放在首位，虽然他汀类药物总体安全可靠，但对于极个别患者，一旦发生了横纹肌溶解症这样的小概率事件，其后果却是灾难性的。因此，要做好此类药物的专项用药指导，告知用药患者密切关注有无肌肉疼痛、出血、血尿等症状，一旦发生必须立刻就医。

## 四、药学服务

开展血脂异常的药学服务主要包括：①向医师介绍不同类型降血脂药的特点，提供各类药物的剂量、疗程、不良反应、相互作用的信息咨询服务；②向护士提供用药时的注意事项；③向患者介绍治疗血脂异常药物的特点和使用方法以及发生不良反应时的应对措施；④向患者、家属及社会公众普及血脂异常的危害以及治疗的意义等。

### （一）用药注意事项

1. 他汀类药可引起肌病，包括肌痛（腰肩、胸背、乳房、肌肉）、肌炎和横纹肌溶解。出现赤褐色尿等情况时应考虑为肌病，须即停止药物治疗，并应对异常指标进行跟踪观察。

2. 应用他汀类药，初始宜从小剂量起，关注并及时报告所发生的肌痛、触痛或肌无力。对有横纹肌炎继发肾衰竭的危险因素（如严重急性感染、大手术、创伤、癫痫）者，应及时停用他汀类药。

3. 掌握适宜的服药时间。提倡晚间服用他汀类药，晚餐或晚餐后服药有助于提高疗效，主要是由于：①肝脏合成脂肪峰期多在夜间；②使药物血浆峰浓度及达峰时间（2～3小时）与脂肪合成峰同步；③他汀类药的效应体现出相应的昼夜节律，夜间服用效果好。

✎ 练一练6-3-1

洛伐他丁的最佳服药时间是

A. 饭前      B. 饭后      C. 清晨

D. 晚饭      E. 中午

答案解析

### （二）药物相互作用

1. 中等剂量他汀类和贝丁酸类联合应用，肌病的发生率较低，但剂量不宜过大，不宜在同一时间服用。可于晨起服用贝丁酸类药而晚上服用他汀类。治疗剂量下与对CYP3A4有明显抑制的环孢素、依曲康唑、酮康唑、烟酸、大环内酯类抗生素、HIV蛋白酶抑制剂、抗抑郁药等合用，能显著增高辛伐他汀、洛伐他汀、阿托伐他汀这些经肝脏CYP3A4代谢的他汀类药的血浆水平。

2. 依折麦布联合中低强度他汀类，可以同时抑制胆固醇的吸收和合成，两种机制互补协同增效，降LDL－C幅度可达50%以上，并且联合用药的安全性和耐受性与他汀单药治疗相当。

3. 摄入乙醇可增加烟酸所致的皮肤潮红和瘙痒等不良反应的发生，用药期间避免饮酒；同时为避免烟酸所致的严重不良反应（气促、皮肤潮红、红斑、瘙痒、哮喘等），尽量选服烟酸缓释片。

### （三）健康宣教

血脂异常明显受饮食及生活方式的影响，饮食治疗和生活方式改善是治疗血脂异常的基础措施。无论是否选择药物调脂治疗，都必须坚持控制饮食和改善生活方式。

1. 血脂异常人群的膳食结构应遵循低热量、低脂肪、低胆固醇、低糖、高纤维膳食，即"四低一高"原则。在满足每日必需营养和总能量需要的基础上，当摄入饱和脂肪酸和反式脂肪酸的总量超过规定上限时，应该用不饱和脂肪酸来替代。建议每日摄入胆固醇小于300mg，尤其是已有动脉粥样硬化心血管病或高危人群，摄入脂肪不应超过总能量的20%～30%。高三酰甘油血症者更应尽可能减少每日摄入脂肪总量，每日烹调油应少于30g。脂肪摄入应优先选择富含Ω－3多不饱和脂肪酸的食物（如深海鱼、鱼油、植物油）。建议每日摄入碳水化合物占总能量的50%～65%。选择使用富含膳食纤维和低升糖指数的碳水化合物替代饱和脂肪酸，每日饮食应包含25～40g膳食纤维（其中7～13g为水溶性膳食纤维）。碳水化合物摄入以谷类、薯类和全谷物为主，其中添加糖摄入不应超过总能量的10%（对于肥胖和高三酰甘油血症者要求比例更低）。

2. 建议每周进行5～7天、每次30分钟的中等强度代谢运动。有心脑血管病者应在医生的指导下进行身体活动。

3. 戒烟、限酒：烟草中的多种化合物，尤其是尼古丁和一氧化碳能影响脂类代谢，长期酗酒也可干扰血脂代谢，使胆固醇、三酰甘油上升，高密度脂蛋白下降。

4. 减轻体重除了能使 LDL-C 水平降低和提高 HDL-C 水平外，还能降低高血压、糖尿病发生的机会，后两者也是冠心病的重要独立危险因素。

## 目标检测

答案解析

### 一、综合问答题

1. 目前治疗血脂异常的药物的主要分类有哪些？各有什么特点？

2. 结合生活实际的案例谈一谈，治疗血脂异常的药物需要注意哪些用药原则？

### 二、案例分析题

患者，男，60 岁。高血压病史 6 年，血脂增高 3 个月。6 年前在例行体检时发现血压升高，最高达 180/110mmHg，无头晕、头痛及心悸，一直规则服用降压药治疗，血压控制在 128/88mmHg 左右。1 个月前在医院门诊以"高血压病，血脂异常"收住院。最后诊断：①高血压病 3 级；②血脂异常Ⅳ级。

1. 该患者的危险因素有哪些？需要使用哪些药物进行治疗？

2. 为预防心脑血管事件，你推荐那些药物？为什么？

3. 如何在上述药学服务中体现职业素养和专业精神？

（李鹏杰）

书网融合……

重点回顾　　微课　　习题

PPT

## 任务四　冠心病的药物治疗

**学习目标**

知识目标：

1. 掌握　冠心病的药物治疗原则、药物种类和代表药物、临床治疗方案。

2. 熟悉　冠心病的症状、治疗药物的用法用量和相关药学服务知识。

3. 了解　冠心病的病因和诊断。

技能目标：

1. 能够结合临床指南正确选用治疗冠心病的药物，开展咨询、指导用药，协助拟定药物治疗方案等药学服务。

2. 学会判断冠心病治疗药物的常见不良反应并提供处理方案，主动提供健康教育。

素质目标：

培养尊重、关爱冠心病患者及家属，积极、细致、认真的服务意识和职业精神。

**情景描述**：患者，男，58 岁。近 1 个月来在晨练时经常感觉胸骨中上部有紧缩感、窒息感，有时伴压榨样疼痛，每次持续 3 ~ 5 分钟，伴头昏、乏力，有时伴左上肢内侧酸痛乏力，经休息后症状可缓解。今日运动后心前区压榨性疼痛明显，急诊入院。入院时血脂检测 TC 6.2mmol/L、LDL - C 5.4mmol/L，ECG 检查 V3 - V6 导联 T 波双向。

**情景分析**：结合患者最近症状、入院检查结果，初步诊断为冠心病、稳定型心绞痛。

**讨论**：结合案例，协助拟定治疗方案，并说出药学服务要点。

**学前导语**：冠心病和心绞痛是心血管系统常见的急危重症，应迅速采用药物和非药物措施缓解症状，控制疾病进程，同时，要采取三级预防措施，从不同层级预防和治疗上述疾病。本任务将围绕冠心病的三级预防，介绍相关知识技能，为今后开展药学服务打好基础。

冠状动脉粥样硬化性心脏病（coronary atherosclerotic heart disease）是指冠状动脉发生粥样硬化引起管腔狭窄或阻塞，或因冠脉痉挛收缩，导致心肌缺血、缺氧或坏死而引起的心脏病，简称冠心病，亦称缺血性心脏病。本病起病隐匿，早期可无明显临床症状，心肌缺血期临床表现为心绞痛、心律失常和心力衰竭，严重心肌缺血缺氧可引起急性心肌梗死或猝死。

## 一、疾病概述

### （一）病因与发病机制

冠心病的病因尚不完全清楚，大量的研究表明冠心病的发生是多因素综合影响的结果。引发冠心病的高危因素有：年龄、性别、血脂异常、高血压、糖尿病及糖耐量异常、遗传因素、肥胖、吸烟以及缺乏运动等不良生活方式。在冠脉粥样硬化病变的基础上，当冠脉的供血供氧不能满足心肌代谢需求时，可引起心肌缺血缺氧，短暂的缺血缺氧引发心绞痛，而持续严重的心肌缺血可引起心肌梗死。

根据病理解剖和病理生理变化的不同，冠心病可分为五种类型：①隐匿型冠心病；②心绞痛；③心肌梗死；④缺血性心肌病；⑤猝死。

近年来趋向于根据发病特点和治疗原则的不同将冠心病分为两大类型。①急性冠状动脉综合征（acute coronary syndrome，ACS）：包括不稳定型心绞痛、急性心肌梗死（ST 段抬高型和非 ST 段抬高型）。②慢性冠脉疾病（chronic coronary artery disease，CAD）：也称慢性心肌缺血综合征（chronic ischemic syndrome，CIS），包括稳定型心绞痛、缺血性心肌病和隐匿型冠心病等。

本任务主要介绍心绞痛，心绞痛临床常见下列几种类型。

**1. 稳定型心绞痛（stable angina pectoris）** 也称劳力性心绞痛。常发生于劳力负荷增加时，其发作的诱因、疼痛部位、性质、程度、持续时间等在 1 ~ 3 个月内无明显变化。当冠脉狭窄或部分闭塞时，心脏血流量减少，在日常生活状态下尚能维持血氧供需平衡，可无明显症状。在劳力、情绪激动等情况下，心率增快、心肌收缩力增强等因素可导致心肌氧耗量增加，而病变狭窄冠脉的供血供氧能力却不能相应地增加以满足心肌供血的需求，引起心绞痛发作。

**2. 不稳定型心绞痛（unstable angina pectoris，UA）** 其特点为每次发作的诱因、疼痛部位、程度、持续时间等均不相同，病情进行性恶化，可发展为心肌梗死或猝死。因在冠脉内不稳定的粥样硬化斑块破溃或糜烂的基础上发生血小板聚集并发血栓形成、冠状动脉痉挛收缩、微血管栓塞等情况，导致急性或亚急性心肌供氧的减少和缺血加重，引发心绞痛发作。

**3. 变异型心绞痛** 表现为静息性心绞痛伴心电图一过性 ST 段抬高，无体力劳动或情绪激动等诱因，为冠状动脉痉挛所致。

### （二）临床表现与诊断

心绞痛以发作性胸痛为主要临床表现，其疼痛的特征性表现有以下四点。

**1. 发作诱因** 稳定型心绞痛发作常由体力劳动或情绪激动（如兴奋、焦急、发怒等）诱发，寒冷、吸烟、进食过饱、用力排便等亦可诱发。

**2. 疼痛部位** 主要在胸骨体上中段之后，可波及整个心前区，可放射至左肩、左臂内侧达无名指和小指。

**3. 疼痛性质** 胸痛常为压榨性、紧缩性的闷痛感，可伴有濒死感觉。症状不典型的患者可仅觉胸闷不适，不一定有胸痛。

**4. 持续时间** 疼痛出现后 1~2 分钟可进展到高峰，多持续 3~5 分钟，在停止诱发症状的活动后即可自行缓解，含服硝酸甘油等药物后可快速缓解，疼痛时长一般不超过半个小时。

心电图负荷试验、核素心肌显像等检查可提供心肌缺血的证据，冠脉造影（CAG）可显示冠脉狭窄部位及严重程度，是诊断冠心病的"金标准"。

## 二、治疗目标与原则

### （一）治疗目标

冠心病的防治采用三级预防措施。

一级预防是指对尚未发生冠心病的人群，通过减少或控制冠心病的危险因素来预防冠心病的发生，降低发病率。

冠心病的高危因素中，除了年龄、性别、遗传因素等不可控之外，其他的危险因素都可以采取相应措施加以控制。具体措施为：①调节血脂；②降低血压；③控制血糖；④控制体重；⑤戒烟；⑥合理膳食、适当运动，提升身体机能。

二级预防是对冠心病患者采取药物或非药物措施缓解症状、预防复发，避免病情加重而诱发心肌梗死。

三级预防是及时控制并发症，提高患者生存质量、延长寿命。

👁 看一看6-4-1 ────────

### 冠心病的防治措施

冠心病的二级预防是针对已有冠心病的患者，需严格控制危险因素，防止心血管事件复发和心力衰竭。其用药应遵从"冠心病防治的 ABCDE 方案"。

A　aspirin 阿司匹林和 anti – anginals 抗心绞痛药

B　β – blocker β 受体拮抗药和 blood pressure control 控制血压

C　cholesterol – lowering 降胆固醇和 cigarettes quitting 戒烟

D　diabetes control 控制糖尿病和 diet 合理饮食

E　education 健康教育和 exercise 运动

### （二）治疗原则

1. 减轻心脏前、后负荷，减慢心率，降低心肌收缩力，降低心肌耗氧量。

2. 扩张冠脉，开放冠脉侧支循环，增加缺血心肌的供血供氧，恢复心肌氧供需平衡。

3. 调节血脂，稳定粥样硬化斑块，应用抗凝药及抗血小板药物防止血栓形成。

4. 对急性发作的患者，要镇静、止痛、防治并发症。

## 三、常用治疗药物

冠心病在急性发作期不但要减少心肌缺血发作，缓解心绞痛症状，而且要改善疾病预后，提高患者生活质量。缓解期治疗的重点是预防心肌梗死及猝死的发生，延长患者生存期。故根据药物的作用效果可将药物分为改善心肌缺血、减轻症状的药物和预防心肌梗死、改善预后的药物两大类。

**（一）改善心肌缺血、减轻症状的药物**

**1. 硝酸酯类药物** 控制心绞痛急性发作或缓解期维持治疗，首选硝酸酯类，其机制主要是通过扩张静脉、动脉，降低心脏前、后负荷；减少回心血量，降低心室容积、心室内压和心室壁张力，降低心肌耗氧量；扩张冠脉，降低冠脉阻力，开放侧支循环，改善缺血心肌供血供氧。心绞痛急性发作常用硝酸甘油 0.3 ~ 0.6mg，舌下含服，1 ~ 2 分钟起效，约半小时后作用消失。必要时间隔 5 ~ 10 分钟可重复用药。也可选择硝酸异山梨酯 5 ~ 10mg，舌下含化，2 ~ 5 分钟见效，作用维持 2 ~ 3 小时。2% 硝酸甘油油膏或橡皮膏贴片（含 5 ~ 10mg）涂或贴在胸前或上臂皮肤可经皮肤缓慢吸收，适用于预防夜间心绞痛发作。稳定型心绞痛的维持治疗，选用长效硝酸酯类，如硝酸异山梨酯，每次 5 ~ 20mg，3 次/天，口服后 30 分钟起效，作用持续 3 ~ 5 小时，其缓释制剂药效可维持 12 小时，可用 20mg，2 次/天。5 - 单硝酸异山梨酯，20 ~ 40mg，2 次/天。戊四硝酯片，每次 2.5mg，8 小时用药一次，口服半小时起效，作用可持续 8 ~ 12 小时。对单用硝酸酯类疗效不佳且频繁发作者，在无禁忌证的前提下，可与 β 受体拮抗药联合使用。 📱微课 1

**2. β 受体拮抗药** 拮抗心脏 β 受体，对抗交感神经系统作用，减慢心率，降低心肌收缩力，减少心肌耗氧量；延长心脏舒张期，促进心肌血流重新分布，改善缺血区供血，缓解心绞痛症状，减少心肌缺血发作并增加运动耐力。常用的药物有：美托洛尔 25 ~ 100mg，2 次/天，缓释片 47.5 ~ 190mg/次，1 次/天；普萘洛尔 10mg，3 ~ 4 次/天；阿替洛尔 12.5 ~ 25mg，2 次/天。对单独使用 β 受体拮抗药不能有效控制的患者，加用一种二氢吡啶类钙通道阻滞药和（或）硝酸酯类和（或）尼可地尔。对 β 受体拮抗药禁忌的患者，可用钙通道阻滞药替代。

**3. 钙通道阻滞药** 通过阻滞心肌细胞钙离子内流，减慢心率、降低心肌收缩力，减少心肌耗氧量；扩张外周血管，减轻心脏前、后负荷；扩张冠状动脉，解除冠脉痉挛，增加冠脉血流；抗血小板黏附聚集，降低血液黏滞度，改善心肌微循环，保护心肌细胞。常用药物：硝苯地平 10 ~ 20mg，3 次/天，硝苯地平缓释制剂 20mg，1 次/天；维拉帕米 80mg，3 次/天；地尔硫草 30 ~ 90mg，3 次/天，缓释制剂效果更佳。变异型心绞痛多为冠脉痉挛所致，故推荐使用硝酸酯类和（或）二氢吡啶类钙通道阻滞药（如硝苯地平），可有效缓解和消除心肌缺血性发作。应注意 β 受体拮抗药可拮抗 $\beta_2$ 受体，可致冠状动脉收缩，禁用于变异型心绞痛。

✎ **练一练6-4-1**

变异型心绞痛禁用

A. 硝酸甘油      B. 普萘洛尔      C. 硝苯地平

D. 尼莫地平      E. 维拉帕米

答案解析

**4. 其他抗心绞痛药物**

（1）尼可地尔 可开放 $K^+$ 通道，促进 $K^+$ 外流，使细胞膜超极化，抑制 $Ca^{2+}$ 内流；释放 NO，增加血管平滑肌细胞内 cGMP 生成。上述作用可使血管平滑肌松弛，冠脉血管扩张，冠状动脉供血增加，

并减轻 $Ca^{2+}$ 超负荷对缺血心肌细胞的损害。本药主要适用于变异型心绞痛和慢性稳定型心绞痛，且不易产生耐受性。尼可地尔 5mg，2 次/天，一周后可逐渐增量至 $10\sim20$mg，2 次/天。同类药物还有吡那地尔和克罗卡林。

（2）吗多明　其代谢产物作为 NO 的供体，释放 NO，通过与硝酸酯类相似的作用机制，扩张容量血管及阻力血管，降低心肌耗氧量，改善侧支循环，改善心肌供血，可用于稳定型心绞痛。

（3）卡维地洛　为去甲肾上腺素能神经受体拮抗药。本药既能拮抗 α 受体和 β 受体，又具有一定的抗氧化作用，可用于心绞痛、心功能不全和高血压的治疗。

（4）曲美他嗪　通过保护细胞在缺氧或缺血情况下的能量代谢，阻止细胞内 ATP 水平的下降，保证了离子泵的正常功能和透膜 $Na^+-K^+$ 流的正常运转，维持细胞内环境的稳定。临床适用于冠脉功能不全、心绞痛、陈旧性心肌梗死等。常用量为 20mg，3 次/天。

✎ **练一练6-4-2**

硝酸酯类、β 受体拮抗药、钙通道阻滞药治疗心绞痛的共同机制是

A. 减慢心率　　　　　　B. 缩小心室容积　　　　　C. 扩张冠状动脉

D. 减低心肌耗氧量　　　E. 抑制血小板聚集

答案解析

**（二）预防心肌梗死、改善预后的药物**

**1. 抗血小板药及其他抗血栓药物**

（1）小剂量阿司匹林　可以抑制血小板黏附聚集，防止血小板在动脉粥样硬化斑块上聚集形成血栓，同时通过减少血栓素 $A_2$（$TXA_2$）的形成，减少 $TXA_2$ 所引起的血管痉挛。对阿司匹林过敏者，可使用氯吡格雷、噻氯匹定替代。

（2）氯吡格雷　可选择性地抑制 ADP 与血小板受体的结合，抑制 ADP 介导的糖蛋白 GPⅡb/Ⅲa 复合物的活化，抑制血小板聚集。抗血小板药作为辅助抗栓治疗，可减少缺血性心脏病的发作和复发的危险。

（3）肝素、华法林等抗凝药　能降低血液凝固性，可防止血栓形成及阻止心肌梗死范围的扩大，常用于预防心肌梗死的发生。

不稳定型心绞痛的治疗策略与稳定型心绞痛类似，但该类患者常因动脉粥样硬化斑块的断裂、剥离和血小板黏附聚集形成冠脉血栓栓塞。故在使用硝酸酯类和 β 受体拮抗药、钙通道阻滞药等抗心肌缺血治疗的基础上，应加用肝素、华法林等抗凝药，或口服阿司匹林等预防血栓形成，推荐用量为阿司匹林 $75\sim150$mg/d，氯吡格雷 $50\sim75$mg/d。

**2. 调血脂药**　体内 LDL-C 通过受损的血管内皮进入管壁内膜，并氧化修饰成氧化型低密度脂蛋白胆固醇（ox-LDL-C），加重内皮损伤，逐渐形成粥样硬化斑块。他汀类药物能有效降低 TC 和 LDL-C，改善内皮细胞的功能，延缓粥样硬化斑块进展和稳定斑块。所有明确诊断为冠心病的患者均有动脉粥样硬化的基础病变，无论其血脂水平如何，日常生活中均应注意低盐、低脂饮食，适当使用调血脂药物控制血脂异常，延缓病情进展。常用药物有：洛伐他汀 20mg/d；普伐他汀 20mg/d；辛伐他汀 20mg/d；阿托伐他汀 $10\sim20$mg/d；瑞舒伐他汀 10mg/d。

**3. 肾素-血管紧张素系统抑制药（ACEI 和 ARB）**　ACEI 通过抑制血管紧张素转换酶，减少血管紧张素 Ⅱ（AngⅡ）的生成，ARB 通过拮抗血管紧张素受体，对抗 AngⅡ 的作用。此类药物可扩张血管，降低外周阻力，减轻心脏负荷，降低心肌耗氧量；使前列腺素类代谢产物增加，扩张冠脉，改善侧支循环，增加缺血心肌的血流量；还具有清除自由基和防止脂质过氧化的作用，可减轻心肌再灌注

损伤；可逆转心室血管重构，使冠心病患者的心血管死亡、非致死性心肌梗死的相对风险度显著降低。常用的 ACEI 类药物有卡托普利、雷米普利、依那普利、培哚普利等。ARB 类药物有氯沙坦、缬沙坦、厄贝沙坦等。若无禁忌证，冠心病患者应长期服用 ACEI 作为二级预防。具有适应证但不能耐受 ACEI 治疗的患者，可用 ARB 类药物替代。

## 四、药学服务

开展冠心病的药学服务主要包括：①向医师介绍各类抗心绞痛药物的作用特点、常用剂量、疗程、不良反应、相互作用等信息咨询服务；②向护士提供硝酸酯类不同剂型使用注意事项、用药后不良反应的监护措施等；③向患者介绍心绞痛急性发作的应对措施及硝酸甘油应用的注意事项；④向患者、家属及社会公众介绍冠心病防治的"ABCDE 方案"的内容和意义等。

### （一）用药注意事项

**1. 硝酸酯类**　主要不良反应有头胀、头痛、眩晕、面部潮红、心率加快，剂量过大可致血压降低。初次给药可先含半片以避免和减轻副作用。本类药物反复应用易产生耐受性，停药 1～2 周可恢复其敏感性。药物应注意避光保存。

**2. β 受体拮抗药**　主要不良反应如下。①抑制交感神经，可出现乏力、嗜睡、头晕、失眠等症状，过量可致心动过缓、房室传导阻滞。②收缩支气管平滑肌，诱发加重哮喘。③收缩骨骼肌血管引起外周血管痉挛，末梢循环障碍。④长期使用可引起血脂升高。⑤掩盖低血糖时的心悸、出汗等症状。⑥突然停药可引起反跳现象。本类药物禁用于支气管哮喘、心动过缓、房室传导阻滞、严重心功能不全患者，糖尿病患者慎用。从小剂量开始应用，用药过程中应注意监测血压、心率、血糖、血脂等指标，停药前应逐渐减量。与硝酸酯类联合应用时应注意控制剂量，以免血压过度降低影响冠脉血供。

**3. 钙通道阻滞药**　二氢吡啶类的常见不良反应有头痛、头晕、脚踝水肿等，可由于血压降低引起反射性心率加快。本类药物可与 β 受体拮抗药或 ACEI 联合应用以减少上述不良反应。非二氢吡啶类易引起心动过缓、房室传导阻滞。钙通道阻滞药在停药时，也宜缓慢减量，突然停药会诱发冠状动脉痉挛。

**4. 抗血小板药物**　阿司匹林的常见副作用为恶心、呕吐等胃肠道反应，长期应用可致胃黏膜糜烂甚至诱发加重溃疡、消化道出血。若与抗凝药或溶栓药合用，则出血的危险性增加。一般建议饭后服药或使用阿司匹林肠溶片，合用米索前列醇或抑酸药可减少胃肠道反应。少数患者服用阿司匹林还可出现荨麻疹、血管神经性水肿、哮喘发作等反应。出血性疾病、消化性溃疡、哮喘病患者禁用阿司匹林。

氯吡格雷的常见副作用为消化道出血、粒细胞减少、腹痛、食欲减退、胃炎、便秘、皮疹等。对本品过敏者、溃疡病患者及颅内出血患者禁用。

**5. 调血脂药物（他汀类）**　本类药物不良反应少而轻，大剂量应用时可出现胃肠道反应、皮肤潮红、头痛失眠等暂时性反应，偶见无症状性转氨酶升高，停药后可恢复正常。本类药物可引起肌肉不良反应，表现为肌痛、肌炎和横纹肌溶解症。儿童、孕妇及哺乳期妇女、肝肾功能异常者不宜应用。与贝特类调血脂药合用可引起严重的肌病。

**6. 肾素 - 血管紧张素系统抑制药**　刺激性干咳是 ACEI 类药物最常见的不良反应，影响其应用，其他不良反应有首剂低血压、血管神经性水肿、高钾血症、肾功能受损等，卡托普利还可引起皮疹、瘙痒、味觉减退。ARB 的不良反应与 ACEI 相似，但无咳嗽且很少引起血管神经性水肿，不能耐受 ACEI

类药物者可推荐使用 ARB。双侧肾动脉狭窄者、妊娠期妇女禁用此两类药物。

**? 想一想6-4-1**

1. 日常生活中，应如何预防心绞痛发作？
2. 使用硝酸甘油，应注意哪些事项？

答案解析

### （二）药物相互作用

1. 慢性稳定型心绞痛的维持治疗，可选用长效硝酸酯、β 受体拮抗药、钙通道阻滞药单用、交替用或联合应用。硝酸酯类与 β 受体拮抗药联合用药时，可协同增强抗心绞痛疗效，可取长补短减少不良反应，但应注意控制两者的用药剂量，以免血压过度降低影响冠脉灌注压，减少冠脉血供。有哮喘病史等不适用 β 受体拮抗药的患者，可改用钙通道阻滞药替代。

2. 二氢吡啶类钙通道阻滞药如硝苯地平等可与 β 受体拮抗药联用；维拉帕米和地尔硫草等非二氢吡啶类药物因其负性肌力和负性传导作用明显，与 β 受体拮抗药合用时，则有过度抑制心脏、诱发心力衰竭的危险，应避免联用。

3. ACEI 及 ARB 与保钾利尿药、钾补充剂（包括含钾的盐替代品）或其他可导致高钾血症的药物合用时，有升高钾血症的额外作用，应注意监测血清钾浓度。

### （三）健康宣教 🄴 微课2

冠心病目前无法根治，冠状动脉粥样硬化也无法逆转，合理的治疗可以延缓疾病进展，提高生活质量。除药物治疗，还应指导患者注意祛除冠心病的高危因素，如控制血压、血糖、血脂；控制体重；日常生活建议清淡饮食，低盐、低脂，一次进食不宜过饱；戒烟限酒；根据身体条件适当进行体育锻炼，保持益于健康的生活习惯，积极向上的情绪与和谐的人际关系也非常重要。冠脉严重狭窄患者可考虑冠脉介入治疗。

### 💗 药爱生命

吸烟是心血管疾病的三大经典危险因素（高血压、血脂异常、吸烟）之一，烟草含有多种有害物质，如焦油、尼古丁和一氧化碳等。这些有害物质可促进体内儿茶酚胺类物质的释放，使血管收缩或痉挛，血流阻力增大，损伤动脉内膜，促进血小板释放和聚集，血液黏度增加，促进动脉粥样硬化斑块的形成，增加冠脉堵塞的危险，可明显增加心脑血管病的发病和死亡。二手烟对被动吸烟者的危害丝毫也不比主动吸烟者轻，特别是对少年儿童的危害尤其严重。

烟草几乎可以损害人体的所有器官，而戒烟则能够有效阻止或延缓吸烟相关疾病的进展。研究发现，戒烟 1 年后，冠心病患者死亡的危险可减少一半，而且随着戒烟时间的延长还会继续降低；戒烟 10 年以上，冠心病死亡的绝对风险与从不吸烟人群相近。各年龄段戒烟均有益处，而且"早戒比晚戒好，戒比不戒好"。

每年的 5 月 31 日是"世界无烟日"，无烟日设立的目的是呼吁全社会共同关注烟草制品，特别是电子烟等新型烟草制品对青少年的危害，引导吸烟者主动戒烟、非吸烟者勇于拒绝二手烟，共建共享无烟环境。

**目标检测**

答案解析

**一、综合问答题**

1. 不稳定型心绞痛患者为什么要长期使用小剂量阿司匹林及调血脂药物？

2. 心绞痛急性发作时的应对措施有哪些？

**二、案例分析题**

患者，女，62 岁。近 1 个月在运动、激动、劳累时经常感觉心前区压榨样疼痛，伴左上肢内侧酸痛乏力，每次持续几分钟，经休息后症状可缓解。患者体型肥胖，有原发性高血压病史 5 年。查体：神志清楚，口唇无发绀；心率 88 次/分，血压 160/90mmHg，律齐，无其他阳性体征。诊断为"稳定型心绞痛"。医生处方如下：①普萘洛尔一次 10mg，一日 3 次；②盐酸维拉帕米缓释片一次 240mg，每日早晨 1 次；③硝酸甘油一次 0.5mg，必要时舌下含化。

请思考分析：

1. 处方中使用了哪些种类的抗心绞痛药物？

2. 上述药物联合使用是否合理？请说明理由。

3. 请提出你的用药建议，并对患者进行合理用药健康教育。

4. 结合上述案例，如何在药学服务中体现专业素养和职业精神？

（李　莹　张　庆）

**书网融合……**

📄 重点回顾　　　📱 微课1　　　📱 微课2　　　⏱ 习题

PPT

## 任务五　心力衰竭的药物治疗 📱 微课1

**学习目标**

**知识目标：**

1. **掌握**　心力衰竭的药物治疗原则、药物种类和代表药物、临床治疗方案。

2. **熟悉**　心力衰竭的症状、治疗药物的用法用量和相关药学服务知识。

3. **了解**　心力衰竭的病因和诊断。

**技能目标：**

1. 能够结合临床指南正确选用治疗心力衰竭的药物，开展咨询、指导用药，协助拟定药物治疗方案等药学服务。

2. 学会判断心力衰竭治疗药物的常见不良反应并提供处理方案，主动提供健康教育。

**素质目标：**

培养尊重、关爱心力衰竭患者及家属，积极、细致、认真的服务意识和职业精神。

📖 **导学情景**

**情景描述**：患者，男，66 岁。1 周前淋雨受凉后出现咳嗽、咳黄色黏液痰，伴有心悸、胸闷、活动后气短。3 天前出现喘憋、夜间不能平卧，尿量减少。既往有高血压病史、冠心病病史，1 年前曾因广泛前壁心肌梗死住院治疗。入院后查体：心率 102 次/分，血压 145/95mmHg；呼吸急促、口唇轻度紫绀、颈静脉无怒张；双肺呼吸音增粗，可听到湿性啰音；心律齐，心音低钝，双下肢凹陷性水肿。心电图：窦性心律，陈旧性前壁心肌梗死。胸片：心影增大，呈靴形，肺门影增大。超声心动图显示左心室壁增厚，左心室射血分数（LVEF）36%。

**情景分析**：结合患者近日症状、入院检查结果，诊断为慢性心力衰竭。

**讨论**：结合案例，协助拟定治疗方案，并说出药学服务要点。

**学前导语**：心力衰竭的治疗目标是缓解症状、防止心肌损害的进一步加重，阻止或逆转心室重构，提高运动耐量，改善生活质量，延长寿命，降低死亡率。本任务将介绍防治慢性心力衰竭的相关知识技能，为今后开展药学服务打好基础。

---

心力衰竭（heart failure，HF）是各种心脏结构或功能性疾病导致心室充盈和（或）射血功能受损，导致心排血量不能满足机体组织代谢需要，器官、组织血液灌注不足，并且出现肺循环和（或）体循环淤血为临床表现的一组综合征，主要表现为呼吸困难、体力活动受限、颈静脉怒张和体液潴留等症状，又称充血性心力衰竭，简称心衰。

## 一、疾病概述

心力衰竭按发生的部位的不同，可分为左心衰竭、右心衰竭和全心衰竭。根据心衰发生的时间、速度及严重程度，可分为急性心衰和慢性心衰。本任务重点介绍慢性心力衰竭。

### （一）病因与发病机制

**1. 基本病因**

（1）心肌损伤　心脏收缩功能的失代偿通常源于心肌损伤，包括冠状动脉粥样硬化导致心肌缺血或心肌梗死等缺血性心肌损伤，心肌炎、扩张性心肌病等炎症性和免疫性心肌损伤。此外，内分泌代谢性疾病（如糖尿病、甲亢）、系统浸润性疾病（如心肌淀粉样变性）、结缔组织病、心脏毒性药物等均可引起心肌不同程度的损害。

（2）心脏负荷过重　心脏压力负荷（后负荷）过重见于高血压、主动脉瓣狭窄、肺动脉高压、肺动脉瓣狭窄等；心脏容量负荷（前负荷）过重见于主动脉瓣关闭不全、二尖瓣关闭不全、室间隔缺损及动脉导管未闭等先天性心脏病。

心脏后负荷增加，心肌代偿性肥厚以克服增高的射血阻力，保证心排血量。但心肌肥厚时是以心肌纤维增多为主，因此，心肌肥厚者心肌顺应性差，舒张功能降低。心脏前负荷增加早期，心室腔代偿性扩大，心肌收缩功能尚能代偿，心排出量可相应增加；但当舒张末期压超过 15 ～ 18mmHg 时，即开始出现失代偿表现，引起动脉系统缺血及静脉系统淤血的心力衰竭症状和体征。

（3）心脏舒张功能受限　如缩窄性心包炎、限制性心肌病、心包积液等，引起心室充盈受限，导致体循环、肺循环淤血。心肌缺血、严重贫血及维生素 $B_1$ 缺乏等情况下，心肌能量生成不足，钙泵功能障碍，使细胞内 $Ca^{2+}$ 潴留，也会影响主动舒张功能。

**2. 诱因**　慢性心力衰竭最常见的诱发因素是感染，尤其是呼吸道感染占首位，感染性心内膜炎也不少见，因其发病隐匿还容易漏诊。房颤及其他各种类型的快速型心律失常及严重缓慢型心律失常，均可使心排血量下降，诱发心力衰竭。此外，钠盐摄入过多、静脉输液过多过快、电解质紊乱、酸碱平衡失调，妊娠后期或分娩过程的过度体力消耗或情绪激动，用药不当引起的钠水潴留和心脏抑制等，均可诱发心力衰竭。

慢性心力衰竭源于心肌损伤，通过肾素-血管紧张素系统（RAS）和交感神经系统兴奋为主的代偿机制，在早期能维持正常的心排出量，但血管紧张素Ⅱ（AngⅡ）的增多引起心肌病理性重塑，引起左心室扩大和心肌肥厚。而心肌能量生成、利用障碍导致心肌细胞坏死和纤维化，是心脏功能失代偿的一个重要因素，最终导致心泵功能衰竭。

**（二）临床表现与诊断**

**1. 左心衰竭**　为左心室代偿功能不全所致，以肺循环淤血和心排血量降低为特征，临床上较为常见。主要表现为不同程度的劳力性呼吸困难、夜间阵发性呼吸困难、端坐呼吸。因肺循环淤血可引起咳嗽、咳痰、咳血，急性左心衰发作时可出现粉红色泡沫样痰。由于心排出量减少，组织器官灌注不足可引起乏力、疲倦、运动耐量减低，肾血流量的减少可引起少尿，长期可出现血尿素氮、肌酐升高并有肾功能不全的相应症状。

**2. 右心衰竭**　单纯的右心衰竭较为少见，主要见于肺源性心脏病及某些先天性心脏病，以体循环淤血为主要表现。胃肠道及肝脏的淤血引起腹胀、食欲减退、恶心、呕吐等症状，肝脏的淤血肿大常伴肝区疼痛，长期可引发心源性肝硬化。也可出现劳力性呼吸困难，但症状较左心衰为轻。由于体静脉压力升高，出现颈静脉怒张，还使软组织出现水肿，最先表现为脚踝部水肿，也可出现胸腔积液，后缓慢延及全身，出现全身性、对称性、凹陷性水肿。

**3. 全心衰竭**　左心衰竭后肺动脉压力增高，使右心负荷加重，右心衰竭继而出现，即为全心衰竭。心肌炎、扩张性心肌病患者左、右心同时受损，也表现为全心衰竭。全心衰竭患者兼具有左、右心衰竭的临床表现。

利钠肽（BNP及NT-proBNP）和肌钙蛋白检测是心衰诊断、临床事件风险评估及预测疾病预后的重要因子。心脏超声检查可准确地评价各心腔大小变化及心瓣膜结构和功能，可方便快捷地评估心功能和判断病因，是诊断心力衰竭的主要手段。

**（三）心力衰竭的分期及分级**

**1. 心力衰竭分期**　包括四期。

A期：前心衰阶段。存在心衰高危因素，但目前尚无心脏结构或功能异常，也无心衰的症状和体征。高危因素包括高血压、冠心病、糖尿病和肥胖、代谢综合征等最终可累及心脏的疾病，以及酗酒史、应用心脏毒性药物史、风湿热史或心肌病家族史等。

B期：前临床心衰阶段。患者无心衰的症状和体征，但已经出现心脏结构改变，如左心室肥厚、无症状瓣膜性心脏病、既往有心肌梗死等。

C期：临床心衰阶段。既往或目前有心衰的症状和（或）体征。

D期：难治性终末期心衰阶段。患者虽经严格优化内科治疗，但休息时仍有症状，常伴心源性恶病质，须反复长期住院。

**2. 心力衰竭分级**　通常采用美国纽约心脏病学会（New York Heart Association，NYHA）的心功能分级方法。

Ⅰ级：日常活动量不受限制，一般活动不引起乏力、呼吸困难等心衰症状。

Ⅱ级：体力活动轻度受限，休息时无自觉症状，一般活动下可出现心衰症状。

Ⅲ级：体力活动明显受限，低于平时一般活动即引起心衰症状。

Ⅳ级：不能从事任何体力活动，休息状态下也存在心衰症状，活动后加重。

**💗 药爱生命**

心力衰竭是心血管疾病的终末阶段和最主要的死因，已成为我国当前最严重的公共卫生问题之一。2015年，由中国医学科学院阜外心血管病医院张健教授团队倡议，国家心血管病中心、中国医师协会心力衰竭专业委员会、中国健康促进基金会联合发起，确定每年的11月26日为"全国心力衰竭日"，旨在呼吁社会各界关注心衰患者，更好地提高全民对心衰的认知与关注。在未来的工作当中，应当运用所学知识技能，为心血管病患者提供有效的药学服务，以降低心力衰竭患病风险，为人民健康保驾护航。📱 微课2

## 二、治疗目标与原则

### （一）治疗目标

慢性心力衰竭A/B期的患者重在预防，包括对各种可致心功能受损的疾病如高血压、冠心病、糖尿病等的早期管理。C/D期患者的治疗目标是缓解症状、防止心肌损害的进一步加重，阻止或逆转心室重构，提高运动耐量，改善生活质量，延长寿命，降低死亡率。

### （二）治疗原则

慢性心力衰竭采取综合治疗措施，包括病因治疗、生活方式管理、药物治疗等，通过调节心力衰竭的代偿机制，拮抗神经体液因子的过度激活，减少其负面效应，阻止或延缓心室重塑。

**1. 一般治疗** 合理地休息，控制水钠摄入量和改善营养。

**2. 积极防治心力衰竭的病因及诱因** 采取综合治疗措施，对可能导致慢性心功能不全的常见疾病如高血压、冠心病、糖尿病、心肌炎、扩张性心肌病等，在其尚未造成严重心肌损害之前即进行有效治疗或积极干预，延缓疾病进展。对慢性心衰的诱因如呼吸道感染或心内膜炎等，应积极选用适当的抗菌药物治疗，心律失常患者特别是房颤的患者，应尽快控制心室率。有电解质、酸碱平衡紊乱和潜在的甲亢、贫血等情况时，应注意检查并及时纠正。

**3. 药物治疗** 改善血流动力学，减轻心脏前、后负荷，降低肾素-血管紧张素-醛固酮系统和交感神经系统活性，改善心肌能量代谢、保护心肌细胞。

## 三、常用治疗药物

慢性心力衰竭的短期治疗是改善血流动力学、缓解心衰症状，包括洋地黄类药物、利尿药、血管扩张药等，但上述药物并不能改善患者的长期预后和降低死亡率，故现在多推荐使用ACEI、β受体拮抗药、醛固酮受体拮抗药、ARB、窦房结抑制剂等药物降低心脏前、后负荷，延缓或逆转心室重构，以改善远期预后、提高患者生存质量（图6-2）。

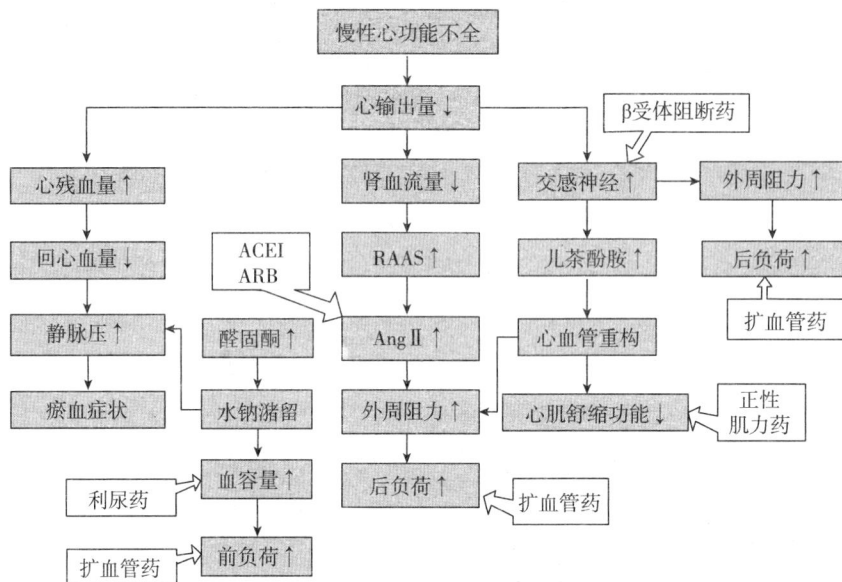

图 6 - 2　慢性心功能不全的发病机制及药物作用环节

**1. 利尿药**　通过排钠利尿，可减少循环血量，减轻心脏前负荷，排钠之后影响机体 $Na^+ - Ca^{2+}$ 交换，还可扩张血管，有助于降低心脏后负荷，可有效缓解静脉系统淤血及减轻水肿，控制机体水钠潴留现象，是心力衰竭治疗中改善症状的基石，但不能作为单一治疗药，应与 ACEI 和 β 受体拮抗药联合应用。

（1）排钾利尿药　包括：作用于髓袢升支粗段的袢利尿药（如：呋塞米、布美他尼）作用强、起效快，可用于中、重度心衰；作用于远端小管的噻嗪类利尿药（如：氢氯噻嗪），作用温和持久，适用于轻度心衰患者，但均须注意低钾血症的副作用，应注意监测血钾。

（2）保钾利尿药　作用于肾远端小管及集合管，通过拮抗醛固酮受体或直接抑制 $Na^+ - K^+$ 交换而发挥保钾利尿作用，但利尿效果弱，多与高、中效能利尿药合用，常用的有螺内酯、氨苯蝶啶、阿米洛利等。

**2. 肾素 - 血管紧张素系统抑制药**

（1）血管紧张素转换酶抑制药（ACEI）　抑制血管紧张素转换酶，使血管紧张素 Ⅱ（Ang Ⅱ）生成减少，从而抑制肾素 - 血管紧张素系统，还可抑制缓激肽降解，增强缓激肽介导的前列腺素生成，可扩张血管，改善血流动力学，降低心脏前、后负荷，更重要的是减少心肌 Ang Ⅱ 的促生长作用，可延缓和逆转心室重构。近年来大量临床研究证实，ACEI 早期足量应用不但可缓解心衰症状，还能延缓心衰进展，改善远期预后，降低病死率，目前作为心力衰竭治疗的首选药物。所有心衰患者应在治疗初期应用 ACEI 类药物，无症状的患者如果存在明显的左心室功能障碍（如左心室射血分数 <40% 者），也可开始应用。

（2）血管紧张素受体拮抗药（ARB）　通过拮抗血管紧张素 Ⅱ 与 $AT_1$ 受体的结合，抑制 RAS 的效应，扩张血管，减少醛固酮分泌，减轻水钠潴留，降低心脏前、后负荷，也可逆转心室血管重构。但不影响缓激肽降解，对不能耐受 ACEI 引起的刺激性干咳的心衰患者，建议改用 ARB。

（3）醛固酮受体拮抗药　临床研究证明，醛固酮受体拮抗药（螺内酯、依普利酮）可抑制醛固酮效应，防止心肌间质纤维化，抑制心血管重塑，改善心衰患者远期预后，减轻心血管事件发生风险，减少病死率。

上述药物种类较多，其剂量和方法各不相同（表 6 - 6）。

表6-6　肾素-血管紧张素系统抑制药治疗心力衰竭的常用剂量

| 分类 | 药物 | 起始剂量 | 维持剂量 | 应用方法 |
|------|------|----------|----------|----------|
| 血管紧张素转换酶抑制药 ACEI | 卡托普利 | 12.5mg, 2次/天 | 50mg, 2次/天 | 从小剂量开始，逐渐增量直至达到目标剂量，应监测血压、血钾和肾功能，如肌酐增高 >30%应减量，如仍继续升高，应停用 |
| | 依那普利 | 2.5mg, 2次/天 | 10~20mg, 2次/天 | |
| | 培哚普利 | 2mg, 1次/天 | 4~8mg, 1次/天 | |
| | 雷米普利 | 1.25mg, 1次/天 | 5~10mg, 1次/天 | |
| | 福辛普利 | 5mg, 1次/天 | 20~40mg, 1次/天 | |
| | 赖诺普利 | 5mg, 1次/天 | 20~30mg, 1次/天 | |
| | 贝那普利 | 2.5mg, 1次/天 | 10~20mg, 1次/天 | |
| 血管紧张素受体拮抗药 ARB | 氯沙坦 | 25mg, 1次/天 | 100~150mg, 1次/天 | 小剂量起用，逐步将剂量增至目标推荐剂量或可耐受的最大剂量 |
| | 缬沙坦 | 20-40mg, 1次/天 | 80~160mg, 1次/天 | |
| | 坎地沙坦 | 4mg, 1次/天 | 32mg, 1次/天 | |
| | 厄贝沙坦 | 75mg, 1次/天 | 300mg, 1次/天 | |
| | 替米沙坦 | 40mg, 1次/天 | 80mg, 1次/天 | |
| 醛固酮受体拮抗药 | 螺内酯 | 10~20mg, 1次/天 | 20mg, 1次/天 | 从小剂量开始，逐渐增量 |
| | 依普利酮 | 12.5mg, 1次/天 | 25~50mg, 1次/天 | |

（4）血管紧张素受体脑啡肽酶抑制剂（ARNI）　沙库巴曲缬沙坦钠是一种治疗慢性心力衰竭的突破性创新药，可同时抑制脑啡肽酶和拮抗 AT1 受体，能使血液循环中利钠肽的水平增高，可有效对抗肾素-血管紧张素-醛固酮系统和交感神经激活对心脏的有害作用，起到排钠、排水、扩血管效果，还可逆转心室重构，达到延缓心力衰竭病情进展、提高患者生活质量的目的。尤其适用于射血分数降低的慢性心力衰竭患者（LVEF≤40%）。与 ACEI 类药物相比，可更显著地降低心血管死亡率以及心衰患者的再住院风险，改善患者的远期预后，提高生存质量。本药的起始剂量为50mg，每日2次。根据患者耐受情况，本品剂量应每2~4周倍增一次，直至达到每次200mg、每日2次的目标维持剂量。

（5）肾素抑制剂　血浆肾素活性增高是引发动脉粥样硬化、心力衰竭等心血管事件的危险因素，阿利吉仑是新型的非肽类肾素抑制剂，能抑制 RAS，降低肾素活性，减少 Ang Ⅱ 和醛固酮的生成，不影响缓激肽和前列腺素的代谢，起到降血压和治疗心血管疾病的作用，可试用于心力衰竭的治疗。

👁️ 看一看6-5-1

**肾素抑制剂的发展历程**

大量基础研究和临床试验已经证明，RAS 的持续过度激活是多种心血管疾病和肾脏疾病发生发展的主要病理机制。肾素是 RAS 链起始的特异性限速酶，它的作用底物是血管紧张素原，作用有高度特异性，故抑制肾素活性从而可抑制整个 RAS 的功能。第一代肾素抑制剂是拟肽类和肽类。雷米克林（remikiren）是其中之一，该类肾素抑制剂在动物实验中显示出了剂量依赖性抑制血浆肾素活性和降低血压的作用，但研究显示，该类药物口服不易吸收，首关消除明显，生物利用度低，且消除半衰期较短，合成费用较高，这使得其临床应用价值受到限制。

由诺华公司与瑞士 Speedel 公司共同研发的阿利吉仑（aliskiren）于 2007 年 3 月 6 日获得美国 FDA 的上市批准，是第一个被批准上市的非肽类小分子肾素抑制剂，与之前的肽类肾素抑制剂相比，可口服，有较好的生物利用度，半衰期长，可单独或与其他降压药（如噻嗪类利尿药或 ARB 等）合用，其耐受性较 ACEI 或 ARB 好，为高血压的治疗提供了新的选择，对长期有效控制血压及改善心脑血管疾病预后有潜在益处。

**练一练6-5-1**

经（　）的长期治疗，可以改善慢性心力衰竭患者的预后，降低死亡率

A. 地高辛　　　　B. 氢氯噻嗪　　　　C. 硝酸异山梨酯

D. 卡托普利　　　E. 氨力农

答案解析

**3. β受体拮抗药**　通过拮抗交感神经的过度兴奋而起到对心血管系统的保护作用，拮抗β受体，减慢心率，改善心室舒张功能，降低心肌耗氧量，控制心律失常；减少交感神经末梢儿茶酚胺递质释放，使心肌$\beta_1$受体上调，增强心肌收缩反应；减少肾素释放，抑制RAS活性；通过抑制心肌细胞膜上的cAMP，减少心肌$Ca^{2+}$超负荷，减轻心肌细胞损伤。

心力衰竭患者长期使用β受体拮抗药能减轻症状，提高运动耐量、改善预后，降低住院率和死亡率，所有病情稳定且无禁忌证的心功能不全患者一经诊断，应立即以小剂量开始应用β受体拮抗药，逐渐增量到最大耐受量并长期维持，与ACEI类药物合用具有叠加效应，使死亡的风险进一步下降。常用药物有美托洛尔、比索洛尔等。卡维地洛可拮抗α、β受体，除上述作用之外还兼有扩张血管和抗氧化作用，对高血压、冠心病、原发性扩张性心肌病等原因引起的慢性心力衰竭疗效肯定。本类药物不同品种的剂量和疗效不同（表6-7）。

表6-7　β受体拮抗药治疗心力衰竭的常用剂量

| 药物 | 初始剂量 | 目标剂量 |
| --- | --- | --- |
| 比索洛尔 | 1.25mg，1次/天 | 10mg，1次/天 |
| 缓释琥珀酸美托洛尔 | 12.5~25mg，1次/天 | 200mg，1次/天 |
| 酒石酸美托洛尔 | 6.25mg，2~3次/天 | 50mg，2~3次/天 |
| 卡维地洛 | 3.125mg，2次/天 | 25mg，2次/天 |

**4. 正性肌力作用药**

（1）洋地黄类药物　通过抑制$Na^+-K^+-ATP$酶，促进心肌细胞$Na^+-Ca^{2+}$交换，升高细胞内$Ca^{2+}$浓度而增加心肌收缩力，有效改善心肌泵血功能。通过兴奋迷走神经，还具有负性频率作用和负性传导作用，对伴有房扑、房颤及心室率偏快的心衰患者最为适宜。对高血压、心瓣膜病变、陈旧性心肌梗死等所致慢性心力衰竭，在利尿药、ACEI（或ARB）和β受体拮抗药治疗过程中仍持续有心衰症状的患者，可考虑加用地高辛。但对代谢异常引起的高排血量心衰，如贫血性心脏病、甲状腺功能亢进以及心肌炎、心肌病等病因所致心衰，洋地黄治疗效果欠佳。一系列前瞻性研究结果表明，洋地黄类药可减轻心衰症状，提高运动耐量，但对患者生存率无明显改变，虽然目前仍是治疗心力衰竭的主要药物，但因为其安全范围小，易引起心脏毒性反应，不作为重点推荐药物。使用过程中，应注意根据血药浓度监测结果调整用药剂量（表6-8）。

表6-8　洋地黄类药物治疗心力衰竭的常用剂量

| 药物 | 初始剂量 | 维持剂量 |
| --- | --- | --- |
| 毛花苷丙 | 0.2~0.4mg，稀释后静脉注射 | 0.2~0.4mg/d |
| 毒毛花苷K | 0.125~0.25mg，稀释后静脉注射 | 0.125~0.25mg/d |
| 地高辛 | 0.25mg，每8小时一次 | 0.125~0.25mg/d |

下列不属于易引起洋地黄类药物中毒的诱发因素的是

A. 心肌缺血、缺氧　　　　B. 高钙血症　　　　C. 高钾血症

D. 低血镁　　　　　　　　E. 酸碱平衡失调

答案解析

（2）非洋地黄类正性肌力药物　包括β受体激动药（多巴胺、多巴酚丁胺）、磷酸二酯酶抑制药（氨力农、米力农）。前者通过激动β受体，增强心肌收缩力，后者通过抑制磷酸二酯酶，抑制 cAMP 降解而升高心肌细胞内 cAMP 含量，促进 $Ca^{2+}$ 通道膜蛋白磷酸化，$Ca^{2+}$ 内流增加，从而增强心肌收缩力。两类药均有效改善血流动力学，增加心排出量，改善心衰症状，但心力衰竭患者的心肌处于血液或能量供应不足的状态，过度或长期应用正性肌力药物将扩大能量的供需矛盾，加重心肌损害，增加死亡率。因此，在心衰治疗中不应以正性肌力药取代其他治疗用药。故上述两类药物仅可短期用于难治性心力衰竭、终末期心力衰竭或心脏手术后低排状态。

（3）钙增敏剂　近年来可用于心力衰竭治疗的正性肌力药还有钙增敏剂（左西孟旦），通过增加心肌肌钙蛋白 C（cTnC）与 $Ca^{2+}$ 的结合，诱导 cAMP 依赖的正性肌力作用，还可促进血管平滑肌细胞中 ATP 敏感性钾通道（$K_{ATP}$通道）开放，诱导血管舒张，激活心肌线粒体中的 $K_{ATP}$ 通道，减轻心肌缺血再灌注损伤。多数研究表明，左西孟旦可增加心衰患者的每搏输出量与左室射血分数，改善临床症状及降低 B 型利钠肽水平，且安全性良好，在晚期心衰患者治疗中，左西孟旦比其他正性肌力药物更具优势。常用剂量为每次 1~4mg，每日 2~4 次。

**5. 扩血管药物**　通过血管扩张效应，迅速降低心脏前、后负荷，可改善急性心力衰竭症状。可选用的药物包括 α 受体拮抗药、钙通道阻滞药、硝酸酯类及硝普钠等。其抗心力衰竭机制为扩张静脉，减少回心血量，降低心脏前负荷，减低肺楔压及心室舒张末压，可缓解肺淤血，改善呼吸困难症状；扩张动脉，降低射血阻力，降低心脏后负荷，使心排出量增多，缓解组织、器官缺血症状。但慢性心力衰竭的治疗并不推荐血管扩张药物的应用，仅在伴有心绞痛或高血压的患者可考虑联合治疗，对存在心脏流出道或瓣膜狭窄的患者应禁用。

**6. 窦房结抑制剂**　伊伐布雷定可选择性抑制窦房结，减慢窦性心律，延长心脏舒张期，改善左心室功能，对心脏内传导和心肌收缩、心室复极化无影响，且无 β 受体拮抗药的不良反应及反跳现象，可配合用于心力衰竭治疗。

## 四、药学服务

开展心力衰竭的药学服务主要包括：①向医师介绍血管紧张素受体脑啡肽酶抑制剂（ARNI）、肾素抑制剂、窦房结抑制剂、钙增敏剂等新药的特点，提供其他各类抗心力衰竭药物的剂量、疗程、不良反应、相互作用等信息咨询服务；②向护士提供洋地黄类药物应用的注意事项，不良反应的监测要点等；③向患者介绍心力衰竭治疗药物的特点和使用方法，常见不良反应及应对措施，包括规范的药物服用、合理的随访计划等，以提高其依从性；④向患者、家属及社会公众介绍心力衰竭的病因、诱因及防治措施，内容包括健康的生活方式、适当的诱因规避等。

### （一）用药注意事项

**1. 利尿药**　袢利尿药和噻嗪类利尿药最易引起电解质紊乱，常见为低钾血症、低钠血症等，使用时应适当补钾，鼓励多吃富含钾的水果和蔬菜。长期大量使用可抑制尿酸排泄，干扰糖及胆固醇代谢，引起血尿酸增加，血糖、血脂升高，伴有糖尿病或糖耐量异常、痛风或高尿酸血症、高脂血症患者应

慎用。袢利尿药还有耳毒性，应用时应注意监测听力，避免与其他有耳毒性的药物同时使用。保钾利尿药长期使用可引起高钾血症，肾功能减退情况下慎与肾素–血管紧张素系统抑制药合用，并应注意监测血钾水平。

**2. 肾素–血管紧张素系统抑制药**　ACEI 最常见的不良反应是刺激性干咳，偶有支气管痉挛性呼吸困难，其原因是 ACEI 使缓激肽和前列腺素在肺内蓄积，不能耐受刺激性干咳的患者建议换用 ARB。其他不良反应有低血压、高钾血症、血管神经性水肿、皮疹及味觉障碍等。妊娠期和哺乳期妇女、双侧肾动脉狭窄患者禁用。ARB 不良反应轻微而短暂，主要是与剂量有关的直立性低血压、头晕、高钾血症等。

**3. β受体拮抗药**　药物拮抗血管平滑肌 $\beta_2$ 受体，可使外周血管收缩甚至痉挛，导致四肢发冷、皮肤苍白或发绀，出现雷诺症状或间歇跛行。可使气道阻力增加，诱发加重哮喘。长期还可影响脂肪代谢及糖代谢，故伴有糖尿病及高脂血症患者慎用。长期应用突然停药可发生反跳现象，故应逐步减量。严重心动过缓或Ⅱ、Ⅲ度房室传导阻滞及支气管哮喘患者禁用。

**4. 洋地黄类药物**　该类药安全范围小，一般治疗量已接近中毒剂量的60%，而且生物利用度及机体对药物敏感性的个体差异较大，故易发生不同程度的毒性反应。特别是当低钾血症、高钙血症、低血镁、心肌缺氧、酸碱平衡失调、肝肾功能不全、心肌病理损害等因素存在时更易发生。较常见的不良反应有恶心、呕吐、厌食等，中枢神经系统反应可出现眩晕、头痛、视力模糊、黄视、绿视等，心脏毒性反应是洋地黄类最严重的不良反应，也是该类药物中毒致死的主要原因，可表现为各种类型的心律失常，如窦性心动过缓、房室传导阻滞或室性早搏二联律、三联律、室性心动过速等。用药过程中应注意控制用药剂量，有条件时应做血药浓度监测，注意合并用药的影响，祛除诱发中毒的因素，注意监测中毒先兆症状。

**5. 血管扩张药**　硝普钠静脉滴注时可出现恶心、呕吐、精神不安、头痛、肌肉痉挛、皮疹、发热等，肾功能减退患者大剂量使用可引起血浆氰化物或硫氰化物蓄积，导致甲状腺功能减退，用药时应注意监测血压、心率、血浆氰化物浓度。硝酸酯类用药后，由于血管扩张效应，可致搏动性头痛、头昏、眩晕、颜面潮红、心悸、直立性低血压等反应。

**? 想一想6-5-1**

1. 慢性心功能不全患者能否使用脱水药？为什么？
2. 心力衰竭的治疗中，ACEI 与 ARB 是否能联合使用？

答案解析

### （二）药物相互作用

1. 袢利尿药和噻嗪类利尿药所导致的低钾血症症可增强洋地黄类药物的毒性，使用时应注意监测血钾变化，酌情补钾。

2. 保钾利尿药螺内酯、氨苯蝶啶可协同增强其他利尿药和降压药物的作用，但应注意其与 ACEI 或 ARB 合用时，更易引起高钾血症。

3. β受体拮抗药与洋地黄类药物合用，可因抑制房室传导而致缓慢型心律失常，用药应注意监测心率。

4. 洋地黄类药与维拉帕米、胺碘酮、阿司匹林、华法林等药物合用时，由于血浆蛋白结合位点的竞争性置换，导致洋地黄类游离型药物浓度升高，中毒风险增加，应适当控制用药剂量。

5. 调血脂药考来烯胺和考来替泊与地高辛合用时，可与地高辛形成螯合物，影响地高辛的吸收，降低其血药浓度。

6. 沙库巴曲缬沙坦钠与 ACEI 合用时存在血管神经性水肿的潜在风险，禁止本药与 ACEI 合用。如果从 ACEI 转换成本药，必须在停止 ACEI 治疗至少 36 小时之后才能开始应用。

### （三）健康宣教

慢性心力衰竭是多种心脏病的终末阶段，一旦发生很难完全逆转，合理的治疗可使心衰得到更好的控制，减少住院频次，提高生存率。除了药物治疗，日常生活中应注意低盐饮食、限制水的摄入，水的摄入量应该限制在 1.5L 以下。肥胖是心衰及冠心病的危险因素，建议肥胖的患者减肥。注意饮食均衡，减少饱和脂肪酸的摄入。此外，日常体重监测能简便直观地反映患者水钠潴留情况及利尿药疗效，有助于指导调整用药方案。

病情不稳定的重症患者应限制体力活动，卧床休息，以降低心脏负荷，有助于心功能的恢复。症状较轻的患者在不诱发症状的前提下，可适当进行有氧运动，有助于康复。

## 目标检测

答案解析

### 一、综合问答题

1. 简述洋地黄类药物的不良反应及防治措施

2. 利尿药、ACEI、β 受体拮抗药治疗慢性心力衰竭，各有什么优势？

### 二、案例分析题

患者，女，22 岁。因心悸、气短、浮肿和尿少而诊断为风湿性心脏瓣膜病伴慢性充血性心力衰竭。住院后口服氢氯噻嗪 50mg，一日 2 次；地高辛 0.25mg，每 8 小时 1 次，当总量达到 2.25mg 时，心悸气短好转，脉搏减慢至 70 次/分，尿量增多，浮肿开始消退。用药第 5 日开始出现食欲减退、恶心呕吐、头痛、失眠；第 6 日脉搏不规则，心律不齐，有早搏，心电图显示：室性早搏，形成二联律。血清钾 2.9mmol/L（正常值为 3.5~5.1mmol/L）。

请思考分析：

1. 根据案例，患者用药后出现的症状考虑诊断为什么？

2. 引发上述异常症状的原因及诱因分别是什么？应采取何种措施进行防治？

3. 结合上述案例，药学人员应如何在药学服务中体现专业素养和职业精神？

（李　莹）

书网融合……

重点回顾　　　　微课1　　　　微课2　　　　习题

# 项目七　内分泌疾病的药物治疗

## 任务一　甲状腺疾病的药物治疗 <sup>e</sup> 微课1

PPT

**学习目标**

**知识目标：**

**1. 掌握**　甲状腺功能亢进和甲状腺功能减退的药物治疗原则、药物种类和代表药物、临床治疗方案。

**2. 熟悉**　甲状腺功能亢进和甲状腺功能减退的症状、治疗药物的用法用量和相关药学服务知识。

**3. 了解**　甲状腺功能亢进和甲状腺功能减退的病因和诊断。

**技能目标：**

1. 能够结合临床指南正确选用治疗甲状腺功能亢进和甲状腺功能减退的药物，开展咨询、指导用药，协助拟定药物治疗方案等药学服务。

2. 学会判断甲状腺功能亢进和甲状腺功能减退治疗药物的常见不良反应并提供处理方案，主动提供健康教育。

**素质目标：**

培养尊重、关爱甲状腺疾病患者及家属，积极、细致、认真的服务意识和职业精神。

---

### 导学情景

**情景描述：** 患者，女，33 岁。怀孕 12 周，1 个月前无明显诱因出现心慌手抖，自测心率在 110 次/分左右，伴怕热、多汗、多食易饥。甲功五项示 $FT_3$、$FT_4$ 水平升高，TSH 降低。

**情景分析：** 结合患者最近症状，诊断为甲状腺功能亢进症。

**讨论：** 结合案例，协助拟定治疗方案，并说出药学服务要点。

**学前导语：** 甲亢以代谢亢进和神经、循环、消化等系统兴奋性增高为主要临床表现，其典型症状有易激惹、烦躁、失眠、心悸、乏力、怕热、多汗、消瘦、食欲亢进、大便次数增多或腹泻等。甲亢的治疗目标是控制甲亢症状，防治并发症，使血清中甲状腺激素水平降至正常，促进免疫监护的正常化。本任务将介绍以上内容，为今后开展药学服务工作打好基础。

---

甲状腺功能亢进症（hyperthyroidism，简称甲亢）是指甲状腺腺体本身产生甲状腺激素过多而引起的甲状腺毒症；甲状腺功能减退症（hypothyroidism，简称甲减）是由各种原因导致的低甲状腺激素血症或甲状腺激素抵抗而引起的全身性低代谢综合征。

## 一、疾病概述

### （一）病因与发病机制

引起甲亢的原因很多，包括弥漫性毒性甲状腺肿（Graves 病）、多结节性毒性甲状腺肿、甲状腺自主高功能腺瘤、碘致甲状腺功能亢进症（碘甲亢）和垂体 TSH 腺瘤，其中 80% 以上是由 Graves 病引起的。

甲减病因复杂，以原发性甲减最多见，主要由甲状腺本身的病变引起，下丘脑 – 垂体却无病变，其中，自身免疫、甲状腺手术和甲亢 $^{131}$I 治疗三大原因占 90% 以上。中枢性甲减或继发性甲减是由下丘脑和垂体病变引起的促甲状腺激素释放激素（TRH）或者促甲状腺激素（TSH）产生和分泌减少所致的甲减。垂体外照射、垂体大腺瘤、颅咽管瘤及垂体缺血性坏死是中枢性甲减的较常见原因。消耗性甲减是表达 I 型脱碘酶（D3）而致甲状腺激素灭活或丢失过多引起的甲减。甲状腺激素抵抗综合征（RTH）是由甲状腺激素在外周组织实现生物效应障碍引起的甲减。

### （二）临床表现与诊断

**1. 甲亢临床表现与诊断**　甲亢以代谢亢进和神经、循环、消化等系统兴奋性增高为主要临床表现，其典型症状有易激惹、烦躁、失眠、心悸、乏力、怕热、多汗、消瘦、食欲亢进、大便次数增多或腹泻等。女性月经稀少甚至闭经，男性性欲减退、阳痿。可伴低钾性周期性麻痹和近端肌肉进行性无力、萎缩。

淡漠型甲亢，多见于老年人，高代谢症状不典型，主要表现为明显消瘦、乏力、心悸、厌食、腹泻、神志淡漠等。

眼部改变分为两种类型。一类为非浸润性（单纯性）突眼；另一类为浸润性突眼，即 Graves 眼病，表现为眼部畏光、流泪、异物感、胀痛、复视、视力下降等，严重者可出现失明。

甲亢诊断标准：①高代谢症状和体征；②甲状腺肿大；③血清 TSH 水平降低，甲状腺激素水平升高。具备以上 3 项时，诊断即可成立。

**2. 甲减临床表现与诊断**　本病发病隐匿，病程较长，不少患者缺乏特异症状和体征。症状主要表现以代谢率减低和交感神经兴奋性下降为主，病情轻的早期患者多无特异症状。一般可出现畏寒、乏力、手足肿胀感、嗜睡、记忆力减退、少汗、关节疼痛、体重增加、便秘、女性月经紊乱或者月经过多、不孕。

典型患者可有表情呆滞、反应迟钝、声音嘶哑、听力障碍、面色苍白、颜面和（或）眼睑水肿、唇厚舌大、常有齿痕、皮肤干燥、粗糙、脱皮屑、皮肤温度低、水肿、手脚掌皮肤可呈姜黄色，毛发稀疏干燥，跟腱反射时间延长，脉率缓慢。少数病例出现胫前黏液性水肿。本病累及心脏时可以出现心包积液和心力衰竭。重症患者可以发生黏液性水肿昏迷。

甲减诊断标准：①甲减的症状和体征；②实验室检查血清 TSH 增高，游离甲状腺素（FT$_4$）减低，原发性甲减即可以成立，进一步寻找甲减的病因，如果甲状腺过氧化物酶抗体阳性，可考虑甲减的病因为自身免疫性甲状腺炎；③实验室检查血清 TSH 减低或正常，血清总甲状腺素（TT$_4$）、FT$_4$ 减低，考虑为中枢性甲减；④做 TRH 刺激试验证实；⑤进一步寻找垂体和下丘脑的病变。

## 二、治疗目标与原则

### （一）治疗目标

甲亢的治疗目标是控制甲亢症状，血清中甲状腺激素水平降至正常，免疫指标的正常化。甲减的治疗目标是甲减的症状和体征消失，TSH、总甲状腺素（TT$_4$）、游离甲状腺素（FT$_4$）值维持在正常范围。

### （二）治疗原则

**1. 甲亢治疗原则**

（1）一般治疗　注意休息，补充足够热量和营养，如糖、蛋白质和 B 族维生素。

（2）内科治疗　包括抗甲状腺药物治疗，以硫脲类药物为主，起到迅速控制症状的作用。抗甲状腺药物治疗的同时，如失眠较重者可给镇静催眠药，交感神经兴奋症状明显者可给 β 受体拮抗药等药物进行对症治疗。

（3）同位素治疗　用放射性碘（$^{131}$I）破坏甲状腺组织。

（4）手术治疗　对于中、重度甲亢长期药物治疗无效或效果不佳，结节性甲状腺肿伴甲亢等患者，可采用手术疗法，如甲状腺次全切除手术。

**2. 甲减治疗原则**

（1）终身替代治疗　原发性临床甲减以甲状腺制剂替代治疗为主，即使症状、体征消失，也要把各个指标维持在正常范围，一般需要终身替代治疗。

（2）个体化治疗　甲减替代治疗药物的剂量取决于患者的病情、年龄、体重。治疗药物的起始剂量和达到完全替代剂量所需的时间要根据病情、年龄、体重及心脏功能状态确定。

## 三、常用治疗药物

治疗甲状腺疾病的药物分为甲亢治疗药物和甲减治疗药物两大类。

### （一）甲亢治疗药物

甲亢治疗药物是指能消除（暂时或长期）甲状腺功能亢进症状的药物，临床上常用的抗甲状腺药有硫脲类、碘及碘化物、放射性碘和 β 受体拮抗药（表 7-1）。

表 7-1　临床常用抗甲状腺药物

| 药物名称 | 剂量及用法 | 临床适应证 | 不良反应 | 禁忌证 |
|---|---|---|---|---|
| 硫氧嘧啶类 | | | | |
| 甲硫氧嘧啶 | 开始剂量一般为每天 300mg，视病情轻重介于 150~400mg，分次口服，一日最大量为 600mg。病情控制后逐渐减量，维持量为每天 50~150mg，视病情调整；小儿，开始剂量为每日按体重 4mg/kg，分次口服，维持量酌减 | 用于各种类型的甲状腺功能亢进症，尤其适用于：病情较轻，甲状腺轻至中度肿大患者；青少年及儿童、老年患者；甲状腺手术后复发，又不适于放射性$^{131}$I 治疗者；手术前准备；作为$^{131}$I 放疗的辅助治疗 | 常见有头痛、眩晕，关节痛，唾液腺和淋巴结肿大以及胃肠道反应；也有皮疹、药热等过敏反应，有的皮疹可发展为剥落性皮炎。个别患者可致黄疸和中毒性肝炎。最严重的不良反应为粒细胞缺乏症 | 严重肝功能损害、白细胞严重缺乏、对硫脲类药物过敏者禁用 |
| 咪唑类 | | | | |
| 甲巯咪唑 | 成人常用量：开始剂量一般为一日 30mg，可按病情轻重调节为 15~40mg，一日最大量为 60mg，分次口服；病情控制后，逐渐减量，每日维持量按病情需要介于 5~15mg，疗程一般 18~24 个月。小儿常用量：开始剂量为每天按体重 0.4mg/kg，分次口服。维持量约减半，依病情决定 | 甲状腺功能亢进的药物治疗，尤其适用于不伴有或伴有轻度甲状腺增大的患者及年轻患者 | 较多见皮疹或皮肤瘙痒及白细胞减少；较少见严重的粒细胞缺乏症；可能出现再生障碍性贫血；还可能致味觉减退、恶心、呕吐、上腹部不适、关节痛、头晕头痛、脉管炎、红斑狼疮样综合征。罕致肝炎、间质性肺炎、肾炎和累及肾脏的血管炎，少见致血小板减少、凝血酶原减少或因子Ⅶ减少 | 哺乳期妇女禁用 |

**1. 硫脲类** 是常用的抗甲状腺药物，又分为硫氧嘧啶类和咪唑类。前者的代表药物为甲硫氧嘧啶（methylthiouracil，MTU）和丙硫氧嘧啶（propylthiouracil，PTU）；后者的代表药物为甲巯咪唑（thiamazole，MMI，他巴唑）和卡比马唑（carbimazole，甲亢平）。目前临床常用的是丙硫氧嘧啶和甲巯咪唑，适用于轻症和不宜手术或放射性碘治疗者，如儿童、青少年、术后复发、年老体弱的中重度患者，兼有心、肝、肾、出血性疾患等的患者。

**2. 大剂量碘** 临床常用的有碘化钾和复方碘溶液。可用于甲状腺功能亢进症的术前准备，一般在术前 2 周给予大剂量碘，能抑制 TSH 使腺体增生的作用，能使腺体缩小变韧，血管减少，利于手术进行及减少出血。

**3. 放射性碘** 主要包括$^{123}I$、$^{125}I$、$^{131}I$，其中$^{131}I$最常用。甲状腺具有高度的聚碘能力，$^{131}I$吸收后主要集中在甲状腺。$^{131}I$衰变时可放出两种射线，β 射线（99%）和 γ 射线（1%）。β 射线在组织中的射程仅约 2mm，故电离辐射仅限于甲状腺局部而不影响邻近组织，在甲状腺内可使大部分腺泡上皮细胞遭到破坏，从而减少甲状腺激素的产生，达到治疗目的，其效果等同外科手术切除。适应证：①甲状腺肿大 Ⅱ 度以上；②对抗甲状腺药物过敏；③抗甲状腺药物治疗或者手术治疗后复发；④甲亢合并心脏病；⑤甲亢伴白细胞减少、血小板减少或全血细胞减少；⑥甲亢合并肝、肾等脏器功能损害；⑦拒绝手术治疗或者有手术禁忌证；⑧浸润性突眼。

**4. β受体拮抗药** 常用药物为普萘洛尔，老年患者、静息心率超过 90 次/分或合并心血管疾病的患者均可应用该类药物。支气管哮喘或喘息型支气管炎患者禁用。

### （二）甲减治疗药物

甲减治疗药物主要为替代治疗，即外源性补充甲状腺素，满足生理需求量，临床上常用的药物有左甲状腺素片或甲状腺片。

**1. 左甲状腺素片** 即 $L-T_4$，性质稳定，作用缓慢而持久。$L-T_4$治疗甲减的基本原理是利用外源的甲状腺素（$T_4$）在外周组织转换为活性代谢产物 $T_3$。$L-T_4$片剂的胃肠道吸收率可达 70% ~ 80%，半衰期约 7 天，每日 1 次给药便可以获得稳定的血清 $T_4$ 和 $T_3$ 水平。$L-T_4$的治疗剂量取决于患者的病情、年龄、体重，要个体化。成年甲减患者的 $L-T_4$ 替代剂量为 50 ~ 200μg/d，平均为 125μg/d。如按照体重计算，剂量是 1.6 ~ 1.8μg/(kg·d)；儿童需要较高的剂量，约 2.0μg/(kg·d)；老年患者则需要较低的剂量，约 1.0μg/(kg·d)；妊娠时的替代剂量需要增加 30% ~ 50%。

**2. 甲状腺片** 为动物甲状腺干制剂，是将猪甲状腺在去除结缔组织及脂肪组织后经纯化、干燥而制成的粉状产品。成人常用量：口服，开始为 10 ~ 20mg/d，逐渐增加，维持量一般为 40 ~ 120mg/d，少数患者需 160mg/d。婴儿及儿童完全替代量：1 岁以内，8 ~ 15mg/d；1 ~ 2 岁，20 ~ 45mg/d；2 ~ 7 岁，45 ~ 60mg/d；7 岁以上，60 ~ 120mg/d。开始剂量应为完全替代剂量的 1/3，逐渐加量。

✎ 练一练7-1-1

$L-T_4$的最佳服药时间是

A. 早餐前 60 分钟　　　　B. 睡前　　　　　　C. 早餐前 30 分钟

D. 餐时　　　　　　　　　E. 餐后 30 分钟

答案解析

**3. 三碘甲状腺原氨酸（$L-T_3$）** 口服后吸收迅速，起效较以上两药快，一般在服药 6 小时后出现作用，2 ~ 3 日达到高峰。起效快，但作用消失也快，在长期治疗中，停药数天后症状又会再出现，故不宜作为首选药物。只适用于黏液性水肿昏迷患者的抢救。替代剂量为 50 ~ 100μg/d，分 2 ~ 3 次口服。

👁 **看一看7-1-1**

### 哪种甲状腺素更重要

甲状腺作为人体最大的内分泌腺体，分泌的主要活性物质有四碘甲状腺原氨酸（$T_4$）和三碘甲状腺原氨酸（$T_3$），它们对于蛋白质合成、体温调节、能量产生和调节有着极为重要的作用。血清中的 $T_3$ 大多数是外周组织 $T_4$ 脱碘转化而来，少部分 $T_3$ 是由甲状腺直接分泌后释放到血液中。血清中的 $T_3$ 大多数与结合蛋白结合，其中约90%与甲状腺素结合球蛋白（TBG）结合，其余与白蛋白结合，与甲状腺素结合前白蛋白（TBPA）结合的量极少。血清中 $T_3$ 的含量是 $T_4$ 含量的 $1/80 \sim 1/50$，但 $T_3$ 的生物活性是 $T_4$ 的 $5 \sim 10$ 倍。$T_3$ 在判断人体生理状况上扮演重要角色，所以，检测血清中 $T_3$ 含量有重要意义。

## 四、药学服务

开展甲状腺疾病的药学服务主要包括：①提供各类甲亢治疗药物的剂量、疗程、不良反应、相互作用的信息咨询服务；②提供各类甲减治疗药物的剂量、疗程、不良反应、相互作用的信息咨询服务。

💙 **药爱生命**

地方性甲状腺肿是碘缺乏病（iodine deficiency disorders，IDD）。地方性甲状腺肿的主要原因是碘缺乏，因而又称碘缺乏性甲状腺肿，多见于山区和远离海洋的地区。我国在二十世纪七八十年代是碘缺乏病较严重的国家之一，全国1762个县属于碘缺乏病区，受威胁人口达4.25亿。1979年起，国家立法在碘缺乏病地区推行食盐加碘，使IDD得到有效控制。1996年起，我国采用全民食盐碘化（universal salt iodization，USI）的方法防治碘缺乏病，并于2000年向世界庄严宣布：中国已基本实现消除碘缺乏病的阶段目标，用事实证明我国实施USI已获得巨大成功；同时，我国的人口素质随着补碘后人口碘营养水平改善而有很大提高，向全世界展示了我们的中国方案。

### （一）用药注意事项

**1. 甲亢治疗药物** 硫脲类药物严重的不良反应为粒细胞减少，常在用药几周后发生，故在用药期间必须定期检查血常规。硫脲类药物常见的不良反应为过敏反应，表现为皮疹、皮肤瘙痒，少数伴有发热，选用 $H_1$ 受体拮抗药对抗，不必停药。一旦皮疹加重，则应立即停药，以免出现严重的剥脱性皮炎。硫脲类药物之间存在交叉过敏反应。丙硫氧嘧啶在体内的代谢产物具有肝毒性，应注意监测患者肝功能。甲巯咪唑可引起胰岛素自身免疫综合征，多在治疗 $2 \sim 3$ 个月后发生。

**2. 甲减治疗药物** 如果超过个体的耐受剂量或者过量服用 $L - T_4$，特别是由于治疗开始时剂量增加过快，可能出现甲状腺功能亢进症状，包括：心律失常（如心房颤动和期外收缩）、心动过速、心悸、心绞痛、头痛、肌肉无力和痉挛、潮红、发热、呕吐、月经紊乱、假脑瘤（头部受压感及眼胀）、震颤、坐立不安、失眠、多汗、体重下降和腹泻。在上述情况下，应该减少患者的每日剂量或停药几天。一旦上述症状消失，应谨慎地重新开始药物治疗。本类药物可引起过敏反应，过敏患者禁用。

**❓ 想一想7-1-1**

1. 甲状腺功能亢进症的治疗药物分类有哪些？如何进行用药指导？
2. L-T$_4$的不良反应及应对措施是什么？如何进行防治？

答案解析

### （二）药物相互作用

**1. 同类药物之间** 甲亢患者联用丙硫氧嘧啶和甲巯咪唑易导致甲减。

**2. 不同药物之间** 有些药物会影响T$_4$的吸收和代谢，如氢氧化铝、碳酸钙、消胆胺、硫糖铝、硫酸亚铁、食物纤维添加剂等均可影响小肠对L-T$_4$的吸收；苯巴比妥、苯妥英钠、卡马西平、利福平、异烟肼、洛伐他汀、胺碘酮、舍曲林、氯喹等药物可以加速L-T$_4$的清除。甲减患者同时服用这些药物时，需要增加L-T$_4$用量。有研究发现，有些饮食可能影响左甲状腺素钠片的吸收，如牛奶、豆类、浓咖啡以及高纤维饮食等，需要注意L-T$_4$应用白开水送服，半小时内勿进任何食物。

### （三）健康宣教

甲亢和甲减患者除了药物治疗外，合理饮食和作息习惯、积极向上的情绪以及和谐的人际关系也非常重要。

**1. 甲亢患者健康教育** ①告知患者要保持合理生活方式和戒烟，控制食物中碘的摄入量在合理水平，避免碘过量。②如以抗甲状腺药物为决定性治疗药物，在病情已控制后尚需继续服药0.5~2年或更长。在整个治疗期中，需向患者重点强调按时、按量、按疗程服药，务必坚持治疗。过早停药、间断服药，复发率均较高。③在药物治疗期间，应向患者及其家属阐述抗甲状腺药物的不良反应及应对措施，用药过程中如果出现咽痛、发热、全身不适等症状，应迅速到医院检查。④如果患者处于妊娠期，妊娠早期首选抗甲状腺药物治疗，PTU与MMI均可通过胎盘。PTU因其白蛋白结合率高，胎盘通过率低于MMI，且PTU半衰期为1~2小时，相对于MMI的半衰期6~8小时要短，故PTU为治疗妊娠期甲亢的首选药，MMI可作为二线药物。

**2. 甲减患者健康教育** ①告知患者L-T$_4$的正确服药方法。L-T$_4$应每日晨起空腹服药1次，如果剂量大，有不良反应，可以分多次服用。L-T$_4$在空肠与回肠被吸收，空腹条件下胃内呈酸性状态，其对后续的小肠吸收至关重要。如果以TSH的控制水平为标准，那么不同的服药时间相比较，从吸收最好到最差的排序是早餐前60分钟、睡前、早餐前30分钟、餐时。此外还要考虑患者的依从性，例如，尽管空腹服药可能促进L-T$_4$吸收，但可能给患者带来不便。因此，如果不能早餐前1小时服用，也可选择睡前服药。②在药物治疗期间，应向患者及其家属阐述甲状腺制剂的不良反应及应对措施，以及与其他药物和食物的相互作用。

### 🔹 目标检测 🔹

答案解析

### 一、综合问答题

1. 通过收集整理甲亢的治疗方案，说出甲亢的治疗目标和原则。

2. 结合实际，影响L-T$_4$吸收和代谢的因素有哪些？

## 二、案例分析题

患者，男，58 岁。面部浮肿、畏寒、倦怠无力、反应迟钝、心动过缓。实验室检查：血清 TSH 增高，$FT_4$ 减低。诊断：甲状腺功能减退症。给予左甲状腺素片口服治疗，起始剂量为 25μg，每日 1 次。

请思考分析：

1. 该患者的药物治疗方案是否合理？

2. 如何对该患者及其家人进行用药教育？

3. 在上述药学服务中，药学人员如何体现专业精神和职业素养？

（张富东）

## 书网融合……

📑 重点回顾　　　　🅔 微课　　　　🕐 习题

PPT

# 任务二　糖尿病的药物治疗 🅔 微课

**学习目标**

**知识目标：**

1. **掌握**　糖尿病的药物治疗原则、药物种类和代表药物、临床治疗方案。

2. **熟悉**　糖尿病的症状、治疗药物的用法用量和相关药学服务知识。

3. **了解**　糖尿病的病因和诊断。

**技能目标：**

1. 能够结合临床指南正确选用治疗糖尿病的药物，开展咨询、指导用药，协助拟定药物治疗方案等药学服务。

2. 学会判断糖尿病治疗药物的常见不良反应并提供处理方案，主动提供健康教育。

**素质目标：**

培养尊重、关爱糖尿病患者及家属，积极、细致、认真的服务意识和职业精神。

## 📖 导学情景

**情景描述：** 患者，男，50 岁。常感到乏力，近半个月来乏力加重，感觉易饥、口渴，体重无明显下降，多尿且夜间小便次数增加，但无发热、尿痛、血尿、尿失禁等其他症状。体检时发现体重指数 32，空腹血糖 7.5mmol/L，糖化血红蛋白 8.5%。

**情景分析：** 结合患者最近症状和检测结果，考虑入院诊断为 2 型糖尿病。

**讨论：** 结合案例，协助拟定治疗方案，并说出药学服务要点。

**学前导语：** 糖尿病治疗的近期目标是通过控制高血糖和代谢紊乱来消除糖尿病症状和防止出现急性代谢并发症；远期目标是通过良好的代谢控制达到预防慢性并发症、提高患者生活质量和延长寿命的目的。本任务将介绍有关内容，有助于今后更好地开展药学服务等工作。

糖尿病（diabetes mellitus，DM）是一组由多病因引起的以慢性高血糖为特征的代谢性疾病，为胰岛素分泌和（或）利用缺陷所引起。根据病因学证据将糖尿病分 4 大类，即 1 型糖尿病、2 型糖尿病、特殊类型糖尿病和妊娠期糖尿病。

## 一、疾病概述

### （一）病因与发病机制

1 型糖尿病的病因和发病机制尚不清楚，其显著的病理学和病理生理学特征是胰岛 β 细胞数量显著减少和消失所导致的胰岛素分泌显著下降或缺失。2 型糖尿病的病因和发病机制目前亦不明确，其显著的病理生理学特征为胰岛素调控葡萄糖代谢能力的下降（胰岛素抵抗），伴随胰岛 β 细胞功能缺陷所导致的胰岛素分泌减少（或相对减少）。特殊类型糖尿病是病因学相对明确的糖尿病，包括胰岛 β 细胞功能遗传性缺陷、内分泌疾病、药物或化学品所致的糖尿病等。妊娠期糖尿病是妇女妊娠期体内抗胰岛素物质增多，可导致患者出现糖耐量受损的现象。

### （二）临床表现与诊断

**1. 代谢紊乱症状群**　血糖升高后，因渗透性利尿引起多尿，继而口渴多饮；外周组织对葡萄糖利用障碍，脂肪分解增多，蛋白质代谢负平衡，渐见乏力、消瘦，儿童生长发育受阻；患者常有易饥、多食。故糖尿病的临床表现常被描述为"三多一少"，即多尿、多饮、多食和体重减轻。可有皮肤瘙痒，尤其是外阴瘙痒。血糖升高较快时，可使眼房水、晶状体渗透压改变而引起屈光改变，致视物模糊。许多患者无任何症状，仅于健康检查或因各种疾病就诊化验时发现高血糖。

**2. 急性并发症**　糖尿病酮症酸中毒、糖尿病高渗性昏迷、糖尿病乳酸性酸中毒、低血糖。

**3. 慢性并发症**　大血管病变，包括冠心病、缺血性和出血性脑血管疾病等；微血管病变，包括糖尿病肾病、糖尿病视网膜病、周围神经病变、糖尿病足等。

## 二、治疗目标与原则

### （一）治疗目标

糖尿病治疗的近期目标是通过控制高血糖和代谢紊乱来消除糖尿病症状和防止出现急性代谢并发症，远期目标是通过良好的代谢控制达到预防慢性并发症、提高患者生活质量和延长寿命的目的。

### （二）治疗原则

**1. 早期治疗**　1 型糖尿病患者诊断明确后应及早给予胰岛素治疗，避免或减少酮症酸中毒的发生。2 型糖尿病患者首先采用医学营养治疗和运动治疗来控制血糖，当上述方法不能使血糖控制达标时，及早给予药物治疗。

**2. 长期治疗**　由于糖尿病的病因和发病机制尚未完全阐明，目前仍缺乏病因治疗。因此，必须坚持长期治疗，治疗过程中不能随意停药，尤其是 1 型糖尿病，否则有诱发酮症酸中毒的危险。

**3. 综合管理**　国际糖尿病联盟（IDF）提出糖尿病综合管理五个要点（也称"五架马车"），包括糖尿病教育、医学营养治疗、运动治疗、血糖监测和药物治疗。

## 三、常用治疗药物

治疗糖尿病的药物近年来发展迅速，种类繁多，作用机制除了传统的影响胰岛素分泌和作用之外，更多地在基因水平干预糖代谢水平，显著提高了疾病治疗效果。习惯上根据给药方式，将药物分为口服降糖药和胰岛素两大类。

**（一）口服降糖药**

根据作用效果的不同，口服降糖药可分为以促进胰岛素分泌为主要作用的药物（磺脲类、格列奈类、DPP-4抑制药）和通过其他机制降低血糖的药物（双胍类、噻唑烷二酮类、α-糖苷酶抑制药、钠-葡萄糖共转运蛋白2抑制药）。

**1. 双胍类** 目前最常用的是盐酸二甲双胍。双胍类药物的主要药理作用是通过减少肝脏葡萄糖的输出和改善外周胰岛素抵抗而降低血糖。临床研究表明，二甲双胍可以降低糖化血红蛋白（HbA1c），减少肥胖2型糖尿病患者心血管事件和降低死亡率。许多国家和国际组织制订的糖尿病诊治指南中，均推荐二甲双胍作为2型糖尿病患者控制高血糖的一线用药和药物联合中的基本用药。

**2. 磺脲类** 属于胰岛素促泌药，主要药理作用是通过刺激胰岛β细胞分泌胰岛素，增加体内的胰岛素水平而降低血糖。目前在我国上市的磺脲类药物主要为格列本脲、格列美脲、格列齐特、格列吡嗪和格列喹酮，其作用特点略有差异（表7-2）。

表7-2 常用磺脲类药物的作用特点

| 药名 | mg（1片） | 高峰时间（小时） | 药效时间（小时） | 剂量范围（mg/d） | 每日服药次数（次） | 肾排泄率（%） | 作用特点 |
|---|---|---|---|---|---|---|---|
| 格列本脲 | 2.5 | 2~6 | 10~24 | 1.25~15 | 1~3（餐前） | 50 | 作用强而持久，因此，肾、肝功能不全者，老年糖尿病患者，进食太少，饮酒都有出现低血糖的可能。组织磺脲类受体（SUR）选择性较差。临床上使用较少 |
| 格列齐特 | 80 | 2~6 | 24 | 40~320 | 1~3（餐前） | 60~70 | 作用缓和，由于其生理半衰期较长及具有缓和渐进的降血糖作用，引起的低血糖少而轻，适用于年龄较大者。组织SUR选择性较好 |
| 格列吡嗪 | 5 | 1~2 | 6~12 | 5~30 | 2~3（餐前） | 65~80 | 作用快而短，不易发生持久性低血糖，有促使（恢复）胰岛素早相分泌的作用。组织SUR选择性较好 |
| 格列吡嗪控释片 | 5 | 2~16 | 24 | 5~15 | 1（早餐前） | 65~80 | 作用较快而维持时间长，不易发生持久性低血糖，每日1次，依从性好 |
| 格列喹酮 | 30 | 2~3 | 约12 | 15~180 | 2~3（餐前） | <5 | 作用缓和，95%从胃肠排出，只有5%从肾脏排出，可用于肾功能不全者 |
| 格列美脲 | 1或2 | 2~8 | 24 | 0.5~6 | 1（早餐） | 60~70 | 作用缓和，低血糖发生少，在肝脏完全氧化代谢，代谢产物无降血糖活性。每日1次，依从性好 |

**3. 噻唑烷二酮类（TZDs）** 是过氧化物酶体增殖物激活受体γ亚型（PPARγ）的激动药，主要通过激动PPARγ，增加靶细胞对胰岛素作用的敏感性而降低血糖。目前在我国上市的TZDs主要有罗格列酮和吡格列酮。

**4. 格列奈类** 为非磺脲类胰岛素促泌药，我国上市的有瑞格列奈、那格列奈和米格列奈。此类药物主要通过刺激胰岛素的早时相分泌而降低餐后血糖。此类药物需在餐前即刻服用，可单独使用或与其他降糖药联合应用（与磺脲类降糖药联合应用需慎重）。

**5. α-糖苷酶抑制药** 通过抑制碳水化合物在小肠上部的吸收而降低餐后血糖。适用于以碳水化合物为主要食物成分和餐后血糖升高的患者。国内上市的α-糖苷酶抑制药有阿卡波糖、伏格列波糖和米格列醇。

**6. 二肽基肽酶4抑制药（DPP-4抑制药）** 通过抑制二肽基肽酶4（DPP-4）而减少胰高血糖素样肽-1（GLP-1）和促胰岛素释放多肽（GIP）在体内的失活，使内源性GLP-1的水平升高。

GLP-1以葡萄糖浓度依赖的方式增强胰岛素分泌，抑制胰高血糖素分泌；GIP在葡萄糖浓度依赖条件下促进胰岛素释放，抑制胰高血糖素释放。目前在国内上市的DPP-4抑制药为西格列汀、沙格列汀、维格列汀、利格列汀和阿格列汀。在有肾功能不全的患者中使用西格列汀、沙格列汀、维格列汀和阿格列汀时，应注意按照药物说明书来减少药物剂量。在有肝、肾功能不全的患者中使用利格列汀时不需要调整剂量。

**✎ 练一练7-2-1**

西格列汀所属的降糖药类别是

A. DPP-4抑制药　　　B. α-糖苷酶抑制药　　　C. GLP-1受体激动药

D. 磺脲类　　　E. 格列奈类

答案解析

**7. 钠-葡萄糖共转运蛋白2抑制药（SGLT$_2$抑制药）**　通过抑制肾脏肾小管中负责从尿液中重吸收葡萄糖的钠-葡萄糖共转运蛋白2（SGLT$_2$）降低肾糖阈，促进尿葡萄糖排泄，从而达到降低血液循环中葡萄糖水平的作用。目前在我国被批准临床使用的SGLT$_2$抑制药为达格列净、恩格列净和卡格列净。

**◉ 看一看7-2-1**

### "三合一"降糖药

2020年1月27日，美国FDA批准了一种三合一片剂治疗成年人的2型糖尿病。单一药片提供3种2型糖尿病药物，包括恩格列净（empagliflozin，SGLT$_2$抑制药）、利格列汀（linagliptin，DPP-4抑制药）、二甲双胍。每日服用1次，该药有4种剂量规格（恩格列净/利格列汀/二甲双胍：5mg/2.5mg/1000mg，10mg/5mg/1000mg，12.5mg/2.5mg/1000mg，25mg/5mg/1000mg）。"三合一"降糖药是一种新的每日1次的治疗选择，结合了3种具有互补作用机制的成熟药物。研究中，该片剂的安全性概况与其单个组分一致。该药的获批必将帮助2型糖尿病患者更加方便地进行治疗管理。

**8. GLP-1受体激动药**　通过激动GLP-1受体而发挥降低血糖的作用。GLP-1受体激动药以葡萄糖浓度依赖的方式增强胰岛素分泌、抑制胰高血糖素分泌，并能延缓胃排空，通过中枢性的食欲抑制来减少进食量。目前国内上市的GLP-1受体激动药为艾塞那肽、利拉鲁肽、利司那肽和贝那鲁肽，均需皮下注射。GLP-1受体激动药可以单独使用或与其他降糖药联合使用。

### （二）胰岛素

根据来源和化学结构的不同，胰岛素可分为动物胰岛素、人胰岛素和胰岛素类似物。

**♥ 药爱生命**

从1958年开始，中国科学院上海生物化学研究所、中国科学院上海有机化学研究所和北京大学生物系3个单位联合组成协作组，在前人对胰岛素结构和肽链合成方法研究的基础上，开始探索用化学方法合成胰岛素。最终1965年9月17日，我国在世界上首次用人工方法合成了世界上第一个蛋白质的——全合成牛胰岛素。人工牛胰岛素的合成，标志着人类在认识生命、探索生命奥秘的征途中迈出了关键性的一步，促进了生命科学的发展，开创了人工合成蛋白质的时代。这一成果也体现了我国科研工作者百折不挠、开拓进取的创新精神。

胰岛素类似物与人胰岛素控制血糖的效能相似，但在减少低血糖发生风险方面，胰岛素类似物优于人胰岛素。根据作用特点的差异，胰岛素又可分为速效、短效、长效和预混四大类，应根据其特点选择药物（表7-3）。

表7-3 胰岛素分类以及代表药物特点

| 类别 | 制剂名称 | 起效时间 | 给药时间 |
|------|----------|----------|----------|
| 速效 | 门冬胰岛素 | 10~20分钟 | 餐前5~10分钟 |
|      | 赖脯胰岛素 | 约15分钟 | 餐前10~15分钟 |
| 短效 | 普通（常规）胰岛素 | 0.5~1小时（皮下） | 餐前15~30分钟（皮下） |
|      |  | 10~30分钟（静脉） | 抢救糖尿病酮症酸中毒和高血糖高渗性昏迷（静脉） |
| 长效 | 低精蛋白锌胰岛素 | 1~2小时 | 餐前30~60分钟 |
|      | 精蛋白锌胰岛素 | 3~4小时 | 早餐前30~60分钟 |
|      | 地特胰岛素 | 2~3小时 | 睡前30~60分钟 |
|      | 甘精胰岛素 $U_{100}$ | 2~3小时 | 睡前30~60分钟 |
| 预混 | 预混人胰岛素30R（30/70） | 0.5小时 | 个体化给药；注射后30分钟内必须进食 |
|      | 预混人胰岛素50R（50/50） | 0.5小时 | 个体化给药；注射后30分钟内必须进食 |

## 四、药学服务

开展糖尿病的药学服务主要包括：①向医师介绍DPP-4抑制药、GLP-1受体激动药、SGLT$_2$抑制药等新药的特点，提供各类药物的剂量、疗程、不良反应、相互作用的信息咨询服务；②向护士提供胰岛素不同剂型使用注意事项、新型降糖药特征性不良反应等；③向患者介绍糖尿病药物治疗特点和使用方法，发生低血糖时的应对措施，提高其依从性；④向患者、家属及社会公众介绍糖尿病治疗"五驾马车"的内容和意义等。

### （一）用药注意事项

**1. 双胍类** 单独使用二甲双胍不导致低血糖，但二甲双胍与胰岛素或胰岛素促泌药联合使用时可增加低血糖发生的风险。二甲双胍的主要不良反应为胃肠道反应，从小剂量开始并逐渐加量是减少其不良反应的有效方法。

**2. 磺脲类** 若使用不当可导致低血糖，特别是在老年患者和肝、肾功能不全者，还可导致体重增加。有肾功能轻度不全的患者，宜选择格列喹酮。

**3. 噻唑烷二酮类（TZDs）** 单独使用时不导致低血糖，但与胰岛素或胰岛素促泌药联合使用时可增加低血糖发生的风险。体重增加和水肿是TZDs的常见不良反应，这些不良反应在与胰岛素联合使用时表现更加明显。TZDs的使用与骨折和心力衰竭风险增加相关。有心力衰竭（纽约心脏学会心功能分级Ⅱ级以上）、活动性肝病或转氨酶升高超过正常上限2.5倍及严重骨质疏松和有骨折病史的患者应禁用本类药物。

**4. 格列奈类** 常见不良反应是低血糖和体重增加，但低血糖的风险和程度较磺脲类药物轻。格列奈类药物可以在肾功能不全的患者中使用。

**5. α-糖苷酶抑制药** 常见不良反应为胃肠道反应，如腹胀、排气等。从小剂量开始，逐渐加量可减少不良反应。单独服用本类药物通常不会发生低血糖。用α-糖苷酶抑制药的患者如果出现低血糖，治疗时需使用葡萄糖或蜂蜜，而食用蔗糖或淀粉类食物纠正低血糖的效果差。

**6. DPP-4抑制药** 总体不良反应发生率低。可能出现头痛、超敏反应、肝酶升高、上呼吸道感染、胰腺炎、关节痛等不良反应，多可耐受。DPP-4抑制药整体心血管安全性良好，西格列汀、沙格列汀、阿格列汀不增加心血管病变发生风险，但沙格列汀可能增加心力衰竭住院风险，尤其是已经存在心脏或肾脏疾病的患者。

**7. SGLT$_2$ 抑制药**　总体不良反应发生率低。可能出现生殖泌尿道感染，多数轻到中度，抗感染治疗有效。罕见的不良反应包括酮症酸中毒（主要发生在 1 型糖尿病患者），在使用期间应密切监测。

**8. GLP－1 受体激动药**　常见不良反应为胃肠道症状（如恶心、呕吐等），主要见于初始治疗时，不良反应可随治疗时间延长而逐渐减轻。

**9. 胰岛素制剂**　胰岛素的主要不良反应是低血糖，与剂量过大和（或）饮食失调有关。胰岛素治疗初期可因钠潴留而发生轻度水肿，可自行缓解；部分患者出现视物模糊，为晶状体屈光改变，常于数周内自然恢复。胰岛素过敏反应通常表现为注射部位瘙痒或荨麻疹样皮疹，罕见严重过敏反应。处理措施包括更换胰岛素制剂，使用抗组胺药和糖皮质激素以及脱敏疗法等。严重者需停止或暂时中断胰岛素治疗。脂肪营养不良为注射部位皮下脂肪萎缩或增生，停止在该部位注射后可缓慢自然恢复，应经常更换注射部位以防止其发生。

**? 想一想7-2-1**

1. 为什么使用胰岛素的糖尿病患者还要随身携带糖果？

2 如果有顾客/患者抱怨吃了降糖药/打了胰岛素，会有头晕、乏力、出虚汗、饥饿感，这可能是什么原因导致的？如何进行用药指导？

答案解析

**（二）药物相互作用**

**1. 同类药物之间**　糖尿病药物治疗根据类型和病情采取二联、三联治疗。二联治疗是指单独使用二甲双胍治疗而血糖仍未达标时，加用胰岛素促泌药、α－糖苷酶抑制药、DPP－4 抑制药、TZDs、SGLT$_2$ 抑制药、胰岛素或 GLP－1 受体激动药。三联治疗是指上述不同机制的降糖药物，可以三种药物联合使用。但需注意的是，二甲双胍与胰岛素或胰岛素促泌药联合使用以及 TZDs 与胰岛素或胰岛素促泌药联合使用时可增加低血糖发生的风险

**2. 不同药物之间**　糖尿病患者往往伴有高血压、高脂血症，后期还会出现肾功能不全、局部坏疽等并发症，会同时使用多种药物。例如，降血糖药使血糖降低后，在生理情况下使 β 受体兴奋，肝糖原、肌糖原分解以补充血糖的调节作用，由于 β 受体拮抗药可掩盖心悸、出汗、颤抖等低血糖症状，二药合用时应特别慎重；糖皮质激素可引起糖尿病患者糖耐量减低，减少机体对葡萄糖的利用和提高胰高血糖素的作用，导致血糖上升，其中以氢化可的松、强的松的相互作用最强，故服用降糖药期间慎用糖皮质激素类药物。

**（三）健康宣教**

糖尿病目前无法根治，合理的治疗可以延缓疾病进展，除了药物治疗，合理饮食和作息习惯、积极向上的情绪以及和谐的人际关系也非常重要。

**1. 糖尿病教育**　糖尿病自我管理教育可以采用个体教育、集体教育、个体和集体教育相结合、远程教育的方式，使患者充分认识糖尿病并掌握糖尿病的自我管理能力。

**2. 医学营养治疗**　①维持健康体重，超重/肥胖患者减重的目标是 3～6 个月减轻体重的 5%～10%。消瘦者应通过合理的营养计划达到并长期维持理想体重。②供给营养均衡的膳食，满足患者对微量营养素的需求。膳食中由脂肪提供的能量应占总能量的 20%～30%，膳食中碳水化合物所提供的能量应占总能量的 50%～65；肾功能正常的糖尿病患者，蛋白质的摄入量可占供能比的 15%～20%，

保证优质蛋白质比例超过三分之一。不推荐糖尿病患者饮酒。建议糖尿病患者达到膳食纤维每日推荐摄入量，即 10 ~ 14g/1000kcal。食盐摄入量限制在每天 6g 以内。糖尿病患者容易缺乏 B 族维生素、维生素 C、维生素 D 以及铬、锌、硒、镁、铁、锰等多种微量营养素，可根据营养评估结果适量补充。长期服用二甲双胍者应预防维生素 B12 缺乏。

**3. 血糖监测** 应用便携式血糖仪进行自我血糖监测是糖尿病综合管理和教育的组成部分，建议所有糖尿病患者均需进行自我血糖监测。自我血糖监测的频率应根据患者病情的实际需要来决定，兼顾有效性和便利性。采用生活方式干预控制糖尿病的患者，可根据需要有目的地通过血糖监测了解饮食控制和运动对血糖的影响来调整饮食和运动。使用口服降糖药者可每周监测 2 ~ 4 次空腹或餐后 2 小时血糖。使用胰岛素治疗者可根据胰岛素治疗方案进行相应的血糖监测。

## 目标检测

答案解析

### 一、综合问答题

1. 通过收集各种类型糖尿病的治疗方案，说出糖尿病的治疗目标和原则。

2. 结合实际，影响糖尿病治疗效果的因素有哪些？

### 二、案例分析题

患者，男，55 岁。肥胖，不爱运动，偏爱油炸高脂食品，有糖尿病家族史。5 年前确诊为 2 型糖尿病，遵医嘱口服二甲双胍和阿卡波糖；2 年前因血糖控制不理想，增加口服格列齐特，自述格列齐特控制血糖作用要比前两个药明显，但剂量逐渐由开始的 40mg/d 增加到现在的 240mg/d，血糖控制在空腹 7.9mmol/L，餐后 2 小时 13.5mmol/L。1 周前房屋装修过度劳累并有多次饮酒，昨日自测空腹血糖 15.7mmol/L，头晕乏力、多饮多尿明显，增加格列齐特剂量后 1 小时，血糖并未明显降低，但乏力、出虚汗、心悸等症状明显，遂就医。

请思考分析：

1. 该患者都使用过哪些种类的糖尿病治疗药物？这些药物主要用于什么情况的糖尿病患者？该患者还可以选用哪些治疗糖尿病的药物（至少说出三种）？

2. 该患者使用格列齐特出现的剂量增加现象和单次增加剂量出现的乏力、心悸等现象，最可能的原因是什么？是否可以配伍或调换哪些药物加以改善？

3. 医生决定增加使用注射胰岛素治疗，其最主要依据是什么？结合患者实际情况，使用胰岛素的注意事项或合理用药措施有哪些（至少说出三条）？

4. 药学人员在上述药学服务工作中，如何体现专业精神和职业素养？

（张富东）

书网融合……

📄 重点回顾　　　📱 微课　　　📝 习题

## 任务三　类风湿关节炎的药物治疗

PPT

**学习目标**

**知识目标：**

**1. 掌握**　类风湿关节炎的药物治疗原则、药物种类和代表药物、临床治疗方案。

**2. 熟悉**　类风湿关节炎的症状、治疗药物的用法用量和相关药学服务知识。

**3. 了解**　类风湿关节炎的病因和诊断。

**技能目标：**

1. 能够结合临床指南正确选用治疗类风湿关节炎的药物，开展咨询、指导用药，协助拟定药物治疗方案等药学服务。

2. 学会判断类风湿关节炎治疗药物的常见不良反应并提供处理方案，主动提供健康教育。

**素质目标：**

培养尊重、关爱类风湿关节炎患者及家属，积极、细致、认真的服务意识和职业精神。

### 导学情景

**情景描述：** 患者，女，45 岁。既往体健，1 年前出现疲劳，全身肌肉关节疼痛，清晨起床感觉关节僵硬，持续半个到 1 个小时，活动后逐渐缓解，1 个半月前逐渐加重，自觉关节肿胀，活动受限。体格检查显示双手掌指关节和近端指间关节对称性肿胀压痛和局部皮温升高。血沉、C 反应蛋白均增高，类风湿因子阳性。

**情景分析：** 结合患者最近症状及检查，诊断为类风湿关节炎。

**讨论：** 结合案例，协助拟定治疗方案，并说出药学服务要点。

**学前导语：** 类风湿关节炎治疗的近期目标是通过维持和改善症状来保持关节功能、防止畸形、延迟残疾，改善患者生活质量。本任务将介绍类风湿关节炎药物治疗相关的知识技能，为今后开展药学服务打好基础。

类风湿关节炎（rheumatoid arthritis，RA）是一种以侵蚀性、对称性多关节炎为主要临床表现的慢性、全身性自身免疫性疾病。基本病理改变为关节滑膜的慢性炎症、血管翳形成，并逐渐出现关节软骨和骨破坏，最终导致关节畸形和功能障碍。流行病学显示，类风湿关节炎可发生于任何年龄，80%发病于 30 ~ 50 岁，其中男女患病比率约为 1∶4。

## 一、疾病概述

### （一）病因与发病机制

类风湿关节炎的病因和发病机制尚未完全明确，可能相关的因素包括遗传因素、环境及精神因素、微生物感染、免疫功能紊乱和性激素水平。此外，寒冷、潮湿、疲劳、创伤等为常见诱发因素。T 细胞及抗原呈递细胞介导的机体免疫功能失调，一系列免疫介质释放导致的免疫损伤和修复过程是类风湿关节炎的主要发病机制。

### （二）临床表现与诊断 📱 微课1

类风湿关节炎的临床表现个体差异大，多为慢性起病，以对称性关节肿痛为首发表现，可伴有乏力、低热、肌肉酸痛等全身症状。少数急性起病，在数天内出现典型的关节症状，如晨僵、关节痛与压痛、关节肿胀与畸形，关节功能障碍，最常出现的部位是腕、掌指、近端指间关节。除关节受累外，还可表现为慢性关节外器官受累的全身性系统性疾病，出现类风湿结节、间质性肺炎、类风湿血管炎、心包炎，还有一些关节外表现以综合征的形式出现，包括干眼症、口干症和结缔组织病。全身受累的患者死亡率高于非全身受累的患者，提示早期治疗可降低类风湿关节炎并发症的风险和严重程度。

目前，类风湿关节炎的诊断普遍采用 2010 年美国风湿病学会（ACR）和欧洲抗风湿病联盟（EULAR）联合提出的类风湿关节炎分类标准和评分系统，该标准包括关节受累情况、血清学指标、滑膜炎持续时间和急性时相反应物 4 部分（表 7-4），总得分 6 分以上可确诊类风湿关节炎。

表 7-4　RA 分类标准和评分系统

| 项目 | | 评分 |
| --- | --- | --- |
| 关节受累情况 | | （0~5）分 |
| 中大关节 | 1 个 | 0 |
| | 2~10 个 | 1 |
| 小关节 | 1~3 个 | 2 |
| | 4~10 个 | 3 |
| 至少一个为小关节 | >10 个 | 5 |
| 血清学指标 | | （0~3）分 |
| RF 和抗 CCP 抗体均阴性 | | 0 |
| RF 或抗 CCP 抗体低滴度阳性 | | 2 |
| RF 或抗 CCP 抗体高滴度阳性（正常上限 3 倍） | | 3 |
| 滑膜炎持续时间 | | （0~1）分 |
| <6 周 | | 0 |
| ≥6 周 | | 1 |
| 急性时相反应物 | | （0~1）分 |
| CRP 和 ESR 均正常 | | 0 |
| CRP 或 ESR 均异常 | | 1 |

注：RF，类风湿因子；CCP 抗体，抗环状瓜氨酸抗体；CRP，C 反应蛋白；ESR，血沉。

## 二、治疗目标与原则

类风湿关节炎的治疗目标是达到疾病缓解或低疾病活动度，降低致残率，改善患者生活质量。治疗原则包括以下四个方面。

**1. 早期用药**　尽早应用缓解病情抗风湿药以控制类风湿关节炎关节病变的进展。

**2. 联合用药**　可减少单独用药的剂量，减少不良反应的发生，对于重症患者应联合两种以上缓解病情抗风湿药，使病情完全缓解。

**3. 全程用药**　症状有所缓解后要坚持用药一定时期，巩固治疗效果。

**4. 定期监测与随访**　在治疗过程中每 3~6 个月监测一次，进行疗效评估，及时调整治疗方案，做到达标治疗。

### 三、常用治疗药物

治疗类风湿关节炎的药物近年来发展迅速，生物缓解病情抗风湿药的应用，显著提高了疾病治疗效果。根据药物的作用机制，将药物分为五大类，即非甾体抗炎药（NSAIDs）、传统缓解病情抗风湿药（传统 DMARDs）、生物缓解病情抗风湿药（生物 DMARDs）、糖皮质激素（GCs）及植物药。

#### （一）非甾体抗炎药（NSAIDs）

NSAIDs 能有效缓解关节疼痛和控制炎症，特点是起效快，短时间内可缓解关节肿痛及晨僵等症状，但对炎症过程本身几乎无作用，不能改变疾病的进程，必须与缓解病情抗风湿药合用。

NSAIDs 在治疗效果上没有明显差异，根据患者的情况、药物作用时间、费用和安全性几个方面的因素决定药物的选择（表 7-5）。通过 1~2 周中高剂量规律服用某种 NSAIDs 来确定其抗炎效果，如症状无明显改善，可换用另一种，避免两种或两种以上 NSAIDs 合用。

表 7-5　常用的 NSAIDs

| 药物 | 常用剂型剂量 | 每日最大剂量（mg） |
|---|---|---|
| 布洛芬 | 片剂：200，400，600，800mg | 2400 |
| 双氯芬酸 | 片剂：25，50，75mg | 200 |
| 萘丁美酮 | 片剂：500，750mg | 2000 |
| 萘普生 | 片剂：250，375，500mg | 1500 |
| 吡罗昔康 | 胶囊：10，20mg | 20 |
| 美洛昔康 | 片剂：7.5，10mg | 15 |
| 塞来昔布 | 胶囊：50，100，200，400mg | 400 |

#### （二）传统缓解病情抗风湿药（传统 DMARDs）

本类药物有效减轻关节症状和体征，延缓关节病变的进展，特点是起效慢，明显改善症状需 1~6 个月。类风湿关节炎的关节破坏多在起病后 3 个月才开始，因此，早期使用传统缓解病情抗风湿药可控制类风湿关节炎的活动和阻止关节的进一步损害（表 7-6）。

表 7-6　常用传统 DMARDs 的作用特点

| 药名 | 作用机制 | 用法用量 | 作用特点 |
|---|---|---|---|
| 甲氨蝶呤（MTX） | 二氢叶酸还原酶抑制药，抑制白细胞的趋向性，有直接的抗炎作用 | 口服：初始量为一次 7.5mg，一周一次；可酌情增加至一周 20mg，分 2 次口服。肌内注射：每次 10mg，一周一次 | 治疗成本和毒性均相对较低，反应率高且反应迅速，用于各种程度的类风湿关节炎患者。可作为治疗首选，也可作为联合治疗的基本药物 |
| 柳氮磺吡啶 | 抑制前列腺素合成，促进炎症部位腺苷释放，抑制炎症细胞活性；抑制多种细胞因子、肿瘤坏死因子生成 | 肠溶片，每次 1g，每日 2 次。宜与饭同服。从小剂量开始，每周递增剂量达到日所需剂量 | 作用起效快，不良反应较轻，可单用于病程较短及轻症类风湿关节炎患者，也可联合用于病程较长和中、重度患者 |
| 氯喹/羟氯喹 | 抑制巨噬细胞释放氧离子和抗原呈递细胞呈递功能，减少炎症渗出，减轻关节症状，防止关节挛缩 | 氯喹：0.25~0.5g/d，2 次/日；羟氯喹：0.15~0.2g/d，3 次/日。1~3 个月起效，6 个月无效停药 | 对早期和轻度患者疗效较好，可单用于病程较短及轻症类风湿关节炎患者，也可联合用于病程较长和中、重度患者 |
| 青霉胺 | 降低类风湿因子（RF），抑制淋巴细胞转化，减少抗体生成 | 口服剂量为 250~750mg/d，分 3~4 次服用，宜从小剂量开始，缓慢加量 | 平均 3~6 个月起效，一般用于病情较轻的类风湿关节炎患者 |

续表

| 药名 | 作用机制 | 用法用量 | 作用特点 |
|------|---------|---------|---------|
| 来氟米特 | 抑制嘧啶的生物合成，使淋巴细胞增殖减少而减轻炎症 | 一次 20mg，1 次/日，病情控制后可一日 10~20mg 维持 | 疗效与甲氨蝶呤相似，甲氨蝶呤不耐受者可用。主要用于病程较长、病情重及有预后不良因素的类风湿关节炎患者 |

**练一练7-3-1**

对类风湿关节炎进行传统缓解病情抗风湿药治疗时，首选的药物是

A. 甲氨蝶呤　　　　　B. 来氟米特　　　　　C. 柳氮磺吡啶

D. 羟氯喹　　　　　　E. 青霉胺

答案解析

### （三）生物缓解病情抗风湿药（生物 DMARDs）

本类药物治疗靶点为细胞因子和细胞表面分子。常用的两类是肿瘤坏死因子-α 抑制剂（TNF-α 抑制剂）和细胞白介素-6 抑制剂（IL-6 抑制剂）。

**1. TNF-α 抑制剂**　与传统缓解病情抗风湿药相比，特点是起效快、抑制骨破坏作用明显、患者总体耐受较好。有 5 种 TNF-α 抑制剂可用于类风湿关节炎，包括依那西普、阿达木单抗、英夫利昔单抗、赛妥珠单抗和戈利木单抗。 ℮ 微课2

（1）依那西普　皮下注射，50mg，每周一次。

（2）阿达木单抗　皮下注射，40mg，每两周一次。

（3）英夫利昔单抗　静脉注射，在第 0、2 和 6 周，3mg/kg，之后每八周一次。

（4）赛妥珠单抗　皮下注射，初始剂量 400mg，第二周和第四周给药，随后每两周 200mg 或每四周 400mg。

（5）戈利木单抗　静脉注射，在第 0、4 周，2mg/kg，之后每八周一次。

本类药物在治疗中均显示出对类风湿关节炎良好的改善效果，其中，依那西普的治疗效果和耐受程度相对更好。

**2. IL-6 抑制剂**　托珠单抗，静脉注射，初始剂量 4mg/kg，每四周一次。本药宜与甲氨蝶呤联合应用，增加疗效，减少不良反应。

### （四）糖皮质激素（GCs）

糖皮质激素有强大的抗炎作用，能迅速缓解急性发作期关节肿痛和全身症状，但长期应用不良反应较多，停药易复发，故一般不作为类风湿关节炎的首选药。下列情况可选用糖皮质激素治疗。①桥接治疗：在其他药物尚未起效前的重症类风湿关节炎患者，可用小剂量来缓解病情，或 NSAIDs 疗效不满意时可短期使用，症状缓解后逐渐减量。②经缓解病情抗风湿药治疗无效的患者。③局部应用：关节腔内注射可有效缓解关节炎症，改善关节功能。但一年内不宜超过 3 次，过多的关节穿刺易并发感染，还易导致类固醇晶体性关节炎。

### （五）植物药 ℮ 微课3

植物药一般用于类风湿关节炎活动期的治疗，对于缓解关节症状疗效较好。雷公藤多苷：30~60mg/d，分 3 次饭后服；青藤碱：每次 20~60mg，3 次/日，饭前服；白芍总苷：0.3g，2~3 次/日。其中以雷公藤多苷最为常用。

💜**药爱生命**

雷公藤作为中药，常用于治疗类风湿关节炎、红斑狼疮、肾小球肾炎，在治疗疾病过程中，人们发现长期使用雷公藤会导致男性不育。由此，广东省计划生育专科医院历经数十年的研究，取得重大突破——中药"雷公藤"中提取的雷公藤内酯酮可作为一种潜在的非激素类男性避孕药。相关研究成果于 2021 年 2 月在国际期刊《自然通讯》上在线发表，该成果的发表标志着我国在这一研究领域处于世界前列。雷公藤这一新用途的发现启示我们新一代的药学工作者，科学发现需要辩证的思维、大胆的设想、严谨的实验和百折不挠的精神，才能最终取得科学研究的成果，推动医学卫生事业的发展。

👁**看一看7-3-1**

### 类风湿关节炎的其他治疗措施

类风湿关节炎除了采用药物治疗外，还可以采用以下治疗措施。

**1. 全身和关节休息**　在急性炎症期，经常休息可以显著减轻炎症，白天休息时间每次应限制在 30～60 分钟，过长时间休息也会导致力量和耐力的快速丧失。

**2. 规律运动**　被动活动练习可以最大限度地减少肌肉萎缩和屈曲挛缩，保持关节功能。

**3. 外科治疗**　包括人工关节置换术和滑膜切除术。

## 四、药学服务

开展类风湿关节炎的药学服务主要包括：①向医师介绍生物缓解病情抗风湿药等新药的特点，提供各类药物的剂量、疗程、不良反应、相互作用的信息咨询服务；②向护士介绍各类药物使用注意事项、生物缓解病情抗风湿药特征性不良反应等；③向患者介绍类风湿关节炎治疗药物的特点和使用方法，发生不良反应时的应对措施，提高其依从性；④向患者、家属及社会公众介绍类风湿关节炎治疗的目标、治疗方法和意义等。

### （一）用药注意事项

**1. 非甾体抗炎药（NSAIDs）**　胃肠道反应是多数 NSAIDs 共同的不良反应，胃肠道反应相对较轻的是布洛芬。防治措施：①可同服抗酸药或者质子泵抑制剂；②有消化性溃疡病史的患者宜选用选择性 COX-2 抑制剂塞来昔布。

**2. 传统缓解病情抗风湿药**　严重的不良反应是骨髓抑制，还有些药物会出现肝毒性、胃肠道反应、白细胞减少、口腔炎等。防治措施：①用药期间定期检查血常规、肝功能，定期复查胸片；②使用 MTX 治疗，适当补充亚叶酸钙；③可加用升白细胞药。

**3. 生物缓解病情抗风湿药**　主要的不良反应包括注射部位反应如疼痛、肿胀、瘙痒和注射部位出血等，也可能增加感染，尤其是结核感染的风险，用药前应注意排查潜在感染。有些生物制剂长期使用可能增加肿瘤发生的风险。

**4. 糖皮质激素**　长期应用常见的不良反应有类肾上腺皮质功能亢进综合征、诱发或加重感染、诱发或加重溃疡、延缓伤口愈合、骨质疏松等，突然停药易出现反跳现象。防治措施：①用药期间监测血常规、肝肾功能、电解质；②注意补充维生素 D 与钙剂，防止出现骨质疏松；③长期用药停药时缓慢减量，防止出现反跳现象。

**5. 植物制剂** 雷公藤多苷常见的不良反应是性腺抑制、肝毒性、白细胞减少等。

**？想一想7-3-1**

1. 长期应用 NSAIDs 治疗类风湿关节炎的患者，为什么建议同服抗酸药或者胃酸分泌抑制药？

2. 如果有顾客/患者抱怨，吃了 NSAIDs 会出现反酸、恶心、胃部不适等感觉，这可能是什么原因导致的？如何进行用药指导？

答案解析

**（二）药物相互作用**

1. NSAIDs 可抑制甲氨蝶呤的肾排泄，增加甲氨蝶呤的毒性，老年人、肾功能减退患者及叶酸缺乏的患者易受影响。

2. 糖皮质激素与甲氨蝶呤合用可加重甲氨蝶呤的毒性反应，两者联用应减少甲氨蝶呤的用量。

**（三）健康宣教**

类风湿关节炎目前无法根治，合理的治疗可以通过维持或改善症状来保持关节功能，防止畸形，改善生活质量及延迟残疾。除了药物治疗，合理饮食和良好的作息习惯，积极向上的情绪以及和谐的人际关系对疾病的康复也有积极意义。

**1. 居室环境** 温暖向阳、通风、干燥、避免寒冷刺激。

**2. 合理饮食** 均衡膳食，使饮食中的营养及能量能满足机体的需要。

**3. 适当运动** 急性期需卧床休息，恢复期可适当进行关节活动，防止关节挛缩。

**4. 情绪支持** 类风湿关节炎可能导致生活自理能力丧失、失业、人际关系的改变，使患者心理负担过重，严重影响患者生活质量甚至使其对治疗失去信心，应对患者进行情绪心理疏导治疗，让患者保持情绪稳定，增强患者战胜疾病的信心。

## 目标检测

答案解析

**一、综合问答题**

1. 根据对类风湿关节炎治疗方案的学习，说出本疾病的治疗目标和治疗原则。

2. 结合实际，说出缓解病情抗风湿药在类风湿关节炎治疗中的重要意义。

**二、案例分析题**

患者，女，55 岁。3 年前无明显诱因反复多处关节疼痛，活动关节疼痛加剧，主要位于双侧肩关节、腕关节、掌指关节及膝关节，关节肿痛明显，伴有间断性发热，体温 37.2 ~ 38℃。自觉全身不适，乏力，症状反复，且逐渐加重，自服止痛药，无明显缓解。1 个月前，再次出现上述症状，关节疼痛不能耐受，遂就诊。实验室检查：RF 阳性（102U/ml），红细胞沉降率（ESR）10mm/h。受累关节 X 线片：骨关节面破坏，关节间隙狭窄。诊断：类风湿关节炎。

1. 该患者可选用哪些药物进行治疗（至少说出三种）？说出每种药物在治疗类风湿关节炎中的作用。

2. 如果治疗方案中还有亚叶酸钙，原因是什么？

3. 药学人员如何在上述药学服务中体现专业精神和职业素养？

（宋　芸）

书网融合……

| 重点回顾 | 微课1 | 微课2 | 微课3 | 习题 |

# 任务四　系统性红斑狼疮的药物治疗

PPT

**知识目标：**

**1. 掌握**　系统性红斑狼疮的药物治疗原则、药物种类和代表药物、临床治疗方案。

**2. 熟悉**　系统性红斑狼疮的症状、治疗药物的用法用量和相关药学服务知识。

**3. 了解**　系统性红斑狼疮的病因和诊断。

**技能目标：**

1. 能够结合临床指南正确选用治疗系统性红斑狼疮的药物，开展咨询、指导用药，协助拟定药物治疗方案等药学服务。

2. 学会判断系统性红斑狼疮治疗药物的常见不良反应并提供处理方案，主动提供健康教育。

**素质目标：**

培养尊重、关爱系统性红斑狼疮患者及家属，积极、细致、认真的服务意识和职业精神。

**学习目标**

## 导学情景

**情景描述**：患者，女，20岁。半年前突然出现面部蝶形红斑、头晕、乏力、关节疼痛、食欲降低，自服布洛芬等解热镇痛药无明显好转。近日面部蝶形红斑及关节疼痛加重，就诊。实验室检查：尿蛋白＋＋＋，抗核抗体阳性，补体C3稍低于正常。

**情景分析**：结合患者最近症状及检查，诊断为系统性红斑狼疮，狼疮性肾炎。

**讨论**：结合案例，协助拟定治疗方案，并说出药学服务要点。

**学前导语**：系统性红斑狼疮的发病机制复杂，症状多样，目前尚无根治方法，治疗的目标是经过合理治疗后可以达到长期缓解。本任务将介绍系统性红斑狼疮药物治疗相关的知识技能，为今后开展药学服务打好基础。

系统性红斑狼疮（systemic lupus erythematosus，SLE）是一种以致病性自身抗体和免疫复合物形成并介导器官、组织损伤为主要特征的自身免疫病，常存在多系统受累表现，血清中存在以抗核抗体为代表的多种自身抗体。我国患病率为（30～70）/10 万，以女性多见，尤其是 20～40 岁的育龄妇女，主要病理改变为可出现在身体任何器官的炎症反应和血管异常。

## 一、疾病概述

### （一）病因与发病机制

系统性红斑狼疮的病因有遗传因素、环境因素及雌激素水平。①遗传因素：系统性红斑狼疮是多基因相关疾病，其发病是很多易感基因异常的叠加效应。②环境因素：紫外线，药物、化学试剂，微生物病原体感染均可诱发此病。③雌激素：女性患病率明显高于男性，育龄妇女的发病率明显升高。

系统性红斑狼疮的发病机制非常复杂，尚未完全阐明。目前认为主要是外来抗原引起人体 B 细胞活化。易感者因免疫耐受减弱，B 细胞通过交叉反应与模拟自身组织成分的外来抗原相结合，并将抗原提呈给 T 细胞，使之活化，在 T 细胞活化刺激下，B 细胞产生大量不同类型自身抗体，造成组织损伤。

### （二）临床表现与诊断 🅔 微课1

系统性红斑狼疮临床症状多样，早期仅累及 1～2 个器官，症状少而不典型。病情进展后可侵犯多系统、多器官，临床表现复杂。多数活动期患者有发热、疲乏无力和体重下降等全身症状；特征性皮肤黏膜损害有面部蝶形红斑、盘状红斑，也有患者表现为光敏反应、口腔溃疡、网状青斑、雷诺现象、荨麻疹样皮疹等非特异性损害；可出现游走性、大关节疼痛，但一般不会发生关节畸形；约75%的患者肾脏受累，表现为狼疮性肾炎（LN），是系统性红斑狼疮的主要死亡原因之一；系统性红斑狼疮反复发作还可累及多系统多器官，如心血管系统、胸膜和肺、神经系统、消化系统、血液系统；部分患者还可出现抗磷脂抗体综合征、干燥综合征和眼部病变。患者在活动期血沉加快、抗核抗体（ANA）及抗双链 DNA（dsDNA）抗体，狼疮带试验呈阳性。根据临床表现常分为轻型系统性红斑狼疮、重型系统性红斑狼疮、急性爆发性危重系统性红斑狼疮。

## 二、治疗目标与原则

系统性红斑狼疮目前尚不能根治，治疗目标是经过合理治疗后达到长期缓解，治疗原则包括以下四个方面。

**1. 早期治疗** 早期诊断和治疗，以避免或延缓不可逆的组织脏器病理损害，维持重要脏器功能。

**2. 分期治疗** 疾病活动期及病情重者给予强有力的冲击治疗，使病情缓解，缓解后给予维持治疗。

**3. 权衡疗效/风险比** 控制系统性红斑狼疮的药物均有不同程度的毒性，必须在控制病情活动和药物毒性之间寻求最适宜的药物、剂量和疗程。

**4. 治疗方案个体化** 由于系统性红斑狼疮存有多种亚型，病情轻重不一，应根据患者的病情及过去治疗情况制订个体化给药方案。

## 三、常用治疗药物

目前，根据药物的作用机制，可将治疗系统性红斑狼疮的药物分为五大类，即糖皮质激素（GCs）、非甾体抗炎药（NSAIDs）、抗疟药、免疫抑制药和其他治疗药物。

**1. 糖皮质激素** 具有免疫抑制作用，在大剂量时明显抑制体液免疫，使抗体生成减少，超大剂量有淋巴细胞溶解作用，是目前治疗重度系统性红斑狼疮的基础药物，适用于急性或爆发性病例以及心、脑、肺、肾、浆膜等主要脏器受累病例。

（1）泼尼松　适用于急性期系统性红斑狼疮，1mg/（kg·d），晨起顿服，病情稳定后2周或疗程8周后，开始以每周减10%的速度缓慢减量至小于0.5mg/（kg·d）。如病情允许，以10mg/d泼尼松的小剂量长期维持。

（2）甲泼尼龙　适用于急性爆发性危重系统性红斑狼疮。冲击疗法：500～1000mg，溶于5%葡萄糖250ml中，缓慢静脉滴注，每日1次，连续3～5日为一个疗程，如病情需要，1～2周后可重复使用。

（3）地塞米松　150～300mg，溶于5%葡萄糖250ml中，静脉滴注，3天为一个疗程。

糖皮质激素可通过胎盘，胎盘产生的11-β去氢酶能将泼尼松氧化为无活性的11-酮形式，因此，妊娠期服用泼尼松对胎儿影响小。

**练一练7-4-1**

目前，治疗重度系统性红斑狼疮的基础药物是

A. 甲氨蝶呤　　　　　B. 糖皮质激素　　　　　C. 布洛芬
D. 羟氯喹　　　　　　E. 环磷酰胺

答案解析

**2. 非甾体抗炎药（NSAIDs）**　抑制前列腺素合成，可缓解发热、关节痛、肌痛。常用于轻型系统性红斑狼疮，尤其适合于以关节炎为主要表现的患者。常用药物及用法为：布洛芬0.2g，3次/日，口服；双氯芬酸25mg，3次/日，口服；阿司匹林1.0g，3次/日，口服；吲哚美辛25mg，3次/日，口服。

**3. 抗疟药**　有抗光敏和稳定溶酶体膜的作用，并在皮肤中积蓄较多，控制皮肤损害、减轻光敏感，对皮疹和关节痛有效。常用药物及用法为：氯喹0.25g，1次/日，口服；羟氯喹0.4g/日，分次服用。

**4. 免疫抑制药**　可更好地控制系统性红斑狼疮的活动，减少系统性红斑狼疮暴发和激素的需要量，联合激素治疗可显著减少肾衰竭的发生。

（1）环磷酰胺　对体液免疫的抑制作用较强，能抑制B细胞增殖和抗体生成，且抑制作用持久，是治疗重症系统性红斑狼疮的有效药物之一。尤其是在狼疮性肾炎和血管炎的患者中，环磷酰胺与糖皮质激素联用能有效地诱导缓解，阻止和逆转病变发展，改善远期预后，并减少激素的需求量。冲击疗法：每次剂量0.5～1.0g/m²体表面积，加入0.9%氯化钠溶液250ml，缓慢静脉滴注。每2～4周冲击1次。维持疗法：1～2mg/（kg·d），分两次口服。

（2）吗替麦考酚酯　有强大的抑制淋巴细胞增殖的作用。1.5～2g/d，分两次口服。

（3）环孢素　可特异性抑制T淋巴细胞产生白介素-2，对累及血液系统的系统性红斑狼疮治疗效果较好。3～5mg/（kg·d），分两次口服。

（4）硫唑嘌呤　通过抑制DNA合成而发挥淋巴细胞的细胞毒作用，对浆膜炎、血液系统、皮疹等效果较好。50～100mg/d，分两次口服。

（5）甲氨蝶呤　通过抑制核酸的合成而发挥细胞毒作用。主要用于以关节炎、肌炎、浆膜炎和皮肤损害为主的系统性红斑狼疮。10～15mg，每周一次，口服。

（6）他克莫司　通过抑制白介素-2的释放，全面抑制T淋巴细胞的作用。每日2～6mg，分两次口服。

（7）雷公藤多苷　具有较强的抗炎及免疫抑制作用，需要在足量使用糖皮质激素的情况下，才可以见效。20mg，每日三次，口服。

由于免疫抑制药的不良反应较多且比较严重，应严格掌握适应证，仅用于单用糖皮质激素无效患者以及对大剂量糖皮质激素长期治疗不能耐受或疗效差的病例，尤其是并发肾损害、中枢神经障碍、间质性肺炎者。

**5. 其他治疗药物**

（1）免疫球蛋白　病情危重病例，可静脉注射大剂量免疫球蛋白。0.4g/（kg·d），静脉滴注，3～5天为一个疗程。

（2）生物制剂　贝利木单抗是B淋巴细胞刺激因子的人源化单克隆抗体。前3次给药间隔2周，每次10mg/kg，之后间隔4周。

💜 **药爱生命**

2018年，屠呦呦（2015年诺贝尔生理学或医学奖获得者）团队发现青蒿素对盘状红斑狼疮的有效率超过90%，对系统性红斑狼疮的有效率超过80%。同时，研究数据显示，双氢青蒿素能抑制B淋巴细胞活性，降低体液免疫反应，达到治疗系统性红斑狼疮的作用。

2019年4月，根据临床试验Ⅰ期数据结果，屠呦呦表示："青蒿素对治疗红斑狼疮存在有效性趋势，我们对试验成功持谨慎的乐观"。如果临床试验Ⅱ、Ⅲ期顺利，双氢青蒿素用于治疗系统性红斑狼疮或最快于2026年前后获批上市。届时，屠呦呦团队开展的科研工作继抗疟研究后，又将为世界人民卫生事业做出贡献。

以上示例告诉我们，科学发现需要坚持不懈的努力，需要开拓进取的创新精神，未来药学人员在自己岗位上要有认真求索、不断奋进的职业素养和专业精神。 e 微课2

👁 **看一看7-4-1**

### 系统性红斑狼疮预后

随着早期诊断方法的增多和系统性红斑狼疮治疗水平的提高，系统性红斑狼疮的预后已明显改善。目前，系统性红斑狼疮患者的生存期已从20世纪50年代50%的4年生存率提高至80%的15年生存率，10年生存率达到90%以上。急性期患者的死亡原因主要是系统性红斑狼疮造成的多脏器严重损害和感染。冠状动脉粥样硬化性心脏病等是系统性红斑狼疮患者远期死亡的主要原因。随着现代免疫学的深入研究，新型治疗药物不断涌现，且患者教育和管理策略不断加强，系统性红斑狼疮患者的预后必将进一步改善。

## 四、药学服务

开展系统性红斑狼疮的药学服务主要包括：①向医师介绍新型治疗系统性红斑狼疮的药物，如生物制剂贝利木单抗的作用特点，提供各类药物的剂量、疗程、不良反应、相互作用的信息咨询服务；②向护士介绍各类药物使用注意事项、特征性不良反应等；③向患者介绍系统性红斑狼疮治疗药物的特点和使用方法，发生不良反应时的应对措施，提高其依从性；④向患者、家属及社会公众介绍系统性红斑狼疮治疗的目标、方法和意义等。

### （一）用药注意事项

**1. 糖皮质激素**　系统性红斑狼疮患者由于需要长期应用糖皮质激素治疗，不良反应较多，主要如下。①类肾上腺皮质功能亢进综合征：一般不需要特殊治疗，停药后可逐渐消失。②诱发或加重感染：

如有感染应减少激素的用量，并加用足量、有效的抗生素治疗。③诱发或加重溃疡：可应用质子泵抑制药或 $H_2$ 受体拮抗药保护胃黏膜，以预防消化性溃疡或上消化道出血。④突然停药易出现反跳现象，停药时要注意缓慢减量。

**2. 非甾体抗炎药（NSAIDs）**　轻型系统性红斑狼疮患者多应用 NSAIDs，最常见的不良反应是胃肠道反应，布洛芬的胃肠道反应相对较轻。

**3. 抗疟药**　主要不良反应是眼底病变，用药超过 6 个月者，可停药 1 个月；有视力明显下降者，应检查眼底，明确原因。有心脏病史者，特别是心动过缓或房室传导阻滞者禁用。

**4. 免疫抑制药**　大部分有骨髓抑制、胃肠道反应、肝损害、脱发、闭经等不良反应。用药期间应严密监护患者的体温、血常规、肝肾功能；如白细胞数目持续降低，则需要进行升白治疗；也可以选用无骨髓抑制作用的环孢素治疗，但应注意其感染风险和肾损害；他克莫司无骨髓抑制作用，常见高血压、神经系统异常、肾功能异常；其他不良反应可对症处理。

环磷酰胺可致出血性膀胱炎，表现为尿频、尿急、血尿及蛋白尿等，应鼓励患者大量饮水，并给予美司钠缓解；甲氨蝶呤可致间质性肺炎和肺纤维化，用药期间应定期做胸片检查。雷公藤多苷常见的不良反应是性腺抑制、肝毒性、白细胞减少等。

**5. 生物制剂**　贝利木单抗的常见不良反应为病毒性上呼吸道感染、支气管炎和腹泻，静脉输注反应及超敏反应。

**❓ 想一想7-4-1**

患者，女，28 岁。十二指肠球部溃疡史，服药治疗已 3～4 年，无明显症状。近来因患系统性红斑狼疮，接受泼尼松治疗 1 个月后，突发上消化道出血，胃镜检查发现胃、十二指肠复合溃疡。

答案解析

请问：系统性红斑狼疮的治疗中，患者出现上消化道出血、消化性溃疡复发的原因是什么？如何进行用药指导？

**（二）药物相互作用**

1. 硫唑嘌呤与糖皮质激素合用有致畸作用，孕妇禁用。

2. 糖皮质激素可使甲氨蝶呤血药浓度升高，加重毒性反应，两药联用应减少甲氨蝶呤的用量。

3. 氢氧化铝抑制吗替麦考酚酯吸收，考来烯胺可降低吗替麦考酚酯的血药浓度。

**（三）健康宣教** 📱微课3

系统性红斑狼疮作为病因未明、临床体征多样、病情迁延反复、需长期治疗监护的疾病，对患者的健康教育和用药指导具有重要意义。主要包括以下五个方面。

**1. 心理指导**　尽量帮助患者消除负面的情绪，调整心态，树立信心，积极配合治疗。

**2. 疾病宣教**　加强治疗依从性教育，让患者了解系统性红斑狼疮的疾病知识，明白规律用药的意义，配合治疗，遵从医嘱，定期随诊。

**3. 用药指导**　让患者了解个体化用药方案、药物的不良反应及防治措施；及早发现和治疗感染；避免使用可能诱发狼疮的药物，如避孕药等。

**4. 膳食指导**　系统性红斑狼疮患者活动少，消化功能差，宜清淡饮食。长期服用糖皮质激素易导致低蛋白、高血糖，同时，有肾脏损害的系统性红斑狼疮患者常有大量蛋白质从尿中丢失，应注意补充蛋白质，减少摄入含糖量高的食物。

**5. 生活指导** 急性活动期要卧床休息，病情稳定的慢性患者可适当工作，注意避免过劳，避免强阳光暴晒和紫外线照射，注意使用紫外线防护用品。

## 目标检测

答案解析

### 一、综合问答题

1. 通过收集治疗系统性红斑狼疮的治疗方案，说出每类治疗药物在治疗系统性红斑狼疮中的作用和意义。

2. 结合实际，说出系统性红斑狼疮的治疗目标和治疗原则。

### 二、案例分析题

患者，女，32 岁，已婚，未育。1 年前到海边游玩，日晒后出现面部红斑，未予重视。1 个月前感冒，面部红斑再次出现，四肢关节疼痛、尿量减少、尿色发黄、低热，感冒始终未愈，1 周前出现明显脱发，易疲倦，关节疼痛症状加剧，就诊。实验室检查：尿蛋白（＋＋＋），尿中红细胞（＋），抗核抗体阳性，补体 C3 降低，总补体降低。诊断：系统性红斑狼疮，狼疮性肾炎。

治疗方案：

（1）泼尼松：1mg/kg，晨起顿服，连续八周，第九周开始以每周减 10% 的速度缓慢减量至 0.4mg/kg。

（2）吲哚美辛：25mg，3 次/日，口服。

（3）硫唑嘌呤：2mg/（kg·d），2 次/日，口服。

（4）埃索美拉唑镁肠溶片：20mg，1 次/日，口服。

（5）碳酸钙 $D_3$：600mg，1 次/日，口服。

请思考分析：

1. 治疗方案中应用的泼尼松、吲哚美辛和硫唑嘌呤分别属于哪类药物？分别对该患者有什么治疗作用？

2. 治疗方案中除了抗系统性红斑狼疮药物之外，还有质子泵抑制药埃索美拉唑镁肠溶片和碳酸钙 $D_3$，为什么？

3. 在治疗期间，患者有生育计划，是否可行？为什么？

4. 结合案例，如何在药学服务中体现专业精神和职业素养？

（宋 芸）

**书网融合……**

📖 重点回顾　　　📱 微课1　　　📱 微课2　　　📱 微课3　　　📝 习题

## 任务五　骨质疏松的药物治疗

PPT

**学习目标**

**知识目标：**

1. **掌握**　骨质疏松的药物治疗原则、药物种类和代表药物、临床治疗方案。
2. **熟悉**　骨质疏松的症状、治疗药物的用法用量和相关药学服务知识。
3. **了解**　骨质疏松的病因和诊断。

**技能目标：**

1. 能够结合临床指南正确选用治疗骨质疏松的药物，开展咨询、指导用药，协助拟定药物治疗方案等药学服务。
2. 学会判断骨质疏松治疗药物的常见不良反应并提供处理方案，主动提供健康教育。

**素质目标：**

培养尊重、关爱骨质疏松患者及家属，积极、细致、认真的服务意识和职业精神。

### 导学情景

**情景描述：** 患者，女，65岁。10年前无诱因出现腰部、双足疼痛，于当地医院检查提示骨质疏松，长期口服钙制剂，坚持每日喝牛奶。3个月前不慎摔倒，左股骨粗隆骨折。入院体检时检查：骨密度 −2.6SD、脆性骨折。

**情景分析：** 结合患者最近症状，诊断为严重骨质疏松症。

**讨论：** 结合案例，协助拟定治疗方案，并说出药学服务要点。

**学前导语：** 骨骼强壮是维持人体健康的关键。骨质疏松症是一种慢性疾病，但可防、可治。骨质疏松的防治应贯穿生命全过程，防治措施主要包括基础措施、药物干预和康复治疗。本任务将介绍相关的知识技能，为今后更好地开展药学服务，胜任岗位任务提供帮助。

---

骨质疏松症（osteoporosis，OP）是一种以骨量减少、骨组织微结构损坏，导致骨脆性增加，易发生骨折为特征的全身性骨病。骨质疏松症可发生于任何年龄，但多见于绝经后女性和老年男性。按病因分为原发性和继发性两大类。原发性骨质疏松症又分为绝经后骨质疏松症（Ⅰ型，一般发生在女性绝经后5~10年内）、老年骨质疏松症（Ⅱ型，一般指70岁以后发生的骨质疏松）和特发性骨质疏松症（主要发生在青少年，病因尚不明确）。继发性骨质疏松症是指由任何影响骨代谢的疾病和（或）药物及其他明确病因导致的骨质疏松。

## 一、疾病概述 微课1 微课2

### （一）病因与发病机制

绝经后骨质疏松症主要是由于绝经后雌激素水平降低，对破骨细胞的抑制作用减弱，破骨细胞的数量增加、凋亡减少、寿命延长，增强其骨吸收功能。老年性骨质疏松症是由于增龄造成骨重建失衡，骨吸收/骨形成比值升高，导致进行性骨丢失；此外，增龄和雌激素缺乏使免疫系统持续低度活化，处于促炎性反应状态。

### （二）临床表现与诊断

**1. 临床表现**

（1）疼痛 通常在翻身、起坐及长时间行走后出现腰背疼痛或全身骨痛，夜间或负重活动时疼痛加重，并可能伴有肌肉痉挛甚至活动受限。

（2）脊柱变形 以身高变矮或驼背等脊柱畸形多见。

（3）骨折 以椎体（胸、腰椎）、髋部（股骨近端）、前臂远端和肱骨近端为常见骨折部位；其他部位如肋骨、跖骨、腓骨、骨盆等亦可发生骨折。骨质疏松性骨折发生后，再骨折的风险显著增加。

（4）患者心理状态及生活质量的变化 心理异常主要为恐惧、焦虑、抑郁、自信心丧失等。

**2. 诊断依据** 主要基于DXA测量骨密度结果和（或）脆性骨折（是指受到轻微创伤或日常活动中即发生的骨折）。符合以下三条之一，即可诊断为骨质疏松。

（1）基于DXA测量骨密度 诊断标准为T值 ≤ -2.5。测量中轴骨（第1~4腰椎、股骨颈或全髋）骨密度或桡骨远端1/3骨密度。

（2）发生脆性骨折 如髋部或椎体，不依赖骨密度测定，即可诊断骨质疏松症。

（3）其他 在肱骨近端、骨盆或前臂远端发生脆性骨折，DXA测量骨密度（-2.5 < T值 < -1.0），也可诊断为骨质疏松症。

👁 **看一看7-5-1**

#### 骨密度知多少

骨密度是指单位体积（体积密度）或者单位面积（面积密度）所含的骨量。目前常用的测量方法有双能X线吸收检测法（dualenergy X - ray absorptiometry，DXA）、定量计算机断层照相术（quantitative computed tomography，QCT）、外周QCT（peripheral quantitative computed tomography，pQCT）和定量超声（quantitative ultrasound，QUS）等。DXA测量的骨密度是目前通用的骨质疏松症诊断指标，通常用T值（T - Score）表示。基于DXA测定骨密度的分类标准为：T值 ≥ -1.0，正常；-2.5 < T值 < -1.0，低骨量；T值 ≤ -2.5，骨质疏松；T值 ≤ -2.5 + 脆性骨折，严重骨质疏松。

## 二、治疗目标与原则

### （一）治疗目标

主要包括改善骨骼生长发育；维持骨量和骨质量，预防增龄性骨丢失；避免跌倒和骨折。远期目标是改善患者生活自理能力和生活质量。

### （二）治疗原则

注重早期预防与诊断，采取包括疾病教育、医学营养治疗、康复治疗、防治及依从性监测和药物治疗等的综合管理。骨质疏松症的药物治疗疗程应个体化，所有治疗应至少坚持1年。

💜 **药爱生命**

每年10月20日为世界骨质疏松日。骨质疏松症是一种与增龄相关的骨骼疾病。其严重后果是发生骨质疏松性骨折（或称脆性骨折）。需加强对危险人群的早期筛查与识别，给予及时诊断和合理治疗。加大宣传教育，建立健康的生活方式，平时在饮食上应多摄入含有丰富钙质及维生素D的食物，要养成进行户外运动的习惯，不吸烟，不酗酒，定期去医院做骨密度测试，并在医生的指导下服用防治骨质疏松的药物。作为药学工作者，我们始终要把人民群众健康放在首位，充分认识到骨质疏松症等慢性病管理的重要性，爱岗敬业，提高自身的服务意识。

## 三、常用治疗药物

抗骨质疏松症药物按作用机制可分为骨吸收抑制药、骨形成促进药、其他机制类药物及传统中药。随着成骨及破骨细胞对骨作用的分子间信号通路研究的不断深入，一些新的治疗靶点被陆续发现，目前较有前途的治疗药物主要有抗 RANKL 单克隆抗体狄诺塞麦（denosumab）、组织蛋白酶 K 抑制药奥达卡替（odanacatib）和 Src 激酶抑制药等。

### （一）骨吸收抑制药

**1. 双膦酸盐类**　是目前临床上应用较广泛的抗骨质疏松症药。主要包括阿仑膦酸钠、唑来膦酸、利塞膦酸钠、伊班膦酸钠、依替膦酸二钠和氯膦酸二钠等。其作用特点各不相同（表 7 - 7）。

表 7 - 7　常用双膦酸盐类药物的作用特点

| 药名 | 适应证 | 常见规格 | 用法用量 |
|---|---|---|---|
| 阿仑膦酸钠 | 绝经后骨质疏松症和男性骨质疏松症 | 70mg/片；10mg/片 | 70mg/周或10mg/日；晨起、空腹、200～300ml 白水口服，服药后应保持直立体位（站立或坐立）30 分钟；期间避免进食任何食品和药品 |
| 唑来膦酸 | 绝经后骨质疏松症 | 5mg/瓶 | 5mg/年；静脉滴注；使用前应充分水化，滴注时间在 15 分钟以上 |
| 利塞膦酸钠 | 绝经后骨质疏松症和糖皮质激素诱发的骨质疏松症 | 5mg/片；35mg/片 | 5mg/d 或 35mg/周；晨起、空腹、200～300ml 白水口服，服药后应保持直立体位（站立或坐立）30 分钟；期间避免进食任何食品和药品 |
| 伊班膦酸钠 | 绝经后骨质疏松症 | 1mg/支；150mg/片 | 静脉滴注，每 3 个月 1 次，2mg 加入 250ml 0.9% 氯化钠溶液静脉滴注 2 小时以上，嘱患者多喝水；口服，每月 1 片，晨起、空腹、200～300ml 白水口服，服药后应保持直立体位（站立或坐立）30 分钟，期间避免进食任何食品和药品 |
| 依替膦酸二钠 | 绝经后骨质疏松症和增龄性骨质疏松症 | 0.2g/片；0.2g/粒 | 口服，每次 1 片或 1 粒，每日 2 次，两餐间服用；本品需间断、周期性服药，即服药 2 周，停药 11 周，然后再开始第 2 周期服药；服药 2 小时内，避免食用高钙食品、含矿物质的维生素、抗酸药 |
| 氯膦酸二钠 | 各种类型骨质疏松症 | 200mg/粒 | 口服 400mg，每日 1 次或 800mg，每日 2 次，空腹。服药 1 小时内，避免进食牛奶、食物或含钙和其他二价阳离子的药物 |

✎ **练一练7-5-1**

以下属于双膦酸盐类药品的是

A. 依降钙素　　　　　　B. 阿仑膦酸钠　　　　　　C. 雷洛昔芬

D. 阿法骨化醇　　　　　E. 葡萄糖酸

答案解析

❓ **想一想7-5-1**

阿仑膦酸钠服用时必须保持坐位或立位、空腹、服后30分钟内不宜进食和卧床的原因是什么？

答案解析

**2. 降钙素类**　是一种钙调节激素，能抑制破骨细胞（降低生物活性、减少数量），减少骨量丢失并增加骨量、缓解骨痛。目前应用于临床的有两种：鳗鱼降钙素类似物（依降钙素，Elcatonin）和鲑降钙素（Salcatonin）（表 7 - 8）。

表 7 - 8　常用降钙素类药物的作用特点

| 药名 | 适应证 | 常用剂型 | 常用用法 | 注意事项 | 禁忌证 |
|---|---|---|---|---|---|
| 依降钙素 | 骨质疏松症和骨质疏松引起的疼痛等 | 注射剂 | 10U/支肌内注射，每周 2 次；20U/支肌内注射，每周 1 次 | 少数患者注射药物后出现面部潮红、恶心等不良反应，偶有过敏现象，可按照药品说明书的要求确定是否做过敏试验 | 对本品过敏者 |
| 鲑降钙素 | 预防因突然制动引起的急性骨丢失和由于骨质溶解、骨质减少引起的骨痛，其他药物治疗无效的骨质疏松症等 | 鼻喷剂/注射剂 | 鼻喷剂，200IU 鼻喷，每日或隔日 1 次；注射剂，50IU 或 100IU 皮下或肌内注射，每日 1 次 | 少数患者用药后出现面部潮红、恶心等不良反应，偶有过敏现象，可按照药品说明书要求确定是否做过敏试验 | 对鲑降钙素或本品中任何赋形剂过敏者；哺乳期及妊娠期、14 岁以下儿童禁用 |

**3. 绝经激素治疗（MHT）**　该药物能抑制骨转换，减少骨丢失，增加骨质疏松症患者腰椎和髋部骨密度，降低发生椎体、髋部及非椎体骨折的风险，明显缓解更年期症状，是防治绝经后骨质疏松症的有效措施。临床常见药物有尼尔雌醇、甲羟孕酮、炔雌醇、替勃龙等。

**4. 选择性雌激素受体调节药类（SERMs）**　临床常用药物雷洛昔芬，在骨骼与雌激素受体结合，发挥抑制骨吸收、增加骨密度、降低椎体骨折发生的风险等类雌激素的作用。推荐剂量是 60mg/片，口服，每次 60mg，每日 1 次。可以在一天中任何时间服用且不受进餐的限制。老年人无需调整剂量。因为疾病的自然过程，雷洛昔芬需要长期使用。雷洛昔芬不适用于男性骨质疏松症患者。

**练一练7-5-2**

抑制骨吸收的药物不包括
A. 依降钙素　　　　B. 阿仑膦酸钠　　　　C. 维生素 D
D. 替勃龙　　　　　E. 雌激素

答案解析

**（二）骨形成促进药**

甲状旁腺素类似物（PTHa）：当前促骨形成的代表性药物为特立帕肽，通过激活骨内成骨细胞、增加成骨细胞的数量增加骨量和骨强度，并提高骨结构的完整性。目前在国内批准用于有骨折高风险的绝经后骨质疏松症的治疗。推荐剂量为每日皮下注射 20μg，每日 1 次。

**（三）其他机制类药**

**1. 雷奈酸锶**　同时作用于成骨细胞和破骨细胞，抑制骨吸收和促进骨形成，降低椎体和非椎体骨折的发生风险。临床常见剂型及推荐用药方案是雷奈酸锶干混悬剂，2g/袋，口服，每次 2g，睡前服用，最好在进食 2 小时之后服用，且不宜与钙和食物同时服用，以免影响药物吸收。

**2. 活性维生素 D 及其类似物**　目前国内上市药物有阿法骨化醇和骨化三醇两种，适用于老年人、肾功能减退以及 1α 羟化酶缺乏或减少的患者，提高骨密度，减少跌倒，降低骨折风险。成人口服阿法骨化醇 0.25 ~ 1.0μg，每日 1 次。骨化三醇胶囊口服每次 0.25μg，每日 1 次或 2 次，或 0.5μg/次，每日 1 次。阿法骨化醇价格较低，体内血钙波动小，安全性更高，更适合一般患者使用。但由于阿法骨化醇需在肝脏中经过转化形成骨化三醇而发挥作用，故肝功能不全则更推荐骨化三醇。

微课3

**3. 维生素 K 类（四烯甲萘醌）**　本药具有促进骨形成和一定的抑制骨吸收的作用，能轻度增加骨质疏松症患者的骨量。通常成人一次 1 粒（按四烯甲萘醌计 15mg），每日 3 次，饭后口服。

**（四）传统中药**

传统中药多以改善症状为主。常用骨碎补总黄酮、淫羊藿苷及某些动物骨粉等。

## 四、药学服务

开展骨质疏松的药学服务主要包括：①向医师介绍雷洛昔芬、特立帕肽、RANKL 抑制剂等新药的特点，提供各类药物的剂量、疗程、不良反应、相互作用的信息咨询服务；②向护士提供降钙素类不同剂型使用注意事项、不同种类双膦酸盐类特征性不良反应及使用注意事项等；③向患者介绍骨质疏松药物治疗特点和使用注意事项，提高其依从性；④向患者、家属及社会公众介绍预防骨质疏松的方法和意义等。

### （一）用药注意事项

**1. 双膦酸盐类**　开始用此类药物治疗前，必须纠正钙代谢和矿物质代谢紊乱、维生素 D 缺乏及低钙血症。口服双膦酸盐治疗 5 年，静脉双膦酸盐治疗 3 年，应对骨折风险进行评估，如为低风险，可考虑实施药物假期停用双膦酸盐；如骨折风险仍高，可以继续使用双膦酸盐或换用其他抗骨质疏松药物（如特立帕肽或雷洛昔芬）。饮食建议多食用富含钙和维生素 D 的食物（如鱼肝油、动物肝脏、牛奶、蛋黄等），防止低血钙。如食物中摄入不足，应药物补充钙和维生素 D。建议定期监测血钙、血磷水平和肾功能。

**2. 降钙素类**　定期监测血钙，建议多食用富含钙和维生素 D 的食物（如鱼肝油、动物肝脏、牛奶、蛋黄等），防止低血钙。警惕由低血钙造成的四肢抽搐现象。

**3. 绝经激素治疗**　严格掌握实施激素治疗的适应证和禁忌证，绝经早期开始用（60 岁以前或绝经不到 10 年）受益更大。使用最低有效剂量，定期（每年）进行安全性评估，特别是乳腺和子宫。

**4. 雷洛昔芬**　少数患者服药期间会出现潮热和下肢痉挛症状，潮热症状严重的围绝经期妇女暂时不宜用。应用本品时不得同时系统性使用雌激素或进行雌激素替代治疗，可适当补充钙和维生素 D；定期监测肝功能；出现子宫出血应及时就诊。

**5. 特立帕肽**　用药期间应监测血钙水平，防止高钙血症的发生，治疗时间不宜超过 2 年，患者终身只可接受 1 次为期 24 个月的治疗，停药后推荐序贯使用抗骨吸收药物治疗，以维持或增加骨密度，持续降低骨折风险。并发畸形性骨炎、骨骼疾病放射治疗史、肿瘤骨转移及并发高钙血症者，肌酐清除率小于 35ml/min 者，小于 18 岁的青少年和骨骺未闭合的青少年，对本品过敏者禁用。

**6. 雷奈酸锶**　常见不良反应包括恶心、腹泻、头痛、皮炎和湿疹，一般在治疗初始时发生，程度较轻，多为暂时性，可耐受。罕见的不良反应为药物疹伴嗜酸性粒细胞增多。伴有已确诊的缺血性心脏病、外周血管病和（或）脑血管疾病者或伴有未控制的高血压者，肌酐清除率 <30ml/min 的重度肾功能损害者禁用。

**7. 活性维生素 D 及其类似物**　若长期使用，应在医师指导下使用，不宜同时补充较大剂量的钙剂，并建议定期监测患者血钙和尿钙水平。可与其他抗骨质疏松药物联合应用。肾结石患者慎用，高钙血症者禁用。

**8. 维生素 K 类（四烯甲萘醌）**　主要不良反应包括胃部不适、腹痛、皮肤瘙痒、水肿和转氨酶轻度升高。服用华法林者禁用。

### （二）药物相互作用

**1. 同类药物之间**　不建议联合应用作用机制相同的药物。个别情况为防止快速骨丢失，可考虑短期联合使用，如降钙素与双膦酸盐短期联合使用。

**2. 不同药物之间**　钙剂及维生素 D 作为基础治疗药物，可与骨吸收抑制药或骨形成促进药联合使用。

（1）阿仑膦酸盐　抗酸药和钙剂等影响其吸收，必须在服用本品等待至少半小时后才可服用；与氨基糖苷类合用会诱发低钙血症。

（2）雷洛昔芬　合用华法林使其疗效降低，应严密监测 PT 或 INR；与左甲状腺素合用使其疗效降低；考来烯胺可使本品疗效降低，不宜同用，如必须同用，则应至少间隔 2 小时。

（3）阿法骨化醇　与钙制剂、噻嗪类利尿药、维生素 D 及其类似物合用可增加高钙血症风险；与含镁的抗酸药或轻泻药合用可增加高镁血症风险，因此，慢性肾透析患者应谨慎使用；与巴比妥酸盐或其他酶诱导的抗惊厥药、考来烯胺、硫糖铝和含铝的抗酸药合用，可能减少本品的吸收。

### （三）健康宣教

骨质疏松症的防治应贯穿生命全过程。通过调整生活方式和补充骨健康基本补充药达到预防骨质疏松的目的。

**1. 调整生活方式**　加强营养，均衡膳食；获取充足日照；规律运动；戒烟、限酒；避免过量饮用咖啡、碳酸饮料；尽量避免或少用影响骨代谢的药物。

**2. 骨健康基本补充药**

（1）钙剂　建议成人每日钙摄入量为 800mg（元素钙），50 岁及以上人群每日钙摄入量为 1000 ~ 1200mg。尽可能通过饮食摄入充足的钙，饮食中钙摄入不足时，可给予钙剂补充。

（2）维生素 D　成人推荐维生素 D 摄入量为 400IU/天；65 岁及以上老年人推荐摄入量为 600IU/天。维生素 D 用于骨质疏松症防治时，剂量可为 800 ~ 1200IU/天。临床一般使用活性维生素 D 治疗骨质疏松，而非活性维生素 D 一般用于骨质疏松的预防。应注意个体差异和安全性，定期监测血钙和尿钙浓度。

## 目标检测

答案解析

### 一、综合问答题

1. 通过网络或其他方式了解身边骨质疏松症的发病情况，探讨：预防骨质疏松的日常措施有哪些？

2. 骨质疏松常用的治疗药物有哪些？使用注意事项有哪些？

### 二、案例分析题

患者，女，71 岁，肥胖，不爱运动，骨质疏松 1 年。每日服用碳酸钙 $D_3$ 片，每次 1 片，每日 1 次。实验室检查：血清 25 - 羟基维生素 $D_3$ 15ng/L，骨密度 - 2.6SD，血钙 2.31mmol/L。已退休，生活较为规律。最近膝关节疼痛，来院就诊，并咨询日常生活中的有关注意事项。

请思考分析：

1. 该患者还可以选用哪些治疗骨质疏松的药物（至少说出两种）？

2. 医生决定增加使用阿仑膦酸盐治疗。结合患者实际情况，使用阿仑膦酸盐的注意事项及日常生活指导措施有哪些（至少说出三条）？

3. 如何在上述药学服务中体现职业素养和专业精神？

（郑　丹）

### 书网融合……

| 重点回顾 | 微课1 | 微课2 | 微课3 | 习题 |

## 任务六　痛风的药物治疗

PPT

<table>
<tr><td rowspan="1">学习目标</td><td>

**知识目标：**

**1. 掌握**　痛风的药物治疗原则、药物种类和代表药物、临床治疗方案。

**2. 熟悉**　痛风的症状、治疗药物的用法用量和相关药学服务知识。

**3. 了解**　痛风的病因和诊断。

**技能目标：**

1. 能够结合临床指南正确选用治疗痛风的药物，开展咨询、指导用药，协助拟定药物治疗方案等药学服务。

2. 学会判断痛风治疗药物的常见不良反应并提供处理方案，主动提供健康教育。

**素质目标：**

培养尊重、关爱痛风患者及家属，积极、细致、认真的服务意识和职业精神。

</td></tr>
</table>

### 导学情景

**情景描述**：患者，男，30岁。经常夜间下班，晚上多在大排档吃饭，并好饮啤酒。某天夜里突然脚趾疼痛难忍而就医。体检：体重指数 32，血中尿酸 $620\mu mol/L$。

**情景分析**：结合患者最近症状，诊断为痛风。

**讨论**：结合案例，协助医生为患者拟定治疗方案，并说出药学服务要点。

**学前导语**：痛风是与生活方式相关的疾病，与长期高热量饮食和大量乙醇摄入密切相关。血尿酸水平升高是痛风及其相关合并症发生、发展的根本原因。作为一种慢性、全身性疾病，痛风可导致多个靶器官的损伤，可能影响预期寿命。本任务将介绍防治痛风相关的知识技能，为今后更好地开展药学服务，胜任岗位任务提供帮助。

---

痛风（gout）是指嘌呤代谢紊乱等引起的血尿酸超过其在血液或组织液中的饱和度，进而在关节局部形成尿酸钠晶体并沉积、诱发局部炎症反应和组织破坏。最重要的生化基础是高尿酸血症，即成年男性或者女性，非同日 2 次空腹血尿酸水平超过 $420\mu mol/L$。

### 一、疾病概述 🅔 微课1

### （一）病因与发病机制 🅔 微课2

痛风的发病机制与患者自身代谢、免疫与基因等有关。临床上分为原发性痛风和继发性痛风，前者由先天性嘌呤代谢紊乱引起，多有遗传易感性；后者继发于其他疾病或为某些药物所致。此外，进食富含嘌呤的食物（肝、肾、酵母、鱼卵等）、饮酒、饥饿、感染、手术等也为常见诱因。痛风多见于中年男性，女性约占5%，主要是绝经后女性，但痛风发生有年轻化趋势。

### 👁 看一看7-6-1

#### 尿酸代谢

尿酸是嘌呤经过一系列代谢变化，最终形成的产物。正常成人每日产生尿酸约 750mg，其中约

80%为内源性尿酸（人体自身合成），约20%为外源性尿酸（摄入的含嘌呤食物）。每日机体中的尿酸约60%进行代谢，其中约1/3经肠道分解代谢，约2/3经肾脏排泄，从而可维持体内尿酸水平的稳定，任何环节出现问题均可导致高尿酸血症，从而诱发痛风发作。

### （二）临床表现与诊断

**1. 临床表现**　根据痛风的自然病程可分为无症状高尿酸血症期、急性痛风性关节炎、间歇期、慢性痛风石及慢性痛风性关节炎四个阶段。

**2. 诊断**　关节穿刺液镜检发现单钠尿酸盐晶体为诊断金标准。在没有关节镜检穿刺的情况下，依据痛风分类标准进行痛风的临床诊断（临床表现评分累计≥8分）。对于有或曾有急性关节炎，同时存在心血管疾病和高尿酸血症的男性成人患者，若具有经典"痛风足（podagra）"组征，应考虑痛风的临床诊断。

## 二、治疗目标与原则

### （一）治疗目标

治疗的总体目标是促进单钠尿酸盐晶体溶解和防止晶体形成、控制症状，合理的综合治疗能提高患者生命质量，减少并发症的发生，改善预后。

### （二）治疗原则

在治疗过程中，应避免滥用抗感染药物、长效糖皮质激素；规范使用降尿酸治疗药物，长期有效地控制血尿酸水平，减少痛风的反复发作；痛风急性发作时积极抗炎，降尿酸过程中必要时联合预防发作药物。

## 三、常用治疗药物

抗痛风药主要有三类：抑制炎症反应药、抑制尿酸生成药、促进尿酸排泄药。推荐别嘌醇、非布司他或苯溴马隆为痛风患者降尿酸治疗的一线用药。

### （一）抑制炎症反应药

此类用药包括秋水仙碱、非甾体抗炎药和糖皮质激素。用于控制痛风急性发作期症状及预防痛风患者降尿酸治疗初期的痛风急性发作。

**1. 非甾体抗炎药（NSAIDs）**　若无禁忌，推荐早期足量使用NSAIDs速效制剂。临床常用药物如下。①吲哚美辛：能迅速控制大多数患者的急性发作，其效果不亚于秋水仙碱，在用药后4小时内开始生效。开始剂量为25～50mg，每8小时用药1次，疼痛缓解后改为25mg，每日2～3次，直到完全缓解。②布洛芬：控制急性发作效果不如吲哚美辛。剂量为0.2～0.4g，分2～3次口服，痛风症状多在72小时内得到控制。③其他药物：如阿司匹林、对乙酰氨基酚、双氯芬酸等。

**2. 秋水仙碱**　口服吸收迅速，0.5～2小时血药浓度达高峰，急性痛风12～24小时起效，90%的患者24～48小时疼痛消失，疗效持续48～72小时。通过抑制痛风急性发作时的粒细胞浸润，迅速解除急性痛风发作症状，为首选药。对其他类型关节炎和疼痛无效，且对尿酸生成及尿酸排泄无影响，故对慢性痛风无效。临床给药方案如下。①急性期：起始负荷剂量为1.0mg口服，1小时后追加0.5mg，12小时后按照0.5mg、1～2次/天。②预防痛风发作：0.5mg/次、1～2次/天，疗程为3～6个月，若出现不良反应，应随时停药。

**3. 糖皮质激素类**　糖皮质激素能抑制炎性渗出、炎性递质释放，减轻关节充血水肿，适合于症状严重或反复发作有明显全身症状，肾功能不全，秋水仙碱、NSAIDs 治疗无效或使用受限者。常用药物包括复方倍他米松、醋酸泼尼松等。口服剂量：泼尼松 0.5mg（kg·d），连续用药 5 ~ 10 天停药；或者 0.5mg（kg·d）开始，用药 2 ~ 5 天症状好转后逐渐减量，7 ~ 10 天内停药，尽量避免使用长效制剂如地塞米松等。当痛风急性发作累及 1 ~ 2 个大关节时，建议有条件者可抽吸关节液后，行关节腔糖皮质激素治疗。

**（二）抑制尿酸生成药**

抑制尿酸生成药通过抑制黄嘌呤氧化酶而减少尿酸的生成，降低血浆和尿中的尿酸浓度。

**1. 别嘌醇**　口服易吸收，约 70% 在肝代谢为有活性的别黄嘌呤。本品及其代谢产物别黄嘌呤对黄嘌呤氧化酶有很强的抑制作用，使黄嘌呤和次黄嘌呤不能转化为尿酸，血和尿中的尿酸含量降低到溶解度以下，防止尿酸形成结晶沉积，也有助于尿酸结晶重新溶解。本药为痛风间歇期的首选标准治疗药物。临床推荐治疗方案：成人起始剂量为每次 0.05g，口服，每日 2 ~ 3 次，剂量渐增，2 ~ 3 周后增至 0.2 ~ 0.4g，分 2 ~ 3 次口服，每日最大剂量不超过 0.6g。儿童：<6 岁，50mg/次，1 ~ 3 次/天；6 ~ 10 岁，100mg/次，1 ~ 3 次/天，剂量可酌情调整。

**2. 非布司他**　新型非嘌呤类选择性黄嘌呤氧化酶抑制药。用于治疗具有痛风症状的高尿酸血症，不推荐用于治疗无症状性高尿酸血症，尤其适用于慢性肾功能不全患者。服药后 1.0 ~ 1.5 小时达到最大血浆药物浓度，血浆蛋白结合率为 99.2%，主要在肝脏代谢，半衰期为 5 ~ 8 小时，经肾脏和肠道双通道排泄。口服，推荐成人初始剂量为 20 ~ 40mg，1 次/天，每次递增 20mg，一般每日最大剂量为 80mg。

✎ **练一练7-6-1**

痛风间歇期，为控制血尿酸水平，应选用的药物是

A. 秋水仙碱　　　　B. 别嘌醇　　　　C. 布洛芬

D. 泼尼松龙　　　　E. 聚乙二醇尿酸酶

答案解析

**（三）促进尿酸排泄药**

此类药物通过抑制肾小管对尿酸的重吸收，增加尿酸的排出，而降低血中尿酸的水平，防止尿酸形成结晶沉积，也有助于尿酸结晶重新溶解，如苯溴马隆和丙磺舒。

**1. 丙磺舒**　口服吸收完全，大部分经肾近曲小管主动分泌排出，因脂溶性大，易被肾小管重吸收，故可竞争性抑制尿酸从肾小管重吸收，促进尿酸排泄，降低血中尿酸盐水平，用于治疗慢性痛风。推荐方案：开始剂量为 0.25g，口服，每日 1 ~ 2 次，然后在 2 周内逐渐增量至 0.5g，每日 2 ~ 4 次，最大剂量为 3.0g/d。

**2. 苯溴马隆**　口服吸收好，半衰期为 12 ~ 13 小时，经肝脏代谢。通过抑制肾近端小管尿酸盐转运蛋白 1（URAT - 1），抑制尿酸盐在肾小管的主动重吸收。特别适用于肾尿酸排泄减少的高尿酸血症和痛风患者。对于尿酸合成增多或有肾结石高危风险的患者不推荐使用。用于治疗慢性痛风，原发性或继发性高尿酸血症。对于 eGFR > 30ml/min 的肾功能不全患者，推荐成人起始剂量为 25mg、1 次/天，最大剂量为 100mg/d，宜餐后服用，服用期间应多饮水以增加尿量。根据尿液 pH 决定是否口服碳酸氢钠以碱化尿液。

**练一练7-6-2**

可以降低血尿酸水平，但升高尿液尿酸水平而易导致肾结石的抗痛风药是

A. 秋水仙碱      B. 别嘌醇      C. 丙磺舒

D. 呋塞米      E. 布洛芬

答案解析

**想一想7-6-1**

根据痛风的临床表现，如何正确选择抗痛风药？

答案解析

## 药爱生命

痛风是一个古老的疾病。在古代，痛风几乎是帝王、贵族、富有阶层的专属疾病。一般认为，古罗马时代最伟大的医学家盖伦解剖了痛风患者的肿胀关节，看到了皮下"白色石头"为豆腐渣样物质，就此用拉丁语命名为痛风（gutta）。荷兰人安东尼·冯·列文虎克利用显微镜观察了痛风石，发现痛风石里有大量针样结晶物。1797年，Wollaston从痛风石中分离出尿酸；1856年，英国医生阐述了"尿酸盐沉积可能是痛风性炎症的病因，而非后果"的观点。1961年，采用补偿偏振光学显微镜，在急性痛风性关节炎患者的滑液中发现尿酸单钠结晶，随后不久两位科学家将尿酸盐晶体注射进自己的膝关节，诱发痛风。从此，痛风跟尿酸盐结晶体的因果关系不再有任何疑问。

这些事实启示我们，科学发现需要坚持不懈的努力。未来药学人员在工作岗位上要有认真求索、不断奋进的职业素养和专业精神。

## 四、药学服务

开展痛风的药学服务主要包括：①向医师介绍苯溴马隆、非布司他等药物的特点，提供各类药物的剂量、疗程、不良反应、相互作用的信息咨询服务；②向护士提供苯溴马隆使用注意事项、不良反应等；③向患者介绍痛风药物治疗特点和使用方法，发生急性炎症时的应对措施，提高其依从性；④向患者、家属及社会公众介绍痛风防治的内容和意义等。

### （一）用药注意事项

**1. 秋水仙碱** 主要不良反应如下。胃肠道反应如恶心、呕吐、腹痛、腹泻等，发生率可达80%，还可出现骨髓抑制、白细胞减少甚至发生再生障碍性贫血，使用时注意监测血常规。静脉注射如漏出血管外，可引起皮下组织坏死。肾功能不全者须减量或延长间隔，估算的肾小球滤过率（eGFR）35～49ml/min时最大剂量为0.5mg/d，eGFR为10～34ml/min时最大剂量0.5mg，隔日1次，eGFR<10ml/min或透析患者禁用。

**2. 非甾体抗炎药（NSAIDs）** 主要不良反应：肝功能异常，消化性溃疡/出血，肾间质损害。有活动性消化道溃疡/出血，或既往有复发性消化性溃疡/出血病史为禁忌证。合并心肌梗死、心功能不全者及慢性肾脏病患者尽量避免使用。

**3. 糖皮质激素类** 本类药物停药后症状易复发，故仅在秋水仙碱等药物治疗无效时才使用，注意停药时逐渐减量，避免其停药"反跳"。长期使用的不良反应包括高血糖倾向、心境障碍、免疫抑制、体液潴留、感染、消化性溃疡/出血等。老年人及有以上病史者慎用。

**4. 丙磺舒** 少数患者（约 5%）可出现胃肠道反应，皮疹、发热、肾绞痛及激起急性痛风发作等，治疗初期可使痛风发作加重，为尿酸盐由关节移出所致。应大量饮水（日超过 2500ml）并加服碳酸氢钠碱化尿液，防止尿酸盐在泌尿系统中沉积形成尿结石。偶见白细胞减少、肾病综合征、骨髓抑制及肝坏死等。

**5. 别嘌醇** 不良反应包括过敏、肝功能损伤和骨髓抑制等。重度过敏（迟发性血管炎、剥脱性皮炎、中毒性表皮坏死松解症等）少见，但严重者可致死，尤其在中国人群中使用，应特别关注别嘌醇超敏反应，一旦发生，致死率高达 30%，条件允许建议筛查 HLA-B*5801 基因。如无法进行基因筛查，应仔细询问过敏史，从 50mg/d 甚至更小剂量开始使用，仔细观察，一旦出现皮疹，立即停药。

**6. 非布司他** 不良反应包括肝功能损害、恶心、皮疹、横纹肌溶解症、肾小管间质性肾炎、精神异常等。应从小剂量开始用药，定期监测肝功能；关注皮肤不良反应及有无心肌梗死和脑卒中的症状和体征；不建议用于既往有颅内静脉血栓的患者；存在潜在的心血管事件风险，在合并心脑血管疾病的老年人中应谨慎使用，并密切关注心血管事件。

**7. 苯溴马隆** 主要不良反应是胃肠道反应、肾绞痛及导致急性痛风发作等。少数患者出现粒细胞减少，用药期间应定期查血常规。偶见发生皮疹、发热。泌尿系结石和肾功能不全属于相对禁忌。大量饮水，防止肾结石的发生；定期监测肝肾功能及血尿酸，必须在痛风性关节炎急性症状控制后使用。用药期间出现持续性腹泻，应立即停药；若出现痛风发作，建议将所用药量减半，必要时服用秋水仙碱或 NSAIDs。

**（二）药物相互作用**

**1. 同类药物之间** 降尿酸药物治疗时，对于单药充分治疗血尿酸仍未达标的患者，可考虑联合应用两种不同作用机制的降尿酸药物，以提高尿酸达标率。如小剂量秋水仙碱与 NSAIDs 或小剂量秋水仙碱与全身糖皮质激素联用，但不建议口服 NSAIDs 和全身糖皮质激素联用。

**2. 不同药物之间**

（1）别嘌醇 可增强抗凝药如双香豆素等或免疫抑制药硫唑嘌呤及巯嘌呤的作用，应注意调整后者剂量。与氨苄西林同用，皮疹的发生率增多；与环磷酰胺同用，骨髓抑制更明显；与促尿酸排泄药同用，可增加肾结石形成的可能；不宜与铁剂同服。

（2）非布司他 与茶碱联用时应谨慎；禁用于正在接受硫唑嘌呤、巯嘌呤治疗的患者。

（3）苯溴马隆 本品的促尿酸排泄作用可因水杨酸盐和吡嗪酰胺等的拮抗而减弱；可增强口服抗凝药、吲哚美辛、萘普生等的作用，合用应减少后者剂量。

（4）秋水仙碱 作为 CYP3A4 和 P-糖蛋白的底物，在 CYP3A4 或 P-糖蛋白抑制药存在时，血液中秋水仙碱的浓度增加，因此，正在使用 P-糖蛋白或强效 CYP3A4 抑制药（如酮康唑、红霉素、克拉霉素、环孢素、那非那韦、利托那韦、地尔硫䓬、硝苯地平、维拉帕米等）及经 CYP3A4 代谢的药物（如他汀类降脂药）的患者，慎用秋水仙碱或减量使用。

（5）丙磺舒 可竞争性抑制青霉素和头孢菌素在肾小管的分泌，提高此类抗生素的血药浓度，产生协同抗菌作用。

**（三）健康宣教** 📱微课3

痛风是与生活方式相关的疾病，改善生活方式是治疗痛风及高尿酸血症的核心，应对所有痛风及高尿酸血症患者进行宣教。对于部分早期发现的患者，可尝试单纯的生活方式干预。

建议每日饮水量维持在 2000ml 以上，应避免饮用含果糖饮料或含糖软饮料、果汁和浓汤，可以饮用水、茶或不加糖的咖啡；痛风急性发作期和慢性痛风石性关节炎患者应避免饮酒；合理控制体重；接受痛风性关节炎的运动指导，如痛风性关节炎急性发作期合理休息与关节周围肌肉等长收缩锻炼，痛风性关节炎非急性发作期进行运动锻炼及关节功能康复训练，关节功能受限严重的患者建议康复科就诊，指导关节周围肌肉训练和关节活动度训练。

## 目标检测

答案解析

### 一、综合问答题

1. 通过收集各种类型痛风的治疗方案，说出痛风的治疗目标和原则。

2. 简述临床常用排尿酸的药物及其使用注意事项。

### 二、案例分析题

患者，男，55 岁。既往有高血压病史，服用吲达帕胺片至今已有 4 年。1 年前患者出现踝、膝关节红肿、疼痛，服用布洛芬或双氯芬酸钠缓解，但症状发作逐渐频繁。就医后检查发现血尿酸明显升高，诊断为痛风。

请思考分析：

1. 该患者诱发痛风的最可能原因是什么？该患者还可以选用哪些治疗痛风的药物（至少说出两种）？

2. 结合患者实际情况，使用抗痛风药时的注意事项及日常护理措施有哪些（至少说出三条）？

3. 如何在上述药学服务中体现职业素养和专业精神？

（郑　丹）

书网融合……

重点回顾　　　微课1　　　微课2　　　微课3　　　习题

# 任务七　缺铁性贫血的药物治疗

PPT

**学习目标**

**知识目标：**

1. **掌握**　缺铁性贫血的药物治疗原则、药物种类和代表药物、临床治疗方案。

2. **熟悉**　缺铁性贫血的症状、治疗药物的用法用量和相关药学服务知识。

3. **了解**　缺铁性贫血的病因和诊断。

**技能目标：**

1. 能够结合临床指南正确选用治疗缺铁性贫血的药物，开展咨询、指导用药，协助拟定药物治疗方案等药学服务。

2. 学会判断缺铁性贫血治疗药物的常见不良反应并提供处理方案，主动提供健康教育。

**素质目标：**

培养尊重、关爱缺铁性贫血患者及家属，积极、细致、认真的服务意识和职业精神。

## 导学情景

**情景描述：** 患者，女，40岁。近期无明显诱因头晕、乏力，近半年来症状加重，伴活动后心慌、面色苍白、食欲减退等症状。既往有月经过多史。入院就诊。查体：形体偏瘦，毛发干脱，爪甲裂脆，唇甲色淡。实验室检查：血常规：红细胞计数 $3.1 \times 10^{12}$/L，红细胞平均体积（MCV）70fl，血红蛋白（Hb）80g/L，红细胞平均血红蛋白浓度（MCHC）25%，网织红细胞计数1.2%，血小板计数 $218 \times 10^9$/L，血清铁蛋白10μg/L，血清铁7.74μmol/L，总铁结合力80μmol/L。

**情景分析：** 结合患者最近症状及检查，诊断为缺铁性贫血。

**讨论：** 结合案例，协助拟定治疗方案。有哪些用药注意事项？如何做好防治贫血的宣教？

**学前导语：** 缺铁性贫血的近期治疗目标是纠正贫血症状，使红细胞恢复正常；远期目标是通过消除铁流失的病因、补充铁制剂和促进铁制剂吸收的药物，避免再次因缺铁而引起贫血。本任务将介绍相关的知识技能，为今后开展药学服务打好基础。

---

贫血（anemia）是指单位体积循环血液中红细胞（RBC）或血红蛋白（Hb）计数低于正常值，以血红蛋白为主要指标。成年男性血红蛋白量 <120g/L，红细胞 <$4.5 \times 10^{12}$/L，血细胞比容 <0.42；成年女性（非妊娠）血红蛋白量 <110g/L，红细胞数 <$4.0 \times 10^{12}$/L，红细胞比容 <0.37。凡低于以上指标的，即为贫血。贫血根据病因和发病机制的不同，可分为缺铁性贫血、巨幼细胞贫血、再生障碍性贫血等。

## 一、疾病概述

### （一）病因与发病机制

缺铁性贫血（Iron deficiency anemia，IDA）是机体内铁的需求与供给失衡，体内的铁储备耗竭，造成血红蛋白合成减少、红细胞生成障碍导致的缺血，是最常见的一种贫血类型。缺铁性贫血是铁缺乏症的最终阶段，患者红细胞呈小细胞、低色素性，又称小细胞性贫血。铁是机体必需的微量元素，在体内参与血红蛋白的合成、输送氧气以及其他一些生化过程。

发病机制主要有营养因素、吸收障碍、慢性失血等。

**1. 营养因素**　铁可以从食物中获得，正常每日饮食含铁 10 ~ 15mg，一般 5% ~ 8% 可被吸收，用于维持体内铁的平衡。偏食、挑食、习惯性吃烘烤食物者，容易造成铁摄入不足。处于生长发育的婴儿、青少年、妊娠和哺乳期妇女对铁的需求量较大，应注意补充蛋类、肉类等含铁量高的食物，若摄入不足则较容易发生缺铁性贫血。

**2. 吸收障碍**　铁的吸收主要部位为十二指肠和空肠上段，胃酸能促进二价离子铁和血红素结合，有助于铁的吸收。胃大部切除术后、胃酸分泌不足、慢性萎缩性胃炎、慢性腹泻及肠道功能紊乱等均可引起铁吸收障碍，导致缺铁性贫血。

**3. 慢性失血**　长期慢性失血得不到纠正可造成缺铁性贫血。慢性失血是缺铁性贫血较常见的病因。如慢性胃肠道失血（胃十二指肠溃疡、痔疮、食管裂孔疝、消化道息肉等疾病导致）、月经量过多（宫内放置节育环、子宫肌瘤、月经紊乱等妇科疾病导致）、咳血和肺泡出血（肺结核、肺出血肾炎综合征、支气管扩张等疾病导致）、寄生虫感染等。

### （二）临床表现与诊断　e 微课1

临床上，缺铁性贫血的表现包括贫血表现和组织缺铁表现。

**1. 贫血表现**　皮肤苍白、面色无华、头晕、乏力、易倦、活动后心悸、气促、眼花、耳鸣等。踝部可出现水肿。

**2. 组织缺铁表现**　精神行为异常，如容易兴奋、激动、烦躁、异食癖；儿童生长发育迟缓、注意力不集中；口腔炎、舌炎、口角皲裂；毛发干枯、脱落；皮肤干燥、皱缩；指甲缺乏光泽、脆薄易裂，重者指甲变平，凹下成勺状（匙状甲）。

缺铁性贫血的血细胞呈小细胞低色素性。平均红细胞体积（MCV）<80fl，平均红细胞血红蛋白含量（MCH）<26pg，平均红细胞血红蛋白浓度（MCHC）小于0.32。血片中可见红细胞体小、中心浅染区扩大。网织红细胞计数多正常或轻度增高。白细胞和血小板计数可正常或减低。

💜 **药爱生命**

缺铁性贫血属于全身性的营养缺乏病。临床表现随体内缺铁程度及病情发展而呈现不同的特点。患者初期无明显的自觉症状，血液化验结果显示血红蛋白低于正常值。随着病情发展，出现不同程度的缺氧症状。患者自觉头晕耳鸣、注意力不集中、记忆力减退、面色、眼睑和指（趾）甲苍白、反甲等。儿童出现身高和体重增长缓慢。病情进一步发展还可出现心慌、全身乏力、容易疲倦、食欲不振、腹胀腹泻、恶心呕吐等。严重贫血时可出现心脏扩大、心电图异常、心力衰竭等贫血性心脏病，免疫力低下易感染。也有表现为神经、精神系统异常，表现为反应迟钝、智力下降、易怒不安、偏食、异食癖（喜食土块、煤渣等）等。故一旦诊断为缺铁性贫血，应当及时治疗干预。上述内容警示我们疾病发展的渐进性，在未来的药学工作中，应当做好疾病的预防宣教，达到"防微杜渐"的目的。

## 二、治疗目标和原则

### （一）治疗目标

缺铁性贫血的近期治疗目标是纠正贫血症状，促使红细胞和血红蛋白的数量或形态恢复正常；远期目标是通过消除铁流失的病因、补充铁制剂和促进铁制剂吸收的药物，避免再次出现因缺铁引起贫血。

### （二）治疗原则

**1. 病因治疗**　明确病因治疗对于纠正贫血的效果、速度及防止其复发均有重要意义。

**2. 铁剂治疗**　明确诊断后纠正病因，给予铁剂治疗，使血红蛋白升至正常并恢复铁元素储备。

👁 **看一看7-7-1**

### 缺铁性贫血治疗需要明确病因

不同患者确定为缺铁性贫血后，应查明具体病因，针对病因治疗，具体如下：①对婴儿，应该了解母乳喂养情况；②对儿童及青年女性，需询问饮食习惯，有无偏食；③对育龄期妇女，需询问月经量及妊娠期是否存在铁摄入量不足；④对从事农业（主要为田间劳作）的劳动者，应检查有无钩虫感染；⑤对所有病例，均应仔细询问有无慢性失血性病史。

## 三、常用治疗药物

治疗性铁剂主要有以硫酸亚铁为代表的无机亚铁盐类和以乳酸亚铁、右旋糖酐铁、富马酸亚铁为代表的小分子有机酸盐类。近年来又出现了以铁的螯合物为代表的大分子复合物补充剂，如多糖铁复合物、富铁酵母、多肽铁复合物等。新型铁复合剂不良反应更小、吸收更好，可显著提高治疗效果。习惯上根据给药方式，将药物分为口服铁剂和注射铁剂，以及其他促进铁制剂吸收的药物。

**1. 常用口服铁剂**　主要有硫酸亚铁、富马酸亚铁、琥珀酸亚铁、葡萄糖酸亚铁、多糖铁复合物、枸橼酸铁铵等。常用口服铁剂的作用特点详见表 7 - 9。

**表 7 - 9　常用口服铁剂的作用特点**

| 药名 | 规格 | 用法用量 | 作用特点 |
|---|---|---|---|
| 硫酸亚铁 | 0.3g/片（含 Fe 60mg） | 成人，一次 1 片，儿童一次 0.1 ~ 0.3g。每日 3 次。餐后服用 | 吸收率高，疗效好，胃肠刺激明显。适用于一般人轻、中度缺铁性贫血 |
| 右旋糖酐铁 | 25mg（以 Fe 计）/片 | 成人一次 2 ~ 4 片，每日 1 ~ 3 次，饭后服 | 胃肠道反应小，作用温和，铁利用率高 |
| 琥珀酸亚铁 | 0.1g（含琥珀酸亚铁）/片 | 2 ~ 4 片/日，分次服用 | 胃肠道反应小，口服吸收率高 |
| 枸橼酸铁铵 | 10% 溶液 | 成人 10 ~ 20ml，每日 3 次<br>儿童 1 ~ 2ml/（kg·d） | 三价铁吸收率低但刺激小，用于儿童及不能吞服片剂的患者 |
| 富马酸亚铁 | 0.1g（以富马酸亚铁计）/袋 | 成人：一次 0.2g，每日 3 ~ 4 次<br>儿童：一次 0.1g，每日 1 ~ 3 次 | 与各种营养物质相容性好，具有协同作用。能有效避免添加无机铁对维生素等活性物质的破坏，肠胃反应轻 |
| 多糖铁复合物 | 150mg（以活动成分元素铁计）/粒 | 1 ~ 2 粒/次，每日 1 次 | 铁元素含量高，不良反应更小，吸收效果好，特别适合有消化道溃疡又伴缺铁性贫血的患者服用 |

**2. 注射铁剂**　主要有右旋糖酐铁、蔗糖铁等。适用重症患者或口服不能耐受者。右旋糖酐铁：针剂，应采用深部肌内注射，一次 50 ~ 100mg（以 Fe 计），1 ~ 3 日一次，儿童减量。

蔗糖铁：多采用静脉滴注或静脉注射，应根据患者缺铁量计算给药剂量，上述各种注射铁剂用量按如下公式计算：静脉注射铁量 = 体重（kg）×（期望的 Hb 值 - 实际 Hb 测定值，g/L）× 0.24 + 500mg（储存铁）。

**3. 其他类药物**　如维生素 C 及稀盐酸等，主要通过增加二价铁或维持酸性吸收环境而促进铁剂吸收的药物等。

**？ 想一想7-7-1**

口服铁制剂应该饭前服用还是饭后服用？为什么？

答案解析

## 四、药学服务

开展缺铁性贫血疾病的药学服务主要包括：①向医师介绍无机亚铁盐类、小分子有机酸盐类、大分子复合物补充剂（新型补铁剂）等药物的特点，提供各类药物的剂量、疗程、不良反应、相互作用的信息咨询服务；②向护士提供不同剂型铁制剂的使用注意事项、大分子复合物补充剂等新剂型的不良反应等；③向患者介绍缺铁性贫血药物治疗特点和使用方法，发生不良反应时的应对措施，提高其依从性；④向患者、家属及社会公众介绍缺铁性贫血预防和治疗内容等。

### （一）用药注意事项

**1. 口服铁剂**

（1）首选口服铁剂，安全有效；优选易于吸收、胃肠道反应小的制剂。多数患者对口服铁剂耐受良好，但部分患者可出现上腹不适、恶心、呕吐、腹泻等，由铁制剂刺激胃肠道引起。应饭后服用，可从小剂量开始，逐步加量使用。如反应严重，可更换大分子复合物补充剂或采用注射给药。此外还可能引起黑便、便秘，须预先告知患者，以免造成患者顾虑。

（2）治疗期间需持续观测血常规。待血常规恢复正常后，铁剂仍继续服用 3～6 个月，以补足机体铁储备量，防止复发。

（3）小儿误用 1g 以上铁剂可引起急性中毒，表现为肠坏死、呕吐、腹泻，甚至发生昏迷、休克、死亡。可用去铁胺解毒。

**2. 注射铁剂**

（1）针剂的适用对象为：①肠道对铁的吸收不良，例如胃切除或胃肠吻合术后，慢性腹泻、脂肪痢等；②胃肠道疾病可口服铁剂而症状加重，例如消化性溃疡，溃疡性结肠炎、节段性结肠炎等，胃切除后胃肠功能紊乱及妊娠时持续呕吐等的患者；③口服铁剂虽经减量而仍有严重胃肠道反应；④口服治疗效果不佳的患者。

（2）主要不良反应为注射部位疼痛，轻者面部潮红、头痛、头晕；重者出现肌肉酸痛、腹痛、腹胀、恶心、呕吐、寒战、发热等症状，偶尔可引起过敏性休克。注射铁剂的禁忌证包括注射铁过敏史、妊娠早期、急慢性感染和严重肝功能障碍。

**（二）药物相互作用**

1. 铁剂与考来烯胺、考来替泊等阴离子交换树脂可产生络合反应，影响吸收；不宜与抗酸药、钙盐及镁盐同服，以免减少铁剂的吸收。

2. 四环素类抗生素能与铁剂生成不溶性络合物，不利于铁的吸收，故应尽量避免同时应用。如必须使用，应间隔 3 小时以上。

3. 使用铁剂期间忌饮茶，特别是浓茶。避免茶叶所含的鞣酸与铁剂形成不溶性沉淀，从而妨碍铁的吸收。

4. 咖啡所含有的酚酸类化合物，可与铁形成难以溶解的盐类而抑制铁的吸收。

5. 高磷酸盐食品（如牛奶）等，与铁剂能络合而生成沉淀。

6. 铁剂与酸性物质如维生素 C、稀盐酸同服，可促进吸收。

**练一练7-7-1**

关于用铁剂治疗缺铁性贫血的注意事项，说法错误的是

A. 常与维生素 C 配伍以促进铁的吸收　　B. 服用铁剂时忌喝茶

C. 禁与四环素类药物同服　　D. 可与碳酸氢钠同服以促进铁剂的吸收

E. 口服铁剂宜饭后服用

答案解析

**（三）健康宣教** 微课2 微课3

缺铁性贫血是一种常见的疾病，遵照医嘱合理治疗是完全可以治愈的。患者应积极配合医生诊断，去除病因，防止缺铁性贫血复发。治疗结束后，每年应至少检查 3 次血红蛋白和全血细胞计数，若结果正常，则无需进一步治疗。应向患者及家属说明贫血的病因及积极根治病因的重要意义。介绍平衡膳食的重要性，在生活中应注意纠正偏食习惯，营养合理，多食用铁类含量多的食物。此外，良好的心情对于患者的病情也有很好的恢复作用，建议患者在生活中保持乐观的心态，放松心情。注意休息睡眠，增加运动，增强身体的免疫力。采取多种形式开展预防缺铁性贫血的卫生宣教，婴幼儿强调改进喂养方法，及时增加辅食；妊娠期、哺乳期妇女根据铁营养及贫血状况，可使用营养强化的食物和膳食营养素补充剂；老年人应保证大豆制品、乳制品的摄入。适量增加瘦肉、禽、鱼、动物肝脏、动物血制品的摄入。膳食摄入不足或者存在营养不良的老年人应使用含铁、叶酸、维生素 $B_{12}$ 的食物和营养素补充剂。

## 目标检测

答案解析

### 一、综合问答题

1. 目前市面上有哪些补铁剂？说说它们治疗的优缺点。

2. 结合实际说一说，如何做好缺铁性贫血患者治疗的药学服务？

### 二、案例分析题

患者，女性，62 岁，胃溃疡病史 5 年。近期出现头晕、心慌、面色苍白，浑身乏力。入院检查化验：Hb 60g/L，RBC $3.0 \times 10^{12}$/L，MCV 70fl，MCH 25pg，MCHC 30%，WBC $6.5 \times 10^{9}$/L。诊断为"缺铁性贫血"。

请思考分析：

1. 医生建议口服铁剂治疗，如需合并用药，应该注意什么？

2. 在口服铁剂期间，怎样减少不良反应？

3. 如何在上述药学服务中体现职业素养和专业精神？

（果秋婷）

---

**书网融合……**

重点回顾

微课1

微课2

微课3

习题

# 项目八　泌尿系统与生殖系统疾病的药物治疗

## 任务一　肾炎的药物治疗

**知识目标：**

**1. 掌握**　肾炎的药物治疗原则、药物种类和代表药物、临床治疗方案。

**2. 熟悉**　肾炎的症状、治疗药物的用法用量和相关药学服务知识。

**3. 了解**　肾炎的病因和诊断。

**技能目标：**

1. 能够结合临床治疗指南正确选用治疗肾炎的药物，开展用药咨询、指导合理用药，协助拟定药物治疗方案等药学服务。

2. 学会判断肾炎治疗药物的常见不良反应并提供处理方案，主动提供健康宣教。

**素质目标：**

培养尊重、关爱肾炎患者及家属，积极、细致、认真的服务意识和职业精神。

### 导学情景

**情景描述：** 患者，女，13岁。10天前无明显诱因出现咽痛、流涕，以及颜面部、双下肢水肿，伴有头晕，无头痛，无恶心呕吐，无发热，无咳嗽咳痰，尿量较前减少，无肉眼血尿，体重增加3kg。入院体查：体温36.4℃，呼吸20次/分，脉搏80次/分，血压150/105mmHg；咽稍红，扁桃体Ⅰ度肿大。血常规：白细胞$11.1 \times 10^9$/L，中性粒细胞比值73.2%。尿常规：尿蛋白（+），红细胞（++）。血生化：尿素氮3.5mmol/L，肌酐75μmol/L，补体C3 137mg/L，抗链球菌溶血素"O"（ASO）598IU/L。

**情景分析：** 患者有明确的上呼吸道感染史，C3降低，ASO升高，有咽红、扁桃体大、白细胞和中性粒细胞高等感染指征。诊断：急性（链球菌感染性）肾小球肾炎。

**讨论：** 结合案例，协助拟定治疗方案，并说出药学服务要点。

**学前导语：** 肾炎治疗的近期目标是通过利尿消肿降压等对症处理，以及防止出现严重并发症；远期目标是保护患者肾功能，提高患者生活质量。本任务介绍肾炎治疗相关的知识技能，为今后开展药学服务打好基础。

肾炎（nephritis）是由各种原因导致肾固有组织发生免疫炎性改变，引起不同程度肾功能减退的一组肾脏疾病，又称肾小球肾炎。常出现血尿、蛋白尿、水肿、高血压、肾功能异常等症状。按其不同的病理变化分为急性、急进性、慢性和隐匿性肾小球肾炎。

## 一、疾病概述

### （一）病因与发病机制

**1. 急性肾小球肾炎（acute glomerulonephritis，AGN）**　是由多种病因引起的肾小球疾病，起病较急，以血尿、蛋白尿、高血压、水肿、少尿以及肾功能损害为主要临床表现，这是一组临床综合征，又称急性肾炎综合征，病理变化以肾小球毛细血管内皮细胞和系膜细胞增殖性变化为主。本病常出现于感染之后，以链球菌感染后急性肾炎最为常见，偶可见于其他细菌或病原微生物（如病毒、立克次体、螺旋体、支原体、真菌、原虫及寄生虫等）感染之后。研究表明链球菌感染后的急性肾小球肾炎与遗传易感性有关，该类人群可在肾小球基底膜产生特异性免疫复合物，经补体系统激活免疫病理改变，引起肾小球炎症病变。

**2. 慢性肾小球肾炎（chronic glomerulonephritis）**　简称慢性肾炎，是一组以血尿、蛋白尿、高血压和水肿为临床表现的肾小球疾病。临床表现为长期持续性尿异常，缓慢进行性肾功能损害，最终发展为慢性肾衰竭。病因大多不清楚，起始因素多为免疫介导炎症，通过在肾小球等处产生免疫复合物，直接或经"旁路系统"激活补体系统，引发炎症反应，导致肾小球肾炎。此外，高血压、高脂血症、慢性肾小管间质损害、血流动力学改变介导的肾小球硬化以及肾小球系膜的超负荷状态等非免疫介导的肾脏损害也可导致慢性肾炎。

❤ **药爱生命**

　　狼疮性肾炎（LN）是我国最常见的继发性免疫肾小球疾病，也是导致系统性红斑狼疮（SLE）患者死亡的重要原因。在黎磊石院士和刘志红院士的带领下，中国人民解放军总医院肾脏病研究所的研究者进行了针对抗排斥药物治疗 LN 作用的基础与临床探索。他们首先在国内倡导试用吗替麦考酚酯（MMF）治疗 LN 并获得成功，在此基础上又提出应用不同靶点的多种免疫抑制剂联合（糖皮质激素＋MMF＋他克莫司）治疗重症 LN 的理念。黎院士于 2008 年 10 月在《美国肾脏病学会杂志》上发表了关于多靶点疗法治疗重症狼疮性肾炎（LN）的文章，引起了国内外学者的关注。该疗法被美国肾脏病学会评价为"国际肾脏病学界一项推动当代肾脏病学发展的卓越成果"。以上事例说明，科学研究需要坚持不懈的努力，作为未来的药学工作者，要向优秀前辈学习，从点滴做起，脚踏实地，才能最终实现梦想。

**（二）临床表现与诊断**

**1. 急性肾小球肾炎**　多见于 5~14 岁儿童，男女比例约为 2∶1。多有前驱感染史，如呼吸道链球菌感染后 1~3 周或皮肤感染后 18~21 天起病。患者有低热、食欲稍减、腰痛、乏力等全身症状，小儿以水肿、蛋白尿和血尿最为常见。肾炎的严重程度与前驱感染无关。轻者可无症状，仅尿常规略有异常，称"亚临床型急性肾小球肾炎"；另有 3%~5% 较重，可表现为少尿或无尿，直至急性肾衰竭，为重型急性肾小球肾炎。

**2. 慢性肾炎**　可发生于任何年龄，但以青、中年为主，男性居多。起病缓慢隐袭，多数以蛋白尿及（或）水肿为首发症状，常有轻重不等的高血压。慢性肾炎患者遇感染、过度疲劳等因素，出现类似急性肾炎的临床表现，晚期主要表现为终末期肾衰竭。肾功能损害呈慢性进行性发展，与病理类型有关。慢性肾炎的常见病理类型详见表 8-1。

表 8-1　慢性肾小球肾炎的常见病理类型

| 病理类型 | 病理特征 |
| --- | --- |
| IgA 肾病 | 肾小球系膜区 IgA 沉积 |
| 系膜增生性肾小球肾炎（非 IgA） | 弥漫性肾小球系膜细胞增生及不同程度的系膜基质增多 |
| 膜性肾病 | 肾小球基底膜上皮细胞下的免疫复合物沉积伴肾小球基底膜弥漫增厚 |
| 局灶节段性肾小球硬化 | 部分（局灶）小球和（或）肾小球部分毛细血管袢（节段）硬化 |
| 膜增生性肾小球肾炎 | 肾小球基底膜增厚、系膜细胞增生、系膜基质增多 |

## 二、治疗目标与原则

### (一)治疗目标

急性肾小球肾炎属自愈性疾病,无特效疗法,治疗以对症处理为主,应卧床休息,控制水钠摄入、利尿、降压、预防心脑事件的发生,并应用抗感染药消除链球菌感染。慢性肾小球肾炎以水肿、高血压、蛋白尿、血尿及肾功能损害为基本表现,属于病情迁延、病变进展缓慢、最终将发展成慢性肾衰竭的一组肾小球疾病。慢性肾小球肾炎的治疗主要是防止或延缓肾功能进行性恶化、改善或缓解临床症状及防治严重并发症,根据肾脏病理检查结果进行综合性治疗。

### (二)治疗原则

1. 休息:防止症状加重,促进转归。急性肾小球肾炎具有典型症状(血尿、水肿及高血压),患者应卧床休息 2~3 周,直至肉眼血尿消失,水肿消退及血压恢复正常可下床短时间活动,症状体征完全消失后则逐渐增加活动量,但 3 个月内仍应避免重体力活动。劳累可加速病情的进展,慢性肾炎患者也应注意休息。

2. 根据患者临床表现的不同,给予不同的饮食治疗。初期饮食控制尤为重要,给予低盐饮食并限制进水量。有水肿及高血压者,应进无盐或低盐(2~3g/d)饮食;有氮质血症者,适当限制蛋白质的摄入,成人按 0.58g/(kg·d) 计算。对尿中丢失蛋白较多者,宜补充生物效价高的动物蛋白,如鸡蛋、牛奶、鱼类和瘦肉等。肾功能正常者,可放宽蛋白质摄入量,同时控制磷的摄入。有明显高血压、水肿者应限盐,摄入量不超过 2~3g/d。高脂血症是促进肾脏病变进展的独立危险因素,应限制食物中脂肪的摄入。

3. 药物以对症治疗为主,如水肿严重应使用利尿药;对高血压应给予降压药;对有细菌感染者,应给予抗微生物药控制感染病灶及清除病灶。如有急性心衰、高血压脑病、尿毒症等严重并发症发生,应给予针对性药物治疗。通过药物治疗缓解症状,延缓慢性肾衰竭进展,防止严重并发症,消除蛋白尿,改善肾功能,适当联合用药,中西药并用。

## 三、常用治疗药物

常用的对症治疗药物有利尿药、降压药、抗凝血药、免疫抑制药、降低尿酸的药物等。

### (一)利尿药

利尿药为最主要的治疗药物,通过影响肾小管对原尿中水、钠的重吸收而发挥作用,消除水肿,保护肾功能。包括以下四类。

1. **噻嗪类利尿药** 属中效利尿药,主要作用于髓袢升支粗段皮质部和远曲小管前段,多选用氢氯噻嗪 25~50mg 口服,每日 1~2 次。

2. **袢利尿药** 属高效利尿药,主要作用于髓袢升支粗段皮质部和髓质部,多选呋塞米 20~100mg 静脉注射,每日 1~2 次。布美他尼 1~3mg 口服或静脉注射,每日 1~2 次,其利尿作用为呋塞米的 20~60 倍,排钾作用小于呋塞米,尚具有扩血管作用,使肾血流量尤其肾皮质深部血流量增加。托拉塞米是评价较好的新品种,利尿作用强大持久,有醛固酮拮抗作用,起到双重排钠、相对保钾作用,耳毒性低,长期应用不易产生利尿药抵抗现象。

3. **保钾利尿药** 属弱效利尿药,作用于远曲小管,影响 $Na^+$ 与 $K^+$ 的交换。多与上述排钾利尿药合用,预防低钾血症,其中,螺内酯 20~40mg 口服,每日 2~4 次;氨苯蝶啶 50~100mg 口服,每日 2 次。另有阿米洛利 5~20mg,每日 1 次,利尿作用较强而保钾作用较弱,保钾排钠作用不依赖于醛固酮。

**4. 碳酸酐酶抑制药** 乙酰唑胺作用于近曲小管，利尿作用弱。

### （二）降压药

高血压和肾炎进程密切相关，是终末期疾病恶化的重要因素，应合理选择药物并需要联合使用。

**1. 肾素－血管紧张素系统抑制药** 包括血管紧张素转换酶抑制药（ACEI），降低外周血管阻力和肾小球出球小动脉张力，改善肾小球内血流动力学。ACEI 可使组织内缓激肽降解减少，缓激肽扩张血管作用增强，常用。血管紧张素 Ⅱ 受体拮抗药（ARB）可替代 ACEI 用于干咳等缓激肽不耐受患者。ARB 与血管紧张素 Ⅱ 受体结合，竞争性地拮抗血管紧张素 Ⅱ 的收缩血管的作用，达到降压的目的。

**2. 钙通道阻滞药** 作用于 L 型钙离子通道，阻滞钙离子进入心肌、小动脉血管壁的平滑肌细胞；也可作用于肌浆网上的钙通道，使钙贮存减少，使心肌或血管平滑肌钙离子浓度降低，兴奋性减弱，心肌收缩力降低、血管扩张；同时可减少肾组织钙盐沉积。多选用二氢吡啶类，如氨氯地平、硝苯地平等，安全有效，并广泛用于肾脏移植术后的降压治疗；非二氢吡啶类如维拉帕米与地尔硫䓬，适用于降压同时伴有心律失常、心绞痛等的肾炎患者。

**3. β 受体拮抗药** 降压作用机制较复杂，主要通过拮抗肾小球入球小动脉上的 β 受体而影响肾素－血管紧张素－醛固酮系统，同时拮抗心脏、突触前膜和中枢 β 受体等途径发挥降血压作用；目前多选用选择性 β 受体拮抗药，卡维地洛兼有抗氧化作用，总体评价较好，阿替洛尔、比索洛尔、美托洛尔亦有较好的降压效果。

**4. 其他类** 包括直接扩张血管的二氮嗪、硝普钠等，钾通道阻滞药米诺地尔，选择性 $\alpha_2$ 受体激动药、中枢性降压药等都可发挥联合降压作用。

### （三）抗凝血药

肾小球毛细血管内凝血和纤溶障碍是肾小球肾炎不可逆病变形成的决定因素之一。抗凝药物肝素能特异性地激活抗凝血酶Ⅲ（ATⅢ）；香豆素类可竞争性抑制维生素 K 环氧化物还原酶，产生抗凝作用。阿司匹林是常用的抗血小板药，通过抑制血小板环氧合酶的活性，减少血栓素 $A_2$ 的形成。

### （四）免疫抑制药

糖皮质激素有强大的抗炎作用，通过与靶细胞胞质内的糖皮质激素受体结合，增加或减少基因转录而抑制炎症过程的某些环节，同时糖皮质激素对免疫过程的许多环节都有抑制作用。当肾病患者肾脏病理改变严重时，单纯使用糖皮质激素虽然可以减少蛋白尿，但不足以保护肾功能，不能延缓肾衰竭的进展，此种情况需要与免疫抑制剂联用。常用的免疫抑制剂有环磷酰胺、环孢素和他克莫司、硫唑嘌呤、吗替麦考酚酯、利妥昔单抗等。

### （五）降尿酸药

高尿酸血症时，尿酸盐或尿酸结晶可沉积于肾小管，加重肾脏损害。别嘌醇是尿酸合成抑制药，使用别嘌醇降低血尿酸可改善肾功能，但剂量宜小，用药时间要短，减药要快。碱化尿液有利于尿酸经肾脏排泄。

### （六）治疗药物的选用

**1. 水肿的治疗** 一般轻度、中度水肿无需治疗，经限制钠盐及水的摄入和卧床休息即可消退。经控制水、盐摄入，水肿仍明显者，均应给予利尿药，先用不良反应相对少的中效利尿药，无效时再用强效药物，并从小剂量用起。常用噻嗪类利尿药，如氢氯噻嗪口服 25mg，2～3 次/天；必要时可用袢利尿药，如呋塞米 20～60mg/d，注射或分次口服，或布美他尼每次 0.5～1mg，必要时 2～3 次/天，注射或口服等。后两者于肾小球滤过功能严重受损、肌酐清除率 <5～10ml/min 的情况下，仍有利尿作

用。严重的伴有急性肾炎综合征者可用呋塞米 80~200mg 加入 5% 葡萄糖注射液，静脉注射，1~2 次/天。还可应用各种解除血管痉挛的药物如多巴胺，以增加利尿效果。不宜采用渗透性利尿药如甘露醇及保钾性利尿药。

**2. 高血压及高血压脑病的治疗** 轻度高血压一般可加强水、盐控制及使用利尿剂，常用噻嗪类利尿剂和（或）袢利尿剂，利尿后即可达到控制血压的目的。目前多主张用血管紧张素转化酶抑制剂（ACEI），如口服依那普利或贝那普利，或血管紧张素Ⅱ受体拮抗剂氯沙坦等，它们既可降低全身高血压，又可降低肾小球高血压，可改善或延缓多种病因引起的轻、中度肾功能不全的进程。钙通道阻滞药对肾功能的影响尚未定论，若发现单用二氢吡啶类钙通道阻滞药如氨氯地平、硝苯地平后肾功能损害加重和蛋白尿增多，应停用上述药物。

发生高血压脑病时应快速降压，使舒张压控制在 110mmHg 左右。可选择二氮嗪 300mg 静脉注射，能扩张血管，可在 1~2 分钟内使血压下降，作用维持 8 小时。在 0.5~3 小时内可再注射 2 次，每日总量不超过 1200mg。也可用酚妥拉明或硝普钠，硝普钠 50mg 溶于 5%~10% 葡萄糖注射液 250ml 中，静脉滴注，速度为每分钟 0.5μg/kg，随血压调整剂量。镇静剂如地西泮、硝西泮、苯巴比妥、异戊巴比妥等对惊厥、抽搐或烦躁不安者均可使用。

**3. 急性心力衰竭的治疗** 水钠潴留为主要诱发因素，因而导致高输出量心力衰竭，治疗以减少循环血容量为主，可静脉注射呋塞米，每次 20~40mg，以快速利尿。如肺水肿明显，可静脉缓慢注射或滴注酚妥拉明，每次 5~10mg，或用硝普钠，以扩张血管，降低心脏负荷。洋地黄类药物对于急性肾炎合并心力衰竭效果不肯定，不作常规应用。

**4. 高钾血症的治疗** 注意限制饮食中钾的摄入量，应用排钾利尿药可防止高钾血症的发展。如尿量极少，导致严重高钾血症，可用 25% 葡萄糖注射液 200ml 加胰岛素 10~20U 以促使钾由细胞外转入细胞。但该措施能加重水钠潴留，故应慎用。可应用阳离子交换树脂口服或灌肠，如聚苯乙烯磺酸钙，成人每日口服 15~30g，分 2~3 次服用，以促进排钾。必要时可用腹膜或血液透析治疗。

👁 **看一看 8-1-1**

### 降低血钾的药物——环硅酸锆钠

近年来，某公司研发的新型口服降钾药物——环硅酸锆钠散获得中国国家药品监督管理局（NMPA）的上市批准，用于治疗成人高钾血症。环硅酸锆钠是一种不溶于水、不被吸收的化合物，对钾离子具有高亲和力，能快速降钾并维持血钾稳定在安全阈值。此前，尚无有效治疗药物可在快速控制血钾的同时长期维持血钾稳定。此次获批是基于全球临床试验结果和一项中国药效学研究。研究数据显示：环硅酸锆钠散服药 1 小时后即开始起效，达到正常血钾水平的中位时间是 2.2 小时，48 小时内 98% 的患者达到正常血钾水平。

**5. 感染病灶治疗** 在急性肾炎治疗中，对于应用抗微生物药如青霉素或大环内酯类等控制链球菌引起的感染，消除肾组织内残存抗原的作用，至今尚无定论。一般认为，在急性肾炎起病后使用抗微生物药治疗，对肾炎病情及预后无明显作用。

❓ **想一想 8-1-1**

结合实际，慢性肾炎的一般治疗应注意哪些方面？

答案解析

## 四、药学服务

开展肾炎的药学服务主要包括：①向医师介绍利尿药、降压药等药物的特点，提供各类药物的剂量、疗程、不良反应、相互作用的信息咨询服务；②向护士提供利尿药不同剂型使用注意事项、降压药特征性不良反应等；③向患者介绍肾炎药物治疗特点和使用方法，发生不良反应时的应对措施，提高其依从性；④向患者、家属及社会公众介绍肾炎治疗中饮食治疗和休息的意义和重要性等。

### （一）用药注意事项

**1. 抗微生物药** 当患者存在感染灶时，需给予确切无肾毒性的青霉素或其他敏感抗生素治疗。青霉素使用前必须按规定先进行青霉素皮肤过敏试验，且宜在临用前进行溶解配制。其主要不良反应包括：①过敏反应；②胃肠道反应；③静脉炎和注射部位反应；④二重感染、菌群失调和假膜性肠炎。一旦出现过敏反应时应立即停药（但保留静脉通道），并予以对症处理以及适当补液。

**2. 利尿药** 最常见不良反应为血容量不足、低钾血症、低钠血症。对于重度水肿有效循环血容量不足的患者，不宜直接使用袢利尿药，因利尿效果不佳，只会增加利尿药的肾脏损害，更重要的是过度使用利尿药有时会导致血容量进一步降低，易出现血栓栓塞并发症。对此类患者，建议采用先扩容后利尿的方法。在患者有效循环血容量纠正以后，方可单独应用利尿药。袢利尿药和噻嗪类利尿药导致低钾血症很常见，一般在用药后 1 ~ 4 周出现，可表现为恶心、呕吐、腹胀、肌无力和心律失常等，应密切监测血钾浓度，如低于 3mmol/L，应及时补钾。摄入高钾饮食、合用保钾利尿药有一定的预防作用。当低钾血症、低镁血症同时存在时，应纠正低镁血症，因为镁离子能稳定细胞内的钾，否则单纯补钾不易纠正低钾血症。大剂量静脉注射呋塞米可引起耳鸣、眩晕，急性听力减退，甚至导致暂时性或永久性耳聋等毒性，这可能与内耳淋巴液电解质成分的改变和耳蜗毛细胞损伤有关。应避免与有耳毒性的氨基糖苷类抗生素合用。呋塞米和尿酸均通过近曲小管的阴离子转运系统分泌排泄，两者有竞争性抑制作用，用药期间可减少尿酸排出。此外，呋塞米的利尿作用使血容量降低，细胞外液浓缩，导致近曲小管对尿酸的重吸收增加，痛风患者慎用。

**练一练8-1-1**

患急性肾炎尿量甚少时，使用利尿药应慎用或不用

A. 氢氯噻嗪　　　　　B. 呋塞米　　　　　C. 螺内酯

D. 依他尼酸　　　　　E. 利尿合剂

答案解析

**3. 降压药** 多数罹患本病的患者出现一过性轻、中度高血压，常与其水钠潴留有关，利尿后血压可逐渐恢复正常。少数患者可出现严重高血压甚至高血压脑病。噻嗪类利尿药更适用于合并高血压、轻度水钠潴留的患者。但易诱发氮质血症、肾功能不全，在肾小球滤过率 <25ml/min 时应慎用。一般情况下利尿后即可达到控制血压的目的，必要时可用钙通道阻滞药（CCB）等药物。钙通道阻滞药的主要不良反应为：①反射性激活交感神经系统引起的头痛、头晕、颜面潮红、心动过速；②抑制心肌收缩力；③心动过缓或房室传导阻滞；④胫前、踝部水肿。一旦出现不良反应，应立即停药或减量，并予以对症处理。患者本身亦可能出现四肢水肿，因此，胫前、踝部水肿应仔细鉴别是否为药物所致。一旦明确为该类药物所致的不良反应，应积极换药治疗。血管紧张素转换酶抑制剂（ACEI）因可以减少蛋白尿，保护肾功能，常用于肾病患者。其经常会出现以下不良反应：咳嗽、低血压、肾功能恶化、血管神经性水肿、高钾血症、皮肤反应、中性粒细胞减少等。使用 ACEI 出现咳嗽的发生率为 10% ~ 30% 不等，一般认为与缓激肽聚积相关，但与给药的剂量无关，并随着用药时间的延长，症状也不呈

缓解趋势。因此，大部分出现咳嗽的患者都需要换药治疗。干咳一般在停药 2 周内可逐渐消失。ACEI 类药物可以使肾小球滤过率呈不同程度地降低，从而出现程度不等的血肌酐升高现象，故在血清肌酐大于 265μmol/L 时应谨慎使用。

**4. 糖皮质激素** 本类药物一般建议在清晨 8 点左右口服或静脉滴注。既往有糖尿病或糖耐量异常者，应注意监测三餐后血糖，酌情处理。对依赖透析或需进行血浆置换治疗的患者，给药宜在透析后执行，或在下一次血液净化前 12 小时完成。糖皮质激素的不良反应与使用剂量、时间密切相关，口服泼尼松 5~10mg/d 及 10~15mg/d 一年以上者，不良反应的相对危险度分别为 4.5 和 32.3，说明即使是接近生理的很小剂量，若长期服用也会带来不良反应。常见不良反应包括：感染、痤疮、伤口愈合延缓、白内障、青光眼、高血压、消化道溃疡、骨质疏松、血糖升高、失眠及肾上腺皮质功能不全的表现。 🄔 微课 1

**5. 免疫抑制药** ①环磷酰胺：毒副作用与剂量相关。消化道的不良反应常见，表现为恶心、呕吐等；脱发、甲床色素沉着；骨髓抑制，白细胞减少最常见，给药后 3~7 天出现，10~14 天最低，一般 21 天恢复；出血性膀胱炎，与环磷酰胺代谢产物丙烯醛有关，用药期间注意水化，美司钠可中和丙烯醛；致癌性，应注意定期监测尿常规有无新发血尿。②吗替麦考酚酯：不良反应较少见，毒副作用与剂量相关。消化道不良反应常见，表现为恶心、呕吐等；大剂量用药者可出现骨髓抑制；药物剂量或累积剂量大者条件致病菌感染的发生率增加，如肺孢子菌肺部感染。③环孢素和他克莫司：肾毒性与药物的血管作用有关。药物损伤血管内皮细胞引起肾素产生及释放增多，导致血管收缩，从而出现系统性高血压和肾血管收缩导致肾小球滤过率下降，临床表现为急性肾衰竭或者慢性肾衰竭。毒副作用与剂量有关，因此应检测全血谷浓度；神经毒性，常见头痛、震颤、睡眠障碍，严重者可发生脑病昏迷；其他还有消化道症状、肝损害等。④硫唑嘌呤：常见的不良反应为血液系统损害、肝功能异常、感染、胃肠道反应等。其中，骨髓抑制、肺毒性、肝毒性等具有潜在致死性，临床应引起高度重视。应密切观察患者用药期间的临床表现及监测各项检验指标，如肝功能检查、全血细胞计数检查，尤其是老年患者的血液学指标，一旦出现异常反应，立即停药并对症治疗。⑤利妥昔单抗：用药过程中应注意 B 细胞计数的监测，因可能导致继发感染的发生率增加。

### （二）药物相互作用

**1. 同类药物之间**

（1）ACEI 与 ARB 类药物同属于肾素－血管紧张素系统，原则上禁止两药联用。肾素－血管紧张素系统双重阻滞会造成更低的血压，引起肾缺血、肾脏低灌注，诱发急性肾损伤；肾素－血管紧张素系统双重阻滞可进一步降低蛋白尿，但是不良心肾事件更多，可能也与动脉粥样硬化性肾动脉狭窄有关。

（2）袢利尿药与作用于肾小管其他部位的利尿药联合应用，能增强利尿效果。袢利尿药与噻嗪类利尿药的联合应用已被证实有"1＋1＞2"的协同效应。这种协同作用的产生缘于远曲小管利尿药可抑制袢利尿药作用后的潴钠效应，以及拮抗因长期使用袢利尿药所导致的远曲小管上皮细胞增生肥大。但需要注意，这两种利尿药联用可能会引起严重的血容量不足，或导致患者出现电解质紊乱，增加心律失常的风险。在使用时要对患者的电解质状况、体液状态进行严密监测。

**2. 不同类药物之间**

（1）ACEI 的主要不良反应有高钾血症、肾功能损害、咳嗽、血管神经性水肿等。肾功能正常者一般少见高钾血症，肾功能受损或与保钾利尿剂、非甾体抗炎药、β 受体拮抗药合用易致高钾血症，与其降低醛固酮的作用有关。ARB 也具有降低醛固酮的作用，有可能导致高钾血症，但其干预醛固酮的作用远远比 ACEI 弱，因此发生高钾血症的机会明显减少。ACEI/ARB 类药物对肾小球出球小动脉的扩张作用更显著，因此，当患者有重度水肿有效循环血容量不足时，应用 ACEI/ARB 易出现肾脏灌注不足，从而导致急性肾功能下降，血肌酐快速上升，尤其是患者合并腹泻、呕吐或联合应用非甾体抗炎药时，更容易出现急性肾功能下降。因此，患者在有效循环血容量纠正后才可以使用 ACEI/ARB 类药物。

（2）CCB 类药物通过阻滞血管平滑肌钙离子内流而扩张动脉，从而降低血压，对于 CCB 会诱发水肿，当它与 ACEI/ARB 类药物联用时，可通过后者扩张静脉的作用减轻水肿，且他们联用时可增强降压疗效。

（3）ACEI/ARB 在治疗过程中会引起水钠潴留，降低降压疗效，利尿药具有排钠作用，二者联用可增强降压疗效；其次，ACEI/ARB 可引起高钾血症，而利尿剂具有排钾作用，二者联用可减轻不良反应。因此，ACEI/ARB + 利尿剂是比较好的联合降压方案，且上市药物中已具有二者的复方制剂，服用方便，可增加患者治疗的依从性。

（4）利尿药和 β 受体拮抗药均能增加糖代谢、脂代谢的异常，从而增加心脑血管发生卒中的风险。因此，通常情况下不推荐 β 受体拮抗药联用利尿药治疗高血压，特别是对于有代谢综合征的患者。CCB 联用 β 受体拮抗药不仅降压效果显著，还减少了相应的不良反应。CCB 舒张外周血管，可逆转 β 受体拮抗药的外周缩血管作用。降压作用确切，β 受体拮抗药减慢心率，降低心肌耗氧量，并能消除前者反射性交感神经兴奋。

### （三）健康宣教 📱微课2

肾炎除了药物治疗，休息和合理饮食、积极向上的情绪以及和谐的人际关系也非常重要。休息可防止症状加重，促进疾病好转，因此，肾炎患者急性期应注意卧床休息，待血尿消退、水肿减轻后才能适当活动，避免劳累。注意合理饮食：水肿、血压升高者限盐，<3g/d；肾功能不全时限蛋白摄入，优质蛋白<0.6g/（kg·d）；少尿、循环充血者限水，量出为入。避免加重肾脏损害，避免劳累、妊娠、肾毒性药物如氨基糖苷类、含马兜铃酸的中药等。遵从医嘱，按时复查肾功能，避免肾功能恶化。同时，预防上呼吸道感染和皮肤感染。

## 目标检测

答案解析

**一、综合问答题**

1. 通过收集资料，说出急进性肾小球肾炎的临床表现和治疗原则。

2. 药师如何指导肾炎患者合理用药？

**二、案例分析题**

患者，男，21岁，咽部不适3周，浮肿、尿少1周。3周前咽部不适，轻咳，无发热，自服氟哌酸未见好转。近1周感双腿发胀，双眼睑浮肿，晨起时明显，同时尿量减少，200~500ml/d，尿色较红。于外院查尿蛋白（++），RBC、WBC不详，血压增高，口服"阿莫仙""保肾康"症状无好转来诊。

发病以来精神食欲可，轻度腰酸、乏力，无尿频、尿急、尿痛、关节痛、皮疹、脱发及口腔溃疡，体重3周来增加6kg。既往体健，青霉素过敏，个人、家族史无特殊。

查体：T 36.5℃，P 80次/分，R 18次/分，BP 160/96mmHg，双下肢可凹性浮肿。

化验：血 Hb 140g/L，WBC $7.7 \times 10^9$/L，PLT $210 \times 10^9$/L，尿蛋白（++），定量3g/24h，尿 WBC 0~1/高倍，RBC 20~30/高倍，偶见颗粒管型，肝功能正常，Alb 35.5g/L，BUN 8.5mmol/L，Scr 140μmol/L。血 IgG、IgM、IgA 正常，C3 0.5g/L，ASO 800IU/L。

请思考分析：

1. 最可能的诊断及诊断依据是什么？

2. 说出治疗原则和可能的治疗方案。药师应如何配合做好用药咨询指导？

3. 结合案例，如何在药学服务中体现职业素养和专业精神？

（陈 立）

**书网融合……**

| 重点回顾 | 微课1 | 微课2 | 习题 |

# 任务二　尿路感染的药物治疗

PPT

**学习目标**

**知识目标：**

**1. 掌握** 尿路感染的药物治疗原则、药物种类和代表药物、临床治疗方案。

**2. 熟悉** 尿路感染的症状、治疗药物的用法用量和相关药学服务知识。

**3. 了解** 尿路感染的病因和诊断。

**技能目标：**

1. 能够结合临床治疗指南正确选用治疗尿路感染的药物，开展用药咨询、指导合理用药、协助拟定药物治疗方案等药学服务。

2. 学会判断尿路感染治疗药物的常见不良反应并提供处理方案，主动提供健康宣教。

**素质目标：**

培养尊重、关爱尿路感染患者及家属，积极、细致、认真的服务意识和职业精神。

## 导学情景

**情景描述：**患者，女，30岁，因尿频、尿急、尿痛3天来诊。患者3天前无明显诱因发生尿频、尿急、尿痛伴耻骨弓上不适，因怕排尿而不敢多喝水，同时服止痛药，但症状仍不好转。无发热、寒战、腰痛、肾区叩击痛。有1型糖尿病史，血糖控制不详。尿常规示：白细胞计数150个/μl，红细胞计数45个/μl，尿蛋白（－）。空腹血糖15.5mmol/L。

**情景分析：**结合患者最近症状、基础疾病、尿常规，诊断为1型糖尿病、急性膀胱炎。

**讨论：**结合案例，协助拟定治疗方案，并说出药学服务要点。

**学前导语：**膀胱炎占尿路感染的60%以上，分为急性单纯性膀胱炎和反复发作性膀胱炎。致病菌多为大肠埃希菌，约占75%以上。可口服复方新诺明、呋喃妥因、磷霉素氨丁三醇、阿莫西林/克拉维酸、头孢氨苄或头孢拉定等抗感染药物治疗。本任务介绍尿路感染相关的知识技能，为今后开展药学服务打好基础。

尿路感染（urinary tract infection，UTI），简称尿感，是指病原体在尿路中生长、繁殖而引起的感染性疾病。本任务主要介绍由细菌引起的尿路感染。

根据感染发生部位可分为上尿路感染和下尿路感染，前者系指肾盂肾炎、输尿管炎，后者主要指膀胱炎、尿道炎。肾盂肾炎、膀胱炎又有急性和慢性之分。根据有无尿路结构或功能的异常，又可分为复杂性和非复杂性（单纯性）尿感。复杂性尿感是指伴有尿路引流不畅、结石、畸形、膀胱输尿管反流等结构或功能的异常，或在慢性肾实质性疾病基础上发生的尿路感染。不伴有上述情况者称为非复杂性尿感。根据发作频次，分为初发或孤立发作尿感和反复发作性尿感。尿路感染如能及时治疗，并发症很少，但伴有糖尿病和（或）存在复杂因素的肾盂肾炎未及时治疗或治疗不当可出现肾乳头坏死、肾周围脓肿。由于泌尿系统和生殖系统感染经常同时发生，应协同治疗，可见本教材相关内容。

## 一、疾病概述

### （一）病因与发病机制

**1. 病因**　革兰阴性杆菌为尿路感染最常见致病菌，其中以大肠埃希菌最为常见，约占全部尿路感染的85%，其次为肺炎克雷伯菌、变形杆菌、枸橼酸杆菌、铜绿假单胞菌等。约5%～15%的尿路感染由革兰阳性细菌引起，主要是肠球菌和葡萄球菌。此外，真菌、病毒、衣原体、支原体也可以引起尿路感染。大肠埃希菌最常见于无症状性细菌尿、非复杂性尿路感染或首次发生的尿路感染。国内复杂性尿路感染细菌谱的特点是大肠埃希菌感染比例降低，而产超广谱 β - 内酰胺酶（ESBLs）菌株比例升高，另一个特点是肠球菌感染比例升高。

**2. 发病机制**

（1）感染途径　主要包括上行感染、血行感染、直接感染、淋巴道感染，以上行感染最为常见。

（2）机体防御功能　正常情况下，进入膀胱的细菌很快被清除，是否发生尿路感染除与细菌的数量、致病力有关外，还取决于机体的防御功能。机体的防御机制包括：①排尿的冲刷作用；②尿道和膀胱黏膜的抗菌能力；③尿液中高浓度尿素、高渗透压和低 pH 等；④前列腺分泌物含有的抗菌成分；⑤感染出现后，白细胞很快进入膀胱上皮组织和尿液中，起清除细菌的作用；⑥输尿管膀胱连接处的活瓣具有防止尿液、细菌进入输尿管的功能。

（3）易感因素　包括尿路梗阻、膀胱输尿管反流、机体免疫力低下、神经源性膀胱、妊娠、性别和性活动、医源性因素、泌尿系统结构异常、遗传因素等。

（4）细菌的致病力　细菌进入膀胱后能否引起尿感，与其致病力有很大关系。

### （二）临床表现与诊断

**1. 膀胱炎的临床表现**　膀胱炎约占尿路感染的60%以上，分为急性单纯性膀胱炎和反复发作性膀胱炎。主要表现为尿频、尿急、尿痛、排尿不适、下腹部疼痛等，部分患者迅速出现排尿困难。尿液常混浊，并有异味，约30%可出现血尿。一般无全身感染症状，少数患者出现腰痛、发热，但体温常不超过38.0℃。如患者有突出的全身表现，体温 >38.0℃，应考虑上尿路感染。

**2. 急性肾盂肾炎的临床表现**　急性肾盂肾炎可发生于各年龄段，育龄女性最多见。临床表现与感染程度有关，通常起病较急。

（1）全身症状　发热、寒战、头痛、全身酸痛、恶心、呕吐等，体温多在38.0℃以上，多为弛张热，也可呈稽留热或间歇热。部分患者出现革兰阴性杆菌败血症。

（2）泌尿系统症状　尿频、尿急、尿痛、排尿困难、下腹部疼痛、腰痛等。腰痛程度不一，多为钝痛或酸痛。部分患者膀胱刺激症状不典型或缺如。

（3）体格检查　除发热、心动过速和全身肌肉压痛外，还可发现一侧或两侧肋脊角或输尿管各压痛点压痛和（或）肾区叩击痛。

**3. 诊断**　典型的尿路感染有尿路刺激征、感染中毒症状、腰部不适等，结合尿液改变和尿液细菌学检查，诊断不难。复杂性尿路感染的诊断常需结合影像学检查。

根据患者临床表现，一般容易做出定位诊断。上尿路感染常有发热、寒战，甚至出现毒血症症状，伴明显腰痛，输尿管点和（或）肋脊点压痛、肾区叩击痛等。而下尿路感染常以膀胱刺激征为突出表现，一般少有发热、腰痛等。

## 二、治疗目标与原则

### （一）一般治疗

急性期注意休息，多饮水，勤排尿。发热者给予易消化、高热量、富含维生素的饮食。膀胱刺激征和血尿明显者，可口服碳酸氢钠片1g，每日3次，以碱化尿液、缓解症状、抑制细菌生长、避免形成血凝块，对应用磺胺类抗感染药物者还可以增强药物的抗菌活性并避免尿路结晶形成。尿路感染反复发作者应积极寻找病因，及时去除诱发因素。

### （二）治疗原则

1. 给予抗感染药物前留取清洁中段尿，做病原菌培养及药敏试验。经验治疗时，按常见病原菌给药；获知病原菌及药敏试验结果后，根据经验治疗效果及药敏试验结果酌情调整。

2. 急性单纯性下尿路感染初发患者，首选口服用药，宜用毒性小、口服吸收好的抗感染药物，疗程通常为3~5天。

3. 急性肾盂肾炎伴发热等明显全身症状的患者应注射给药，退热后可改为口服给药，疗程一般为2周。反复发作性肾盂肾炎患者疗程需更长，并应特别关注预防措施。

4. 对抗感染药物治疗无效的患者应进行全面尿路系统检查，若发现存在尿路结石、尿路解剖畸形或功能异常等复杂因素者，应予以矫正或相应处理。

5. 对导尿管相关尿路感染，宜尽早拔除或更换导尿管。

6. 绝经后妇女反复发生尿路感染，应注意是否与妇科疾患相关，酌情请妇科协助治疗。

## 三、常用治疗药物

抗微生物药物是尿路感染最重要的治疗药物，包括治疗细菌感染药物、抗真菌药物等。实际中可参照《抗菌药物临床应用指导原则（2015年版）》对膀胱炎和肾盂肾炎进行经验治疗及尿路感染的病原治疗（表8-2，表8-3）。

表8-2　膀胱炎和肾盂肾炎的经验治疗

| 疾病 | 可能的病原菌 | 宜选药物 | 可选药物 | 备注 |
|---|---|---|---|---|
| 膀胱炎（非孕妇） | 大肠埃希菌<br>腐生葡萄球菌<br>肠球菌属 | 复方新诺明或呋喃妥因或磷霉素氨丁三醇或阿莫西林/克拉维酸 | 头孢氨苄或头孢拉定 | |
| 膀胱炎（孕妇） | 大肠埃希菌<br>腐生葡萄球菌<br>肠球菌属 | 呋喃妥因[1]或头孢克肟 | 磷霉素氨丁三醇或阿莫西林/克拉维酸 | |

| 疾病 | 可能的病原菌 | 宜选药物 | 可选药物 | 备注 |
| --- | --- | --- | --- | --- |
| 急性肾盂肾炎 | 大肠埃希菌等肠杆菌科细菌<br>腐生葡萄球菌<br>肠球菌属 | 氨苄西林或阿莫西林或第一、二、三代头孢菌素 | 哌拉西林/他唑巴坦或氨苄西林/舒巴坦或阿莫西林/克拉维酸或氟喹诺酮类[2]或碳青霉烯类 | 碳青霉烯类用于重症或伴血流感染者 |
| 反复发作尿路感染 | 大肠埃希菌等肠杆菌科细菌<br>腐生葡萄球菌<br>肠球菌属 | 哌拉西林/他唑巴坦或氨苄西林/舒巴坦或阿莫西林/克拉维酸 | 呋喃妥因或磷霉素或氟喹诺酮类[2]或碳青霉烯类 | |

注：[1] 呋喃妥因禁用于足月孕妇（孕 38 周以上）。[2] 大肠埃希菌对氟喹诺酮类的耐药率达 50% 以上。

表 8 – 3　尿路感染的病原治疗

| 疾病 | 病原菌 | 宜选药物 | 可选药物 | 备注 |
| --- | --- | --- | --- | --- |
| 特异性尿道炎（非孕妇） | 淋病奈瑟菌 | 头孢曲松或头孢克肟 | 头孢噻肟或头孢唑肟 | 应筛查梅毒同时检查性伴侣 |
| | 沙眼衣原体 | 阿奇霉素 | 多西环素或米诺环素 | |
| 特异性尿道炎（孕妇） | 淋病奈瑟菌 | 阿莫西林或头孢曲松 | 头孢噻肟或头孢克肟 | |
| | 沙眼衣原体 | 阿奇霉素 | 红霉素 | |
| 膀胱炎 | 大肠埃希菌（ESBL 阴性） | 呋喃妥因或磷霉素氨丁三醇或复方新诺明 | 头孢氨苄或头孢拉定 | |
| | 大肠埃希菌（ESBL 阳性） | 阿莫西林/克拉维酸氨苄西林/舒巴坦 | 呋喃妥因或磷霉素氨丁三醇 | |
| | 腐生葡萄球菌 | 苯唑西林或氯唑西林或复方新诺明 | 第一、二代头孢菌素或磷霉素 | |
| | 肠球菌属 | 氨苄西林或阿莫西林 | 阿莫西林/克拉维酸呋喃妥因、糖肽类或磷霉素氨丁三醇 | |
| 肾盂肾炎 | 大肠埃希菌、克雷伯菌属等肠杆菌科细菌（ESBL 阴性） | 第二代或第三代头孢菌素 | 氟喹诺酮类或氨苄西林/舒巴坦或阿莫西林/克拉维酸 | |
| | 大肠埃希菌、克雷伯菌属等肠杆菌科细菌（ESBL 阳性） | 哌拉西林/他唑巴坦或氨苄西林/舒巴坦或阿莫西林/克拉维酸 | 碳青霉烯类或法罗培南 | |
| | 腐生葡萄球菌（非 MRS） | 苯唑西林氯唑西林 | 第一、二代头孢菌素或氟喹诺酮类 | |
| | 腐生葡萄球菌（MRS） | 糖肽类 | | |
| | 肠球菌属 | 氨苄西林，阿莫西林 | 阿莫西林/克拉维酸糖肽类 | 重症者可联合氨基糖苷类 |
| | 铜绿假单胞菌 | 头孢他啶或头孢吡肟 ± 氨基糖苷类 | 环丙沙星或哌拉西林/他唑巴坦 ± 氨基糖苷类或亚胺培南，美罗培南 | |
| | 念珠菌属 | 氟康唑 | 两性霉素 B | |

注：我国大肠埃希菌等对氟喹诺酮类的耐药率达 50% 以上，选用该类药物治疗应参照药敏结果。

**✎ 练一练8-2-1**

下列属于β-内酰胺类抗感染药物的是

A. 呋喃妥因　　　　B. 阿米卡星　　　　C. 阿莫西林
D. 左氧氟沙星　　　E. 万古霉素

答案解析

**👁 看一看8-2-1**

### 碳青霉烯类抗感染药物的特点

碳青霉烯类抗感染药物的抗菌谱广、抗菌活性强，对需氧菌、厌氧菌均具有抗菌作用，特别是对多重耐药革兰阴性杆菌，如产超广谱β-内酰胺酶（ESBLs）肠杆菌科细菌具很强的抗菌活性。该类药物的临床适应证广，在多重耐药菌感染、需氧菌与厌氧菌混合感染、重症感染及免疫缺陷患者感染等的抗菌治疗中发挥重要作用。

目前我国上市的碳青霉烯类抗感染药物有5个品种：亚胺培南、美罗培南、帕尼培南、比阿培南和厄他培南。厄他培南抗菌谱相对较窄，对铜绿假单胞菌、不动杆菌等非发酵糖细菌的抗菌作用差；其他4个品种的药效学特性相仿。亚胺培南、帕尼培南分别与西司他丁及倍他米隆组成合剂，后二者分别为肾脱氢肽酶抑制剂及近端肾小管有机阴离子输送系统抑制剂，并不起到抗菌作用。

## 四、药学服务

尿路感染的药学服务内容广泛，形式多样，基础性工作包括：①向医师介绍尿路感染常用抗感染药物的特点，提供各类药物的剂量、疗程、不良反应、相互作用的信息咨询服务；②向护士提供尿路感染常用抗感染药物使用注意事项、特征性不良反应等；③向患者介绍尿路感染疾病特点、药物使用注意事项，提高用药依从性；④向患者、家属及社会公众介绍疾病相关知识、滥用抗感染药物的危害等。

**（一）用药注意事项** 📱微课1

本类疾病使用的抗感染药物种类繁多，包括β-内酰胺类、氨基糖苷类、四环素类、大环内酯类、林可霉素类、喹诺酮类、磺胺类等。而β-内酰胺类抗感染药物品种多，疗效确切，严重不良反应发生率低，以活性形式通过泌尿系统排泄比例高，是尿路感染最常用药物。

**1. 青霉素类** 治疗尿路感染主要是广谱青霉素，包括：对部分肠杆菌科细菌有抗菌活性，如氨苄西林、阿莫西林；对多数革兰阴性杆菌包括铜绿假单胞菌具抗菌活性，如哌拉西林、阿洛西林、美洛西林。应注意无论采用何种给药途径，用青霉素类抗感染药物前必须详细询问患者有无青霉素类过敏史、其他药物过敏史及过敏性疾病史，并须先做青霉素皮肤试验。老年人肾功能呈轻度减退，宜适当减量应用。

**2. 头孢菌素类** 一般将本类药物分为四代，其抗菌谱、抗菌活性、对β-内酰胺酶的稳定性以及肾毒性不同，应结合治疗需要和药敏试验具体选择。

（1）对任何一种头孢菌素类抗感染药物有过敏史及有青霉素过敏性休克史的患者均属于禁用。

（2）用药前必须详细询问患者既往有否对头孢菌素类、青霉素类或其他药物的过敏史。有青霉素类、其他β-内酰胺类及其他药物过敏史的患者，有明确应用指征时应谨慎使用本类药物。在用药过程中一旦发生过敏反应，须立即停药。如发生过敏性休克，须立即就地抢救并予以肾上腺素等相关治疗。

（3）本类药物多数主要经肾脏排泄，中度以上肾功能不全患者应根据肾功能适当调整剂量。中度以上肝功能减退时，头孢哌酮、头孢曲松可能需要调整剂量。

（4）氨基糖苷类和第一代头孢菌素注射剂合用可能加重前者的肾毒性，应注意监测肾功能。

（5）头孢哌酮可导致低凝血酶原血症或出血，合用维生素 K 可预防出血；本药亦可引起戒酒硫样反应，用药期间及治疗结束后 72 小时内应戒酒或避免摄入含乙醇饮料。

### ♥ 药爱生命

抗感染药物广泛应用于医疗卫生、农业养殖领域，在治疗感染性疾病挽救患者生命、防治动物疫病提高养殖效益以及保障公共卫生安全中，发挥了重要作用。但是，由于多种因素的影响，细菌耐药问题日益突出，不仅会使抗感染药物逐步失效，而且可能导致出现无药可治的多重耐药菌。细菌耐药已经成为全球公共健康领域面临的一项重大挑战，引起了我国及国际社会的广泛关注。世界卫生组织、世界动物卫生组织，以及美国、欧盟、英国等国际组织、国家和地区纷纷采取了积极措施加以应对。我国相关部门也积极行动起来，制订出台了《遏制细菌耐药国家行动计划》《抗菌药物临床应用管理办法》《抗菌药物临床应用指导原则》等有关规定，让抗感染药物使用逐步走向法制化、规范化道路，延缓细菌耐药。 📱微课 2

---

**3. β–内酰胺类/β–内酰胺酶抑制药** 此类药物显著降低耐药性的发生，且给药方便，安全性高。

（1）应用阿莫西林/克拉维酸、氨苄西林/舒巴坦、替卡西林/克拉维酸和哌拉西林/他唑巴坦前，必须详细询问药物过敏史并进行青霉素皮肤试验，对青霉素类药物过敏者或青霉素皮试阳性患者禁用。对以上复合制剂中任一成分过敏者亦禁用该复合制剂。

（2）有头孢菌素类或舒巴坦过敏史者禁用头孢哌酮/舒巴坦。有青霉素类过敏史的患者确有应用头孢哌酮/舒巴坦的指征时，必须在严密观察下慎用，但有青霉素过敏性休克史的患者不可选用头孢哌酮/舒巴坦。

（3）应用本类药物时如发生过敏反应，须立即停药；一旦发生过敏性休克，应就地抢救，并给予吸氧及注射肾上腺素、糖皮质激素等抗休克治疗。

（4）中度以上肾功能不全患者使用本类药物时，应根据肾功能减退程度调整剂量。

**4. 碳青霉烯类** 可分为具有抗非发酵菌和不具有抗非发酵菌两组，多为复方形式。前者主要有亚胺培南/西司他丁（西司他丁具有抑制亚胺培南在肾内被水解的作用）、美罗培南、帕尼培南/倍他米隆（倍他米隆具有减少帕尼培南在肾内蓄积中毒的作用）、比阿培南和多立培南；后者为厄他培南。

亚胺培南、美罗培南、帕尼培南、比阿培南等对各种革兰阳性球菌、革兰阴性杆菌（包括铜绿假单胞菌、不动杆菌属）和多数厌氧菌具强大的抗菌活性，对多数耐药菌产生的 β–内酰胺酶高度稳定；但对甲氧西林耐药葡萄球菌和嗜麦芽窄食单胞菌等抗菌作用差。厄他培南半衰期较长，可每日一次给药；对铜绿假单胞菌、不动杆菌属等非发酵菌，抗菌作用差。近年来，非发酵菌尤其是不动杆菌属细菌对碳青霉烯类抗感染药物的耐药率迅速上升，肠杆菌科细菌中亦出现部分碳青霉烯类耐药，严重威胁碳青霉烯类抗感染药物的临床疗效，必须合理应用这类抗感染药物，加强对耐药菌传播的防控。

（1）对本类药物及其配伍成分过敏的患者均属禁用，且不宜用于治疗轻症感染，更不可作为预防用药。肾功能不全者及老年患者应用本类药物时，应根据肾功能减退程度减量用药。

（2）本类药物可致严重中枢神经系统反应，多发生在有癫痫等相关病史及肾功能减退患者未减量用药者。中枢神经系统感染患者不宜应用亚胺培南/西司他丁，可应用美罗培南或帕尼培南/倍他米隆，需严密观察抽搐等严重不良反应。

**? 想一想8-2-1**

1. 许多抗感染药物在人体内主要经肾排出，某些抗感染药物尚具有肾毒性。那么，肾功能减退的感染患者应用抗感染药物时，是否需要调整给药方案？

2. 简述抗感染药物临床应用实行分级管理的重大意义以及主要考虑因素。

答案解析

### （二）药物相互作用

碳青霉烯类与丙戊酸或双丙戊酸联合应用，可能导致后两者血药浓度低于治疗浓度，增加癫痫发作风险，不宜联合应用。

由于抗感染药物与各类药物合用机会较多，新品种较多，且多由静脉给药集中配置中心完成调配，药师应将此工作作为重点咨询和指导项目。

### （三）健康宣教 📱微课3

应对患者进行常规用药教育，告知所使用的药物、目的、用法用量和可能的不良反应和处理等，提高用药依从性。教会正确留取尿液标本的方法；多饮水、勤排尿是最有效的预防方法；注意会阴部清洁；对与性生活有关的尿路感染，应于性交后立即排尿，或遵医嘱采用口服药物预防；膀胱输尿管反流者，要"二次排尿"，即每次排尿后数分钟，再排尿一次。

## 目标检测

答案解析

### 一、综合问答题

1. 通过收集资料，说出尿路感染的主要易感因素。

2. 结合实际，尿路感染的治疗原则有哪些？

### 二、案例分析题

患者，女，67岁，以"右侧腰痛1天"为主诉入院。入院时测得血压81/41mmHg，体温39℃，身高150cm，体重54kg，即时血糖5.5mmol/L。体格检查：急性面容，表情痛苦，全身皮肤黏膜苍白，双侧肋脊角对称，无隆起。右侧肾区叩击痛明显，左侧肾区无叩击痛。右侧输尿管走行区有压痛。耻骨上膀胱区无隆起，无压痛。外生殖器发育正常，尿道外口未见异常分泌物。辅助检查：血液白细胞计数$1.1 \times 10^9$/L，中性粒细胞比率49.5%，C反应蛋白55.4mg/L，降钙素原75.6ng/ml，肌酐120μmol/L；尿液混浊，红细胞计数0.8个/μL，白细胞计数109.8个/μL。上腹部CT示右侧肾盂输尿管连接部结石并右肾积水，双肾小结石，双肾周炎性改变，以右侧为著。入院诊断：脓毒性休克，复杂性尿路感染，右肾盂出口结石伴右肾积水，双肾周围炎。

入院后即予液体复苏，亚胺培南西司他丁钠1.0g（以复方制剂计）ivgtt q8h抗感染。第2天行膀胱镜下右侧双J管置入术，术顺，术后安返病房，术后继续亚胺培南西司他丁钠抗感染。第3天血培养、尿培养均检出大肠埃希菌，对头孢唑啉、头孢呋辛、头孢曲松、头孢噻肟、亚胺培南、美罗培南、阿莫西林/克拉维酸、哌拉西林/他唑巴坦敏感，左氧氟沙星、环丙沙星耐药。结合患者既往史、现病史、治疗反应、微生物学检查结果，予改用头孢噻肟钠2.0g ivgtt q8h继续抗感染。

2周后，患者一般情况良好，生命体征平稳，神志清楚。双侧肋脊角对称，无隆起，双侧肾区无叩击痛，耻骨上膀胱区无隆起，无压痛。患者病情恢复良好，予办理出院。嘱出院1个月后返院治疗右侧泌尿系结石。

请思考分析：

1. 本例患者尿路感染有哪些易感因素？

2. 抗感染药物降阶梯治疗需要考虑哪些因素？本案例的药学服务要点有哪些？

3. 结合案例，如何在工作中体现药学人员的专业精神与职业素养？

（陈　立）

---

## 书网融合……

| 重点回顾 | 微课1 | 微课2 | 微课3 | 习题 |

PPT

## 任务三　肾病综合征的药物治疗 ⓔ微课

**学习目标**

**知识目标：**

**1. 掌握**　肾病综合征的药物治疗原则、药物种类和代表药物、临床治疗方案。

**2. 熟悉**　肾病综合征的症状、治疗药物的用法用量和相关药学服务知识。

**3. 了解**　肾病综合征的病因和诊断。

**技能目标：**

1. 能够结合临床治疗指南正确选用治疗肾病综合征的药物，开展咨询、指导用药、协助拟定药物治疗方案等药学服务。

2. 学会判断肾病综合征治疗药物的常见不良反应并提供处理方案，主动提供健康教育。

**素质目标：**

培养尊重、关爱肾病综合征患者及家属，树立积极、细致、认真的服务意识和职业精神。

## 📖 导学情景

**情景描述：**患者，女，64岁，因"间歇性眼睑水肿和双下肢水肿1年"就诊。查体：体温36.8℃，脉搏82次/分，呼吸20次/分，血压150/100mmHg，颜面浮肿，心肺查体无特殊，腹部稍膨隆，移动性浊音（＋），双肾区叩击痛（±），双下肢凹陷性浮肿。实验室检查：尿蛋白（＋＋＋＋），红细胞2~3个/高倍视野，24小时尿蛋白定量6.27g，血肌酐74μmol/L，肌酐清除率72.5ml/min，尿素氮5.3mmol/L，血清总蛋白38g/L，白蛋白17g/L，总胆固醇10.0mmol/L，三酰甘油1.93mmol/L。转氨酶、血糖和肾功能正常，体液免疫指标、自身抗体检测、肿瘤标志物检测等正常。泌尿系统B超未见异常。无糖尿病及其他病史。肾穿刺活检提示：膜性肾病Ⅱ期。

**情景分析：**肾病综合征是一种以大量蛋白尿为特征的肾小球疾病。大量蛋白排泄导致体内液体聚集（水肿）以及血液中白蛋白水平低，脂肪水平高。损害肾脏的药物和疾病都可以引起肾病综合征。患者感觉疲劳，出现组织肿胀（水肿）。

**讨论**：患者患何种疾病？请协助拟定药物治疗方案。

**学前导语**：肾病综合征的治疗除休息和控制饮食之外，药物治疗占主导地位，以利尿药消除水肿对症治疗和免疫抑制药（包括糖皮质激素、细胞毒药物、其他免疫抑制药）针对病因治疗为主，同时应用他汀类、抗凝药、血管紧张素转换酶抑制药和血管紧张素 II 受体拮抗药以及抗菌药物等，用于降低血脂、预防血栓形成、降低血压、控制感染、防治并发症和保护肾功能。本任务将介绍肾病综合征的药物治疗知识与技能，有助于更好地开展药学服务。

肾病综合征（nephrotic syndrome，NS）是由多种原因引起肾小球基底膜通透性增高，以大量蛋白尿、低蛋白血症、严重水肿及高脂血症为特征的临床综合征。凡能引起肾小球滤过膜通透性增高的各种疾病均可导致肾病综合征，可分为原发性肾病综合征和继发性肾病综合征。其中，原发性肾病综合征约占75%，继发性肾病综合征约占25%。

## 一、疾病概述

### （一）病因与发病机制

继发于其他系统疾病如系统性红斑狼疮性肾炎、糖尿病性肾病、多发性骨髓瘤、过敏性紫癜等，肾病综合征仅为原发病临床表现的一部分。原发性肾病综合征病因不明，肾病综合征为其唯一临床表现。据肾脏活检所见的病理改变分为：微小病变肾病、系膜增生性肾炎、局灶性节段性肾小球硬化、膜性肾病、膜增生性肾小球肾炎。因继发性肾病综合征多采取以治疗原发病为主的治疗，本任务重点讨论原发性肾病综合征的药物治疗。

肾病综合征大量蛋白尿形成的基本病理基础是肾小球滤过屏障异常，凡能够增加肾小球内压力以及导致高灌注、高滤过的因素（如高血压、高蛋白饮食或大量输注血浆蛋白）均可加重蛋白尿排泄。此外，肾内血管紧张素 II 增加，使出球小动脉收缩，肾小球内毛细血管压力增加，亦可增加蛋白质漏出。

### （二）临床表现与诊断

**1. 症状及体征**　肾病综合征的临床特征为大量蛋白尿、低蛋白血症、水肿（图 8 - 1）、伴或不伴高脂血症，其中，大量蛋白尿和低蛋白血症是肾病综合征诊断的必备条件。由于大量蛋白质丢失，病程越长，患者营养不良表现越明显，有贫血、乏力等。除此之外，肾病综合征可能引起感染、血栓和栓塞、急性肾衰竭及蛋白质和脂质代谢紊乱等并发症。

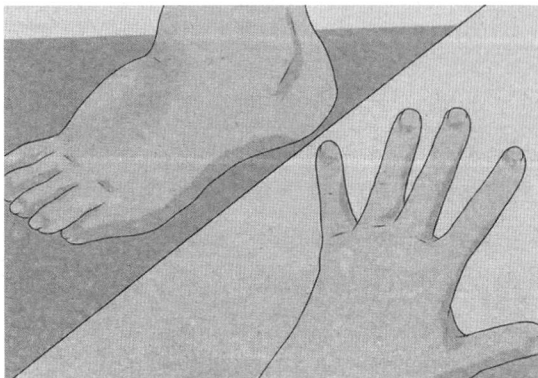

图 8 - 1　肾病综合征上下肢水肿图

**2. 实验室检查** 肾病综合征患者尿检可见大量尿蛋白，24 小时尿蛋白定量大于 3.5g。血总蛋白和白蛋白均降低，其中，血浆白蛋白小于 30g/L，伴有或不伴总胆固醇和三酰甘油升高。部分肾炎型肾病有血清补体 C3 持续降低。肾功能一般正常。肾穿刺活检做出病理诊断，可进一步明确病因。

**3. 病情分期** 对于肾小球滤过率（GFR）$< 60\text{ml}/(\text{min} \cdot 1.73\text{m}^2)$ 或有明确肾损伤的族群，根据既往病史及检查结果判断其肾脏疾病病程；当病程达 3 个月以上即可诊断为慢性肾脏病。根据 GFR 指标，对慢性肾脏病的病情划分如下。

第 1 期肾功能正常，微量蛋白尿，GFR：$\geqq 90\text{ml}/(\text{min} \cdot 1.73\text{m}^2)$。

第 2 期轻度慢性肾衰竭，GFR：$60 \sim 89\text{ml}/(\text{min} \cdot 1.73\text{m}^2)$。

第 3 期中度慢性肾衰竭，GFR：$30 \sim 59\text{ml}/(\text{min} \cdot 1.73\text{m}^2)$。

第 4 期重度慢性肾衰竭，GFR：$15 \sim 29\text{ml}/(\text{min} \cdot 1.73\text{m}^2)$。

第 5 期末期肾脏病变，GFR：$< 15\text{ml}/(\text{min} \cdot 1.73\text{m}^2)$。

## 二、治疗目标与原则

慢性肾脏病治疗的主要目标是阻止病情向肾衰竭末期发展，传统上认为慢性肾衰竭只能控制，但近年来逐渐认为，经积极治疗后肾功能稍微有所改善是可能的。

### （一）治疗目标

肾病综合征的治疗目的是保护肾功能、减缓肾功能恶化程度。肾病综合征的病理改变不同，引起治疗效果不一，因此强调早期病因和病理类型诊断。采用的治疗原则是适当休息，合理饮食，对症治疗，对因治疗，积极预防和治疗并发症。

### （二）治疗原则

治疗原则为尽量针对病因、病状对症下药，采取综合措施，并控制高血压、动脉血管疾病、肾性贫血、感染等并发症。

**1. 非药物治疗** 肾病综合征有严重水肿和低蛋白血症的患者需要卧床休息。病情稳定者需要适当活动以防止静脉血栓形成。合理膳食结构，有助于控制血脂和蛋白尿，改善营养不良。发生急性肾衰竭有透析指征者，应及时进行透析治疗以帮助患者度过危险期。

**2. 药物治疗原则** 药物治疗的主要措施是利尿药消除水肿和免疫抑制药的应用，同时使用降低血脂、抗凝、抗感染等对症治疗各种并发症。继发性肾病综合征则应以治疗原发病为主。

## 三、常用治疗药物

### （一）糖皮质激素

糖皮质激素是治疗肾病综合征的基础药物，用于治疗原发性肾小球疾病，主要是其抗炎作用和免疫抑制作用。目前治疗肾病综合征常用的糖皮质激素是生物半衰期为 12 ~ 36 小时的中效类，即泼尼松、泼尼松龙、甲泼尼龙（表 8 - 4）。肝功能损害或泼尼松治疗效果欠佳时，可选用泼尼松龙或甲泼尼龙口服或静脉滴注。

表 8 - 4  常用糖皮质激素类药物的比较

| 类别 | 药物 | 等效剂量（mg） | 糖代谢活性（比值） | 水盐代谢活性（比值） | 血浆半衰期（分钟） | 作用持续时间（小时） |
|------|------|----------------|--------------------|----------------------|--------------------|----------------------|
| 短效 | 可的松 | 25 | 0.8 | 0.8 | 30 | 8 ~ 12 |
|      | 氢化可的松 | 20 | 1 | 1 | 90 | |
| 中效 | 泼尼松 | 5 | 3.5 | 0.8 | 60 | 12 ~ 36 |
|      | 泼尼松龙 | 5 | 4 | 0.8 | 200 | 12 ~ 36 |
|      | 甲泼尼龙 | 4 | 11 | 0.5 | 180 | 12 ~ 36 |
| 长效 | 地塞米松 | 0.75 | 20 | 0.1 | 100 | 36 ~ 54 |
|      | 倍他米松 | 0.6 | 11 | 0.1 | 300 | 36 ~ 54 |

💙 **药爱生命**

　　糖皮质激素是临床上用途最广的药物之一，它经常被大众化地称为"激素类药物"，因其是人体正常分泌激素之一，对糖、脂肪、蛋白质等的合成代谢具有重要调节作用。而其药理作用的发现和应用则是在 1929 年，英国科学家亨奇和肯德尔等人开始采用从动物中提取的可的松治疗类风湿关节炎，取得明显疗效；其后人们对可的松甾醇结构的取代基和官能团进行修饰改造，合成了多种皮质激素衍生物，成为治疗曾经非常棘手的免疫性疾病，如肾病综合征、类风湿性疾病、炎性皮肤病等的有力武器，具有划时代意义，两位科学家也在 1950 年获得了诺贝尔生理学或医学奖。随着糖皮质激素的广泛使用，其不良反应和产生的药源性疾病也日趋多见，甚至成为制约其临床应用的"禁锢"。

　　以上事实告诉我们，新药的产生往往来自对人体结构功能的新认识，任何一种新药都不是十全十美的，药物始终存在"双刃剑"的特征，这就要求药学人员在药学服务工作中，科学全面地推介药品，提高药物治疗水平，为人民群众健康做出贡献。

　　**1. 适应证及临床评价**　糖皮质激素对肾病综合征的疗效反应在很大程度上取决于其病理类型，一般认为只有微小病变肾病的疗效最为肯定。根据患者对糖皮质激素的治疗反应，可分为激素敏感型（用药 8 ~ 12 周内肾病综合征缓解）、激素依赖型（激素减量至一定程度即复发）和激素抵抗型（激素治疗无效）三类。

　　病理上存在明显血管炎性病变和明显的细胞浸润、渗出等活动性炎性病变的患者，应积极应用糖皮质激素和免疫抑制药治疗，必要时可实施甲泼尼龙的冲击治疗。而肾脏在病理上有明显肾小球硬化、肾间质纤维化病变和临床上伴有肾功能不全的患者，则应以非特异性治疗为主，而不宜使用糖皮质激素治疗。

✎ **练一练8-3-1**

下列关于糖皮质激素药理作用的叙述中，错误的是

A. 抗细菌内毒素作用　　　　　　　　　　　　B. 抗感染作用

C. 抑制体温调节中枢对致热原的反应　　　　　D. 抑制各种炎症反应

E. 骨质疏松患者慎用糖皮质激素

答案解析

　　**2. 不良反应**　长期应用糖皮质激素可引起多种不良反应，如类肾上腺皮质功能亢进症、诱发或加重感染、糖耐量降低和加重糖尿病、消化性溃疡、体重增加、下肢浮肿、创面愈合不良，骨质疏松及骨折、肌无力、肌萎缩、低钾血症综合征、儿童生长受到抑制、青光眼、良性颅内压升高综合征。激素导致的蛋白质高分解状态可加重氮质血症，促使血尿酸增高，诱发痛风和加剧肾功能减退。

✎ 练一练8-3-2

糖皮质激素所引起的不良反应不包括

A. 高血压　　　　　B. 高血糖　　　　　C. 高钾血症

D. 低血钙　　　　　E. 低血磷

答案解析

**3. 注意事项**　糖皮质激素可与许多药物发生相互作用，在治疗肾病综合征时尤其应注意，糖皮质激素与排钾利尿药合用可致低钾血症，减弱利尿药的作用。与免疫抑制药合用可加重感染的危险性，并可诱发淋巴瘤或其他淋巴细胞增生性疾病。

长期应用激素可引起许多不良反应，如患者可出现精神疾病，长期使用激素时感染症状有时不明显，特别容易延误诊断，使感染扩散。激素长期应用可加剧肾病综合征的骨病，甚至产生无菌性股骨颈缺血性坏死和白内障等。因此，临床上使用糖皮质激素强调适时、适量和密切观察。

**4. 用法及用量**

（1）原则上应根据肾活检病理结果选择治疗药物及疗程。激素的使用原则为：起始剂量要足，持续时间要足，减量要慢，小剂量维持治疗预防复发。起始剂量常用大剂量泼尼松，成人 $1.0 \sim 1.5$ mg/（kg·d），儿童为 $2 \sim 2.5$ mg/（kg·d），清晨顿服。

（2）对于病理上有明显的肾间质炎症病变、小球弥漫性增生、细胞性新月体形成和血管纤维素样坏死等活动性改变的患者，特别是伴有近期血肌酐升高者，应予以甲泼尼龙静脉滴注治疗。

（3）合并肝功能障碍者选用泼尼松龙。不能口服激素的患者可选用泼尼松龙肌内注射或静脉注射。即使激素用药后 2 周内肾病综合征完全缓解（水肿消退、尿蛋白转阴），也需至少激素治疗 4 周后开始减量；成人患者通常需激素足量治疗 8 周。如大剂量激素治疗 8 周后肾病综合征仅有部分缓解，可加用细胞毒性药物，并适当延长疗程，但最长不超过 12 周。如大剂量激素治疗 8 周后肾病综合征无明显改善，且无感染等影响糖皮质激素疗效的因素，可判断为糖皮质激素无效型肾病综合征。

（3）对糖皮质激素治疗敏感、肾病综合征迅速缓解的患者，可按每 $1 \sim 2$ 周减 10% 剂量至激素的维持量，即泼尼松 0.4mg/kg 隔日清晨顿服。

（4）如为常复发性肾病综合征，使用激素需维持量治疗后缓慢减量直至停用。对于起始治疗阶段结束后肾病综合征仅获得部分缓解的患者，在以小剂量激素治疗 8 个月或更长时间后，如果患者肾病综合征获得完全缓解，则以缓解时剂量服用 4 周后，再非常缓慢地减量至维持量，然后缓慢减量直至停用。

（5）对糖皮质激素治疗无效的患者，则迅速减量后，不做维持治疗而迅速停药，并进行肾脏病理检查以明确诊断。

👁 看一看8-3-1

### 糖皮质激素的撤药方案

自 1929 年人类发现可的松对类风湿关节炎有治疗作用以来，糖皮质激素广泛使用，为减轻不良反应，在撤药时应遵循的原则可以归纳为：短疗程者可快速减药；长疗程者需缓慢慢减药，遵循"先快后慢"原则，具体如下。

1. 激素疗程在 7 天之内者，可以直接停药；超过 7 天者，则需要先减药后撤药。

2. 泼尼松 30mg/d×2 周者，可以按每 $3 \sim 5$ 天减少泼尼松 5mg/d 的剂量。

3. 泼尼松 50mg/d×4 ~ 8 周者，需要每 $1 \sim 2$ 周减少泼尼松 5mg/d 的剂量，至 20mg 左右后每 $2 \sim 4$ 周减 5mg。

若过程中病情反复，可酌情增加剂量。

### （二）细胞毒药物和免疫抑制药

环磷酰胺（cyclophosphamide）是临床常用的细胞毒药物，能抑制细胞 DNA 合成、干扰细胞增殖并降低 B 淋巴细胞功能，从而抑制免疫功能，具有防治肾小球硬化及肾小管间质纤维化的作用。免疫抑制剂环孢素 A 能可逆性地抑制 T 淋巴细胞增殖，降低辅助 T 淋巴细胞的功能，减少白介素 2 和其他淋巴细胞因子的合成和释放。

**1. 适应证及临床评价** 环磷酰胺适用于对激素治疗无效，或激素依赖型或反复发作型，或因不能耐受激素不良反应且全身情况尚可而无禁忌证的肾病综合征患者。一般不作为首选或单独应用于肾病综合征。

环孢素 A 可作为激素抵抗和细胞毒药物治疗无效的肾病综合征治疗二线用药，对微小病变、膜性肾病和膜增生性肾炎疗效较好。

**2. 不良反应及注意事项** 环孢素 A 的常见不良反应有胃肠道反应、肾毒性、肝损伤、血小板减少等，与氨基糖苷类合用可能增加肾衰竭的危险。

环磷酰胺可引起骨髓抑制、胃肠道反应、泌尿道反应，当大剂量静脉滴注而缺乏有效预防措施时，可致出血性膀胱炎，表现为膀胱刺激症状、少尿、血尿及蛋白尿，系其代谢产物丙烯醛刺激膀胱所致，用药时患者应多饮水，大剂量应用时应水化利尿，同时给予尿路保护药。

应用细胞毒药物，应定期监测血常规和血小板计数、肝功能和尿常规，注意造血功能低下、病毒和细菌感染及出血性膀胱炎等。

**3. 用法及用量**

（1）环磷酰胺的参考用量为 2~3mg/（kg·d），疗程为 8 周，以静脉注射或静脉滴注为主。对微小病变、膜性肾炎引起的肾病综合征，可选用间歇静脉滴注治疗，参考剂量为 8~10mg/（kg·d），每 2~4 周一次，连用 5~6 次，以后根据患者的耐受情况延长用药间隙期，总剂量可达 6~12g。

（2）环孢素 A 的起始剂量为 3~5mg/（kg·d），然后根据环孢素血药浓度（应维持其血药浓度峰谷在 100~200mg/L 之间）进行调整。一般疗程为 3~6 个月，复发者再用仍有效。

### （三）利尿药

治疗肾病综合征患者水肿，除限制钠摄入及卧床休息外，应合理应用利尿药，包括袢利尿药（如呋塞米或布美他尼）、噻嗪类利尿药、保钾利尿药螺内酯，以及渗透性利尿药甘露醇。

**1. 适应证及临床评价** 对于肾病综合征患者利尿治疗的原则是不宜过快过猛，以免造成血容量不足，加重血液高黏度倾向，诱发血栓和栓塞并发症。一般首选袢利尿药，而噻嗪类利尿药对肾病综合征严重水肿疗效较差。袢利尿药和噻嗪类利尿药均为排钾利尿药，故常与螺内酯合用。

对无明显肾功能损害的高度水肿患者可间歇、短程使用甘露醇，但对少尿的患者应慎用甘露醇，以免由于尿量减少，甘露醇在肾小管腔内形成结晶造成肾小管阻塞，导致急性肾衰竭。在渗透性利尿药应用之后随即给予袢利尿药，消除水肿的效果更好。

**2. 用法与用量** 呋塞米常用剂量为 20~120mg/d，分次口服或静脉注射。长期应用 7~10 天后，利尿作用减弱，有时需加大剂量，可改为间隙用药，即停药 3 天后再用。建议对严重水肿者选用作用部位不同的利尿剂，联合交替使用。甘露醇 250ml/d，静脉滴注，间歇或短程使用。

👁 看一看8-3-2

#### 甘露醇的正确用法

甘露醇是一种单糖，其甜度相当于蔗糖的 70%，在低于 20℃ 的环境中就会出现结晶，在秋冬季或室内温度很低的情况下会出现大量结晶。结晶的甘露醇必须在晶体溶解后才可使用，故使用前应仔细检查，以确保没有结晶。如有结晶，可连同包装一起放置在低于45℃的热水或烘箱内加热，但不得使用微波炉加热药液。

## 四、药学服务

开展肾病综合征的药学服务主要包括：①向医师介绍糖皮质激素、细胞毒药物和免疫抑制药、利尿药的特点，提供各类药物的剂量、疗程、不良反应、相互作用的信息咨询服务；②向护士提供糖皮质激素、细胞毒药物和免疫抑制药、利尿药等的使用注意事项，细胞毒药物的不良反应等；③向患者介绍肾病综合征药物治疗特点和使用方法，发生不良反应、糖皮质激素撤药等的应对措施，提高其用药依从性；④向患者、家属及社会公众介绍肾病综合征治疗的内容和意义等。

### （一）用药注意事项

对于激素抵抗型、激素依赖型或反复发作型，或因不能耐受激素不良反应，可选用细胞毒药物如环磷酰胺、环孢素A等，以降低机体免疫功能，减少免疫反应对肾脏的损伤。同时对症治疗，进行利尿消肿。

对于利尿药必须有选择地适当应用，一般首选袢利尿药，轻中度水肿也可选择噻嗪类利尿药，两者均为排钾利尿药，故常与螺内酯合用。对无明显肾功能损害的高度水肿患者可间歇、短程使用甘露醇，对少尿的患者应慎用甘露醇。利尿无效者，应及时进行血液透析以维持生命。

肾病综合征患者应避免使用经肾脏排泄的药物，或降低剂量使用。需要避免许多其他药物，如血管紧张素转换酶抑制药、血管紧张素Ⅱ受体拮抗药和某些利尿药（如螺内酯、阿米洛利和氨苯蝶啶），重度慢性肾病和高钾血症患者使用螺内酯、阿米洛利和氨苯蝶啶可导致血钾升高，应慎用。

为了减少尿蛋白，可提高血浆胶体渗透压，如静脉注射免疫球蛋白可完全或部分缓解蛋白尿，改善肌酐清除率。肾病综合征的并发症严重影响疗效和预后，必须积极治疗感染，以降低肾病综合征复发，提高疗效。应用他汀类调血脂药物能改善高脂血症，不过，一般在肾病综合征缓解后，高脂血症可自然缓解，无需长期用药。

### （二）药物相互作用

**1. 泼尼松**　①与排钾利尿药合用，可致严重低钾血症，并由于水钠潴留而减弱利尿药的排钠利尿效果；②与免疫抑制剂合用，可增加感染的危险，并可能诱发淋巴瘤或其他淋巴细胞增生性疾病。

**2. 缬沙坦**　与保钾利尿剂（如螺内酯、氨苯蝶啶、阿米洛利）联合应用时，补钾或使用含钾制剂可导致血钾浓度升高，联合用药时需要注意。

**3. 螺内酯**　①促肾上腺皮质激素能减弱本药的利尿作用，拮抗潴钾作用。②雌激素能引起水钠潴留，减弱本药的利尿作用。③与含钾药物、库存血（含钾30mmol/L，如库存10日以上含钾高达65mmol/L）、血管紧张素转换酶抑制药、血管紧张素Ⅱ受体拮抗药和环孢素A等合用时，增加高钾血症概率。④与肾毒性药物合用，肾毒性增加。

**4 低分子肝素钙**　与非甾体类抗炎镇痛药，水杨酸类药，口服抗凝药，影响血小板功能的药物和血浆增容药（右旋糖酐）合用时，可增加出血危险性。

### （三）健康宣教

肾病综合征患者以卧床休息为主，并应保持适当的床上及床旁活动，以减少血栓发生的可能。

告知患者及家属饮食、营养调节的重要性。每日进食的盐、油、糖用量需要控制，多数早期患者增加饮水量效果较佳，减少动物性蛋白的摄取比例可以减缓糖化终产物，有些研究认为对维持肾功能也有帮助（减少红肉及加工肉品摄入的正面效益很明显）；肾功能较差者要控制蛋白质摄取量，并摄取高品质蛋白质；疾病后期，患者严格控制钾的摄入量。

**❓ 想一想8-3-1**

1. 为什么肾病综合征患者需要限制蛋白质、钠和钾的摄入？

2. 如果有患者抱怨，服用糖皮质激素类药物会有恶心、头昏与踝关节水肿，这可能是什么原因导致的？如何进行用药指导？

答案解析

## 目标检测

答案解析

### 一、综合问答题

1. 试述肾病综合征应用糖皮质激素的使用原则及药物治疗策略。

2. 结合实际，影响肾病综合征治疗效果的因素有哪些？

### 二、案例分析题

患者，男，17岁，体重66kg，因"间断水肿1年余，加重1周"入院。患者1年前无明显诱因出现眼睑及双下肢水肿，晨起加重，傍晚好转。曾于当地医院就诊，诊断为肾病综合征，予以泼尼松片50mg po qd 治疗，2个月后尿蛋白转阴，泼尼松片减量至45mg po qd，后每月逐步减量5mg。半年后减量至25mg po qd 时，再次出现尿蛋白阳性，至当地医院就诊时，又将泼尼松片调整至55mg po qd，疗程3个月，尿蛋白未转阴。2个月前曾入院就诊，行肾活检。病理提示：局灶节段性肾小球硬化。医生建议在泼尼松片50mg po qd 的基础上联合缬沙坦、雷公藤片治疗，但患者及家属拒绝。近期患者反复出现眼睑及双下肢水肿，并逐渐发展至全身浮肿，伴乏力、恶心。为求进一步诊治，遂就医。

请思考分析：

1. 该患者使用过哪些种类的肾病综合征治疗药物？这些药物主要用于什么情况的肾病综合征患者？该患者还可以选用哪些治疗肾病综合征的药物（至少说出两种）？

2. 该患者反复出现眼睑及双下肢水肿，并逐渐发展至全身浮肿，伴乏力、恶心等现象，最可能的原因是什么？是否可以配伍或调换哪些药物加以改善？

3. 医生决定增加使用甲泼尼龙琥珀酸钠40mg ivgtt qd、他克莫司胶囊0.5mg po bid；托拉塞米注射液iv qd、低分子肝素钙注射液4100U ih qd、泮托拉唑注射液40mg ivgtt qd、阿托伐他汀钙片10mg po qn治疗。最主要的依据是什么？

4. 结合病例，药学人员在药学服务中应如何体现专业精神和职业素养？

（阳　剑）

书网融合……

重点回顾　　　　　微课　　　　　习题

## 任务四　肾衰竭的药物治疗 ⓔ 微课1　ⓔ 微课2　ⓔ 微课3

PPT

**学习目标**

**知识目标：**

**1. 掌握**　肾衰竭的药物治疗原则、治疗药物种类和代表药物、临床治疗方案。

**2. 熟悉**　肾衰竭的症状、治疗药物的用法用量和相关药学服务知识。

**3. 了解**　肾衰竭的病因和诊断。

**技能目标：**

1. 能够结合临床指南正确选用治疗肾衰竭的药物，开展咨询、指导用药，协助拟定药物治疗方案等药学服务。

2. 学会判断肾衰竭治疗药物的常见不良反应并提供处理方案，主动提供健康教育。

**素质目标：**

培养尊重、关爱肾衰竭患者及家属，积极、细致、认真的服务意识和职业精神。

### 📖 导学情景

**情景描述：**患者，男，47岁，73kg。2型糖尿病（糖尿病肾病、慢性肾脏病3期、高血压病3级）。患者已进入慢性肾脏病3期，此次入院主要进行腹膜透析置管术。

**药物治疗：**硝苯地平控释片30mg，一日1次；卡维地洛6.25mg，一日2次；特拉唑嗪2mg，一日1次降压治疗。三餐前皮下注射门冬胰岛素注射液7IU，睡前皮下注射甘精胰岛素注射液6IU降糖治疗。

**用药分析：**入院期间使用的药物主要是对症治疗，监测血糖控制尚可，继续院外降糖方案。但由于腹膜透析为含糖透析液，需告知患者开始规律透析时需监测血糖。

**讨论：**患者目前主要有哪些疾病？协助拟定预防或治疗的药物方案。

**学前导语：**慢性肾衰竭是由多种肾脏疾病引起的慢性持久性肾功能减退，导致含氮代谢废物在体内潴留、水电解质及酸碱平衡失调，导致全身多系统症状的一种临床综合征。慢性肾衰竭的治疗原则是尽可能明确病因、去除诱因及纠正水、电解质、酸碱平衡及其他代谢紊乱，以维持内环境稳定；防治并发症；保护残存肾单位功能、延缓肾衰竭的进展。本任务将介绍肾衰竭药物治疗的知识与技能，从而有助于更好地开展药学服务。

肾衰竭一般按其发病和病程变化，分为急性肾衰竭和慢性肾衰竭。除了肾脏不能充分滤过血液中的代谢废物（如肌酐和尿素氮）以外，肾脏控制体内水分的量和分布（体液平衡）以及血液中的电解质（钠、钾、钙、磷）和酸水平的能力也下降。

急性肾衰竭通常发病急，病程发展快，病情危重，是临床各科室，尤其是内科、外科、重症医学科和妇产科较为常见的危重疾病。影响急性肾衰竭病死率的因素主要有原发病、肾衰竭的严重程度和进展速度、感染、心血管并发症以及患者的年龄和健康状况等。

当慢性肾衰竭发生时，血压常升高，肾脏产生足量激素［如促红细胞生成素（erythropoietin，EPO），这些激素可刺激新的红细胞生成)］的能力降低，导致红细胞数量的减少（即贫血）。肾脏也失去了生成足量 1,25 - 二羟维生素 $D_3$（也称骨化三醇，活性形式的维生素 D）的能力，骨化三醇对骨骼健康至关重要。在儿童，肾衰竭会影响骨骼生长。不论儿童还是成人，肾衰竭都会导致骨质疏松和成骨异常。

尽管各个年龄阶段的人都会出现肾功能下降，但是急性肾损伤和慢性肾病在老年人中更常见。急性肾功能不全是人体各脏器衰竭中经治疗后能完全恢复功能的，尤其病程早期，如能及早诊断、及时抢救、治疗适当，病情是可逆性的，一般肾功能可完全恢复，否则可遗留永久性慢性肾功能不全。透析和肾移植可以将致死性的肾衰竭转变为一种可治疗的疾病。

👁 看一看8-4-1

### 老年人肾功能的变化

研究表明，人类在 40 岁以后肾脏的各种功能渐进性下降。老年人的肾脏随着年纪增长而缩小，肾实质减少、肾小球逐渐硬化，因为肾小球毛细血管滤过屏障面积显著减少；同时，随着年纪增大，全身血管病变多，容易造成肾脏的循环和灌注减少。

以上原因造成老年人在生理功能方面都出现肾小球滤过率（GFR）下降、肾小管浓缩与稀释功能下降。所以，老年人容易出现夜尿增多、小便清长、身体浮肿等症状，也容易在抽血检查肾功能时发现血肌酐偏高、GFR 下降。

## 一、疾病概述

### （一）病因、分类与发病机制

**1. 急性肾衰竭（acute renal failure，ARF）** 是由多种病因引起的急性肾损害，属临床危重症，可在数小时至数天内使肾单位调节功能急剧减退，以致不能维持体液电解质平衡和排泄代谢产物，出现高钾血症、代谢性酸中毒及急性尿毒症综合征，此综合征临床上称为急性肾衰竭。

急性肾衰竭可在许多致病条件下发生，狭义的急性肾衰竭是指急性肾小管坏死。广义的急性肾衰竭按病因可分为 3 种：即肾前性急性肾衰竭（肾脏低灌注导致的肾前性氮质血症，一般不损害肾实质）；肾后性急性肾衰竭（为急性尿路梗阻所致）；肾实质性急性肾衰竭（包括肾毒性损伤、肾缺血性损伤及急性肾小管坏死）。按临床表现，急性肾衰竭又可分为少尿型与非少尿型以及高分解型。

**2. 慢性肾衰竭（chronic renal failure，CRF）** 是由各种原因引起的肾脏损害进行性恶化，造成肾单位严重毁损，使机体在排泄代谢废物和调节水、电解质及酸碱平衡等方面发生紊乱或失调的临床综合征，为各种肾脏疾病持续发展的共同转归，又称尿毒症。

引起慢性肾衰竭的病因可分为原发性和继发性两种。原发性肾脏病如慢性肾小球肾炎、慢性肾盂肾炎、慢性间质性肾炎、先天性和遗传性肾病等。继发性肾脏病主要有系统性红斑狼疮性肾病、糖尿病肾病、高血压肾小动脉硬化症、结节性多动脉炎肾病、多发性骨髓瘤肾病、高尿酸血症肾病，以及各种药物和重金属所致的肾脏病等；尿路梗阻性肾病如尿路结石、前列腺肥大、尿道狭窄等也可导致慢性肾衰竭。继发性肾脏病以糖尿病肾病及高血压肾小动脉硬化症较多见。

### （二）急性肾衰竭的症状及体征

急性肾衰竭常由严重创伤、疾病或手术导致肾脏灌注不足引起，但部分情况下则由快速进展的内源性肾脏病引起。急性肾衰竭在病理上有肾小管坏死和修复两个阶段。急性肾小管坏死（acute tubular necrosis，ATN）的最大特点是肾功能可以恢复正常，这个过程包括损伤细胞的恢复、坏死细胞腔内管型的清除、细胞再生，最终使肾小管上皮细胞的完整性全部恢复。急性肾衰竭根据临床表现和病程的共同规律，一般分为少尿期、多尿期和恢复期三个阶段。

**1. 少尿或无尿期**　少尿期的临床表现主要是恶心、呕吐、头痛、头晕、烦躁、乏力、嗜睡以及昏迷。由于少尿期体内水、钠的蓄积，患者可出现高血压、肺水肿和心力衰竭。当蛋白质的代谢产物不能经肾脏排泄，造成含氮物质在体内积聚时，出现氮质血症。如同时伴有感染、损伤、发热，则蛋白质分解代谢加快，血中尿素氮、肌酐快速升高，即形成尿毒症。

**2. 多尿期**　每天尿量达 2.5L 称为多尿，多尿期大约持续 2 周，每天尿量可成倍增加，进行性尿量增多是肾功能开始恢复的一个标志，但多尿期的开始阶段尿毒症的症状并不改善，甚至会更严重，且 GFR 仍在 10ml/min 或以下；当尿素氮开始下降时，病情才逐渐好转。多尿期早期仍可发生高钾血症，持续多尿可发生低钾血症、失水和低钠血症。此外，此期仍易发生感染、心血管并发症和上消化道出血等。故应密切观察水、电解质和酸碱平衡情况。

多尿期的临床表现主要是体质虚弱、全身乏力、心悸、气促、消瘦、贫血等。这一时期由于肾功能未完全恢复，仍有一定的危险性。

**3. 恢复期**　急性肾小管坏死患者在恢复早期变异较大，可毫无症状，自我感觉良好，或体质虚弱、乏力、消瘦；当血尿素氮和肌酐明显下降时，尿量逐渐恢复正常。除少数外，肾小球滤过功能多在 3 ~ 6 个月内恢复正常。但部分病例肾小管浓缩功能不全可持续 1 年以上。若肾功能持久不恢复，可能提示肾脏遗留有永久性损害。

**✎ 练一练8-4-1**

肾衰竭是指

A. 持续少尿或无尿的病理过程

B. 引起氮质血症的各种疾病

C. 尿中出现蛋白质、管型、红细胞和白细胞的病理过程

D. 各种肾实质疾病引起的病理过程

E. 因肾功能障碍导致代谢物蓄积，水、电解质和酸碱平衡紊乱

答案解析

### （三）慢性肾衰竭的症状及体征

**1. 消化系统症状**　是本病最早与最常见的症状；患者先出现食欲缺乏、上腹饱胀等胃部不适症状；然后可发展为恶心、呕吐、服泻、舌和口腔黏膜溃烂甚至有消化道出血等。

**2. 血液系统表现**　患者出现肾性贫血和出血倾向，白细胞计数多正常，但中性粒细胞的趋化、吞噬和杀菌能力减弱。

**3. 心血管系统症状**　高血压与水钠潴留和肾素增高有关，少数患者可发生恶性高血压。可引起左心扩大、心力衰竭、动脉硬化等，心力衰竭是常见的死亡原因，部分患者可有尿毒症性心脏病。

**4. 精神、神经及肌肉系统表现**　肾衰竭早期可有疲乏、失眠、注意力不集中等精神症状，后期出现抑郁、记忆力减退、判断错误、对外界反应淡漠和昼夜颠倒等。神经系统表现有呃逆、病痛性痉挛、抽搐等。肾衰竭晚期常有周围神经病变，表现为肢体麻木、感觉丧失，或有烧灼疼痛感等。

**5. 呼吸系统表现**　酸中毒时呼吸深长，体液过多可引起肺水肿。代谢产物潴留可引起尿毒症支气管炎、肺炎、胸膜炎，甚至有胸膜腔积液。部分患者易并发肺部感染。

**6. 皮肤症状**　常见皮肤瘙痒，面部肤色常较深并萎黄，有轻度水肿感，称尿毒症面容。常随汗在皮肤排出，可形成尿素霜。

**7. 肾性骨营养不良症**　包括纤维囊性骨炎、尿毒症性骨软化症、骨质疏松症和骨硬化症。部分患者临床有骨痛表现。

**8. 内分泌失调**　一般垂体、甲状腺、肾上腺功能相对正常。血浆肾素可正常或升高，血浆 1, 25 - $(OH)_2$ - $VitD_3$ 降低，血浆促红细胞生成素降低。

**9. 水、电解质紊乱和酸碱平衡失调** 可表现为失水或水过多。高钾血症可导致严重的心律失常，有时可无症状而突然出现心脏骤停，部分患者有肌无力或麻痹，心电图有特征性改变，是监测高钾血症快速而准确的方法。酸中毒时 $HCO_3^-$，< 13.5mmol/L，可出现深大呼吸、恶心和呕吐、躁动不安，严重者可表现为昏迷、心力衰竭、血压下降。

## 二、治疗目标与原则

### （一）治疗目标

**1. 积极控制原发病因，去除加重肾损伤的可逆因素** 急性肾损伤首先要纠正可逆的病因。对于各种严重外伤、心力衰竭、急性失血等都应进行相应的治疗，包括扩容、纠正血容量不足、休克和控制感染等。停用影响肾灌注或有肾毒性的药物。注意调整药物剂量，如有可能，检测血清药物浓度。

（1）**维持体液平衡** 在少尿期，患者容易出现水负荷过多，极易导致肺水肿。严重者还可出现脑水肿。应密切观察患者的体重、血压和心肺症状与体征变化，严格计算患者 24 小时液体出入量。补液时遵循"量入为出"的原则。每日补液量 = 显性失液量 + 不显性失液量 − 内生水量。如出现急性心力衰竭，则最有效的治疗措施是尽早进行透析治疗。

（2）**纠正高钾血症** 当血钾超过 6.5mmol/L，应密切监测心率和心电图，并紧急处理。可采用 10% 葡萄糖酸钙缓慢静脉注射；伴代谢性酸中毒者可给 5% 碳酸氢钠静脉滴注或 25% 葡萄糖 200ml 加普通胰岛素静脉滴注，以及应用口服降钾树脂类药物或呋塞米等排钾利尿剂以促进尿钾排泄。如以上措施无效，应尽早进行透析治疗。

（3）**纠正代谢性酸中毒** 如 $HCO_3^-$ 低于 15mmol/L，可根据情况选用 5% 碳酸氢钠溶液静脉滴注。对于严重酸中毒患者，应立即开始透析治疗。

（4）**其他电解质紊乱** 如出现定向力障碍、抽搐、昏迷等水中毒症状，可给予高渗盐水滴注或透析治疗。对于无症状性低钙血症，不需要处理。纠正酸中毒后，常因血中游离钙浓度降低，导致手足抽搐，可给予 10% 葡萄糖酸钙稀释后静脉注射。

**2. 控制感染** 一旦出现感染迹象，应积极使用有效抗感染药物治疗，可根据细菌培养和药物敏感试验选用对肾无毒性或毒性低的药物，并按肾小球滤过率调整剂量。

**3. 血液净化治疗** 血液净化在急性肾衰竭的救治中起关键作用，常用模式有血液透析、血液滤过和腹膜透析三大基本类型。对纠正氮质血症、心力衰竭、严重酸中毒及脑病等症状均有较好的效果，近年来连续性肾脏替代疗法（continuous renal replacement therapy，CRRT）的应用，使死亡率大大下降。

**4. 恢复期治疗** 多尿开始时，由于肾小球滤过率尚未完全恢复，仍应注意维持水、电解质和酸碱平衡，控制氮质血症，治疗原发病和防止各种并发症。大量利尿后要防止脱水及电解质的丢失，要及时补充。根据肾功能恢复情况，逐渐减少透析次数直至停止透析。

### （二）急性肾衰竭的治疗原则

主要包括如下。①积极治疗原发病，纠正可逆性致病因素。②支持、对症治疗，包括根据患者的血容量状态和尿量、心功能状态；维持体液平衡，纠正水、电解质和酸碱平衡；对高分解型 ATN 给予热量、蛋白质营养支持。③对于严重的肾功能损害、高钾血症、酸中毒、伴心功能损害者，应选择血液净化、替代治疗。

✎ 练一练8-4-2 ————————

在急性肾衰竭患者少尿期或无尿期，需紧急处理的电解质失调是

A. 低氧血症      B. 低钠血症      C. 低钙血症

D. 高镁血症      E. 高钾血症

答案解析

### （三）慢性肾衰竭的治疗原则

**1. 根据慢性肾衰竭的分期进行治疗**　肾脏病变引起的肾功能损害是一个较长的发展过程，病变的发展阶段不同，治疗方案也不同。目前治疗慢性肾衰竭的方法包括内科疗法与肾脏替代疗法。肾脏替代治疗包括透析疗法和肾移植术，是终末期肾衰竭患者的最佳治疗选择，但价格昂贵且受肾源的限制。内科疗法以药物治疗为主，可改善症状，延缓慢性肾衰竭的进展。但是进入尿毒症期，应以肾脏替代治疗为主，辅以药物治疗。

**2. 原发病和诱因的治疗**　及时诊断和治疗原发性疾病是防止慢性肾衰竭发生和发展、延缓功能进一步受损的关键。某些引起慢性肾衰竭的常见原发性疾病如慢性肾炎、狼疮肾炎、紫癜性肾炎、糖尿病肾病等经过长期治疗是可以控制的。应积极寻找慢性肾衰竭的各种诱因，纠正使肾功能恶化的可逆因素，如纠正水、电解质紊乱和酸碱平衡失调，补充血容量，控制感染，解除尿路梗阻，及时纠正心力衰竭，避免使用肾毒性药物等。

**3. 饮食疗法**　饮食疗法历来被认为是慢性肾衰竭的基本治疗措施，需根据患者的肾功能水平、不同病因（如糖尿病、高血压病、慢性肾炎等）、营养状况、摄食及消化功能制订饮食方案。应注意休息，避免过度劳累。避免摄入含植物蛋白较高的食物，予以鸡蛋与牛奶、鱼肉等优质蛋白，摄入量应注意控制。有水钠潴留者，应控制水、盐的补给量。

👁 **看一看8-4-2**

#### 都是"冰棍"惹的祸

夏日天气炎热，人们经常会食用"冰棍"来解暑。因短时间内大量食用冰棍等冷饮而致病的案例不在少数。曾有患者深夜食用大量冰棒、饮用冰水后入睡，第2天下午醒来后，感觉身体异常，呕吐不停，并且腹痛难忍。遂入院就医，初诊为肠胃炎，经连续3天输液治疗后，出现休克晕厥的状况，经检查确诊为急性肾衰竭，经及时抢救，才脱离危险。对此，医生提醒：夏天过量食用冰棍等冷饮，不仅会损伤肠胃，有些有基础病或隐匿病史的人会出现明显不适，导致多种疾病，严重时会还造成肝肾衰竭，比如急性肾衰竭等，如果不及时治疗，会发展为慢性肾脏病，需要血液透析，甚至会有生命危险。

## 三、常用治疗药物

### （一）急性肾衰竭的常用治疗药物

**1. 扩容药**　除肾小球疾病和血管炎所致的急性肾损伤外，几乎所有的AKI早期均应补充血容量，以增加肾血流量与肾小球滤过率，急性肾毒性的急性肾损伤早期充分补液还有利于肾毒素的排泄，常用0.9%氯化钠注射液。必须注意的是扩容前要准确判断患者处于急性肾损伤哪一期，如为少尿期则需要限制补液。

**2. 利尿药**　可能具有保护作用，可能预防急性肾损伤，加速肾脏恢复。然而，利尿药可能是有害的，可能通过降低循环血量造成前性因素，加重急性肾损伤，因此需慎用。目前最常用于防治急性肾损伤的是渗透性利尿与袢利尿药。

**3. 血管扩张药**　常用钙通道阻滞药和 β 受体激动药。钙通道阻滞药能阻止钙内流，维持细胞内外的钾与钠平衡；抑制管－球反馈机制，使入球小动脉收缩减轻，扩张肾血管，增加肾血流量；还可使细胞内的钙量减少，保护肾小球细胞，阻止其坏死。常用药物有硝苯地平和维拉帕米、β 受体激动药、多巴胺等，可增加肾血流量和肾小球滤过率，能直接作用于肾小管，干扰醛固酮的合成和释放，产生排钠利尿作用。

**（二）慢性肾衰竭的常用治疗药物**

**1. 抗贫血药** 外源性促红细胞生成素通过促进骨髓红系细胞的增生及分化作用，促进红细胞的生成，增加红细胞数和血红蛋白含量，改善慢性肾衰竭贫血。慢性肾脏病贫血患者常存在一定程度的铁缺乏，铁缺乏是导致红细胞生成刺激剂治疗反应差的主要原因。铁剂、叶酸和维生素 $B_{12}$ 是合成红细胞的原料，若合并使用，促红细胞生成的效果会更好。

**2. 钙调节药** 活性维生素 $D_3$，指 $1,25-(OH)_2-VitD_3$，肾间质产生肾线粒体 1-羟化酶，使 $25-OH-VitD_3$ 转化为有活性的 $1,25-(OH)_2-VitD_3$。

**3. 营养支持药** 补充必需氨基酸对慢性肾衰竭有独特的疗效。

**4. 清除肠道毒物** 吸附剂包醛氧淀粉在患者肠道内通过其醛基与氮质产物结合成络合物而排出体外，长期服用可降低尿素氮水平。

**（三）急性肾衰竭的治疗与预防**

**1. 急诊处理** 应在重症监护室处理本病危及生命的并发症。肺水肿的处理包括氧疗、静脉使用血管扩张药（如硝酸甘油）、利尿药或透析治疗。

高钾血症需要用 10ml 10% 葡萄糖酸钙、50g 葡萄糖、5~10IU 胰岛素的静脉注射治疗。这些药物不会减少体内钾的总量，因此需用聚磺苯乙烯钠、利尿药、透析等做进一步处理。

当出现以下情况时，需要进行血液透析或血液滤过：①严重的电解质紊乱无法得到控制（如钾 > 6mmol/L）；②肺水肿对药物治疗无反应；③代谢性酸中毒对药物治疗无反应；④出现尿毒症症状（如尿毒症造成的呕吐、震颤、脑病、心包炎或抽搐）。

血尿素氮（BUN）和肌酐水平一般不能作为采用透析的指标。对病情尚不严重的无症状患者，尤其是肾功能很有可能恢复的患者，透析可尽量推迟直至出现症状再进行，这样可避免放置中心静脉导管及其伴随的并发症。

**2. 一般治疗** 停止使用肾毒性药物，对所有经肾脏排泄药物（如地高辛、某些抗感染药物）的使用进行调整；必要时测定药物血药浓度。

严格限制每日水摄入量，应相当于前一天的尿量加检测的肾外丢失量（如呕吐物），再加不显性失水量 500~1000ml/d。低钠血症时需进一步限制水的摄入，而高钠血症时可增加水摄入量。如体重增加提示有过多液体潴留，但若血清钠水平正常可不减少水摄入量，而应限制饮食中钠摄入量。

保证每日包含的蛋白质摄入量达 0.8g/kg。若不能经口或肠道营养摄入，则可应用胃肠外营养，但在 AKI 中，静脉营养会增加体液负荷过多、高渗透压和感染的风险。餐前使用钙盐（碳酸钙、醋酸钙）或不含钙的合成性磷结合剂有助于维持血清磷 <5mg/dl（<1.78mmol/L）。

为使不透析时的血清钾 <6mmol/L，可应用聚苯乙烯磺酸钠 15~60g 口服或直肠给药，用水配制成混悬液，每天给药 1~4 次。

**练一练8-4-3**

静脉滴注剂量过大时易引起肾衰竭的药物是

A. 异丙肾上腺素　　B. 多巴胺　　C. 去甲肾上腺素
D. 肾上腺素　　E. 多巴酚丁胺

答案解析

**3. 预防** 急性肾衰竭是临床重危病，各种类型的 ARF 一旦形成，病死率较高。本病预后常与原发病性质、年龄、原有慢性疾患、肾功能损害的严重程度、早期诊断和早期治疗以及透析与否、有无多脏器功能衰竭和并发症等因素有关。肾前性肾衰如适当治疗，多可恢复；肾性肾衰以急性肾小球肾炎预后最好；非少尿性急性肾衰预后较少尿或无尿型好；年龄越小，预后越差，尤其合并泌尿系统畸形或先天心脏病患者；学龄儿童中以急进性肾炎预后最差。

目前，随着透析疗法的不断改进和早期预防性透析的广泛开展，直接死于肾衰竭本身的病例显著减少；多数主要死于原发病和并发症，尤其是多脏器功能衰竭。据统计，内科病因和产科病因者病死率明显下降，但严重创伤、大面积烧伤，大手术等外科病因和败血症所致急性肾小管坏死（ATN）的病死率仍高达70%以上，其中很大一部分合并多脏器功能衰竭。ATN发展为慢性肾功能不全者不足3%，主要见于严重的原发病、原有慢性肾脏疾病、高龄或诊断治疗不及时者。

积极治疗引起ATN的各种诱因和原发病，如及时纠正肾血流量不足、早期解除肾血管痉挛、缺氧，积极预防和治疗感染、彻底清除创伤坏死组织，并密切观察肾功能和尿量；合理使用抗感染药物、利尿药；对原有肾脏疾患、糖尿病和老年患者施行静脉尿路X射线造影检查时，要特别注意造影剂的使用剂量等。总之，对急性肾衰竭患者应按以上原则认真处理，尽量预防其发展为不可逆性肾衰竭。

### （四）慢性肾衰竭的治疗与预防

#### 1. 纠正酸中毒和水、电解质紊乱

（1）纠正代谢性中毒　代谢性酸中毒的处理主要为口服碳酸氢钠（$NaHCO_3$），轻者 1.5~3.0g/d 即可；中、重度患者 3~15g/d，必要时可静脉输入。可将纠正酸中毒所需 $NaHCO_3$ 总量分 3~6 次给予，在 48~72 小时或更长时间后基本纠正酸中毒。对有明显心衰的患者，要防止 $NaHCO_3$ 输入量过多，输入速度宜慢，以免心脏负荷加重；也可根据患者情况同时口服或注射呋塞米 20~200mg/d，以增加尿量，防止水钠潴留。

（2）水钠紊乱的防治　为防止出现水钠潴留，需适当限制钠摄入量，一般 NaCl 摄入量应不超过 6~8g/d。有明显水肿、高血压者，钠摄入量一般说来为 2~3g/d（NaCl 摄入量为 5~7g/d），个别严重病例可限制为 1~2g/d（NaCl 2.5~5g/d）。也可根据需要应用袢利尿药（呋塞米、布美他尼等），呋塞米 20~200mg/次，2~3 次/天，噻嗪类利尿药及潴钾利尿药对 CRF 患者（Scr>220μmol/L）不宜应用，因此时疗效甚差。对严重肺水肿急性左心衰竭者，常需及时给予血液透析或持续性血液滤过，以免延误治疗时机。

对慢性肾衰患者轻、中度低钠血症，一般不必积极处理，而应分析其不同原因，只对真性缺钠者谨慎地进行钠盐补充。对严重缺钠的低钠血症者，也应有步骤地逐渐纠正低钠状态。对"失钠性肾炎"患者，因其肾脏失钠较多，故需要积极补钠，但这种情况比较少见。

（3）高钾血症的防治　首先应积极预防高钾血症的发生。当 GFR<25ml/min（或 Scr 在 309.4~353.6μmol/L）时，即应适当限制钾的摄入。当 GFR<10ml/min 或血清钾水平>5.5mmol/L 时，则应更严格地限制钾摄入。在限制钾摄入的同时，还应注意及时纠正酸中毒，并适当应用利尿药（呋塞米、布美他尼等），增加尿钾排出。

对已有高钾血症的患者，还应采取更积极的措施。①积极纠正酸中毒，除口服碳酸氢钠外，必要时（血钾>6mmol/L）可静脉给予（静脉滴注或静脉注射）碳酸氢钠 10~25g，根据病情需要，4~6 小时后还可重复给予。②给予袢利尿剂，最好静脉或肌内注射呋塞米 40~80mg（或布美他尼 2~4mg），必要时将剂量增至 100~200mg/次，静脉注射。③应用葡萄糖–胰岛素溶液输入（葡萄糖 4~6g 中，加胰岛素 1U）。④口服降钾树脂，一般 5~20g/次，3 次/天，增加肠道钾排出。其中，以聚苯乙烯磺酸钙更为适用，因为离子交换过程中只释放钙，不释放钠，不致增加钠负荷。⑤对严重高钾血症（血钾>6.5mmol/L）且伴有少尿、利尿效果欠佳者，应及时给予血液透析治疗。

**练一练8-4-4**

下列关于急性肾衰竭少尿期患者的叙述中，正确的是

A. 大量补液　　　　　B. 摄入含钾食物　　　　C. 禁用库存血

D. 及时补充钾盐　　　E. 加强蛋白质摄入

答案解析

**2. 高血压的治疗**　对高血压进行及时、合理的治疗，不仅是为了控制高血压的某些症状，而且是为了积极主动地保护靶器官（心、肾、脑等）。血管紧张素转化酶抑制药（ACEI）、血管紧张素Ⅱ受体1拮抗药（ARB）、钙通道拮抗药、袢利尿药、β受体拮抗药、血管扩张药等均可应用，以ACEI、ARB、钙通道阻滞药的应用较为广泛。ACEI及ARB有使钾升高及一过性血肌酐升高的作用，在选用和应用过程中，应注意检测相关指标。透析前慢性肾衰患者的血压应<130/80mmHg，但维持透析患者血压一般不超过140/90mmHg即可。

**3. 贫血的治疗和rHuEPO的应用**　自重组人红细胞生成素（rHuEPO）问世后，绝大多数患者均可以免除输血；而且患者心、肺、脑的功能及工作能力均明显改善。如排除失血等因素，Hb<10～11g/dl或Hb<30%～33%，即可开始应用rHuEPO治疗。一般开始用量为每周80～120U/kg，分2～3次注射（或2000～3000U/次，每周2～3次），皮下或静脉注射；以皮下注射更为理想，既可达到较好疗效，又可节约用量1/4～1/3。对透析前慢性肾衰患者来说，目前趋向于小剂量疗法（2000～3000U，每周1～2次），疗效佳，副作用小。直至Hb上升至120（女）～130（男）g/L或Hct上升至33%～36%，是为达标；如Hb>13g/dl，宜谨慎观察。在维持达标的前提下，每个月调整用量1次，适当减少EPO的用量。个别透析患者rHuEPO剂量可能需有所增加（3000～4000U/次，每周3次），但不应盲目单纯加大剂量，而应当首先分析影响rHuEPO疗效的原因，有针对性地调整治疗方案。

影响rHuEPO疗效的主要原因是功能性缺铁。因此，在应用rHuEPO时，应同时重视补充铁剂，否则疗效常不满意。口服铁剂主要有琥珀酸亚铁、硫酸亚铁等。部分透析患者口服铁剂吸收较差，故常需要经静脉途径补充铁，以氢氧化铁蔗糖复合物（蔗糖铁）的安全有效性较好。

**4. 低钙血症、高磷血症和肾性骨病的治疗**　当GFR<30ml/min时，除限制磷摄入外，可应用磷结合剂口服，以阿仑膦酸钠较好。一般每日早餐前至少30分钟，空腹用200ml温开水送服，一次10mg，一日1次。

**5. 防治感染**　平时应注意防止感冒，预防各种病原体的感染。抗生素的选择和应用原则与一般感染相同，唯剂量要调整。在疗效相近的情况下，应选用肾毒性最小的抗感染药物。

**6. 高脂血症的治疗**　透析前慢性肾衰患者与一般高血脂者的治疗原则相同，应积极治疗。但对维持透析患者，高脂血症的标准宜放宽，血胆固醇水平保持在6.5～7.8mmol/L（25～300mg/dl），血三酰甘油水平保持在1.7～2.3mmol/L（150～200md/dl）为好。

❤ **药爱生命**

野生菌美味又富有营养，是美食家的最爱之一。但毒蘑菇却是人们一直挥之不去的阴影。那么，毒蘑菇的毒性表现有哪些呢？一般包括：①胃肠道反应，如恶心、呕吐、腹泻、腹痛等；②神经精神系统反应，如眩晕、视障、幻觉、谵妄、感觉异常等；③对重要脏器的损害，如引起急性肾损伤，甚至导致肾衰竭。毒蘑菇的肾毒性在早期表现为尿少、血尿等，并伴乏力、恶心、寒战、食欲不振、精神异常等。应及时到有经验的医院就诊，重点检查与肾衰有关的肌酐水平等指标。如超过正常范围（57～111μmol/L）的几十甚至几百倍，腹部CT提示双侧肾脏肿胀和肾周渗出等病理变化，则可确诊为急性肾衰，要积极采取治疗措施，血液透析是最为有效的手段之一。但由于误食毒蘑菇多发生在偏远

地区，医疗条件较差，常会造成病情延误，甚至导致中毒死亡。

作为基层药学工作者，要积极开展相关的健康宣教，在有采食野生蘑菇的地区和季节，应主动做好毒蘑菇中毒和抢救措施的宣传教育，减少不幸事件的发生，维护公众健康和食品安全。

## 四、药学服务

开展肾衰竭的药学服务主要包括：①向医师介绍活性维生素 $D_3$、铁剂、叶酸和维生素 $B_{12}$、营养支持药、吸附剂包醛氧淀粉、扩容药 0.9% 氯化钠注射液、常用的防治 AKI 的渗透性利尿与袢利尿药、常用钙通道阻滞药和 β 受体激动药等血管扩张药的特点，提供各类药物的剂量、疗程、不良反应、相互作用的信息咨询服务；②向护士提供活性维生素 $D_3$、铁剂、叶酸和维生素 $B_{12}$、营养支持药、吸附剂包醛氧淀粉、扩容药 0.9% 氯化钠注射液、常用的防治 AKI 的渗透性利尿与袢利尿药、常用钙通道阻滞药和 β 受体激动药等血管扩张药的不良反应等；③向患者介绍肾衰竭药物治疗特点和使用方法，发生不良反应等的应对措施，提高其依从性；④向患者、家属及社会公众介绍肾衰竭预防与治疗的内容和意义等。

（一）用药注意事项

1. 肾脏是人体主要的排泄器官。肾近曲小管转运系统通过主动转运将有机阳离子或阴离子药物运到细胞内，使其细胞内浓度比血浆浓度高出 10 倍，有可能增加具有细胞内作用药物的毒性。细胞色素加单氧酶系统主要局限于肾脏细胞内，有助于需要活化药物的局部选择性，并促使某些具有毒性的中间代谢产物形成。

2. 疾病可以增加肾脏对药物毒性的敏感性。服用同一种药物，在危重患者可以见到肾毒性，而在另外一些身体状况较好的患者则见不到。同样，肾功能衰退可由年龄因素引起，老年人的储备能力较低，对药物所致的肾毒性比较敏感。

3. 非甾体抗炎药相对于其他药物，更易诱发急性肾功能不全。因本类药物为前列腺素合成抑制药，可消除前列腺素的扩血管作用，使肾血流量减少，引发急性肾衰竭。非甾体抗炎药引起的这种血液动力学介导的急性肾衰竭，具有尿排出量减少、偶见少尿、体重增加、血尿素氮和血清肌酐迅速升高、钠潴留和高钾血症等特征。活组织检查经常发现急性肾小管坏死和未累及肾小球的间质性肾炎。

4. 抗感染药物所致的肾毒性是引起急性肾衰竭的主要原因。氨基糖苷类尤其是庆大霉素的肾毒性是众所周知的，其他具有肾毒性的药物还有部分头孢菌素、万古霉素、多黏菌素、两性霉素 B、氟胞嘧啶、环丝氨酸等。头孢菌素有不同程度的肾毒性，尤其是第一代头孢菌素，而头孢噻啶又是其中最强者。其他的药物如头孢氨苄、头孢孟多在高剂量或在肾功能受损患者均可造成肾脏损害。一般在应用庆大霉素治疗几天到数周后开始出现肾毒性，可有明显的蛋白尿和 β - 微球蛋白尿。在抗癌化疗中，部分抗癌药容易诱发急性或慢性肾毒性，其他抗癌药则为剂量相关性肾毒性。

（二）药物相互作用

**1. 呋塞米合并用药注意情况**

（1）肾上腺素、盐皮质激素、促肾上腺皮质激素及雌激素能降低本药的利尿作用，并增加电解质紊乱尤其是低钾血症的发生机会。

（2）非甾体抗炎药能降低本药的利尿作用，肾损害机会也增加，这与前者抑制前列腺素合成、减少肾血流量有关。

（3）与拟交感神经药物及抗惊厥药物合用，利尿作用减弱。

（4）饮酒及含乙醇制剂和可引起血压下降的药物能增强本药的利尿和降压作用；与巴比妥类药物、麻醉药合用，易引起直立性低血压。

（5）本药可使尿酸排泄减少，血尿酸升高，故与治疗痛风的药物合用时，后者的剂量应做适当调整。

**2. 硝苯地平等降压药合并用药注意情况**

（1）与β受体拮抗药同用可导致血压过低、心功能抑制甚至心力衰竭。突然停用可发生心绞痛，须逐步递减用量。

（2）与蛋白结合率高的药物如双香豆素、洋地黄、苯妥英钠、奎尼丁、奎宁、华法林等合用时，其游离浓度常发生改变。

（3）与硝酸酯类合用，治疗心绞痛作用可增强；与西咪替丁等合用时，本品的血药浓度峰值增高，须注意调整剂量。

**3. 铁剂合并用药注意情况**

（1）口服铁剂最常见的不良反应是胃肠道刺激，可引起恶心、呕吐、上腹部不适、腹痛和腹泻等，与剂量有关，减少给药剂量和餐后服用可以减轻。铁与肠腔中硫化氢的结合减少了硫化氢对肠壁的刺激，能引起便秘。

（2）注射用铁剂有局部刺激症状，皮肤潮红、头昏和荨麻疹、发热和关节痛等过敏反应等。

**（三）健康宣教**

随着社会老龄化，老年慢性肾脏病（CKD）人群扩大，该类疾病起病隐匿、表现不典型、合并慢性疾病多、药物不良反应多，加上老年人的自我管理能力相对较差，老年慢性肾脏病的防治工作更应该引起社会、家庭和医务工作者的重视。

引起老年人肾衰竭的原因主要为继发性因素。老年人多年贻患的慢性疾病造成肾损伤，如多年糖尿病、高血压、痛风等继发性的肾功能不全。全身风湿免疫疾病如干燥综合征等容易导致肾小管间质损伤。此外，动脉粥样硬化等所致的缺血性肾血管疾病，增强造影剂检查后出现的急性肾衰竭，也较为常见。老年人易出现的血液或实体肿瘤疾病比如肾淀粉样变、多发性骨髓瘤、泌尿系统肿瘤常损害肾功能。

老年人出现肾衰竭应积极治疗基础疾病，及时去除肾功能恶化的诱因。老年人常见的加重肾衰的因素有：呕吐、腹泻等引起血容量不足，感染性疾病，严重未被控制的高血压和高血糖，尿路梗阻，慢性心力衰竭和严重心律失常，肾毒性药物的使用，不合理使用抗生素，抗高血压药、利尿药、抗酸药、抗炎药等的不恰当使用等。

良好的心理护理能调动和发挥患者的积极性及主观能动性，对其疾病的治疗和康复可起到很好的促进作用。心理因素对慢性肾衰竭并发症的发生、发展及转归均有十分明显的影响，出现焦虑和（或）抑郁等异常心理的尿毒症患者，其高钾血症、急性左心衰、代谢性酸中毒的发生率较心理正常患者明显增高。作为药师，应从心理层面多与患者沟通，发挥人文关怀精神，及时了解患者及家属的心理状态，尽早进行心理干预与指导，使其正确认识疾病，减轻患者心理负担，缓解其焦虑、抑郁等不良情绪，从而配合生理上的治疗。

**目标检测**

答案解析

**一、综合问答题**

1. 试述急性肾衰竭的定义、病因、治疗药物。

2. 什么是慢性肾衰竭？慢性肾衰竭的发展过程包含哪几步？治疗药物与策略包含哪些？

**二、案例分析题**

患者，女，70 岁。1 年多前受凉后出现会阴痛，后出现肛腰骶部疼痛，全身疼痛，活动后明显，逐渐出现行走困难，症状进行性加重至无法独立行走。8 个月前患者出现双下肢水肿，晨轻暮重，无肉眼血尿，患者未重视。18 天前患者因肺部感染入院，尿常规示尿蛋白（＋），尿糖（＋＋），尿比重 1.011，尿 pH 5，渗透压 147；血气分析示 pH 7.29，$PaCO_2$ 29mmHg；血生化＋电解质示钾 3.13mmol/L，氯 115μmol/L，肌酐 98μmol/L，磷 0.62μmol/L，尿酸 126μmol/L；β2 微球蛋白 6.57g/L；NAG/Cr 61.3；全身 PET－CT 示重度骨质疏松，全身多发性骨折。追问患者既往病史，自诉慢性乙型病毒性肝炎 5 年，长期服用 ADV（阿德福韦酯）片 10mg qd 治疗。

请思考分析：

1. 结合案例分析确定：患者为何出现上述症状？有何诊断？

2. 患者出现上述症状，如何进行治疗？是否可以配伍或调换哪些药物加以改善？如何进行有效的患者用药教育？

3. 结合案例，如何在药学服务中体现职业素养和专业精神？

（阳　剑）

**书网融合……**

| 重点回顾 | 微课1 | 微课2 | 微课3 | 习题 |

# 任务五　月经紊乱的药物治疗

PPT

**学习目标**

**知识目标：**

**1. 掌握** 月经紊乱的药物治疗原则、药物种类和代表药物、临床治疗方案。

**2. 熟悉** 月经紊乱的症状、治疗药物的用法用量和相关药学服务知识。

**3. 了解** 月经紊乱的病因和诊断。

**技能目标：**

1. 能够结合临床指南正确选用治疗月经紊乱的药物，开展咨询、指导用药，协助拟定药物治疗方案等药学服务。

2. 学会判断月经紊乱治疗药物的常见不良反应并提供处理方案，主动提供健康教育。

**素质目标：**

培养尊重、关爱月经紊乱患者及家属，积极、细致、认真的服务意识和职业精神。

## 导学情景

**情景描述：** 患者，女，30岁，已婚。面色苍白，主诉月经不规律，经量增多1年余。3天前突发阴道流血，上一次月经系2个月前。结合患者最近症状，查体发现患者贫血貌，妇科检查发现子宫大小正常，双附件无触痛及包块，尿HCG（－）。诊断性刮宫术，取子宫内膜组织行活检，明确病理变化，排除肿瘤可能。

**情景分析：** 结合其临床表现，确定为功能性子宫出血，且属于无排卵性功血。

**讨论：** 结合案例，为患者拟定治疗方案。

**学前导语：** 月经紊乱治疗的近期目标是通过明确病因改善月经紊乱症状；远期目标是通过综合诊断治疗病因，调整周期，纠正不育；引导患者养成良好生活习惯，避免月经紊乱的诱发因素，提高患者生活质量。本任务将介绍相关的知识技能，为今后开展药学服务打好基础。

月经紊乱（menstrual disorders）是指与月经有关的多种疾病，包括月经的周期、经期、经量、经色、经质的改变以及痛经、闭经、经前期紧张综合征等伴随月经周期前后出现的腹痛和全身症状为特征的多种病症的总称。

功能性子宫出血指全身和生殖系统无明显器质性病变，而由内分泌调节系统（主要为中枢神经系统－下丘脑－垂体－卵巢轴，即HPOA轴，见图8－2）失调所引起的子宫异常出血，是月经紊乱中最常见的一种，常见于青春期及更年期。分为无排卵性和排卵性两类。无排卵性月经紊乱因不排卵导致不育；有排卵型月经失调若伴黄体功能异常，也可能不孕或易于孕早期流产。

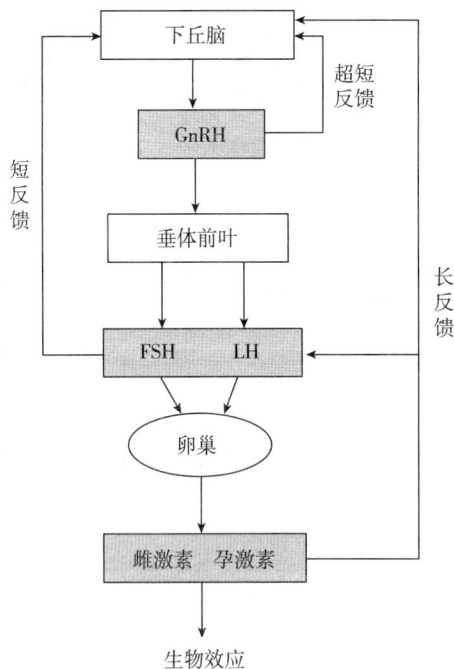

图8－2　性激素分泌与调节示意图

# 一、疾病概述

## （一）病因与发病机制

**1. 精神因素**　情感变化如精神紧张、抑郁、不安及恐慌等，或者经历重大精神挫折与创伤后，可引起神经内分泌功能失调。

**2. 疾病因素** 包括：①下丘脑－垂体－卵巢轴神经内分泌功能失调，如功能性失调性子宫出血、高泌乳素血症、多囊卵巢综合征等；②生殖系统性疾病，如生殖道感染、子宫内膜异位症、子宫肌瘤、子宫腺肌症、卵巢肿瘤等；③其他内分泌功能失调，如甲亢、肾上腺皮质功能异常等；④发育异常、营养不良；⑤心血管系统疾病；⑥慢性肝炎；⑦凝血障碍性疾病等。

**3. 药物影响** 使用某些药物，如抗精神病药、避孕药、抗肿瘤药物等；内分泌制剂。

**4. 其他因素** 采取宫内节育器避孕者，人流手术，过度节食、高强度运动、作息不规律、吸烟、酗酒等不良生活习惯等。

**（二）临床表现与诊断**

**1. 周期改变** 大部分患者可能出现经期提前或延迟，分为月经频发（月经间隔 <21 天）和月经稀发（月经间隔 >35 天）。

**2. 经期改变** 主要表现为月经周期正常，经期时间改变，分为经期延长（经期 >7 天）、月经淋漓不净和经期缩短（经期 <3 天）。

**3. 经量改变** 超过 80ml 为月经量过多，少于 5ml 为经量减少。

**4. 闭经** 分为原发性和继发性两种。①原发性闭经：是指年龄 >14 岁，第二性征未发育；或者年龄 >16 岁，第二性征已发育，月经还未来潮。②继发性闭经：是指正常月经周期建立后，月经停止 6 个月以上，或按自身原有月经周期停止 3 个周期以上（妊娠或哺乳期除外）。

主要依据病史、体格检查、实验室检查（如血常规、激素六项检查、尿常规、阴道分泌物检查、宫颈涂片、细胞学检查、病理检查等）和辅助检查（如宫腔镜、盆腔 B 超等）做出诊断。诊断过程中需要重点排查全身或女性生殖器病理原因引起的出血，如血液病、肝肾衰竭、甲状腺功能异常、妊娠及相关疾病、生殖道损伤、感染和肿瘤等。

👁 **看一看8-5-1**

**月经紊乱有哪些**

月经是指女性进入青春期后，子宫内膜受卵巢激素的影响，出现周期性的子宫出血。子宫内膜的周期性变化称为月经周期，也是人类的生殖周期。正常的月经周期为 21～35 天，持续 2～7 天，平均出血量为 20ml～60ml。凡不符合上述标准，均属于月经紊乱，包括月经的周期、经期、经量、经色、经质的改变，还包括月经周期前后出现的一系列病症，如：①痛经，即月经期间合并下腹部严重疼痛，影响工作和日常生活，分为原发性和继发性两种；②经前期综合征，即少数妇女在月经前出现的一系列异常征象，如精神紧张、情绪不稳定、注意力不集中、烦躁易怒、抑郁、失眠、头痛、乳房胀痛等，多由性激素代谢失调及精神因素引起。

## 二、治疗目标与原则

### （一）治疗目标

月经紊乱治疗的近期目标是通过明确病因改善月经紊乱症状；远期目标是通过综合诊断治疗病因，调整周期，纠正不育，同时引导患者养成良好生活习惯，避免月经紊乱的诱发因素，提高患者生活质量。

### （二）治疗原则

**1. 止血治疗** 对于月经紊乱的病理原因，需要针对其具体病因进行相应治疗。对于经期长及经量多，除一般止血措施外，可酌情选用激素或刮宫止血。贫血患者给予抗贫血药物治疗。

**2. 调整周期**　可采用雌激素、孕激素单一或联合调整月经周期，也可用中药治疗。

**3. 纠正不孕**　月经紊乱的严重后果往往指示不孕，所以对于青春期和育龄期女性还应进行促排卵治疗。下丘脑－垂体－卵巢轴中的一个或多个环节功能失调引起无排卵，是月经紊乱的病理生理基础之一，也是不孕的原因之一。有些患者虽然排卵但黄体功能不足，也能引起不孕。根据患者情况选择不同的治疗方案，改善卵巢的功能或代替垂体及下丘脑的部分功能。

**4. 综合管理**　通过疾病教育、医学营养治疗、依从性监测和药物治疗来减少月经紊乱的发生。

**练一练8-5-1**

围绝经期功能失调性子宫出血患者的治疗原则不包括

A. 止血　　　　　　　B. 调整周期　　　　　　C. 促排卵

D. 减少经血量　　　　E. 防止子宫内膜病变

答案解析

## 三、常用治疗药物

治疗月经紊乱需明确病因，针对病因治疗，同时选择性激素类、口服避孕药类等用于止血和调整周期。近年来雌激素、孕激素、口服避孕药发展迅速，随着研究的深入，不良反应逐渐减轻月经，显著提高了疾病治疗效果和患者的依从性。

**看一看8-5-2**

### 什么是刮宫术　微课1

刮宫术是指通过刮取子宫内膜和内膜病灶，可使由于子宫内膜增厚、组织残留等原因造成的出血减少或停止，适用于已婚妇女止血。刮宫后第一次月经可能增加，应予注意。将收集刮出的子宫内膜送检，可了解有无息肉、肿瘤等其他疾病。怀疑有宫颈管病变时，应对颈管和宫腔分别进行诊断性刮宫，简称分段诊刮。

刮宫术的适应证包括：①子宫异常出血或阴道排液，疑为子宫内膜癌或宫颈管癌者；②月经失调，如功能失调性子宫出血或闭经，需了解子宫内膜变化及其对性激素的反应；③不孕症，需了解有无排卵或有宫内膜结核者；④因宫腔内有组织残留或多量出血时，刮宫不仅有助于诊断，还有止血效果。

### （一）性激素类

**1. 雌激素**　雌激素可促进外生殖器、子宫及第二性征的发育，可用于卵巢功能不全和闭经。雌激素还可促进子宫内膜增生、修复出血创面而止血。配伍孕激素，用于调整月经周期。天然雌激素主要是雌二醇、雌酮、雌三醇。临床上常用的雌激素类药物多是雌二醇的衍生物，如苯甲酸雌二醇、戊酸雌二醇、炔雌醇、炔雌醚、妊马雌酮等。

大剂量雌激素止血的方法推荐苯甲酸雌二醇2mg肌内注射，每6~8小时1次。经3~4次注射（24~36小时）流血停止后减量。即每3天递减1/3剂量幅度至1mg/d（肌内注射或口服），于止血后20天停药。从撤药出血的第5天开始调经治疗。此法仅用于青春期功血且贫血不甚严重（Hb≥80g/L）者，已少用。

**2. 孕激素**　在雌激素的基础上，孕激素促使增生期的子宫内膜由增殖期转化为分泌期而止血，停药后内膜脱落，出现撤药性出血。孕激素在临床上常和雌激素联用主要用于痛经、功能性子宫出血、子宫内膜异位、经前期综合征、小的内膜息肉、闭经及不孕症、先兆流产及习惯性流产、更年期综合征、骨质疏松等。天然的孕激素主要是黄体酮（孕酮），人工合成品如醋酸甲羟孕酮、炔诺酮、地屈孕酮、米司非酮等。常用方案包括止血和调整月经周期。

（1）孕激素子宫内膜萎缩止血　炔诺酮5mg每日3次或地屈孕酮每日20mg，从周期第5天开始，连续服用20～21天。

（2）调整月经周期　①雌－孕激素序贯疗法：适用于青春期功血。于月经周期第5天开始口服妊马雌酮1.25mg或戊酸雌二醇2mg，每晚1次，连服21天，服用上述药物第21天起加用醋酸甲羟孕酮，每天10mg，连用10天。3个周期为一个疗程。②雌－孕激素合并疗法：适用于育龄和更年期功血，内膜增生过长，月经过多者。常用口服避孕药，从月经周期第5天起，每天1片，连用21天，共3个周期。③孕激素疗法：从月经周期的第15～24天（后半周期）起，每天服用醋酸甲羟孕酮10mg或地屈孕酮10mg，每天1次。或肌内注射黄体酮20mg或复方黄体酮（黄体酮20mg，苯甲酸雌二醇2mg），每天1次，连用10～14天。连用3～6个周期。

**3. 雄激素**　雄激素有拮抗雌激素作用，使子宫平滑肌与血管收缩，子宫内膜萎缩而止血，能增强子宫血管张力，减轻盆腔充血而减少出血量。但单独应用效果不佳，对严重出血病例，用三合激素（己烯雌酚、黄体酮和丙酸睾酮混合物）注射可止血，停药后则出现撤药性出血。天然的雄性激素为睾丸素（睾酮），常用有睾酮的衍生物，如甲睾酮、丙酸睾酮等。近年应用的达那唑亦为睾酮衍生物，具有弱雄激素活性，已成为治疗子宫内膜异位症的首选药物。

**4. 短效复方口服避孕药（COC）**　避孕药通过抑制排卵、改变宫颈黏液或改变子宫和输卵管的活动方式，阻碍受精、卵巢着床等途径而达到避孕目的的。分为短效避孕药、长效避孕药和紧急避孕药。COC多由雌激素和孕激素配伍而成，除避孕用途外，用于治疗功能性子宫出血、妇女不育症、习惯性流产、子宫内膜异位症、原发性痛经、月经不调等。

**5. 左炔诺孕酮宫内缓释系统（LNG－IUS）**　LNG－IUS具有"T"形支架，纵臂上的圆柱体为储药库，含有左炔诺孕酮（LNG）52mg，在子宫腔内的释放速率为20μg/d。LNG－IUS可使子宫颈黏液变厚，阻止精子通过，拮抗子宫内膜增生，使精子无法着床、抑制精子活动等而产生避孕作用；通过宫腔内高浓度的孕激素对子宫内膜的强抑制作用，使子宫内膜萎缩变薄，可明显减少月经出血量和出血天数。同时，LNG－IUS通过减少月经出血量和前列腺素的合成，降低宫内压力、抑制子宫收缩，从而缓解痛经。对已完成生育或近1年无生育计划者可放置LNG－IUS，可减少无排卵月经紊乱患者的出血量，预防子宫内膜增生。

### （二）促排卵药

**1. 雌激素受体部分激动药**　通过与雌激素竞争，解除雌激素对下丘脑的负反馈，促使黄体生成素（LH）和卵泡刺激素（FSH）分泌增加，促使卵泡发育。如氯米芬（克罗米芬），是临床最常用的促排卵药，适用于体内有一定水平雌激素的患者。于出血第5天起，每晚服50mg，连续5天。若排卵失败，可重复用药，氯米芬剂量逐渐增至100～200mg/d。一般连用3个月，不宜长期应用，以免发生卵巢过度刺激综合征或引起多胎妊娠。排卵率为80%，妊娠率仅其半数。

**2. 促性腺激素**　目前用于临床的主要有人绒毛膜促性腺激素（HCG）和人绝经期促性腺激素（HMG）等。HCG能促进和维持黄体功能，使黄体合成孕激素，可促进卵泡生成和成熟，并可模拟生理性的促黄体生成素的高峰而促发排卵；HMG具有促卵泡成熟激素的作用，促进卵巢中卵泡发育成熟，并使子宫内膜增生。二者联合可用于促性腺激素分泌不足所致的无排卵性不孕症。

**3. GnRH及其类似物**　促性腺激素释放激素（GnRH）又称为黄体生成激素释放激素（LHRH），GnRH受体复合物选择性地刺激垂体前叶促性腺细胞释放黄体生成素（LH）和卵泡刺激素（FSH），对LH作用尤强，进而促进卵泡的生长发育。促性腺激素释放激素激动剂（GnRH－a）是GnRH的高效类似物，常用制剂有戈那瑞林、亮丙瑞林、曲普瑞林、布舍瑞林、组氨瑞林等，适用于对氯米芬疗效不佳、要求生育者。目前以曲普瑞林生物学效价最高,临床应用最广泛。治疗女性不育,皮下注射每天 0.1mg,作为促性腺激素的辅助用药,建议从月经期第 2 天开始给药,连用 10 ~ 12 天。

### (三)其他止血药物

用于不愿或不能使用性激素治疗或想尽快妊娠者。①抗纤维蛋白溶解药:用以抵抗纤维蛋白溶解并且抑制纤溶酶原激活因子,达到止血的目的,如氨甲环酸。②非甾体抗炎药(NSAIDs):抑制前列腺素的生成,具有镇痛作用,适合伴随痛经的患者。

### 🟣 药爱生命

随着社会发展、时代进步,女性对自身的要求和期待越来越高,由于工作压力大、精神紧张等,越来越多的女性处于"亚健康"状态,各种妇科疾病的发病率也是高居不下。目前,乳腺癌、宫颈癌已经成为影响女性健康的两大杀手。应对的关键在于预防,应坚持"早发现、早诊断、早治疗"的"三早"原则。为了防治乳腺癌,建议适龄女性每年做一次乳腺 B 超检查。宫颈癌的预防除了接种宫颈癌疫苗,还应定期进行宫颈癌筛查,适龄女性应每 3 年进行一次宫颈癌筛查。女性的健康问题应受到全社会的关注。女性应当多关爱自己,关注自身的健康。企事业单位应当定期开展健康讲座,普及健康知识,倡导健康生活方式。作为未来的药学工作者,我们同样应多关注女性健康,积极从事健康宣教工作。 🅴 微课 2

## 四、药学服务

开展月经紊乱的药学服务主要包括:①向医师介绍新型避孕药和促排卵药等新药的特点,提供各类药物的剂量、疗程、不良反应、相互作用的信息咨询服务;②向护士提供性激素不同剂型使用注意事项、新型避孕药特征性不良反应等;③向患者介绍月经紊乱药物治疗特点和使用方法,出现月经紊乱时的应对措施,提高其依从性;④向患者、家属及社会公众介绍月经紊乱治疗内容和意义等。

### (一)用药注意事项

**1. 雌激素** 大剂量可有恶心呕吐、乳房胀痛、子宫内膜过度增生及子宫出血。长期大剂量应用有可能增加乳腺癌的发生风险,单用雌激素可增加子宫内膜癌的发生风险,有可能增加心脑血管疾病、静脉血栓的危险。已知或怀疑妊娠、原因不明的阴道出血或子宫内膜增生、患有乳腺癌者,患有性激素相关的恶性肿瘤者;6 个月内患有活动性静脉或动脉血栓栓塞性疾病者,严重肝肾功能障碍、血卟啉病、耳硬化症、系统性红斑狼疮者禁用。

**2. 孕激素** 可造成胃肠道反应、痤疮、液体潴留和水肿、体重增加、过敏性皮炎、精神压抑、乳房疼痛、女性性欲改变、月经紊乱、不规则出血或闭经,长期应用可引起子宫内膜萎缩、月经量减少,并容易发生阴道真菌感染。心血管病患者慎用。未明确诊断的阴道出血者禁用。

**3. 雄激素** 长期应用可出现肥胖、多毛、痤疮、月经失调等,甚至表现为男性化特征。可抑制正常排卵,导致女性发生多囊卵巢综合征而致不孕,同时会引发其他疾病,比如高血压、抑郁症等。

**4. 短效避孕药** 患者可出现类早孕反应,如轻度恶心、食欲减退、呕吐等。因具有诱发血栓的风险,40 岁以上女性慎用。全身性疾病(如肝功能损害、肾炎、心脏病、严重肾性高血压、糖尿病、甲亢、血栓性疾病)、生殖器官肿瘤、乳房包块及其他癌症患者禁用。

**5. 氯米芬** 出现严重过敏或卵巢过度刺激者,出现视力障碍时,应停用;剂量较大时卵巢内卵泡增大,甚至停药后还会增大若干天,几天或几周才能复原,在复原前不可再给药。服药后一般经 2 ~ 3 个月始能起效。长期大剂量使用可造成卵巢肥大,诱发卵巢癌。

**? 想一想8-5-1**

1. 短效避孕药的临床适应证都有哪些？

2. 收集市面上常见口服避孕药的说明书，思考：如何指导患者正确使用口服避孕药来调理月经周期？

答案解析

### （二）药物相互作用

**1. 同类药物之间**　同类药物由于作用相同，一般不推荐联用。

**2. 不同药物之间**　炔雌醇和氯米芬合用会抑制炔雌醇的作用。达那唑与氯米芬合用会抑制氯米芬的作用。氯米芬与抗组胺药苯海拉明合用，加强苯海拉明的中枢抑制作用，可影响驾驶员或机械操作者的工作。

### （三）健康宣教

1. 加强患者的卫生保健与健康教育，消除患者恐惧及紧张心理。经期应注意保暖，忌寒冷刺激；注意休息、减少疲劳，加强营养，增强体质；应尽量控制剧烈的情绪波动，避免强烈的精神刺激，保持心情愉快。

2. 明确月经紊乱的危害，重视月经紊乱的调治。长期月经紊乱可导致失血性贫血，出现头晕、乏力、心慌、气急等现象，严重时可危及生命。月经紊乱还可能指示不孕，以及影响女性身心健康，如皮肤明显出现色斑，松弛、晦暗无光、毛孔粗大、皮肤粗糙、痤疮；内分泌紊乱；过早出现更年期症状，卵巢萎缩等。

## 目标检测

答案解析

### 一、综合问答题

1. 通过收集各种类型月经紊乱的治疗方案，说出月经紊乱的治疗目标和原则。

2. 结合实际，影响月经紊乱治疗效果的因素有哪些？

### 二、案例分析题

患者，女，20岁，未婚。月经周期不规则，2~3个月来潮1次，每次经期达10余日，量多，无痛经。妇科检查子宫稍大而软，无器质性病变。激素检测显示无排卵。诊断为无排卵性功能性子宫出血。

请分析：

1. 针对此类型的月经紊乱，治疗原则是什么？

2. 可采用何种办法止血和调整周期？可能出现的不良反应是什么？如何进行用药指导？

3. 如何在上述药学服务中体现职业素养和专业精神？

（果秋婷）

**书网融合……**

重点回顾　　微课1　　微课2　　习题

## 任务六　性功能障碍的药物治疗

PPT

**学习目标**

**知识目标：**

**1. 掌握**　性功能障碍的药物治疗原则、药物种类、代表药物和临床治疗方案。

**2. 熟悉**　性功能障碍的症状、治疗药物的用法用量和相关药学服务知识。

**3. 了解**　性功能障碍的病因和诊断。

**技能目标：**

1. 能够结合临床指南正确选用治疗性功能障碍的药物，开展咨询、指导用药，协助拟定药物治疗方案等药学服务。

2. 学会判断性功能障碍治疗药物的常见不良反应并提供处理方案，主动提供健康教育。

**素质目标：**

培养尊重、关爱性功能障碍患者及家属，积极、细致、认真的服务意识和职业精神。

### 导学情景

**情景描述：**患者，男，46 岁。有糖尿病和高脂血症病史，近半年感觉阴茎勃起困难，无法完成满意的性生活，来院就诊。查体：体重指数 32.2kg/m²，空腹血糖 7.5mmol/L，糖化血红蛋白 8.5%，总胆固醇 9.2mmol/L，低密度脂蛋白 5.6mmol/L，RigiScan 阴茎硬度测量计提示：夜间阴茎勃起 <3 次，每次持续 <15 分钟，勃起硬度 <70%。

**情景分析：**结合患者最近症状，诊断为勃起功能障碍。

**讨论：**结合案例，针对患者的治疗方案做进一步的用药指导。

**学前导语：**勃起功能障碍（ED）是成年男子的常见多发病。据统计，40~70 岁男子中有 52% 患有不同程度的 ED。ED 患者数虽然很多，但寻求医生诊治的仍不到 10%，许多患者受传统思想观念的影响而羞于启齿。ED 虽影响个人生活质量，但通过恰当治疗可以改善临床症状，从而获得满意的生活质量。本任务将介绍性功能障碍相关知识，为今后开展药学服务打好基础。

性功能障碍（sexual dysfunction）是指性欲、性兴奋、性高潮等环节的异常障碍，导致不能完成满意的性行为。其中，男性性功能障碍包括阴茎勃起功能障碍（erectile dysfunction，ED）、性欲减退、射精功能障碍（ejaculatory dysfunction，EjD）。女性性功能障碍包括性兴趣低下障碍（hypoactive sexual desire disorder，HSDD）或性唤起障碍、性高潮障碍、生殖器 - 盆腔疼痛或插入障碍、物质或药物诱发的性功能障碍。

## 一、疾病概述

### （一）病因与发病机制

性功能容易受生理因素、精神因素以及文化因素的影响。一般这些因素可同时存在于同一病例中，并相互影响，通常其中一种为主要病因。在大多数病例，尤其是由精神因素引起的病例中，原因和结果之间不存在特定的关系。例如，同样的精神因素在女性身上既可引起性冷漠，也可导致无性高潮；在男性身上既可以引起勃起功能障碍，也可以导致早泄。

**（二）临床表现与诊断**

**1. 男性性功能障碍** 包括阴茎勃起功能障碍、性欲减退和射精功能障碍，评估性功能障碍的男性时，必须详细了解其性生活情况。

（1）阴茎勃起功能障碍 定义为持续或反复发生的无法勃起或无法维持性交所需的足够硬度和持续时间的勃起。肥胖、吸烟、存在基础疾病与 ED 有较高的相关性。例如：肥胖的 ED 患者在减肥和增加身体活动后，约 1/3 可见勃起功能改善。除了年龄以外，ED 的常见病因见表 8 - 5。

表 8 - 5 勃起功能障碍的病因

| 分类 | 病因 |
| --- | --- |
| 血管因素 | 心血管疾病、高血压、糖尿病、高脂血症、吸烟、大手术（根治性前列腺切除术）或放疗（骨盆或腹膜后） |
| 神经病学因素 | 脊髓和脑损伤、帕金森病、阿尔茨海默病、多发性硬化症、中风、大手术（根治性前列腺切除术）或前列腺放疗 |
| 局部阴茎（海绵体）因素 | 佩罗尼氏病、海绵体纤维化、阴茎骨折 |
| 内分泌因素 | 性腺功能减退症、高催乳素血症、甲状腺功能亢进症和甲状腺功能减退症、皮质醇增多症和皮质醇降低症 |
| 药物因素 | 抗高血压药、抗抑郁药、抗精神病药、抗雄激素药、消遣性药物、乙醇 |
| 心因性因素 | 相关的不良心理暗示、创伤经历、各种关系问题、焦虑、抑郁、各类压力等 |

（2）射精障碍 主要包括：①早泄，又称快速或过早射精，射精发生在插入阴道之前或之后大约 1 分钟内；②射精功能障碍，包括延迟射精、完全无法射精（不射精症）和逆行射精等。各种诱因只要能干扰控制射精的中枢部位（包括脊髓水平或脊髓上水平）或精道自主神经支配能力，均可导致射精延迟、不射精和性快感缺失。

（3）性欲减退 男性患病率为 5% ~ 15%。且随年龄增长而升高，常伴其他性功能障碍。性欲低下的诱因很多，如：使用抗雄激素药物、5 - α 还原酶抑制药和阿片类镇痛药等；长期酗酒、抑郁症、过度疲劳等。

**2. 女性性功能障碍** 主要包括两类。

（1）女性性兴趣缺乏或性唤起障碍 确诊至少同时有以下 3 项表现：①对性行为缺乏兴趣或兴趣降低；②性想法或性幻想缺乏或减少；③主动发起性行为的次数减少或没有，通常不接受伴侣的性生活要求；④在几乎所有的性行为中，性兴奋或性快感缺失；⑤面对任何性刺激（如书面、言语、视觉刺激）时，性兴趣或性唤起缺乏；⑥性行为中，生殖器或非生殖器感觉缺失或减弱。

（2）女性性高潮障碍 指在性行为中，性高潮显著延迟、显著减少或缺乏；性高潮的感觉强度明显降低等。

（3）生殖器 - 盆腔疼痛或插入障碍 主要是指性交时插入阴道困难，或出现外阴阴道或盆腔疼痛；以及在插入前后产生明显的畏惧或焦虑情绪或盆底肌明显紧张或紧缩。

## 二、治疗目标与原则

**（一）治疗目标**

**1. 男性性功能障碍的治疗** 旨在改善性欲，达到并保持阴茎勃起能力，以及治疗早泄等射精障碍。

**2. 女性性功能障碍的治疗** 以通过改善女性躯体和心理健康状况，干预伴侣关系，提高女性性满意度为主要目标。

### （二）治疗原则

#### 1. 男性性功能障碍

（1）ED 的治疗　由于 ED 病因复杂多样，较少由单一因素引起，即使考虑器质性 ED，也涉及心理、环境等干扰因素，理想的治疗方案涉及泌尿外科学、神经精神病学、内分泌学、老年医学及心血管内科学等专业，需要对多种病因及其相互作用进行深入调查和全面分析，根据患者及性伴侣的具体情况来确定个体化治疗方案，单一药物治疗效果不佳。

（2）射精障碍的治疗　目前以治疗早泄为主，以达泊西汀为代表的部分抗抑郁药对早泄具有较好疗效。某些原发疾病会引起早泄，如泌尿生殖道感染可激惹会阴平滑肌，缩短射精潜伏期时程，故应先对原发疾病进行治疗。同样，许多内分泌性疾病也应提前治疗以消除对射精障碍的影响。

#### 2. 女性性功能障碍的治疗　一般采取调节、改善、干预性生活的多个方面（如性欲、性唤起）的综合治疗措施，较少单独使用治疗药物。

## 三、常用治疗药物

### （一）男性性功能障碍的药物治疗　🅴微课

#### 1. 勃起功能障碍的药物治疗　勃起功能障碍早期使用睾酮激素治疗，而西地那非的问世，使药物治疗 ED 取得突破性进展。目前药物治疗手段有口服药物、局部用药、海绵体内注射。

（1）PDE-5 抑制剂　阴茎海绵体中的 5 型磷酸二酯酶（PDE-5）能水解环鸟苷酸（cGMP），使其浓度降低，抑制阴茎海绵体平滑肌松弛。抑制 PDE-5 可减少 cGMP 的降解而提高其浓度，促使海绵体平滑肌舒张而增加阴茎动脉血流，阴茎海绵窦充血、膨胀，促进阴茎勃起。目前，口服 PDE-5 抑制剂已成为 ED 治疗的首选方法，因其使用方便、安全、有效，易被多数患者接受。目前国内常用的 PDE-5 抑制剂包括西地那非、他达拉非和伐地那非等，口服后在性刺激状态下能诱发有效勃起，对 ED 患者的总体有效率为 80% 左右。三种药物比较见表 8-6 和表 8-7。

表 8-6　三种 PDE-5 抑制剂药物代谢动力学特点比较

| 参数 | 西地那非 100mg | 他达拉非 20mg | 伐地那非 20mg |
|---|---|---|---|
| $C_{max}$ | 560μg/L | 378μg/L | 18.7μg/L |
| $T_{max}$ | 0.8~1h | 2h | 0.9h |
| $t_{1/2}$ | 2.6~3.7h | 17.5h | 3.9h |
| AUC | 1685μg/(L·h) | 8066μg/(L·h) | 56.8μg/(L·h) |
| 血浆蛋白结合率 | 96% | 94% | 94% |
| 生物利用度 | 41% | — | 15% |

表 8-7　三种 PDE-5 抑制剂的常见不良反应比较

| 不良反应 | 西地那非 | 他达拉非 | 伐地那非 |
|---|---|---|---|
| 头痛 | 12.80% | 14.50% | 16% |
| 面部潮红 | 10.40% | 4.10% | 12% |
| 消化不良 | 4.60% | 12.30% | 4% |
| 鼻塞 | 1.10% | 4.30% | 10% |
| 头晕 | 1.20% | 2.30% | 2% |
| 视觉异常 | 1.90% | — | <2% |
| 背痛 | — | 6.50% | — |
| 肌痛 | — | 5.70% | — |

（2）雄激素类 各种原因所致的原发性或继发性男性性腺功能减退症患者往往合并 ED，对此类患者给予雄激素类药物治疗可增强性欲，改善勃起功能。睾酮水平较低的 ED 患者，雄激素补充治疗能改善初次对 PDE－5 抑制剂无反应患者的勃起功能障碍，与 PDE－5 抑制剂合用可能有增强效应。常用的口服雄激素制剂主要有十一酸睾酮等长效类药物。

（3）其他药物 主要通过改善阴茎血液循环机制而发挥作用。主要包括如下。①阿扑吗啡：作为 $D_2$ 受体激动药，通过激动脑室旁核多巴胺受体，激活下丘脑－海马－缩宫素能通道，经脊髓传入阴茎，扩张阴茎动脉，血流量增加而勃起。②育亨宾：能选择性地拮抗海绵体神经末梢突触前的 $\alpha_2$ 受体，抑制负反馈机制，促进去甲肾上腺素释放，收缩阴茎静脉，减少血液回流，利于充血勃起。③曲唑酮：是 5－羟色胺 2C 受体（5－$HT_{2C}$）激动剂，也是 5－$HT_{1A}$ 受体的抑制剂，在影响中枢神经系统 5－羟色胺受体的同时拮抗外周 $\alpha_2$ 受体，松弛血管及海绵体平滑肌，增加血流量导致勃起。

另外，口服药物无效的患者可采用阴茎海绵体内注射疗法，注射扩张血管药物如前列地尔、罂粟碱、酚妥拉明等，有效率达 85% 左右。

**2. 早泄的药物治疗**

（1）抗抑郁药 达泊西汀属于选择性 5－羟色胺再摄取抑制剂（SSRI），半衰期短，可提升射精有关神经和平滑肌兴奋阈值，明显抑制射精反射，对性欲和性心理活动无明显影响，但对早期因性功能障碍导致的不良情绪有一定改善作用，是目前用于治疗早泄最常用的口服药物。

（2）局部麻醉药 通过外用于阴茎龟头等部位，降低性刺激对神经末梢的敏感性，延长射精时间。

（3）5－磷酸二酯酶抑制药 由于患者勃起障碍和早泄可能同时发生，可先改善勃起功能，同时治疗早泄，故将 PDE－5 抑制药列为一线治疗药物。

**练一练8-6-1**

下列治疗 ED 的药物中，属于 5－磷酸二酯酶（PDE－5）抑制药的是

A. 西地那非 　　　B. 达泊西汀 　　　C. 罂粟碱

D. 酚妥拉明 　　　E. 前列地尔

答案解析

**（二）女性性功能障碍的药物治疗**

**1. 激素治疗** 绝经后女性性功能障碍者经全身性激素治疗（主要是雄激素和雌激素复合制剂）可改善性问题。低剂量阴道雌激素治疗和阴道用普拉睾酮（dehydroepiandrosterone，DHEA）可试用于治疗绝经性交痛。性激素治疗任何性问题都具有潜在风险性，大多数情况下属于超适应证用药。启动激素治疗前，女性应有明确的治疗适应证和详细的风险评估，并签署潜在利弊知情同意书。

**2. 影响 5－羟色胺和多巴胺能神经的药物**

（1）氟班色林 本药是 5－HT 递质抑制药，还可提高多巴胺水平，是 FDA 批准用于治疗女性性功能障碍的首个药物。临床观察发现，其可增加满意性生活频率和性欲，改善绝经前女性性欲低下造成的心理痛苦，本药兼有抗高血压和抗抑郁作用，药物长期安全性需要进一步评估。

（2）安非他酮 本药属于抗抑郁药，也可用于戒烟等药物依赖症的治疗。对去甲肾上腺素、5－HT、多巴胺再摄取有较弱的抑制作用。临床观察发现，其有类似于氟班色林样改善女性性生活质量的现象，具体作用机制有待研究，不良反应有消化道反应、心血管反应、神经系统反应等。癫痫、厌食症患者禁用。

👁 **看一看8-6-1**

**高血压患者的"难言之隐"**

正常的血管功能是阴茎生理性勃起的基础，而高血压可以导致外周血管结构改变，引起海绵体血管壁增厚、管腔变窄和血管阻力增加，使得进入组织的血流减少，是引起阴茎勃起障碍的主要原因之一。因此，使用降压药控制血压在理论上应该降低高血压导致 ED 的发生率，但实际上降压药物本身也可导致 ED。

临床观察发现，高血压患者在治疗时，性功能都不同程度地受到抑制，降压可使海绵体内血流量减少，导致阴茎勃起障碍。其中，β 受体拮抗药、利尿药是最容易引起 ED 的降压药。也有部分降压药可改善性功能，如 ARB 类药物，这可能与拮抗血管紧张素受体亚型 1（AT1）或血管紧张素受体亚型 2（AT2）调节阴茎动脉和小梁血管平滑肌的张力有关。

总之，降压药中 CCB 类、ACEI 类及 ARB 类药物发生 ED 的概率相对较低，对勃起功能的影响相对较小；当使用其他类降压药出现 ED 时，可考虑换用以上药物以改善 ED。

💜 **药爱生命**

性是人类生命的源泉，性欲是构成我们日常思想和情感的一部分。对于某些人来说，性困扰着他们，使其消耗了大部分的时间和精力；但是对于大多数人来说，性的吸引力取决于自己内心的需求和外界情况的变化，时强时弱，并且在人生的每个层面，性的表现形式各不相同。因此，拥有正确、符合道德规范和社会公德的性知识、性价值观、性行为，是保证性心理健康的基本要求；同时，科学、恰当的药物治疗是保证性健康的必要条件，可以进一步提高生活质量，满足公众的合理需求。

## 四、药学服务

开展性功能障碍的药学服务主要包括：①向医师、护理工作人员介绍 5 - 磷酸二酯酶抑制剂等治疗性功能障碍药物的特点，提供各类药物的剂量、疗程、不良反应、相互作用的信息咨询服务；②向患者介绍性功能障碍药物治疗特点和使用方法，可能发生的不良反应及应对措施。

### （一）用药注意事项

**1. 5 - 磷酸二酯酶抑制剂** 本类药物使用广泛，是 ED 最主要的治疗药物之一。

（1）用药方法 应指导患者：①按需使用，西地那非推荐剂量分别是 50mg 和 100mg，性生活前 1 小时左右服用，有效率分别为 77% 和 84%，治疗过程中可根据疗效与不良反应调整剂量；②规律使用，他达拉非等因其具有半衰期长（17.5 小时）及有效浓度可维持 36 小时的特点，小剂量每日服用已广泛应用于临床。

（2）用药注意事项 应重点强调以下禁忌证：①非动脉性前部缺血性视神经病（NAION）导致单眼视力丧失；②低血压（＜90/50mmHg）；③近期发生过脑卒中或心肌梗死；④遗传性视网膜变性疾病（如视网膜色素瘤）；⑤＞65 岁的人群、重度肾功能损害、肝功能损害者对西地那非的清除率降低，需要调整剂量；⑥高脂饮食会延迟药物吸收，推荐空腹服药。西地那非建议在性生活前约 1 小时服药，但在性生活前 0.5～4 小时内服药也可以，一天用药不超过 1 次，用药后需要性刺激才能发生作用；⑦如果阴茎持续勃起超过 4 小时，请立即就诊。

**2. 十一酸睾酮** 应提示患有前列腺癌或乳腺癌的男性禁用。适量补充蛋白质、糖和维生素可提高疗效，多在进餐时或餐后服用。如一天给药 2 次，可在早、晚服药，或在早晨服用剂量较多的一部分。

用药期间需定期检测睾酮水平，以确保睾酮水平在治疗范围内，还需定期（第一年每 3 个月 1 次，之后每年 1 次）进行专科检查，包括：前列腺癌的直肠指诊和血清前列腺特异性抗原检查、血细胞比容和血红蛋白检查、肝功能、血糖。有高钙血症风险的患者（如乳腺癌、肾上腺瘤、支气管肺癌和骨转移）定期检测血清钙。

**3. 海绵体内血管活性药物注射**　口服药物无效的患者可采用本方法，常见的并发症为阴茎疼痛，少见阴茎持续性勃起、阴茎异常勃起及阴茎海绵体纤维炎。

**4. 达泊西汀**　口服给药适用于 18 ~ 64 岁患者，推荐首次剂量为 30mg，于性生活前 1 ~ 3 小时服用，如疗效不满意且可耐受不良反应，可增至最大推荐剂量一次 60mg，每 24 小时一次，用药的最初 4 周或使用 6 次治疗剂量后，需评估患者的风险 - 利益平衡，决定是否继续用药。轻至中度肝、肾功能损害者无需调整剂量。本药片剂应整片吞服，不受进食影响。中至重度肝功能损害者以及心脏有明显病理改变患者禁用本药。

**5. 氟班色林**　本药应于睡时服用，否则可增加低血压、晕厥、意外伤害及中枢神经系统抑制的发生风险。本药不用于治疗绝经后妇女或男性的性功能障碍，且不能提高性能力；用药后 6 小时内不得驾驶或从事其他需精神高度集中的重要操作和活动。

**？想一想8-6-1**

为什么患前列腺癌或乳腺癌的男性性功能障碍患者禁用十一酸睾酮？

答案解析

**（二）药物相互作用**

**1. 5 - 磷酸二酯酶抑制剂**　已知利奥西呱、吗多明或硝酸酯类药物禁止与西地那非合用，否则会导致严重低血压。与强效 CYP3A4 抑制药合用时需要调整剂量。伐地那非可引起轻度 QT 间期延长，禁忌与 Ⅰa 类或 Ⅲ 类抗心律失常药合用，对有 QT 间期延长病史患者慎用。PDE - 5 抑制剂与 α 受体拮抗药合用可能导致直立性低血压，如需联合使用，建议间隔 4 小时。

**2. 十一酸睾酮**　①与皮质类固醇合用可能引起水钠潴留，对心脏病、肾病、肝病患者应高度注意病情变化；②可增强口服抗凝血药（如华法林）的抗凝血作用，应密切监测国际标准化比值（INR）和凝血酶原时间；③药酶诱导药可降低睾酮水平，而药酶抑制药可升高睾酮水平，建议合用时调整剂量；④环丙孕酮可拮抗本药的疗效；⑤本药可能改变胰岛素的敏感性和血糖控制，对于糖尿病患者，雄激素的代谢作用可降低血糖，合用时应减少胰岛素的剂量。

**3. 达泊西汀**　①本药不能与具有 5 - 羟色胺效应的药物（包括 SSRI、5 - 羟色胺和去甲肾上腺素再摄取抑制药）合用，或停用此类药物后 14 天内使用；②本药不能与 MAOI、强效 CYP3A4 抑制药合用；③与中效 CYP3A4 抑制药合用时应谨慎，合用时本药的最大剂量为 30mg；④与强效 CYP2D6 抑制药（如氟西汀）合用时，本药剂量增至 60mg 时应谨慎；⑤与 PDE - 5 抑制剂合用可能导致直立性低血压；⑥与具血管扩张作用的药物合用可能降低立位耐力。

**4. 氟班色林**　本药与乙醇、中效或强效 CYP3A4 抑制药合用可增加严重低血压、晕厥的发生风险。肝功能损害者应禁用本药。

**（三）健康宣教**

**1. ED 的预防**　通过提高男性人群的健康知识水平和自我保健能力，激励男性采取有益于改善 ED 的行为和生活方式，主动建立和谐的性关系和人际关系，避免 ED 的危险因素，进而达到预防 ED 和改善勃起功能的目的。目前有循证医学证据支持的生活方式及行为改善勃起功能的措施主要包括：戒烟、体育锻炼、减轻体重、富含黄酮类饮食以及保持规律的性生活。重视高危人群的预防，对轻、中度 ED 的中青年男性，应加强生理和心理的健康教育，重视早期病因特别是心血管风险因素的筛查，并及时干预。

**2. 早泄**　早泄的随访与患者教育很重要，可通过面谈、电话、互联网等工具，丰富随访形式和内容，并改善随访成功率，可以获得更好的疗效。随访要点包括：①评估患者和性伴侣的满意度；②评估其治疗的有效性和安全性；③对治疗过程中出现的药物副作用，要及时解决和反馈，并做出调整；④性教育和性科普教育；⑤对自慰导致早泄、过度夸大前列腺炎和早泄的关联、滥用阴茎背神经切除术等观点进行解释和纠正。

**3. 女性性功能障碍**　大多数性欲减退是心理原因造成的功能性障碍，器质性性欲减退也常伴随心理因素，以心理疗法为核心的综合措施最为重要。应全面掌握患者的患病经历与病情特点，综合分析，准确地诊断患者性心理障碍的类型和程度，结合其生活背景、行为模式、病因及影响因素、个性特征制订有针对性的治疗方案，确定治疗时间和治疗进度，强调夫妻共同治疗。具体方法为在专科医师协助下，采用精神分析法、婚姻疗法、家庭疗法等。合理设计体验活动，有效交流，愉快协商形成可接受和满意的性生活方式。

## 目标检测

答案解析

### 一、综合问答题

1. 通过收集各种类型性功能障碍的治疗方案，说出性功能障碍的治疗目标和原则。

2. 结合实际，影响性功能障碍治疗效果的因素有哪些？

### 二、案例分析题

患者，男，46 岁。近年来自感性能力明显下降，对性生活逐渐失去兴趣，咨询男性科专家。主诉近 6 个月来 75% 以上的性生活中不能维持勃起。体格检查除前列腺增大和阴部、腋下脱毛外，没有显著的异常发现，重要的体征如下：血压 160/95mmHg，脉搏 88 次/分，呼吸 14 次/分，体温 37℃。目前的药物治疗包括：雷米普利 5mg/d，既往史有吸烟、高血压、糖尿病。

请思考：

1. 症状和体征提示有引起勃起功能障碍的病因吗？

2. 高血压、吸烟和糖尿病对勃起功能有什么影响？

3. 枸橼酸西地那非适合该患者吗？有什么副作用和禁忌证？与其他药物有相互作用吗？

4. 如何在上述药学服务中体现职业素养和专业精神？

（刘　辉）

**书网融合……**

📄 重点回顾　　　📱 微课　　　📝 习题

# 任务七　生育功能异常的药物治疗

PPT

<table>
<tr><td rowspan="1">学<br>习<br>目<br>标</td><td>

**知识目标：**

**1. 掌握**　生育功能异常的药物治疗原则、药物种类和代表药物、临床治疗方案。

**2. 熟悉**　生育功能异常的症状、治疗药物的用法用量和相关药学服务知识。

**3. 了解**　生育功能异常的病因和诊断。

**技能目标：**

1. 能够结合临床指南正确选用治疗生育功能异常的药物，开展咨询、指导用药，协助拟定药物治疗方案等药学服务。

2. 学会判断生育功能异常治疗药物的不良反应并提供处理方案，主动提供健康教育。

**素质目标：**

培养尊重、关爱生育功能异常患者及家属，积极、认真的服务意识和职业精神。

</td></tr>
</table>

## 导学情景

**情景描述：**一对年轻夫妇，结婚近 2 年，性生活规律，未采取避孕措施，至今未有临床妊娠，该对夫妇既往体健，婚检未发现明显异常。

**情景分析：**根据病史，该对夫妻被诊断为不孕不育症。不孕不育症是一种低生育力状态，指 1 对配偶未采取避孕措施，有规律性生活至少 12 个月未能获得临床妊娠。

**讨论：**试举例说明，为了确认不育不孕的原因，该对夫妇需要做哪些方面的检查？药师应协助医师拟定怎样的治疗方案？

**学前导语：**正常的生育功能是维持社会繁荣及家庭和谐稳定的重要因素，生育功能异常可导致家庭矛盾及社会性矛盾。随着医学技术的进步，临床上发现了诸多能导致生育功能异常的疾病，如无精症、精索静脉曲张、生殖道畸形、抗磷脂综合征等。夫妇双方之间进行积极的沟通及检查治疗是恢复正常生育能力的重要基础。本任务将介绍生育功能异常的相关知识，为今后开展药学服务打好基础。

广义上讲，生育功能异常（abnormal fertility）包括不能妊娠和不能获得活产两个方面。根据既往的临床妊娠史，可分为原发性和继发性不孕症；根据病因，又可分为女性因素不孕症、男性因素不孕症和原因不明不孕症。

## 一、疾病概述

### （一）病因与发病机制 　微课 1

**1. 女性因素不孕症**　其病因主要包括排卵障碍和盆腔因素两方面，通过影响卵母细胞的生成、发育、排出、运送、受精，或胚胎的早期发育、着床等过程，进而导致不孕。

（1）排卵障碍　是最主要影响因素之一，具体包括以下类型。①丘脑性闭经或月经失调：如进食障碍性闭经、过度肥胖和消瘦、过度运动、药物因素等。②垂体性闭经或月经失调：如垂体腺瘤等。

③卵巢性闭经或月经失调：如由染色体和基因缺陷的遗传因素、自身免疫性疾病、手术和放化疗导致的医源性因素等。④其他内分泌疾病：如先天性肾上腺皮质增生症、库欣综合征、肾上腺皮质功能减退症、甲状腺功能减退等。

（2）盆腔因素　包括：①先天性生殖系统畸形，如苗勒管发育不全；②子宫颈因素，如子宫颈机能不全；③子宫体病变，如子宫内膜病变、子宫肿瘤、宫腔粘连；④输卵管及其周围病变，如输卵管梗阻、输卵管周围粘连、输卵管积水、盆腔粘连等。

**2. 男性因素不孕症**　主要是由男性性功能障碍和（或）精液异常导致，后者包括无精子症、少或弱精子症、畸形精子症、单纯性精浆异常。

（1）无精子症　指2~3次精液高速离心后沉淀物显微镜检查均未见精子，包括原发性无精子症（生精功能障碍性无精子症）和梗阻性无精子症。

（2）少或弱精子症　连续2~3次的标准精液分析，精子数量或活动力低于参考值下限，又可分为少精子症、弱精子症、少弱精子症和隐匿精子症。

（3）畸形精子症　畸形精子指精子头部、体部和（或）尾部缺陷引起的精子形态异常，即正常形态的精子少于4%。

（4）单纯性精浆异常　表现为精液中精子浓度、活动力、总数和形态正常，但精浆的物理性状、生化性质、细菌内容物异常，多为特发性的，但是否与不育的发生有关，缺少足够的证据。

常见的导致精液异常的原因有先天性异常、全身性因素、生殖系统病变以及其他因素。

**3. 原因不明不孕症**　是一种生育力低下的状态，可能的病因包括隐性子宫输卵管因素、潜在的卵母细胞或精子异常、受精障碍、胚胎发育阻滞、反复胚胎种植失败、免疫性因素等，但应用目前的检查手段无法确定。

**（二）临床表现与诊断**

不孕症的各种病因可能同时存在，因此应根据特定的病史、体格检查、辅助检查结果明确诊断。

**1. 女性因素不孕症**

（1）病史采集　主要针对月经情况及相关的影响因素、婚育史、可能影响输卵管通畅度和盆腔环境的高危因素进行询问，初步判断是否存在排卵障碍或盆腔因素可能。

（2）体格检查　包括如下。①全身检查：如身高、体重、体脂分布特征、嗅觉、第二性征、有无甲状腺肿大、皮肤改变等。②妇科检查：如外阴发育，子宫颈是否光滑，子宫位置、大小、形状、质地、活动度；附件区有无增厚等。

（3）辅助检查　需根据病史和体格检查的线索提示进行选择，包括盆腔超声检查、激素检测、输卵管通畅度检查和其他检查。

**2. 男性因素不孕症**

（1）病史采集　重点采集内容主要关注性生活情况、婚育史，及是否存在可能影响生育能力的全身性疾病、专科疾病或其他危险因素。

（2）体格检查　也包含全身检查和生殖系统专科检查两方面。

（3）辅助检查　主要有：①精液分析，为男性患者的常规检查，需行2~3次精液分析，以获取基线数据；②激素检测；③生殖系统超声检查，检查前列腺、精囊腺、睾丸、附睾、阴囊内血流、精索等部位有无异常；④其他检查，如性高潮后尿液检查、精浆抗精子抗体的测定；⑤遗传学筛查和诊断性睾丸活检等。

## 二、治疗目标与原则

### （一）治疗目标

消除或克服生育功能异常的心理或生理因素，达到孕育健康子女的目的，从而维系家庭和社会的繁荣稳定。

### （二）治疗原则

**1. 对因治疗** 积极准确地找到生育功能异常的病因。其中，生殖系统解剖结构异常多需手术治疗；内分泌系统功能异常需进行激素水平调节；心因性生育功能异常需要进行心理咨询和人文关怀。

**2. 生育功能丧失** 通常不可逆，如各种原因导致的子宫切除、睾丸切除，严重的躯体疾病等导致无法完成生育过程。

## 三、常用治疗药物

药物主要用于内分泌异常导致的生育功能异常，也可用于辅助生殖手术后的内分泌治疗，需根据具体情况进行针对性治疗，下面对有关常见药物进行介绍。

### （一）女性生育功能异常的药物治疗 微课2

下面主要介绍三种常见的女性生育功能异常疾病及治疗药物。

**1. 女性高催乳素血症** 高催乳素血症直接抑制 GnRH – 促性腺激素（Gn）的合成及释放，导致脉冲分泌频率、幅度减弱；雌激素正反馈作用消失，引起卵泡发育受阻、无排卵。高催乳素血症、垂体催乳素腺瘤（微腺瘤或大腺瘤），都可首选多巴胺受体激动药，也可以根据病情选用其他药物。

（1）多巴胺受体激动药 溴隐亭是首个临床应用的多巴胺 $D_1$、$D_2$ 受体激动剂，可抑制垂体催乳素（PRL）分泌和催乳素瘤细胞增殖，缩小瘤体。

（2）抗雌激素类药物 枸橼酸氯米芬（clomiphenecitrate，CC）是选择性雌激素受体调节剂，具有选择性较强的抗雌激素作用，通过竞争性拮抗下丘脑雌激素受体，干扰雌激素的负反馈，促使 FSH 与 LH 分泌增加，刺激卵泡生长。还直接作用于卵巢，增强颗粒细胞对垂体 Gn 的敏感性和芳香化酶的活性。

（3）芳香化酶抑制药 代表药为来曲唑（LE），可从两个方面发挥促排卵作用：①抑制雄激素向雌激素转化，使体内雌激素相对不足，影响雌激素对下丘脑 – 垂体的负反馈作用，导致 Gn 分泌增加而促进卵泡发育；②雄激素在卵泡内积聚，增强 FSH 受体的表达并促使卵泡发育。卵泡内雄激素的蓄积还可刺激胰岛素样生长因子 – I（IGF – I）及其他自分泌和旁分泌因子的表达增多，在外周水平通过 IGF – I 系统提高卵巢对激素的反应性。

（4）促性腺激素（Gn） 本类药物分为两大类。①天然 Gn：主要是从绝经妇女尿中提取的 Gn，如人绝经期促性腺激素（HMG）、尿源性人卵泡刺激素（uFSH）；以及从孕妇尿中提取的人绒毛膜促腺激素（uHCG）。②基因重组 Gn：包括重组 FSH（rFSH）、重组黄体生成素（rLH）和重组 HCG（rHCG）。FSH 有增加卵泡数量和促进卵泡发育的作用；LH 用于补充 LH 不足或刺激排卵，适用于低 Gn、卵巢反应迟缓、年龄较大的患者；HCG 有诱发排卵和黄体支持的作用。

（5）促性腺激素释放激素类似物（GnRHa） 本类药物主要用于各种控制性卵巢刺激方案。根据其与受体作用的方式，可分为两类，即 GnRH 激动剂（GnRH agonist，GnRH – a）和 GnRH 拮抗剂（GnRH antagonist，GnRH – ant）。①GnRH 激动剂：常规有长效和短效两种剂型。本类药物与 GnRH 受体有高度亲和力，产生两种激动效应。在结合早期（首次给药12小时内）形成具有生物活性且对抗蛋白酶的降解作用的激素－受体复合物，能刺激垂体急剧释放 Gn，产生激素分泌的"上调效应"，导致血清 FSH、LH 和雌激素均显著升高。②GnRH 拮抗剂：可与垂体 GnRH 受体竞争性结合，直接抑制垂体 Gn 释放，起效快、作用时间短并可逆，停药后垂体功能迅速恢复，抑制作用为剂量依赖性，不具有刺激促性腺激素释放的功能，不存在"上调效应"作用。

**2. 子宫腺肌病伴不孕症**　药物治疗通过缩小子宫体积、减轻炎症、改善免疫功能、提高子宫内膜容受性，达到改善生育的目的。目前，最常用的药物为长效 GnRH－a。

**3. 多囊卵巢综合征（polycystic ovary syndrome，PCOS）**　该类患者在治疗前应尽量纠正可能引起生育失败的危险因素，如肥胖、糖耐量异常、糖尿病、高血压等。具体措施包括减轻体脂量、戒烟酒、控制血糖血压等，减重是肥胖型 PCOS 不孕患者的基础治疗。在代谢和健康问题改善后仍未排卵者，可予药物促排卵（详见女性高催乳素血症）。

✎ **练一练8-7-1**

枸橼酸氯米芬属于

A. 雌激素　　　　　B. 雄激素　　　　　C. 雌激素受体部分激动药
D. 促性腺激素　　　E. 芳香化酶抑制剂

答案解析

👁 **看一看8-7-1**

### 体外受精－胚胎移植技术 ⓔ微课3

人类体外受精－胚胎移植（IVF－ET）技术，俗称"试管婴儿"技术，在我国已开展 30 余年。该项技术日趋成熟，辅助生殖医学中心在各地陆续新建，国家主管部门也相应颁布辅助生育技术的操作规范及管理办法，使得该项技术更加规范化，得到健康、快速发展。

IVF－ET 大致有以下几个步骤：取卵及检卵→精液处理→自然受精或卵胞浆内单精子注射（ICSI）→胚胎培养→胚胎移植，这样获得的胎儿又称为"珍贵儿"，指克服了重重困难所获得的宝贵胎儿，为许多家庭带来快乐和幸福。

#### （二）男性生育功能异常的药物治疗

男性生育功能异常，多指男子不育症，是由精子的产生、成熟、运输或射精能力缺陷等所引起不能生育的总称。对男性生育有影响的因素包括基因的异常、化学物质或重金属的接触史、精索静脉曲张、生殖激素水平紊乱、肥胖、甲状腺疾病、肝病和糖尿病，都会对男性的生育功能造成影响。男性不育症本身并非一种独立的疾病，而是由几种因素引起的一种结果，其中，精子功能异常相关的少弱畸精子症约占 60%。药物治疗缺乏可靠循证依据，但为专家共识所推荐。

**1. 维生素 E**　又称生育酚，能够提高精子活动力，增加精子浓度，可减少精子 DNA 损伤和畸形精子比率，增加女方受孕概率。维生素 E 还具有抗氧化作用，对精索静脉曲张造成局部活性氧（ROS）增加而破坏生精细胞和精子质量有确切保护作用。

**2. 左卡尼汀**　为精子提供可利用的能量，在精子能量代谢中起着关键性作用，精浆中游离左卡尼汀水平与精子浓度、活动率、活力呈正相关。局部过多活性氧（ROS）是导致精子畸形的直接因素，本药具有较强抗氧化作用，对畸形精子症具有一定疗效。

**3. 治疗精索静脉曲张的药物**　精索静脉曲张是男性生殖系统常见病症，具有渐进发展的特点，是影响男性不育症的重要因素，应采取综合措施。

（1）七叶皂苷类　具有抗炎、抗渗出、保护静脉管壁胶原纤维张力等作用，逐步恢复静脉管壁的弹性和收缩功能，增加静脉血液回流速度，降低静脉压，改善精索静脉曲张所引起的睾丸肿胀、疼痛等症状，辅助改善生育能力。

（2）黄酮类 具有抗炎、抗氧化作用，可快速提高静脉张力、降低毛细血管通透性、提高淋巴回流率、减轻水肿。可改善临床型精索静脉曲张引起的疼痛症状，并且能延缓亚临床型精索静脉曲张向临床型发展，改善生育能力。

💗**药爱生命**

优生优育一直是临床关注的核心问题之一，TORCH 筛查是保证优生优育的重要检查之一。TORCH 是弓形体（TOX）、风疹病毒（RV）、巨细胞病毒（CMV）、单纯疱疹病毒（HSV）及其他病原体［如梅毒螺旋体（TP）、带状疱疹病毒（VZV）等］的英文名称首字母缩写组合而成。TORCH 病原微生物可以通过胎盘垂直传播，引起宫内感染，造成早产、流产、死胎或胎儿畸形；也可以通过产道感染新生儿，造成新生儿多系统、多脏器损伤甚至智力障碍等；还是胎儿产前、围产期和产后死亡率增加的主要原因之一。因此，每个家庭在妊娠期均应进行规范的 TORCH 筛查，以保证母婴安全，促进优生优育。

## 四、药学服务

开展生育功能异常的药学服务主要包括：①向医师介绍多巴胺受体激动药、芳香酶抑制药、GnRH 激动剂和拮抗剂的特点，提供各类药物的剂量、疗程、不良反应、相互作用的信息咨询服务；②向护理工作者提供以上药物的特征性不良反应等；③向患者介绍生育功能异常药物治疗特点和使用方法，发生不良反应时的应对措施，提高其依从性；④向患者、家属及社会公众介绍生育功能异常治疗的内容和意义等。

### （一）用药注意事项

**1. 溴隐亭** 本药抑制催乳素瘤细胞增殖，短期用药停药后腺瘤会再生长导致复发。推荐停药时机为小剂量溴隐亭维持 PRL 水平正常、MRI 检查肿瘤消失或呈空泡蝶鞍，疗程达 2 年以上。

**2. 促排卵药物** 本类药物应用广，应根据不同病症和具体实际介绍用药注意事项。

（1）多胎妊娠 本类药物增加多胎妊娠及其相关母婴危险性。自然妊娠的多胎发生率在 1.2% 左右，药物诱导排卵和多胚胎移植后发生的多胎妊娠显著增多。而多胎妊娠孕产妇出现妊娠剧吐、妊娠高血压疾病、妊娠期糖尿病、贫血，以及剖宫产、产前及产后出血、产后抑郁等孕产期并发症的发生率显著高于单胎妊娠。另外，早产和胎儿宫内生长受限的发生率成倍增加，导致低出生体重儿尤其是极低出生体重儿、新生儿窒息、新生儿呼吸窘迫综合征、颅内出血等的发生率和新生儿死亡率显著升高，存活新生儿的体格发育落后，心理发育障碍风险增加。

（2）卵巢过度刺激综合征（OHSS） 近年来，辅助生殖技术广泛使用促排卵药物，OHSS 发病率逐年增多，多见于使用 Gn 促排卵联合 HCG 触发排卵的易感患者或合并早期妊娠者。OHSS 临床表现为腹痛、腹胀、体重增加、少尿，严重时出现呼吸困难、严重的消化道症状等并伴有肝肾功能损害及血栓形成，严重时甚至威胁生命。

（3）相关肿瘤 药物刺激卵巢排卵的机制与卵巢肿瘤、乳腺癌、生殖道肿瘤和激素依赖性肿瘤发生的相关性目前尚缺乏临床证据，但在临床应用促排卵药物中需警惕可能的风险。

**3. 维生素 E** 目前临床上使用的维生素 E 剂量符合国家药品监督管理局（NMPA）批准的每日摄入剂量，长期过量服用维生素 E 可出现恶心、视力模糊、皮肤皲裂、唇炎等症状。慎用于过敏体质、缺铁性贫血及维生素 K 缺乏所致低凝血酶原血症等患者。

**? 想一想8-7-1**

为什么促性腺激素释放激素激动剂与促性腺激素释放激素拮抗剂均可以引起药物性垂体 – 卵巢去势作用?

答案解析

### （二）药物相互作用

1. 溴隐亭的血药浓度受肝药酶抑制药影响非常明显，应避免与强效 CYP3A4 抑制药合用，且使用本药前应确保强效 CYP3A4 抑制药已在体内完全消除；与中效 CYP3A4 抑制药合用时，本药剂量不应超过一次 1.6mg、一日 1 次；与其他 CYP3A4 抑制药合用也应谨慎。进食可显著促进本药的相对生物利用度，升高 55% ~ 65%，应建议患者与食物同服。

2. 氯米芬与戈那瑞林合用有导致卵巢过度刺激的报道。

### （三）健康宣教

**1. 生育功能异常的宣教** 配合专科医生，开展生殖生理知识和不孕相关疾病知识的健康教育，组织患者参加有关知识讲座或利用新媒体技术及时了解和沟通。配合心理医生对患者进行心理咨询，使其身心愉悦、精神放松。讲授受孕科普知识，使患者了解受孕过程是生物 – 内分泌 – 生理 – 心理 – 激素分泌的综合过程，其中任何一个环节出现障碍都有可能影响受孕结果。

发放"不孕不育治疗知识"手册，让患者对不孕症的整个治疗过程、正常生殖生理、不孕不育以及辅助生殖助孕技术有基本的了解，注意私密性和保护个人隐私，消除患者的疑惑和顾虑，使其对治疗充满信心。不孕症有很大可能是夫妇双方因素，要强调不孕夫妇同时诊治，使夫妇双方增进理解、互相支持，有利于受孕概率的提高。

应重点对患者介绍助孕治疗前的注意事项，包括：①避免和远离不良的环境因素，如放射线、某些化学元素和重金属等；②注意生殖道卫生，预防生殖道疾病和性病，减少不必要的宫腔操作和人工流产；③适当调节性生活频率；④保持适当的体重，体重过重或过轻均会影响受孕；⑤保持健康的生活方式，吸烟、过量饮酒和咖啡都不利于生育；⑥保持理想的心理状态以及温暖的夫妇关系和家庭氛围。

**2. 药物治疗期间** 用药期间每天测量并记录基础体温（每天清晨刚醒未起床前的体温），以便医生监测排卵与受孕情况；氯米芬可能会引起视觉症状，如模糊、阴影。用药期间应避免驾驶、操作机器；如果用药后出现腹部或盆腔疼痛、体重增加、不适或腹胀，应立即就诊；必要时还需测定雌激素、血清孕酮水平及尿内孕二醇含量，以判断有无排卵；此外，用药期间还需要检查促排卵激素及促黄体生成激素、血浆内的皮质激素传递蛋白含量、血清甲状腺素含量、性激素结合球蛋白含量、甲状腺素结合球蛋白含量，并需进行磺溴酞钠（BSP）肝功能试验。

## ◆ 目标检测 ◆

答案解析

### 一、综合问答题

1. 通过收集各种类型生育功能异常的治疗方案，说出生育功能异常的治疗目标和原则。

2. 结合实际，影响生育功能异常治疗效果的因素有哪些？

**二、案例分析题**

患者，女，28岁。性生活正常，1年前起不避孕，未孕至今。5个月前因"月经稀发十余年，停经3个月"就诊于当地医院，诊断为PCOS，并给予炔雌醇环丙孕酮治疗2个周期。3个月前外院行子宫输卵管造影提示：双侧输卵管通畅。2个月前月经周期第3天复查性激素正常，自然周期试孕2个月未孕。男方查精液常规：正常。现月经第3天，要求促排卵。目前诊断为：①原发性不孕；②PCOS；③肥胖；④糖耐量异常。

请思考并回答：

1. 医师应对该患者采用什么治疗方案？

2. 药师应如何做好用药咨询与指导？

3. 如何在上述药学服务中体现职业素养和专业精神？

（刘　辉）

**书网融合……**

重点回顾

微课1

微课2

微课3

习题

# 项目九　感染性疾病的药物治疗

## 任务一　结核病的药物治疗

**PPT**

**学习目标**

**知识目标：**

**1. 掌握**　一线抗结核药的药理作用、临床应用、不良反应、药物治疗原则及方案。

**2. 熟悉**　抗结核药的作用机制、耐药性；二线抗结核药的作用特点及临床应用。

**3. 了解**　结核病的发病原因及流行病学。

**技能目标：**

1. 能够依据结核病防治指南要求，为患者提供疾病咨询、用药指导、健康教育。

2. 学会判断用药过程中出现的不良反应，并提供处理方案以及其他药学信息服务。

**素质目标：**

培养尊重、关爱结核病患者的人文关怀精神以及工作严谨、细致、认真的职业道德精神。

### 📖 导学情景

**情景描述：** 患者，女，20岁。反复感冒发热半年余，咳嗽伴胸痛2个月余，自行服用感冒药、抗菌药和止咳药未见好转，连日上网后咳嗽加剧，并咳出鲜血，遂来院就诊。自诉日渐消瘦、疲乏无力、食欲减退。查体：患者精神萎靡，面红润，体温38.9℃；肺部：右侧胸廓下陷，肋间隙变窄，呼吸运动受限，气管向右侧移位，呼吸减弱，余正常。痰结核杆菌培养为阳性。X射线片显示：右侧肺上叶有一2.0cm×4.3cm形状不规则的厚壁空洞，壁厚约1.2cm。

**情景分析：** 结合患者临床症状、X射线片检查，特别是痰结核杆菌培养为阳性，诊断为慢性纤维空洞型肺结核。

**讨论：** 结合案例，协助拟定治疗方案，并说出药学服务要点。

**学前导语：** 结核病是一种严重的传染病，主要由结核杆菌感染引起，药物治疗是最主要的手段。本任务将介绍抗结核病药的相关知识技能，为今后更好地开展药学服务打好基础。

---

结核病是由结核分枝杆菌引起的一种呼吸系统传染病。人体组织除毛发外，几乎都有感染的可能，如肠结核、骨结核、输卵管结核等，其中肺结核的感染率最高，占人体结核病的首位。临床上依据病理学特征将肺结核分为原发型肺结核、急性粟粒型肺结核、慢性纤维空洞型肺结核、干酪样肺炎、结核性胸膜炎等类型。结核病的治疗主要包括药物治疗、对症支持治疗和心理疗法，其中药物治疗是当前结核病的最主要治疗手段。

## 一、疾病概述

### （一）病因与发病机制

结核病的发病原因是结核分枝杆菌（以下简称结核杆菌）的感染。结核杆菌因涂片染色具有抗酸性，故也称"抗酸杆菌"。引起人类结核病的主要菌型为人型结核杆菌，牛型感染少见。结核杆菌生长缓慢，对外抵抗力强，在阴湿处能生存 5 个月以上，但在阳光下暴晒 2 小时、5% ~12% 甲酚（来苏）溶液接触 2 ~12 小时、70% 乙醇接触 2 分钟或煮沸 1 分钟，均可被杀灭。结核杆菌可通过呼吸道、消化道或皮肤损伤侵入易感机体，引起多种组织器官的结核病，其中以通过呼吸道引起肺结核为最常见。

结核病的发病机制目前认为有两方面。①细胞介导的免疫反应，经巨噬细胞处理的结核杆菌特异性抗原传递给辅助 T 淋巴细胞（CD4$^+$T 细胞），使之致敏。致敏的淋巴细胞再次接触结核杆菌，可释放出多种淋巴因子，使巨噬细胞聚集在细菌周围，吞噬并杀灭细菌，然后变成类上皮细胞及朗汉斯巨细胞，最终形成结核结节，使病变局限。同时，抑制 T 淋巴细胞（CD8$^+$）可溶解已吞噬结核杆菌和受抗原作用的巨噬细胞，导致宿主细胞和组织被破坏。②迟发型变态反应可引起细胞坏死、干酪性变，甚至形成空洞。

👁 看一看9-1-1

### 结核病的强传染性不容忽视

某大学官方媒体显示：2019 年 8 月至 2020 年 10 月期间，该校文学院某校区陆续发现在校学生肺结核病例 20 余例，学校所在市、区疾控中心依规及时进行了处置，所有患者均已休学进行规范性治疗。2020 年秋季开学复课后，该校区全体师生及后勤人员全部进行了结核菌素试验筛查和胸片检查，共发现 40 余名学生胸部 CT 影像异常，需进行进一步诊断排除。最终依据省、市疾控中心及市传染病医院建议，除 4 名学生由家长接回家庭所在地专门医院诊疗外，其余已在学校所在市传染病医院住院进一步诊断。以上案例提示，结核病具有很强的传染性，如发现相关情况，应第一时间上报并做出正确处理，避免结核病进一步在人群中传染，引发更严重的后果。

### （二）临床表现与诊断

**1. 临床表现** 大多数患者初次感染结核杆菌后无明显症状，随着病情发展，潜伏期结束，才渐渐感觉不适，此时发展为活动性结核病。人体全身多部位均可被结核杆菌感染，而表现为不同的症状，但均伴有低热、盗汗、乏力等结核病常见的全身症状。

（1）呼吸系统结核 早期可无症状，或有较轻的干咳。随着病情发展出现痰中带血，约 1/3 的患者会出现咯血。当结核病灶累及胸膜时，除干咳外，会有随呼吸、体位改变而加重的胸痛。

（2）泌尿系统结核 早期可无症状，或有尿频、尿急、尿痛等泌尿系统刺激症状。尿频往往最早出现，持续时间最长，尿频在晚期更为严重，甚至出现尿失禁。随着病情发展，50% ~60% 患者会出现血尿，血尿通常提示病变已到晚期。此外，肾结核还会出现脓尿。

（3）消化系统结核 早期可有腹部隐痛，偶尔可有阵发性绞痛，以右下腹、脐周多见，往往进食后加剧，排便后减轻。随病情发展，腹痛症状加剧，部分患者可出现腹部肿块，肿块多位于右下腹，按压时疼痛。

（4）生殖系统结核 早期可偶有直肠、会阴部位不适。后期可出现附睾和睾丸肿大、变硬。双侧附睾结核患者可导致不育。

（5）骨与关节结核 早期可出现病变部位的骨痛，疼痛在活动时加剧，并导致活动受限。随病情发展，骨痛会逐渐加重。另外，脊柱结核还可伴放射性疼痛。

**2. 诊断** 在临床症状的基础上，通过结核菌检查和影像学检查来诊断患者是否患有结核。其中，痰中找到结核杆菌是确诊肺结核的主要依据。此外，X 射线虽有一定的特征性表现，但无特异性。但 X 射线对于了解病变的部位、范围，大致判断结核病的性质及严重程度有重要意义。

### 💜 药爱生命

中华人民共和国成立后，党和政府高度重视结核病防治工作，通过卡介苗免费接种、大规模筛查主动发现患者、全面推行抗结核药物化学治疗、加强重点人群防控、积极开展国际合作等措施，建立了适合我国国情的结核病防治策略，结核病防治工作能力不断提高，耐药结核病防治、艾滋病病毒与结核杆菌双重感染、流动人口结核病防治等难点逐步被攻破，结核病患病率明显下降。1979—2010 年，我国共开展了 5 次全国结核病流行病学抽样调查。结果显示，全国结核病疫情有较大幅度的下降，活动性肺结核患病率下降 36.0%，涂阳肺结核患病率下降 64.7%。全国结核病发病率也呈逐年下降趋势，尤其是 2010 年以来，我国结核病发病率的年递降率为 2.9%，明显优于全球平均水平的 1.5%。我国结核病防治取得的成就充分说明：法制化、规范化管理是做好防治工作的有效手段，全面落实医保政策是做好防治工作的有效途径，不断创新和改革是防治工作可持续发展的源泉。📱微课1

## 二、治疗目标与原则 📱微课2

### （一）治疗目标

肺结核的治疗目标：①杀灭病灶中的结核杆菌，患者恢复健康；②最大限度地减少结核杆菌向他人传播。

### （二）治疗原则

**1. 早期用药** 结核病早期多为渗出性反应，病灶区域血液循环良好，药物易渗入，此时机体的抗病能力和修复能力也较强，且细菌正处于繁殖期，对药物敏感，故疗效显著。

**2. 联合用药** 为了增强疗效、降低不良反应、延缓耐药性的产生，临床常将两种或两种以上抗结核药联合应用。

**3. 长期规律用药** 目前广泛采用的是 6～9 个月的短程疗法，多用于单纯性结核病的初治。不规律用药、随意改变药量或提前停药是导致治疗失败的最主要原因。

**4. 全程督导治疗** 即患者的病情、用药、复查等都应在医务人员的监视之下，确保得到规范治疗。

**5. 个体化用药原则** 依据患者病情及身体素质，给予不同的用药剂量及用药方案，遵循用药个体化原则。

## 三、常用治疗药物

结核病常用药物可分为一线用药（如异烟肼、利福平、吡嗪酰胺、乙胺丁醇、链霉素等）和二线用药（如对氨基水杨酸）。近年来，左氧氟沙星、莫西沙星等喹诺酮类药物也有较好的疗效。另外，贝达喹啉和德拉马尼 2 种对耐药结核菌有效的药物大大提高了结核病的治愈率。

**1. 异烟肼（isoniazid，H）** 又称雷米封，具有杀菌力强、可以口服、不良反应少、价廉等优点。口服后吸收快，易渗入组织，能透入胸腔积液及干酪样病灶中，较易通过血 - 脑脊液屏障，杀灭细胞内外代谢活跃或静止的结核杆菌，常作为各型结核的首选药。常规用量下很少发生不良反应，偶见周围神经炎、肝功能异常等。

**2. 利福平（rifampicin，R）** 对细胞内外代谢旺盛和偶尔繁殖的结核杆菌均有杀灭作用。可渗入胸膜腔、透过血 - 脑脊液屏障，与其他抗结核药之间无交叉耐药性，一般毒性反应少，偶有轻度胃肠刺激和暂时性肝功能损害。

**3. 链霉素（streptomycin，S）** 对细胞外生长旺盛的结核杆菌有杀灭作用，对细胞内的结核杆菌作用较小。主要不良反应为第Ⅷ对脑神经损害，表现为眩晕、耳鸣、耳聋等。肾功能严重受损者不宜使用。

**4. 吡嗪酰胺（pyrainmide，Z）** 能杀灭吞噬细胞内、酸性环境中的结核杆菌。副作用与药物剂量有关，偶有肝功能损害、高尿酸血症、关节痛、胃肠不适等不良反应。

**5. 乙胺丁醇（ethambutol，E）** 对结核杆菌有较强的杀灭作用，单用耐药性可缓慢形成，与其他抗结核病药物有交叉耐药性。主要与异烟肼、利福平联用治疗各种类型结核病。不良反应少见，大剂量长期用药可致球后视神经炎，表现为视力下降、视野缩小、辨色力减弱、红绿色盲等，服用乙胺丁醇期间应注意患者视力的变化和红绿色分辨力，出现异常应立即停药。一般服用期间2~4周做一次眼科检查。偶见过敏反应和肝功能损害等。

**6. 对氨基水杨酸钠（sodium paraminosliylate，P）** 为抑菌药，用量较大，疗效较小，常与异烟肼、链霉素合用，不良反应以胃肠刺激多见。

**7. 左氧氟沙星（levofloxacin）** 左氧氟沙星对巨噬细胞内和细胞外的结核杆菌同样有效，并且活性较强。临床上应根据结核杆菌的生长状态和存在部位选择配伍药物，以提高治疗效果。传统的抗结核药物对肝功能都有一定的不良影响，左氧氟沙星由于主要以原形从肾排泄，不加重肝脏代谢的负担，本身也无明显的肝损害作用，故有利于长期抗结核治疗的合并用药。

**8. 莫西沙星（moxifloxacin）** 具有生物利用度高、半衰期长等优点。静脉给药后，机体吸收迅速且药效持续时间较长。临床研究表明，莫西沙星在耐多药肺结核患者治疗中的总体疗效优于左氧氟沙星。不良反应方面，莫西沙星对患者肝、肾功能影响较小，胃肠道刺激也较轻。推荐用法：将莫西沙星注射液（规格：20ml 0.4g）溶于0.9%氯化钠溶液150ml中静脉滴注，每天1次，60~90分钟内滴注完。

**9. 贝达喹啉（bedaquiline）** 是二芳基喹啉抗结核药，对耐药分枝杆菌作用较好，适用于年龄在18~65岁，符合以下条件的患者：①耐多药肺结核不能组成有效的化疗方案时；②泛耐药肺结核前期，即对氟喹诺酮类或二线注射药物（卡那霉素、阿米卡星、卷曲霉素）耐药的耐多药肺结核患者；③泛耐药肺结核。与食物同服，服药期间清淡饮食。联合其他抗结核药使用，用药必须足疗程（24周），直接面视监督下服用。推荐剂量：第1~2周，每次400mg，每天1次。第3~24周，每次200mg，每周3次，与食物同服；两次用药之间至少间隔48小时，每周的总剂量为600mg。

**10. 德拉马尼（delamanid）** 为硝基咪唑噁唑类化合物，抑制结核杆菌细胞壁合成，与现有抗结核药无交叉耐药性。适用于成人患者肺部多重耐药结核病，成人推荐剂量为100mg，每日两次，共24周。心血管系统不良反应，如心悸等多见。

**练一练9-1-1**

下列药物中，用于治疗各型结核均应作为首选的药物是
A. 异烟肼　　　　　　B. 链霉素　　　　　　C. 氧氟沙星
D. 乙胺丁醇　　　　　E. 利福平

答案解析

## 四、药学服务

开展结核病防治的药学服务主要包括如下。①向医师介绍异烟肼、利福平等一线药物的药理作用、临床应用、不良反应以及药物相互作用的信息咨询服务。并与医师协作，共同参与患者用药全过程的药学监护，对于严重患者，协助医师进行药物治疗方案的调整。②向护士提供如何指导患者正确服药的知识，如异烟肼最好空腹服用，并且按时、按量，不可随意调整。利福平不宜与牛奶、米汤等同服。③向患者提供药物咨询（药物用法用量、不良反应、相互作用、用药注意事项和特殊人群用药咨询等）、用药教育（给患者提供个体化用药教育，如抗结核治疗疗程、用药方法、用药注意事项、药物不

良反应以及生活指导和心理辅导）。

**（一）用药注意事项** 🔲 微课3

**1. 肝毒性** 以异烟肼、利福平和贝达喹啉最常见，与年龄、剂量及合并用药等多种因素有关。表现为食欲减退、腹胀、疲乏、恶心及黄疸等。用药期间应定期检查肝功能，老年人、有肝病史者慎用。

**2. 过敏反应** 发生率低，少数患者可见皮疹、药热、黄疸等过敏症状。

**3. 神经系统毒性** 以异烟肼多见，与剂量有明显关系。表现为四肢麻木感、烧灼感及针刺样疼痛，重者腱反射迟钝和肌轻瘫等。大剂量异烟肼对中枢有兴奋作用，表现为失眠、记忆力减退，甚至诱发精神病和癫痫发作，必要时加服维生素 $B_6$ 治疗。

**4. 胃肠道反应** 如恶心、呕吐、腹泻等，患者一般可以耐受。

**5. 球后视神经炎** 主要见于使用乙胺丁醇的患者，与剂量有关。表现为视力减退、视觉模糊、视野缩小、红绿色盲、弱视等。因此，大剂量连续应用乙胺丁醇时应定期检查视力。

**6. 耳毒性** 主要见于使用链霉素的患者，长期使用可见前庭功能损害，严重者可造成永久性耳聋，因而使用链霉素期间要定期检查听力。

**7. 心律失常** 以贝达喹啉常见，用药期间 Q - T 间期可能会延长。开始治疗之前，应先做心电图，并且开始治疗后至少做 2 次，分别在使用贝达喹啉后的 12 周和 24 周。如果出现室性心律失常或 Q - Tc 间期 >500 毫秒，应立即停药。

❓ **想一想9-1-1**

1. 长期服用异烟肼可致中枢兴奋，需要加服维生素 $B_6$ 的原因是？

2. 利福平除了可以治疗结核，还有其他用途吗？

答案解析

**（二）药物相互作用**

1. 异烟肼和利福平的主要不良反应均为肝毒性，因此合用会加重肝脏损害。

2. 利福平是肝药酶诱导剂，可加快氢化可的松、双香豆素以及口服避孕药的代谢速度。此外，还可缩短洋地黄毒苷、奎尼丁以及普萘洛尔等药物的半衰期。

3. 贝达喹啉与肝药酶抑制剂联用时，可提高血药浓度，增加毒性和不良反应的风险。

**（三）健康宣教**

结核病患者健康宣教内容如下。①介绍传播途径：主要传染源是排菌的肺结核患者（痰液中查到结核杆菌）。②指导饮食起居及行为，指导患者多食营养成分高的食物，以增强抵抗力，特别是鱼、瘦肉、蛋、牛奶、豆制品等高蛋白食品要多摄入。③注意多休息，适量活动，同时保持乐观积极的生活态度。④用药指导：告知患者一定要遵医嘱坚持全疗程、规律、按时按量服药。⑤急救指导：部分患者如出现呼吸困难、胸闷，立即取半卧位，有氧气在床旁时立即吸氧。咯血时取头低足高位，将积血尽量轻轻咳出，不要屏气，保持呼吸道通畅，并立即用床头呼叫器呼叫医护人员。⑥定期复查：患者必须按医生的要求按时来院复查，如出现食欲不振、恶心呕吐、肝区不适、皮肤瘙痒等，应及时回院复查。

**◆ 目标检测 ◆**

答案解析

**一、综合问答题**

1. 结合临床实践及相关资料，说出异烟肼的不良反应及相关应对措施。

2. 说出抗结核病药的用药原则，并展开讨论。

二、案例分析题

患者，男，32岁。因低热伴咳嗽1个月来诊。患者于1个月前受凉后出现低热，体温最高不超过38℃，午后明显。咳嗽，咳少量白色黏痰，无咯血和胸痛，自服感冒颗粒若干，效差。有时伴夜间盗汗。病后进食和睡眠稍差，体重稍有下降，二便正常。平时不吸烟，家族中母亲有肺结核。查体：T 37.8℃，P 86次/分，R 20次/分，BP 120/80mmHg。右上肺叩诊浊音，语颤增强，可闻及支气管肺泡呼吸音和少量湿性啰音，心、腹部检查未见异常。实验室检查：Hb 130g/L，WBC $9.0 \times 10^9$/L，N 68%，PLT $138 \times 10^9$/L，ESR 35mm/h，PPD试验强阳性。

请思考分析：

1. 该患者最可能的诊断是什么？诊断依据是什么？

2. 需要进一步做哪些检查？

3. 请根据患者情况，协助拟定合适的治疗方案。

4. 如何在上述药学服务中体现职业素养和专业精神？

（李　嘉）

书网融合……

| 重点回顾 | 微课1 | 微课2 | 微课3 | 习题 |

# 任务二　性传播疾病的药物治疗

PPT

**知识目标：**

**1. 掌握**　性传播疾病的药物治疗原则、药物种类和代表药物、临床治疗方案。

**2. 熟悉**　性传播疾病的症状、治疗药物的用法用量和相关药学服务知识。

**3. 了解**　性传播疾病的病因和诊断。

**技能目标：**

1. 能够结合临床指南正确选用治疗性传播疾病的药物，开展咨询、指导用药，协助拟定药物治疗方案等药学服务。

2. 学会判断性传播疾病治疗药物的常见不良反应并提供处理方案，主动提供健康教育。

**素质目标：**

培养尊重、关爱性传播疾病患者及家属，积极、细致、认真的服务意识和职业精神。

学习目标

**导学情景**

**情景描述：** 患者，男，35 岁。尿痛、排尿困难，龟头红肿流脓 4 天，有不洁性接触史。检查：包皮龟头红肿，尿道口肿胀外翻，尿道口大量黄色脓液溢出，伴有腹股沟淋巴结红肿疼痛。经分泌物培养检查是淋球菌感染。

**情景分析：** 结合患者最近症状，诊断为淋病。

**讨论：** 结合案例，协助拟定治疗方案。

**学前导语：** 性传播疾病治疗的近期目标是通过药物治疗来消除症状，达到临床治愈；远期目标是通过药物治疗和规范生活，达到病原学治愈。本任务将介绍相关的知识技能，为今后开展药学服务打好基础。

性传播疾病（sexually transmitted disease，STD）指主要通过性接触、类似性行为及间接接触传播的一组传染性疾病，不仅引起泌尿生殖器官病变，还可通过淋巴系统侵犯泌尿生殖器官所属的淋巴结，甚至通过血行播散侵犯全身各重要组织和器官。

我国重点防治的性传播疾病主要有以下五种：梅毒、淋病、尖锐湿疣、非淋菌性尿道炎（宫颈炎）、生殖器疱疹。这五种疾病现在是我国临床比较常见的性传播疾病，还有其他类型的性传播疾病，比如软下疳、性病性淋巴肉芽肿，这两种疾病也属于性传播性疾病，在我国比较罕见，故不再赘述。

**看一看9-2-1**

### 性传播疾病的范畴变化

1975 年，WHO 把性病的范围从过去的五种疾病（梅毒、淋病、软下疳、性病性淋巴肉芽肿和腹股沟肉芽肿）扩展到各种通过性接触、类似性行为及间接接触传播的疾病，统称性传播疾病。

目前，性传播疾病的涵盖范围已扩展至最少 50 种致病微生物感染所致的疾病，如生殖系统念珠菌病、阴道毛滴虫病、细菌性阴道病、阴虱病、乙型肝炎、股癣等疾病。

## 一、疾病概述

### （一）病因与发病机制

**1. 淋病** 由淋病奈瑟菌（简称淋球菌）感染引起，主要表现为泌尿生殖系统的化脓性感染。人是淋球菌的唯一天然宿主。淋球菌主要侵犯黏膜，尤其是单层柱状上皮和移行上皮。

**2. 梅毒** 由梅毒螺旋体（又名苍白螺旋体，TP）引起的慢性、全身性疾病，梅毒螺旋体表面的黏多糖酶可能与其致病性有关。梅毒螺旋体对皮肤、主动脉、眼、胎盘、脐带等富含黏多糖的组织有较高的亲和力，可借其黏多糖酶吸附到上述组织细胞表面，分解黏多糖造成组织血管塌陷、血供受阻，继而导致管腔闭塞性动脉内膜炎、动脉周围炎，出现坏死、溃疡等病变。

**3. 非淋菌性尿道炎** 由淋菌以外的其他病原体引起，在临床上有尿道炎的表现，但在分泌物中查不到淋球菌。女性患者常合并子宫颈炎等生殖道炎症。由沙眼衣原体（D ~ K 血清型）、解脲支原体、阴道毛滴虫、单纯疱疹病毒等引起。其中，沙眼衣原体（CK）最常见。

**4. 生殖器疱疹** 是由单纯疱疹病毒（HSV）引起的泌尿生殖器及肛周皮肤黏膜的慢性、复发性、难治愈的性传播疾病。主要由 HSV - 2 型引起，少数为 HSV - 1 型。

**5. 尖锐湿疣** 是由人类乳头瘤病毒（HPV）引起，常发生在肛门及外生殖器等部位的疣状赘生物。HPV 有不同的亚型，最常引起尖锐湿疣的 HPV 是 6 型和 11 型。

**（二）临床表现与诊断**

**1. 淋病** 潜伏期一般为2～10天，潜伏期患者具有传染性。急性淋病主要表现为男性排尿时灼痛，伴尿频，尿道口有黏液性分泌物。病情加重后尿道黏膜分泌大量脓性物，排尿时刺痛，龟头及包皮红肿显著。尿道中可见淋丝或血液，可结脓痂。伴轻重不等的全身症状。女性一般开始症状轻微，潜伏期后常见尿道炎、子宫颈炎，也有尿道旁腺炎、前庭大腺炎及直肠炎等。慢性淋病在男性主要表现为尿道炎症状，在女性表现为下腹坠胀、腰酸背痛、白带较多等。

男性可进行急性淋菌性尿道炎涂片检查，女性可进行淋球菌培养，有条件可采用基因诊断（聚合酶链反应）方法确诊。

**2. 梅毒** 根据传播途径可分为获得性梅毒（后天梅毒）和胎传性梅毒（先天梅毒）；根据病程不同可分为早期梅毒和晚期梅毒（表9–1）。

表9–1 梅毒临床分期

| 病因 | 病程 | 类型 |
|---|---|---|
| 获得性梅毒（后天性梅毒） | 早期梅毒（病程<2年） | 一期梅毒 |
| | | 二期梅毒 |
| | | 早期潜伏梅毒 |
| | 晚期梅毒（病程≥2年） | 三期皮肤、黏膜、骨骼梅毒 |
| | | 心血管梅毒 |
| | | 神经梅毒 |
| | | 晚期潜伏梅毒 |
| 胎传梅毒（先天性梅毒） | 早期先天梅毒（<2岁） | |
| | 晚期先天梅毒（≥2岁） | 皮肤、黏膜、骨骼梅毒 |
| | | 心血管梅毒 |
| | | 神经梅毒 |
| | | 潜伏梅毒 |

（1）获得性梅毒 分为三期，一期梅毒的标志性临床特征是硬下疳。好发部位为男性的阴茎、龟头、冠状沟、包皮、尿道口，女性的大小阴唇、阴蒂、宫颈、肛门、肛管等。一期梅毒未治疗或治疗不彻底，梅毒螺旋体随血液循环播散，引发多部位损害和多样病灶，侵犯皮肤、黏膜、骨骼、内脏、心血管、神经系统，引发二期梅毒。二期梅毒以二期梅毒疹为特征，有全身症状，一般在硬下疳消退后相隔一段无症状期再发生。梅毒进入二期时，梅毒血清学试验几乎100%阳性。全身症状发生在皮疹出现前，可有发热、头痛、骨关节酸痛、肝脾肿大、淋巴结肿大等症状。数日好转。接着出现梅毒疹，并有反复发生的特点。40%未经治疗的显性梅毒螺旋体感染发生三期梅毒，表现为皮肤黏膜损害、结节性梅毒疹、骨梅毒、心血管梅毒、神经梅毒等。

（2）先天性梅毒 分为早期先天梅毒、晚期先天梅毒、先天潜伏梅毒。特点是不发生硬下疳，早期病变较后天性梅毒重，以角膜损害、骨损害、神经损害常见。早期先天梅毒常出现早产、发育差、消瘦脱水、皮肤松弛、全身淋巴结肿大、皮肤损害。晚期先天梅毒在2岁以后发病，包括早期病变所致的骨、齿、眼、神经及皮肤的永久性损害，如马鞍鼻、哈钦森齿等。活动性损害所致的临床表现如角膜炎、神经性耳聋、神经系统表现异常、脑脊液变化、肝脾肿大、鼻或腭树胶肿、关节积水、骨膜炎、指炎及皮肤黏膜损害等。先天潜伏梅毒患者生于患梅毒的母亲，未经治疗，无临床表现，梅毒血清反应阳性。

主要通过接触史、临床表现、梅毒血清学实验确诊。

**3. 非淋菌性尿道炎**　尿道刺痒，伴有尿急、尿痛及排尿困难，但症状较淋菌性尿道炎轻。尿道口可泌出少量黏液性分泌物，有时仅表现为尿道口痂膜封口或内裤污秽。有相当一部分人可无任何症状。男性患者可发生附睾炎。女性患者症状不如男性典型，很多患者可无症状，一般可发生尿道炎、黏液脓性宫颈炎、急性盆腔炎症性疾病及不育症等。

主要通过接触传染病史、发病部位、临床表现、直接免疫荧光法、酶联免疫法、沙眼衣原体培养、解脲支原体培养、聚合酶链反应（PCR）和连接酶联反应（LCR）等方式确诊。

**4. 生殖器疱疹**

（1）初发生殖器疱疹　分为原发性生殖器疱疹和非原性生殖器疱疹。前者为第一次感染单纯疱疹病毒而出现症状者，其病情相对严重。后者为既往有过 HSV‑1 感染（主要为口唇或颜面疱疹），又再次感染 HSV‑2 而出现生殖器疱疹的初次发作，其病情相对较轻。表现为外生殖器或肛门周围有群簇或散在的小水疱，2~4 天后破溃形成糜烂或溃疡。腹股沟淋巴结常肿大，有压痛。

（2）复发性生殖器疱疹　主要表现为原发皮损消退后皮疹反复发作，较原发性全身症状及皮损轻，病程较短。起疹前局部有烧灼感、针刺感或感觉异常。外生殖器或肛门周围群簇小水疱，很快破溃形成糜烂。

主要通过接触传染病史、发病部位、临床表现、细胞学检查（Tzanck 涂片）、检测病毒抗原、病毒培养、核酸检测等方式确诊。

**5. 尖锐湿疣**　好发部位为生殖器和肛周，在男性多见于包皮、系带、冠状沟、龟头、尿道口、阴茎体、肛周、直肠内和阴囊；在女性多见于大小阴唇、后联合、前庭、阴蒂、宫颈和肛周。初期为细小淡红色丘疹，以后逐渐增大增多，呈单个或群集分布，湿润柔软，表面凹凸不平呈乳头样、鸡冠状或菜花样赘生物。色泽从粉红色至深红色、灰白色乃至棕黑色。根部常有蒂，且易发生糜烂渗液，触之易出血。皮损裂缝间常有脓性分泌物郁积，致有恶臭，可因搔抓而引起继发感染。

主要通过接触传染病史、发病部位、临床表现、醋酸白试验、过氧化物酶抗过氧化物酶方法（即PAP）、组织化学检查、病理检查等方式确诊。

**？ 想一想9‑2‑1**

1. 生殖器疱疹由何种病原微生物传播引起？应如何预防？
2. 非淋菌性尿道炎的治疗方法有哪些？

答案解析

## 二、治疗目标与原则

### （一）治疗目标

性传播疾病治疗的近期目标是通过药物治疗消除症状，达到临床治愈；远期目标是通过药物治疗和规范生活，达到病原学治愈。

### （二）治疗原则　微课1

**1. 尽早确诊，及时治疗**　患病后应尽早确立诊断，在确诊前不应随意治疗，确诊后应立即治疗。

**2. 明确临床类型**　判断是否有合并症。明确临床分型对正确地指导治疗极其重要。

**3. 明确有无耐药**　明确是否对治疗药物耐药，有助于正确地指导治疗。

**4. 明确是否合并其他感染**　若合并感染，应拟订联合药物治疗方案。

**5. 正确、足量、规则、全面治疗**　应选择对病原微生物敏感的药物进行治疗。药量要充足，疗程要正规，用药方法要正确。

**6. 评估疗效并追踪观察**　应当严格掌握治愈标准评估疗效。只有达到治愈标准后，才能判断为痊愈。为防复发，治愈者应坚持定期复查。

**7. 同时检查、治疗其性伴侣** 患者夫妻或性伴侣双方应同时接受检查和治疗。未治愈前禁止性行为。

🔧 练一练9-2-1

患者，男，30岁。尿道口轻度红肿，有浆液性分泌物。患者有不洁性生活史。2周前因尿急、尿频、尿痛、尿道脓性分泌物，分泌物镜检淋菌阳性，而被诊为急性淋病。给予药物治疗后，症状、体征消失，淋菌涂片和培养均阴性。根据患者情况，最可能的诊断是

答案解析

A. 淋病 　　　　　　 B. 非淋菌性尿道炎 　　　　　　 C. 梅毒

D. 念珠菌性包皮龟头炎 　 E. 尖锐湿疣

## 三、常用治疗药物

治疗性传播疾病主要还是针对病因选择对症药物治疗。近年来由于耐药菌株增多，需按照治疗指南选用特定治疗药物及方法。

**1. 淋病** 首选头孢曲松1g单次肌内注射或静脉给药，或大观霉素2g单次肌内注射。次选方案为头孢噻肟1g，单次肌内注射，或其他第三代头孢菌素类。

**2. 梅毒** 首选青霉素类，如普鲁卡因青霉素、苄星青霉素等为不同分期梅毒的首选药物。对青霉素过敏者可选半合成四环素类。

（1）早期梅毒 苄星青霉素（长效西林），240万U分两侧臀部肌内注射，每周1次，共1~2次。普鲁卡因青霉素，肌内注射，连续10~15天，总量800万U~1200万U。对青霉素过敏者选用多西环素，每日2次，口服，连服15天。

（2）晚期梅毒 苄星青霉素240万U，肌内注射，每周1次，共3次。普鲁卡因青霉素，每日80万U，肌内注射，连续20天，可间隔2周后重复治疗1次。对青霉素过敏者选用多西环素，每日2次口服，连服30天。

**3. 非淋菌性尿道炎** 根据不同病原体感染，分为生殖道支原体感染、生殖道沙眼衣原体感染、滴虫病等。

（1）生殖道支原体感染 首选多西环素100mg，每天2次，连续7~10天。或阿奇霉素首日1g，单次口服；阿奇霉素250mg，每天2次，首剂加倍，持续5~7天。或莫西沙星400mg，每天1次，连续7~10天。

（2）生殖道沙眼衣原体感染 首选大环内酯类、半合成四环素类药物治疗。如阿奇霉素首日1g，以后2天，每天500mg；或多西环素100mg，每天2次，连续10~14天。或左氧氟沙星500mg，每天1次，连用10天。

（3）滴虫病 首选甲硝唑或替硝唑2g，单次口服；甲硝唑400mg口服，每天2次，连续7天。或奥硝唑500mg口服，每天2次，连续5天。

**4. 生殖器疱疹** 主要采用抗病毒治疗。推荐阿昔洛韦口服200mg，每天5次；或阿昔洛韦口服400mg，每天3次；或伐昔洛韦口服500mg，每天2次；或泛昔洛韦口服250mg，每天3次。如果是初发生殖器疱疹，疗程为7~10天；复发性生殖器疱疹的疗程为5天。

**5. 尖锐湿疣** 主要以物理方法去除疣体，辅以抗病毒药物和提高免疫药物治疗。

（1）物理治疗 可酌情选用包括激光、冷冻、电灼、微波等去除疣体，巨大疣体可手术切除。

（2）外用药物治疗 可选用0.5%足叶草毒素酊（鬼臼毒素酊）、80%~90%三氯醋酸或二氯醋酸液、5%5-氟尿嘧啶或5%咪喹莫特。

**药爱生命**

性传播疾病若不及时治疗，会延误病情，引起严重的并发症和后遗症。如梅毒不及时治疗会导致心血管和中枢神经系统的损害；淋病治疗不彻底，在男性可引起附睾炎、精索炎、前列腺炎，在女性可引起子宫内膜炎、盆腔炎、输卵管炎（堵塞），导致宫外孕、流产甚至不育等。患病的母亲可将性病病原体传染给胎儿或婴幼儿，如淋球菌可通过母亲的产道感染新生儿，使婴儿患淋菌性眼炎；梅毒孕妇可传染胎儿，引起胎儿发育不良、流产、死产、早产等。性病可传染给配偶，经污染的生活用品如毛巾等还可传染家人。性传播疾病关键在于预防，在今后的药学工作中，我们要做好性传播疾病的宣教。

## 四、药学服务

开展性传播疾病的药学服务主要包括：①向医师介绍性传播疾病等治疗指南的内容；②向护士提供性传播疾病治疗药物的使用注意事项、特征性不良反应等；③向患者介绍性传播疾病的药物治疗特点和使用方法，不良反应的应对措施，提高其依从性；④向患者、家属及社会公众介绍防治性传播疾病的内容和意义等。

### （一）用药注意事项

**1. 青霉素类** 应用青霉素前需做皮试。使用大剂量青霉素可干扰凝血机制而造成出血，偶然因大量青霉素进入中枢神经而引起中毒，可产生抽搐、神经根炎、大小便失禁，甚至出现瘫痪等"青霉素脑病"症状。因此，不要随意加大剂量。水剂青霉素应"现配现用"。

**2. 头孢菌素类** 抑制肠道菌群产生维生素K，长期使用具有潜在的出血风险。

**3. 喹诺酮类** 可影响软骨发育，可能会造成关节病变和肌腱炎、肌腱断裂，孕妇、未成年儿童、哺乳期妇女及重症肌无力患者应避免使用。如果患者出现疼痛、水肿、肌腱炎症或肌腱断裂，应立即停用。在接受本品治疗时应注意避免阳光暴晒。使用喹诺酮类药物可能导致结晶尿、血尿和管型尿，严重者可导致急性肾衰竭。故患者在服药期间应注意多饮水，稀释尿液，每日进水量应在1200ml以上。

**4. 抗病毒药物** 阿昔洛韦等抗病毒药物具有恶心、呕吐、皮疹及肝肾功能损害等不良反应。

### （二）药物相互作用

**1. 同类药物之间** 同类药物由于作用机制相同，一般不建议联用。

**2. 不同药物之间**

（1）青霉素不宜与盐酸四环素、卡那霉素、多黏菌素E、磺胺嘧啶钠、三磷酸腺苷、辅酶A等混合静脉滴注，以免发生沉淀或降效。

（2）喹诺酮类药物与利福平、氯霉素合用可使药效降低。氟喹诺酮类抑制可茶碱的代谢，使茶碱的血药浓度升高，可出现茶碱的毒性反应，抗酸药和含钙、铝、镁等金属离子的药物可减少喹诺酮类药物的吸收，应避免同用。

### （三）健康宣教 📱微课2

性传播疾病主要通过无保护性的阴道性交、口交、肛交等性行为传播，或通过输入被污染的血液、血制品，或经共用注射器或针头等方式传染。已经感染的孕妇可能在怀孕期间和分娩过程中将病原体传播给胎儿或新生儿。

正确使用安全套（避孕套）是最有效的性病预防办法，洁身自爱，固定性伴，减少和避免感染性病的机会。

家庭中如有性病患者，应及时告知配偶，动员对方尽早到医院做检查和治疗，防止传染。做好家庭内部的清洁卫生，保护家人，避免感染。如勤洗晒被褥，将患者的内衣裤分开洗，大人与孩子分床睡，分开使用浴巾、浴盆和浴缸，马桶圈每天擦洗消毒等。

## 目标检测

答案解析

### 一、综合问答题

1. 通过收集各类性传播疾病案例，说出性传播疾病的治疗目标和原则。

2. 结合实际，梅毒特定治疗药物和治疗方法有哪些？

### 二、案例分析题

患者，女，27 岁。主诉：阴道口出现菜花状赘生物 3 个月。现病史：患者 3 个月前偶然发现阴道口出现数颗米粒大小淡红色丘疹，不伴任何症状，未行特殊处理。随后皮损迅速增多，融合形成菜花状的赘生物。既往史及家族史：身体健康，家族中无类似病史。体格检查：一般情况好，系统检查无异常发现。皮肤科检查：阴道口见淡红色、菜花样赘生物。实验室检查：血、尿常规正常，肝、肾功能正常。

请分析思考：

1. 患者的诊断是什么？

2. 可做何种实验室诊断？

3. 可选用哪些治疗方案？

4. 如何在上述药学服务中体现职业素养和专业精神？

（果秋婷）

**书网融合……**

重点回顾　　微课 1　　微课 2　　习题

## 任务三　艾滋病的药物治疗　微课 1　微课 2

PPT

**学习目标**

**知识目标：**

1. **掌握**　艾滋病的药物治疗原则、药物种类和代表药物、临床治疗方案。

2. **熟悉**　艾滋病的症状、治疗药物的用法用量和相关药学服务知识。

3. **了解**　艾滋病的病因和诊断。

**技能目标：**

1. 能够结合临床指南正确选用治疗艾滋病的药物，开展咨询、指导用药，协助拟定药物治疗方案等药学服务。

2. 学会判断艾滋病治疗药物的常见不良反应并提供处理方案，主动提供健康教育。

**素质目标：**

培养尊重、关爱艾滋病患者及其家属，积极、细致、认真的服务意识和职业精神。

📖 **导学情景**

**情景描述**：患者，男，45 岁。于 10 年前到国外工作，期间有多次不安全性行为，回国后发现感染了 HIV。近 1 个月来出现发热、慢性腹泻、体重明显下降。入院体检时检查血白细胞 $4.5 \times 10^9$/L，抗 HIV（+）。

**情景分析**：结合患者最近症状及检查，诊断为艾滋病。

**讨论**：结合案例，协助拟定治疗方案，并说出药学服务要点。

**学前导语**：艾滋病作为一种慢性、进行性、致死性传染病，需要长期不懈做好防治各项工作，切实维护广大人民群众身体健康。本任务将介绍艾滋病防治相关的知识技能，为今后更好地开展药学服务、胜任岗位任务提供帮助。

艾滋病（acquired immune deficiency syndrome，AIDS）是指人类免疫缺陷病毒（human immunodeficiency virus，HIV，艾滋病病毒）引起的获得性免疫缺陷综合征。其传染源是被 HIV 感染的人，包括 HIV 感染者和艾滋病患者。目前推荐治疗方案为高效联合抗反转录病毒治疗（highly active antiretroviraltherapy，HAART），俗称"鸡尾酒疗法"，现在又称抗反转录病毒治疗。

👁 **看一看9-3-1**

**HIV 的生物学特性**

艾滋病病毒（HIV）是一种反转录病毒，主要有两型：HIV-1 和 HIV-2。HIV 在外界环境中的生存能力较弱，对物理因素和化学因素的抵抗力较低。碘酊、过氧乙酸、戊二醛、次氯酸钠、70% 乙醇等试剂对 HIV 都有良好的灭活作用。但紫外线或 γ 射线不能灭活 HIV。HIV 对热很敏感，对低温的耐受性强于高温。56℃处理 30 分钟可使 HIV 在体外对人的 T 淋巴细胞失去感染性，但不能完全灭活血清中的 HIV；100℃处理 20 分钟可将 HIV 完全灭活。

## 一、疾病概述

### （一）病因与发病机制

HIV 主要侵犯人体的免疫系统，包括 $CD4^+$T 淋巴细胞、单核-巨噬细胞和树突状细胞等，主要表现为 $CD4^+$T 淋巴细胞数量不断减少，人体细胞免疫功能受损，引起各种机会性感染和肿瘤的发生。

### （二）临床表现与诊断

**1. 临床表现** 根据感染后临床表现及症状、体征，HIV 感染的全过程可分为急性期、无症状期和艾滋病期。

（1）**急性期** 通常发生在初次感染 HIV 后 2～4 周。以发热最为常见，可伴有咽痛、盗汗、恶心、呕吐、腹泻、皮疹、关节疼痛、淋巴结肿大及神经系统症状。大多数患者临床症状轻微，持续 1～3 周后缓解。

（2）**无症状期** 可从急性期进入此期，或从无明显的急性期症状而直接进入此期。此期持续时间一般为 6～8 年。HIV 在感染者体内不断复制，导致免疫系统受损，$CD4^+$T 淋巴细胞计数逐渐下降。可出现淋巴结肿大等症状或体征，但一般不易引起重视。

（3）**艾滋病期** 为感染 HIV 后的最终阶段。此期主要临床表现为 HIV 相关症状、体征及各种机会性感染和肿瘤。主要表现为持续 1 个月以上的发热、盗汗、腹泻、体重减轻 10% 以上。部分患者表现为神经精神症状，如记忆力减退、精神淡漠、性格改变、头痛、癫痫及痴呆等。另外，还可出现持续性全身性淋巴结肿大，其特点为：①除腹股沟以外，有 2 个或 2 个以上部位的淋巴结肿大；②淋巴结直径≥1cm，无压痛，无粘连；③持续 3 个月以上。

**2. 诊断原则** HIV/AIDS 的诊断需结合流行病学史（包括不安全性生活史、静脉注射毒品史、输入未经 HIV 抗体检测的血液或血液制品、HIV 抗体阳性者所生子女或职业暴露史等）、临床表现和实验室检查等进行综合分析，慎重做出诊断。 🔲 微课 3

## 二、治疗目标与原则

### （一）治疗目标

降低 HIV 感染的发病率和病死率、减少非艾滋病相关疾病的发病率和病死率，使患者获得正常的期望寿命，提高生活质量；最大限度地抑制病毒复制，使病毒载量降低至检测下限并减少病毒变异；重建或者改善免疫功能；减少异常的免疫激活；减少 HIV 的传播，预防母婴传播。

### （二）治疗原则

通过合理的抗病毒治疗，如高效抗逆转录病毒治疗（HAART，俗称"鸡尾酒疗法"），即采用几种不同作用机制的药物联合使用，发挥最大强度的抗病毒作用，将患者血浆中的 HIV - RNA 抑制到检测不到的水平，并长期维持，达到病毒学控制目标；通过免疫调节治疗，使被 HIV 破坏的人类免疫功能获得恢复或部分恢复，达到免疫学目标；通过以上积极治疗减少 HIV 的传播，并且提高患者的生活质量，延长生命，将该类疾病转变成慢性疾病，进行长期有效控制。

### 💗 药爱生命

每年 12 月 1 日为"世界艾滋病日"，红丝带是艾滋病防治的象征，它象征着对艾滋病病毒感染者和患者的关心与支持，象征着对生命的热爱和对平等的渴望，象征着要用"心"来参与艾滋病防治工作。2003 年中国政府在联合国大会做出五项庄严承诺，即"四免一关怀"政策：为自愿接受艾滋病咨询、检测的人员免费提供咨询和初筛检测；向农村艾滋病患者和城镇经济困难的艾滋病患者免费提供抗艾滋病病毒治疗药品；向感染艾滋病病毒的孕产妇免费提供预防艾滋病母婴传播的治疗和咨询；生活困难的艾滋病患者遗留的孤儿和感染艾滋病病毒的未成年人接受义务教育的，应当免收杂费、书本费，接受学前教育和高中阶段教育的，应当减免学费等相关费用；县级以上地方人民政府应当对生活困难并符合社会救助条件的艾滋病病毒感染者、艾滋病患者及其家属给予生活救助。

近年来，我国 HIV 防治工作取得较好成绩，总体感染率处于相对较低水平。作为药学工作者，我们要树立为人类健康事业奋斗的使命感及社会责任感，不歧视 HIV 感染者，发挥专业特长，积极参与防治艾滋病的各项工作。

## 三、常用治疗药物

目前国际上共有 6 大类 30 多种药物（包括复合制剂），分别为核苷类反转录酶抑制药（nucleoside reversetranscriptase inhibitors，NRTIs）、非核苷类反转录酶抑制药（non - NRTIs，NNRTIs）、蛋白酶抑制药（protease inhibitors，PIs）、整合酶链转移抑制药（integrase strand transfer inhibitors，INSTIs）、膜融合抑制药（fusion inhibitors，FIs）及 CCR5 抑制药。国内的 HAART 药物有 NRTIs、NNRTIs、PIs、INSTIs 以及 FIs 5 大类（包含复合制剂）。

### （一）核苷类反转录酶抑制药

HIV-1 病毒对 NRTIs 类药物可逐步获得耐药性，仅用单一药物进行长期治疗时更易发生。避免耐药的唯一途径是联合用药以防止 HIV 复制。

**1. 齐多夫定（zidovudine，AZT）** 为目前临床上治疗 HIV 感染和艾滋病的常用药物之一。抑制病毒的反转录酶，降低 HIV 感染者发病率，延长其存活期，也可减少母婴垂直感染。与其他核苷类和非核苷类 HIV 反转录酶抑制药合用可获较好疗效。对于已怀孕的感染者，需从怀孕第 14 周给药到第 34 周。此外，齐多夫定也能治疗 HIV 诱发的痴呆、血小板减少症等。临床常用给药方案：成人 300mg/次，2 次/天；新生儿/婴幼儿 2mg/kg，4 次/天；儿童 160mg/m² 体表面积，3 次/天。

**2. 司他夫定（stavudine，d4T）** 本品抗 HIV 作用较强，主要应用于不能耐受齐多夫定或齐多夫定治疗无效的患者。与拉米夫定合用有协同作用。口服生物利用度为 80%，且不受食物影响。

**3. 拉米夫定（lamivudine，3TC）** 与其他抗反转录病毒药联合用于治疗 HIV 感染。也能抑制乙肝病毒的复制，有效治疗慢性乙肝病毒感染，为目前治疗 HBV 感染最有效的药物之一。临床常用给药方案：成人 150mg/次，2 次/天，或 300mg/次，1 次/天；新生儿 2mg/kg，2 次/天；儿童 4mg/kg，2 次/天。

**4. 替诺福韦（tenofovir disoproxil，TDF）** 为新型 NRTIs，具抗 HIV-1 和乙肝病毒活性，几乎不经胃肠道吸收，常用前体药物替诺福韦酯富马酸盐作为临床用药形式。本品临床可单用于治疗未使用过任何药物的 HIV-1 患者（首次治疗），也可和其他反转录酶抑制药合用治疗 HIV-1 感染、HBV 感染。常见给药方案：成人 300mg/次，1 次/天，与食物同服。

**5. 阿巴卡韦（abacavir，ABC）** 成人：300mg/次，2 次/天；新生儿/婴幼儿：不建议用本药；儿童：8mg/kg，2 次/天，最大剂量为 300mg，2 次/天。

**6. 去羟肌苷（didanosine，ddI）** 作为严重 HIV 感染的首选药物，尤其适合于不耐受齐多夫定或齐多夫定治疗无效者。与齐多夫定或米多夫定合用，再加上一种蛋白酶抑制药或一种 NNRTS 效果最好。生物利用度为 30%～40%，食品干扰其吸收。主要经肾脏消除。

**练一练9-3-1**

下列药物中，既可以治疗慢性乙肝病毒感染，又可以治疗 HIV 感染的是

A. 拉米夫定      B. 金刚烷胺      C. 拉替拉韦
D. 阿德福韦      E. 利巴韦林

答案解析

### （二）非核苷类反转录酶抑制药

由于作用机制不同，本类药物与 NRTIs 和 PI 合用可协同抑制 HIV 复制。本类药物可有效预防 HIV 从感染孕妇到胎儿的子宫转移发生率，也可治疗分娩后 3 天内的新生儿 HIV 感染。单独应用时，HIV 迅速产生耐药性。NNRTI 类均口服给药，且有较好的口服生物利用度。

**1. 奈韦拉平（nevirapine，NVP）** 为第一个抗 HIV-1 的 NNRTIs。本药可直接抑制 HIV-1 的反转录酶，但对 HIV-2 的 DNA 聚合酶无作用，对核苷类反转录酶抑制药齐多夫定等耐药的病毒仍有效。不良反应较轻，患者易于长期服用，但单独使用易出现耐药性，一般作为联合化疗的组成药物使用。临床常用给药方案：成人 200mg/次，2 次/天；新生儿/婴幼儿 5mg/kg，2 次/天；儿童 <8 岁，4mg/kg，2 次/天，>8 岁，7mg/kg，2 次/天。注意本品有导入期，即在开始治疗的最初 14 天，需先从治疗量的一半开始（1 次/天），如果无严重的不良反应，才可以增加到足量（2 次/天）。

**2. 依非韦仑（efavirenz，EFV）** 本品与其他 NNRTIs 之间存在交叉耐药，适用于 HIV-1 感染者的抗病毒联合治疗。耐受性一般良好。常见给药方案如下。成人：体重 >60kg，600mg/次，1 次/天；

体重 < 60kg，400mg/次，1 次/天。儿童：15～25kg，200～300mg，1 次/天；25～40kg，300～400mg，1 次/天；> 40kg，600mg/次，1 次/天，睡前服用。

**3. 依曲韦林（etravirine，ETV）**　为高活性 NNRTIs 新药，对 NNRTIs 耐药的 HIV-1 病毒还有抗病毒活性。与其他抗反转录病毒药物联合应用于经抗反转录病毒药物治疗后出现耐药的成年 HIV-1 感染患者。

**4. 利匹韦林（rilpvirine，RPV）**　为第二代 NNRTIs。阻止 HIV 病毒复制，降低血液中 HIV 病毒载量。与其他抗反转录病毒药物联用治疗 HIV-1 感染，适用于之前未曾接受过药物治疗的成人 HIV 感染者。常见给药方案为 25mg/次，1 次/天，随进餐同服。

### （三）蛋白酶抑制药

HIV 蛋白酶抑制药第一代药物包括沙奎那韦（saquinavir）、利托那韦（ritonavir，RTV）、奈非那韦（nelfinavir，NFV）等。第二代药物包括洛匹那韦（lopinavir）、阿扎那韦（atazanavir）、替拉那韦（tipranavi）和达芦那韦（darunavir）等，是目前联合用药治疗艾滋病的主要药物。本类药物生物利用度低，不良反应多，易产生耐药性，较少单用，与反转录酶抑制药合用产生协同抗病毒作用。

### （四）膜融合抑制药

新型抗 HIV 药。恩夫韦地（enfuvirtide）为代表药。体外实验表明，可抑制 HIV-1 的活性，血药浓度 80ng/ml 即可抑制其传染性，使 HIV-1 复制降低。不良反应较多。

### （五）整合酶链转移抑制药

**1. 拉替拉韦（raltegravir，RAL）**　口服给药后吸收迅速，半衰期约为 9 小时。与其他抗反转录病毒药物联合用于治疗 HIV-1 感染。常用给药方案：成人 400mg/次，2 次/天。

**2. 多替拉韦（dolutegravir，DTG）**　临床常用给药方案：成人和 12 岁以上儿童 50mg/次，1 次/天，服药与进食无关。

### （六）国内临床常用单片复合制剂

为方便 HIV 治疗，提倡采用复合制剂（表 9-2）。

表 9-2　国内 HIV 感染临床常用单片复合制剂

| 药名 | 类别 | 用法用量 |
| --- | --- | --- |
| 齐多夫定/拉米夫定（AZT/3TC） | NRTIs | 成人：1 片/次，2 次/天 |
| 恩曲他滨替诺福韦片（FTC/TDF） | NRTIs | 1 次/天，1 片/次，口服，随食物或单独服用均可 |
| 恩曲他滨丙酚替诺福韦片（FTC/TAF） | NRTIs | 成人和 12 岁及以上且体重至少为 35kg 的青少年患者，1 次/天，1 片/次。①200mg/10mg（和含有激动剂的 PI 联用）；②200mg/25mg（和 NNRTIs 或 INSTIs 联用） |
| 拉米夫定/替诺福韦片（3TC/TDF） | NRTIs | 1 次/天，1 片/次，口服 |
| 奈韦拉平/齐多夫定/拉米夫定（NVP/AZT/3TC） | NNRTIs + NRTIs | 1 片/次，2 次/天（推荐用于 NVP 200mg、1 次/天两周导入期后耐受良好患者） |
| 洛匹那韦/利托那韦（lopinavir/ritonavir，LPV/r） | PIs | 成人：2 片/次，2 次/天（每粒含量：LPV 200mg，RTV 50mg）。儿童：7～15kg，LPV 12mg/kg 和 RTV 3mg/kg，2 次/天；15～40kg，LPV 10mg/kg 和 RTV 2.5mg/kg，2 次/天 |
| 达芦那韦/考比司他（darunavir/cobicistat，DRV/c） | PIs | 成人：每次 800mg 达芦那韦/150mg 考比司他（1 片），1 次/天，口服。随餐服用，整片吞服，不可掰碎或压碎 |

续表

| 药名 | 类别 | 用法用量 |
|---|---|---|
| 阿巴卡韦/拉米夫定/多替拉韦（ABC/3TC/DTG） | INSTI + NRTIs | |
| 丙酚替诺福韦/恩曲他滨/艾维雷韦/考比司他（TAF/FTC/EVG/c） | INSTI + NRTIs | 成人及年龄为 12 岁及以上且体重至少为 35kg 的青少年，1 片/次，1 次/天，随食物服用（每片含 150mg 艾维雷韦、150mg 考比司他、200mg 恩曲他滨和 10mg 丙酚替诺福韦） |

✎ 练一练9-3-2

下列不属于治疗 HIV 感染药物的是

A. 齐多夫定　　　　B. 多羟肌苷　　　　C. 依曲韦林

D. 利托那韦　　　　E. 金刚烷胺

答案解析

## 四、药学服务

开展治疗艾滋病的药学服务主要包括：①向医师介绍拉替拉韦、恩夫韦地、复合制剂等新药的特点，提供各类药物的剂量、疗程、不良反应、相互作用的信息咨询服务；②向护士提供抗病毒药物的不良反应及耐受性信息，正确认识艾滋病，帮助其认真执行护理程序；③向患者介绍抗 HIV 感染药物治疗特点和使用注意事项，提高其依从性；④向患者、家属及社会公众介绍预防艾滋病的方法和意义等。

### （一）用药注意事项

**1. 齐多夫定**　常见不良反应为骨髓抑制、严重的贫血或中性粒细胞减少症；胃肠道不适，恶心、呕吐、腹泻等；磷酸肌酸激酶（CPK）和 ALT 升高；乳酸酸中毒和（或）肝脂肪变性。

**2. 替诺福韦**　常见不良反应为乏力、头痛、恶心、胃肠胀气，其他可见骨质疏松、骨密度下降、严重肾功能不良事件。HBV 合并 HIV 感染者停用后有可能出现肝炎的急性加重。

**3. 拉米夫定**　不良反应少且轻微，偶有头痛、恶心、腹泻等。对拉米夫定或制剂中任何成分过敏者禁用。妊娠期妇女禁用。严重肝大、乳酸性酸中毒患者慎用，肌酐清除率 <30ml/min 者不宜使用。

**4. 司他夫定**　不良反应主要是外周神经炎，偶见胰腺炎、关节痛等。

**5. 阿巴卡韦**　不良反应主要是高敏反应，一旦出现高敏反应，终身停用本药；此外还有恶心、呕吐、腹泻等。有条件时应在使用前查 HLA – B*5701 基因，如阳性不推荐使用。

**6. 去羟肌苷**　不良反应发生率较高，儿童发生率高于成人，包括外周神经炎、胰腺炎、腹泻、肝炎、心肌炎及消化道和中枢神经反应。

**7. 奈韦拉平**　不良反应主要包括：皮疹，出现严重的或可致命性的皮疹，应终身停用此药；肝损害，出现重症肝炎或肝功能不全，应终身停用本药。

**8. 依非韦仑**　最常见的不良反应为皮疹；中枢神经系统毒性，如眩晕、头痛、失眠、乏力、非正常思维等，可产生长期神经精神作用；肝损害；高脂血症和高三酰甘油血症。

**9. 依曲韦林**　常见的不良反应为皮疹，程度多为轻中度。其他不良反应包括腹泻，恶心，腹痛，疲劳，手、足感觉异常，头痛，尿量改变或黑尿，眼睛或皮肤黄染，精神或情绪改变（如神经质或意识错乱），癫痫发作和高血压等。

**10. 利匹韦林**　不良反应有皮疹、头痛、抑郁类失眠、肝毒性等。

**11. 拉替拉韦**　常见的有腹泻、恶心、头痛、发热等；少见的有腹痛、乏力、肝肾损害等。

**12. 多替拉韦**　常见的有失眠、头痛、头晕、异常做梦、抑郁等精神和神经系统症状，和恶心、腹泻、呕吐、皮疹、瘙痒、疲乏等；少见的有超敏反应，包括皮疹、全身症状及器官功能损伤（包括肝损伤），降低肾小管分泌肌酐。

**（二）药物相互作用**

**1. 同类药物之间**　齐多夫定不能与司他夫定合用。利匹韦林不应与其他 NNRTIs 类合用。

**2. 不同药物之间**　丙酚替诺福韦：利福平、利福布汀会降低本品的吸收，导致本品血浆浓度下降，不建议合用。多替拉韦与 EFV、NVP 联用时，按 2 次/天给药。拉米夫定不宜与扎西他滨合用。去羟肌苷与更昔洛韦同服可增加去羟肌苷吸收，降低更昔洛韦的吸收。

**（三）健康宣教**

**1. 预防措施**　加强公众宣传教育，正确使用安全套，采取安全的性行为；不吸毒，不与他人共用针具；对献血人群进行 HIV 筛查；加强医院管理，严格执行消毒制度，控制医院交叉感染；预防职业暴露与感染；控制母婴传播；对 HIV/AIDS 患者的配偶和性伴者、共用注射器的静脉药物依赖者以及 HIV/AIDS 患者所生的子女，进行医学检查和 HIV 检测，为其提供相应的咨询服务。

**2. 用药教育**　抗病毒治疗的出现和应用将艾滋病变为一种可以治疗但目前尚难以彻底治愈的慢性疾病。HAART 应用导致 HIV 相关机会性感染和相关性肿瘤大大减少，艾滋病患者生存期延长；绝大多数患者经 HAART 后，HIV 所引起的免疫异常改变能恢复至正常或接近正常水平，即免疫功能重建。

HIV 是一种变异性很强的病毒，服药依从性是决定抗病毒治疗是否成功的关键因素，不规范的 HAART 以及患者依从性差是导致耐药性的重要原因。所以，任何情况下，均要先做好依从性教育，再启动 HAART。成人及青少年一旦确诊 HIV 感染，无论 $CD4^+T$ 淋巴细胞水平高低，均建议在取得患者的配合和同意，教育患者保持良好的服药依从性的情况下立即开始 HAART 治疗，需终身治疗。

抗病毒治疗过程中要定期进行临床评估和实验室检测，以评价治疗的效果，及时发现抗病毒药物的不良反应，以及是否产生病毒耐药性等，必要时更换药物以保证抗病毒治疗的成功。

**3. HIV 暴露后的药物阻断**　与含有 HIV 的体液或组织发生无保护措施的接触，即为 HIV 暴露。发生 HIV 暴露后采取预防性使用感染阻断药，可以有效地避免被感染。大量的调查研究和实践证明，正确使用该措施的成功率非常高。

HIV 阻断用药原则和措施主要如下。①尽早用药：在发生 HIV 暴露后最短的时间内（如 2 小时内）进行预防性用药，一般不超过 24～48 小时。但即使超过上述时限，也建议实施阻断用药，证据显示 HIV 进入人体后到达储存库需要较长时间，此时进行药物干预，对今后控制体内病毒载量很有帮助。另外，也可在预判存在暴露可能前，提前 1 周左右进行预防性用药。②治疗用药方案：首选推荐方案为恩曲他滨替诺福韦片＋拉替拉韦或多替拉韦；用药疗程为连续服用 28 天，保证按医嘱定时、足量、不间断服用药物，同时注意不良反应的发生。③按时监测：发生 HIV 暴露后应立即、第 4 周、第 8 周、第 12 周和 6 个月后检测 HIV 抗体，如检测均阴性，则可排除感染。④近年来，多团队追踪调查研究发现，经长期规范治疗的 HIV 感染者，如其体液 HIV 载量经多次检测为 0，则不具备传染性。

**❓ 想一想9-3-1**

提高艾滋病治疗效果的措施有哪些？

答案解析

## 目标检测

答案解析

**一、综合问答题**

1. 艾滋病的传播途径及防治知识有哪些?

2. 治疗艾滋病常用的药物有哪些? 用药教育要注意什么?

**二、案例分析题**

患者,女,45岁。不明原因发热、消瘦、乏力3个月,腹泻20余天。过去曾有不洁性生活史。慢性消耗病容,手指、足趾有甲癣,颈部及双侧腹股沟可扪及多个淋巴结,直径1.2cm左右,无压痛。辅助检查如下。血常规:血红蛋白120g/L,白细胞$6.0 \times 10^9$/L,中性粒细胞0.78,淋巴细胞0.22。免疫学检查:$CD4^+/CD8^+ = 0.5$。血清学检查:抗HIV(+)。诊断为艾滋病。

请思考分析:

1. 该患者可以选用哪些治疗药物(至少说出三种)?

2. 结合患者实际情况,在临床护理中的注意事项及对患者健康教育指导有哪些(至少说出三条)?

3. 如何在上述药学服务中体现职业素养和专业精神?

(郑　丹)

**书网融合……**

📄 重点回顾　　📱 微课1　　📱 微课2　　📱 微课3　　📱 习题

# 任务四　病毒性肝炎的药物治疗

PPT

**学习目标**

**知识目标:**

**1. 掌握**　病毒性肝炎分型及诊断依据、治疗药物种类及代表药、药物治疗原则及如何制订治疗方案。

**2. 熟悉**　病毒性肝炎的发病症状、治疗药物的用法用量及相关药学服务知识。

**3. 了解**　病毒性肝炎的发病原因及流行病学。

**技能目标:**

1. 能够结合临床治疗指南,为患者提供病情咨询、用药指导以及协助拟定药物治疗方案等药学服务。

2. 学会判断用药过程中出现的不良反应并提供处理方案,以及提供其他药学信息服务。

**素质目标:**

培养尊重、关爱病毒性肝炎患者的人文关怀精神以及工作严谨、细致、认真的职业道德精神。

📖 **导学情景** ━━━━━━━━━━━━━━━━━━━━━━━━━━━━━━━━━━━━━━━━━━━━━━━━━━

　　**情景描述**：患者，女，21岁。半年前无明显诱因出现乏力，厌油腻、畏食以及上腹部不适等症状。3天前因劳累，上述症状加重，伴发热，自服"板蓝根"等药，症状未缓解，遂就医。查体：体温38℃，巩膜轻度黄染，肝肋下3cm，质软，轻触痛，脾未及。肝功能检查：ATL 220U/L，AST 180U/L，血清总胆红素275μmol/L，血清白蛋白35g/L。病原学检查：HBsAg（+），HBeAg（+）。

　　**情景分析**：结合临床症状和患者乙肝表面抗原阳性，诊断为慢性乙型肝炎。

　　**讨论**：结合案例，协助拟定治疗方案，并说出药学服务要点。

　　**学前导语**：乙肝由乙肝病毒感染引起，传播途径有血液、母婴以及日常生活接触等。乙肝与肝癌的发生具有密切关系，乙肝治疗目前尚无特效药物，重在疫苗预防。需要警惕的是，我国属于乙肝高流行病区。本任务将带领同学们学习相关知识技能，为更好地进行药学服务提供帮助。

━━━━━━━━━━━━━━━━━━━━━━━━━━━━━━━━━━━━━━━━━━━━━━━━━━━━━━━━━━━━━━

　　病毒性肝炎是由多种不同的肝炎病毒感染引起的以肝脏损害为主的全身性传染病。目前，根据病原学明确分类的有甲、乙、丙、丁、戊五型病毒性肝炎。其中，甲型、戊型肝炎病毒一般引起的是急性肝炎，有自限性，治疗上以保证休息和摄入易消化吸收的食物为主，过度治疗则对患者无益。乙型、丙型和丁型肝炎易转变为慢性，少部分患者可发展为肝硬化甚至肝癌，对人类健康危害极大。乙型肝炎具有传染性较强、传播途径复杂、流行面广泛、发病率高等特点。本节主要介绍乙型和丙型肝炎的药物治疗。

## 一、疾病概述

### （一）病因与发病机制

　　**1. 甲型肝炎**　主要由甲型肝炎病毒（HAV）感染引起。甲型肝炎的主要传染源是急性患者和隐性患者。

　　（1）传播途径　主要是粪－口途径。日常生活接触是散发性发病的主要传播方式，食入被甲型肝炎病毒污染的水和食物是暴发性流行的最主要传播方式。

　　（2）发病机制　目前认为在HAV感染早期，病毒大量增殖，肝细胞轻微破坏，随后细胞免疫起重要作用，后期体液免疫也参与其中，即肝脏损害主要由HAV感染肝细胞后的免疫病理反应引起。

　　**2. 乙型肝炎**　主要由乙型肝炎病毒（HBV）感染引起。各型急性、慢性乙肝患者和HBsAg携带者均可作为传染源。HBV存在于患者的血液及各种体液（汗、唾液、泪、乳汁、阴道分泌物等）中。

　　（1）传播途径　①输血及血制品以及使用污染的注射器或针刺等；②母婴垂直传播，主要通过分娩时产道血液、哺乳及密切接触，通过胎盘感染者约5%；③其他途径，如有组织液、血液等直接接触，发生性交接的行为等。

　　（2）发病机制　目前认为HBV侵入人体后，病毒包膜与肝细胞膜融合，HBV进入肝细胞后，开始复制过程。肝细胞病变主要由细胞免疫反应导致，免疫反应攻击的靶抗原主要是HBcAg，效应细胞主要是特异性细胞毒性T淋巴细胞。

　　**3. 丙型肝炎**　主要由丙型肝炎病毒（HCV）感染引起。丙型肝炎的传染源是急、慢性患者和无症状病毒携带者。

　　（1）传播途径　与乙型肝炎相同，即以输血及血制品传播为主，而母婴传播不如乙型肝炎多见。

　　（2）发病机制　可能与以下原因有关：①HCV直接杀伤肝细胞；②宿主免疫因素，宿主在攻击受感染肝细胞的同时导致免疫损伤；③自身免疫机制的参与；④肝细胞凋亡。

**4. 丁型肝炎**　主要由丁型肝炎病毒（HDV）感染引起。丁型肝炎的传染源是急、慢性患者和病毒携带者。

（1）传播途径　与乙型肝炎相同。HDV 是一种缺陷病毒，必须有 HBV 或其他嗜肝 DNA 病毒的辅助才能复制、表达抗原及引起肝损害。

（2）发病机制　主要是宿主免疫反应参与导致的肝细胞损伤。

**5. 戊型肝炎**　主要由戊型肝炎病毒（HEV）感染引起。戊型肝炎的流行特点与甲型肝炎相似，传染源主要是急性病患者。

（1）传播途径　HEV 以粪 – 口途径传播为主，水源或食物被污染可引起暴发流行，也可经日常生活接触传播。

（2）发病机制　其致病机制目前尚不明确，动物实验表明肝脏病变主要为病毒诱发的细胞免疫反应介导的肝细胞溶解。

**（二）临床表现与诊断**

大部分肝炎患者在肝脏严重受损之前都不会表现出任何症状，随着疾病的进展才会逐渐出现症状，各型肝炎临床表现各异。

**1. 甲型肝炎的临床表现**　①急性黄疸型：多以发热起病，随后出现乏力、食欲不振、厌油、恶心，可伴有上腹部不适、腹痛、腹泻。尿色逐渐加深，甚至呈浓茶状。②急性无黄疸型：多数患者无发热，以乏力和消化道症状为主，无黄疸。③亚临床型：此型较多见，症状较轻，仅有乏力、食欲减退等症状，无黄疸，可有肝肿大，血清转氨酶异常升高。

**2. 乙型肝炎的临床表现**　①急性乙型病毒性肝炎：表现为发热，一般持续 3 ~ 7 天，伴全身高度乏力、不适、食欲不振、恶心、上腹部饱胀，易被误诊为"感冒"。②慢性乙型肝炎：临床症状呈多样性，轻者可无症状或症状轻，重者可出现食欲不振、恶心、呕吐、腹胀、全身乏力和黄疸等。③淤胆型肝炎：临床多见，主要表现为肝内胆汁淤积、大便色浅、皮肤明显瘙痒、黄疸较重、尿色呈深茶色。尿胆红素强阳性，但尿胆原和尿胆素减少或消失。

**3. 丙型肝炎的临床表现**　①急性丙型肝炎：起病较缓慢，常无发热，仅有轻度消化道症状，伴谷丙转氨酶异常，无黄疸。②儿童丙型肝炎：和成人丙型肝炎相比，HCV 自发性清除率较高，接近50%，病情进展缓慢，病毒血症可持续数月至数年，而无肝炎临床表现。

**4. 丁型肝炎的临床表现**　一般与乙型肝炎感染同时发生或继发于乙型肝炎感染，因而其临床表现部分取决于乙型肝炎病毒感染状态。

**5. 戊型肝炎的临床表现**　①急性黄疸型：起病急，有发热、畏寒、咳嗽、鼻塞等上呼吸道症状，并伴有乏力，食欲不振、厌油、恶心、上腹不适、肝区疼、腹胀、腹泻等其他症状。②重型戊型肝炎（肝衰竭）：孕妇感染后，常发生流产和死胎。③急性无黄疸型：临床表现较黄疸型轻，部分患者无临床症状，呈亚临床型感染。

病毒性肝炎的临床症状表现复杂，应综合分析做出判断，一般来说诊断应遵循以下要点。①流行病学资料：儿童或青壮年的发病年龄、秋冬季节性高峰以及食入被病毒污染水和食物的暴发、流行资料，有助于甲型、戊型肝炎的诊断。病前半年内有与乙型肝炎患者或 HBsAg 携带者的密切接触史，或接受输血、血制品及消毒不严格的注射和针刺、透析疗法以及脏器移植史等则有助于乙型或丙型肝炎的诊断。当慢性乙型肝炎患者突然症状加重或恶化时，要注意 HDV 混合感染的可能。②临床表现：参照各型病毒性肝炎临床表现的特点，深入、细致地询问病史，全面进行体格检查，根据临床表现并结合相应的辅助检查，排除其他原因引起的肝损害后即可做出诊断。③实验室检查：血常规、尿常规、肝功能检查（血清酶测定、蛋白功能检查、胆红素代谢）、病原学检查等。🅔微课1

## 二、治疗目标与原则

### （一）治疗目标

病毒性肝炎治疗应努力实现三个目标：肝功能恢复正常、病毒复制指标的阴转和肝脏组织学改善。

### （二）治疗原则

**1. 急性病毒性肝炎的治疗**　以一般治疗和支持疗法为主，辅以改善和恢复肝功能的药物，黄疸深者可加用退黄药物。

**2. 慢性病毒性肝炎的治疗**　整体治疗、减轻肝脏炎症、保护肝细胞。

**3. 重型肝炎的治疗**　除了一般治疗和支持疗法外，患者应绝对卧床休息，密切观察病情。促进肝细胞再生。预防和治疗各种并发症，合理选用降血氨药、抑酸药、抗感染药，避免应用肾损和肝损药物，有条件可采用人工肝脏支持系统，争取行肝移植。

**4. 淤胆型肝炎的治疗**　先采用退黄疸药物，如效果不明显，可试用泼尼松口服或地塞米松静脉滴注。

**5. 肝炎肝硬化的治疗**　参照慢性肝炎和重型肝炎治疗。

**6. 慢性乙肝病毒携带者的治疗**　《慢性乙型肝炎防治指南》指出：①慢性HBV携带者暂时不需抗病毒治疗。但应每3~6个月进行生化学、病毒学、甲胎蛋白和影像学检查，若符合抗病毒治疗适应证，可用IFN-α或核苷（酸）类似物治疗。对年龄>40岁，特别是男性或有原发性肝细胞肝癌家族史者，即使谷丙转氨酶正常或轻度升高，也强烈建议做肝组织学检查来确定是否进行抗病毒治疗。②非活动性HBsAg携带者一般不需抗病毒治疗，但应每6个月进行一次生化、HBV-DNA、甲胎蛋白及肝脏超声影像检查。

## 三、常用治疗药物

在慢性肝炎的抗病毒治疗药物选择上，由于肝炎病毒是导致病毒性肝炎的根本原因，只有肝炎病毒被清除或被抑制了，病毒性肝炎才有可能痊愈或缓解。因此，抗病毒治疗是治本，是最重要的治疗措施。

**1. 慢性乙肝的抗病毒治疗**　主要药物包括以下几类。

（1）干扰素类（IFN类）　主要是α、β、γ三种。国内常用主要为干扰素α，如干扰素α-1b、干扰素α-2a、干扰素α-2b，彼此疗效相似。另外，还有组合干扰素、长效干扰素，疗效也基本类似。干扰素既有抗病毒作用，又有免疫调节作用。其适应证为：凡HBV-DNA（+）、ALT≥正常上限2倍，无干扰素禁忌证者均可使用。🅔微课2

✂ **练一练9-4-1**

下列药物中，本身不能直接抑制病毒，但可增强细胞抗病毒能力的是

A. 拉米夫定　　　　B. 干扰素　　　　C. 氧氟沙星
D. 沙奎那韦　　　　E. 利巴韦林

答案解析

（2）核苷（酸）类似物 通过抑制病毒复制发挥治疗作用，疗程根据患者情况而定，选择合适的种类（表9-3）。应用核苷（酸）类似物抗病毒治疗时应高度关注其耐药发生问题，一旦发生耐药，可能引起病情急剧反弹，少数可出现肝功能失代偿、急性肝功能衰竭甚至死亡，因此，应选择"高耐药屏障"的药物，也就是不容易产生耐药的药物。另外，治疗期间应密切监测 HBV-DNA 水平，一旦发现可能发生耐药，应尽早给予相关检测以及挽救治疗。

表9-3 常用核苷类抗乙肝病毒药物介绍

| 药名 | 用法/推荐用量 | 作用特点 |
| --- | --- | --- |
| 拉米夫定 | 每日1次，每次0.1g（一片），饭前或饭后服用均可 | 用于伴有丙氨酸转氨酶（ALT）升高和病毒活动复制的、肝功能代偿的成年慢性乙型肝炎患者的治疗。应在对慢性乙型肝炎治疗有经验的医生指导下使用 |
| 替比夫定 | 成人和青少年（≥16岁）的推荐剂量为600mg，每日1次，口服，餐前或餐后均可，不受进食影响 | 用于有病毒复制证据以及有血清转氨酶（ALT或AST）持续升高或肝组织活动性病变证据的慢性乙型肝炎成人患者 |
| 恩替卡韦 | 成人和16岁以上青年口服，每天1次，每次0.5mg，应空腹服用（餐前或餐后至少2小时），肝肾功能不全者遵医嘱 | 对乙肝病毒（HBV）多聚酶具有抑制作用。目前主要用于乙肝抗病毒治疗，具有起效快、抗乙肝病毒作用强、耐药率低的特点，是慢性乙肝患者抗病毒治疗的首选药之一 |
| 阿德福韦酯 | 成人（18~65岁）患者，本品的推荐剂量为每日1次，每次1片（10mg），饭前或饭后口服均可 | 适用于治疗有乙型肝炎病毒活动复制症状，并伴有血清转氨酶（ALT或AST）持续升高或肝脏组织活动性病变的肝功能代偿的成年慢性乙型肝炎患者 |
| 富马酸丙酚替诺福韦 | 慢性乙型肝炎成人和青少年（年龄为12岁及以上且体重至少为35kg）：每日1次，每次1片，口服 | 具有抗乙肝病毒作用强、耐药率低、孕期安全性等级高、肾脏和骨密度影响小等特点 |
| 恩曲他滨 | 成人口服每日1次，每次0.2g，可与食物同服 | 适用于慢性乙型肝炎治疗，肾功能不全者宜减量，孕妇及哺乳期妇女慎用 |

（3）乙肝治疗辅助药物 可分为抗炎保肝类（如异甘草酸镁、复方甘草酸苷、甘草酸二铵等）、解毒保肝类（如谷胱甘肽、硫普罗宁、N-乙酰半胱氨酸、葡醛内酯等）、肝细胞膜修复保护剂（如多烯磷脂酰胆碱、必需磷脂复方制剂、多不饱和卵磷脂制剂等）、利胆保肝类（如熊去氧胆酸、S-腺苷蛋氨酸、牛磺熊去氧胆酸等）等。

**2. 丙型肝炎的抗病毒治疗** 一般来说，抗-HCV阳性但HCV-RNA阴性的患者无需治疗，HCV-RNA阳性的患者则需要治疗。丙型肝炎治疗的主要目的是清除体内HCV。目前较为有效的抗病毒治疗方案是干扰素+利巴韦林，最好选用长效干扰素，持久疗效可达70%以上。对于干扰素+利巴韦林治疗无效的患者，则需要加用新的有效药物。

👁 看一看9-4-1

### 国产抗乙肝病毒药——艾米替诺福韦

2021年6月23日国家药监局官网发布消息，国家药监局近日通过优先审评审批程序批准江苏某药企申报的1类创新药——艾米替诺福韦片上市。该药品是我国自主研发并拥有自主知识产权的创新药，用于慢性乙型肝炎成人患者的治疗。该品种的上市为慢性乙型肝炎患者提供了新的治疗选择。艾米替诺福韦是一种新型核苷酸类反转录酶抑制剂，以与核苷类反转录酶抑制剂类似的方法抑制反转录酶，从而同时具有潜在的抗HIV-1活性。

作为替诺福韦（TFV）的前药，通过优化结构，艾米替诺福韦比替诺福韦拥有更高的血浆稳定性，

TFV 暴露量低，安全性更高；经肝细胞代谢，活性代谢产物双磷酸替诺福韦（TFV－DP）在肝脏高浓度聚集，从而实现肝靶向，提升了药物的生物利用度。

## 四、药学服务

开展病毒性肝炎的药学服务主要包括：①向医师介绍新型抗病毒药如替诺福韦、长效干扰素等药物的特点，提供各类药物的剂量、疗程、不良反应、相互作用的信息咨询服务；②向护士提供长效和短效干扰素的使用注意事项以及不良反应等；③向患者提供药物咨询（药物用法用量、不良反应、相互作用、用药注意事项和特殊人群用药咨询等），提高患者治疗依从性；④向患者、家属及社会公众开展病毒性肝炎的流行病学、危害性以及预防措施等的健康宣教。

### （一）用药注意事项

**1. 干扰素治疗** 存有一定的局限性，主要表现如下。①疗效一般，慢性乙型病毒性肝炎治疗只有30%～40%的病例有持久应答，且个体差异大。②不良反应多且发生率高，常导致药物减量和治疗暂停。常见的如流感样综合征、恶心、头痛等，少部分患者甚至会出现骨髓抑制、甲亢、肝损害加重以及胆红素升高等，影响患者治疗依从性。用药期间需密切随访，尤其要注意血常规的变化。③有严格的适应证及禁忌证，肝功能失代偿者禁用。④肌内注射，使用不便。⑤长期应用易诱导 IFN 抗体产生，降低疗效。⑥普通 IFN 半衰期较短，致使血药浓度反复波动，影响疗效。疗效与血清转氨酶高度密切相关。⑦对于妊娠、血常规异常（WBC、PLT 过低）、失代偿性肝硬化以及心衰等患者要禁用。

**2. 核苷（酸）类似物** 在不良反应方面也各有不同，医生与患者需要关注以下几点。①恩替卡韦，有少数患者可发生乳酸酸中毒，可能出现恶心、呕吐等不适，如果发生不适，应根据服药情况考虑到这一不良反应的可能性，安排相关血液检查。②替诺福韦酯和阿德福韦酯长期用药应警惕肾功能不全和低磷性骨病，持续定期检测肾功能。③替比夫定有发生肌炎、横纹肌溶解的个案，应关注用药后有无发生严重肌肉酸痛情况。此外，该类药物缺点，一是 e 抗原转阴率低，不及干扰素；二是对病毒清除作用较差，故需长期用药甚至终身用药，而长期用药易导致耐药菌株出现；三是停药标准不易确定。

**？ 想一想9-4-1**

1. 治疗乙肝的长效干扰素和短效干扰素，二者区别在哪里？

2. 病毒性肝炎患者长期服用核苷（酸）类似物抗病毒药，该类药物的缺点主要有哪些？

答案解析

### （二）药物相互作用

1. 干扰素可降低茶碱类药物的清除率，导致茶碱中毒（恶心、呕吐、便秘、癫痫发作等）。与抗癫痫药、红霉素、米诺环素等对肝功能有影响的药物合用有潜在的肝脏毒风险，有肝病史者应检查肝脏功能。

2. 拉米夫定与齐多夫定联用时，可增加后者的血药峰浓度。

## ♥ 药爱生命

2014 年，WHO 向中国政府颁奖，以表彰中国在防控儿童乙肝方面所取得的突出成就。我国的乙肝免疫项目显著降低了儿童的乙肝感染率，是我国公共卫生领域取得的最重要成就之一。自 1992 年至今，我国通过及时接种乙肝疫苗，超过 8000 万儿童免于乙肝感染。2012 年 5 月，我国 5 岁以下儿童慢性乙肝病毒感染率已降至1%以下。我国的成功鼓舞了本地区和世界其他国家采取相应措施降低儿童乙肝感染率。这份成绩来之不易，同时，我们要对乙肝的可能"反扑"时刻保持警惕性，继续做好乙肝疫苗的预防接种等工作。　📱微课3

### （三）健康宣教

应向患者讲述休息、饮食对该病治疗的重要作用，并介绍肝炎迁延不愈对个人、家庭、社会造成的危害。应强调严格遵医嘱实施恰当、合理的治疗措施，促进患者早日康复。

患者出院后一定要定期复查，急性肝炎患者出院后的第1个月，每半个月复查1次，以后每1~2个月复查1次，半年后每3个月复查1次，定期复查1~3年。另外，向患者宣传各型病毒性肝炎的预后及慢性化因素相关知识，一般甲型、戊型预后良好，而其余各型肝炎部分患者均可迁延不愈、反复发作，发展为慢性肝炎、肝硬化甚至肝癌。反复发作的诱因为过度劳累、暴饮暴食、酗酒、不合理用药、感染以及不良情绪等，因此，应帮助患者分析复发原因，予以避免。此外，还应教会患者自我监测病情。

## 目标检测

答案解析

### 一、综合问答题

1. 通过收集临床药物治疗材料，说出干扰素的临床应用和主要不良反应。

2. 结合所学知识说出病毒性肝炎概念、病毒性肝炎常见分型以及治疗原则。

### 二、案例分析题

患者，男，35岁。1年半前感到全身乏力，食欲不振，肝功能检查ALT、AST均升高，诊断为急性肝炎。经护肝及中药治疗，效果不佳。近1个月来因症状加重就诊。检查：巩膜轻度黄染，颜面及颈部有数枚蜘蛛痣，肝在肋下1.5cm，质软，压痛，表面光滑，脾可及0.5cm，质软，压痛，HBsAg（+），HBeAg（+），抗-HBc（+），ALT 200U/L，血清白蛋白30g/L，球蛋白40g/L。

请思考分析：

1. 该患者最可能的诊断是什么？请列出诊断依据。

2. 医生根据患者情况，将如何拟定合适的治疗方案？其依据是什么？

3. 如何在上述药学服务中体现职业素养和专业精神？

（李　嘉）

书网融合……

📖 重点回顾　　　📱 微课1　　　📱 微课2　　　📱 微课3　　　⏱习题

## 任务五　寄生虫病的药物治疗

PPT

**学习目标**

**知识目标：**

**1. 掌握**　疟疾、滴虫病、肠蠕虫病的药物治疗原则、药物种类和代表药物、临床治疗方案。

**2. 熟悉**　疟疾、滴虫病、肠蠕虫病的症状、治疗药物的用法用量和相关药学服务知识。

**3. 了解**　疟疾、滴虫病、肠蠕虫病的病因和诊断。

**技能目标：**

1. 能够结合临床指南正确选用治疗疟疾病、滴虫病、肠蠕虫病的药物，开展咨询、指导用药，协助拟定药物治疗方案等药学服务。

2. 学会判断疟疾病、滴虫病、肠蠕虫病治疗药物的常见不良反应并提供处理方案，主动提供健康教育。

**素质目标：**

培养尊重、关爱疟疾病、滴虫病、肠蠕虫病患者及家属，积极、细致、认真的服务意识和职业精神。

### 导学情景

**情景描述：** 患者，男，34岁，间歇发热5天。患者半个月前有非洲出差经历。临床表现：发热前有明显寒战，随后再度发热，热峰值39~40℃，大汗后退热，感到乏力、纳差，退热治疗后体温恢复正常，无其他不适，隔日再次出现畏寒发热。神志清醒，精神尚可。查体：腋下体温37.7℃，脉搏100次/分。血常规：白细胞$6.39 \times 10^9/L$，红细胞$3.87 \times 10^{12}/L$。血涂片：发现疟原虫。

**情景分析：** 结合患者最近症状及检查，诊断为疟疾。

**讨论：** 结合案例，协助拟定治疗方案，并说出药学服务要点。

**学前导语：** 疟疾的治疗通常选用药物治疗，无需手术治疗。疟疾治疗中，最重要的是杀灭红细胞中的疟原虫，同时采取防止传播、复发等措施。其他寄生虫病也应从病因性预防和治疗症状等多方面入手。本任务将介绍常见寄生虫病联治的药物及方案，为今后的药学服务打好基础。

寄生虫病是寄生虫侵入人体而引起的疾病，具有传染性，对健康的危害大。因饮食感染的常见寄生虫病有蛔虫病、蛲虫病、绦虫病、钩虫病等；因皮肤感染的疾病有血吸虫病、疟疾、丝虫病、黑热病。本任务主要介绍疟疾病、滴虫病和肠蠕虫病的症状与药物治疗。

## 一、疾病概述

### （一）病因与发病机制

**1. 疟疾（malaria）**　是人体疟原虫经按蚊媒介传播的常见寄生虫病。寄生于人体的疟原虫主要有四种，即间日疟原虫、三日疟原虫、卵形疟原虫和恶性疟原虫。它们分别引起间日疟、三日疟、卵形疟和恶性疟。寄生于人体的四种疟原虫，其生活史基本相同，都需人和雌性按蚊作为宿主。

**2. 肠蠕虫病** 是由于蠕虫寄生在人肠道内所引起的一类疾病。在肠道寄生的蠕虫有线虫、绦虫和吸虫。在我国，肠蠕虫病以线虫（如蛔虫、钩虫、蛲虫、鞭虫）感染最为普遍。

**3. 滴虫病** 主要是阴道毛滴虫感染阴道所致滴虫性阴道炎，亦可寄生于泌尿道，引起尿道炎，可通过游泳、洗浴、性接触来传播。

**（二）临床表现与诊断** 📱 微课1

**1. 疟疾** 潜伏期是指从人体感染疟原虫到发病的时期，此时期大部分患者无症状。发冷期主要表现为畏寒，皮肤起鸡皮疙瘩，口唇，指甲发绀，颜面苍白，全身肌肉关节酸痛。发热期主要表现为冷感消失，面色转红，发绀消失，体温迅速上升，可达40℃以上。出汗期主要表现为高热后期，颜面手心微汗，随后遍及全身，大汗淋漓，2~3小时体温降低，患者感觉舒适，但十分困倦，常安然入睡。一觉醒来，精神轻快，食欲恢复，又可照常工作。此刻进入间歇期。

**2. 肠蠕虫病** 多数人表现为腹痛、腹泻、恶心等消化道症状，一部分人出现水肿、贫血等全身症状，少数人出现癫痫、头痛、头晕、记忆力减退、听力障碍、精神障碍等症状。可以通过粪便病原学检查、血常规、腹部触诊、影像学检查、小肠液检查、血清学检查等进行诊断。

**3. 滴虫病** 滴虫性阴道炎主要表现为阴道口灼痒、白带增多，质稀有泡沫、秽臭。滴虫性尿道炎：当侵犯前尿道，患者多无症状；如侵犯后尿道或前列腺时，可发生排尿痛、尿道口有痒感，或尿道口有分泌物，但量很少。滴虫病检查主要需要进行实验室检查，在女性阴道和男性尿道取分泌物检查毛滴虫。

## 二、治疗目标与原则

### （一）治疗目标

寄生虫病的治疗要把握防治结合的治疗目标，应尽早诊断确定感染寄生虫的种类，正确合理地选用药物，选择驱虫时机，对驱虫效果进行检查跟踪，同时要控制传染源、切断传播途径、保护易感人群，同时要注意个人卫生，增强自身免疫力，提高自我保护意识，降低发病风险。

### （二）治疗原则

**1. 疟疾** 现有的最佳治疗方法，特别针对恶性疟，是以青蒿素为基础的联合疗法。疟疾治疗应包括对现症患者的治疗（杀灭红细胞内期疟原虫）和疟疾发作休止期的治疗（杀灭红细胞外期休眠子）。休止期的治疗是指在疟疾传播休止期，对1~2年内有疟疾史和带虫者的治疗，以控制间日疟的复发和减少传染源。

**2. 肠蠕虫病** 治疗原则是正确检查出感染蠕虫的种类，有针对性地进行药物治疗。同时在宿主比较衰弱的时候，可以适当地进行增加食物营养等支持疗法。若产生并发症，应积极进行并发症的对症治疗。

**3. 滴虫病** 治疗主要采用局部或全身用药治疗，治疗过程中应注意个人卫生，避免性生活发生交叉感染，确诊患者应要求其性伴侣及时检查。

## 三、常用治疗药物

### （一）治疗疟疾的常用药物

治疗疟疾病的药物近年来发展迅速，种类繁多，常用的抗疟药主要分为三类。①主要用于控制症状的药物：能杀灭红细胞内期裂殖体，控制症状发作和预防性抑制疟疾症状发作。②主要用于控制远期复发和传播的药物：能杀灭肝脏中的休眠子，控制疟疾的复发，并能杀灭各种疟原虫的配子体，控制疟疾传播。③主要用于病因预防的药物：能杀灭红细胞外期的子孢子，发挥病因性预防作用。

👁 **看一看9-5-1**

### 金鸡纳霜的发现

18世纪，美国和欧洲一些国家疟疾流行。因为没有找到特效药，不少人丧命。那时的疟疾就像现在的癌症一样令人害怕。而南美的印第安人，却有神奇的办法对付疟疾。他们用一种树皮煮水喝，常常是药到病除。相传一位西班牙人染上疟疾，在生命垂危之际，有位印第安姑娘送来了树皮汤。病情痊愈后，西班牙人将树皮当作珍宝带回欧洲。瑞典化学家纳尤斯在树皮中分离出一种喹啉类化学物质，也就是后来的治疗疟疾的一线药物——金鸡纳碱，由此，人类在抗击疟疾的战役中迈出了重要的一步。

**1. 控制症状的药物**

（1）氯喹　是目前用于控制发作的首选药物。常用磷酸氯喹，成人首剂1g，6~8小时后再服0.5g，第2、3日各服0.5g（分2次服）。预防服药为每日0.25g，1次/周。

（2）奎宁　为奎尼丁的左旋体，其抗疟机制和氯喹相似，由于氯喹耐药性的出现和蔓延，奎宁成为治疗恶性疟的主要药物。常采用二盐酸奎宁，缓慢静脉滴注，抢救凶险型疟疾发作，其作用快，疗效显著。

（3）青蒿素　对各种疟原虫红细胞内期裂殖体有快速的杀灭作用，48小时内疟原虫从血中消失；对红细胞外期疟原虫无效。因可透过血脑屏障，对脑性疟的抢救有较好效果。成人首剂服1g，6~8小时后服0.5g，第2、3日各服0.5g，总剂量达2.5g。

💗 **药爱生命**

20世纪60年代，疟原虫对奎宁类药物产生抗药性，使得全世界2亿多疟疾患者面临无药可治的局面，死亡率急剧上升。我国药学家屠呦呦发现的抗疟疾新药——青蒿素有效地解决了这一难题。以青蒿素类药物为基础的联合疗法，至今仍是WHO推荐的疟疾治疗方法，挽救了全球数百万人的生命。

屠呦呦因创制青蒿素和双氢青蒿素的贡献，与另外两位科学家一同获2015年度诺贝尔生理学或医学奖，成为第一位获得诺贝尔奖的中国本土科学家。这将激励更多药学工作者不断努力进取，为发扬光大祖国医学，为人类健康做出更大贡献。

（4）咯萘啶（malaridine）　为我国研制的一种抗疟药。该药对耐氯喹疟疾有效，能迅速控制症状，使血中疟原虫消失。对红细胞内期疟原虫有杀灭作用，可用于治疗各种类型的疟疾，特别是对脑型疟效果较好。成人每次服4片（400mg），第1日服2次，间隔4~6小时，第2日服1次。

**2. 主要用于控制复发和传播的药物**　伯氨喹是人工合成的8-氨基喹啉类衍生物。伯氨喹对间日疟和卵形疟肝脏中的休眠子有较强的杀灭作用，是防治疟疾远期复发的主要药物。与红细胞内期抗疟药合用，能根治良性疟，减少耐药性的产生。能杀灭各种疟原虫的配子体，阻止疟疾传播。对红细胞内期的疟原虫无效。常与氯喹联合用药根治间日疟。剂量：磷酸氯喹1.0g即服，6小时后服0.5g，第2、3日，每日2次，每次服0.25g；伯氨喹（伯氨喹啉）每晚口服3片（22.5mg），连服7~8日。

**3. 主要用于病因性预防的药物**

（1）乙胺嘧啶　控制临床症状起效缓慢，常用于病因性预防，作用持久，一周服药一次。乙胺嘧啶常与磺胺类或砜类药物合用，在叶酸代谢的两个环节起双重阻抑作用。剂量：乙胺嘧啶，每周服25mg；或每半个月服1次50mg。

（2）防疟片二号　每片含周效磺胺250mg及乙胺嘧啶17.5mg。初次，每日服2片，2日后每10~15日服1次，每次2片，晚间服。连续服药不宜超过3个月。

（3）防疟片三号　每片含磷酸哌喹250mg、周效磺胺50mg。每月1次，每次4片（或分2日服），睡前服，连服3~4个月。

**练一练9-5-1**

1. 乙胺嘧啶所属的治疗疟疾药类别是

A. 控制症状

B. 主要用于病因性预防的药物

C. 主要用于控制复发和传播的药物

D. 对因治疗

E. 其他类

2. 目前用于控制发作的首选药物是

A. 氯喹

B. 伯氨喹

C. 青蒿素

D. 乙胺嘧啶

E. 咯萘啶

答案解析

### （二）治疗滴虫病的常用药物

甲硝唑是治疗阴道毛滴虫感染的首选药物，口服后可分布于阴道分泌物、精液和尿液中，对阴道毛滴虫有直接杀灭作用，对阴道内的正常菌群无影响，对男女感染都有良好的治疗效果。每次0.25g，3次/日，共7日。同时，该药物对肠内、肠外阿米巴滋养体有强大杀灭作用，是治疗急性阿米巴痢疾和肠道外阿米巴感染的首选药物。同类药物还有替硝唑、奥硝唑等。

### （三）治疗肠蠕虫病常用药物

**1. 甲苯达唑**　为广谱、高效、低毒的驱肠虫药，可选择性地抑制虫体的糖代谢过程，使ATP生成减少，导致虫体能量耗竭而死亡。口服吸收后，在组织内可达相当高的浓度，不仅对寄生在肠道内的钩虫、蛔虫、蛲虫、鞭虫等多种线虫和绦虫有强大的杀灭作用，还对囊虫病、华支睾吸虫病、旋毛虫病、包虫病、肺吸虫病等肠道外寄生虫病也有很好的疗效。

**2. 阿苯达唑（丙硫咪唑）**　为甲苯咪唑的同类物，也是广谱的驱肠虫药。能杀灭多种肠道线虫、绦虫和吸虫的成虫及虫卵，用于多种线虫混合感染，疗效优于甲苯咪唑。也可用于治疗棘球蚴病（包虫病）与囊虫病，对肝吸虫病及肺吸虫病也有良好疗效。

**3. 哌嗪**　为常用驱蛔虫药，临床常用其枸橼酸盐。对蛔虫、蛲虫具有较强的驱虫作用。

**4. 左旋咪唑**　是四咪唑的左旋体，影响虫体肌肉的无氧代谢，减少能量产生，导致虫体痉挛性麻痹而丧失附着力后随粪便排除，对蛔虫、钩虫和丝虫都有效。

**5. 噻嘧啶**　为广谱抗肠蠕虫药，是人工合成的四氢嘧啶衍生物。噻嘧啶是去极化神经肌肉阻滞剂，可抑制虫体胆碱酯酶，使神经肌肉接头处乙酰胆碱堆积，神经肌肉兴奋性增强，肌张力增高，随后虫体痉挛性麻痹，不能附壁而排出体外。对钩虫、绦虫、蛲虫、蛔虫等均有抑制作用，用于蛔虫、钩虫、蛲虫单独或混合感染，常与另一种抗肠蠕虫药奥克太尔合用以增强疗效。

常用药物见表9-4。

表9-4　肠蠕虫病的合理选药

| 感染类型 | 首选药物 | 次选药物 |
| --- | --- | --- |
| 蛔虫感染 | 甲苯咪唑、阿苯达唑 | 噻嘧啶、哌嗪、左旋咪唑 |
| 蛲虫感染 | 甲苯咪唑、阿苯达唑 | 噻嘧啶、哌嗪 |

续表

| 感染类型 | 首选药物 | 次选药物 |
|---|---|---|
| 钩虫感染 | 甲苯咪唑、阿苯达唑 | 噻嘧啶 |
| 鞭虫感染 | 甲苯咪唑 | |
| 绦虫感染 | 吡喹酮 | |
| 囊虫感染 | 吡喹酮、阿苯达唑 | |
| 包虫感染 | 阿苯达唑 | 吡喹酮、甲苯达唑 |

## 四、药学服务

开展抗寄生虫病的药学服务主要包括：①向医师介绍抗寄生虫药的特点，提供各类药物的剂量、疗程、不良反应、相互作用的信息咨询服务；②向护士提供抗寄生虫药物的使用注意事项、不良反应等；③向患者介绍抗寄生虫药物治疗特点和使用方法，发生寄生虫病时的应对措施，提高其依从性；④向患者、家属及社会公众介绍寄生虫病防治的内容和意义等。

### （一）用药注意事项

**1. 治疗疟疾常用药物的注意事项**

（1）氯喹　用于预防用途时，不良反应罕见。当稍大剂量用于治疗疟疾急性发作时，不良反应偶尔发生，包括恶心、头晕、目眩以及荨麻疹等，餐后服用可减少副作用的发生。大剂量应用时可导致视网膜病，应定期进行眼科检查。大剂量或快速静脉给药时，可致低血压；给药剂量过大可发生致死性心律失常。

（2）奎宁　口服味苦，刺激胃黏膜，引起恶心呕吐，顺应性差。血浆浓度达到 $30 \sim 60\mu mol/L$ 时可引起金鸡纳反应，表现为恶心、头痛、耳鸣、脸红、视力减退等，停药一般可恢复。

（3）青蒿素　最常见的不良反应包括恶心、呕吐、腹泻和头晕，这些常由潜在的疟疾感染而非药物引起。罕见的严重毒性包括中性粒细胞减少、贫血、溶血、转氨酶升高和过敏反应。复方蒿甲醚片：大多数无不良反应，极少数可引起恶心、呕吐、腹泻等消化道症状，个别可引起肝功能转氨酶一过性增高。

（4）咯萘啶　治疗剂量时不良反应轻微而少见，表现为食欲减退、恶心、头痛、头晕、皮疹和精神兴奋等。

（5）甲氟喹　用于控制急性发作时，半数患者发生胃肠道反应。可出现一过性中枢神经精神系统毒性，如眩晕、烦躁不安和失眠等。

（6）伯氨喹　治疗剂量下不良反应较少，可引起剂量依赖性的胃肠道反应，停药后可恢复。大剂量（$60 \sim 240mg/d$）时，可致高铁血红蛋白血症伴有发绀。红细胞内缺乏葡萄糖 $-6-$ 磷酸脱氢酶（$G-6-PD$）的个体可发生急性溶血。服用伯氨喹前，应仔细询问有关病史并检测 $G-6-PD$ 的活性。

（7）乙胺嘧啶　长期大剂量服用可能干扰人体叶酸代谢，引起巨幼细胞贫血、粒细胞减少，及时停药或用亚叶酸治疗可恢复。严重肝、肾功能损伤患者应慎用，孕妇禁用

（8）防疟片二号　少数可引起头昏、胃纳不佳、恶心、呕吐、药物疹等。有肝、肾疾病，严重贫血，孕妇及磺胺过敏者忌用

**2. 治疗滴虫病常用药物的注意事项**　主要是硝基咪唑类服药期间常见有恶心、呕吐、口干、口腔金属味、偶有腹痛、腹泻，有尿液变红色的现象，系代谢物，少数患者出现红斑、麻疹、瘙痒、白细胞减少、神经系统等症状。由于本药抑制乙醇代谢，用药期间应禁酒，中枢神经系统疾病者、妊娠早

期禁用。

### 3. 治疗肠蠕虫常用药物的注意事项

（1）甲苯达唑　无明显不良反应。少数病例可见短暂的腹痛和腹泻。大剂量偶见转氨酶升高、粒细胞减少、血尿、脱发等。孕妇和 2 岁以下儿童以及肝、肾功能不全者禁用

（2）阿苯达唑　不良反应较少，偶有腹痛、腹泻、恶心、头痛、头晕等。少数患者可出现血清转氨酶升高，停药后可恢复正常。孕妇和 2 岁以下儿童以及肝、肾功能不全者禁用。

（3）哌嗪　毒性很低，偶见流泪、流涕、皮疹、支气管痉挛等过敏反应和恶心、呕吐、上腹部不适等消化道反应。中毒剂量时可见眩晕、肌颤、共济失调、癫痫小发作等神经系统反应，有癫痫病史者禁用。

（4）左旋咪唑　治疗剂量偶有恶心、腹痛、头晕等。大剂量或多次用药时，个别病例出现粒细胞减少、肝功能减退等。妊娠早期、肝肾功能不全者禁用。

（5）噻嘧啶　不良反应较少，偶有发热、头痛、皮疹和腹部不适。少数患者出现血清转氨酶升高，故肝功能不全者禁用。孕妇及 2 岁以下儿童禁用。

### ❓ 想一想9-5-1

1. 疟疾的表现症状有哪些？
2. 不同种类抗疟药的用药注意事项分别有哪些？

答案解析

### （二）药物相互作用

氯喹与伯氨喹合用于发作期的治疗，既控制症状，又防止复发和传播。

乙胺嘧啶与伯氨喹合用于休止期患者，可防止复发。乙胺嘧啶与磺胺可协同阻止叶酸合成。青蒿素与甲氟喹或咯萘啶联用于耐氯喹的恶性疟治疗。青蒿素和氯喹或乙胺嘧啶合用有拮抗作用，会影响药效。

奥硝唑注射剂 pH 为 2.5～4.0，且有强氧化性，与许多药物如头孢菌素类、门冬酰胺镁钾、复方甘草酸苷、奥美拉唑等注射剂存在配伍禁忌，序贯静脉给药应避免在同一容器中混合，换药时，应充分冲洗输液管路，避免发生沉淀堵塞等。

### （三）健康宣教　📱微课2

应重点强调寄生虫病是传染性疾病，在人群中的流行同样也经历发生、传播和终止的过程。传染源、传播途径、易感人群是流行过程必须具备的 3 个基本环节，阻断这 3 个环节是防治传染病的关键。

## ◆ 目标检测 ◆

答案解析

### 一、综合问答题

1. 通过收集各种类型疟疾的治疗方案，说出疟疾病的治疗目标和原则。
2. 通过收集各种类型肠蠕虫病的治疗方案，说出肠蠕虫病的治疗目标和原则。

### 二、案例分析题

患者，男，36 岁。于 12 月突然发病，表现为发冷、寒战、高热、大汗后而缓解，隔日发作一次，已 10 天。体检：脾肋下 1cm，余未见异常。末梢血化验：WBC $5.0 \times 10^9$/L，N 0.68，L 0.32，Hb

100g/L，血培养（－）。患者同年 8 月曾去海南旅游半个月。

请思考分析：

1. 该患者发病的原因可能是什么？该病有哪些种类？不同种类药物的代表药有哪些？

2. 该如何合理选药？

3. 如何在上述药学服务中体现职业素养和专业精神？

（刘　秀）

**书网融合……**

📄 重点回顾　　　　📱 微课 1　　　　📱 微课 2　　　　📋 习题

# 项目十　恶性肿瘤的药物治疗 🇪微课1

恶性肿瘤常称为癌症（cancer），是严重危害人类健康的常见病、多发病。正常细胞发生突变成为具有异型性快速生长繁殖的异常细胞，这些细胞能超越其通常的边界生长，并可侵袭身体的毗邻部位和扩散到其他部位，产生一系列的病理过程。

## 一、肿瘤细胞周期转化

细胞复制的过程分为五个步骤，DNA 合成前期（$G_1$ 期）、DNA 合成期（S 期）、DNA 合成后期（$G_2$ 期）、有丝分裂期（M 期）、静止期（$G_0$ 期）。$G_1$ 期 ~ M 期为增殖期，细胞呈指数方式生长，生化代谢活跃，对药物敏感；$G_0$ 期细胞有增殖能力，但暂不进行分裂，对药物不敏感，当增殖期中对药物敏感的肿瘤细胞被杀灭后，处于 $G_0$ 期的细胞可进入增殖期，是肿瘤复发的根源。

根据抗肿瘤药物对细胞周期的敏感性不同，分为细胞周期特异性药物及细胞周期非特异性药物。周期非特异性药物包括烷化剂、铂类化合物、丝裂霉素、蒽环类。周期特异性药物包括主要作用于 $G_1$ 期的类固醇激素和门冬酰胺酶、作用于 S 期的抗代谢药、作用于 $G_2$ 期的拓扑异构酶抑制剂及作用于 M 期的紫杉醇类和长春碱类（图 10 - 1）。

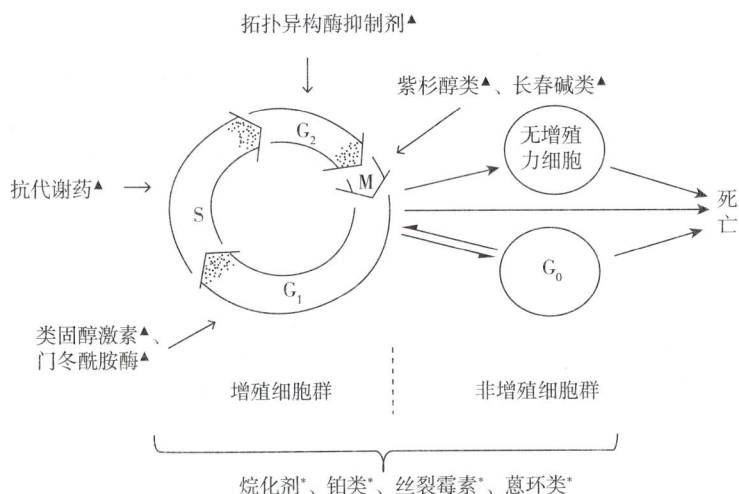

**图 10 - 1　肿瘤细胞的生长模式及药物作用示意图**

注：*代表周期非特异性药物，▲代表周期特异性药物。

## 二、抗肿瘤药物分类

### （一）细胞毒性药物

**1. 直接影响 DNA 化学结构的药物**

（1）烷化剂　氮芥、环磷酰胺、塞替派、替莫唑胺、亚硝脲类和甲基磺酸酯类（白消安）。

（2）铂类化合物　顺铂、卡铂、奥沙利铂。

（3）破坏 DNA 的抗生素　丝裂霉素、博来霉素。

（4）拓扑异构酶抑制剂　羟喜树碱、拓扑替康、依托泊苷。

**2. 干扰核酸生物合成的药物**

（1）二氢叶酸还原酶抑制剂　甲氨蝶呤、培美曲塞。

（2）胸腺核苷酸合成酶抑制剂　氟尿嘧啶、卡培他滨、替吉奥。

（3）嘌呤核苷酸合成酶抑制剂　巯嘌呤、硫鸟嘌呤。

（4）核苷酸还原酶抑制剂　羟基脲。

（5）DNA 多聚酶抑制剂　阿糖胞苷、吉西他滨。

**3. 干扰转录过程和阻止 RNA 合成的药物**

（1）蒽环类抗肿瘤抗生素：多柔比星、表柔比星、吡柔比星。

（2）放线菌素 D。

**4. 抑制蛋白质合成与功能的药物**

（1）微管蛋白活性抑制剂　长春碱类（长春新碱、长春碱、长春地辛、长春瑞滨）、紫杉醇类（紫杉醇、紫杉醇脂质体、白蛋白结合型紫杉醇、多西他赛）。

（2）干扰核糖体功能的药物　高三尖杉酯碱类（三尖杉酯碱、高三尖杉酯碱）。

（3）影响氨基酸供应的药物　门冬酰胺酶（L-门冬酰胺酶）。

**（二）调节体内激素平衡的药物**

**1. 抗雌激素类药**　雌激素受体拮抗剂（托瑞米芬、他莫昔芬、氟维司群）、芳香化酶抑制剂（来曲唑、阿那曲唑、依西美坦）、孕激素类（甲羟孕酮、甲地孕酮）。

**2. 抗雄激素类药**　氟他胺等。

**3. 性激素**　雌激素类（己烯雌酚、炔雌醇）、雄激素类（丙酸睾酮）。

**4. 促性腺激素释放激素（GnRH）激动剂/抑制剂**　亮丙瑞林、戈舍瑞林、布舍瑞林等。

**（三）靶向抗肿瘤药**

此类药物是抗肿瘤治疗的重大突破，需要基因配型后使用。

**1. 酪氨酸激酶抑制剂**　如：吉非替尼、厄洛替尼、阿法替尼、伊马替尼、克唑替尼、奥希替尼、舒尼替尼。

**2. 单克隆抗体**　利妥昔单抗（特异性结合 B 淋巴细胞 CD20）、西妥昔单抗（特异性结合细胞表皮生长因子受体即 EGFR）、曲妥珠单抗（特异性结合细胞表皮生长因子受体 HER-2）、贝伐珠单抗（特异性结合血管内皮因子即 VEGF）等。

**（四）免疫治疗药物**

**1. 免疫调节剂（非特异性）**　干扰素、白介素、香菇多糖、胸腺肽、酵母多糖。

**2. 免疫结合阻断治疗药（免疫检查点抑制剂）**　程序性细胞死亡蛋白-1（PD-1）抑制剂，如帕博利珠单抗、纳武利尤单抗；程序性细胞死亡蛋白配体-1（PD-L1）抑制剂，如阿珠单抗、阿维鲁单抗。🅔微课2

**（五）其他抗肿瘤药**

此类药物包括：细胞分化诱导剂，如维 A 酸类和亚砷酸等；新生血管生成抑制剂，如重组人血管内皮抑制素等；以及基因治疗和瘤苗接种等新型肿瘤治疗方案。

**（六）辅助药**

为减轻肿瘤药物治疗的不良反应或提高机体免疫功能，常配伍使用有关辅助药。

**1. 升血细胞药**　包括粒细胞集落刺激因子、粒细胞-巨噬细胞集落刺激因子、白介素、重组人红细胞生成素等。

**2. 止吐药**　主要有昂丹司琼、格拉司琼等。

**3. 镇痛药**　包括对乙酰氨基酚、可待因、曲马多、吗啡、羟考酮、芬太尼等。

**4. 抑制破骨细胞的药物**　主要有双膦酸盐类，如帕米膦酸、伊班膦酸、唑来膦酸等。

书网融合……

微课1　　　微课2

PPT

# 任务一　消化系统肿瘤的药物治疗

**学习目标**

**知识目标：**

**1. 掌握**　消化系统肿瘤的药物治疗原则、药物种类和代表药物、临床治疗方案。

**2. 熟悉**　消化系统肿瘤的症状、治疗药物的用法用量和相关药学服务知识。

**3. 了解**　消化系统肿瘤的病因和诊断。

**技能目标：**

1. 能够结合临床指南正确选用治疗消化系统肿瘤的药物，开展咨询、指导用药，协助拟定药物治疗方案等药学服务。

2. 学会判断消化系统肿瘤治疗药物的不良反应并提供处理方案，主动提供健康教育。

**素质目标：**

培养尊重、关爱消化系统肿瘤患者及家属，积极、细致、认真的服务意识和职业精神。

**导学情景**

**情景描述：**患者，女，55岁。2个月前无明显诱因出现乏力、腹泻、血样便，每日10余次，无腹痛、腹胀、脓血便。入院后行腹部超声示肝多发实质性占位，全腹增强CT示升结肠占位、肝内多发转移瘤、腹腔多发淋巴结转移瘤、腹水。后行肠镜检查，病理提示低分化腺癌。

**情景分析：**临床诊断为结肠癌Ⅳ期，肝多发转移瘤，腹腔淋巴结转移瘤。

**讨论：**结合案例，协助拟定治疗方案，并说出药学服务要点。

**学前导语：**消化系统肿瘤治疗的目标是根治或最大限度地控制肿瘤、延长患者的生存期、改善生活质量。本任务将介绍消化系统肿瘤用药的主要知识技能，为今后开展药学服务打好基础。

常见的消化系统肿瘤包括肝癌、胃癌、结直肠癌。肝癌是发生于肝细胞或肝内胆管上皮细胞的恶性肿瘤。胃癌是源于胃黏膜上皮细胞的恶性肿瘤，主要是胃腺癌。结直肠癌即大肠癌，包括结肠癌和直肠癌。

## 一、疾病概述 📱微课1

### （一）病因与发病机制

**1. 肝癌** 原发性肝癌的病因及确切分子机制尚不完全清楚，目前认为其发病是多因素、多步骤的复杂过程，流行病学及实验研究表明，乙型肝炎病毒（HBV）和丙型肝炎病毒（HCV）感染、黄曲霉素、饮水污染、酗酒、肝硬化、性激素、α 抗胰蛋白酶缺乏、亚硝胺类物质等都与肝癌发生相关。其他与肝癌发病有关的因素还包括遗传易感性、硒缺乏等。

**2. 胃癌** 胃癌的发生与环境和饮食因素、感染因素、遗传因素等有关。如火山岩地带、水土含硝酸盐过多、微量元素比例失调或化学污染等；新鲜水果和蔬菜的缺乏也会增加胃癌发生的概率，经常食用霉变食品、咸菜、腌制、烟熏食品以及过多摄入食盐可增加胃癌发生的概率；慢性胃炎及胃部分切除者胃酸分泌减少，老年人因泌酸腺体萎缩，常有胃酸分泌不足，有利于细菌生长，胃内增加的细菌可促使亚硝酸盐类致癌物质产生；幽门螺杆菌感染与胃癌有共同的流行病学特征；EB 病毒和其他感染因素也可能参与胃癌的发生等；一些慢性胃炎、胃息肉、胃溃疡、残胃炎等可恶化为胃癌。

**3. 结直肠癌** 结直肠癌与环境因素、遗传因素等有关。如高脂肪食谱与食物纤维不足是结直肠癌的主要因素；肠道菌群紊乱与结直肠癌有一定的关系；一级亲属有结直肠癌病变者；长期吸烟者或者肥胖者，特别是年龄大于 50 岁者；长期精神压抑；有盆腔放疗史者。

### （二）临床表现与诊断

**1. 肝癌** 起病隐匿，早期肝癌除血清甲胎蛋白（AFP）阳性外常缺乏典型症状，中晚期肝癌的症状则较多，常见的症状有肝区疼痛、腹胀、食欲减退、黄疸、消瘦和发热等全身和消化道症状及肝肿大。肝区疼痛常表现为右上腹疼痛，多为持续性钝痛或胀痛。全身和消化道症状主要表现为乏力、消瘦、食欲减退、腹胀等。发热比较常见，多为持续性低热。晚期则出现贫血、黄疸、腹水、皮下出血及恶病质等。肝脏呈进行性肿大，质地坚硬，有大小不等的结节或巨块。

**2. 胃癌** 早期胃癌多无症状，部分患者可有消化不良症状。进展期胃癌可有上腹痛、餐后加重、纳差、厌食、乏力及体重减轻。并发幽门梗阻时可有恶心、呕吐，溃疡型胃癌出血时可引起呕血或黑粪，继之出现贫血。

**3. 结直肠癌** 起病隐匿，早期常仅见粪便隐血阳性，后可出现：排便习惯与粪便性状改变，腹痛多见于右侧结直肠癌，表现为右腹钝痛，可出现餐后腹痛，结直肠癌并发梗阻时，腹痛加重或为阵发性绞痛。多数直肠癌患者经指检可以发现直肠肿块，有肠腔狭窄，指检后的指套上沾有血性黏液。全身情况可有贫血、低热，多见于右侧结直肠癌晚期。患者有进行性消瘦、恶病质、腹水等。

## 二、治疗目标与原则

### （一）治疗目标

根治或最大限度地控制肿瘤，延长患者的生存期，改善生活质量。

### （二）治疗原则

**1. 肝癌** 根据肝癌的不同阶段酌情进行个体化综合治疗是提高疗效的关键；治疗方法包括手术、肝动脉结扎、肝动脉化疗栓塞、射频、冷冻、激光、微波以及化疗和放射治疗等方法。生物治疗、中医中药治疗肝癌也多有应用。

**2. 胃癌** 应当采取综合治疗的原则，有计划、合理地应用手术、化疗、放疗和生物靶向等治疗手段。对于早期胃癌且无淋巴结转移的，可根据肿瘤侵犯深度考虑内镜下治疗或手术治疗，术后无需辅助放疗或化疗。对于局部进展期胃癌或伴有淋巴结转移的早期胃癌，应当采取以手术为主的综合治疗，根据肿瘤侵犯深度及是否伴有淋巴结转移，可考虑直接行根治性手术或术前先行新辅助化疗再考虑根治性手术。对于复发/转移性胃癌，应当采取药物治疗为主的综合治疗手段，同时也应当积极给予止痛、支架置入、营养支持等最佳支持治疗。

**3. 结直肠癌**  治疗以手术切除为主。当结肠癌病变侵及肌层以外或有淋巴结转移，术后应行辅助化疗。当直肠癌病变已侵犯直肠旁组织，可根据情况选择术前放疗，术后若发现病变侵及深肌层或有淋巴结转移，应行术后放疗，放疗后定期化疗。

### 三、常用治疗药物

癌症用药近年来发展迅速，种类繁多，尤其是靶向药的应用，降低了药物对正常组织的毒副作用。肝癌、胃癌、结直肠癌的药物治疗如下。

#### （一）肝癌

根据用途的不同，可分为全身化疗用药、肝动脉栓塞及化疗药物灌注、生物与分子靶向治疗。

**1. 全身治疗**  肝癌细胞大多有多药耐药基因表达，嘧啶脱氢酶水平较高，且肝细胞型肝癌大多分化良好，因此化疗对肝癌不敏感。无论是单药还是联合化疗，有效率少有超过 20% 者。目前主要用于因有门静脉癌栓或有远处转移而不能进行动脉栓塞或局部治疗的患者，有时也用于手术后的辅助化疗，是临床常用的姑息性治疗手段。治疗药物包括传统的细胞毒性药物如蒽环类、铂类、氟尿嘧啶及其他细胞毒性药物如丝裂霉素、亚砷酸等（表 10 - 1）。

表 10 - 1  原发性肝癌常用化疗药物的用法用量

| 药物 | 剂量 | 途径 | 用药时间 |
|---|---|---|---|
| 奥沙利铂 | $85mg/m^2$ | i. v. gtt，2 ~ 6 小时 | 第 1 天，每 2 周重复用药 |
| 顺铂 | $15 \sim 20mg/m^2$ | i. v. gtt | 第 1 ~ 5 天，每 3 ~ 4 周重复用药 |
| 氟尿嘧啶 | $0.5 \sim 1g/d$ | i. v. gtt 缓慢 | 第 1 ~ 5 天，每 3 ~ 4 周重复用药 |
| | 或 0.5 ~ 0.75g/周 | | 连用 2 ~ 4 周后休息 2 周为一个疗程 |
| 多柔比星 | $60 \sim 75mg/m^2$ | i. v. gtt | 第 1 天，每 3 周重复用药 |
| 表柔比星 | $60 \sim 120mg/m^2$ | i. v. gtt | 每 3 ~ 4 周重复用药 |
| 丝裂霉素 | 4 ~ 6mg/d | iv | 1 ~ 2 次/周 |
| | 或 10 ~ 30mg/d | iv | 间隔 1 ~ 3 周或以上 |
| | 或 2mg/d | iv | 每日用药 |
| 亚砷酸 | $7 \sim 8mg/m^2$ | i. v. gtt，3 ~ 4 小时 | 每 2 周为一个疗程，间歇 1 ~ 2 周可进行下一个疗程 |

**2. 肝动脉栓塞及化疗药物灌注**  本方法是以选择性导管为基础，有针对性地对部分位于肿瘤所在肝脏部分的肝动脉分支"喂入"粒子溶液。因为肝脏有双重血液供应，正常肝组织的血液供应大多数来自门静脉，肝肿瘤的血流主要来自肝动脉。一般患者栓塞疗法选择的标准包括不能手术切除的患者，同时肿瘤不适合消融治疗，并且也不存在肝外疾病。

肝动脉灌注化疗是目前治疗肝癌的重要方法。一般先注入化疗药物，如 EADM 80 ~ 100mg、MMC 20mg、5 - FU 1000mg、CF 100mg 或 CDDP 100mg、MMC 20mg、5 - FU 1000mg、CF 100mg，然后再注入栓塞剂，如碘化油或明胶海绵等。一般情况每月 1 次，3 次为一个疗程。近来发展起来的肝动脉栓塞联合经皮穿刺瘤内注射无水乙醇疗法也是治疗中、晚期肝癌安全有效的综合治疗法。

**3. 生物与分子靶向治疗**  包括免疫治疗（细胞因子、过继性细胞免疫、单克隆抗体、肿瘤疫苗）、基因治疗、内分泌治疗、干细胞治疗等多个方面。

目前用于肝癌免疫治疗的免疫活性细胞主要是细胞因子诱导的杀伤性（CIK）细胞和特异杀伤性细胞毒性 T 淋巴细胞（CTL）。CIK 细胞对清除残癌、减少抗肿瘤毒副作用、改善生活质量有较好疗效，可作为辅助治疗或不能手术情况下的治疗选择。

近年来，用分子靶向药物治疗肝癌已成为新研究热点，主要包括以下几种。①抗表皮生长因子受体（EGFR）药物：如厄洛替尼和西妥昔单抗。②抗血管生成药物：如贝伐珠单抗、仑伐替尼、索拉非尼及舒尼替尼等。③信号传导通路抑制剂：如 mTOR 抑制剂依维莫司。

### （二）胃癌

根据用途的不同，可分为姑息化疗用药、辅助化疗用药、新辅助化疗用药。化疗应充分考虑患者的病情、体力状况、不良反应、生活质量及患者意愿，避免治疗过度或治疗不足。及时评估化疗疗效，密切监测及防治不良反应，并酌情调整药物或剂量。

**1. 姑息化疗**　用于手术后复发、转移或就诊时不能切除的肿瘤患者，目的是缓解肿瘤导致的临床症状、改善生活质量及延长生存期。适用于全身状况良好、主要脏器功能基本正常的无法切除、复发或姑息性切除术后的患者。常用的系统化疗药物包括氟尿嘧啶、卡培他滨、替吉奥、顺铂、表柔比星、多西他赛、紫杉醇、奥沙利铂、伊立替康等。

化疗方案主要包括两药或三药联合方案，三药方案适用于体力状况好的晚期胃癌患者（表 10-2）；对体力状态差、高龄患者，考虑采用口服氟尿嘧啶类药物或紫杉醇类药物的单药化疗。

表 10-2　胃癌常用的两药联合方案

| 化疗方案 | 剂量 | 用药时间 | 时间及周期 |
| --- | --- | --- | --- |
| FP 方案 | | | 21 天为 1 个周期 |
| 　亚叶酸钙 | $200mg/m^2$ | i. v. gtt，第 1~5 天 | |
| 　氟尿嘧啶 | $600mg/m^2$ | i. v. gtt，第 1~5 天 | |
| 　顺铂 | $75mg/m^2$ | i. v. gtt，第 1~3 天 | |
| SP 方案 | | | 21 天为 1 个周期 |
| 　替吉奥 | $100mg/d$（$BSA < 1.5m^2$）<br>或 $120mg/d$（$BSA > 1.5m^2$） | 口服，b. i. d，第 1~14 天 | |
| 　顺铂 | $75mg/m^2$ | i. v. gtt，第 1~3 天 | |
| XELOX 方案 | | | 21 天为 1 个周期 |
| 　卡培他滨 | $1000mg/m^2$ | 口服，b. i. d，第 1~14 天 | |
| 　奥沙利铂 | $130mg/m^2$ | i. v. gtt，第 1 天 | |
| POLFOX 方案 | | | 28 天为 1 个周期，共 6 个周期 |
| 　奥沙利铂 | $100mg/m^2$ | i. v. gtt，2 小时，第 1 天 | |
| 　亚叶酸钙 | $200mg/m^2$ | i. v. gtt，第 1~5 天 | |
| 　氟尿嘧啶 | $500mg/m^2$ | i. v. gtt，第 1~5 天 | |
| PACX 方案 | | | 21 天为 1 个周期 |
| 　卡培他滨 | $1000mg/m^2$ | 口服，b. i. d，第 1~14 天 | |
| 　紫杉醇 | $175mg/m^2$ | i. v. gtt，第 1 天 | |

续表

| 化疗方案 | 剂量 | 用药时间 | 时间及周期 |
|---|---|---|---|
| FOLFIRI 方案 | | | 14 天为 1 个周期 |
| 伊立替康 | $180mg/m^2$ | i. v. gtt，第 1 天 | |
| 亚叶酸钙 | $400mg/m^2$ | i. v. gtt，第 1 天 | |
| 氟尿嘧啶 | $400mg/m^2$ | i. v. gtt，第 1 天 | |
| 氟尿嘧啶 | $1200mg/m^2$ | i. v. gtt，24 小时，第 2~3 天 | |

**2. 辅助化疗**　目的在于杀死手术无法清除的微小病灶，减少复发，提高生存率。辅助化疗方案推荐氟尿嘧啶类药物联合铂类的两药联合方案。对临床病理分期为 I b 期、体力状况差、高龄、不耐受两药联合方案者，考虑采用口服氟尿嘧啶类药物的单药化疗。

**3. 新辅助化疗**　是指在实施局部治疗手术（如手术或放疗）前所做的全身化疗，目的是使肿块缩小，及早杀灭看不见的转移细胞，以利于后期的手术放疗等治疗。新辅助化疗的时限一般不超过 3 个月，应当及时评估疗效，并注意判断不良反应，避免增加手术并发症。

术后辅助治疗应当根据术前分期及新辅助化疗疗效，有效者延续原方案或根据患者的耐受性酌情调整治疗方案，无效者则更换方案。

**（三）结直肠癌**

包括全身静脉化疗用药、肝动脉灌注化疗用药、门静脉灌注化疗用药。

**1. 全身静脉化疗**

（1）新辅助化疗　推荐新辅助化疗，仅适用于距肛门 <12cm 的直肠癌。

①直肠癌的新辅助化疗：推荐以氟尿嘧啶类药物为基础的联合方案。首选持续灌注氟尿嘧啶（5-FU）或者氟尿嘧啶/亚叶酸钙（LV），或者卡培他滨单药。建议行 4~6 个周期的化疗，治疗时限为 2~3 个月。

②结直肠癌肝转移的新辅助化疗：推荐术前化疗或化疗联合靶向药物治疗。化疗方案推荐 FOLFOX（奥沙利铂 + 氟尿嘧啶 + 亚叶酸钙），或者 FOLFIRI（伊立替康 + 氟尿嘧啶 + 亚叶酸钙），或者 CapeOx（卡培他滨 + 奥沙利铂）。靶向药物为联合西妥昔单抗（用于 KRAS、NRAS 和 BRAF 野生型的患者）、贝伐珠单抗。建议行 4~6 个周期的化疗，治疗时限为 2~3 个月。

（2）辅助化疗　分为三期。

① I 期（$T_1$~$2N_0M_0$）或者有化疗禁忌的患者不推荐辅助治疗。

② II 期结直肠癌患者有以下高危因素者推荐进行辅助治疗。高危因素包括组织学分化差（III 或 IV 级）且为错配修复正常（pMMR）或微卫星稳定（MSS）、$T_4$、血管淋巴管浸润、术前肠梗阻/肠穿孔、标本检出淋巴结不足（少于 12 枚）、神经侵犯、切缘阳性或无法判定。

③ III 期结直肠癌患者推荐辅助化疗。化疗方案推荐选用 5-FU/CF、卡培他滨、FOLFOX 或 CapeOx 方案。化疗不应超过 6 个月。不推荐伊立替康作为结直肠癌术后的辅助治疗。

（3）姑息化疗　治疗晚期或转移性结直肠癌使用的药物有 5-FU/LV、伊立替康、奥沙利铂、卡培他滨或联合靶向药物。

联合化疗应当作为能耐受化疗的转移性结直肠癌患者的一、二线治疗。推荐以下化疗方案或联合靶向药物：FOLFOX/FOLFIRI ± 西妥昔单抗（用于 KRAS、NRAS 和 BRAF 野生型的患者）、FOLFOX/FOLFIRI/CapeOx ± 贝伐珠单抗（表 10-3）。

表 10 - 3 结直肠癌的常用化疗方案及分子靶向药物

| 化疗方案 | 剂量 | 用药时间 | 时间及周期 |
|---|---|---|---|
| 简化的双周 5 - FU/LV | | | 每 2 周重复 |
|   LV | $400mg/m^2$ | i. v. gtt，第 1 天 | |
|   5 - FU | $400mg/m^2$ | LV 开始 1 小时后静脉推注 | |
| | $1200mg/(m^2 \cdot d) \times 2$ | i. v. gtt，46 ~ 48 小时 | |
| 卡培他滨单药方案 | | | 每 3 周重复 |
|   卡培他滨 | $850 \sim 1250mg/m^2$ | 口服，b. i. d，第 1 ~ 14 天 | |
| FOLFOX4 | | | 每 2 周重复 |
|   奥沙利铂 | $85mg/m^2$ | i. v. gtt，第 1 天 | |
|   LV | $200mg/m^2$ | i. v. gtt，第 1 天 | |
|   5 - FU | $400mg/m^2$ | i. v. gtt，第 1、2 天 | |
| | $600mg/m^2$ | i. v. gtt，22 小时，第 1、2 天 | |
| mFOLFOX6 | | | 每 2 周重复 |
|   奥沙利铂 | $85mg/m^2$ | i. v. gtt，第 1 天 | |
|   LV | $400mg/m^2$ | i. v. gtt，第 1 天 | |
|   5 - FU | $400mg/m^2$ | i. v. gtt，第 1 天 | |
| | $1200mg/(m^2 \cdot d) \times 2$ | i. v. gtt，46 ~ 48 小时 | |
| CapeOx | | | 每 3 周重复 |
|   奥沙利铂 | $130mg/m^2$ | i. v. gtt，第 1 天 | |
|   卡培他滨 | $850 \sim 1000mg/m^2$ | 口服，b. i. d，第 1 ~ 14 天 | |
| FOLFIRI | | | 每 2 周重复 |
|   伊立替康 | $180mg/m^2$ | i. v. gtt，30 ~ 90 分钟，第 1 天 | |
|   LV | $400mg/m^2$ | i. v. gtt，120 分钟，第 1 天（与伊立替康同时输注） | |
|   5 - FU | $400mg/m^2$ | i. v. gtt，第 1 天 | |
| | $1200mg/(m^2 \cdot d) \times 2$ | i. v. gtt，46 ~ 48 小时 | |
| 分子靶向药物 | | | |
|   西妥昔单抗 | 首次剂量为 $400mg/m^2$，之后每周 $250mg/m^2$ | 输注时间分别为 120、60 分钟 | 每 2 周重复，联合 FOLFIRI 或 FOLFOX |
|   贝伐珠单抗 | $5mg/kg$ | i. v. gtt，第 1 天 | 每 2 周重复，联合 FOLFIRI 或 FOLFOX |
| | $7.5mg/kg$ | i. v. gtt，第 1 天 | 每 3 周重复，联合卡培他滨/CapeOx |

👁 看一看10-1-1 ————————————————————

### 癌症三阶梯止痛

WHO 癌症三阶梯止痛原则是指按照患者疼痛的轻、中、重的程度，分别选用第一、二、三阶梯的止痛药物。第一阶梯：非阿片类药物，多指 NSAIDs，对轻度疼痛疗效肯定。第二阶梯：弱阿片类药物，如可待因、二氢可待因、曲马多等，目前有很多弱阿片类药物与 NSAIDs 的复合制剂。第三阶梯：强阿片类药物，药物种类及剂型多，合理使用将使 90% 以上的中、重度疼痛患者免除疼痛，主要药物有吗啡、芬太尼、美沙酮、二氢埃托啡、羟考酮。

**2. 肝动脉灌注化疗** 结直肠癌肝转移，可引起进行性肝破坏，最后导致患者死亡。全身化疗无效或化疗期间肝转移进展可行肝动脉灌注化疗，但不常规应用。有许多药物如氟尿嘧啶与氟尿嘧啶脱氧核苷在肝脏内代谢成为低毒产物，因而经肝动脉灌注这类药物可以增加肿瘤部位的药物浓度，降低全身毒性。

**3. 门静脉灌注化疗** 结肠癌手术中产生的肿瘤细胞栓子可经门脉系统进入肝脏而形成转移灶，术中经门静脉注入化疗药物可以在局部形成高浓度，及早杀死肿瘤细胞。常用氟尿嘧啶 $600\mathrm{mg/m^2}$ + 肝素钠 5000U 溶于 5% 葡萄糖溶液中，门静脉连续灌注 24 小时，滴速为 40ml/h，连续灌注 7 天，同时输入肝素可以减少栓塞，减少肝脏转移灶。

### 💜 药爱生命

　　缓和医疗（palliative care）是指对于不能治愈的晚期慢性病（如恶性肿瘤、充血性心力衰竭、尿毒症、肝硬化晚期、其他严重疾病），在不影响疗效的前提下，尊重患者和家庭成员的意愿，力图预防、减轻或缓和患者的不适症状，改善其生活质量的疗法，过去称姑息医疗，多针对肿瘤患者，当晚期出现转移后，不再针对原发病治疗，改为对不适症状进行缓解。目前，缓和医疗已经扩大到各种慢性病治疗的初期，延续到生命终末期；在对因治疗的同时，加强控制疼痛等不适症状，以改善生活质量。缓和医疗已经发展成为一个专科。

　　缓和医疗的总体原则为：尊重、有益、不伤害和公平。尊重是指尊重患者的意愿和价值观，保障个人的行动权力，但是不能以牺牲他人的利益为代价；有益是指医生对患者的职责是减轻痛苦、恢复健康（如果可能）及保护生命；公平是指对所有患者一视同仁，医生们有责任做到不存在偏见，在医疗中应在资源合理使用方面保证公众利益。药学生应努力学习，用自己的专业知识，帮助患者提高生活质量。 🅔 微课 2

## 四、药学服务

　　开展消化系统肿瘤的药学服务主要包括：①向医师介绍西妥昔单抗、贝伐珠单抗等新药的特点，提供各类药物的剂量、疗程、不良反应、相互作用的信息咨询服务；②向护士提供细胞毒类化疗药使用注意事项、新型抗肿瘤药特征性不良反应等；③向患者介绍口服化疗药物治疗特点和使用方法，发生不良反应时的应对措施，提高其依从性；④向患者、家属及社会公众介绍如何预防消化道肿瘤的发生。

### （一）用药注意事项

**1. 铂类化疗药物** 常用的药品包括顺铂、卡铂、奥沙利铂等。由于分子结构上的差异，三种铂类化合物的各自毒性有所区别，如顺铂的典型不良反应为恶心、呕吐、肾毒性和耳毒性，顺铂属于高致吐风险药物；卡铂的骨髓抑制比较严重；奥沙利铂的神经毒性较强，表现为手脚麻木、疼痛，且遇冷激发，在化疗期间为了避免奥沙利铂的神经毒性，静脉滴注期间不可食用冷食和饮用冷水，并避免接触冰冷的物体，为减低神经毒性，可口服维生素 $B_1$、$B_6$ 和烟酰胺等。卡铂、奥沙利铂只能用 5% 葡萄糖注射液配制。

**2. 抗代谢化疗药物** 常用的药品包括氟尿嘧啶（5-氟尿嘧啶）、卡培他滨、替吉奥、甲氨蝶呤、吉西他滨等。氟尿嘧啶可沿静脉出现迂回线状色素沉着和迅速晒黑而无灼痛或红斑，用药后可致心肌缺血，出现心绞痛和心电图的变化，且易引起腹泻，严重者有血性腹泻或便血，应立即停药，给予对症治疗，否则可致生命危险。吉西他滨导致血小板下降，患者出现出血倾向。使用卡培他滨可治手足综合征，其表现为不同程度的手足麻木、感觉迟钝、麻刺感、皮肤肿胀、红斑或严重疼痛，根据患者的严重程度进行剂量调整，必要时停止使用该药。

**3. 蒽环类化疗药物**　常用的药品有柔红霉素、多柔比星、表柔比星、吡柔比星。会出现迟发红尿；典型不良反应为心脏毒性，可用右雷佐生（右丙亚胺）进行解毒，严重器质性心脏病和心功能者异常禁用。吡柔比星只能用 5% 葡萄糖注射液配制。

**4. 抑制蛋白质合成与功能的药物**　此类药包括三种。①微管蛋白活性抑制药：如长春新碱、长春碱、长春地辛、长春瑞滨、紫杉醇、多西他赛。②干扰核糖体功能的药物：如高三尖杉酯碱。③影响氨基酸供应的药物：如 L – 门冬酰胺酶。长春新碱神经毒性比较大，表现为手指、足趾麻木，腱反射迟钝或消失，外周神经炎，为剂量限制性毒性，长春新碱还可治疗便秘，需要使用缓泻剂对症处理。紫杉醇典型不良反应为超敏反应，最常见的症状为皮肤潮红、荨麻疹，严重过敏反应表现为支气管痉挛性呼吸困难、低血压甚至休克，可能与赋形剂聚氧乙基蓖麻油有关，应在用紫杉醇治疗前 12 小时及 6 小时口服地塞米松 20mg，治疗前 30 ~ 60 分钟肌内注射苯海拉明 50mg，并静脉注射西咪替丁 300mg 或雷尼替丁 50mg 预防过敏反应。

**5. 拓扑异构酶抑制剂**　常用药品包括羟喜树碱、伊立替康、拓普替康、依托泊苷、替尼泊苷等。伊立替康具有抗胆碱酯酶活性，导致乙酰胆碱增多，出现急性胆碱综合征，常表现为用药 24 小时内出现出汗、寒战、头晕、流涎、视力障碍、瞳孔缩小等症状，应监护患者是否出现此类症状，必要时应用阿托品对症处理。伊立替康典型不良反应为迟发性腹泻，发生时间为化疗后的第 5 天，表现为水样便，需给予洛哌丁胺对症处理。伊立替康可延长琥珀酰胆碱的神经肌肉阻滞作用，而拮抗非去极化肌松药物的神经肌肉阻滞作用。

**6. 单克隆抗体**　包括贝伐珠单抗、利妥昔单抗、曲妥珠单抗、西妥昔单抗。常用于消化系统肿瘤的有西妥昔单抗、贝伐珠单抗。单克隆抗体为大分子蛋白质，静脉滴注，可致患者发生过敏反应或其他超敏反应。应用西妥昔单抗治疗者 80% 以上可能发生皮肤反应，主要症状为粉刺样皮疹，其中约 15% 症状严重者可发生史蒂文斯 – 约翰逊综合征或中毒性表皮坏死溶解，其次为指甲病（如甲床炎）等。

**✎ 练一练10–1–1**

使用奥沙利铂后，最需要关注的典型不良反应是

A. 神经毒性　　　　　　B. 消化道反应　　　　　C. 肝毒性

D. 肾毒性　　　　　　　E. 血液毒性

答案解析

**（二）药物相互作用**

**1. 同类药物之间**　化疗可以采用联合用药，增强疗效，同时应避免有相似毒性的药物联合用药。如氟尿嘧啶与甲氨蝶呤合用，两者可产生协同作用；丝裂霉素与多柔比星合用，可增加心脏毒性。在合用时应注意机制完全相同的药物禁止合用；相似毒性的化疗药避免使用。还要注意交叉耐药性的问题，如多柔比星与柔红霉素、长春新碱和放线菌素 D 呈现交叉耐药性。

**2. 不同药物之间**　患者如有多种疾病，在多药合用时，药物之间也会出现相互作用。顺铂与氨基糖苷类抗菌药物、两性霉素 B 或头孢噻吩等合用，有肾毒性叠加作用。化疗药与肝药酶诱导剂或抑制剂合用时，应注意调整化疗药的剂量。化疗药与高血浆蛋白结合率药物合用时调整剂量。

## 练一练10-1-2

与多柔比星存在交叉耐药性的抗肿瘤药物是

A. 右雷佐生　　　B. 柔红霉素　　　C. 阿糖胞苷

D. 甲氨蝶呤　　　E. 环磷酰胺

答案解析

### （三）健康宣教

抗肿瘤药物必须在有经验的医生指导下使用；抗肿瘤药物可能会降低机体的抗感染能力，当出现任何感染信号（如发热、寒战或咽痛），应立即就诊。出现其他异常情况（如碰伤后异常出血、呼吸急促、排尿灼痛等）也应报告医生；抗肿瘤药物可能会导致男性和女性的暂时性或永久性不孕、不育，也有致畸作用；血小板降低时，在生活中应注意卧床，停止刷牙，每天用漱口水漱口，不吃硬食，加强通便等。

## 想一想10-1-1

药师在对肿瘤患者进行用药咨询和指导时，除了重点介绍药物治疗相关知识外，要提示患者注意血常规的变化，特别是关注血小板的降低，这是为什么？另外，还应提示患者在生活中注意哪些事项？

答案解析

## 附：胰腺癌 e 微课3

胰腺癌指胰外分泌腺的恶性肿瘤，表现为腹痛、食欲不振、消瘦和黄疸，恶性程度高，预后差。病因与发病机制至今未明，高危因素及人群包括长期大量吸烟、饮酒、饮咖啡者，长期接触某些化学物质（如F-萘酸胺、联苯胺、烃化物等），糖尿病患者，慢性胰腺炎患者，男性或绝经期后的女性。

胰腺癌的治疗仍以争取手术切除为主，对不能手术者常做姑息性短路手术、化学疗法和放射疗法。胰腺癌对化疗药物不敏感，单药治疗有吉西他滨、5-氟尿嘧啶、丝裂霉素、表阿霉素、链脲霉素、紫杉醇、多西他赛及卡培他滨等；靶向药物治疗如贝伐单抗、西妥昔单抗和厄罗替尼，可与化疗药物合并使用或单用。

## 目标检测

答案解析

### 一、综合问答题

1. 通过收集各种类型消化系统肿瘤的治疗方案，说出消化系统肿瘤的常用药物。

2. 结合实际，消化系统肿瘤治疗的手段有哪些？

### 二、案例分析题

患者，女，60岁。既往无药物及食物过敏史。因上腹痛、餐后加重、纳差、厌食、乏力及体重减轻就诊。入院检查为胃癌。予"顺铂+紫杉醇"静脉滴注化疗。使用紫杉醇前12小时和4小时分别口服地塞米松片，给药前肌内注射异丙嗪，静脉推注地塞米松注射液，口服西咪替丁预防过敏处理。患者输注紫杉醇后半小时即出现满脸涨红、胸闷、气喘、心悸，伴出汗，测得血压77/48mmHg，心率96次/分，考虑紫杉醇致过敏性休克。

请思考分析：

1. 患者过敏的原因是什么？如何对该患者进行抢救？
2. 试协助医生给患者优化治疗方案。
3. 如何在上述药学服务中体现职业素养和专业精神？

（靳　卓）

书网融合……

| 重点回顾 | 微课1 | 微课2 | 微课3 | 习题 |

## 任务二　呼吸系统肿瘤的药物治疗

PPT

### 学习目标

**知识目标：**

1. **掌握**　肺癌的药物治疗原则、药物种类和代表药物、临床治疗方案。
2. **熟悉**　肺癌的症状、治疗药物的用法用量和相关药学服务知识。
3. **了解**　肺癌的病因和诊断。

**技能目标：**

1. 能够结合临床指南正确选用治疗肺癌的药物，开展咨询、指导用药，协助拟定药物治疗方案等药学服务。
2. 学会判断肺癌治疗药物的常见不良反应并提供处理方案，主动提供健康教育。

**素质目标：**

培养尊重、关爱肺癌患者及家属，积极、细致、认真的服务意识和职业精神。

### 导学情景

**情景描述**：患者，女，65岁。体检发现左上肺占位。术前检查未见远道转移，术后病理提示左上叶小细胞肺癌，肿瘤2cm×2cm，侵犯脏层胸膜，肺门淋巴结见癌转移。

**情景分析**：根据患者情况，诊断为左上叶小细胞肺癌。

**讨论**：结合案例，协助拟定治疗方案，并说出药学服务要点。

**学前导语**：化疗是小细胞肺癌最重要的治疗手段。本任务将介绍肺癌化疗的主要知识技能，为今后开展药学服务打好基础。

呼吸系统肿瘤包括鼻咽癌、喉癌、肺癌等，其中，肺癌最为常见。原发性支气管肺癌，简称肺癌，为起源于支气管黏膜或腺体的恶性肿瘤，居恶性肿瘤首位，且居癌症死因第一位，是我国死亡率上升速度最快、增长幅度最大的恶性肿瘤。肺癌按解剖学部位分类，分为中央型肺癌、周围型肺癌；按组织学分类，分为小细胞肺癌和非小细胞肺癌，其中，非小细胞肺癌包括鳞癌、腺癌和大细胞癌等。

## 一、疾病概述

### （一）病因与发病机制

肺癌病因和发病机制迄今尚未明确。一般认为肺癌的发病与下列因素有关：吸烟、职业致癌因子（石棉、无机砷化合物、二氯甲醚、铬、镍、芥子气、氯乙烯、煤烟、焦油和石油中的多环芳烃、烟草的加热产物等）、空气污染、电离辐射、营养与饮食（维生素 A、β–胡萝卜素缺乏）等。此外，还有病毒感染、真菌毒素（黄曲霉菌）、结核的瘢痕、机体免疫功能低下、内分泌失调以及家族遗传等因素。

### （二）临床表现与诊断

**1. 原发性肿瘤引起的症状**　包括咳嗽、咯血（多见痰中带血丝）、喘鸣、胸闷、气急、体重下降、发热等。

**2. 肿瘤局部压迫引起的症状**　包括胸痛、呼吸困难、胸闷、声嘶、上腔静脉阻塞、Horner 综合征、膈肌麻痹、食管受压和心包腔积液等。

**3. 肺癌远处转移引起的症状**　包括锁骨上、颈部等淋巴肿大；中枢神经系统症状，如偏瘫、癫痫发作，往往是颅内转移的表现；因脊髓束受压迫导致背痛、下肢无力、膀胱或胃肠道功能失调。

**4. 肺癌作用于其他系统引起的肺外表现**

（1）肥大性肺性骨关节病，多侵犯上、下肢长骨远端，发生杵状指（趾）和肥大性骨关节病。

（2）分泌促性腺激素引起男性乳房发育，常伴有肥大骨关节病。

（3）分泌促肾上腺皮质激素可引起库欣综合征，表现为肌力减弱、水肿、高血压、血糖增高等。

（4）分泌抗利尿激素引起稀释性低钠血症，表现为恶心、呕吐、乏力、嗜睡、定向障碍等水中毒症状，称抗利尿激素分泌不当综合征。

（5）出现神经肌肉综合征，包括小脑皮质变性、脊髓小脑变性、周围神经病变、重症肌无力和肌病等。

（6）出现高钙血症，肺癌可因转移而致骨骼破坏，或由异生性甲状旁腺样激素引起。

## 二、治疗目标与原则

### （一）治疗目标

根治或最大限度地控制肿瘤、延长患者的生存期、改善生活质量。

### （二）治疗原则

**1. 小细胞肺癌**　是肺癌中恶性程度最高的一种，约占原发性肺癌的1/5。化疗是小细胞肺癌最重要的治疗手段，仅有少数早期患者首选手术治疗。在局限期的大部分患者宜做化疗和放射治疗，效果良好的可选择性地进行手术治疗，然后继续化疗等内科治疗。对广泛期的患者宜首选化疗，对反应良好的患者可选择性地加以放射治疗。

**2. 非小细胞肺癌**　Ⅰ～Ⅲa 采用以手术为主的综合治疗，Ⅲb 采用以放疗为主的综合治疗，Ⅳ 则以药物治疗为主。

## 三、常用治疗药物

治疗肺癌的药物近年来发展迅速，种类繁多，包括化疗和分子靶向治疗，化疗分为姑息化疗、辅助化疗和新辅助化疗。

### （一）非小细胞肺癌的化疗

对于非小细胞肺癌的不同阶段，用药不同。

**1. 晚期非小细胞肺癌患者的药物治疗**　见表 10 - 4 和表 10 - 5。

表 10 - 4　非小细胞肺癌常用的化疗方案

| 化疗方案 | 剂量 | 用药时间 | 时间及周期 |
| --- | --- | --- | --- |
| NP 方案 | | | 21 天为一个周期，4 ~ 6 个周期 |
| 　长春瑞滨 | $25mg/m^2$ | 第 1、8 天 | |
| 　顺铂 | $75 \sim 80mg/m^2$ | 第 1 天 | |
| TP 方案 | | | 21 天为一个周期，4 ~ 6 个周期 |
| 　紫杉醇 | $135 \sim 175mg/m^2$ | 第 1 天 | |
| 　顺铂或卡铂 | | | |
| 　　顺铂 | $75mg/m^2$ | 第 1 天 | |
| 　　卡铂 | AUC = 5 ~ 6 | 第 1 天 | |
| GP 方案 | | | 21 天为一个周期，4 ~ 6 个周期 |
| 　吉西他滨 | $1000 \sim 1250mg/m^2$ | 第 1、8 天 | |
| 　顺铂或卡铂 | | | |
| 　　顺铂 | $75mg/m^2$ | 第 1 天 | |
| 　　卡铂 | AUC = 5 ~ 6 | 第 1 天 | |
| DP 方案 | | | 21 天为一个周期，4 ~ 6 个周期 |
| 　多西他赛 | $75mg/m^2$ | 第 1 天 | |
| 　顺铂或卡铂 | | | |
| 　　顺铂 | $75mg/m^2$ | 第 1 天 | |
| 　　卡铂 | AUC = 5 ~ 6 | 第 1 天 | |
| AP 方案 | | | 21 天为一个周期，4 ~ 6 个周期 |
| 　培美曲塞（非鳞癌） | $500mg/m^2$ | 第 1 天 | |
| 　顺铂或卡铂 | | | |
| 　　顺铂 | $75mg/m^2$ | 第 1 天 | |
| 　　卡铂 | AUC = 5 ~ 6 | 第 1 天 | |

表 10 - 5　非小细胞肺癌常用的抗血管新生药物和靶向治疗药物

| 药物 | 剂量（mg） | 用药时间 |
| --- | --- | --- |
| 抗血管新生药物 | | |
| 　血管内皮抑素 | 15 | 第 1 ~ 14 天，21 天为一个周期 |
| 靶向治疗药物 | | |
| 　吉非替尼 | 250 | 每天 1 次 |
| 　厄洛替尼 | 150 | 每天 1 次 |
| 　埃克替尼 | 125 | 每天 3 次 |
| 　克唑替尼 | 250 | 每天 2 次 |

**2. 不能手术切除的局部晚期非小细胞肺癌患者的药物治疗**　推荐放疗和化疗联合，根据具体情况可选择同步或序贯化放疗。

**3. 术后辅助治疗**　完全切除的Ⅱ～Ⅲ期非小细胞肺癌患者，推荐含铂两药方案术后辅助化疗4个周期。具有高危险因素的Ⅰb期患者可以考虑选择性地进行辅助化疗。高危因素包括分化差、神经内分泌癌（除外分化好的神经内分泌癌）、脉管受侵、楔形切除、肿瘤直径 >4cm、脏层胸膜受累和淋巴结清扫不充分等。辅助化疗一般在术后3～4周开始，患者术后的体力状况需基本恢复正常。

**4. 新辅助化疗**　对可切除的Ⅲ期非小细胞肺癌患者，可选择2个周期的含铂两药方案行术前短程新辅助化疗。手术一般在化疗结束后的2～4周进行。

### （二）小细胞肺癌的化疗

主要治疗药物比较多，应合理选择方案（表10-6）。

表 10-6　小细胞肺癌常用的化疗方案

| 化疗方案 | 剂量 | 用药时间 | 时间及周期 |
|---|---|---|---|
| EP 方案 | | | 21 天为一个周期，4～6 个周期 |
| 　依托泊苷 | $100mg/m^2$ | 第 1～3 天 | |
| 　顺铂 | $75～80mg/m^2$ | 第 1 天 | |
| EC 方案 | | | 21 天为一个周期，4～6 个周期 |
| 　依托泊苷 | $100mg/m^2$ | 第 1～3 天 | |
| 　卡铂 | AUC = 5～6 | 第 1 天 | |
| IP 方案 | | | 21 天为一个周期，4～6 个周期 |
| 　伊立替康 | $60mg/m^2$ | 第 1、8、15 天 | |
| 　顺铂 | $60mg/m^2$ | 第 1 天 | |
| IP 方案 | | | 21 天为一个周期，4～6 个周期 |
| 　伊立替康 | $65mg/m^2$ | 第 1、8 天 | |
| 　顺铂 | $30mg/m^2$ | 第 1、8 天 | |
| IC 方案 | | | 21 天为一个周期，4～6 个周期 |
| 　伊立替康 | $50mg/m^2$ | 第 1、8、15 天 | |
| 　卡铂 | AUC = 5 | | |

### 🫶 药爱生命

中华文明博大精深，抗癌不仅是西医加中医，而是要把中华文明的精髓和现代科学技术结合起来。中华文明的精髓除了中医之外，还包括老子的辩证思维、孔子的儒家思想、孙子兵法的取胜之道，比如"以正合，以奇胜"，还有"不战而屈人之兵""善战者因其势而利导之"，这些道理都能应用在"抗癌之路"上。

如设计细胞周期非特异性药物和细胞周期特异性药物的序贯疗法，可以驱动更多 $G_0$ 细胞进入增殖周期，以增强杀灭肿瘤细胞作用。针对增长缓慢的实体瘤，先用细胞周期非特异性药物，再用细胞周期特异性药物；相反，对于增长快速的肿瘤，如急性白血病等，则先用细胞周期特异性药物，再用细胞周期非特异性药物。以上方案应用了"水因地而制流，兵因敌而制胜。故兵无常势，水无常形，能因敌变化而取胜者，谓之神。"的道理。

大剂量一次用药所杀灭的肿瘤细胞数远远超过将该剂量分为数次小剂量用药所能杀灭的肿瘤细胞数之和，并且大剂量一次比小剂量数次用药更有利于造血系统和胃肠道等正常组织的修复，并且可以减少耐药性产生，间歇期可诱导 $G_0$ 期细胞进入增殖期，减少肿瘤复发机会。因此，化疗一般采用大剂量间歇疗法。此化疗原则就用到了"兵贵胜，不贵久"，即速战速决，不宜旷日持久。 🔲 微课

## 四、药学服务

开展肺癌的药学服务主要包括：①向医师介绍抗血管新生药、靶向治疗药物等新药的特点，提供各类药物的剂量、疗程、不良反应、相互作用的信息咨询服务；②向护士提供细胞毒类化疗药使用注意事项、新型抗肿瘤药物特征性不良反应等；③向患者介绍化疗药物发生不良反应时的症状、应对措施，提高其依从性；④向患者、家属及社会公众介绍如何预防肺癌的发生。

### （一）用药注意事项

铂类化疗药、抗代谢化疗药、蒽环类化疗药、抑制蛋白质合成与功能的药物、拓扑异构酶抑制剂、单克隆抗体详见本章任务一。

**1. 抗血管新生药物** 代表药物为血管内皮抑素，不良反应表现为用药后少数患者出现轻度的疲乏、胸闷、心悸、腹泻、发热、皮疹、疲劳等，一般不严重。

**2. 酪氨酸激酶抑制剂** 代表药物有吉非替尼、厄洛替尼、埃克替尼、克唑替尼等。常见不良反应主要为皮疹、腹泻、皮肤色泽加深、肝脏转氨酶或胆红素升高等，如果发生中度或重度腹泻，应给予洛哌丁胺治疗。间质性肺炎、Q－T 间期延长等不良反应的发生率低，但属于严重不良反应，一旦发生可能危及生命，在治疗过程中，一旦出现新的急性发作或进行性的不能解释的肺部症状，如呼吸困难、咳嗽和发热时，要暂时停止酪氨酸激酶抑制剂治疗，一旦确诊为间质性肺炎，则应停止治疗，必要时给予适当的对症治疗。

✖ **练一练10-2-1**

酪氨酸激酶抑制剂吉非替尼的特征性不良反应是

A. 痤疮样皮疹      B. 血压升高      C. 骨髓抑制

D. 心肌损伤      E. 麻痹性肠梗阻

答案解析

👁 **看一看10-2-1**

### 化疗所致恶心呕吐的药物预防

化疗所致恶心呕吐（CINV）的药物预防如下。①重度呕吐：推荐化疗前用三药方案，包括单剂量 5－$HT_3$ 受体拮抗药（如昂丹司琼）、地塞米松和 NK－1 受体拮抗药（阿瑞匹坦）。②中度呕吐：推荐第 1 日采用 5－$HT_3$ 受体拮抗药联合地塞米松，第 2 和第 3 日继续使用地塞米松。③轻度呕吐：建议用单一药物，如地塞米松、5－$HT_3$ 受体拮抗药或多巴胺受体拮抗药（如甲氧氯普胺）。对于无恶心和呕吐史的患者，不必在化疗前常规给予止吐药物。

### （二）药物相互作用

多数酪氨酸激酶抑制剂通过肝药酶 CYP3A4 代谢，与 CYP3A4 抑制剂（胺碘酮、氟康唑、酮康唑、伊曲康唑、西咪替丁、环丙沙星、克拉霉素、多西环素、依诺沙星、红霉素等）联合应用，可使厄洛替尼、吉非替尼等的浓度增高；与 CYP3A4 诱导剂（利福平、卡马西平、糖皮质激素、奈韦拉平、奥卡西平、苯妥英钠、苯巴比妥、扑米酮、吡格列酮）联合应用，可使血药浓度减小。

**练一练10-2-2**

酪氨酸激酶抑制剂吉非替尼与（　）合用，会导致不良反应加重

A. 西咪替丁      B. 利福平      C. 卡马西平

D. 苯妥英钠      E. 糖皮质激素

答案解析

### （三）健康宣教

肺癌的预后取决于早发现、早诊断、早治疗，由于早期诊断不足，肺癌预后差，约86%的患者在确诊后5年内死亡，约只有15%的患者在确诊时病变局限，五年生存率可达50%，应定期做体检。避免接触与肺癌发病有关的因素，如吸烟和大气污染，加强职业接触中的劳动保护，可减少肺癌发病危险。由于目前尚无有效的肺癌化学预防措施，不吸烟和及早戒烟可能是预防肺癌较为有效的方法。另外，还应注意室内装修污染对健康的影响。

**想一想10-2-1**

1. 日常工作和生活中，哪些因素是诱发肺癌的高危因素？

2. 请利用网络或通过查阅文献，思考：酪氨酸激酶抑制剂类抗肿瘤药能不能和葡萄柚合用？

答案解析

## 目标检测

答案解析

### 一、综合问答题

1. 通过收集肺癌的治疗方案，说出肺癌常用的药物。

2. 结合实际，影响肺癌治疗效果的因素有哪些？

### 二、案例分析题

患者，女，55岁。2个月前出现咳嗽，间断性痰中带血，颜色鲜红。近2个月自觉咳嗽、痰中带血症状加重，于当地医院行胸部CT检查提示左肺上叶占位，纤维支气管镜检查示左主支气管开口见肿物突入管腔，病理示非小细胞肺癌。

请思考分析：

1. 如果进行药物化疗，可选的化疗方案有哪些？

2. 应提示患者在生活中注意什么？

3. 如何在上述药学服务中体现职业素养和专业精神？

（靳　卓）

**书网融合……**

📋重点回顾      🅔微课      📝习题

## 任务三 血液系统及其他常见肿瘤的药物治疗 ⓔ 微课1

PPT

**学习目标**

知识目标：

**1. 掌握** 白血病的药物治疗原则、药物种类和代表药物、临床治疗方案。

**2. 熟悉** 白血病的症状、治疗药物的用法用量和相关药学服务知识。

**3. 了解** 白血病的病因和诊断及其他常见肿瘤的药物治疗。

技能目标：

1. 能够结合临床指南正确选用治疗白血病的药物，开展咨询、指导用药，协助拟定药物治疗方案等药学服务。

2. 学会判断白血病治疗药物的常见不良反应并提供处理方案，主动提供健康教育。

素质目标：

培养尊重、关爱白血病患者及家属，积极、细致、认真的服务意识和职业精神。

### 📖 导学情景

**情景描述**：患者，男，30 岁。半年前结婚，住进了新房。近 2 个月感觉乏力、疲劳，并不时伴有发热和全身疼痛。1 周前因高热不退入院治疗。入院体检：骨髓增生象，原始淋巴细胞和幼淋巴细胞总和为 76%。

**情景分析**：结合患者症状，诊断为急性淋巴细胞白血病。

**讨论**：结合案例，协助拟定治疗方案，并说出药学服务要点。

**学前导语**：白血病的主要治疗措施为化学治疗、放射治疗、骨髓移植和支持疗法等多种方法。其中，化学治疗是重要的手段，目的是减少并最终彻底杀灭体内异常增殖的白血病细胞，以恢复骨髓造血功能，达到病情完全缓解并延长患者生存期的目的。本任务将介绍白血病用药的主要知识技能，为今后开展药学服务打好基础。

血液系统常见肿瘤有白血病、淋巴瘤等，本文重点论述白血病。白血病（leukemia）是一类造血干祖细胞的恶性克隆性疾病。白血病细胞自我更新增强、增殖失控、分化障碍、停滞在细胞发育的某一阶段，而且凋亡受抑，导致在骨髓和其他造血组织中白血病细胞大量异常增生，大量积聚的白血病细胞抑制骨髓的正常造血功能，导致贫血、出血及感染，并浸润全身组织和器官，引起肝、脾、淋巴结肿大，皮肤、骨骼和中枢神经系统也发生相应改变。根据白血病细胞的分化成熟程度和自然病程，将白血病分为急性（acute leukemia，AL）和慢性（chronic leukemia，CL）两大类。

### 👁 看一看10-3-1

**白血病分型**

**1. 急性白血病（AL）** 分为急性淋巴细胞白血病（ALL）和急性髓系白血病（AML）。ALL 分为 3 个亚型，即 $L_1$ 型、$L_2$ 型和 $L_3$ 型。$L_1$ 型，原始和幼淋巴细胞以小细胞为主；$L_2$ 型，原始和幼淋巴细胞以大细胞为主；$L_3$ 型，原始和幼淋巴细胞以大细胞为主，大小较均一，细胞内有明显空泡，胞质嗜碱性，染色深。AML 分为 8 个亚型，即 $M_0 \sim M_7$。$M_0$，早期原始髓细胞白血病；$M_1$，粒细胞白血病（未分化型）；$M_2$，粒细胞白血病（部分分化型）；$M_3$，颗粒增多的早幼粒细胞白血病；$M_4$，粒 – 单核细胞白血病；$M_5$，单核细胞白血病；$M_6$，红白血病；$M_7$，巨核细胞白血病。

**2. 慢性白血病（CL）** 分为慢性淋巴细胞白血病（CLL）、慢性髓系白血病（CML）及少见类型的白血病，如毛细胞白血病、幼淋巴细胞白血病等。

---

# 一、疾病概述

## （一）病因与发病机制

人类白血病的病因尚不完全清楚，与以下因素有关。

**1. 生物因素** 主要是病毒感染和免疫功能异常。成人 T 细胞白血病/淋巴瘤可由人类 T 淋巴细胞病毒 I 型导致。病毒感染机体后，作为内源性病毒整合并潜伏在宿主细胞内，一旦有某些理化因素作用即被激活表达而诱发白血病；或作为外源性病毒，由外界以横向方式传播感染，直接致病。部分免疫功能异常者，如某些自身免疫性疾病患者的白血病发生危险度会增加。

**2. 物理因素** 包括 X 射线、γ 射线等电离辐射。早在 1911 年就首次报道了放射工作者发生白血病的病例。据统计，日本广岛及长崎原子弹袭击幸存者的白血病发病率分别比未受照射的人群高 30 倍和 17 倍，患者多为 AL 和 CML。研究表明，大面积和大剂量照射可使骨髓抑制和机体免疫力下降，DNA 突变、断裂和重组，导致白血病的发生。

**3. 化学因素** 多年接触苯以及含有苯的有机溶剂与白血病发生有关。乙双吗啉是乙亚胺的衍生物，具有极强的致染色体畸变和致白血病作用。抗肿瘤药物中，烷化剂和拓扑异构酶 II 抑制剂有致白血病作用。化学物质所致的白血病以 AML 为多。 微课 2

**4. 遗传因素** 唐氏综合征、先天性再生障碍性贫血、Bloom 综合征、共济失调 – 毛细血管扩张症及先天性免疫球蛋白缺乏症等患者的白血病发病率均较高，表明白血病与遗传因素有关。

**5. 其他血液病** 某些血液病最终可能发展为白血病，如骨髓增生异常综合征、淋巴瘤、多发性骨髓瘤、阵发性睡眠性血红蛋白尿症等。

## （二）临床表现与诊断

**1. 急性白血病** 白细胞异常增生，弥漫性地浸润各种组织器官，是引起各种临床表现的病理基础。多数患者起病急、进展快，常以发热、贫血或出血为首发症状；部分病例起病较缓，以进行性贫血为主要表现。儿童和青年起病多急骤，往往以高热、显著的出血倾向、进行性贫血或骨、关节疼痛为首发症状；部分成年人或老年人起病缓慢，常有较长时间的乏力、面色苍白、活动后气急、体重减轻等症状，一旦症状明显，病情常进展迅速。

（1）发热 是急性白血病常见的症状之一，大多数发热为继发性感染引起，一般热度较高，常高于 39℃，伴有发冷、寒战、出汗、心动过速等症状。白血病本身有时也可引起发热，称非特异性热或肿瘤热，与白细胞破坏释放致热原和前列腺素 $E_2$ 及肿瘤坏死因子生成增加有关。

（2）出血 主要原因是血小板减少。当血小板在 $50 \times 10^9/L$ 以下时，极易出现严重出血；在 $20 \times 10^9/L$ 以下，可能有颅内出血危险，颅内出血可致头痛、呕吐、瞳孔不对称甚至昏迷而死亡。出血可发生于全身各处，但以皮肤、口腔及鼻腔黏膜最为常见，眼底出血可致视力障碍，往往是颅内出血的前兆。大量白血病细胞在血管中瘀滞及浸润、血小板减少、凝血异常以及感染是出血的主要原因。

（3）贫血 约 2/3 的 AL 患者在确诊时有中度贫血，随病情的发展而加重，表现为苍白、无力等。

贫血的原因，一方面是白血病细胞扩增，正常造血细胞被排挤，另一方面是白血病细胞生成的抑制因子会抑制正常造血。

（4）肝脾大　是较常见的体征，可见于各型白血病，但以 ALL 和 $M_5$ 最为多见，常随病情进展而进展。

（5）淋巴结肿大　多见于大多数 ALL 和部分 AML，多为轻度，常小于 3cm，质地较软，不融合，一般无触痛，局限于颈、腋下和腹股沟等处。

（6）中枢神经系统　白血病也可浸润中枢神经系统，形成中枢神经系统白血病。由于一般化疗药物很难通过血 - 脑脊液屏障，隐藏在中枢神经系统中的白血病细胞不能被有效杀灭，是构成白血病复发的原因之一，以 ALL 为多见。

（7）骨关节疼痛　是白血病的常见症状，尤以胸骨中、下段压痛常见，提示髓腔内白血病细胞过度增生，对急性白血病有诊断意义。

（8）口腔和皮肤　急性白血病，尤其是 $M_4$ 和 $M_5$，由于白血病细胞浸润，可使牙龈增生、肿胀。皮肤可出现蓝灰色斑丘疹，局部皮肤隆起变硬，呈蓝紫色结节。

**2. 慢性白血病**　一般起病缓慢，早期多无明显症状，除疲乏、低热等常见症状外，还可见下列症状。

（1）淋巴结肿大　以颈部淋巴结肿大最常见，其次是腋窝、腹股沟淋巴结肿大，一般呈中等硬度，表面光滑，无压痛，表皮无红肿，无粘连。

（2）肝脾大　脾大是慢性白血病最突出的特征，脾大的变化程度增减常与白血病细胞数有关；肝大一般较轻。

（3）皮肤损害　皮肤增厚、结节，可引起全身性红皮病等。

👁 **看一看10-3-2**

**白血病阶段性治疗**

白血病治疗可分为两个阶段，即诱导缓解和缓解后治疗（巩固强化和维持治疗）。

**1. 诱导缓解**　此阶段选择几种作用机制不同的药物联合应用，以期达到完全缓解。需杀灭 2～3 个数量级的白血病细胞使骨髓中的白血病细胞减少至 5% 以下，造血功能恢复。但此时患者体内仍残存 $10^9$～$10^{10}$ 个白血病细胞，疾病并未痊愈。

**2. 缓解后治疗**　一般于第 1 次取得完全缓解之后 2 周开始，包括间歇应用原诱导缓解方案或采用更为强化的方案以杀灭残余的白血病细胞，防止病情复发。

## 二、治疗目标与原则

### （一）治疗目标

提高白血病患者的完全缓解率，延长生存期以及提高存活率。

### （二）治疗原则

白血病的主要治疗措施包括化学治疗、放射治疗、骨髓移植和支持疗法等。

**1. 化学治疗**　目的在于消灭尽可能多的白血病细胞群或控制其大量繁殖，以解除因白血病细胞浸润而引起的各种临床症状，并为正常造血功能恢复提供有利条件。化疗方案及剂量必须个体化，既要大量杀灭白血病细胞，又要尽可能保护正常细胞群。化疗药物一般副作用大，所以化疗过程要严密观察病情，紧密随访血常规及肝、肾功能，随时调整剂量。

**2. 放射治疗**　是用 X 射线、γ 射线等放射线照射肿瘤部位，能最大量地杀死或破坏癌细胞，抑制它们的生长、繁殖和扩散。放射治疗只会影响肿瘤及其周围部位，不会影响全身。

**3. 骨髓移植**　是将正常骨髓由静脉输入患者体内，以取代病变骨髓的治疗方法。用此疗法可以提高疗效，改善预后，延长生存期乃至根治。

**4. 支持疗法**　包括防治感染、促进免疫功能和造血功能恢复、防止化疗并发症、控制出血、成分输血支持、防治高尿酸血症肾病、维持营养、积极心理治疗。

## 三、常用治疗药物

治疗白血病的药物近年来发展迅速，种类繁多，除了传统的化疗药外，还包括诱导细胞分化和凋亡类药、糖皮质激素、细胞因子、酪氨酸激酶抑制剂等。

### （一）常用药物

根据作用机制的不同，白血病常用的化疗药物包括干扰核酸生物合成的药物、影响 DNA 结构和功能的药物、影响蛋白质合成的药物、酪氨酸激酶抑制剂、诱导细胞分化和凋亡的药物、糖皮质激素以及细胞因子等。本部分主要介绍以下几种，其他参考本项目其他任务。

**1. 烷化剂**　包括氮芥、环磷酰胺、塞替派、白消安、替莫唑胺等。烷化剂所含烃基能与细胞的 DNA、RNA 或蛋白质中的亲核基团起烷化作用，常可形成交叉联结或引起脱嘌呤，使 DNA 链断裂，在下一次复制时，可使碱基配对错码，造成 DNA 结构和功能的损害，严重时可致细胞死亡。

**2. 诱导细胞分化和凋亡的药物**　包括维 A 酸和三氧化二砷，用于治疗急性早幼粒细胞白血病。

💜 **药爱生命**

三氧化二砷（亚砷酸，俗称砒霜）属传统中药的一种，据《本草纲目》记载，砒霜有剧毒。1972 年，哈尔滨医科大学率先从中医验方（砒霜、轻粉、蟾酥）发现，砒霜的主要成分——三氧化二砷对急性早幼粒细胞白血病具有疗效。20 世纪 90 年代，与上海血液病学研究所等单位进一步开展研究，研究人员确认三氧化二砷是治疗白血病的有效成分，最后发展成为全球治疗急性早幼粒细胞白血病的标准药物之一。现在，三氧化二砷在白血病的临床治疗中已经普遍运用，尤其是对急性早幼粒细胞白血病（$M_3$ 型白血病）患者效果最好。

传统化疗药的作用机制是利用自身的毒性杀伤细胞，而三氧化二砷的作用原理是诱导细胞凋亡。传统化疗药是借助外力杀死癌细胞，但三氧化二砷是诱导癌细胞加速自己的死亡。

目前，三氧化二砷不单治疗白血病，研究人员在其用于淋巴瘤、骨髓瘤、胃癌、肝癌、肺癌、神经母细胞瘤、乳腺癌、宫颈癌等恶性肿瘤的治疗研究方面也取得了一些成果。三氧化二砷的应用丰富了白血病等一些癌症的治疗手段，提供了中国方案。📱 微课 3

**3. 糖皮质激素**　可以刺激骨髓造血功能，使红细胞数量和血红蛋白含量增加，大剂量可使血小板增多并提高纤维蛋白原浓度，缩短凝血时间，此外还可使血液中嗜酸性粒细胞及淋巴细胞减少。用于治疗急性白血病和恶性淋巴瘤。

**4. 细胞因子**　是一类由细胞释放的蛋白质，并能与其他细胞上的受体结合，触发一系列反应，可用于保护骨髓和肠道，使其免于放疗和化疗的毒性，如白介素（IL）、肿瘤坏死因子（TNF）、干扰素（IFN）等。

**练一练10-3-1**

维 A 酸属于（　　）类白血病治疗药物

A. 诱导细胞分化和凋亡

B. 调节体内激素平衡

C. 细胞因子

D. 影响蛋白质合成

E. 酪氨酸激酶抑制剂

答案解析

### （二）化疗方案

**1. 急性淋巴细胞白血病**

（1）诱导缓解治疗　标准方案是 VP 方案（长春新碱、泼尼松），85% ~ 90% 的儿童可在 4 ~ 6 周内完全缓解，成人的完全缓解率达 50% 以上。但多在半年内复发，需在 VP 方案的基础上应用多药联合及大剂量化疗药进行诱导缓解治疗，如 VLP 方案（长春新碱、L – 门冬酰胺酶、泼尼松）或 VDP 方案（长春新碱、柔红霉素、泼尼松）或 VDLP 方案（长春新碱、柔红霉素、L – 门冬酰胺酶、泼尼松）。其中，VDLP 方案是目前 ALL 常采用的诱导方案。

（2）巩固强化治疗　诱导方案巩固后，进行多药、联合、交替、序贯治疗。巩固强化治疗一般分为 6 个疗程，第 1、4 个疗程用原诱导方案；第 2、5 个疗程用 VP – 16 + Ara – C 方案（依托泊苷、阿糖胞苷）；第 3、6 个疗程用大剂量甲氨蝶呤 1 ~ 1.5g/m²，第 1 日静脉滴注维持 24 小时，停药后 12 小时内使用亚叶酸钙肌内注射，每 6 小时 1 次，共 8 次。

（3）维持治疗　对于 ALL（除成熟 B – ALL 外），即使经过强烈诱导和巩固治疗，仍必须给予维持治疗，口服巯嘌呤和甲氨蝶呤的同时间断给予 VP 方案化疗是普遍采用的有效维持治疗方案，一般应维持治疗 3 年左右。

**2. 急性髓系白血病**

（1）诱导缓解治疗　DA 方案（柔红霉素、阿糖胞苷）是目前公认的标准诱导缓解方案，疗效较为肯定。其他治疗方案还有 IDA（去甲氧柔红霉素、阿糖胞苷）、DAT 方案（柔红霉素、阿糖胞苷、硫鸟嘌呤）、DAE 方案（柔红霉素、阿糖胞苷、依托泊苷）、HA 方案（三尖杉酯碱、阿糖胞苷）、Mit + VP – 16 方案（米托蒽醌、依托泊苷）、ATRA 方案（维 A 酸）。

（2）巩固强化治疗　①原诱导方案继续进行 4 ~ 6 个疗程；②单独使用中等剂量的阿糖胞苷，也可合用柔红霉素、安吖啶、米托蒽醌等；③用与原诱导方案无交叉耐药的新方案（如依托泊苷、米托蒽醌），每 1 ~ 2 个月化疗 1 次，共 1 ~ 2 年，巩固治疗后不再进行维持治疗。

（3）诱导分化治疗　急性早幼粒细胞白血病（M₃）出血十分常见，发生率可达 72% ~ 94%，常伴有 DIC，在诱导缓解治疗中，患者可因 DIC 导致出血而死亡，死亡率可高达 30% ~ 40%。维 A 酸可将早幼粒细胞分化成熟为中、晚幼和成熟粒细胞。除维 A 酸外，其他药物有阿糖胞苷、高三尖杉酯碱、三氧化二砷等。

**3. 慢性粒细胞白血病**　药物治疗慢性粒细胞白血病，大多数可达完全缓解。一般单药治疗，因为联合化疗抑制骨髓的发生率较高，易引起感染和出血，仅适合于中、高危病例。药物有甲磺酸伊马替尼、干扰素 α、羟基脲、白消安、阿糖胞苷等。

**4. 慢性淋巴细胞白血病**　这是一种进展缓慢的 B 淋巴细胞增殖性肿瘤，是以外周血、骨髓、脾脏和淋巴结组织中出现大量克隆性 B 淋巴细胞为特征。该病早期一般不需化疗，中、后期临床表现较为明显，一般采取的药物主要包括以下几类。

（1）苯丁酸氮芥　可以口服，每日 4 ~ 8mg/m²，每日 1 次或分 3 ~ 4 次口服，连用 3 ~ 6 周。

（2）环磷酰胺　可以单用，也可以联合用于该病。可以每日给药或间断性给药，间隔 2~5 天给药 1 次。对于大剂量的间断性治疗和大剂量冲击治疗，间隔 21~28 天。

（3）氟达拉滨　只能用于静脉给药，用于接受过标准的含烷化剂方案治疗，在治疗期间或治疗后病情没有改善或持续进展的情况。每 28 天静脉给药连续 5 天。

（4）联合化疗　方案有 COP（环磷酰胺、长春新碱、泼尼松）、CHOP（环磷酰胺、多柔比星、长春新碱、泼尼松）、FC（氟达拉滨、环磷酰胺）等。

（5）靶向药物治疗　单克隆抗体常与化疗联合应用。抗 CD20 单克隆抗体（如利妥昔单抗）是目前应用最广泛的单克隆抗体，CD20 是 B 淋巴细胞的标志，单抗通过识别细胞表面标志与其结合，达到杀灭肿瘤细胞的目的。另外，还有新型的 CD52 单克隆抗体。

### 💜 药爱生命

　　白血病在中医学中可归属于"髓毒"范畴，多由"毒"致病，病位在骨髓。中医学认为，本病由毒邪内犯骨髓，髓府精血亏虚所致，虚实夹杂。依照中医病因归类模式，一般分为内因、外因两类。白血病发病内因主为禀赋不足（虚损）、痰湿瘀血、脏腑失调、情志所伤等，外因主要为风、寒、暑、湿、燥、火、疫病之气、物理射线、药物或化学毒物等。内因加外因，继而引起骨髓损伤，导致病证。我国医学蕴含深厚的辨证施治思路与良方，采用中西医综合治疗，其中，化疗及靶向药物以攻邪为主，中医药则扶正、攻补兼施、提升机体抗病能力，进而达到治疗白血病的目的。诸多研究表明，中西医结合治疗白血病能够明显提高临床疗效、降低化疗不良反应、改善预后、延长患者生存期、提升患者的生活质量，为白血病的治疗提供了中国方案。

## 四、药学服务

　　开展白血病的药学服务主要包括：①向医师介绍酪氨酸激酶抑制剂、单克隆抗体等新药的特点，提供各类药物的剂量、疗程、不良反应、相互作用的信息咨询服务；②向护士介绍三氧化二砷使用注意事项、特征性不良反应等；③向患者介绍口服化疗药治疗特点和使用方法，特征性不良反应及相应的应对措施，提高其依从性；④向患者、家属及社会公众介绍如何预防白血病及早期白血病的症状。

### （一）用药注意事项

**1. 环磷酰胺**　使用异环磷酰胺及大剂量环磷酰胺时会出现出血性膀胱炎，这是代谢物丙烯醛所导致的，表现为膀胱刺激症状、少尿、血尿及蛋白尿，治疗期间应鼓励患者多饮水，保证患者每日有足够的排尿量，定期监测肾功能（尿素氮、肌酐清除率）及血清尿酸水平。大剂量应用时应水化、利尿，同时给予尿路保护剂美司钠。

**2. 维 A 酸**　与传统化疗药相比，无骨髓抑制，几乎不触发弥散性血管内凝血（DIC），很少因 DIC 死亡，且复发率低，较为安全。不良反应主要有皮肤黏膜干燥、头痛、恶心、食欲缺乏、骨关节疼痛及肝功能改变，经对症处理或适当减少用量可缓解，一般不影响治疗。少数患者可由于白细胞增高而发生白细胞淤滞，可在维 A 酸治疗中加用标准 DA 方案化疗或加用羟基脲。维 A 酸比较严重的不良反应是维 A 酸综合征（维甲酸综合征），主要表现为发热、头疼、呼吸困难、体重增加、胸腔积液、下肢水肿等，也可出现肾功能不全、低血压等表现。可用地塞米松静脉滴注进行缓解。

**3. 三氧化二砷**　毒性反应较大，应高度重视，主要包括以下内容。

（1）白细胞过多综合征　部分患者出现以异常中幼粒细胞为主的外周白细胞增多，出现类似于维 A 酸综合征的相关症状。同时，白细胞过多初期会出现脑、肺等器官的血栓倾向，后期可出现纤溶亢进，导致或加重DIC。另外，也可在局部出现炎性浸润，表现为关节痛、视力下降等。

（2）体液潴留　患者出现体重增加、胸膜渗出、心包渗出及颜面部浮肿。

（3）消化系统不良反应　主要为恶心、呕吐、厌食、腹痛、腹泻等，对症处理，停药后可消失；一部分患者可出现肝脏损害，包括转氨酶升高、黄疸，停药后肝功能可恢复正常。

（4）泌尿系统不良反应　少见急性肾衰竭，停药后可恢复。

（5）神经系统损害　在用药后10～20天左右出现多发性神经炎和多发性神经根炎症状。患者四肢疼痛、麻木，感觉由过敏或异常发展到痛、温、触觉的迟钝、消失，甚至出现感觉性共济失调，同时有肢体无力、远端肌肉萎缩，可有明显的自主神经障碍。大约34%的患者在用药早期出现程度不等的一过性脑血管痉挛性头痛。

（6）心血管系统毒性　可出现心悸、胸闷、心电图变化（包括窦性心动过速、S－T段下移、T波倒置或低平、PR间期延长或完全性房室传导阻滞），但多为可逆Q－T间期延长及在此基础上的室性心律失常，已有多次报道。

**4. 糖皮质激素**　长期应用不良反应较多见，主要包括：影响糖、脂肪和蛋白质代谢；对消化系统、中枢神经系统、免疫系统的不良影响，以及引起寻常痤疮、股骨头坏死、白内障、青光眼、脂肪肝等。

✎ **练一练10-3-2**

下列不属于糖皮质激素不良反应的是

A. 水肿　　　　　B. 高钾血症　　　　　C. 变胖

D. 胃溃疡　　　　E. 多毛

答案解析

**5. 细胞因子**　干扰素的主要副作用包括乏力、发热、头痛、纳差、肌肉骨骼酸痛等、流感样症状和体重下降、肝功能异常等，还可引起轻至中度的血细胞减少。预防性使用对乙酰氨基酚等能够减轻流感样症状。

❓ **想一想10-3-1**

白血病患者在进行化疗的同时，应如何合理饮食？

答案解析

**（二）药物相互作用**

**1. 同类药物之间**　可以采用上文中的联合化疗方案进行联合用药，但应注意相同机制的药不能联合用药。另外，还要注意具有相同毒性的化疗药联合应用时，应权衡利弊，如依托泊苷有明显的骨髓功能抑制作用，与其他抗肿瘤药联合应用可能加重骨髓抑制的不良反应。

**2. 不同药物之间**　白血病患者可能并发一些其他疾病，要注意不同药物之间的相互作用。如苯巴比妥、苯妥英钠、卡马西平、利福平等肝药酶诱导剂会加速糖皮质激素的代谢，合用这些药物时应适当增加糖皮质激素的剂量；克拉霉素、酮康唑、伊曲康唑能抑制肝药酶的活性，从而升高糖皮质激素的血浆浓度，合用时应注意减少激素的用量；糖皮质激素与其他促进钾排泄的药合用会引起低钾血症等。

**（三）健康宣教**

生活中避免接触引起白血病的诱因；应了解白血病的症状，如发现有类似症状，应立即就医；定期体检；白血病患者常伴有正常粒细胞缺乏，容易感染，在生活中应注意保持居室清洁通风，保持湿度在50% ~70%，注意保暖，预防感冒，生活要规律，保证足够的休息睡眠，蔬菜水果必须洗干净，可以用开水烫，尽量进食熟而软的食物；避免碰触坚硬物品，防止划伤皮肤。

## 附：其他常见肿瘤的药物治疗

除本项目所介绍的几种恶性肿瘤外，还有一些其他的常见肿瘤，下面简述之。

## 一、淋巴瘤

淋巴瘤起源于淋巴结和淋巴组织，其发生大多与免疫应答过程中淋巴细胞增殖分化产生的某种免疫细胞恶变有关，是免疫系统的恶性肿瘤。按组织病理学改变，淋巴瘤可分为霍奇金淋巴瘤（HL）和非霍奇金淋巴瘤（NHL）两大类。在淋巴瘤的发病机制中，一般认为感染（如 EB 病毒、幽门螺杆菌）及免疫因素起重要作用，理化因素及遗传因素也有不可忽视的作用。临床表现有淋巴结肿大，淋巴结外器官受累，全身症状如发热、盗汗、瘙痒、消瘦等。淋巴瘤的药物治疗见表 10 - 7。

表 10 - 7　淋巴瘤的药物治疗

| 分类 | 药物 | 备注 |
| --- | --- | --- |
| 霍奇金淋巴瘤 | 氮芥、长春新碱、甲基苄肼、泼尼松、多柔比星、博来霉素、长春碱类、甲氮咪胺 | |
| 非霍奇金淋巴瘤 | ①化疗：苯丁酸氮芥、环磷酰胺、氟达拉滨、多柔比星、长春新碱、泼尼松、甲泼尼松、依托泊苷、顺铂、阿糖胞苷<br>②生物治疗：利妥昔单抗、干扰素、抗幽门螺杆菌药物 | 利妥昔单抗为 CD20 单抗，用于 CD20 阳性的 B 细胞淋巴瘤 |

## 二、乳腺癌

乳腺癌是女性最常见的恶性肿瘤之一。在我国，乳腺癌在大城市中的发病率居女性恶性肿瘤的第二位，在一些大城市中已经上升至第一位，在农村为第五位。乳腺癌已成为女性健康的最大威胁。乳腺癌的病因尚未完全清楚，研究发现乳腺癌的发病存在一定的规律性，初次足月产的年龄越高，乳腺癌发病的危险性就越高，哺乳总时间与乳腺癌的危险性呈负相关，有乳腺癌家族史、高脂饮食、肥胖、外源性雌激素过多摄入可增加发生乳腺癌的危险性。

早期表现是患侧乳房出现无痛、单发的小肿块，往往是患者无意中发现而就医的主要症状。肿块质硬、表面不光滑、与周围组织分界不清楚，在乳房内不易被推动。随着肿瘤的增大，可引起乳房局部隆起，若累及 Cooper 韧带，可致肿瘤表面皮肤凹陷。邻近乳头或乳晕的肿块因侵入乳管使之缩短，皮肤可呈现"橘皮样"改变。乳腺癌的药物治疗见表 10 - 8。

表 10 - 8　部分乳腺癌的治疗药物

| 分类 | 药物 | 备注 |
| --- | --- | --- |
| 化学治疗 | 多柔比星、表柔比星、紫杉醇、多西他赛、卡培他滨、吉西他滨、长春瑞滨、环磷酰胺、氟尿嘧啶、卡铂 | |
| 内分泌治疗 | 芳香化酶抑制剂（来曲唑、阿那曲唑、依西美坦）；孕激素；雌激素受体拮抗剂（托瑞米芬、他莫昔芬、氟维司群） | 雄烯二酮及睾酮经芳香化转变成雌激素，芳香化酶抑制剂抑制该过程 |
| 靶向治疗 | 曲妥珠单抗、帕妥珠单抗、伊尼妥单抗、拉帕替尼、吡咯替尼、奈拉替尼 | 用于人表皮生长因子受体 - 2（HER - 2）过度表达的乳腺癌 |

# 目标检测

答案解析

## 一、综合问答题

1. 通过收集白血病的病例，分析白血病和新房装修是否存在相关性。

2. 结合实际，影响白血病治疗效果的因素有哪些？

## 二、案例分析题

患者，男，46岁，主诉"发现白细胞增高5年半，诊断白血病7个月余"。5年前检查血常规：WBC $12.2 \times 10^9$/L，LYM $8.5 \times 10^9$/L，Hb 125g/L，PLT $74 \times 10^9$/L，未予特殊治疗。7个月余前因出现左颈部进行性增大的无痛性包块（约5cm×10cm）来院复查。血常规：WBC $116 \times 10^9$/L，LYM $93 \times 10^9$/L，Hb 131g/L，PLT $116 \times 10^9$/L；经骨髓形态学、免疫学检查及包块活检，确诊为慢性淋巴细胞白血病（CLL）。

请思考分析：

1. 如采用 CHOP（环磷酰胺、多柔比星、长春新碱、泼尼松）方案进行化疗，患者出现手指、足趾麻木，腱反射迟钝，外周神经炎等症状，是哪个药物引起的不良反应？

2. 在采用 CHOP 方案时，患者出现出血性膀胱炎，是哪个药引起的不良反应？应采取什么措施来缓解？

3. 如何在上述药学服务中体现职业素养和专业精神？

（靳　卓）

---

## 书网融合……

| 重点回顾 | 微课1 | 微课2 | 微课3 | 习题 |

# 项目十一  药学服务职业能力训练手册

## 任务一  认识药学岗位职责与工作流程

**【实训目的】**

1. 运用所学的理论知识，认识医院药学机构设置和各岗位职责。

2. 掌握医院药学岗位的工作流程和工作内容。

3. 树立药品的质量意识和以患者为中心的服务理念。

**【实训准备】**

1. 医院药学岗位工作视频。

2. 设计几个医院药学岗位（调配、临床药学、药库、制剂）工作情景、案例。

**【实训方法】**

1. 组织学生到医院观察各岗位药师的工作或观看医院各岗位药学技术人员的工作视频。

2. 通过小组讨论的形式，进行医院药学各岗位的工作内容和流程的训练。

3. 通过模拟表演，展示各自对各岗位的工作内容和流程的掌握，互相点评，教师讲评，达到反馈信息满意。

**【实训步骤】**

1. 进行岗位工作内容和工作流程训练，熟练说出各岗位的工作内容和要求，画出各岗位的工作流程。

2. 4~6人为一个小组，每个小组根据目的和要求进行合作性研讨，分析各岗位工作任务并进行工作流程训练，并制作一个教师分派的岗位工作视频。

3. 每组派代表，借助道具等，在班内或实训场所，通过抽签进行岗位工作模拟，由老师和其他各组同学评价实际效果，并根据考核表进行赋分考核。

4. 组织学生进行案例讨论，引导学生应用所学理论知识来分析问题。

**【实训考核】**

任意选取医院药学岗位工作场景，应用所学理论知识体现各岗位的工作要求和工作流程，按照以下考核表完成实训技能的考核。

| 项目 | 考核内容 | 标准分（100） | 评分标准 | 得分 |
|---|---|---|---|---|
| 职业素养（5分） | 衣帽整洁，仪表端庄 | 2 | 学生着工作服；仪容仪表、发型发式符合要求 | |
| | 报告班级、姓名、操作项目 | 1 | 向观摩者和评判者致礼，汇报清晰 | |
| | 举止得体，语言清晰 | 2 | 仪态大方，吐字清晰，声音适度 | |

续表

| 项目 | 考核内容 | | 标准分（100） | 评分标准 | 得分 |
|---|---|---|---|---|---|
| 实训实施（65分） | 服务礼仪与沟通技能（15分） | 形象仪态 | 6 | 站姿、手势、表情符合各岗位工作的基本要求（各2分） | |
| | | 服务礼仪 | 4 | 面对患者时：见面问候（2分），离开道别（2分） | |
| | | 沟通技巧 | 5 | 根据不同岗位的工作特点，考生表现出的与患者或同事间的沟通技巧（每个1分，总分不超过5分） | |
| | 专业能力（50分） | 对工作场景的判断和解释 | 9 | 判断正确（4分）；内容解释正确（5分） | |
| | | 岗位工作流程 | 15 | 画出该岗位流程图（每个步骤1分，顺序正确1分，总分不超过15分） | |
| | | 岗位职责和要求 | 10 | 说出该岗位的职责和要求（每个2分，总分不超过10分） | |
| | | 制作工作岗位视频 | 16 | 工作内容（2分）、特点（2分）、流程（10分）、职责要求（2分） | |
| 理论知识（30分） | 医院药学机构的工作内容 | | 10 | 说出一个且内容正确得2分，总分不超10分 | |
| | 医院药学机构的工作流程 | | 10 | 说出一个且步骤正确得2分，总分不超10分 | |
| | 医院药学机构设置 | | 10 | 说出一个正确机构得1分，总分不超10分 | |
| 合计 | | | | | |

备注：

1. 考核场所：参照工作场景布置的模拟药房、教室或实验室。

2. 考核方式：学生按序号或随机抽取，每次一个或两个模拟演示组进入考场，从（调配、临床药学、药库、制剂）工作情景、案例中分别抽取1例，每组准备3分钟后开考；教师在学生模拟演示活动结束后，可以临时提问。

3. 待考学生由班级学委维持秩序，在考场外准备，不得进入考场，有条件的可以现场录像，进行后期集体学习点评等，也可以依据考核要求的不同，采取同学现场直接观摩等形式。

【实训思考】

1. 分析以上案例中应用到的沟通技巧。

2. 案例讨论：患者，女，6岁，近来消化不良，腹胀、腹泻、食欲差，来医院诊治，医师开出下列处方。作为门诊药房药师，能否调配此处方？为什么？

Rp.

氧氟沙星片 0.1g×12 片

Sig. 0.1g　b. i. d.　p. o.

乳酶生片 0.3g×12 片

Sig. 0.3g　t. i. d.　p. o.　　p. c.

# 任务二　药品信息收集与分享（以制作 POP 海报为例）

【实训目的】

1. 掌握收集药品信息的方式。

2. 掌握药品 POP 海报的制作。

3. 培养学生团队协作精神，养成积极、主动、认真、细致的工作态度。

【实训准备】

引导学生复习药学信息有关内容的数字化教学资源获取知识，准备制作 POP 海报的文具用品。

## 【实训方法】

1. 结合所学知识和指导视频，了解 POP 海报制作基础知识等。

2. 通过小组讨论等，确定药品 POP 海报选题，进行合理分工并完成作品。

3. 通过作品汇报，展示各自的药品 POP 海报，互相点评，教师讲评，优化 POP 海报。

## 【实训步骤】

**1. 确定选题** 可以根据兴趣爱好选择一种国内已上市非处方药进行 POP 海报设计。

**2. 小组研讨** 以 4~10 人为一个小组，根据目的和要求进行合作性研讨，重点分析药品 POP 海报的文字表达、配色、排版布局等。

**3. 模拟演练** 每组派代表在班内或实训场所具体实施，由其他各组同学评价实际效果，教师讲评。

**4. 课后完善** 课后，小组成员根据建议、意见进一步完善作品，并提交。

## 【实训考核】

选取一种国内已上市非处方药，设计并制作一份 POP 海报，按照以下考核表完成实训技能的考核。

| 项目 | 考核内容 | 标准分(100) | 评分标准 | 得分 |
|---|---|---|---|---|
| 职业素养(5分) | 衣帽整洁，仪表端庄 | 2 | 学生着工作服；仪容仪表、发型发式符合要求 | |
| | 报告班级、姓名、操作项目 | 1 | 向观摩者和评判者致礼，汇报清晰 | |
| | 举止得体，语言清晰 | 2 | 仪态大方，吐字清晰，声音适度，普通话标准 | |
| 实训实施(80分) | 信息收集 | 10 | 有至少 3 种非处方药信息来源，有至少 2 份 POP 海报制作资料，缺 1 种（份）扣 2 分 | |
| | 整体设计 | 10 | 整体设计美观大方，内容充实。包含标题（副标题）、说明文、落款、插图等，缺 1 项扣 2 分 | |
| | | 10 | 主题思想突出，科学合理。出现不科学宣传每处扣 5 分，出现违法宣传考核按 0 分处理 | |
| | 文字 | 10 | 文字通俗易懂、简洁。有错别字每处扣 5 分，字迹潦草扣 5 分，过于啰嗦扣 5 分 | |
| | | 10 | 文字紧扣主题。与主题关联不紧密视情况扣 2、5、10 分 | |
| | | 10 | 文字有趣味性或创意。每处趣味或创意得 5 分，总分不超过 10 分 | |
| | 图画 | 10 | 画面生动活泼，有吸引力。视情况得 2、5、8、10 分 | |
| | | 10 | 颜色选择恰当。视情况得 2、5、8、10 分 | |
| 理论知识(15分) | POP 海报构成要素 | 6 | 全部回答正确得 6 分，遗漏 1 处扣 2 分，最多扣 5 分 | |
| | POP 海报设计注意事项 | 9 | 注意事项表述正确每条得 3 分，总分不超过 9 分 | |
| 合计 | | | | |

备注：

1. 考核方式：教师与学生按合适比例进行考试，每名教师每次考核人数不宜过多。

2. 考核场所：模拟药房、教室或实验室。

3. 学生按序号，每次按合适考核人数进入考场，抽取一种非处方药，每人准备 5 分钟后开考。

4. 待考学生由班级学委维持秩序，在考场外准备，不得进入考场。

## 【实训思考】

1. 如何提高 POP 海报的制作技能？

2. 除了药品 POP 海报，还有哪些药品信息宣传方式？

# 任务三 解读药品说明书

**【实训目的】**

能正确解读各种药品标识与说明书，能对说明书上的有效期、适应证、不良反应、特殊人群、剂量和疗程等进行正确解读。养成严谨求实的工作态度，为将来从事药学服务岗位奠定良好的基础。

**【实训准备】**

进入实训室，首先由教师讲解实训要求和安排，将学生按6~8人一组进行实训分组，分别模拟担任药师和患者。

说明书准备：按照心血管系统疾病治疗药物、消化系统疾病治疗药物、呼吸系统疾病治疗药物、内分泌系统疾病治疗药物、外用药、血液系统疾病治疗药物以及抗菌药物等，准备不同系统疾病药物的药品说明书各三个（可参考有关任务"导学情景"或者"目标检测"有关资料及配套的数字化教学资源）。

**【实训方法】**

1. 结合所学的药品说明书知识，解读药品包装标识及说明书。

2. 能正确介绍相关药物的不良反应及用药指导。

**【实训步骤】**

1. 学生分成6~8组，每组发放教师提前准备好的5种药品（如美托洛尔片、乳酸亚铁片、阿莫西林胶囊、醋酸地塞米松乳膏、沙丁胺醇气雾剂），学生就药品包装及说明书进行解读（学生可以通过网络平台查询资料）。

2. 每组学生代表就训练结果进行讲述（包括药品包装标识、说明书解读）。

3. 教师就学生发言进行点评，并针对学生未掌握的知识进行讲解。

4. 药品变质的鉴别。

该项工作要求学生分小组在实训药房内完成，根据药品包装和药品外观，进行药品变质的初步鉴别。并通过讨论，选派代表呈述鉴别结果及理由，完成实训报告。

**【实训考核】**

通过训练进行说明书解读，按照以下考核表完成实训技能的考核。

| 项目 | 考核内容 | | 标准分(100) | 评分标准 | 得分 |
|---|---|---|---|---|---|
| 职业素养(5分) | 衣帽整洁，仪表端庄 | | 2 | 学生着工作服；仪容仪表、发型发式符合要求 | |
| | 报告班级、姓名、操作项目 | | 1 | 向观摩者和评判者致礼，汇报清晰 | |
| | 举止得体，语言清晰 | | 2 | 仪态大方，吐字清晰，声音适度 | |
| 实训实施(70分) | 沟通能力(10分) | 与患者的沟通技巧 | 5 | 参考人际沟通知识，考生回答沟通技巧的内容 | |
| | | 与患者的沟通礼仪 | 5 | 面对患者时：见面问候（2分），离开道别（3分） | |
| | 专业能力(60分) | 药品包装标识解读 | 20 | 能正确指出药品标识（10分）能说出药品标识的意义（10分） | |
| | | 药品说明书解读 | 30 | 向患者介绍药品说明书的格式（5分）、内容（10分），单独解读说明书中的有效期（5分）；批准文号（5分）；药物的保存方式（5分）；此项内容也可以由教师进行针对性提问 | |

续表

| 项目 | 考核内容 | 标准分<br>(100) | 评分标准 | 得分 |
|------|----------|-----------------|----------|------|
| 理论知识<br>(25分) | 药品说明书基本知识 | 15 | 解读药品说明书的要点 | |
| | 药品的药理作用、不良反应、用药注意事项、用法用量 | 10 | 能按照说明书，熟练正确地给患者介绍药品的药理作用、不良反应、用药注意事项以及用法用量。此项内容也可以由教师进行针对性提问 | |
| 合计 | | | | |

备注：

1. 考核方式：教师与学生一对一（或二）现场面试，也可以采取其他合适形式或师生比例。

2. 考核场所：模拟药房。

3. 学生按序号，每次 2 或 3 人进入考场，抽取处方（由任课教师根据授课内容准备），每人准备 5 分钟后开考。

4. 待考学生由班级学委维持秩序，在考场外准备，不得进入考场。有条件的可以现场录像，进行后期集体学习点评等，各地也可以依据考核要求的不同，采取同学现场直接观摩等形式。

## 【实训思考】

1. 如何区别说明书中的慎用、禁用和忌用？

2. 药品说明书解读的内容有哪些？

# 任务四　处方调剂与处方点评

## 【实训目的】

1. 掌握处方点评标准和方法，强化学生对《药理学》《临床药物治疗学》等课程理论知识的应用能力。

2. 提高学生合理用药指导水平，为药学服务岗位实习奠定良好的基础。

## 【实训准备】

进入实训室，首先由教师讲解实训要求和安排，将学生按 4 ~ 6 人一组进行实训分组，分别模拟担任药师和患者。

处方准备：可按照临床常见用药错误准备点评的处方，如所选药物适宜性错误、用法用量错误、给药途径或方法错误、重复用药、联合用药错误等类型，见图 11 - 1。

### ××市××医院处方笺

姓名：×××　　性别　×　　年龄　×岁　　就诊科室××　　门诊就诊号×××　　处方号×××

费用：公费医疗□　　医保√　　合医□　　其他　　　　　日期　×××年×月××日

诊断：左侧足背蜂窝组织炎

R

青霉素钠　　　80万单位　　× 36支

Sig：480 万单位　　ivgtt　　q12h

头孢唑肟钠　0.5　　× 12支

Sig：1.0　　ivgtt　　q12h

（处方结束，以下为空白）

医师：××　　　　　　调配药师　××　　　　　　审核药师　××

图 11 - 1　医院门诊处方笺

## 【实训方法】

1. 结合所学的处方知识，熟悉处方点评的流程和注意事项。

2. 通过小组模拟表演，能正确完成处方点评整个过程。

## 【实训步骤】

### （一）处方分析与讨论

1. 学生进入实训室，按 4~6 人一组，全班分为 6~8 个小组。

2. 教师讲解处方点评要求、标准及结果等相关要求。

3. 每组分发若干张错误处方（可参考各任务"导学情景"及图 11-1），要求每组学生根据处方点评标准并查阅相关资料，充分讨论并完成处方分析工作。

4. 教师根据各小组讨论情况进行小组个体化点评，指导学生进一步完善讨论结果。

### （二）处方点评

1. 模拟医院药师工作，根据处方分析与讨论结果及其他必要信息，填写医院处方点评工作表。

2. 每组根据自己的处方点评结果，制作 PPT 并推荐一名学生代表进行现场汇报。

3. 每组汇报结束后，教师根据汇报具体情况进行点评。

## 【实训考核】

通过训练进行处方点评，按照以下考核表完成实训技能的考核。

| 项目 | 考核内容 | | 标准分 (100) | 评分标准 | 得分 |
|---|---|---|---|---|---|
| 职业素养 （5分） | 衣帽整洁，仪表端庄 | | 2 | 学生着工作服；仪容仪表、发型发式符合要求 | |
| | 报告班级、姓名、操作项目 | | 1 | 向观摩者和评判者致礼，汇报清晰 | |
| | 举止得体，语言清晰 | | 2 | 仪态大方，吐字清晰，声音适度 | |
| 实训实施 （70分） | 沟通能力 （10分） | 与医生的沟通技巧 | 10 | 参考人际沟通知识，考生回答沟通技巧的内容 | |
| | 专业能力 （60分） | 点评的正确性 | 10 | 点评结果正确（5分），如错误请说出错误类别（5分） | |
| | | 陈述理由 | 35 | 所述理由的正确性。说出一个正确理由得 10 分，总分不超过 35 分 | |
| | | 用药指导 | 15 | 针对处方中药物的用药注意事项，提出用药指导策略 | |
| 理论知识 （25分） | 处方点评过程 | | 5 | 处方点评的要点（5分）。此项内容也可以由教师进行针对性提问 | |
| | 处方中相关药物的药理作用和用途 | | 10 | 所点评药物的药理作用和用途。说出一个正确药理作用和用途各得 2 分，总分不超过 10 分 | |
| | 处方中药物的常见不良反应 | | 10 | 所点评药物的不良反应。说出一个正确不良反应得 2 分，总分不超过 10 分 | |
| 合计 | | | | | |

备注：

1. 考核方式：采取师生按 1:2 或其他比例现场面试的形式，可采用情景模拟等具体形式，每次面试学生人数不宜过多。

2. 考核场所：模拟药房。

3. 学生按序号，每次按规定人数进入考场，抽取处方（由任课教师根据授课内容准备），每人准备 5 分钟后开考。

4. 待考学生由班级学委维持秩序，在考场外准备，不得进入考场。有条件的可以现场录像，进行后期集体学习点评等，各地也可以依据考核要求的不同，采取同学现场直接观摩等形式。

**【实训思考】**

1. 处方点评作为事后用药评价方式，对促进临床合理用药有什么作用？
2. 四查十对与处方点评的区别与联系是什么？

# 任务五　不同药品剂型的推介

**【实训目的】**

1. 掌握临床常用剂型的特点和使用原则。
2. 熟悉临床常见疾病不同药物剂型的应用方法。

**【实训准备】**

复习糖尿病和胰岛素相关知识，提前熟悉应用胰岛素的糖尿病患者不同类型情况，准备胰岛素剂型选择和推介的宣传单、题板等资料。

**【实训方法】**

1. 结合所学知识，了解糖尿病患者面临的主要健康问题和胰岛素应用存在的误区。
2. 通过小组讨论等形式，确定针对糖尿病患者开展胰岛素剂型选择与推介的方案、具体方法和技巧。
3. 通过模拟表演，展示各自的剂型选择与推介方案，互相点评，教师讲评，优化确定方案。

**【实训步骤】**

**1. 调研拓展**　通过问卷调查、网络等手段，了解当地糖尿病的发病情况；了解糖尿病常用治疗方法或手段；熟悉常用胰岛素剂型。

**2. 确定课题**　根据当地糖尿病流行病学实际，确定应用胰岛素治疗的糖尿病患者类型。

**3. 小组讨论**　根据确定的糖尿病患者类型，分小组讨论分析胰岛素选择类型，讨论拟采用的推介方法和技巧。

**4. 模拟演练**　每组随机选 2 人分别扮演药师和糖尿病患者，在现场开展胰岛素剂型选择与推介过程；其他各组同学评价模拟效果，教师讲评。根据意见形成最终方案。

**【实训考核】**

分组。各组选取一种应用胰岛素治疗的糖尿病类型，分别完成胰岛素类型选择和推介。参照以下考核表完成实训技能的考核。

| 项目 | 考核内容 | 标准分（100） | 评分标准 | 得分 |
|---|---|---|---|---|
| 职业素养（20分） | 着装 | 2 | 学生着工作服；仪容仪表、发型发式符合要求（2分） | |
| | 精神状态 | 5 | 精神饱满，表情自然亲切（5分） | |
| | 言谈举止 | 3 | 举止得体，报告小组、姓名、操作项目时语言清晰流畅（3分） | |
| | 针对患者交流的基本礼仪 | 5 | 见面问候（1分），沟通过程中亲切（3分），离开道别（1分） | |
| | 与患者沟通中的服务意识和能力 | 5 | 能用趋同心理倾听患者问题（2分）；能重复并确认患者问题（1分）；能清楚简洁地对患者进行解释，交流顺畅（2分） | |

续表

| 项目 | 考核内容 | 标准分（100） | 评分标准 | 得分 |
|---|---|---|---|---|
| 实训操作（50分） | 是否应该使用胰岛素 | 10 | 能结合患者糖尿病类型和血糖水平，确定是否该使用胰岛素治疗（10分） | |
| | 是否恰当选用不同类型胰岛素 | 10 | 能综合考虑患者血糖水平、并发症、不良反应耐受度以及经济承受能力等情况，推介最恰当的胰岛素制剂（10分） | |
| | 胰岛素正确使用方法推介 | 20 | 正确推介胰岛素注射部位（3分）；注射前胰岛素处理方法（2分）；不同剂型胰岛素注射次数（5分）、注射时间（5分）和注射剂量（5分） | |
| | 胰岛素的不良反应和应用注意事项介绍 | 10 | 正确、详细介绍胰岛素的不良反应（5分）；正确介绍胰岛素启封和未启封的保存条件和方法（5分） | |
| 实训报告书写（30分） | 内容完整 | 10 | 按实训目的、实训方法与步骤、实训结果、实训结论、实训讨论5个板块书写。缺少一个板块扣2分，本项最多扣10分 | |
| | 书写整洁 | 10 | 按4个档次给分：书写非常整洁得10分，书写整洁得8分；书写基本整洁得6分；书写不整洁得4分 | |
| | 表达准确，讨论深入 | 10 | 按4个档次给分：表达非常准确、讨论非常深入得10分；表达准确、讨论深入得8分；表达基本准确、有自己的讨论得6分；表达不准确、无自己的讨论得4分 | |
| 合计 | | | | |

备注：

1. 考核方式：分组进行，每组指定不同剂型的糖尿病。每组随机抽选2名学生，一人扮演药师，一人扮演患者。

2. 考核场所：模拟病房。

3. 分组模拟考核时，老师和其他同学观摩。

## 【实训思考】

对使用胰岛素的糖尿病患者，如何更好地开展合理用药指导？

# 任务六　开展用药咨询与用药指导

## 【实训目的】

1. 学会面向社区开展用药咨询服务，指导患者合理用药。

2. 掌握用药咨询、用药指导的基本程序和注意事项。

## 【实训准备】

复习影响用药咨询与用药指导的内容与要求的有关资料，提前分析教育人群情况，确定调查对象和目标疾病，准备常见用药咨询和用药指导的资料，如宣传单、题板、药品标本、常用检查器械等。

## 【实训方法】

1. 结合所学知识和课外调查，了解需要咨询或指导的常见病，如上呼吸道感染、支气管哮喘、高血压、糖尿病（社区患者）存在的用药误区，预判咨询需求。

2. 通过小组讨论等形式，从用药的原因、用法用量、疗效、不良反应及健康教育几个方面，确定开展用药咨询与用药指导的方案。

3. 在小组演练的基础上，在实训室或模拟药房，通过模拟表演展示各自的用药指导方案，互相点评，教师讲评，优化确定方案。

4. 选定目标社区，走访典型患者，进行用药咨询与用药指导，并详细记录。

**【实训步骤】**

**1. 确定课题** 可以根据当地实际确定常见病患者群（社区患者），进行用药咨询与用药指导，复习巩固有关知识。

**2. 调研分析** 通过实地沟通、网络调查、专家访谈等手段了解当地常见病患者（社区患者），了解常见的用药情况，找出存在的用药咨询需求和重点、难点。

**3. 小组研讨** 以 4～10 人为一个小组，根据目的和要求进行合作性研讨，重点分析用药咨询和用药指导所要达到的目标，采用的方法和技巧，拟订方案，并在组内进行预演，或到社区对部分目标人群进行预试验，验证方案，提供修改完善依据。

**4. 模拟演练** 每组派代表扮演药师和患者，借助道具等在班内或实训场所具体实施，由其他各组同学评价实际效果，教师讲评。根据意见形成最终方案。

**5. 现场实施** 到社区进行实际的用药指导，同时客观记录实际效果，作为方案评价的主要依据。

**【实训考核】**

任意选取用药咨询和用药指导（社区、医院、药店）场景，通过训练制订有关用药咨询和用药指导方案，按照以下考核表完成实训技能的考核。

| 项目 | 考核内容 | | 标准分（100） | 评分标准 | 得分 |
|---|---|---|---|---|---|
| 职业素养（5分） | 衣帽整洁，仪表端庄 | | 2 | 学生着工作服；仪容仪表、发型发式符合要求 | |
| | 报告班级、姓名、操作项目 | | 1 | 报告准确，无口误等 | |
| | 举止得体，语言清晰 | | 2 | 仪态大方，普通话标准等 | |
| 实训实施（95分） | 沟通能力（10分） | 与患者的沟通技巧 | 5 | 参考人际沟通知识和自选疾病的临床表现，考生回答沟通技巧的内容 | |
| | | 针对患者的问病荐药的礼仪 | 5 | 面对模拟者时：见面问候（2分），离开道别（2分），模拟期间的礼仪行为暗示等（1分） | |
| | 专业能力（85分） | 针对自选疾病特点讲解相关知识 | 15 | 所诊断疾病的定义（5分）；临床表现（5分）；常用治疗药物（5分） | |
| | | 正确推荐药物及推荐用药的原因 | 20 | 根据患者的病情特点，推荐2个正确药物（每个5分）；简述推荐用药的原因（每个5分） | |
| | | 正确交代药物的用法用量 | 20 | 正确交代药物的用法（每个5分）、用量（每个5分） | |
| | | 提示相关注意事项 | 20 | 正确交代药物不良反应（每个5分），及应对措施、健康教育要点（每个5分） | |
| | | 健康教育 | 10 | 交代健康指导策略（含生活健康知识技能教育和家属教育） | |
| 合计 | | | | | |

**【实训思考】**

1. 开展用药咨询、用药指导服务的意义是什么？

2. 在用药咨询和用药指导工作中，药师应具备哪些素质及工作技巧？

# 任务七　药品不良反应/事件的收集与上报

【实训目的】

1. 熟悉药品不良反应/事件的收集与上报流程。
2. 掌握正确规范填写"药品不良反应/事件报表"的方法。

【实训准备】

复习有关药品不良反应报告上报流程；预习"药品不良反应/事件报表"规范填写注意事项；选择和确定调查对象（基层医疗单位或社区药店），获取药品不良反应报告案例的资料。

【实训方法】

1. 结合所学知识和课后调查，到基层医疗单位或社区药店调查药品不良反应/事件，复习有关药品不良反应报告上报流程。
2. 通过小组讨论等形式，对获取的药品不良反应报告案例的资料进行分析。
3. 通过填写报表，互相点评，教师讲评，优化确定方案。

【实训步骤】

1. **调研拓展**　学生分为若干小组，由教师带领到基层医疗单位或社区药店调查药品不良反应/事件。
2. **确定案例**　学生选取 1 例药品不良反应/事件，认真调查，获取药品不良反应报告案例的资料。
3. **小组研讨**　以 4～10 人为一个小组，结合所学知识和课后调查，对获取药品不良反应报告案例的资料进行分析，评定药品不良反应因果关系，并讨论药品不良反应报告上报流程。
4. **填写报表**　每名学生根据获取的资料，完成"药品不良反应/事件报表"的规范填写。
5. **优化方案**　对报表进行互相点评，教师讲评，优化确定方案。

【实训考核】

任意选取 1 例药品不良反应/事件，规范填写"药品不良反应/事件报表"，按照以下考核表完成实训技能的考核。

| 项目 | 考核内容 | | 标准分（100） | 评分标准 | 得分 |
|---|---|---|---|---|---|
| 职业素养（5分） | 衣帽整洁，仪表端庄 | | 2 | 学生着工作服；仪容仪表、发型发式符合要求 | |
| | 报告班级、姓名、操作项目 | | 1 | 汇报清晰 | |
| | 举止得体，语言清晰 | | 2 | 仪态大方，吐字清晰，声音适度 | |
| 实训实施（65分） | 沟通能力（10分） | 对调查对象的礼仪 | 5 | 面对调查对象：见面问候（2分），离开道别（2分），其间合理运用礼仪暗示行为（1分） | |
| | | 与患者或医务人员的沟通技巧 | 5 | 参考人际沟通知识，考生回答沟通技巧的内容 | |
| | 专业能力（55分） | 对不良反应症状判断 | 5 | 对不良反应症状判断正确（2分）；解释依据正确（3分） | |
| | | 收集信息 | 10 | 收集：患者基本情况（2分）；用药情况（3分）；症状具体表现（3分）；处理与预后（2分） | |
| | | 对不良反应类型做出判断 | 5 | 对不良反应类型判断正确（2分）；解释依据正确（3分） | |
| | | 填写报表 | 25 | 完成"药品不良反应/事件报表"的规范填写，漏项、错项一项分别扣3分 | |
| | | 对不良反应关联性进行评价 | 10 | 对不良反应关联性结果判断正确（5分）；解释正确（5分） | |

续表

| 项目 | 考核内容 | 标准分<br>(100) | 评分标准 | 得分 |
|------|---------|----------------|---------|------|
| 理论知识<br>（30分） | 药品不良反应的分类 | 5 | 说出药品不良反应的类型 | |
| | 药品不良反应监测办法 | 15 | 说出药品不良反应监测办法 | |
| | 不良反应关联性评价 | 10 | 说出不良反应关联性评价的方法（5分）；评价依据（5分） | |
| 合计 | | | | |

备注：1. 考核方式：教师与学生一（或二）对一考试。

2. 考核场所：模拟药房或实验室。

3. 学生按序号，每次 2 或 3 人进入考场，抽取 1 例药品不良反应/事件，每人准备 5 分钟后开考。

4. 待考学生由班级学委维持秩序，在考场外准备，不得进入考场。

【实训思考】

1. 药品不良反应/事件的概念、监测的意义是什么？

2. 说出我国药品不良反应报告上报流程。

# 任务八　老年人的用药咨询与指导

【实训目的】

1. 熟悉老年人用药指导的基本原则和方法。

2. 掌握针对社区老年人进行用药指导的主要特点和方法。

【实训准备】

复习有关高血压、糖尿病的知识和老年人患病有关资料，提前分析教育人群情况，准备高血压和糖尿病等用药指导的资料，如宣传单、题板等。

【实训方法】

1. 结合所学知识和课后调查，了解老年人面临的主要健康问题和存在的用药误区。

2. 通过小组讨论等形式，确定针对老年人开展用药指导的方案，研究方法和技巧。

3. 通过情景模拟展示各自的用药指导方案，互相点评，教师讲评，优化确定方案。

【实训步骤】

**1. 确定课题**　可以根据当地实际，确定对老年人进行治疗高血压或糖尿病的用药指导，复习巩固有关知识。

**2. 调研拓展**　通过问卷调查、网络等手段了解当地老年人高血压或糖尿病的发病情况，熟悉有关药品的商品名、说明书，了解其他治疗方法或手段。

**3. 小组研讨**　以 4~10 人为一个小组，根据目的和要求进行合作性研讨，重点分析用药指导所要达到的目标以及采用的方法和技巧，拟订方案。

**4. 模拟演练**　每组派代表扮演教育者和老年人，借助道具等在班内或实训场所具体实施，由其他各组同学评价实际效果，教师讲评。根据意见形成最终方案。

**5. 现场实施**　到社区或养老院进行实际的用药指导，同时客观记录实际效果，作为方案评价的主要依据。

【实训考核】

任意选取老年人高血压或糖尿病问病荐药场景，通过训练制订有关用药指导方案，按照以下考核表完成实训技能的考核。

| 项目 | 考核内容 | | 标准分（100） | 评分标准 | 得分 |
|------|---------|---|-------------|---------|------|
| 职业素养（5分） | 衣帽整洁，仪表端庄 | | 2 | 学生着工作服；仪容仪表、发型发式符合要求 | |
| | 报告班级、姓名、操作项目 | | 1 | 报告准确、无遗漏 | |
| | 举止得体，语言清晰 | | 2 | 仪表大方，普通话标准 | |
| 实训实施（65分） | 沟通能力（10分） | 与老年用药者的沟通技巧 | 5 | 参考人际沟通知识和老年人特点，考生回答沟通技巧的内容 | |
| | | 针对老年人的问病荐药的礼仪 | 5 | 见面问候（2分），离开道别（3分） | |
| | 专业能力（55分） | 针对老年人特点和有关病历资料做出疾病判断 | 10 | 疾病判断正确（5分）；解释正确（5分） | |
| | | 老年人糖尿病或高血压的疾病相关知识 | 10 | 所诊断疾病的定义（2分）；临床表现，需结合老年人特点（3分）；常用治疗药物（5分） | |
| | | 正确推荐药物 | 10 | 根据老年人病情的特点，推荐一个或一组正确药物，每个3~5分，总分不超过10分 | |
| | | 正确指导老年患者阅读说明书相关知识 | 15 | 指出说明书的格式内容（5分）；教师展示一份说明书，考生解读说明书中的有效期（3分）；批准文号（2分）；根据说明书指导老年人的合理用药要点（5分） | |
| | | 提示相关注意事项 | 10 | 针对老年人所推荐药物的用药注意事项，长期规律用药（2分）；正确的用药时间（2分）；用药剂量（2分）；并提出健康指导策略，包括含生活健康知识技能教育（2分）和家属教育（2分） | |
| 理论知识（30分） | 疾病的治疗原则或策略 | | 5 | 老年人的该疾病的治疗原则或要点 | |
| | 相关药物的药理作用和用途 | | 15 | 所推荐药物的药理作用和用途。说出一个正确药理作用和用途各得1分，总分不超过15分 | |
| | 相关药物常见不良反应 | | 10 | 所推荐药物的不良反应和预防措施（低血糖反应/直立性低血压反应）。说出一个正确不良反应得2分，总分不超过10分 | |
| 合计 | | | | | |

备注：
1. 考核方式：教师与小组学生采取模拟场景、现场面试等方式。
2. 考核场所：模拟药房。
3. 学生按序号，每次2或3人进入考场，抽取糖尿病或高血压疾病案例，每人准备5分钟后开考。
4. 待考学生由班级学委维持秩序，在考场外准备，不得进入考场。

【实训思考】

1. 根据老年人特点，如何更好地开展合理用药指导？
2. 老年人大多同时患有多种疾病，当不同疾病的用药存在配伍禁忌时，应如何处理？

# 任务九　问病荐药中的化验单解读

【实训目的】

1. 熟练掌握化验单的阅读技巧。
2. 学会根据化验单合理指导用药。

【实训准备】

收集有关临床检验指标正常值及临床意义的知识，准备相关用药指导的资料和化验单等。

## 【实训方法】

1. 结合所学知识，了解目标人群面临的主要健康问题和存在的用药误区。

2. 通过小组讨论等形式，确定开展用药指导的方案，研究方法和技巧。

3. 通过模拟表演展示各自的用药指导方案，互相点评，教师讲评，优化确定方案。

## 【实训步骤】

**1. 确定课题** 可以根据患者化验单提供的信息，确定对其进行合理用药指导，复习巩固有关知识。

**2. 调研拓展** 通过问卷调查、网络调查等手段了解用药情况，熟悉有关药物的商品名，了解其他治疗方法或手段。

**3. 小组研讨** 以4~10人为一个小组，根据目的和要求进行合作性研讨，重点分析用药指导所要达到的目标以及采用的方法和技巧，拟订方案。

**4. 模拟演练** 每组派代表扮演教育者和目标人群，借助道具等在班内或实训场所具体实施，由其他各组同学评价实际效果，教师讲评。根据意见形成最终方案。

**5. 现场实施** 到社区进行实际的用药指导，同时客观记录实际效果，作为方案评价的主要依据。

## 【实训考核】

任意选取一张血常规化验单，通过解读化验单，制订有关用药指导方案，按照以下考核表完成实训技能的考核。

| 项目 | 考核内容 | | 标准分(100) | 评分标准 | 得分 |
|---|---|---|---|---|---|
| 职业素养(5分) | 衣帽整洁，仪表端庄 | | 2 | 学生着工作服；仪容仪表、发型发式符合要求 | |
| | 报告班级、姓名、操作项目 | | 1 | 汇报准确、无遗漏 | |
| | 举止得体，语言清晰 | | 2 | 仪态自然，普通话标准 | |
| 实训实施(65分) | 沟通能力(10分) | 与目标人群的沟通技巧 | 5 | 参考人际沟通知识，考生回答沟通技巧的内容 | |
| | | 针对目标人群的问病荐药的礼仪 | 5 | 面对考官时：见面问候（2分），离开道别（3分） | |
| | 专业能力(55分) | 针对目标人群特点和有关病历资料做出疾病判断 | 5 | 疾病判断正确（2分）；解释正确（3分） | |
| | | 推荐药物相关知识 | 10 | 所诊断疾病的定义（2分）；临床表现，需结合目标人群特点（3分）；常用治疗药物（5分） | |
| | | 正确推荐药物 | 5 | 根据目标人群的特点，推荐一个或一组正确药物得1~2分，总分不超过5分 | |
| | | 正确指导患者阅读血常规化验单相关知识 | 25 | 指出血常规化验单内容（5分）；教师展示一份化验单，考生解读化验单（10分）；根据化验单指导合理用药要点（10分） | |
| | | 提示相关注意事项 | 10 | 说出所推荐药物的用药注意事项（5分），并提出健康指导策略（含生活健康知识技能教育和家属教育）（5分） | |
| 理论知识(30分) | 疾病的治疗原则或策略 | | 5 | 治疗原则或要点，每说对一个得1~2分 | |
| | 相关药物的药理作用和用途 | | 15 | 所推荐药物的药理作用和用途。说出一个正确药理作用和用途各得1分，总分不超过15分 | |
| | 相关药物常见不良反应 | | 10 | 所推荐药物的不良反应。说出一个正确不良反应得2分，总分不超过10分 | |
| 合计 | | | | | |

备注：

1. 考核方式：教师与学生采取模拟实际场景、现场面试等方式。

2. 考核场所：模拟药房或实验室。

3. 学生按号数，每次 2 或 3 人进入考场，抽取案例，每人准备 5 分钟后开考。

4. 待考学生由班级学委维持秩序，在考场外准备，不得进入考场。

## 【实训思考】

根据化验单提示的问题，如何更好地开展合理用药指导？

# 任务十　发热患者的用药咨询与指导

## 【实训目的】

1. 掌握发热患者的用药咨询和健康教育。

2. 熟悉发热患者的基本治疗原则。

## 【实训准备】

1. 临床合理用药案例、处方或发热有关的资料。

2. 具有多媒体设备的模拟药房。

## 【实训方法】

1. 结合所学知识和课后调查，了解发热的用药误区。

2. 通过小组讨论等形式，针对发热患者开展问病荐药。

3. 通过情景模拟展示各自的用药咨询方案，互相点评，教师讲评，优化确定方案。

## 【实训步骤】

**1. 布置任务**　学生分组，对临床合理用药案例或处方进行讨论、分析，教师巡视指导，每组推选代表发言，最后由教师点评、总结。

**2. 组织实训**　教师借助多媒体，向学生介绍发热的用药咨询及健康宣教的基本知识，学生分组进行合理用药指导和宣教的模拟训练，小组成员分别扮演患者与药师，进行问病荐药模拟，最后每组推选代表叙述汇报或表演，各小组互相点评，教师讲评，优化确定方案。

**3. 模拟情景对话**

药师：您好！请问我能帮助您什么？

患者：我想买点退烧药。

药师：请问您发热有几天了？

患者：我昨天上午突然发烧，到现在有一天半了。

药师：那您的体温是多少？您测量的是口腔温度、腋下温度还是直肠温度？

患者：是在腋下测的，最高时有 39.6℃，上午体温稍低一点，到下午就会高上去。

药师：您除了发热还有其他不舒服吗？

患者：我鼻子有点塞，发痒，打了好多喷嚏。

药师：流鼻涕吗？

患者：有，清水鼻涕。

药师：那您有没有头痛、浑身酸痛的现象？

患者：有点儿，头有点不舒服。

药师：咽喉痛吗？口干吗？

患者：咽喉有点痛，感觉是有点口干。

药师：有没有咳嗽？

患者：没有。

药师：您是否去过医院检查血常规？

患者：去了。

药师：白细胞高不高？

患者：医生说血常规正常。

药师：那考虑病毒感染的可能性比较大。

**4. 推荐用药**

（1）根据上述对话，请分析患者的病情，并向患者推荐合适的药物。

（2）若该患者为消化性溃疡患者，哪些退热药是不适宜的？

（3）如患者是细菌感染，除了选用解热镇痛药外，还需要选用哪类药物？

**5. 用药指导** 可参照前述的理论部分，重点介绍有关内容。

**【实训考核】**

任意选取发热问病荐药场景，通过训练制订有关用药咨询方案，按照以下考核表完成实训技能的考核。

| 项目 | 考核内容 | | 标准分（100） | 评分标准 | 得分 |
|---|---|---|---|---|---|
| 职业素养（5分） | 衣帽整洁，仪表端庄 | | 2 | 学生着工作服；仪容仪表、发型发式符合要求 | |
| | 报告班级、姓名、操作项目 | | 1 | 向观摩者和评判者致礼，汇报清晰 | |
| | 举止得体，语言清晰 | | 2 | 仪态大方，吐字清晰，声音适度 | |
| 实训实施（65分） | 沟通能力（10分） | 与发热患者的沟通技巧 | 5 | 根据发热患者不同特点和咨询期望，考生回答沟通技巧内容和要点 | |
| | | 针对发热患者的问病荐药的礼仪 | 5 | 面对咨询者：见面问候（2分），离开道别（2分），期间合理运用礼仪暗示行为（1分） | |
| | 专业能力（55分） | 根据有关病历资料做出疾病判断 | 5 | 疾病判断正确（2分）；解释判断依据正确（3分） | |
| | | 发热相关知识 | 5 | 所诊断疾病的定义（2分）；临床表现（3分） | |
| | | 正确推荐药物 | 10 | 根据发热患者的病情特点，推荐正确药物 | |
| | | 正确指导发热患者阅读说明书相关知识 | 25 | 指出说明书的格式内容（5分）；教师展示一份说明书，考生解读说明书中的有效期（5分）；批准文号（5分）；根据说明书指导发热患者的合理用药要点（10分）。此项内容也可以由教师进行针对性提问 | |
| | | 提示相关注意事项 | 10 | 针对发热患者所推荐药物的用药注意事项（5分），并提出非药物治疗策略（含生活健康知识技能教育和家属教育）（5分） | |
| 理论知识（30分） | 疾病的治疗原则或策略 | | 5 | 发热患者的治疗原则或要点 | |
| | 相关药物的药理作用和用途 | | 15 | 所推荐药物的药理作用和用途，说出一个正确药理作用和用途各得2分，总分不超过15分 | |
| | 相关药物常见不良反应 | | 10 | 所推荐药物的不良反应，说出一个正确不良反应得2分，总分不超过10分 | |
| 合计 | | | | | |

备注：

1. 考核方式：教师与学生可采用模拟场景、现场面试等方式，每名教师每次考核人数不宜过多。
2. 考核场所：模拟药房。
3. 学生按序号，每次2或3人进入考场，抽取发热用药案例，每人准备5分钟后开考。
4. 待考学生由班级学委维持秩序，在考场外准备，不得进入考场。

【实训思考】

1. 除药物降温外，还有哪些物理降温措施？
2. 儿童服用解热药时，应注意哪些问题？

# 任务十一　支气管哮喘患者的用药咨询与指导

【实训目的】

1. 掌握支气管哮喘的治疗原则、药物选用、不良反应应对及用药教育知识。
2. 运用所学理论知识，学会面向患者开展正确的用药指导。

【实训准备】

引导学生复习支气管哮喘的病因、症状与分期、治疗原则及常用药物等知识，教师准备10份以上支气管哮喘患者案例（含处方），学生准备支气管哮喘患者的用药指导资料，如气雾剂使用方法示意图、常用药物模拟包装及说明书等，布置用药咨询场景。

【实训方法】

1. 结合所学知识，了解用药指导的主要内容。
2. 通过小组讨论等形式，制订教师随机给定案例的用药指导方案。
3. 通过模拟表演展示各自的用药指导方案，互相点评，教师讲评，优化确定方案。

【实训步骤】

**1. 分析案例**　根据老师随机给定的支气管哮喘案例，查阅文献，复习巩固有关知识。

**2. 小组研讨**　以4～10人为一个小组，根据目的和要求进行合作性研讨，重点分析用药指导所要达到的目标以及采用的方法和技巧，拟订方案。

**3. 模拟演练**　每组派代表扮演药师和患者或患者家属，借助道具等在班内或实训场所具体实施，由其他各组同学评价实际效果，教师讲评。根据意见形成最终方案并提交。

【实训考核】

根据教师给定的支气管哮喘案例，通过训练制订有关用药指导方案，按照以下考核表完成实训技能的考核。

| 项目 | 考核内容 | 标准分（100） | 评分标准 | 得分 |
|---|---|---|---|---|
| 职业素养（5分） | 衣帽整洁，仪表端庄 | 2 | 学生着工作服；仪容仪表、发型发式符合要求 | |
| | 报告班级、姓名、操作项目 | 1 | 汇报准确、无遗漏 | |
| | 举止得体，语言清晰 | 2 | 仪态大方，普通话标准 | |

续表

| 项目 | 考核内容 | 标准分（100） | 评分标准 | 得分 |
|---|---|---|---|---|
| 实训实施（80分） | 疾病评估 | 20 | 对疾病症状，持续时间，疾病诱因，是否用药，是否有过敏史、疾病史等进行询问，缺一项扣3~5分 | |
| | 药品介绍 | 5 | 介绍处方药品的商品名、通用名。全对得5分，错一项扣2~3分 | |
| | | 10 | 介绍药品作用特点。说出1项得3~5分，不超过10分 | |
| | | 10 | 介绍药品适应证。说出1项得3~5分，不超过10分 | |
| | 用药指导 | 10 | 告知患者或患者家属药品的用法用量。全对得10分，错一项扣3~5分 | |
| | | 15 | 告知主要不良反应、禁忌证及注意事项。说出1项得3分，不超过15分 | |
| | 健康教育 | 10 | 告知患者避免接触过敏原，进行饮食、作息、生活等的指导。说出1项得2分，不超过10分 | |
| 理论知识（15分） | 气雾剂使用技巧 | 6 | 气雾剂使用技巧介绍。全部正确得6分，遗漏1项扣2分 | |
| | 支气管哮喘用药常见不良反应及应对措施 | 9 | 每类药物常见不良反应及应对措施介绍正确得2分，不超过9分 | |
| 合计 | | | | |

备注：
1. 考核方式：教师与学生采取模拟工作场景、现场面试等形式进行考核。
2. 考核场所：模拟药房、教室或实验室。
3. 学生按序号，每次1~2人进入考场，抽取一份给定支气管哮喘案例，每人准备5分钟后开考。
4. 待考学生由班级学委维持秩序，在考场外准备，不得进入考场。

【实训思考】

1. 支气管哮喘常用药物的特点有哪些？
2. 儿童支气管哮喘的特点与防治措施有哪些？

# 任务十二　消化性溃疡患者的用药咨询与指导

【实训目的】

1. 熟悉对消化性溃疡患者进行用药指导的基本原则和方法。
2. 掌握针对消化性溃疡患者进行用药指导的主要特点和方法。

【实训准备】

复习消化性溃疡的病因、分类、临床表现、治疗原则和治疗方法有关资料，提前分析教育人群情况，确定模拟患者的同学等；准备消化性溃疡用药指导的资料，如宣传单、题板等；准备模拟场景训练使用的药品包装及说明书等。

【实训方法】

1. 结合所学知识、课外调查和网络调查，发现或确定消化性溃疡患者面临的主要健康问题和存在的用药误区。
2. 通过小组讨论等形式，确定针对消化性溃疡患者开展用药指导的方案，研究方法和技巧。
3. 通过模拟表演展示各自的用药指导方案，互相点评，教师讲评，优化确定方案。

【实训步骤】

**1. 确定课题** 可以根据当地实际，确定对消化性溃疡患者进行用药指导，复习巩固有关知识。

**2. 调研拓展** 通过问卷调查、网络等手段了解当地消化性溃疡的发病情况、用药情况，熟悉有关药物的商品名，搜集整理药品说明书等，了解其他治疗方法或手段，并记录整理。

**3. 小组研讨** 以 4～10 人为一个小组，根据目的和要求进行合作性研讨，重点分析用药指导所要达到的目标以及采用的方法和技巧，拟订方案，并进行组内试讲等。

**4. 模拟演练** 每组派代表扮演药学工作人员和患者，借助道具等在模拟药房和实训室具体实施，其他各组同学评价实际效果，教师讲评，并根据考核表进行赋分考核。

**5. 现场实施** 到药店或模拟药房进行实际的用药指导，同时客观记录实际效果，作为方案评价的延展性重要依据。

【实训考核】

任意选取消化性溃疡问病荐药场景，通过训练制订有关用药指导方案，按照以下考核表完成实训技能的考核。

| 项目 | 考核内容 | | 标准分(100) | 评分标准 | 得分 |
|---|---|---|---|---|---|
| 职业素养(5分) | 衣帽整洁，仪表端庄 | | 2 | 学生着工作服；仪容仪表、发型发式符合要求 | |
| | 报告班级、姓名、操作项目 | | 1 | 向观摩者和评判者致礼，汇报清晰 | |
| | 举止得体，语言清晰 | | 2 | 仪态大方，吐字清晰，声音适度 | |
| 实训实施(65分) | 沟通能力(10分) | 与患者的沟通技巧 | 5 | 根据消化性溃疡患者特点和咨询期望，考生回答沟通技巧内容和要点，说出一点得1分，最多不超过5分 | |
| | | 针对患者的问病荐药的礼仪 | 5 | 面对咨询者：见面问候（2分），离开道别（2分），其间合理运用礼仪暗示行为（1分） | |
| | 专业能力(55分) | 针对患者特点和有关病历资料做出疾病判断 | 10 | 能够对消化性溃疡类型判断正确（5分）；解释判断依据正确（5分） | |
| | | 消化性溃疡的疾病相关知识 | 10 | 所诊断疾病的定义（2分）；临床表现，需结合不同类型患者的特点（3分）；常用治疗药物（5分） | |
| | | 正确推荐药物 | 15 | 根据患者特点推荐一个或一组正确的药物（5分），药物的使用方法和注意事项（2分）。根据推荐情况，相应增加分值，最多不超过15分 | |
| | | 正确指导消化性溃疡患者阅读说明书相关知识 | 10 | 向患者介绍上述模拟药品的说明书的格式、内容（2分），单独解读说明书中的有效期（2分）；批准文号（2分）；药物的保存方式（2分）；根据说明书指导患者的合理用药要点（2分）此项内容也可以由教师进行针对性提问 | |
| | | 提示相关注意事项 | 10 | 针对患者所推荐药物的用药注意事项（5分），并提出健康指导策略（含生活健康知识技能教育、心理行为健康知识技能教育和家属教育）（5分） | |

续表

| 项目 | 考核内容 | 标准分<br>（100） | 评分标准 | 得分 |
|---|---|---|---|---|
| 理论知识<br>（30分） | 疾病的治疗原则或策略 | 5 | 正确说出消化性溃疡的治疗原则或要点。每条1分，最多不超过5分，也可由教师单独提问 | |
| | 相关药物的药理作用和用途 | 15 | 说出所推荐药物的药理作用和用途（或优点、特点等）。每一个正确药理作用、用途各得2分，总分不超过15分 | |
| | 相关药物常见不良反应 | 10 | 说出所推荐药物的不良反应。说出一个正确不良反应得2分，总分不超过10分 | |
| 合计 | | | | |

备注：

1. 考核方式：教师在学生模拟演示活动中应进行非介入性评分，个别情况可以临时提问，一般一次考核一个模拟演示组（2或3人）。

2. 考核场所：模拟药房或实验室。

3. 学生按序号或随机抽取，每次2或3人进入考场，抽取消化性溃疡疾病案例，每人准备5分钟后开考。

4. 待考学生由班级学委维持秩序，在考场外准备，不得进入考场，有条件的可以现场录像，进行后期集体学习点评等，各地也可以依据考核要求的不同，采取同学现场直接观摩等形式。

## 【实训思考】

1. 针对不同的消化性溃疡患者，如何更好地开展合理用药指导？

2. 当消化性溃疡患者出现出血等症状时，应如何处理？

# 任务十三　高血压患者的用药咨询与指导

## 【实训目的】

1. 掌握针对社区高血压患者用药指导的主要特点和方法。

2. 熟悉高血压患者用药指导的基本原则和方法。

## 【实训准备】

复习有关高血压的病因、分级、心血管危险分级、治疗原则及高血压合理用药等方面的知识，提前了解教育人群高血压的患病情况，准备高血压合理用药的宣传资料，如宣传画报、宣传单、题板等；准备模拟场景训练使用的常用抗高血压药物的包装及说明书等。

## 【实训方法】

1. 结合所学知识、文献检索及课后调研，了解高血压现状及高血压患者使用抗高血压药物存在的主要问题。

2. 通过小组讨论等形式，确定针对高血压患者开展用药指导的方案，研究方法和技巧。

3. 通过模拟表演展示各自的用药指导方案，互相点评，教师讲评，优化确定方案。

## 【实训步骤】

**1. 确定课题**　可以根据当地实际，确定对社区高血压患者进行高血压治疗的用药指导，复习巩固有关知识。

**2. 调研拓展**　通过问卷调查、网络等手段了解当地社区居民高血压的发病情况及高血压患者的用药情况，熟悉有关药物的商品名，搜集整理药品说明书和其他辅助材料或道具，如上臂式电子血压计，了解其他治疗方法或手段，并记录整理。

**3. 小组研讨** 以 4~10 人为一个小组，根据目的和要求进行合作性研讨，重点分析用药指导所要达到的目标以及采用的方法和技巧，拟订方案，并进行组内试讲等。

**4. 模拟演练** 每组派代表扮演药师和高血压患者，借助血压计、药品说明书及包装盒等道具，在模拟药房和综合实训室具体实施，由其他各组同学评价实际效果，教师讲评，并根据考核表进行赋分考核。

**5. 拓展实施** 根据课程安排的实际情况，到社区、实习药店、社会福利院等场所进行实际的用药指导，同时客观记录实际效果，作为方案评价的主要依据。

【实训考核】

任意选取高血压问病荐药场景，通过训练制订有关用药指导方案，按照以下考核表完成实训技能的考核。

| 项目 | 考核内容 | | 标准分（100） | 评分标准 | 得分 |
|---|---|---|---|---|---|
| 职业素养（5分） | 衣帽整洁，仪表端庄 | | 2 | 学生着工作服；仪容仪表、发型发式符合要求 | |
| | 报告班级、姓名、操作项目 | | 1 | 向观摩者和评判者致礼，汇报清晰 | |
| | 举止得体，语言清晰 | | 2 | 仪态大方，吐字清晰，声音适度 | |
| 实训实施（65分） | 沟通能力（10分） | 与高血压患者的沟通技巧 | 5 | 根据不同类型高血压患者特点和咨询期望，考生回答沟通技巧内容和要点，说出一点得1分，最多不超过5分 | |
| | | 针对高血压患者的问病荐药的礼仪 | 5 | 面对咨询者时：见面问候（2分），离开道别（2分），期间合理运用礼仪暗示行为（1分） | |
| | 专业能力（55分） | 根据有关病历资料做出疾病判断 | 10 | 能对高血压级别和心血管危险分层判断正确（5分）；解释判断依据正确（5分） | |
| | | 高血压病因、临床表现等疾病相关知识 | 10 | 所诊断疾病的定义（2分）；临床表现，需结合不同类型患者的特点（3分）；常用治疗药物（5分） | |
| | | 正确推荐药物 | 10 | 根据高血压患者的病情特点，推荐一个或一组正确药物，视正确情况赋分，总分不超过10分 | |
| | | 正确指导高血压患者阅读说明书相关知识 | 15 | 向患者介绍上述模拟药品的说明书的格式、内容（5分）；单独解读说明书中的有效期（2分）；批准文号（2分）；药物的保存方式（2分）；根据说明书指导高血压患者的合理用药要点，酌情赋分，不超过4分 此项内容也可以由教师进行针对性提问 | |
| | | 提示相关注意事项 | 10 | 针对高血压患者所推荐药物的用药注意事项（5分），并提出健康指导策略（含生活健康知识技能教育、心理行为健康知识技能教育和家属教育）（5分） | |
| 理论知识（30分） | 疾病的治疗原则或策略 | | 5 | 正确说出高血压的治疗原则或要点。每条得1分，最多不超过5分，也可由教师单独提问 | |
| | 相关药物的药理作用和用途 | | 15 | 说出所推荐药物的药理作用和用途（或优点、特点等）。每说出一个正确药理作用、用途各得2分，总分不超过15分 | |
| | 相关药物常见不良反应 | | 10 | 说出所推荐药物的不良反应（低血压、刺激性干咳等）。说出一个正确不良反应得2分，总分不超过10分 | |
| 合计 | | | | | |

备注：

1. 考核方式：教师在学生模拟演示活动中应进行非介入性评分，个别情况可以临时提问，一般一次考核一个模拟演示组（2 或 3 人）。

2. 考核场所：模拟药房或综合实训室。

3. 学生按序号，每次 2 或 3 人进入考场，抽取高血压（老年人单纯性收缩期高血压、伴糖尿病的高血压、伴心功能不全的高血压、妊娠期高血压等）疾病案例，每人准备 5 分钟后开考。

4. 待考学生由班级学委维持秩序，在考场外准备，不得进入考场，有条件的可以现场录像，进行后期集体学习点评等，各地也可以依据考核要求的不同，采取同学现场直接观摩等形式。

【实训思考】

1. 高血压患者治疗过程中，容易出现哪些不合理的用药习惯？

2. 高血压治疗过程中，若原有治疗方案疗效不好，应如何进行调整？

# 任务十四  糖尿病患者的用药咨询与指导

【实训目的】

1. 熟悉糖尿病患者用药的基本原则和方法。

2. 掌握针对糖尿病患者进行用药指导的主要特点和方法。

【实训准备】

复习糖尿病的病因、分类、临床表现、治疗原则和治疗方法等有关资料，提前分析教育人群情况，确定模拟患者的同学等；准备糖尿病患者用药指导的资料，如宣传单、题板；准备模拟场景训练使用的胰岛素和常用口服降糖药的包装及说明书等。

【实训方法】

1. 结合所学知识、课外调查和网络调查，发现或确定糖尿病患者面临的主要健康问题和存在的用药误区。

2. 通过小组讨论等形式，确定针对糖尿病患者开展用药指导的方案，研究方法和技巧。

3. 通过模拟表演展示各自的用药指导方案，互相点评，教师讲评，优化确定方案。

【实训步骤】

**1. 确定课题**  可以根据当地实际，确定对糖尿病患者（1 型糖尿病、2 型糖尿病、妊娠期糖尿病等，可针对一类或多类患者）进行治疗糖尿病的用药指导，复习巩固有关知识。

**2. 调研拓展**  通过问卷调查、网络等手段了解当地人群中糖尿病的发病情况、糖尿病的用药情况，熟悉有关药物的商品名，搜集整理药品说明书和其他辅助材料或道具，如胰岛素注射笔、便携式血糖测定仪等，了解其他治疗方法或手段，并记录整理。

**3. 小组研讨**  以 4～10 人为一个小组，根据目的和要求进行合作性研讨，重点分析用药指导所要达到的目标以及采用的方法和技巧，拟订方案，并进行组内试讲等。

**4. 模拟演练**  每组派代表扮演教育者和糖尿病患者，借助药盒、胰岛素笔等道具，在模拟药房和综合实训室具体实施，其他各组同学评价实际效果，教师讲评，并根据考核表进行赋分考核。

**5. 拓展实施**  根据课程安排的实际情况，有选择地到药店、社区或养老院对糖尿病患者进行实际的用药指导，同时客观记录实际效果，作为评价方案延展性的重要依据。

【实训考核】

任意选取糖尿病患者问病荐药场景，通过训练制订有关用药指导方案，按照以下考核表完成实训技能的考核。

| 项目 | 考核内容 | | 标准分(100) | 评分标准 | 得分 |
|---|---|---|---|---|---|
| 职业素养(5分) | 衣帽整洁，仪表端庄 | | 2 | 学生着工作服；仪容仪表、发型发式符合要求 | |
| | 报告班级、姓名、操作项目 | | 1 | 向观摩者和评判者致礼，汇报清晰 | |
| | 举止得体，语言清晰 | | 2 | 仪态大方，吐字清晰，声音适度 | |
| 实训实施(65分) | 沟通能力(10分) | 与糖尿病患者的沟通技巧 | 5 | 根据不同类型糖尿病患者特点和咨询期望，考生回答沟通技巧内容和要点，说出一点得1分，最多不超过5分 | |
| | | 针对糖尿病患者的问病荐药的礼仪 | 5 | 面对咨询者：见面问候（2分），离开道别（2分），期间合理运用礼仪暗示行为（1分） | |
| | 专业能力(55分) | 针对患者特点和有关病历资料做出疾病判断 | 10 | 能够对糖尿病类型和分期判断正确（5分）；解释判断依据正确（5分） | |
| | | 糖尿病病因、临床表现等疾病相关知识 | 10 | 所诊断疾病的定义（2分）；临床表现，需结合不同类型患者的特点（3分）；常用降糖治疗药物（5分） | |
| | | 正确推荐药物 | 15 | 根据糖尿病患者的特点，推荐一个或一组正确的药物（3分）；药物的使用方法（2分）。最多不超过15分 | |
| | | 正确指导糖尿病患者阅读说明书相关知识 | 10 | 向患者介绍上述模拟药品的说明书的格式、内容（2分），单独解读说明书中的有效期（2分）；批准文号（2分）；药物的保存方式（2分）；根据说明书指导糖尿病患者的合理用药要点（2分）。此项内容也可以由教师进行针对性提问 | |
| | | 提示相关注意事项 | 10 | 针对糖尿病患者所推荐药物的用药注意事项（5分），并提出健康指导策略（含生活健康知识技能教育、心理行为健康知识技能教育和家属教育）（5分） | |
| 理论知识(30分) | 疾病的治疗原则或策略 | | 5 | 正确说出糖尿病的治疗原则或要点。每条1分，最多不超过5分，也可由教师单独提问 | |
| | 相关药物的药理作用和用途 | | 15 | 说出所推荐药物的药理作用和用途（或优点、特点等）。每说出一个正确药理作用、用途各得2分，总分不超过15分 | |
| | 相关药物常见不良反应 | | 10 | 说出所推荐药物的不良反应（低血糖反应、胃肠道反应等）。说出一个正确不良反应得2分，总分不超过10分 | |
| 合计 | | | | | |

备注：

1. 考核方式：教师在学生模拟演示活动中应进行非介入性评分，个别情况可以临时提问，一般一次考核一个模拟演示组（2或3人）。

2. 考核场所：模拟药房或实验室。

3. 学生按序号或随机抽取，每次2或3人进入考场，抽取糖尿病（1型糖尿病、2型糖尿病、妊娠期糖尿病、餐后血糖增高者等）疾病案例，每人准备5分钟后开考。

4. 待考学生由班级学委维持秩序，在考场外准备，不得进入考场，有条件的可以现场录像，进行后期集体学习点评等，各地也可以依据考核要求的不同，采取同学现场直接观摩等形式。

## 【实训思考】

1. 根据不同人群的特点，如何更好地开展合理用药指导？

2. 糖尿病患者可同时患者其他疾病，当不同疾病的用药存在配伍禁忌时，应如何处理？

# 任务十五　抑郁症患者的用药咨询与指导

## 【实训目的】

1. 掌握抑郁症患者常用药物的选择方法。

2. 熟悉抑郁症常用药物的典型不良反应及对策、用药指导的要点。

3. 能对抑郁患者开展用药指导方案的分析，以及开展规范的用药教育。

## 【实训准备】

复习有关抗抑郁药知识和抑郁疾病的有关资料，请学生提前从网上或教材中选用几个抑郁症案例，准备抑郁症药物用药指导的资料，如宣传单、题板，以及常用抑郁症药物的药品说明书等。

## 【实训方法】

1. 结合所学知识，实训课前，小组组织拓展学习，更深一步了解抑郁症患者面临的主要健康问题，查阅有关抑郁症治疗的临床指南或药物手册，熟悉常用药物药品说明书的正确解读方法。

2. 小组自己准备抑郁症案例，根据教材中实训考核所示的临床思维，采用模拟表演的形式，展示用药指导全过程，小组间互相点评，教师讲评，优化确定方案。

## 【实训步骤】

1. 小组研讨以 4～10 人为一个小组，根据实训目的和要求进行合作性研讨，重点分析用药指导所要达到的目标以及采用的方法和技巧，拟订方案。

2. 确定实训案例，准备实训所需要的相关材料，以小组为单位复习巩固有关抑郁症用药知识。

3. 小组中成员分角色和熟悉考核评分细则。

4. 每组选派代表扮演教育者和抑郁症患者，借助道具模拟演练，在班内或实训场所具体实施，由其他各组同学评价实际效果，教师讲评，综合意见形成最终方案。

5. 小组成员做实训学习小结。

## 【实训考核】

选取抑郁患者问病荐药场景，通过训练制订有关用药指导方案，按照以下考核表完成实训技能的考核。

| 项目 | 考核内容 | | 标准分（100） | 评分标准 | 得分 |
|---|---|---|---|---|---|
| 职业素养（5分） | 衣帽整洁，仪表端庄 | | 1 | 学生着工作服，仪态大方、自然 | |
| | 尊重患者，尽职尽责 | | 2 | 对待患者的态度和严谨的工作作风 | |
| | 专业扎实，语言清晰 | | 2 | 理论基础好，能较好地开展专业指导，普通话标准 | |
| 实训实施（65分） | 沟通能力（10分） | 与抑郁症患者的沟通技巧 | 5 | 参考人际沟通知识和抑郁患者特点，考生回答沟通技巧的内容 | |
| | | 针对抑郁症患者的问病荐药的礼仪 | 5 | 面对模拟患者：见面问候（2分），离开道别（3分） | |
| | 专业能力（55分） | 针对抑郁症患者情况或病历资料，做出疾病进程的正确判断 | 10 | 判断疾病进程正确（5分）；解释正确（5分） | |

续表

| 项目 | 考核内容 | | 标准分<br>（100） | 评分标准 | 得分 |
|---|---|---|---|---|---|
| 实训实施<br>（65分） | 专业能力<br>（55分） | 确定抑郁症患者的治疗目标 | 10 | 需结合抑郁患者特点，对所诊断疾病临床表现进行准确评估（2分）；正确对临床治疗目标进行评价（3分）；与患者有效沟通，使患者及家属增强依从性（5分） | |
| | | 正确推荐药物 | 10 | 根据抑郁患者病情的特点，推荐一个或一组正确药物（5分）；阐明剂量逐步递增的方案的依据，提高服药的依从性（5分） | |
| | | 正确指导抑郁症患者阅读说明书相关知识 | 15 | 指出说明书的格式、内容（2分）；教师展示一份说明书，考生能正确解读（3分）；能正确解释药物将会对机体和疾病的影响情况，阐明药物的性质、作用、可能发生的不良反应及对策（5分）；根据说明书指导抑郁患者的用法、用量，鼓励患者足疗程用药（5分） | |
| | | 正确实施用药教育 | 10 | 针对抑郁患者及家属所推荐药物的用药注意事项（5分）；提出定期评估及评估的方法（3分）；健康指导策略，含生活健康知识技能教育和家属教育（2分） | |
| 理论知识<br>（30分） | 疾病的治疗原则或策略 | | 5 | 抑郁症患者常用药物的治疗原则或要点 | |
| | 相关药物的药理作用和用途 | | 15 | 所推荐药物的药理作用和用途。说出一个正确药理作用和用途各得2分，此项得分不超过10分；能准确表达（5分） | |
| | 抑郁症药物常见不良反应 | | 10 | 所推荐药物的不良反应（恶心、呕吐、体重增加等）。说出一个正确不良反应得2分，此项得分不超过8分；能准确表达（2分） | |
| 合计 | | | | | |

备注：

1. 考核方式：教师与学生可以采取模拟工作场景、现场面试等形式，每次面试人数不宜过多。

2. 考核场所：模拟药房或实验室。

3. 学生按序号，每次2或3人进入考场，选取一个抑郁症案例，每人准备5分钟后开考。

4. 待考学生由班级学委维持秩序，在考场外准备，不得进入考场。

【实训思考】

1. 根据抑郁症患者特点，如何更好地开展合理用药指导？

2. 若抑郁症患者同时患有多种疾病，当不同疾病的用药存在配伍禁忌时，应如何处理？

# 参考文献

［1］陈新谦，金有豫，汤光．新编药物学［M］．18 版．北京：人民卫生出版社，2015.

［2］姜远英，文爱东．临床药物治疗学［M］．4 版．北京：人民卫生出版社，2020.

［3］张庆，曹红．药学服务综合实训［M］．北京：中国医药科技出版社，2019.

［4］陈地龙，张庆．药学服务实务［M］．北京：中国医药科技出版社，2017.

［5］丁丰，张庆．实用药物学基础［M］．3 版．北京：人民卫生出版社，2018.

［6］丛淑芹，杨海涛．医药市场营销实务［M］．北京：中国医药科技出版社，2021.

［7］杨宝峰．高等药理学［M］．北京：人民卫生出版社，2021.

［8］张庆．药物学基础［M］．4 版．北京：高等教育出版社，2022.

［9］H. P. RANG, M. M. DALE, J. M. RITTER. 朗－戴尔药理学［M］．林志彬，译．北京：北京大学医学出版社，2010.